国家社科基金
后期资助项目

中国古代乡村治理理念、制度与习俗

Rural Governance in Ancient China:
Ideas, Institutions and Customs

任军 著

上海社会科学院出版社
SHANGHAI ACADEMY OF SOCIAL SCIENCES PRESS

图书在版编目（CIP）数据

中国古代乡村治理理念、制度与习俗 / 任军著.
上海：上海社会科学院出版社，2024. -- ISBN 978-7
-5520-4430-0

Ⅰ. D638

中国国家版本馆 CIP 数据核字第 2024V06M02 号

中国古代乡村治理理念、制度与习俗

著　者：任　军
责任编辑：张　晶
封面设计：霍　覃
出版发行：上海社会科学院出版社
　　　　　上海顺昌路 622 号　邮编 200025
　　　　　电话总机 021－63315947　销售热线 021－53063735
　　　　　https://cbs.sass.org.cn　E-mail:sassp@sassp.cn
排　　版：南京展望文化发展有限公司
印　　刷：上海龙腾印务有限公司
开　　本：710 毫米×1010 毫米　1/16
印　　张：30.5
字　　数：542 千
版　　次：2024 年 7 月第 1 版　2024 年 7 月第 1 次印刷

ISBN 978－7－5520－4430－0/D·723　　　　定价：108.00 元

版权所有　翻印必究

国家社科基金后期资助项目
出版说明

　　后期资助项目是国家社科基金设立的一类重要项目,旨在鼓励广大社科研究者潜心治学,支持基础研究多出优秀成果。它是经过严格评审,从接近完成的科研成果中遴选立项的。为扩大后期资助项目的影响,更好地推动学术发展,促进成果转化,全国哲学社会科学工作办公室按照"统一设计、统一标识、统一版式、形成系列"的总体要求,组织出版国家社科基金后期资助项目成果。

全国哲学社会科学工作办公室

目　录

导论　中国古代乡村治理研究的学术回顾与探讨 ………………… 1
　　一、中国古代乡村治理模式及性质 ……………………………… 1
　　二、中国古代乡村治理理念和目标 ……………………………… 9
　　三、中国古代乡村治理方略和技术 ……………………………… 16
　　四、中国古代乡村治理的习俗运用 ……………………………… 20
　　五、跨越理论认知门槛及本书旨趣 ……………………………… 25

上篇　古代乡村治理理念及活动的运行环境

第一章　二元结构：古代乡村治理依从的政治格局 ……………… 45
　　一、二元结构的互动关系 ………………………………………… 45
　　二、二元结构的运动趋向 ………………………………………… 48
　　三、二元结构的形成原因 ………………………………………… 51

第二章　松散协作：古代乡村治理依托的经济特性 ……………… 54
　　一、小农经济特征观点的由来与发展 …………………………… 54
　　二、生产方式的构成因素与小农经济互助协作特点的生成 …… 63
　　三、日常生活习俗中见到的乡土民众的交往行为 ……………… 71
　　四、地主经济对小农经济运行方向的影响 ……………………… 74
　　五、小农经济运行中的交换倾向与古代商品经济的互动 ……… 78
　　六、结论 …………………………………………………………… 83

第三章　族性群落：古代乡村治理依循的组织形态 ……………… 84
　　一、族性社会群落概念的理论描述 ……………………………… 85
　　二、族性社会群落的历史形态 …………………………………… 86
　　三、族性社会群落的共同社会意识 ……………………………… 92

四、族性社会群落的政治秩序追求 …………………………… 96

第四章 开放包容：古代乡村治理依顺的文明特质 …………… 98
  一、中华文明自古以来就是一个开放的世界性文明 …………… 99
  二、中国古代社会开放性的三个重要表现 …………………… 101
  三、海洋文明与世界经济中心 ………………………………… 106
  四、反思封闭导致中国古代社会发展停滞说 ………………… 111

第五章 民为邦本：古代乡村治理依据的思想基础 …………… 115
  一、民本思想是古代治理活动的理论基础 …………………… 115
  二、民本思想是古代治理目标的文化底色 …………………… 121
  三、民本思想是古代治理理念的核心内容 …………………… 129

上篇小结 古代乡村治理理念及活动与历史环境的互动 ……… 136

中篇 古代乡村治理制度的演变及基本特色

第六章 乡村治理制度研究的学术定位 ………………………… 143
  一、问题的提出 ………………………………………………… 143
  二、乡村治理制度研究的学术地位 …………………………… 143
  三、乡村治理制度的起点 ……………………………………… 146
  四、乡村治理制度的性质 ……………………………………… 150

第七章 乡村治理模式初起所蕴含的亲缘基因 ………………… 154
  一、中国远古社会发展阶段划分研究上的理论困惑 ………… 155
  二、新石器时代远古聚落分布的基本情况 …………………… 159
  三、新石器时代远古聚落结构及功能分析 …………………… 163
  四、国家产生——中华先民迈入文明门槛 …………………… 168

第八章 先秦时期乡村治理制度的创设 ………………………… 173
  一、夏商周国家权力结构与基层治理 ………………………… 173
  二、春秋战国时期乡村制度安排的特色 ……………………… 181
  三、由称谓所见的古代"乡制"的缘起和演变 ……………… 185

第九章　秦汉至明清时期乡村治理制度的演变及特色 …… 192
一、秦汉时期乡村治理策略与制度安排 …… 192
二、三国两晋南北朝时期乡村治理制度的重整 …… 203
三、隋唐两宋时期乡村治理制度安排取向的变化 …… 216
四、元明清时期乡村治理制度与民间秩序力量的耦合 …… 235

第十章　古代乡村治理制度的衰落与瓦解 …… 263
一、清朝前期的里甲制与保甲制 …… 263
二、晚清变局对乡村治理制度的冲击 …… 265
三、基督教传播与乡村组织功能的变化 …… 269

第十一章　历代军事力量部署与乡村治理制度的维系 …… 272
一、古代军事力量的构成及兵力部署 …… 273
二、合法运用暴力是实现乡村治理的基础性支撑 …… 276
三、军事视角下古代乡村治理的理论认识基点 …… 283

中篇小结　古代乡村治理制度的变迁及其对社会变革的影响 …… 291
一、乡村治理制度的血缘性根基 …… 291
二、乡村治理制度运行成效的检视——以土地制度为例 …… 292
三、乡村治理制度对古代社会变革的影响 …… 297
四、晚清政治变化呼唤新型乡村治理制度 …… 300

下篇　古代乡村治理秩序的维护与民间习俗

第十二章　"天神"信仰与人间社会秩序的维护 …… 305
一、"天"的文化内涵 …… 305
二、古代首脑称谓与太阳崇拜的关系 …… 309
三、天神崇拜与天子观念的出现 …… 311
四、民间精英的"天子"观——以墨子的认识为例 …… 314
五、"天神"信仰的传承与集权政治制度的形成 …… 322

第十三章　灶神信仰及风俗与乡村内在秩序的构建 …… 329
一、灶神信仰的生成与流布 …… 329
二、社会生活中灶神的多种样态 …… 339
三、灶神信仰蕴含的乡土百姓的价值取向 …… 347

第十四章 乡土信仰的本土性、外来化及其裂变 …… 354
一、岁时民俗中的民间信仰——以华北地区为例 …… 355
二、僧侣"演经"活动与佛教文化在中土的传播 …… 363
三、从《破邪详辩》看明清白莲教对佛教"劫"观念的改造 …… 376
四、清代基督宗教在华的多重境遇 …… 388

第十五章 "赶会""拜会"与乡土民众的日常行为习俗 …… 413
一、乡村名目繁多的赶会活动 …… 413
二、乡村社会的组织类别及其功能 …… 416
三、民间秘密会社教门有违常规的行为方式 …… 419

第十六章 中国现代化模式确立中的乡土印记 …… 421
一、引言 …… 421
二、乡土社会的价值取向与现代经济伦理 …… 423
三、务实避虚的处世态度与世俗化 …… 427
四、社会理想与制度选择 …… 429

下篇小结 "因俗而治"是传之久远的政治传统 …… 434

结论一 亲缘意识与中国古代乡村治理智慧的生成 …… 437
一、亲缘意识是贯穿中国古代社会历史的心理传统 …… 437
二、亲缘意识催生家国一体的治理逻辑 …… 440
三、亲缘意识孕育以民为本的治理思想 …… 443
四、亲缘意识形成教化为要的治理思路 …… 447
五、亲缘意识导出软硬兼施的治理策略 …… 450
六、亲缘意识衍生神道设教的治理技巧 …… 454

结论二 "乡村自治":一个需要谨慎对待的学术概念
——中国古代乡村治理研究中"自治偏好"辨析 …… 457
一、"乡村自治"概念的运用泛化及其局限性 …… 458
二、"乡村自治"概念在治理视域中的理解 …… 461
三、"乡村自治"概念运用需要突破思维上的隐性藩篱 …… 465

参考文献 …… 468
后　记 …… 474

导论　中国古代乡村治理研究的学术回顾与探讨

中国古代乡村治理研究涉及内容广、时间跨度长,历来是相关学科研究关注的重点。总括来看,内容涉及历朝历代有关乡村的治理理念、制度安排、政策走向、具体举措以及治理效果等,成果十分可观。然而,把"乡村治理"作为整体对象加以思考和研究则是近些年来才逐渐兴起的,并且是在与西方社会治理相比较的理论氛围下展开的,集中反映在对中国古代乡村治理模式、权力结构性质的揭示和判断上。全面系统地分析和梳理,学界已有的研究成果,有利于厘清学术分歧的关键所在,从而不断推进研究的深入开展。

一、中国古代乡村治理模式及性质

中国古代乡村治理理念、制度和习俗是中国古代社会研究中的一个重要内容,是把握中国古代政治文明性质、政治技术特征和政治文化内涵,实现中国式政治现代化的本源性问题。从现有的研究看,主要的分歧在于中国古代社会是"皇权一统到底"还是"皇权不下县",中国古代乡村治理是否存在"自治"色彩或者干脆就是"自治",由此形成了三大类观点。

(一)皇权对乡村进行直接治理

在当代中外学界有一种流行的观点,认为古代中国的皇权只到县一级,对县以下社会的管理和控制是比较薄弱的。比如德国学者马克斯·韦伯认为,"中华帝国正式的皇权统辖只施行于都市地区和次都市地区","出了城墙之外,中央权威的有效性便大大地减弱,乃至消失";[①]美国学者 W. 古德也认为,"在中华帝国统治下,行政机构的管理还没有渗透到乡村一级,而宗族特有的势力却一直维护着乡村社会的安定和秩序";[②]还有外国学者提出:

---

① [德]马克斯·韦伯:《儒教与道教》,江苏人民出版社1993年版,第110页。
② [美]W. 古德:《家庭》,社会科学文献出版社1986年版,第166页。

在传统中国社会,事实上存在着两种秩序和力量:一种是"官治"秩序或国家力量;另一种是乡土秩序或民间力量。前者以皇权为中心,自上而下形成等级分明的梯形结构;后者以家族为中心,聚族而居形成大大小小的"蜂窝状结构"的村落共同体,连接这两种秩序和力量的是乡绅精英阶层。①

国内学者也有类似的看法,比如费孝通先生就认为:"皇权统治在人民实际生活上看,是松弛和微弱的,是挂名的,是无为的。"②对此,不少学者提出了异议。

有学者认为,中国古代实行的是"封建制"和"郡县制"双轨治理的体系。"封建制"体现的是一种"道统",而"郡县制"则体现的是一种"法统",虽然在制度安排上存在先后继替,但各自承载的治理理念和治理精神却是长期并存的。所谓"道统"则主要来源于儒家的"仁政"思想和"民本"理念,通过礼制成为治理活动中重要的文化传统。研究者认为社会治理"仅靠制度与法治,仅靠权力和利益关系的调整是远远不够的,没有道统对于皇权的约束,没有士大夫的学问修养和人格培育,没有教化对于民风的引导和劝勉,任何政治都无法存活延续"。虽然,秦朝以后主要实行的是"郡县制",但是,由"封建制"产生的"道统"却成为"一种更加难以摧毁的力量","注入每个时代士大夫的内心深处",确保了上下治理理念和目标的高度一致性。③ 因此,有研究者不同意把"皇权不下县"出现的所谓社会自治空间看作"皇权行使的能力和资源受到限制"。因为,即使是由"乡绅"来治理基层,他们的"指导思想都是尊儒敬权的"。从乡绅的构成看,"多数或是科举及第未仕,或是落第未举,或为当地小有文化的中小地主,或为告老回乡、长期赋闲的中小官吏",他们大都受到儒学的系统教育,可在政治实践中落实儒家的治世思想,因此"其所施行的治理和皇权治理本质上并无二致"。④ 也就是说,乡绅治理不过是皇权治理另外的表现形式。

有学者提出,中国古代的郡县制实际上是"小县制",皇权完全有能力对乡村实施直接治理。有研究者论证说:

---

① 转引自张新光:《质疑"皇权不下县":基于宏观的长时段的动态历史考证》,《华东理工大学学报(社会科学版)》2007年第1期注释9。
② 费孝通:《乡土中国》,北京大学出版社1998年版,第63页。
③ 渠敬东:《中国传统社会的双轨治理体系》,《社会》2016年第7期。
④ 张林江:《传统中国的社会治理智慧》,《中国党政干部论坛》2014年第12期。

自秦汉至明清之际的1800余年,中国历代王朝的"编户齐民"一直在2000万人至6000万人之间徘徊,全国的耕地面积基本维持在8亿亩左右,县的数量大体保持在1500个上下,总体上并没有达到"地方百里、人口万户"的标准建制,因而属于一种"小县制"。同时,县以下还有乡里制度和以什伍编制为基本组织原则的保甲体系,皇权专制集权统治以"县政"为依托,其政治影响可谓无所不在、无事不管。①

因此,所谓"国权不下县,县下惟宗族,宗族皆自治,自治靠伦理,伦理造乡绅"②的看法,"纯属于一种毫无历史根据和主观臆断的无稽之谈"。③ 还有学者认为,中国古代社会是行政主导型社会,即使存在"民间自治力量"也不存在成长的空间。"中国传统行政'设官牧民'的统治职能较为凸显,其公共服务职能则被淡化",地方社会存在着某种"自治"的力量,但在传统统治者眼中"多有自行处理或自然安治的统治意义"。即便如此,由于"编户齐民"的强制管理,"间或出现的基层自治因素受到严密的行政控制",而政治文化中的官本位思想又"制约了民间自治力量的生长",因而"自治权实际上被行政权侵夺"。研究者表达了这样的观点:"整个中国传统社会一直是行政主导型的,官本文化浸透了社会生活的方方面面。国家行政与社会治理虽相互倚重,但绝非等量齐观,自治附庸于行政的特征异常明显。"④

总之,根据"普天之下莫非王土,率土之滨莫非王臣"的传统政治理念,许多学者坚持认为中国古代社会从进入国家时代到封建制解体,长期采取的是"大一统"的中央集权统治模式,无论是从治理理念、治理地域还是治理手段来看,古代乡村是被帝王为首的国家政权直接管理和控制的,"专制皇权"是"一插到底"式的直接治理。

(二) 皇权管控与乡村自治并行

有学者把古代乡村治理模式的变化分成了三个阶段。第一阶段自夏商周到春秋战国直至隋文帝开皇十五年(595年)实行的是乡官制模式。第二阶段从隋文帝开皇十六年(596年)至宋神宗熙宁三年(1070年)是开始由

---

① 张新光:《质疑"皇权不下县":基于宏观的长时段的动态历史考证》,《华东理工大学学报(社会科学版)》2007年第1期。
② 秦晖:《传统十论——本土社会的制度文化与其变革》,复旦大学出版社2003年版,第3页。
③ 张新光:《质疑"皇权不下县":基于宏观的长时段的动态历史考证》,《华东理工大学学报(社会科学版)》2007年第1期。
④ 陈晓枫、陈子远、高晓宇:《中国传统行政与自治关系辨析》,《武汉大学学报(哲学社会科学版)》2013年第4期。

乡里制到保甲制、乡官制到职役制的模式转折。第三阶段从王安石变法到清代则完全成为职役制模式,治权所代表的官治体制从乡镇退缩到县一级,县为基层行政组织,县以下实行以代表皇权的保甲制度为载体,以体现族权的宗族组织为基础,以拥有绅权的士绅为纽带而建立起来的乡村自治政治。① 从古代乡村治理主体身份性质的变化着眼划分乡村治理模式的发展阶段是学界流行的做法。一般以唐宋为标志,此前为乡官制,此后转变为职役制,也就是发生了由"官"向"民"的转变。这同时也说明,国家治理与乡村自治是长期并存、共同发力的。这类观点在强调"皇权管控"的同时,也承认"乡村自治"一定程度的存在并发挥着作用。主要有以下四种具体的看法。

1. "官民共治"说

有研究者提出:

> 自秦始皇统一到辛亥革命成功的两千多年里,统治阶级在乡村一直坚持"官民共治"的传统。在"官民共治"的模式下,王权和族权的相互博弈与合流决定了中国乡村政治文化的基本面貌。

之所以形成这样的治理模式,一是因为乡村广大,"如果国家权力下沉到乡村,完全将乡村纳入国家权力轨道,必然要设置庞大的官僚机构,从而加大乡村的治理成本"。二是由于乡村宗族势力强大,"当国家权力下沉时,必然和家族势力产生治理冲突"。由此导致"中国历代政权都未能在乡村社会真正建立起正式的国家行政机构"。历代统治者从成本思想出发找到了最佳治理模式——官民共治:"一方面,国家政权以一定的方式进入乡村,保证国家对乡村社会的统治;另一方面,依托乡村内生的民间权威,通过培植、拉拢,在村庄内部确立一个国家代理人集团,并通过他们实现国家的政治、经济目标。"因此,"这一模式的治理目标就是要实现'摄取乡村资源'和'降低治理成本'的统一"。这一模式的有效运转,一是靠"乡绅有限自治",即政府主要选择乡村中"有德行的长者、有名望的乡绅、有财产的地主及身强力壮者"充当管理者,他们"用低成本的道德感召力维持乡村的秩序",只要服从国家管理,他们就能获得一定的"自治权"。二是靠"忠孝治村"。"忠"是"从政治上衡量村民的品质,要求村民尽一个臣民应尽的义务";而"孝"强

---

① 唐鸣、赵鲲鹏、刘志鹏:《中国古代乡村治理的基本模式及其历史变迁》,《江汉论坛》2011年第3期。

调的是"尊重权威,长幼有序",由此"维系了乡村的政治秩序"。①

2."礼法合治"说

有研究者认为,在古代乡村管理活动中始终贯穿着"礼法合治"思想,表现为"礼法并用以广行教化,注重对基层社会的思想统治;法律强制推行什伍保甲,实现对基层社会的组织控制;宗法自治与国家行政管理相结合的基层行政模式以及礼法并用的基层乡官课考方式"三个方面。礼义的倡导是为了"匡正民风、厚导民俗、教化愚民",而刑罚的运用则要达到"惩戒功能,除奸惩顽、绳民禁非"的目的,再加上"什伍保甲"的制度安排、宗法宗族组织作用的发挥和"依礼选官"与"依法治官"的有机结合,从而"共同维系着古代社会缓慢地向前发展,保持社会结构的超稳定状态"。②

3."上下结合"说

有研究者认为,古代地方治理存在着政府"自上而下"和地方"自下而上"两条轨道,士大夫阶层(地方官员和地方士绅)是协调两者的关键。在乡村地方治理中存在着截然不同的两个领域:在皇粮国税和可能危及统治的地方治安领域,政府具有压倒性的优势,对地方百姓进行着严密的控制;而在地方公共利益领域,则基本上是由地方百姓自行管理和解决。③

4."工"字形权力结构说

有学者不同意把乡村治理力量看作"国家权力、族权、绅权归于几乎鼎力的三角关系"的看法,认为"国家权力"指的就是"皇权","族权"指的就是"民间自治力",而"绅权"大致是指"非正式官员""亦官亦民"的士绅、乡绅所拥有的以系统知识为背景的社会权威和权力。有研究者认为:

> 皇权具有将势力延伸到乡村社会,将乡村社会纳入统治秩序中的原始冲动,这种原始冲动向基层渗透时,因管理成本和实际操作的限制,不得不借助绅权加以实现,从而使国家权力在基层的控制与"原始冲动"产生差异;以族权为代表的民间自治力实际上不可能与国家权力直接"打交道",需经过绅权的改造,故"民间自治力"不同程度地也带有了绅权的价值取向。

---

① 骆正林:《中国古代乡村政治文化的特点——家族势力与国家势力的博弈与合流》,《重庆师范大学学报(哲学社会科学版)》2007年第4期。
② 韩秀桃:《中国古代礼法合治思想在基层乡里社会中的实践》,《安徽大学学报(哲学社会科学版)》1998年第1期。
③ 宣晓伟:《中央集权与地方治理:"编户齐民"与"皇权不下县"——"现代化转型视角下的中央与地方关系研究"之二十》,《中国发展观察》2016年第3期。

也就是说,在乡村治理过程中虽然存在国家权力与族权的冲突,但由于绅权的存在促使双方不断在"冲突"与"合流"间转换,从而在治理过程中形成对"绅权"的依赖,由此构成了"双向流动的'工'形结构乡村治理模式,使上、下结构不至于过分强大,具有较强的稳定性,从而使得乡村治理达到一种低水平的制度均衡"。①

值得注意的是,这类观点都把"族权"和"绅权"与"皇权"并列加以考察,似乎认为它们都是对乡村治理产生等量作用的力量,这是对"皇权"治理价值取向和治理能量的低估。特别是把族权与绅权截然分开进行观察是不妥的,这就涉及一个古代知识分子阶层的阶级属性应如何判定的问题。特别是"绅"还不能完全看作与地方财富地位无关的人群,出身贫寒的"士"与"耕读传家"的"绅"也可能出于当地某一宗族大家,能否把绅权看作相对独立发生作用的力量是大可怀疑的。此外,以"民间自治力"来称呼"族权"容易产生认识上的混淆。"自治"这个近代学术术语是有特定含义的,而"族权"却是伴随着人类产生而出现并一直存在的"自然力量",在乡村治理中也的确扮演着重要角色,如何定位它的性质和作用必须与政治文明进步的节奏合拍,绝不能在任何时候、任何情形下孤立地加以分析和评论。

(三) 乡村自治是古代乡村治理的主要模式

关于中国古代乡村治理模式和权力结构的研究状况,有学者进行详细的分析,认为主要是受国外"国家—社会"二元对立理论,特别是哈贝马斯的"公共领域"理论的影响,"致力于在中国寻找'市民社会'、'公共领域'的影子"。用此理论分析古代乡村治理时,由于"国家—社会"理论关注的焦点是国家与社会之间的权力边界,因此,"学者以此讨论国家对基层社会的控制程度,即基层社会是否或在多大程度上自治。围绕着这一命题,很多学者把研究旨趣集中到了皇权是否下县,即乡村是否自治的争论上"。② 这个评论十分精准。诸多学者正是在这种理论认知背景下坚持认为古代乡村是"自治"的。主要观点如下:

1. 两极治理说

费孝通先生认为,传统中国社会的治理结构分为两极,即以皇权为中心的国家治理和以绅权为中心的乡村治理。在乡村社会,由财富、知识、官历等优势而形成的绅士群体成为联结正式官员和制度的中间环节,使得乡村

---

① 段艳萍:《对传统中国乡村治理权力结构的分析》,《文史博览(理论)》2010年第5期。
② 详见段艳萍:《对传统中国乡村治理权力结构的分析》,《文史博览(理论)》2010年第5期。

治理呈现出自治的倾向,同时弱化和淡化了上层制度的权威性。①

2. 无为而治说

有学者认为,"中国农村很早就超越村社制,以家户为农村基本组织单元",由此"塑造了主动、积极的自主人格,使得基层社会内产生着活力与动力,并对国家政治产生积极影响"。"这是传统中国'皇帝无为天下治',能够创造出世界最为灿烂的农业文明的根源所在。"②也就是说,古代乡村治理是顺势而为,无须上层权力的管理与支配,这与盛行的"皇权不下县""乡村为自治社会"等观点有相类之处。由此,引出一个问题,即中国古代政治权力下移的限度是如何产生的？是政治资源匮乏而无力下沉,还是一种治理思想和治理策略的主动选择？意即古代统治者是否已经意识到自组织现象和功能而主动加以运用？此外,"家户为基本单元"涉及对古代社会组织状态和结构的判断,研究的主要依据就是"编户齐民",而实际的历史情况却要复杂得多。除政治安排外,还要考虑习惯、习俗等文化传统,家族、宗族等组织形态的存在和影响。

3. 乡土自治说

有研究者依据家庭和宗族制度长期存在的历史现象,认为古代人际关系的基本模式是在重视宗族关系和家庭伦理观念的基础上形成的"亲戚、族人、同乡、师长、朋友等关系密切的关系网",其中最具权威的人物是"族长",最有效的权力是"族权"。因为:

> 族长与家族成员有着血缘关系,比官吏更贴近家族成员,可以对家族成员毫无顾忌地施加教化,甚至对违规的成员实行处罚。因此在强制执行礼法、实施礼治方面,其威力往往在地方官员之上,比政权更易起到统摄人心的作用。

有研究者引用俗语"山高皇帝远,村落犹一国"进一步说明"族权"造成了乡村实际上是"一个个独立的社会",事实上实行的是"乡土自治"。③ 历史上的宗族组织在时空分布上极不平衡,作用和影响也不是一贯的。用"族权"

---

① 费孝通:《中国绅士》,中国社会科学出版社2006年版,第5—7页。
② 徐勇:《历史延续性视角下的中国道路》,《中国社会科学》2016年第7期;《从中国事实看"东方专制论"的限度——兼对马克思恩格斯有关东方政治论断的辨析与补充》,《政治学研究》2017年第4期。
③ 以上引文见陈野:《关于修志传统与农耕文明内在关系的探析》,《中国地方志》2014年第8期。

来解释数千年的乡村治理状况,显然是把族权的作用夸大了,特别是没有把乡村治理与国家治理统筹观察,似乎乡村是皇权的"治外之地",这样就无法解释"大一统"长久存在的事实。实际上,这涉及古代乡村治理的直接性与间接性的关系问题,必须进行具体的研究和分析。

4."内生秩序"说

有研究者认为,传统中国是"借助一个不下县的官僚体制和县以下的宗族组织与乡里制度"来实现国家治理的。国家主要是"通过国家大传统与民间小传统的互动,形成强有力的民间法,比如乡约、族规、家法等制度,乡绅、地主等精英,宗族、乡里等组织"对乡村开展治理的。国家维护乡村秩序主要借助两种力量,"一是以家庭为基础的私的力量,一是以宗族为基础的带有半公性质的力量"。家庭秩序的维护主要靠的是"同居共财和以孝为先",依靠所谓"民间法"实现了对乡村秩序的维护。① 也就是说,古代乡村治理主要依靠的是"自然力量",即由家庭、家族、宗族自身结构带来的"秩序"追求和维系传统实现了乡村社会秩序的自主运转,因而说这种机制和力量是"内生"的,这是乡村自治观点的另一种表达。

5."无奈之举"说

有一种观点认为,唐末藩镇坐大,造成"郡县空虚",不得不向"基层放权"。有研究者指出:"因唐末五代藩镇势力坐大,宋代明显有将天下之权收归于朝廷的举措,结果造成'郡县空虚,而本末俱弱'(陈亮语)。"宋代的集权措施不但没有加强中央集权,反而造成对地方控制程度的削弱,不得不允许"郡县空虚",向"基层放权"。"朝廷对乡间'治理'的放弃,意味着民间实已形成一定程度的'自治'。"② 另一种观点认为,朝廷在地方统治的无力,还在于实行官员的"避亲避籍"制度,造成"官位如传舍而官人如过客"的现象,正如梁启超所说:"以数千里外渺不相属之人,而代人理其饮食、讼狱之事,虽不世出之才,其所能及者几何矣?"③这种回避制度到宋代就出现了所谓"官无封建而吏有封建"的现象④,意思是州县官基本是外来的"过客"不会长久任职,而处理具体事务的"吏"却要长期左右地方政务。但是,吏"基本无上升机会,流品不高,受到轻视。若延伸到所谓胥吏,则已近于贱了",

---

① 贺雪峰:《中国传统社会的内生村庄秩序》,《文史哲》2006年第4期。
② 罗志田:《地方的近世史:"郡县空虚"时代的礼下庶人与乡里社会》,《近代史研究》2015年第5期。
③ 梁启超:《论湖南应办之事》(1898年4月5—7日),见《饮冰室合集·文集之三》,第43页。
④ 叶适:《吏胥》,收录于刘公纯等校:《叶适集》(上),中华书局2010年版,第808页。

这种状态是不可能治理好乡村社会的。至于"明清先后设置了各种在地办事的体制(如保甲、里甲、乡约、粮长等),以处理实际的公共事务。这些人所做之事近于以前的乡官,却又多几分非正式的色彩",只是为官府提供服务的"职役人",也谈不上能有多好的治理效果。①

总之,这类观点普遍认为实现社会自治是解决社会治理的最好良方。这种认识浸透着所谓"西方经验",也深陷"国家—社会"二元对立理论的泥淖之中。无论传统社会是否存在"自治因素"或"自治倾向",都要基于历史事实进行判断,"自治"还是"他治"都不是随意选择的,都有历史条件的限制。到目前为止,人类社会实行"自治"的愿望尚处在一种理想状态,或者说是人类社会治理理想化的目标,但绝不能以此作为评判古代社会治理成效的标准。以"自治"的方式和程度来推断文明进步的程度和不同文明之间比较的选项,实际上脱离了科学研究的轨道。

二、中国古代乡村治理理念和目标

研究中国古代乡村治理模式及其性质,首先必须弄清古代中国的治国理念和治理目标。学界普遍认为,儒家思想是长期占统治地位的意识形态,也是历朝历代乡村治理理念形成的理论依据和认识基础,乡村治理理念都由此生发而出。

(一) 关于儒家政治理想和治理目标的理解

除把儒家的"大同""小康"说、"大一统"说、"天下一家"说、"四海之内皆兄弟"说等看作儒家追求的政治目标外,有研究者还对《诗经》所说"普天之下,莫非王土;率土之滨,莫非王臣"提出了新解。此句经常用来说明古代王权的特点和专制的程度,甚至说明土地制度的王有制。有学者根据"王"的本意对此进行了新的理解,颇有新意。段玉裁《说文解字注》对"王"的解释是:"天下所归往也。董仲舒曰:'古之造文者,三画而连其中谓之王。三者,天、地、人也,而三通之者王也。'孔子曰:'一贯三为王。'"据此,研究者认为"王"的本意包含两层含义:

> 首先是指能统贯天、地、人三者的事物,这实际上可以看成是"宇宙";其次,不仅能够统贯天地人,而且要"连其中",这应该解为不偏不倚,可以理解为"宇宙"之"正义",而这个"正义"具有至高的权威。

---

① 罗志田:《地方的近世史:"郡县空虚"时代的礼下庶人与乡里社会》,《近代史研究》2015年第5期。

这里的"王"就"不是指统治者,而是宇宙至高真理的意思"。因此,这句话实际上是指"凡人力所及之处,均为'正义'统治的'王道乐土';凡'王道乐土'的地方,均为'王化'之民"。所谓"王道"是指"先王之正道"。《尚书·洪范》说:"无偏无党,王道荡荡;无党无偏,王道平平;无反无侧,王道正直";《孟子·梁惠王上》也说:"养生丧死无憾,王道之始。"因此:

> "普天之下,莫非王土",就不是指"普天之下"均为"君王之土",而是指普天之下应该是"王道乐土",也就是环宇之内都应该是正道公平之土。"率土之滨,莫非王臣"也不是指环宇之内均为"君王"之臣,而是指整个天下,凡有人群的地方就都服膺于神圣正义。从这个意义理解,《诗经》该句的原意是指世界是一个文明的大同社会,而这个大同社会,服从于至高的"正义",人是匍匐于"正义"之下之"臣"。①

这样的理解就与儒家政治治理目标的其他表述统一起来了。

(二) 学术界普遍认为,民本思想是古代治国的核心思想,也是古代乡村治理理念形成的主要认识依据

首先,民本思想在商周时期就形成了为后世坚持遵循的一些基本原则。有研究者认为,"古代中国民本思想的核心原则'国以民为本、君以民为本、政以民为本'",其中"养民""成为政治理想的最为重要的一环","教化万民"则是"民本思想的一个重要方面",由此形成了"教民、安民"的治理理念。例如:"殷商时期的民本思想是建立在'天命'和'祖先崇拜'基础之上的,此时的'民'与'君'并没有截然对立,而是均要听命于'天'和共同崇拜'祖先谱系'的旨意",由此实现了其统治范围的扩大和权威的确立。周代"民本"思想融入了"德治"思想,"它是在殷商'天命'基础上,超越了宗教而形成的极具人文气息的一种理政原则"。周王的"重民"体现在"教化万民"和"安民养民"的统一,这时的"民"已经成了受"天"庇护的政治主体,"民"意即"天"意,"君"不安民、养民,则会受到"天"的惩罚。"可见,西周时期的思想家已经在借助天的权威来抬高民的地位,并随之发展为一种良好的传统,影响了中国两千多年。"②

其次,春秋时期,政治家、思想家进一步强化了天意就是民意、民意就是

---

① 以上引文均见黄郁成:《"礼"的塑型:"大一统"国家与小农经济》,《社会科学》2017年第7期。
② 张铮、徐媛媛:《历史进程视域下中国古代民本思想的发展理路》,《山东大学学报(哲学社会科学版)》2014年第6期。

神意,爱民与否涉关国家兴亡的思想。诸如"天之爱民甚矣"①;"夫民,神之主也"②;"国之兴也,视民如伤,是其福也;其亡也,以民为土芥,是其祸也"③等言论正反映了这样的认识。战国时期,孟子更鲜明地提出"民为贵,君为轻,社稷次之"的思想,从而达到了民本思想的最高水平。其实,当时百家诸子的爱民、重民思想是隐含在他们治世的具体主张之中,诸如法家的"耕战"、墨家的"尚贤"、道家的"至治之世"等主张,都是以民本思想为基础的。由此,研究者认为:"无论西周王权,还是东周君权,都对民众的重要性持有一致性的认同。无论着眼于功利性的战争资源,还是道德性的人伦需要,抑或政治性的国家基础,民众的作用似乎越来越举足轻重。"④

最后,"发端于夏而成于商的民本主张,至周代已发展为一种社会思潮,成为颇有时代意义的国家的政治理念"。而古代统治者的敬民、重民和爱民思想是一种政治自觉,"乃是受国家保留着原始氏族血亲之爱的自然情感所诱发"。有研究者认为,原始氏族内部的和谐团结"乃是血亲之爱的自然情感",由此形成调节内部关系准则的"孝亲道德"。古代国家"是在保持血缘家族的基础上建立的","氏族通过分封的形式与地域结合起来,形成了一种血缘氏族与地域相结合的新的社会政治单位"。因此,"移植到国家管理的血亲之爱再也不能以血缘为限了,必然扩大到广大地域的人际关系,由此形成敬民、重民、爱民的'民惟邦本,本固邦宁'的治国主张"。总之,有研究者认为,"古代中国的民本思想盖源于中国古代文明起源的特殊路径,即中国古代国家保留了原始氏族血缘关系的基础上提出的"。"尊尊亲亲""敬天保民""重民爱民""裕民富民"等,"所有这些,都是基于氏族血缘的血亲之爱的自然情感基础,是血亲之爱的延伸和发展,是血亲情感的理性化和政治化"。⑤ 当然,仅仅是血亲之爱尚不足以说明"民本""爱民"意识产生的根源,还需要注意"贵人""人贵"意识的发生和发展。这种把古代政治生态描述成仅仅是氏族传统的继承与演变似有简单化、粗放化的倾向。从不同路径思考文明起源这一方向是可取的,但总体上却没有摆脱西方政治话语的框架,即社会形态演进的阶段和路径划分的既成理论仍然是理论认知的重要背景,只不过进展快慢的差别还不能从根本上说明中西社会演进道路和

---

① 《左传·襄公十四年》。
② 《左传·桓公六年》。
③ 《左传·哀公元年》。
④ 雷戈:《天高皇帝近:面向民众开放的皇权秩序建构——秦汉皇帝和民众之间复杂关系的互动和呈现》,《人文杂志》2014年第12期。
⑤ 陈谷嘉:《中国文明起源的特殊路径与中国古代民本思想》,《红旗文稿》2014年第10期。

方式的不同。比如,把国家产生与以什么关系划分国民相联系,即以地域划分成为"标准",非此则不"正常"。反之,过于强调"血缘"关系的保存也无法说明更大范围公共权力产生的必要性和客观性。这些都需要从新的理论视野中重新加以审视。

(三)在上述根基性认识的基础上,研究者们总结出了有代表性的古代乡村治理理念

1."富安天下"的理念

有研究者注意到,管仲提出的"凡治国之道,必先富民,民富则易治也,民贫则难治也"①的思想,使汉代的统治者及思想家们清醒地认识到,百姓的贫富与否直接关系到国家的统治秩序。人民的贫穷是引起纷乱和产生盗贼的根本原因②,人们从而认识到"为治之本,务在于安民;安民之本,在于足用"。③ 那么,如何才能真正做到"富安天下"呢?时人提出:"安民之术,在于丰财。丰财者,务本而节用也。"④所谓"务本"就是发展农业,所谓"节用"就是勤俭持家,这样就可以达到"丰财",百姓才能得到"安宁",天下就可以大治。这种认识在汉代统治集团中形成了某种共识,并体现在了具体的治理措施之中。比如,为倡导乡里农业生产,在乡中设置"力田"一职就是重农措施的一个具体表现。⑤ 在汉代,连维持乡里社会治安秩序的"亭"也具有发展农业生产以"富民"的义务。《汉书·循吏列传》明确记载:"使邮亭乡官皆畜鸡豚,以赡鳏寡贫穷者。……及务耕桑,节用殖财,种树畜养,去食谷马。"足见汉代富民思想的确是一个重要的治理理念。

2."不违农时"的理念

有研究者指出:"农业生产是自然再生产过程和经济再生产过程紧密结合的人类活动,既服从自然规律又服从经济规律。"搞好农业生产就取决于对"两个规律"的认识和遵循程度。《吕氏春秋·审时》篇所说的"夫稼,为之者人也,生之者地也,养之者天也",就是最早对农业生产中天地人稼关系的明确表述。在这种观念支配下,古代中国发展起"用养"结合的土地使用

---

① 国学整理社:《诸子集成》(第五册),《管子校正》,中华书局1988年版,第261页。
② 如《汉书·食货志》:"贫者无以自存,起为盗贼";《汉书·严助传》:"居者无食,行者无粮。民苦兵事,亡逃者必众,随此诛之,不可胜尽,盗贼必起";《汉书·贾谊传》:"饥寒切于肌肤,欲其亡为奸邪,不可得也";《汉书·魏相传》:"饥寒在身,则亡廉耻,寇贼奸宄所繇生也";《汉书·王莽传》:"皆曰愁法禁烦苛,不得举手。力作所得,不足以给贡税。闭门自守,又坐邻伍铸钱挟铜,奸吏因以愁民。民穷,悉起为盗贼。"
③ 国学整理社:《诸子集成》(第七册),《淮南子·诠言训》,中华书局1988年版,第236页。
④ [晋]陈寿:《三国志·魏书·杜裴传》,中华书局1959年版,第498页。
⑤ 参见关荣波:《农业生产对汉代乡里基层社会治安的影响》,《农业考古》2013年第3期。

原则,从西周至春秋时期的轮荒耕作制到战国时期向土地连种制转变,经秦汉至隋唐时期开创轮作复种制,最终到宋元以降,尤其是明清两代,"各地都在努力提高耕地复种指数,轮作复种和间作套种的形式也更为丰富,农业生产进入多熟制阶段,土地利用率又出现了大幅度的提升"。① 这些都是遵循规律的反映,其中还蕴含着一个十分重要的"遵循农时"的思想。近年来,学者们通过对濮阳西水坡大墓考古发现的研究,认为早在6 500年前,先民们就已经有了相当系统成熟的天文知识,造成这种现象的原因就在于农业种植需要确定季节和时间。② 可见,"不违农时"观念首先是一种生存理念,并逐步上升为治国理政的重要思想,为各代统治者所重视和采用。最典型的思想表述是孟子在对梁惠王陈述兴邦大计时说道:

> 不违农时,谷不可胜食也。数罟不入洿池,鱼鳖不可胜食也。斧斤以时入山林,材木不可胜用也。谷与鱼鳖不可胜食,材木不可胜用,是使民养生丧死无憾也。养生丧死无憾,王道之始也。③

所以管子也说,"衣食之于人也,不可一日违也"。由此,有研究者指出:"农业社会中,农业生产是人的衣食之源,所以这种生产活动不能人为地打断和破坏,尤其是播种收获的关键时节。"因此,"在农耕文明的古代中国,按照四时变化规律组织农业生产是治理好国家的基本前提"。④

3."平均赋役"的理念

有学者以"平均赋役""均平徭役""均赋税""平差役"等词语检索《四库全书》发现"出现有900多次",由此提出"中国古代从夏商周到明清,赋役租税制度代有变化,赋役思想也有一个发展变化的过程,然而这其中却有一个始终不变的东西,那就是在赋役政策和赋役思想中具有支配地位的均平观念",认为这是"中国古代历史传统中特别强调平均和公平的思想特征"的反映。也就是说,追求"平均"和"公平"是古代中国重要的治国理念。有研究者认为,"均平"理念源于儒家著名的"治国平天下"说,"它的文化特征还是重在'均平'二字";"'平天下'就是'平均天下'或'均平天下',就是要用'平均'或'均平'的思想和方法去治理国家或天下,要建设一个以'均

---

① 王思明、刘启振:《论传统农业伦理与中华农业文明的关系》,《中国农史》2016年第6期。
② 参见冯时:《河南濮阳西水坡45号墓的天文学研究》,《文物》1990年第3期。
③ 国学整理社:《诸子集成》(第七册),《孟子正义·梁惠王上》,中华书局1988年版,第311页。
④ 余世锋:《农耕文明与中国古代的寓军于民思想》,《孙子研究》2015年第5期。

平'为特征的至公至正的理想社会"。这种治国理念构成了实现"平均赋役"的重要载体,表现在三个方面:一是"历代政治家或思想家将'平均赋役'作为治国方略的思想是非常明确的";二是"古代的政治制度建设和官吏设置等方面,都把平均赋役作为考虑问题的基本出发点,以此为立国之本";三是"作为政治文化的一种载体,它主要体现在政府对地方官职责的规范上。任何一种政治文化,都是要通过官吏的政治实践来体现的"。有研究者认为,"中国文化是崇尚公平和公正的文化,公平原则是一切社会活动的基础"。因此,历代平均赋役的制度、政策或思想的产生"实际上是由一种崇尚均平的文化心理所支配的"。古代"政治家们从均平理念出发,深深认识到,破坏或违背了均平的原则,社会将出现纷争或混乱以至动荡。因此,版籍不明、赋役不均是社会纷争的基本原因,是社会不稳定的祸根"。由此可以说,"崇尚平均,追求公正,是中国古代社会大众最基本的文化心理趋向。历代政府所以坚持平均赋役的政策,也是为着适应社会大众的这一文化心理需要"。①

4. "神道设教"的理念

有研究者认为,"《周易》对于'神道设教'的内容和形式做了显明而清晰的表述"。《易经·观卦·象传》就提出:"观天之神道,而四时不忒,圣人以神道设教,而天下服矣。"可以说,"'神道设教'反映了殷周之际思想观念重大变化的动向,呈现了务实和谐的政治理想与敬神演绎的信仰世界,凸显了神明之道、圣人之道、教化之道三个维度,对中国传统的社会治理和宗教文化的影响至深至巨"。② 这种认识被孔子及后世儒家继承,逐渐形成了"借助礼仪规范来教化民间、统合社会"的系统思想和实施机制,"其学说观念就会透过各种各样的形式渗透到社会各个方面,并作为教化的方式浸淫着广大普通的老百姓"。主要方法如下:一是编撰通俗读本,如取材于西汉经学家刘向编辑的《孝子传》的"二十四孝故事",以及《千字文》《三字经》《百家姓》《弟子规》等蒙学读物。二是通过乡村盛行的戏曲表演传达历史知识和道德观念,"尽管戏剧表演的初衷是娱乐民众,不过中国北方传统戏剧中却包含着丰富的道德内容,特别是儒家道德的忠义、孝顺、诚实和公正等价值"。三是通过官方认可,将民间神灵信仰标准化。有研究者指出:

经过官方认可与各类儒士们改造的民间信仰,由于其与"以神道设

---

① 李振宏:《中国古代"平均赋役"的文化考察》,《学术界》2005年第2期。
② 任利伟:《〈周易〉的"神道设教"思想》,《世界宗教文化》2018年第4期。

教"目的相吻合,不仅在历史上受到皇帝的敕封与官府的承认,而且在民间社会作为儒家道德准则弥漫的途径,为儒家伦理道德在日常生活中的实践起到监督作用,有助于民间社会的秩序化。①

因此,有研究者认为朝廷允许地方神信仰的存在,是因为"它们普遍地具有维系政治伦理系统的重大意义","为保持政治伦理秩序的稳定,官方在很大程度上将民间信仰作为宗教工具直接操纵"。②

5. "因俗而治"的理念

有研究者认为,古代"固定的生活地域和缓慢的生活节奏决定了民俗约定'群居而染'的空间特点和'相沿成习'的时间特点",这对乡村生活发挥着重要的调节与控制作用。对此,历代思想家和政治家都有所体认,儒家以"仁"为核心倡导"克己复礼"的教化思想、法家主张"以法为教""以吏为师",推崇刑律的教化功能,对历代统治者的治国理念产生了深远的影响。"统治者都将民风礼俗作为考察民心向背、社会治乱的重要内容,并以化民成俗作为官方教化的主旨,以'齐风俗、一民心'作为维护国家长治久安的重要途径。"③具体而言,主要体现在以下三个理念上:一是"富民安邦"的理念。"在古代教化思想的引领下,古代统治者都将富民安邦作为施行乡村教化的基础。"如西周推行的"敬德保民"首先强调的是通过"惠民""裕民"实现"保民",然后才可以"教民";孔子也主张先富民后教民,把教化成效建立在一定的经济基础之上;管仲则把"从民欲""顺民心"看作"御民性"教化实践的前提;孟子则提出"制民之产"的理论,认为人民无恒产和恒心则必然导致社会混乱,教化无效。"古代思想家从不同的角度阐发了富民安邦的思想,引领着历代社会的乡村教化实践。"二是"以校为本"的理念。我国的学校教育已经具有4 000多年的文字记载史,历代所办无论是官学还是私学都是开展对社会大众教化的重要场所,正如吕思勉先生所说:"古之言学校者,皆重行礼视化,非重读书讲学问也。"④三是"政教合一"的理念。西汉贾谊曾说:"教者,政之本也;道者,教之本也。有道,然后教也;有教,然后政治

---

① 范丽珠、陈纳:《"以神道设教"的政治伦理信仰与民间儒教》,《世界宗教文化》2015年第5期。
② 杨庆堃:《中国社会中的宗教——宗教的现代社会功能与其历史因素之研究》,范丽珠等译,上海人民出版社2007年版,第147页。
③ 车丽娜、徐继存:《中国古代乡村教化的演进与特征》,《山东师范大学学报(人文社会科学版)》2015年第4期。
④ 吕思勉:《吕思勉说史》,上海古籍出版社2000年版,第154页。

也;政治,然后民劝之;民劝之,然后国丰富也。"①有研究者认为:"教化自古以来就是社会主流意识形态向民间渗透,以及民众内化主流价值观而成为符合社会政治需要的顺民的过程。"古代统治者把政治与教化合一,"在塑造统治者需要的民众意识和思想行为的过程中,实现了维护社会稳定与国家安定的政治目标"。②

总之,综合学界研究的成果,可以把中国古代国家和乡村治理理念概括为天下一统、以民为本、重农安邦、开科取士、建制立规、武力震慑、平均赋役、荒政赈济、教化为主、神道设教、因俗而治、防范异端、无为而治等。

三、中国古代乡村治理方略和技术

在中国古代乡村治理研究中,较少用到"治理方略"和"技术"等词语。但从研究涉及的内容看,有不少研究成果有助于我们从这一视角来认识古代乡村治理问题。

(一)礼的起源及其社会治理功能

有学者认为,制礼规范社会秩序是有着悠久传统的治理方式。"礼""起于古人对自然秩序的尊崇",是"民间社会风俗与习惯的升华",也是"因俗而治""无为而治""顺势而治"的体现,是一种极高的政治智慧。有研究者认为:"礼的起点本于'大同'至境,礼的意义在于规范和调整人们相互之间交往的关系,而礼的价值在于调节民间的资源分配方式,这种分配方式是根据个体在社会中的地位确定。"由此形成四大原则:"正名"与"尊祖敬宗"的法统观;"大一统"的审美观;"等级排比"的价值观;"因时而异"的评价标准。"这四大原则成为构建国家制度与法律的基础"③,制礼行礼是古代常用的行之有效的治理技术。

(二)创设户籍制度是治理乡村的重要技术和方式

掌握户口、人数是开展治理活动的基本前提,也是治理活动的重要内容。一般认为,我国的户籍制度初成于西周时期,史籍中记载的周宣王"料民于太原"就是人口统计活动。《周礼》所记的许多官职都与户籍制度有关,如"小司寇"的职责是"登民数,自生齿以上,登于天府";"司民"的职责是"掌登万民之数,自生齿以上,皆书于版";"乡大夫"的职责是"以岁时登其夫家之众寡,辨其可任者"。学者们对几个重要历史时期和王朝的户籍制

---

① 《贾谊新书·人政下》,时代文艺出版社2008年版,第129页。
② 吕思勉:《吕思勉说史》,上海古籍出版社2000年版,第154页。
③ 黄郁成:《"礼"的塑型:"大一统"国家与小农经济》,《社会科学》2017年第7期。

度进行了详尽研究,这有助于我们理解古代乡村人口管理的情形。

春秋战国时期,各国诸侯均已认识到要实现富国强兵必须准确掌握治内人口的数量,这是获取足够赋役供给的基础和前提,因此非常重视对人户的管理,形成了各自的户口统计办法。① 如秦国自商鞅变法始就实行"四境之内,丈夫女子,皆有名于上,生者著,死者削"的人口统计制度,内容不仅有人数,还包括"竟(境)内仓、口之数,壮男、壮女之数,老、弱之数,官、士之数,以言说取食者之数,利民之数,马、牛、刍稿之数"。② 秦统一六国后,这套办法不断完善并推向全国。秦代的户口登记非常详细,包括职业、居所、爵位、年龄(或身高)、财产等内容。汉代是户籍制度进一步完善和成熟时期,据学者研究,汉代户籍内容包括:"户主:县、里、爵、姓名、年龄;家内所有成员:与户主关系、姓名、年龄;家庭财产及估价:奴婢、田宅、牲畜、生产工具。另外,妻子的籍贯似也在登记内容中,一些重点掌握的人物,恐怕还要翔实地记录其身长、肤色等。"③至隋唐时期,"手实"和"貌阅"是户口调查登记和审阅的基本方法。所谓"手实",就是每年岁终,户主自己报告户口、田宅情况,由里正汇集,送交县上备案。有研究者认为"手实""既是乡帐(账)、计帐(账)、户籍的基础,本身也是一种户籍形式"。④《新唐书·食货志》称:"凡里有手实,岁终具民之年与地之阔狭,为乡帐(账)。乡成于县,县成于州,州成于户部。又有计帐(账),具来岁课役,以报度支。国有所领,先奏而敛。""计账"是户部的税收预算簿和编造户籍的基础,每年编造一次,户籍是三年编造一次,两者相互参照以确保税收的精准。所谓"貌阅",又称"团貌""貌定",是官方审验户口的一种方法,隋代偶有实行,入唐后成为定制。起初为一年一举,开元时则定为三年一次,重点审验的是"五九""三疾"之人。"五九"指19岁、49岁、59岁、79岁、89岁,因为"五九"之人一转年,或入成丁开始负担课役,或入优复年龄(唐代规定:50岁开始免除部分课役,60岁免役,80岁、90岁可以给侍丁),开始免除相应的课役或受到相应的优待。"三疾"指残疾、废疾、笃疾⑤,也可享受不同的优待。所以这两类人需要进行严格的审验。明代户口册籍称之为黄册,详细登录家户的丁口、田地、房屋、牲畜、赋役等情况,以10年为周期持续修订,确保信

---

① 陈锋:《中国古代的户籍制度与人口税演进》,《江汉论坛》2007年第2期。
② 以上见《商君书·境内》和《去强》。
③ 参见马新:《编户齐民与两汉王朝的人口控制》,《东岳论丛》1996年第5期。
④ 陈锋:《中国古代的户籍制度与人口税演进》,《江汉论坛》2007年第2期。
⑤ 《唐律疏议·斗讼》载:"假有旧瞎一目为残疾,更瞎一目成笃疾,或先折一脚为废疾,更折一脚为笃疾。"

息记录的动态更新,明显提高了赋役征收的准确性和效率,以实现对乡村社会的有序控制。此外,还有统计地籍的鱼鳞册,按照《明史·食货志》的解释,因其登载地亩的形状"状如鱼鳞,号曰鱼鳞图册"。虽然也登载丁口,但重在土地田赋。①

(三) 宗族在乡村治理中的作用体现了"软硬兼施"的治理策略

宗族、家庭组织始终存在于中国古代社会,并对乡村治理产生着重要的影响。特别是明清时期,对宗族组织的驾驭、利用成为治理乡村社会的重要策略。郑振满先生把古代宗族组织分为三种基本类型:"一是以血缘关系为基础的继承式宗族;二是以地缘关系为基础的依附式宗族;三是以利益关系为基础的合同式宗族。"他进而推论说:"明清时期各种超家族的社会组织,实际上都是以家族组织为基础的,或者说是某些家族组织的联合形式。"②傅衣凌先生把"家"与"乡"联系起来,称之为乡族:

> 在中国历史的发展中已多次改变其组织形态,既可以是血缘的,也可以是地缘性的,是多层次的多元的错综复杂的网络系统,而且具有很强的适应性。传统中国农村社会所有实体性和非实体性的组织,都可被视为乡族组织,每一社会成员都在乡族网络的控制之下,只有在这一网络中才能确定自己的社会身份和社会地位。

傅衣凌进一步指出,高度集权的中央政权实际上无法完成其名义上承担的各种社会责任,其对基层社会的控制只能由一个双重身份的社会阶层来完成,而基层社会也期待着有这样一个阶层代表它与高高在上的国家政权打交道,这就是"乡绅"阶层长期存在的根本原因。乡绅一方面被国家利用来控制基层社会,另一方面又作为乡族利益的代表或代言人与政府抗衡,并协调、组织乡族的各项活动。③ 还有研究者认为,"宗族"是地域性的自治组织,"是由家族而派生的核心概念"。它"是明清时期基于地域和血缘两重因素形成的基层组织,即在血缘网络之外,又具备其他社会资源,尤其是地域性的教化权威和资源,且能固定产生精英角色的、参与社会资本再生产的地域性组织"。由于"君权在基层治理中的鞭长莫及,皇族对权力分配的力有不逮",因此,后世"更为注重科举的功用与宗族的影响,逐渐给予宗族更

---

① 以上参见陈锋:《中国古代的户籍制度与人口税演进》,《江汉论坛》2007年第2期。
② 参见郑振满:《明清福建家族组织与社会变迁》,中国人民大学出版社2009年版,第47、208页。
③ 傅衣凌:《中国传统社会:多元的结构》,《中国社会经济史研究》1988年第3期。

多的社会空间,从固定流民、推行教化、培养乡绅等角度出发强化宗族制度的影响,因而赋予政治秩序更为稳定的组织保障"。有研究者认为,"宗族、宗法制与派生的宗法政治文化,成就了'软硬兼施'的治理策略"。①

(四)"荒政"是重要的治国方略

有研究者认为,早在春秋战国时期,人们对灾害、灾荒就有了一定的认识,《管子·度地篇》中有"五害"之说,指的就是水、旱、风、雾、雹、霜、厉、虫等几种灾害。到两汉时期灾害观念已经系统化了,灾害的范畴也很为宽泛,《汉书·五行志》收录的灾害名目就多达66种之多。据统计,《春秋》中记有水、旱、风、雹、雪、霜、蝗、虫、鼠、兽害等各种农业灾害70多次。② 自然灾害必然会影响到粮食生产,从而引起饥荒。春秋战国时期,与饥荒相关的名称有饥、馑、凶、荒、歉、馈、侵等。古人依据受灾程度的不同区分了各种灾荒。《尔雅·释天》载:"谷不熟为饥,蔬不熟为馑,果不熟为荒。"而《谷梁传·襄公二十四年》说:"五谷不升为大饥;一谷不升谓之歉;二谷不升谓之饥;三谷不升谓之馑;四谷不升谓之康;五谷不升谓之大侵。"《墨子·七患》记:"一谷不收谓之馑;二谷不收谓之旱;三谷不收谓之凶;四谷不收谓之馈;五谷不收谓之饥。"这些言论反映了古人对饥荒认识的精确度,由此便产生了救荒意识和荒政的实施。在古人的观念里,自然灾害和人祸的发生与统治者的德行与治理思想有很大的关系。为避免灾害的发生,减少灾荒的危害,历代思想家、政治家提出了很多主张。如主张倡行"孝道"以避灾,《孝经·孝治》说:"故生则亲安之,祭则鬼享之。是以天下和平,灾害不生,祸乱不作。故明王之以孝治天下也如此。"诸子百家则倡导"使民以时",《荀子·富国》说道:"罕兴力役,勿夺农时,如是则国富矣";《管子·山国轨》说道:"春十日不害耕事,夏十日不害耘事,秋十日不害敛实,冬二十日不害除田";《孟子·寡人之于国也》也说:"不违农时,谷不可胜食;勿夺其时,可以无饥矣。"古人认为这样就可以有效地应对灾害发生,达到"富民强国"的目的。③ 这些思想对历代统治者的治国政策产生了深远的影响,形成了系统的荒政体系。由李文海、夏明方编辑的《中国荒政全书》就收录了古代有关救灾赈灾的主要文献,反映了古人有关灾荒及其救治的思想和策略。清人总结说:

---

① 朱小略、侯芳君:《略论宗法结构对家族(间)行为与乡里自治的同构性影响》,《政治学研究》2017年第5期。
② 张波:《中国农业自然灾害历史资料面面观》,《中国科技史料》1992年第3期。
③ 参见卜风贤:《中国古代的灾荒理念》,《史学理论研究》2005年第3期。

荒政者,仁政也。自古及今,极为详备。有豫备于未荒之前者,有急救于猝荒之际者,有广救于大荒之时者,有方行于便荒之地者,有补救于己荒之后者。全在大小官吏,遵谕旨,酌时势,权缓急,次第举行,迅速筹办,庶有裨于灾黎耳。①

有学者总结了古代赈灾的主要措施,包括赈济、赈贷、赈粜、施粥、蠲免、罢官粜、招商、工赈、劝分等。②

有研究者认为,"荒政,是指统治阶级用以保持国家稳定、维护社会再生产正常进行、调节社会矛盾而在救助灾荒中制定的制度、政策、办法与措施,是真正对受灾群众以人为本、真诚救助的政治性体现,是维护封建统治的重要方略"。③ 这一方略的思想源头有三:一是农本思想,"历代国家法令,多以强本抑末(增加农业生产)为目标,以孝悌力田(致力于农业生产)为明训"。如《汉书·文帝本纪》说:"农,天下之大本也,民所恃以生也。而民或不务本而事末,故生不遂,朕忧其然,故今兹亲率群臣,农以劝之。"《汉书·景帝本纪》也说:"农,天下之本也,黄金珠玉,饥不可食,寒不可衣,以为币用,不识其终始,间岁或不登,意为末者众,农民寡也。"二是人本思想,也就是仁政策略。如唐太宗在《贞观政要·君道》中说:"为君之道,必须先存百姓,若损百姓以奉其身,犹割股以充腹,腹饱而身毙。"三是平衡社会财富的思想。最早在春秋时期,晏婴就提出:"其取材也,权有无,均贫富,不以养嗜欲",要求君王通过"均贫富"来仰富济贫以巩固统治。《论语·季氏》也说:"闻有国有家者不患寡而患不均,不患贫而患不安。盖均无贫,和无寡,安无倾。"这些主张都是要求统治者通过平衡财富来消除因贫富不均而可能引发的社会动荡,特别是发生灾荒时更容易引发激烈的矛盾,尤其应重视救荒和财富的平均。④

四、中国古代乡村治理的习俗运用

在古代乡村治理中,教化为先、神道设教、因俗而治、化民成俗等理念反映了统治者对传统习惯、风俗民情、信仰习俗对于维护社会秩序、控制民众精神的重要作用有着深刻的体察和认知。不少研究者就是从这个角度探讨

---

① 转引自李文海、夏明方:《中国荒政全书》(第二辑第一卷),北京古籍出版社2004年版,第539页。
② 李明顺:《中国古代赈灾:措施、动因与经验探论》,《理论学刊》2008年第10期。
③ 尹万东:《中国古代赈济研究》,河海大学硕士学位论文,2006年,第15页。
④ 参见尹万东:《中国古代赈济研究》,河海大学硕士学位论文,2006年。

和观察古代乡村治理问题的。

（一）用儒家思想概括出的一套道德伦理秩序来建构民众生活，化民成俗

有研究者认为，儒家把伦理道德看作人的本质，人的行为的最高准则就是按照"礼"的规范修身养性，以达到"仁"的境界。个人修养、家庭伦常、国家治理统一于修身、齐家、治国、平天下的治国方略之中。孔子认为"礼"是由通达"天道""天命"的"圣人"制定的，据此可以构建出"贵贱有等，长幼有差，贫富轻重皆有称"①的社会治理体系。历代统治者都通过制定法律规范、编撰传播《三字经》《百家姓》《千字文》《千家诗》等通俗读本、认同和支持宗法制度、控制"反秩序"思想和行为等举措来实现社会秩序稳定运行的目的。因此，有学者指出：

> 通过官方主动教化、法律激励惩罚、民间道德约束、民众内省自律等方式，这套秩序观不断得到强化和合法化。而人们对这套理论体系的接受、解释、内化、再创新，则使得这套理论体系的内在合理性不断加强，并通过与地方化知识相结合，如水银漫地般融入人们的日常生活体验中。

儒家伦理之所以能够深入人心，是因为它产生于大众生活，是社会生活经验、理念和理想的理论化、系统化，特别是其中包含的"中庸思想、自强不息精神、敬重知识和文化、宣扬包容与权变"等积极合理的思想与大众的生活息息相关，因此又通过教化、习俗、娱乐、拜神等活动"重返社会"而深入人心，产生了心理共鸣、行为同频的社会治理效果。②

（二）传统中国是"依靠以'人伦'为中心的文化习俗体系进行国家治理"的

有研究者认为，"文化习俗体现着一定的价值观念，同时这种价值观念要通过教化等方式进入人的内心，转换为人的自觉行为，即以'文'化人"。古代中国形成了一种以"人伦"为中心的文化习俗，这种"相沿积久、约定俗成的风尚、礼节、习惯"，"是人们在衣食住行、婚丧嫁娶、岁时节庆、生产活动、宗教信仰、文化娱乐等方面广泛的行为规范"。③"以文化人"的观点体现了古代中国"因俗而治"的乡村治理理念，是历代统治者主张通过"教化"（还包括兴学校、定规约、宣圣谕等）来进行治理的重要内容。值得深入思考

---

① 国学整理社：《诸子集成》（第二册），《荀子集解·富国》，中华书局1988年版，第115页。
② 参见张林江：《传统中国的社会治理智慧》，《中国党政干部论坛》2014年第12期。
③ 徐勇：《两种依赖关系视角下中国的"以文治理"——"以文化人"的乡村治理的阶段性特征》，《学习与探索》2017年第11期。

的是,"因俗而治"是否说明古代统治集团已经自觉地意识到社会机体具有自我运转的特征并主动加以利用?特别是"无为而治"思想在治国理政中的应用就是一种治理策略的主动选择,因此在制度安排上给县以下广大乡村留下了自主运行的适度空间,从而以较低的治理成本大致实现了社会的有序运行。

(三)民间信仰和节令习俗对维护乡村社会秩序有着重要作用

有研究者认为,"中国民间信仰与乡村基层组织之间存在着密不可分的内在联系"。一方面,"基层组织是各种民间信仰活动的具体组织者和实施者;另一方面,民间信仰又强化了基层组织的权威和凝聚力,通过信仰活动中的仪式不断增强成员彼此间的协作与认同。民间信仰与乡村基层组织之间存在某种互动关系"。特别是对宗族村落而言,民间信仰"起到了强化和巩固村落整体,维系宗族团结和繁衍的效果"。① 还有学者以专题形式来研究"民间信仰与当地的生态、生活和生产之间的关系",认为民间信仰的地方性"对生态系统具有一定的保护功能";民间对"群体监护神"的信仰,"缩小了个人与群体间的差异,造就了群体认同和凝聚力";而行业神的崇拜对从业者起到了很好的"教化作用","增强了行业人士的自我约束和规范行为,有利于维持良好的经济秩序"。总之,"除个别情况之外,民间信仰是社会教化和生产、生活控制功能的重要环节,有利于社会秩序的稳定"。研究者认为,教化是治理乡村社会的重要手段,教化的实现主要依靠家庭、宗族、村社组织经由信仰、道德、风俗、舆论等渠道来实施,而民间信仰在其中处于"灵魂"地位,发挥着重要作用。② 有研究者认为,早在先秦时期,统治者就"通过建立岁时体系把原本属于自然科学的知识变成一种权力资源"。一方面,"通过颁布岁时标准调整民众的生活和生产活动",另一方面"由官府规定岁时体系是为了证明政权的中心和正统地位,即所谓'正朔'"。特别是利用岁时节日,如社日、蜡日等"人群汇聚的时机向民众宣达政令","目的在于利用节日提供的公共空间教育、训令人民谨守法令,不要有邪行恶念","尽可能地使人民违反法令的可能性降低"。③ 这种传统也被后世统治者继承和发扬。有学者研究了由社神信仰而形成的古代"社日"盛大节日对乡村治理的影响。社日"起源于三代,初兴于秦汉,传承于魏晋南北朝,兴盛于唐宋,衰微于元明及清",在中国历史上传承达数千年之久。社日的中心内容

---

① 余振:《浅析民间信仰与宗族聚居村落维系——以千岛湖札溪九相公信仰为个案》,浙江师范大学硕士学位论文,2011年。
② 王守恩:《社会史视野中的民间信仰与传统乡村社会》,《史学理论研究》2009年第3期。
③ 参见董云香、王金涛:《庄重与欢愉:先秦节庆的社会功能》,《史学集刊》2014年第3期。

是"社神祭祀",有研究者认为"社神是地方社会集体的主神,社神具有主司农事、保护村社(里社)成员的职能",对它的祭祀"表达的是一种集体性的诚敬及公共的愿望"。祭社这种公共性活动"为村社成员之间联系的加强提供了维系力量"。社日活动对地方社会的文化整合作用表现在三个方面:一是"村社成员在祭社活动中易于找到类似统一性的感觉";二是"在社日集体的娱乐中,人们获得了沟通思想、交流感情的机会";三是"利用社日会祀的时机,宣讲社区传统,宣布村社规条,规范村社成员行为"。总之,"由于社日贴近村民生活,适应着地方文化特性,因此,无论是社日祭祀,还是社日娱乐,都有形无形地表现或强调这一文化特性,强化了社区传统,增进了村民之间的情感联系"。①

(四)乡村寺庙、北方祠堂对乡村公共事务自主治理的影响

有研究者认为,中国古代的"寺院的多数却是在广大乡村",除祠堂之外,"寺庙可以说是乡村最重要的公共建筑了"。祠堂只为一姓一族所有,而"寺庙却对当地所有百姓开放,因此寺庙往往成为乡村居民最大的公共场所"。深入和遍布乡村的寺庙"联系着超过90%的中国民众",甚至发挥着"社会文化中心的作用,实际上它也替代朝廷在农村基层的一些社会功能"。特别是"乡村的佛教寺院通过和民众结社互动,往往在广大的农村社会中起着稳定和凝聚力的作用"。② 有研究者以陕西党家村古址为例,系统研究了村落公共事务管理与祠堂的关系,认为"党家村人对村落公共事务良好的管理主要是依托于宗族祠堂、乡规民约以及伦理道德教化而展开,它们构成公共事务自主治理的基本机制"。宗族祠堂"地位极高且作用宽泛,涉及组织祭祀庆典、处理宗族事务、协调族内矛盾、救助族人、组织村落建设等"。为使这些活动顺利开展逐渐形成了一种权力机制,包括老人制(达到一定年龄的老人可以享受特殊的族内待遇)和"公直制度"(公选数位老人组成管理村务的委员会来开展管理活动,如村落的日常建设、治安防范、突发事件应急、组织生产活动等)。有研究者认为,党家村的"自主治理""所形成的以伦理治理为特征、以宗族祠堂为依托、以村规民约为准则,互济互助处置公共事务的模式"具有典型性,"从一个维度折射出古代中国基层社会公共事务自主治理的如下特点":一是"古代中国乡村公共事务主要是维护村落生活生产正常运行的一类基础性公共事务,属于共生共存性公共事务";二是

---

① 参见萧放:《社日与中国古代乡村社会》,《北京师范大学学报(社会科学版)》1998年第6期。

② 参见严耀中:《试说乡村社会与中国佛教寺院和僧人的互相影响》,《史学集刊》2015年第3期。

"这类公共事务主要依靠互助互济和民间捐助的方式进行";三是"古代乡村公共事务的治理主要是一种伦理治理"。① 宋代以降,宗族组织呈现出南方盛于北方的态势,且北方村落杂居更为普遍,宗族组织的存在形式也趋于复杂难辨,这项研究或许能加深我们对古代北方宗族家族在乡村治理中作用的认识。

(五) 乡规民约呈现出比较明显的乡村治理功效

乡规民约从宋代出现以来,在乡村治理活动中既表现为一种观念约束,又是一种新型的组织形态,对乡村治理产生了重大的影响。有研究者认为,"传统乡规民约中德业相劝的教化理念,过失相规的惩罚机制,礼俗相交的治理模式,患难相恤的救助体制也对维持正常的乡村社会秩序有着重要的推动作用";古代基层社会组织制定的规约,"既包括对鳏、寡、孤、独等乡村弱势群体的救济,又涵盖了对'孝'、'悌'、'睦'、'敬'等"伦理道德的倡导,"有效协调了乡村社会关系,稳定了正常的乡村社会秩序"。此外,乡规民约中还有专门针对"赌博、盗窃、嫖娼、吸食毒品、溺女婴等社会不端行为"的惩罚性规定,"对净化古代乡村社会风气,都起到了一定的积极作用"。② 乡规民约似乎最能说明乡村自治的运行特点和成效,因而学术界的关注度比较高,呈现的研究成果也比较丰富集中。

(六) "阴间审判"——民间信仰心理的治理运用

有研究者认为,历代统治者"以礼治世"和"因俗而治"的思想在落实过程中,除依靠法律、教育、教化等方法外,还体现在运用民间鬼神观念、信仰习俗中形成的信仰心理来戒恶劝善,以实现维护乡村秩序的目的。从源头上来看,"礼肇于'俗'而生于'祭'"③。《礼记·礼器》有云:"礼也者……顺于鬼神,合于人心。"古代礼制规范与阴间审判传说皆始于人们对鬼神的敬畏,相沿成俗的目的在于维护社会秩序,由此有"明则有礼乐,幽则有鬼神"④的说法,民间流行的"阴间审判"⑤传说和故事就是最经典的例子。墨子首先提出借"鬼神信仰"进行社会规训的可能性:"尝若鬼神之能赏贤而罚暴也。盖本施之国家,施之万民,实所以治国家、利万民之道也。"⑥到唐

---

① 薛冰、王琦:《中国古代乡村公共事务自主治理的基本特点——基于对陕西党家村古址的研究》,《西北大学学报(哲学社会科学版)》2012年第4期。
② 党晓虹:《中国传统乡规民约研究》,西北农林科技大学博士学位论文,2011年。
③ 陈顾远:《中国文化与中国法系》,中国政法大学出版社2006年版,第260页。
④ 《礼记·乐记》。
⑤ 马力、路遥:《制度是如何形成的——从"阴间审判"在我国古代社会治理中的角色谈起》,《天府新论》2017年第2期。
⑥ 孙诒让:《墨子闲诂》(卷八),中华书局2001年版,第221页。

代,时人辑录的有关"鬼神劝善"的文献就达到 4 000 余篇,可见此类故事流传之久之广。① 宋代以后,劝人为善的"劝善书"大量出现和流传,这类书多借鬼神赏罚来阐述善恶报应,其中影响力较大的如《太上感应篇》《因果录》《关圣帝君觉世真经》《文昌帝君功过格》等。② 总之,这些都反映了借助"鬼神权威"达到社会治理效果的基本理念。当然,说统治者自身完全摆脱了当时信仰氛围的影响,能够清醒地把神灵信仰看作维护统治的思想工具也是不符合事实的。正是由于社会上层同样也弥漫着神灵信仰的浓厚氛围,也深信"头顶三尺有神明",才能够确信"因俗而治"是一种有效的途径。应当说,这种对人们思想进行治理的举措是"主动选择"与"被动顺从"相统一的结果。

五、跨越理论认知门槛及本书旨趣

近现代社会科学的建立是在西学东渐的背景下逐渐完成的,发端于西方的思维逻辑、学术概念、研究方法也成为东方学者们重要的知识背景和认知工具。特别是在对中国传统文化和社会历史的研究中,学者们或明或暗地会使用中外比较的方法,不经意间就会以西方的历史经验、认识逻辑、文明样态为标杆进行分析与评判,精彩纷呈的各民族历史也都被放到了西方社会发展模式中加以认识,使得独立自主地探讨中华文明独特样态的努力总是难以摆脱"他者化"的思维逻辑干扰,久而久之便形成了一道道坚固而又高大的认知门槛。我们必须拨开认识的迷雾、冲出观念的误区、抛弃幻想的诱惑,跨越西方理论话语体系的认知门槛,这样才能为客观总结中国古代乡村治理经验、恰当评价其治理模式和成效、批判性地继承和发扬其优秀的政治文化基因提供科学的认识基础、客观的价值判断和理智的研究态度。

(一) 传统文化构成和作用认识上的狭隘性

近代以来,在中西文化交融碰撞的历史背景下,人们对传统文化更多的是持批评的态度。然而,什么是传统文化,或者说,传统文化的主流是什么,仍然是一个仁者见仁、智者见智的问题。就学界的主要倾向看,人们把儒家文化看作是中国传统文化主流,特别是儒家所倡导的伦理观曾经是人们批判的主要对象。还有一些学者则进一步把佛教和道教文化也作为传统文化的组成部分加以研究和分析。总的来说,儒、释、道三家作为中国历代统治阶级所倡导的官方思想,一方面是统治阶级治理国家和社会所依靠的哲学、

---

① 参见[唐]道世:《法苑珠林》(卷五),周叔迦、苏晋仁校注,中华书局2003年版,第144页。
② 参见袁啸波编:《民间劝善书》,上海古籍出版社1995年版。

政治理论和统治思想的基础而又区别于被统治阶级的思想和文化状态；另一方面，它们主要是通过典籍、学校、庙观等载体来进行传播的，因而系统接受这种教育的人在任何历史时期都只能是社会的少数成员。因此，它们只能称之为典籍文化或上层文化，仅仅是中国文化传统的一部分，远非全部。从历史事实看，儒、释、道三家并不能全面代表和体现那些存在于下层人群之中，通过口耳相传、群体感染、相互制约和推动着的活的文化载体所反映出的东西。总体上可把其称为下层文化或乡土文化，自古以来发生的种种文明现象都建筑在其之上。因此，那些用典籍来传承的文化也应根植于最质朴、最原始的乡土文化之中，是这些乡土文化意识的理论化、逻辑化和系统化，没有这样的基础，便没有这样的上层文化。那些不见于典籍的乡土文化乃是中国文化的主流，那些存活于社会大众生活和行为之中的思想观念、生活理念、价值取向、审美情趣和社会理想才是中国传统文化研究所应关注的重点。

　　社会中作为被统治阶级的广大劳动群众，长期被上层文人所忽视。历史上的这一传统很遗憾地存在于近现代以来关心和思考中国的过去与未来的学人中间。他们将大量精力投注于典籍，并依靠这些典籍来分析仍然在人们中间发生着作用的各种文化基因和文化因素，这样很难全面把握中国古代文化的整体样貌。比如，在分析中国古代小农经济时，因袭性地把它看成是分散的、封闭的、孤立的、自给自足的生产方式。实际上，这种认识主要是受马克思关于近代法国小农经济特点分析的影响，实证性地深入观察和研究却进行的很少。大家知道，中国社会自古以来就是一个分化极不彻底的社会，构成国家的成员并非完全按地域划分，血缘关系为主的宗法集团或拟血亲集团、仿血亲集团以及带有极其浓重的血亲色彩的姻亲集团、地缘集团，始终是中国乡村社会占主导地位的组织形式。因此，笔者向来不同意"自给自足"的说法，而倾向于使用"松散协作"来概括我国小农生产的特点。所谓"松散"，是指这种协作的产生一方面不完全基于经济的需要，而是由于各种其他因素的介入完成了协作过程，比如亲友协作、邻里协作等；另一方面是指农民涉足市场的交换行为也不完全是由于商品生产而产生的交换冲动，农业生产的特点和日常生活所需也不得不发生产品、商品的交换行为，比如盐、铁的需求，这类产品并非各地都有出产，也非农户自己能制造，必须经过交换来取得，因此，这种交换乃是自然条件的逼迫所致。但是，这确实使中国农民成了天生的小商品生产者，起码也是半商品生产者，对于商人、市场、交换、贸易并不陌生。这种乡村交换需要的存在日益发展起了各种乡村的集贸市场（称之为集、墟、会等），并由于商人阶层的存在及其活动，推动了货物交流和全国性市场网络的形成。因此,中国的小农经济对外有着广泛的联系性和依赖性,不可能在自给自足中生存和延续。在这种经营方式为基础的乡土社会,形成了可称之为农民意识或乡土意识的观念体系,反映了农民群体对社会和人生的态度和看法。倘若我们从表面上看,只能得出"土豆论"或是"散沙论",只能随着近代思想家如孙中山等人的长吁短叹而得出所谓劣根性的结论。应当说这些恰恰就是对农民群体的认识不深刻导致的。当然,这里仅仅是谈及文化传统的一个方面,旨在说明"活"的文化、不见于典籍的文化恰恰是易于为人们忽视的存在和文化传统的主流。

综上所述,笔者认为文化传统应当包括典籍文化(上层文化)和乡土文化(下层文化),两者同构于一体,是一种相互生成的联结关系。要深刻把握中国社会转型的方式、特点和道路选择,要正确认识中国现代化的艰难历程和独特模式,不研究文化传统是不行的;而要研究文化传统,不把精力放在乡土文化的研究上更是不行的。比如,有一个流行的观点,认为中国封建社会的农民是深受封建文化毒害的,特别是儒家的伦理观和秩序观,禁锢了农民的思想和行为,人民大众深受其害。表面上看,这种说法似乎成立,因为作为地主阶级意识形态的一部分,儒家思想被视为一种统治术,依靠封建政权的政治权力通过各种渠道而加以实施和贯彻,农民被看作一个单纯的"受体"。然而,我们似乎忘记了农民大众恰恰是封建社会的基础,农民意识作为被统治阶级、被剥削阶级的思想,有其与地主阶级意识相区别、相抵触和相对抗的一面。但是,作为对立统一的两个阶级,又有其相互补充、同构于一体的一面,这决定了思想意识上的某些相通和相似之处。以儒家的"孝道"为例,一般来说,"孝道"包含着"养亲""娱亲""显亲"三个递进的层次。对儒士而言,仅仅停留在养亲是不够的,这与饲养狗马没有区别,孔子说:"今之孝道,是谓能养。至于犬马,皆能有养,不敬,何以别乎?"[①]因此,统治阶级的成员往往把"显亲"和"娱亲"当作大事,使儒家的道德观突出地以"孝"为本。而农民的"孝"则重在"养",让辛苦了一辈子的父母在晚年能吃上一口太平饭,"孝亲报恩"观念在乡土社会的各种道德规范中占据着首要地位。更深入地看,以孝为本的道德观实质上是农业小生产家庭绵延模式的反映,中国的农民家庭具有双向抚养的悠久传统,每一个家庭通过父母对子女抚育和成年子女对老年父母的赡养这两种互为往复的方式,来解决一切社会所必然面对的育幼和养老的社会问题。儒家的作用是在于将这种巨

---

① 《论语·为政第二》。

大的自发意识转换为意识形态——以孝为本的伦理文化。因此，儒家的伦理思想并不是在书斋里或者仅仅是在社会上层的生活中产生，而是在很大程度上反映了农业社会的大众对社会规范的原初感知，并按照封建统治阶级的利益使之系统化，从而把社会各阶级的道德规范联结成一个完整的体系。可见，这里根本不是"毒害"与否的问题。

总之，文化传统是存在于一个民族不断延续的社会大众之中的，它蕴含着一个民族千百年来生息繁衍过程中所积淀的各种经验和成果，是民族精神的重要组成部分。从时间上看，它不存在一个结束的问题，除非该民族在肉体上彻底消失；从内容上看，作为文化传统的各种成分必然包含着不适合乃至阻碍现代社会进步的因素，但是这并不意味着作为整体的文化生命的过时和终结，甚至由于文化传统的存在，规定了人们对外来现代因素选择的方式和内容，并努力把新因素与文化传统中那些积极的因素、可以转变并适用于现代社会的因素结合起来，从而呈现出具有民族特色的现代化过程和现代化道路。我们应当抛弃那些把文化传统视为包袱的不切实际的观念，认真疏理和研究自己的文化传统，弄清它的演变规律、确切内容和发展趋势，这样才谈得上正确而又科学地把握和认识未来。

（二）中西比较研究方法运用的局限性

中西比较是一种常见的研究方法，从文化传统、哲学理念、政治制度、历史进程、文明样态到宗教信仰、民族性格、风俗习惯、艺术风格等，都有广泛的涉及。在总体上"西强东弱""北富南贫"的世界格局下，比较方法的运用被铺上了一层厚重的底色：经济发达就意味着文明"先进"，贫穷困苦就代表着文明"落后"。随着与西方文明接触、冲突和碰撞的深入，中西文明的差异被呈现得越来越清晰，从而形成了误把"差异"当"先进"的认知门槛，进而又形成了中西比较研究时的心理定势，把近代西方的强大看成是自古以来西方文明"一贯"先进的结果，西方文明的"先进性"有着不容置疑的"先天性"，由此形成了中西比较话题背后的支配性潜在逻辑，并弥漫在中西比较研究的各个领域里。

例如有学者提出，中西政治制度在历史发展中产生了"分叉"。原因有三：一是"血缘因素"的去留，西方较好地保留了氏族民主制传统，而中国"反而是通过依靠和加强血亲关系扼杀了原始民主传统，从而建立了以家长统治为核心结构的王权专制制度"；二是"地缘因素"的广狭，"西方没有'大一统'的条件，而中国有'大一统'的条件"，所以导致中国古代王权的过度强大；三是"商品交换"的强弱，"古希腊的许多城邦都只能生产单一产品，这就决定了城邦之间在经济上必须交换沟通,市民阶层发达,而且市民阶层独立于国家权力之外。中国没有迫切的商品交换需求,社会单位能够做到小而全、大而全,国家、家庭、生产单位高度同构,商业不发达,市民阶层本身力量弱小"。① 仔细分析这些说法是经不起推敲的。首先,这种观点的逻辑取向本身就存在问题,即已经在思维深处确认了"西方社会演进正常""西方制度是标准"。在此基础上去确认中西制度的所谓"分叉"自然就带有明显的价值情感和特定取向,这样显然是无法真正比较两种制度发生、发展的实质性差别的,特别是在各自的政治实践,即社会治理上有过怎样的成就也就被有意无意地忽略了。其次,所谓"原始民主制"的说法,或者说源于摩尔根的观察是否科学、准确本身就带有巨大的问号。应当怎样看待原始社会的社会治理?以血缘关系为纽带的原始组织,其民主制是否本身就包含着依血缘辈分的差异而产生的不平等?怎样评价原始权威的产生?这些依据现在的推论都无法精确地描述。断然说西方的原始民主制径直就过渡到了近代民主制度显然过于粗疏和笼统,起码不能跳过欧洲中世纪教权和王权的存在。西方也有一个所谓从原始民主向专制权力演变再转向近代民主制度的过程,这样看来所谓"分叉"说就不成立。再次,中西古代对比研究在地理空间上不对等。有的拿西欧一个小国与整个中国古代对比,得出开放或封闭的结论;有的又把整个西欧看作一个整体,即文化上的基督教一体化与世俗中的小国林立的对抗。这些无论如何都无法与中国古代文化生存的空间相比较。文中谈到地理因素时,就仅用希腊半岛的状态来说明不可能出现统一王权的地理原因是十分偏狭的。其实,中世纪前的罗马帝国就是长期统一的大帝国;如果再从基督教统一神权的视角来看,以教皇为中心的教阶组织也是影响整个欧洲的一种权力结构。这两个现象都说明西欧在古典时代及中世纪并不是一直处于分散与独立状态,有其特定意义上的统一政治实体的存在。最后,关于商品经济的因素,作者严重低估了中国古代商品经济的发展水平,重复着自给自足的陈腐看法。稍有中国经济史、货币史、贸易史的常识就不会简单地得出中国古代商品经济不发达的结论。否则,最早的货币甚至纸币出现在中国怎样理解?丝绸之路的繁盛怎样解释?总之,这种比较过于肤浅和表面化,主要是以西方为标准来评判中国政治文明发展史。强调中国古代商品经济不发达,无非说明没有条件形成一个强大的市民阶层,而这个阶层又是推动近代资本主义文明的主要力量,从而说明

---

① 卢向国:《中西方政治制度"分叉"发展的原因分析——对曹沛霖教授观点的补充》,《上海行政学院学报》2007年第1期。

中国缺乏走向资本主义的内生力量。

总之,中外都曾经存在过封建专制制度,在不同时代的社会条件下,其历史作用与价值的评判存在着难以"一言蔽之"的复杂性,绝不是一个"封建糟粕"的评论就可以得出确定无疑的结论的。这样看来,近代以来对封建制度的猛烈批判、对科学文化的盲目崇拜、对民主自由的过度渴望都源于比较中落后挨打现实的刺激,研究结论反而远离了历史的真实。

(三) 对古代统治阶级的评论存在随意性

中国古代乡村治理研究离不开对各个时代的社会统治阶级作用的分析。马克思和恩格斯就充分肯定了历史上的奴隶主和封建主的历史推动作用。恩格斯指出:"马克思了解古代奴隶主,中世纪封建主等等的历史必然性,因而了解他们的历史正当性,承认他们在一定限度的历史时期内是人类发展的杠杆;因而马克思也承认剥削,即占有他人劳动产品的暂时的历史正当性。"[①]长期以来,在以批判为总基调的研究背景下,有些学者逐渐偏离了马克思主义的立场和观点,对中国古代统治阶级的构成及其作用的评论出现了随意化的倾向。试举几例分析之。

1. 有学者提出古代中央君主体系中的"官员"仅仅起着"仆人的作用"[②]

把君主与官员的关系用"仆人"来表述是常见的对古代官员的评论,潜台词是"皇帝""集权"在政治上是"恶"的,服务于它就是无条件地听命于它,毫无主动性、自主性可言。原因在于中国古代皇帝都是"家天下",视国家为私产,不可能为社会提供公共产品,官员就成了"帮凶""仆人",人民更是"猪狗不如"的"奴隶"。这些评论都有"倒果为因"的倾向。其实人类政治文明的发展有其自然的过程,无论是治理理念、治理制度,还是治理技术和治理策略无不受到当时历史能够提供的条件的制约。如果大范围公共权力出现没有必要,它就不会出现;如果最高统治者不被看作"天子",称之为"君主",命之为"皇帝",权力的合法性就得不到解释,社会秩序就难以维护,进而会导致人类繁衍和绵延的危机。众人决策自远古就是有的,但逐渐被精英决策所替代,在人类社会历史上占据了很长时间的集权统治却也创造了辉煌的古代文明,显示着其出现和存在的历史合理性。因此,在评论古代文明和文化遗产时,必须摒弃"盲目崇拜"和"无情批判"两种极端倾向,把研究的态度放在当时的历史环境和条件下去发掘前人留下的智慧和经验。

---

① 《马克思恩格斯全集》(第21卷),人民出版社1972年版,第557—558页。
② 费孝通:《中国绅士》,中国社会科学出版社2006年版,第5—7页。

2. 有学者提出"统治阶级对国家的控制最终要落实到对公职人员的约束"的观点

> 国家对社会的统治与管理是由具体行使国家权力的职业化、专门化的公职人员合力履行职责来实现的,如果公职人员未受到相应的约束,他们就有可能将自身的特殊利益置于生产方式中处于支配地位的统治阶级的整体利益及整个社会利益之上。如果不能防止这种情况发生,国家政权也就畸变为公职人员的政权。①

认为统治阶级只有通过意识形态力量和组织行动力量的不断加强才能使国家政权真正反映统治阶级的利益,把统治阶级与国家公职人员对立起来的看法令人费解。国家是阶级对立的产物,如果不是社会发展到一定阶段自然产生了管理社会、统治人类各阶级的政治权力中枢,也不会出现所谓掌握治理权力的公职人员。本质上看,掌握国家权力的人无论怎样的职业化、专业化,一定是通过统治阶级创设的各种制度被吸纳进治理体系中的。不管这些公职人员出身什么阶级、阶层,一旦进入政治权力运行机制就必然在主要方面行使着为统治阶级服务的职能。无论是统治阶级的主要成员,还是统治阶级设计安排的政治制度都不可能使公职人员的利益置于统治阶级整体利益之上,历史似乎没有上演这一幕。这就好像一位给老板开车的司机,无论他对车辆维修保养多么专业,也不论他对行驶道路多么熟悉,都不可能改变老板所要到达的目的地。所以,这个观点有点绝对了。其实,对于公权力的约束,不仅统治阶级有需要,就是被统治阶级也同样需要。毕竟社会管理的一面一定程度上超越了阶级利益而具有全体性和普适性,这才有马克思所说的统治阶级总是把自己的主张说成是全人类的主张的现象存在。把公职人员与统治阶级相对立,似乎国家治理就是约束住这群"服务者"这么简单似的。

3. 有学者提出"君主为首的官吏集团"与"经济上占统治地位的阶级"之间的关系是对立的

其认为在前工业社会"由于受生产力发展水平的制约,交通的阻隔、信息的不畅、经济联系的松散","客观上无力对国家最高掌权者进行制度化约束",因此,

---

① 黄清吉:《民主内涵探析》,《政治学研究》2012 年第 4 期。

无法确保国家政权按照维护经济上占统治地位阶级的整体利益要求运转,因而国体常常被政体扭曲。随着以君主为首的官吏集团与经济上占统治地位的阶级的冲突加剧,最终只能通过改朝换代使国家政权重新复位为经济上占统治地位的阶级的政权,随着时间的推移,改朝换代必然再次上演。①

这种观点同样十分令人费解,到底谁才是古代中国社会真正的"统治者"呢?如果君王及其官吏集团不能代表统治阶级,他们就是有别于统治阶级与被统治阶级之外的一个社会阶层,古代社会的朝代更替似乎成了寻找代理人的一种结果,这不是十分荒谬吗?如果这样理解公职人员的地位和作用,那么,国家起源、阶级划分及其斗争理论就毫无意义了。这等于是把运用和操作国家机器的公职人员整体看作权力异化的结果,那么统治阶级如何能称之为统治阶级?此外,阶级关系除了对立之外,还有合作、协作、妥协的一面,而这是我们过去常常忽略的。特别是当代表生产力发展方向的阶级处于上升时期,其进步性、先进性也会为其他阶级所认同,当成为统治阶级后也在一定程度上能够代表社会全体成员在某些方面的共同愿望。因此,必然会使其他社会成员以各种方式加入或服务于新构建的权力体系,为统治阶级所用。绝不可能因为统治机器中有了被统治阶级的成员,就认为可能威胁或改变统治阶级的统治地位,最明显的例子就是军队的构成。作为政权的基石和统治阶级进行统治的暴力工具,古往今来的军队人员构成只可能是以非统治阶级的社会大众为主,但这丝毫不影响军队为统治阶级服务的性质,而军队的哗变或反叛现象的出现也不能简单地看作"政体扭曲国体",至多是统治集团内部不同利益集团之间发生了冲突和矛盾。因此,上述说法对古代国家政治现象的解释是没有说服力的。

(四) 对古代社会治理活动的评论存在片面性

古代社会治理活动是在特定的历史条件下展开的,对它的研究和评论绝不能超越时空限制任意评说。马克思就曾充分肯定古代国家具有强大的动员能力,他指出:"凡是国家支配全国收入的地方,国家就具有推动广大群众的力量。"②国家是统治阶级维护自身利益的工具,它一旦确立就会在社会生产,特别是大型公共工程的建筑中有能力调动和组织起庞大的劳动群众队伍共同开展劳动,因而是"推动广大群众的力量",即决定着历史创造的

---

① 黄清吉:《民主内涵探析》,《政治学研究》2012 年第 4 期。
② 《马克思恩格斯全集》(第 47 卷),人民出版社 1979 年版,第 295 页。

某些样态和一定时期的发展方向。然而,不少研究者"以西为师""倒因为果",把古代社会治理活动批的一无是处,这样的态度如何能很好地总结历史经验、汲取历史养分呢?试举几例分析之。

1. 有学者断然认为古代的统治集团都是"寄生"的"吸血动物"

有学者认为,"帝国在本质上是聚敛的","作为寄生在帝国躯体上的吸血动物,统治集团如不聚敛就无法生存。之所以说是'寄生',是因为他们在征收了赋税之后,并不像现代国家的政府那样为纳税人提供相应的服务,而是用于满足自己的穷奢极欲,包括他们的好大喜功"。① 这种充满"情绪"的评论既不符合理论逻辑,更是远离了历史事实。首先,全面否定古代治理模式及其经验是其评论得以产生的认识基础。似乎古代出现的政治权力都是与人民对立的破坏力量,最好一经产生就是"民主"的、"为民服务"的,否则就只能看作"寄生"在社会机体上的毒瘤、鱼肉人民的恶霸。带着对"皇权专制"的"刻骨仇恨"和对"民主共和"的"无限向往",古代中国存在过的政治制度似乎"天生"就是滋生"腐败"、满足"贪欲"的温床,也不知怎样的人类发展过程才能合乎评论者的希冀? 不经过野蛮,哪有文明;不经过原始,哪有现代? 如果对过往历史的回顾与品评都是以现代文明成果为参照,那还有什么必要去研究历史、总结经验呢? 其次,把中外历史上的君主制看作为所欲为、不受约束的制度显然是不客观的。固然,生产力水平和社会经济状况的确制约着政治制度的水平,但同时也要看到,古代社会治理水平的要求必然也与当时的历史环境相一致。也就是说,社会秩序的状况和人们生存的愿望也是要受到历史条件的制约,今天看来好像不算有效的治理,但在当时的社会条件下就应当是较好的治理效果了。例如,对皇权的约束,在观念上有"受命于天"的信仰约束;在最高权力继替上有嫡子继承制的约束;在政策制定与执行上有言官的约束;在社会形象塑造上有道德评价的"圣王明君"的约束;等等。这些都使君主制度存在的时间远远超过其他类型的统治制度。最后,历史事实告诉我们,古代国家和君王具有"家天下"与"公天下"的双重特性。长期以来,人们普遍把中国古代政权的价值取向看作是"家天下",甚至不提供任何公共产品和服务。然而,有学者提出:

> 国家作为人类社会中不可或缺的组织形式之一,它要以满足全体社会成员的公共需要和实现公共利益作为界定财政职能以及安排财政收支活动的口径和标尺,这在任何社会形态和经济体制之下都概莫例外。

---

① 易中天:《帝国的终结——中国古代政治制度批判》,复旦大学出版社 2007 年版,第 85 页。

自秦汉以降,中国古代的"财政分配关系及其制度安排不仅具有相当程度的公共性,而且更为重要的是,公共性问题在整个财政制度变迁过程中发挥着基础性和决定性的作用"。① 因为各代的统治者都能深刻地认识到"财政"是"事关王朝兴衰更替和国家长治久安的根本命题"。汉儒董仲舒就曾说:

> 大富则骄,大贫则忧。忧则为盗,骄则为暴,此众人之情也……使富者足以示贵而不至于骄,贫者足以养生而不至于忧。以此为度而调均之,是以财不匮而上下相安,故易治也。②

在应对财政和经济风险方面,《礼记·王制》就有"国无九年之蓄曰不足,无六年之蓄曰急,无三年之蓄曰国非其国"之类的政治劝诫;"《周礼》一书更是将这一思想发挥到了极致,非常详尽且周密地规划了备灾赈灾制度架构和政策安排"。"在政策实践中,历代王朝非常重视粮食储备工作,形成了以常平仓(首创于汉代)、义仓(出现于隋代)和社仓(成型于南宋)为骨干的公共粮食储备体系,并取得了一定的积极成效。"由此,有研究者认为,"中国整个帝制时期的权力架构和制度体系呈现出一个双重特征:在'家天下'之中保有相当程度'公天下'的一面"。③ 这是一个比较理性、客观而又符合历史事实的评论。

2. 不少研究者把古代政府征收赋役的行为冠之"超经济强制",主要立足于"无偿获取""压榨盘剥"等批判性立场

例如,有学者在研究秦代的征税活动时就提出:

> 秦代的土地税是田租刍稿并行。土地税是伴随土地私有制而产生的一种直接税。土地私有之后,土地所有权归于大大小小的地主,自然包括一部分自耕农,国家只能采用征税的方法进行超经济的剥夺。④

然而,"过分攫取"与"该不该取"却是两个问题,这就涉及维持大范围公共权力的必然性和必要性的问题。如果必要,那么就需要一定的财政支持,否

---

① 童光辉、范建鏋:《公共性视域下的财税制度改革与传统国家治理——以东周秦汉为考察对象》,《财政监督》2016年第22期。
② 《春秋繁露·度制篇》。
③ 参见童光辉、范建鏋:《公共性视域下的财税制度改革与传统国家治理——以东周秦汉为考察对象》,《财政监督》2016年第22期。
④ 黄天华:《论秦代赋税结构及其沿革》,《广东社会科学》2000年第6期。

则政权难以运转;不通过赋役征收如何满足维持社会秩序所需要的经费?这种看问题的立场很容易导致对以整个皇权为代表的古代政治制度的作用全盘否定的观点盛行。事实上,否定和批判古代中央集权的皇权政治制度恰恰是一个十分流行的做法,这导致了对古代政治文明价值认知的扭曲,孩子和脏水一齐被泼掉了!上述引文对秦代土地税的征收就用了"超经济的剥夺"的表述。历史上存在过的政权、实行过的政治制度不能从一开始就被置于"原罪"的境地,它们之所以在历史上出现一定有其历史的必然性和合理性,反映的是特定条件下人们治理国家和社会的认识水平、技术水平,不必一出现就背负"恶"的骂名,任由后人评说。有些词汇用至今日已然带上了"坏的""恶的"的色彩,诸如"帝王""帝制""帝国""君王""君主""官僚""集权""徭役"等,本来是一种客观的学术用词,因为常常与"批判性语境""谴责性探讨""进步性立场"同时出现和使用,久而久之就带上了"负向"的指意。

3. 有学者评论古代乡村自治现象,常以现代西方政治现象为标准,从而失去了历史性和客观性

有学者在研究宋以后的乡村治理时,认为地方的学务(兴办学校,设馆授徒,创办社学、义学,维修官学校舍、贡院,修撰地方志)、财务(地方公共财产、义仓、社仓)、公务(水利、桥梁等工程建设),以及教化、团练、祭祖、礼仪等事务,"基本上是在地方乡绅的支配和民众的参与下自主完成的,在这些方面乡村治理具有很高的自治程度"。进而评论说:

> 这种乡村自治并非基于人人权利平等的原则,通过民主的方式来进行的,而是遵循着儒家传统的礼治方式,乡绅作为乡村的大家长,名义上对所有村民负责,在其中发挥着主导性的作用,他们掌握着乡村治理的绝对权力,普通村民更多只是被管理、被参与的角色。①

把是不是采取"民主"方式来治理作为评判标准显然远离了历史环境。而况,社会治理是否必须通过人人参与的形式才是最必要、最合理也是最有效的呢?还有学者比较中西农村结构的差异,提出:

> 由于专制社会控制其它任何潜在的取代势力,所以中国古代社会

---

① 宣晓伟:《中央集权与地方治理:"编户齐民"与"皇权不下县"——"现代化转型视角下的中央与地方关系研究"之二十》,《中国发展观察》2016年第3期。

的社会构成不是像欧洲有中产阶级存在而呈现出橄榄型结构,而是一种类似于洋葱头型结构,与国家政权对立的是千千万万个弱小的小农,不像欧洲存在贵族阶层,来做社会稳定的中间体。[①]

很明显,所谓西方"中产阶层""橄榄型结构"似乎都不是对中世纪欧洲乡村社会的描述,而是用来与中国古代社会构成相比较,"西方中心论"的逻辑危害之深由此可见一斑!此外,现代权力认知都是从历史发展中走来,不可能凭空出现一个理想化的权力结构、治理理念!这种认识带有民粹主义的倾向,似乎权威的存在就是"人间不公平"的根源!所以,中西比较既没有在时代上对等,更没有从历史发展的必然性上去认识。完全否定了历史上存在过的权力形式和权威价值,如何说明现代权力的来源呢?

总之,不少研究者在研究中国古代乡村治理时往往依托理论逻辑的理想化走向,以西方历史经验为参照来评论中国古代乡村治理活动的状态与成效,从而导致研究结论总是超出历史条件和历史时代的制约。比如对专制皇权的过度批判、对地方自治的过度追崇、把国家与社会完全对立观察、把"家天下"作为评论古代政治制度的重要维度、把治理成本的吸取与过度的压榨混为一谈、把民众参与社会治理的程度和方式作为一种重要的标尺等,这样中国古代政治遗产就只有被批判的份儿了。试想,如果如此不堪,古代文明是如何进步的?又是如何创造出灿烂和辉煌文明的?总之,超越时代的研究思维和心态在相当程度上左右着研究者的研究倾向和思路,"成王败寇"式的循果探因逻辑,显然是不可能完成无限接近历史事实的文明探索任务的,这样的历史文化研究也就失去了它的价值和意义。

(五)运用多学科视野、长时段史观推进研究深入开展

现代文明视域下的乡村含义是十分明确的。从居住状态看,它与城市相对应;从分工情况看,乡村主要是农业,与工业、商业、服务业等相区别;从文明程度看,一般而言,农村落后于以城市为代表的现代行业聚集的地区。然而,就古代中国而言,文明是建立在农业、农村、农民的基础上,在现代工业没有出现之前,农业是最具有先进性的产业,可以在固定的土地上反复从事生产,持续不断地获取财富。因此,对国家的治理其实就是对乡村的治理,城市的存在虽然具有政治、军事和一定程度的经济功能,但都建立在对乡村供给的依赖上,特别是资源、人才、思想养料、文化素材等都主要靠乡村源源不断地输入。从这个意义上说,古代乡村治理就是国家治理中最为重

[①] 徐旺生:《中国古代乡村社会的结构和性质》,《古今农业》2008年第1期。

要的部分,对中国古代乡村治理的深入研究是寻找中华文明得以长期不断延续奥妙的关键所在。

1. 研究方法上的路径选择

中国古代国家和社会治理是建筑在农耕文明的基础之上的,其本质和主要内容就是对农村、农业、农民的治理,所形成的治理思想和制度也都反映了这一特质。历朝历代持续累积创设的土地、户籍、赋税、兵役、郡县、集权、军事等制度,形成从上到下、从中央到乡村的制度体系,在古代治国理政中发挥了重要作用,也历来是学界研究关注的重点,且成果斐然。相对而言,本书的研究重点放在了狭义的关于乡村治理的制度创设上,并将制度运行放在治理念生成的社会环境和文化(信仰心理)环境中加以考察,旨在总结古代治理乡村社会的治理智慧和技巧。从某种意义上说,本研究主要的关注点不在于观察理念生成和制度运行后产生的治理效果(因为每个王朝的治乱兴衰、存废久暂已经昭然若揭了),而是更着重于从中华文明自身独特的政治文明进化历程中,提炼一些带有普遍价值的规律性理论认识。本书主要运用联系的、系统的认知方法,把古代治理乡村的理念、创设的制度和形成的习俗有机结合起来,更好地揭示中国古代政治文明创造的成果和展现的智慧,以期能为推动国家和社会治理现代化提供历史文化支撑。因此,在综合运用政治学、历史学、社会学、民俗学和宗教学等学科的研究方法的同时,在研究路径的选择上突出强调了以下三个方面:

一是注重源头追溯。本研究比较注重对人类社会由原始状态进入文明状态的历程中保留的那些不可改变的文化遗传基因的观察与思考。比如,追求秩序的偏好与早期人类生存方式的关系;群体性偏好与人类以组织状态应对自然挑战和压力的关系;等级、差异与权力、权威产生的关系及必要性;人的自私本性与对他人权利、利益尊重程度的关系等,都是源于人类的童年,它们在不同的历史阶段流传,至今仍能通过社会生活的方方面面表现出来,恐怕还将会影响到未来人类社会的走向。探源式研究有助于弄清乡村治理的重要理念、制度和习俗的来龙去脉。

二是注重整体联系。本书力求以系统整体的视野把古代乡村治理理念、制度和习俗放到一个长时空的历史时期中加以分析和研究。无论是古代政治文化、制度演变还是乡村民俗信仰研究都是在各自的领域内相对独立开展的,但却缺少横向的联系与分析。从历史事实看,理念、制度、习俗共生于一个历史环境之中,且三者之间是相互渗透、相互生成的关系。只有运用整体系统观察的方法,才能更好地揭示古代乡村治理活动的历史面貌和总结其丰富的政治文化遗产。

三是注重中华特性。在认识工具和理论模式上尽力摆脱"西方中心论"的影响,在始终坚持人类历史发展是普遍性与特殊性、多样性相统一的基本认识的同时,更强调文明特殊性和多样性的价值。中华文明具有毋庸置疑的独特性,它孕育生成了中华先民对宇宙、自然、人生、历史和社会等自成一格的认识,催生出了独特的文明样态,只有从中华文明自身的特性出发才能充分肯定它的理论价值和历史价值。在把握世界文明千姿百态的总体认识的背景下,强调中华文明特性更注重主体性。一方面,历史运动是由有意识的人们共同创造的结果,人的主体特性必然体现在历史创造之中;另一方面,研究主体要以自己民族的主体性为立足点,紧紧围绕自身历史运动的脉络去思考和研究自己的历史。总之,就是要构建一种科学、客观、公正的研究心态,这样才能呈现中华文明的世界意义。

2. 研究思路上的系统观照

有学者曾撰文介绍了"治理"一词的中西文的含义,并区分了"统治""管理""控制"等的各自意指,认为"治理"一词表明国家与社会在维护秩序方面存在双向互动的现象,也就是说,被治理者有一定的政治参与权利。[①] 其实,从中外人类主要文明发生、发展的历程看,自公共权力产生以来,由上而下的统、管、治等是政治活动的主流,治理活动基本上应当理解为对社会大众的疏导、管控活动。还有学者认为,"一种政治制度在本质上乃是一种生活方式,一种对于群体共同生活的组织与安排,而这种政制背后的精神理念则反映了这一群体的共同偏好,他们对于善与恶、好与坏、对与错、美与丑的集体意识。探究政治制度问题,也就是探究政治生活与人类生活本身"。[②] 这说明对国家和社会的治理活动其实是一个系统工程,一种政治制度的创设必然反映人们的价值追求、审美情趣和生活理想,治理理念、制度和习俗则是社会治理系统运行中最重要的三个要素。

具体而言,乡村治理理念源于生存和生活实践,是自组织规则和人们的行为习惯被认识而形成的系统的思想。同时,系统的乡村治理理念反过来又能够进一步指导和优化自组织行为,从而形成制度安排。乡村治理制度源于自然形成和人为设置的行为规则,包括政治、经济和军事制度、诏令和律法规定以及道德伦理和风俗习惯。民间习俗则是乡村治理理念生成与制度运行的人文环境,特别是大众的社会意识(主要有日常生活意识、政治意

[①] 参见徐勇:《论治理转型与竞争——合作主义——对治理的再思考》,收录于徐勇:《乡村治理与中国政治》,中国社会科学出版社2003年版。

[②] 参见刘晨光:《建构政制:思想与统治——以美国立宪为例》,复旦大学博士学位论文,2009年。

识和信仰意识)状态与行为习俗对治理活动(即人为干预活动)具有顺从或干扰等复杂的反应方式,从而也形塑着治理理念的内涵和制度安排的特色。三者同处于人类文明进化的过程中,相互生成、互相转化,从宏观上体现了古代乡村治理呈现的"道法自然""天人合一"的特征,满足了生产力水平较低的农耕文明对秩序的有效追求,社会文明也由此得以持久存续。从中国古代的情况看,历代统治者都是依据一定的"治理理念",创设一定的治理制度,顺应有利于秩序维护的习俗来开展国家和社会的治理活动的。治理理念的生发依赖于特定的生存条件和历史环境,反映了统治者在一定的自然条件和人文环境的情景下,对因维护生存秩序、谋求生存机遇以及维护统治地位而形成的理论的认知水平,正是在此基础上形成了治理制度和治理策略。就乡村治理制度的形成看,其既体现了统治者的治国理念和制度创设能力,又表现了统治者利用既有社会组织功能的治理智慧,既节约了治理成本,又实现了治理目的。就乡村治理中顺应习俗的治理举措而言,也反映了历代统治者把"人为干预"与"顺情而治"相结合的成熟政治技巧。只要我们注意到宗族家族组织及其宗法礼制伦理在古代乡村治理活动中的长期存在和应用,就能够基本了解古代乡村治理的性质、特点和成效。

本书是对中国古代乡村治理理念、制度和习俗的初步探讨,远未达到系统周详的程度,只是就其中笔者以为比较重要的几个方面提出一些粗浅的认识,对三者在治理活动中的关系提出一个大致的概念,以期有利于学界展开更深入的探讨。本书从三个层面展开研究。第一个层面主要从宏观角度研究古代治国活动得以展开的社会历史环境。分别就古代中国的政治结构、经济结构、社会组织结构和古代文明的开放倾向等特征进行了深入分析和研究,由此探讨了古代国家治理理念生成的思想文化基础,提出了不同于传统认知的许多新观点,为深入开展乡村治理制度研究奠定理论基础。第二个层面主要研究古代乡村治理制度的萌生、定型及治理特色与效能。按照乡村治理制度的发展脉络,就乡村治理制度的起源、性质、运行特点及影响因素进行了深入的探讨,就某些学术上的重大分歧进行了辨析和研究。第三个层面主要是围绕有关古代乡村秩序维护的民间习俗进行拓展性研究,进一步阐述了乡村治理制度运行的精神环境、信仰因素和发展走向及其与现代化转变的关系。本书重点研究"上天"信仰、民俗信仰和俗神信仰与民间权威形象、乡土民众价值取向等生成的关系,深入揭示了乡土百姓精神世界里的秩序理念与乡村治理制度顺畅运行的关系,从而把乡村治理制度放在日常生活及其精神活动的背景中进行观察和研究,揭示出乡村制度与中国政治文明现代化的关系。

3. 研究结论中的创新观点

第一，从乡村社会的角度探求了古代政治文明兴衰的制度性原因。乡村治理制度是乡村政治行为和习惯的制度化，着眼于一种机制和行为规范，但它也有相应的组织依托。以往的研究往往忽视了民间组织在乡村的存在和发挥的作用。就中国古代而言，国家产生后，对于底层民众的管理与控制一直是一个十分棘手而又关乎国家存亡的重大政治问题。然而，有趣的是历朝历代虽然将乡村治理纳入了正式的制度体系，但在乡村具体从事治理活动的人员多数情况下却很难入流，绝少有机会进入官僚品级队伍。这种治理策略和方式鲜明地体现了古代统治阶级"有所为有所不为"的治理智慧，即"无为而治""顺势而治"和"因俗而治"。这种现象的存在一定程度上决定了王朝的兴衰更替和政治文明的发展。对它的系统研究有助于破解当代乡村治理的困境和难题。

第二，创新性提出"族性社会群落"概念，用以表述古代社会组织形态的特征，开创了对中国封建社会特征及其组织形态研究的新视野。笔者认为，政治制度、权力结构、治理特点都应从早期国家权力形成的道路和特点中寻找根源。依据我国远古文明的考古成果，可以清晰看到从远古国家形成起直到清代，在国家政治生活和治理活动中始终贯穿着一个强大的政治基因——政治血亲化、血亲社会化，可称之为"族性传统"。它包含两个基本方面：一是指以血缘纽带为特征的自然组织（家族、宗族）及其泛化的组织形态（拟血亲组织、仿血亲组织等，如结盟拜会、合族联宗等）的传统；二是指维系这一组织形态而形成的精神传统（即以"亲缘意识"为核心的心理传统），包括共同的神灵信仰、价值取向、道德情操、审美情趣和社会理想等内容，是人们相互认同的精神纽带。"族性传统"一经形成甚至可以不依托于它得以产生和保持的原生组织形态，在更大的社会空间和结构中长久绵延。因此，我们把中国传统社会的基层组织形态称为"族性社会群落"。就我国古代的情况而言，乡村治理制度往往与当地的社会意识、民俗文化和族性村落组织结构融为一体，成为上层中央官僚制度稳定的广泛基础。在社会变革由积累到迸发的过程中，对这一层次制度冲击的程度，往往决定着新建立的上层中央政治制度运作的方向、面貌和基本特点。

第三，乡村治理活动是一个复杂的系统，是国家治理的组成部分。在古代中国，乡村是最重要的治理对象。治理理念反映的是古代统治者对复杂治理对象认识的水平，由此派生出制度安排和"顺势而治"的治理策略和技术。在研究的理论视域里必须关注如下一些理论问题：一是在权力起源问题上，必须深入研究人类早期的自组织情形所蕴含的秩序向往、组织纽带和信仰力量共同构成的原始权力是如何转变为人为特征明显的组织力量的；二是要考虑自古以来人们是如何感受到上层的治理思想和举措的，少数思想家的认知通过什么样的途径成为人们能够普遍接受的知识。如果说没有普及，那么每个时代出现的思想能在多大程度上影响当时人的行动呢？假如不是显性认识推动了社会行为的变动，那么思想的价值是怎样实现的呢？或者说，一种社会变革的发生有其应然的趋势，蕴含着一个时期大众普遍的愿望，少数社会精英将这种心理主流上升为一种政治认识后，再通过一定的方式对民众产生影响。那么，这个过程到底是如何发生的呢？也就是，从传播学的角度，我们怎样来确认思想的价值和影响呢？三是要辩证对待"制度本质上是一种人造的工具"[①]的说法。规则也好，习惯也罢，都带有极强的自然性，如果没有社会的需要就不可能形成某种习惯或规则。这说明，人为制定的规矩、规则、制度或是形成的伦理规范都有"不得不"出现的必然性。"人为特征"只是说在此基础上进一步加以规范、细化和完善，这就存在着合自然性与过度规定的矛盾。也就是说，不是所有实行的制度都是必要的，因此才会出现"令行不止""有令不行""有制不遵""有法不依"等现象。

第四，明确提出合法暴力运用是实现乡村治理的基础性支撑的观点，以回应有关乡村治理权威来源及其性质的学术争论。在综述中，笔者系统梳理了学术界关于"皇权"下不下县的争论，多数研究者忽略了国家政权的基石——军事力量的存在，使得争论游离于国家作为政治权力实体而存在的历史事实。古代对乡村社会的治理离不开合法暴力的运用，无论是强大的王朝，还是短命的朝代，建立起以农村、农业、农民为基础的统治秩序必须依靠强大的暴力。因此，军事视角是我们观察古代乡村治理理念、制度和习俗非常重要的维度。笔者通过对历代军事力量的构成与分布的分析，使古代乡村治理研究有了更可靠的认识基础。

第五，中国传统文化和政治制度是中国走向现代化的历史基础，很大程度上影响着中国现代化模式的生成。深入探究中国古代乡村治理制度的发展，我们可以发现：我国乡村治理制度的变迁在社会变革中起着关键性的作用。所谓社会变革，是指包括渐进的社会改良和突发的社会革命在内的一切社会结构和层次的变化。社会变革最终要表现在社会政治制度的一系列变化上。然而真正决定和代表社会变革性质的变化，笔者认为主要是社会最基层的乡村治理制度、组织、结构及其政治习惯的变化，唯有这一层次的根本变化，才能真正实现和保证上层政治制度的革新。总之，从历史的发

---

① 马德普：《论政治制度及其功能》，《郑州大学学报（社会科学版）》2000年9月第5期。

展来看,乡村治理制度的变化是社会变革的关键,也是上层政治体制改革的基础。从现代意义上重新彻底地组合乡民,不但要依据经济发展的情况而定,还要依据社会变革的需要程度来进行。只有乡村治理制度的变革和完善,才能保证上层政治体制与社会总体变革的完成和卓有成效。本书对乡村治理观念、制度和习俗的系统研究,深化了对中国传统政治文化的理解和认知,所揭示的中国古代政治智慧、政治技术对于推动当代中国政治文明继续沿着中国独特的道路发展有着非常重大的理论和现实意义。

上 篇
古代乡村治理理念及活动的运行环境

社会存在决定社会意识,社会治理思想的形成也必然源于人类的生存实践。如何认识中国古代社会的性质和结构特征是一个长期有争论的重大学术问题。分歧产生于中西对比研究背景下,外来理论与中国古代史实的差异。学术史上曾经出现过的社会形态争论、资本主义萌芽争论,以及对小农经济特点、封闭与开放等问题的研究都反映出某种模式论、简单化的倾向。特别是对古代政治文明的研究,多站在批判的立场上全盘否定,忽略了中华文明辉煌成就与古代社会治理理念和制度的关系。中华文明创造出了独特的社会治理制度和方法,这是与社会实践中产生的治理理念密切相关的。因此,必须首先弄清古代社会的政治、经济和社会结构形成的源头、过程及特点,才能弄清与此环境共生的统治思想、治理理念的内涵与特性,为理解古代治理制度的形成及特色奠定认识基础。

第一章 二元结构：古代乡村治理依从的政治格局

所谓政治，是社会部分成员运用特定的经验、理论和技术手段改造和治理人类社会的活动。政治文化应当包括所有以改造和治理人类社会为目的的精神活动、实践活动及由此造成的一切文明成果，它们共同构成了庞大的政治运行系统。社会政治系统运作的目标在于：第一，更好地组织人们应付自然环境的压力与挑战；第二，协调人际之间的行为与冲突，维护社会秩序的正常运转；第三，维护统治集团的根本利益。总之，最主要的目的是维护社会秩序，推动社会运转和发展。然而，政治系统能否实现上述目标则取决于政治文化的结构，即政治文化的各构成要素之间的关系及其配置。传统政治文化中最主要的政治关系乃是以君主为核心的政治集团与社会大众之间的统治与被统治、治理与被治理之间的关系，其他关系或子系统均是围绕此关系展开的。因此，可以说传统国家和社会治理形态乃是二元结构，乡村治理活动主要就是在君主、官员、乡绅和大众四种政治力量的平衡配置和矛盾斗争的往复运动中形成的政治格局中开展的。

一、二元结构的互动关系

传统政治文化产生于农耕文明。自农业发明后，土地不但成为占有社会财富多寡的重要标志，而且是衡量人们社会地位、政治地位的衡量器。土地的占有程序和使用方式把人们划分成了不同的阶级和利益集团。因此，产生于农耕文明的政治系统，要达到维护社会秩序的目的，其根本就在于维护特定的土地占有方式、程序以及再分配的方式和使用方式。社会政治权力的产生是基于群体生存方式的内在要求，它是模仿人类自组织现象而形成的有组织的社会力量，也是政治系统产生和运作的依据。根据土地的占有和政治权力的分配状况，可以把中国古代社会的社会各阶级粗略地划为五个部分，即掌握政治权力的土地占有者、掌握政治权力的非土地占有者、不掌握政治权力的大土地占有者、不掌握政治权力的小土地占有者和不掌握政治权力的无土地者。前两者构成了社会政治活动的主体,后三者构成了社会政治活动的客体。社会政治活动主客体之间的关系便形成了中国古代社会政权构成的形式,即政治体制。而一定形态的政治体制是一定社会中政治活动的主体从事政治活动最重要的工具。因此,传统政治文化的二元结构便突出地体现在以政治制度为主的政治控制系统之中。

作为传统政治活动主体的社会成员,主要是指以君主为核心的贵族官僚集团。依照政治权力分配状况,可以将其划分为三个层次:第一层次为君主,乃是中心层次或最高层次,与其相应的政治制度有君主的权限、名号和继承制度、后宫制度、宗室制度、宦官制度、外戚制度、宫省制度、服御制度;第二层次为中央官员,与其对应的政治制度包括中央行政体制、辅政体制、法律制度、监察制度、军事制度、职官管理制度等;第三层次为地方官员,主要工作于省、路、府、州、郡、县等各级对应的政治机构之中。这三个层次共同构成了二元结构中的一元。政治活动主体的各级官员按照品级和职位的高低形成了明确的梯次状态,并按不同等级的不同待遇(品级、俸禄、礼仪、服饰、荣誉称号、赐号、爵位等)享有掌握政治权力的运用和补偿的功能。在常态状况下,各级官员所享有的权力、财富及政治地位均与君主有着密切的关系,享有的是再生权力,从而把效忠最高统治者的信条内化为每一个政治活动主体的从政意识,事实上起着传达君主治理和改造人类社会的愿望、目标等统治意志的中介作用。相对于君主,君主以外的从政人员又构成了政治活动的客体,受着严格的约束,所谓君主专制就是指对在位的各级官员和不在位的准官员(士大夫)的严格控制与管理。

社会政治活动的客体是被统治者、被治理者。它包括在人数上占绝对优势的农业经营者及其他劳动者。值得注意的是,中国的下层群众从来都是以某种群体方式生存的,决定人际之间关系的力量主要不是来自经济活动。从历史上看,无论是氏族时代还是阶级社会,最下层的大众总是可以归属于为某种自然关系和文化关系支配的功能不同的集团之中,主要包括:以血缘关系和婚姻关系为纽带的亲族集团,如家庭、家族;以地缘关系为纽带的乡土集团,如同乡会、老乡会等;以宗法师承关系为纽带的结盟集团,如天地会、哥老会、三和会等;以信仰和习俗为纽带的宗教集团和民俗集团,如五斗米道、白莲教、香火会、花会等。随着历史演进的程序,以血缘集团为核心的各种集团相继出现在中国历史上,杂糅并处,相互影响制约,支配着社会大众的行为和感知、认识世界的思维方式。因此,社会大众在感受和认知社会政治生活、政治活动时是透过各种职能集团的过滤而获得的,意即不是直接感受上层政治活动的影响,而是间接体验的,这便隐伏着脱离上层控制的可能性。这种状况表现在政治制度上便是县以下乡村治理制度的性质和作用与上层有着很大不同。自上古以来,尽管乡村治理组织的名称、职责和治理范围在不断变化,且日趋复杂,然而其性质却未发生重大变化,即这一层级的治理组织乃是半官半民的性质。虽然在某些王朝的法典、典章中规定了它们的存在,但实际上乡村社会的权威人物主要包括退休官员、落第秀才、族长会首和没有功名的一般绅士或富有者,他们不享受官府的品级和俸禄,也不可能依照政绩很自然地升入县以上的职位。正是由于这一批人的存在和乡村治理制度的作用,传统政治体系被划分成了两个有联系的、依照各自运作规律运转的运行系统。上层政治的作用通过横亘在广漠的乡村社会的这层由支配乡村社会大众的各种关系集合而形成的乡村治理制度才能到达社会大众。因此,在下层政治结构中,处于乡村政治活动核心地位的人物(如族长、大地主、宗教首领、会首等)构成了政治活动的主体,最一般的社会大众成为政治活动的客体,他们共同构成了二元结构的另一元。

由此我们发现,在二元政治结构中,统治与被统治的关系形成了往复式运动的特点。君主、官员、乡绅、大众这四个因素,两两对立,交互支配。其中,君主和大众是较恒定的因素。君主在理论上、实际上和象征意义上都具有跨时空的绝对权威,他永远是政治活动的主体,操持着最高的社会政治权力。社会大众作为一个整体永远是社会政治活动的客体,尽管他们当中的个别人或集团在特定条件下会发生主客体倒置,但作为整体的社会大众依然处在被管理者的地位。其他两个因素则是极不稳定的。作为官员,对于君主,他们是政治活动的客体之一,而对于大众,他们又是主体之一,这种地位决定了他们享有的政治权力与地位取决于君主的喜怒哀乐,稍有不慎即有被贬为民的可能,甚或招来杀身之祸。就在野的乡村领袖人物来说,对君主和官员而言,他们是社会政治活动的客体之一,而对于社会大众则又是社会政治活动的主体。由于他们所代表的社会力量乃是整个国家的基础,最本质、质朴地表达了社会政治结构的原型和运作原则,因而有了与上层政治抗衡较量的基础。正因为如此,他们自古以来便是上层统治者拉拢或打击的对象,妥协性地分享了最基层的社会政治权力。然而,这些人在乡村政治生活中的地位,除了土地、财富占有的影响和一部分上层统治者赋予的行政权力外,还强烈地受到血缘、地缘和文化因素的支配,这些关系掩盖了他们与劳动者之间的剥削关系,实际上就其分担的各种社会角色的特定地位来说,他们负起了生活于某一地域的社会集团的利益维护者的责任。当上层政治力量强大时,他们妥协性地为其服务;而当上层政治力量衰弱时,他们又构成了离心力的源泉。可见,传统政治结构决定了社会控制的主要系统——政治系统能否良好运作,稳定地发挥其治理和改造社会的功能便取决于这两个变量的消长及其利益分配的恰当程度。总之,在君主和社会大众之间,按照政治权力的大小和治理区域的宽狭,存在着诸多双向运动的政治力量,当君权强盛时,这些力量的运动方向便朝下指向民众——当然其力度在到达社会大众时已显著打了折扣;当君权削弱时,这些力量便有一部分向上运作,形成内部的冲突而抵消了一部分力度,其结果也是减弱了社会大众的政治影响力。

总之,二元政治结构是中国古代政治文化的一个独特现象,它决定了传统政治运作的轨道、方式和特点,决定了政治权力运用的式样、政治技术手段的种类以及政治思想发展的方向。应该说,对传统政治文化结构的剖析是了解传统政治文化的关键。

二、二元结构的运动趋向

上层结构的塔式权力分配方式,最终将政治权力集中于君主,形成了君主专制的政治体制。中国进入国家形态的初期,君主权力的维护主要依靠血缘集团和亲属集团的承认与拱卫,君主不但是政治领袖,而且是亲族集团中的核心,他主要靠血缘力量和婚姻力量达到控制社会的目标,从而形成了以分封制为主的权力分配方式。到春秋战国之际,由于社会分工协作的日益发展,仅靠亲族集团难以有效地控制社会,且有造成君权不断削弱的趋势。因此,君主们便试图寻求新的政治动能,把有财力和才干的非亲族而又有影响的社会力量纳入政治运作的轨道,逐步形成了官僚政治体制。

政治体制的变化,虽然使统治集团由于加入了有才干的非亲族人物而扩大了统治力量,但是也带来了对其进行控制、管理的新问题。过去依靠血缘宗法原则和观念实施的政治控制,现在已不能对所有官员起作用,必须另外创建新的制度。历史表明,秦汉以降的君主的确逐步完善了一整套对各级政治权力运用者进行约束的制度和机制,例如:御史台等监察机构,大理寺等执法机构,刺史、总督、巡抚等临时监察大员都是针对各级官吏设置的;此外,如京察、上计等一整套考核、提升制度的完善,法律条文中吏律的制定等同样起着制约从地方到中央各级官吏的作用。作为给君主效力的补偿,君主按照品级和职位、作用的大小为各级官员分发俸禄,赐予荣誉称号、土地、住宅等,依靠各种奖励措施激励官员的政治热情。君主依靠这些政治技术保证政治控制系统的正常运作,以达到治理社会的目的。这并不意味着君权是不受丝毫制约的,在实际政治生活中,君主权力要受到各种因素的牵制,因而丧失了一部分权威。首先,随着大一统局面的出现,社会治理的区域、范围和内容都扩大到君主个人难以治理的程度,必须依靠扩充管理人员、划分层级统治区域的办法来解决,这就必然形成分权的趋势。中国历史上相权的出现及其强大便是对君主权力的一种分化,由此引发长达千年的皇权与相权的斗争,其结果是相权逐渐被架空、削弱甚至取缔。代之而起的是外戚势力和宦官势力,两者再次形成对君权的威胁。这两种在某种意义上讲带有破坏性质的政治力量的介入,使君主陷入多方争夺政治权力的困窘之中,对各方势力的均衡与协调必然使君主以丧失部分权威和权力为代价,这很自然地限制了君权的无限扩张。其次,君主政治形象和政治权力的取得,依靠两个重要的理论基础:其一,"奉天承运",即依靠社会大众对"天神"的普遍信仰,把皇权的取得与"天命"联系在一起。然而,人们同时也认识到"天命靡常",自然界的随机变化扑朔迷离,所谓昭示"天命"的祥瑞与灾异随处可见,即可以为获取和维护最高统治权服务,也可以为争夺最高权力者提供口实。因此,从宏观角度看,君权受到了"天命"观变易特点的制约,促使君主被迫修正自己的行为与言论,以适应"天命"的"要求"与变化。其二,血缘宗法观念。支持君主的最为牢固、坚实的社会力量,首先来自君主的家族,其次来自君主所在的地域。因此,君权的伸张必须符合血缘宗法观念,君主在行为上、言论上一定程度地受到亲族中血缘、亲缘辈份较高成员的约束,这不但是君主完善自己社会形象的必然要求,也是获得权力的源泉。君主必须顾及这些成员的意见、看法,否则就会损害对最高权力的掌握。总之,君主权力并不具有彻底意义上的无限性,我们只是揭示了两种实际政治生活中对君权约束的情况。实际上,在明文颁布的许多法律条文和典章制度中同样也能找到许多对君权约束的规定,无论它们被执行的程度如何,均体现了对君权抑制的趋向。因此,君主专制是相对而言的,并有明确的适用范围,经过上层结构中的抵消与过滤,君主权威和权力到达社会大众时早已被扭曲和削弱,从这个意义上讲,君主权威不可能直达民众。

在以王权为中心,以分封制为特点的贵族政体下,下层社会主要是指卿大夫以下的社会大众。这一时期,血缘关系处于压倒性优势的地位,血缘的亲疏远近决定着人们的社会和政治地位,行政关系在充分地与血缘关系融合、重叠后才能发生作用,这对后世的政治生活产生了深远的影响。郡县制产生后,乡村社会就是指县以下广阔的治理区域,其中活动的最稳固、最持久的社会组织依然是亲族集团。虽然人际关系的准则发生了某些变化,但远未达到冲破血缘关系的程度,反而又形成了另一股社区凝聚力——地缘亲和力。因此,在乡村社会生活中,处于核心地位的人物往往集合了血缘、地缘、财力、知识等优势,成为辨别是非、判断优劣、仲裁争端、维护集团利益的集合性权威人物，他们是社会大众获得心理依托和安全感的依靠。再加上他们往往又充当乡村治理的政治权威，在乡村治理机构任职并掌握了基层行政权力，直接影响和控制着社会大众。因此，县以下的乡村社会便呈现为一个个平行的人数不等、范围大小有异的自成系统的社区，每个社区均是与上层政治同构的政治系统。因此，上层统治者对这股政治力量运用、处理的得当与否，便关系到整个政治秩序的稳定和运作的方向。

　　上述分析无意将二元结构看成绝对隔裂的对立关系，它们同处于一个结构框架之中，相互之间既隔裂又联系，形成了极复杂的关系。乡村社会既是上层政治力量的治理对象，又是其社会基础。统一的国家权力和君主权力的形成，是人们要求大范围内组织起来的产物。然而，一旦这种最高权力形成，它又作为外在于下层社会的政治力量对其实施强制性统治，这便造成了某种对立的格局与态势。从中国历史上看，国家权力和君主权力的形成主要不是基于地域性社会联合的要求，而是某种血亲性质或拟血亲性质的联合要求。因此，广泛存在于乡村社会的血亲集团并没有被彻底冲破且直接控制着社会大众。君主或国家权力要想牢固地控制社会大众，征收维护国家机器运转的赋税、兵役、徭役等，就必须冲破或理顺以血缘关系和地缘关系为纽带的地方集团对下层社会大众的控制，这种斗争时起时伏，贯穿于中国古代社会发展的全过程。乡村社会作为政治治理的对象，不可避免地与上层系统存在着利益争持。虽然历代有作为的君主都曾程度不同地打击过所谓地方豪强势力，有些也收到了一些成效，但并未能从根本上改变这种总体格局。这主要是因为它根源于血缘家族集团的存在，只要是以血缘关系为主支配着下层社会组织的构成，那么在政治上就必然存在区域势力的争端，这成为传统政治文化的一个特色，存在了数千年。

　　乡村社会作为政治统治的社会基础，自然有支持上层政治系统运作的重大作用，突出表现在通过人才向上流动的特殊渠道，为政治运转提供了源源不断的动能。无论是乡举里选制、察举征辟制，还是九品中正制、科举考试制，都发挥着把隐处于乡村社会的政治人才导入上层政治系统的重大作用。这种沟通与交流使国家权力的代表性具有了更为广泛的意义，从而不断强化了人们对君主权力的信任。应该看到，相互依赖支持关系的形成乃是双方不断斗争的结果，是妥协的产物，即中央和地方行政系统承认乡村领袖对其政治权力有一定程度的分享，以此来换取它代表的地域或社会集团对更高一级政治权威的认同与支持。经过乡村政治领袖对中央和地方法令、法规及指示、诏令的过滤，其严肃性、强制性、规定性被削弱，随意性、模糊性却显著增强。对皇权的臣服变成了某种道义，简化为纳粮、服役，社会大众的参政意识被收缩为某种消极的、被动的适应观念,从而显得远离上层社会和政治生活,所谓"天高皇帝远""纳了粮好如自在王"等民谣便反映了这种倾向。

综上所述,二元政治结构中的两大层级之间存在着极为复杂的关系,这种关系又受到每一构件内部诸因素交互作用的影响,由此构成了一幅治乱兴衰的历史画卷。在二元结构中,君主的作用更多体现在协调社会各种政治力量、准政治力量之间的相互冲突上,其治理社会的最高理想乃是追求社会的"和谐""康宁"和"均平"。因此,传统政治文化更多表现为恪守传统的特点,维护和坚持已存在的人与自然和人与人之间关系的模式和相对稳定的角色位置。一言蔽之,传统政治文化不是着眼于社会发展而是着重于社会运转——永恒地转动于某种特定的框架之中。

三、二元结构的形成原因

传统国家和社会治理状态之所以呈现出二元结构,原因是相当复杂的。但最根本的原因在于更高一级的社会力量和政治权力及其组织的形成均是社会核心组织——家庭或家族的同构放大。

首先,按照唯物辩证历史观的理解,国家及其组织的产生基于两个条件:一是私有财产及其观念的出现,阶级压迫及斗争现象的产生;二是社会分工发展到按地域来划分居民的程度。然而,中国古代国家的出现却有着稍异于上述论断的独特道路,即国家权力和组织的产生并不完全是在第二个条件完全成熟后才完成的。中国社会以血缘划分居民的现象从远古一直保持到近代,在一定的区域内,虽然存在众多的家族,但由于血缘亲族和婚姻集团的共同规则,家族之间在广义上存在着认同的可能性,从而形成了区域共同的文化环境。尤其值得注意的是,乡村社会的经济活动和经济关系服从于血缘关系的制约与支配,例如地权转移,直到近代还遵循着"一让本家,二让同族,三让邻里,四让同村"的顺序。同时,经济活动也是形成地缘亲和力的重要因素。中国的乡村经济始终含纳着非农业劳动的成分,特别是家庭手工业,其产品并非完全由农户自己消费,而是在区域集市上通过各种形式的交换,来补充家中所需。因此,中国早就存在发达的商品货币经济,但却未造成瓦解乡村社会结构和产业结构的结果,它作为这种经济形式的重要补充长期存在。正是由于相对范围地域内的集市、墟场、市镇是人们社会价值和劳动价值得以实现、获得认可的场所,这才产生了人际之间的亲和感。随着社会的发展,交换的范围由于走卒贩夫和商人的活动不断扩大,形成了类似行政网络的层级市场网络,地域观念也不断地扩张。所谓"大老乡""小老乡"的说法表明,在不同的场合,针对特定区域的人们乃是区别亲疏的重要依据。笔者认为,中国远古国家的起源正是在社会核心结构为血缘集团的基础上,通过地缘关系的沟通与扩大,不断向上层扩展,最后形成了国家权力和君主权威。如果把夏、商、周的"天子"看作某种意义上的"部落联盟的大酋长"式的国家权力的代表者,那么秦始皇创立的皇帝制度和官僚体制则表现出了地缘关系的凝聚力。因此,尽管中国的下层社会没有发展到彻底以地域来划分居民的程度,但并不妨碍统一的国家权力的产生。

其次,人类社会存在着两种组织现象——自组织和组织。所谓自组织,是指事物自发形成秩序或组织,它有自己的能量转化方向和规律,不服从人的意志的支配。家族制度便属于自组织现象,它是人类进化过程中,按照属于自然关系的血缘辈份自发地形成的社会组织。所谓组织,是人们为着共同的目标,有意识地聚合起来形成的秩序,政治组织、政治制度和政治秩序都属于组织现象。从组织学的角度来审视二元政治结构,有助于我们理解它的某些特征。众所周知,家族结构是社会结构的核心,作为自组织现象,中国的家族、家庭结构有自己的运作特点,"父(族)—子(支)"关系是中国农业家庭或宗族的基本结构。一个父家族通常包含由几个儿子分别组成的支(家庭),从理论上讲,这个结构模式可以无限延续,演化出极为复杂的族服亲疏关系。通常所说的家族是祭祀一个共同父系祖先的、由若干代分支靠血缘亲疏关系联结起来的群体单元。家族的纽带是族田、族产,文化表征是族谱及相应的家庙(宗祠)和祖坟。基于上述关系而形成的家族意识,包含着孝亲祭祖、夫妇人伦与传宗接代这三个重要观念。这种自组织的结构模式和社会功能,同社会上的各种职能集团直到表层的国家都息息相通,比如:父权家长制的家庭模式通向君主专制的政治制度,父是府君,帝是君父,"事亲事君皆同一理";统收、统支的农家经济管理方式扩大为国家的统制经济制度;家族内部的亲疏尊卑关系引申出全社会的纲常等级权威;父慈子孝的道德标准是规定社会上人与人之间关系的最基本的行为准则,并扩大为君主与臣民、官员与百姓、上级与下级的各种理想规范;家规族法和行政国法统一于纲常名教且互相补充;家家户户对祖灵的崇拜延伸为君主和全体社会成员对神天的敬畏;象征着封建秩序的"天地君亲师"是对父系、父权的扩大或假借;子孙相延的家庭生活目标通向国运万世的终极观念。家庭成为社会的浓缩,社会和国家则是宗法家庭的扩大,而两者的组织形态、社会功能和思想意识同构于一体。因此,国家政治组织是自组织的同构放大,在很多方面服从于家族组织运作的规律和法则。当然,上层政治毕竟是组织现象,它对于自组织存在着异化现象,并非完全模仿其运行。因为结构的地域、空间远远超过了家族的范围,仅靠血缘宗法关系是不能自如地运用政治技术手段来治理社会的。因此,这种离异于自组织的现象和关系,必然会与自组织的某些规则发生冲突,从而使传统国家和社会治理状态呈现出二元结构。

第二章　松散协作：古代乡村治理依托的经济特性

中国古代的土地经营方式是以家户为单位的小块土地耕作模式,通常称为"小农经济",主要包括自耕农和佃农。这种经营方式有力地支撑了古代王朝的财政需求和人力供给,乡村治理活动也是围绕保证农户长期稳定地拥有土地为中心开展的。如何评价这种经营方式的特点就成为判断乡村治理依据和治理特点的重要因素。长期以来,"自给自足"是描述小农经济特征的共识性用语,广泛用于分析古代社会的经济结构、生产特点、精神追求和价值取向等研究领域。学界普遍认为,小农经济因循守旧和封闭隔绝的特点是造成古代社会停滞、资本主义萌芽夭折和近代封闭落伍的根基性原因。如果不在理论上对小农经济特征问题加以确证,不但会极大地影响对中国古代社会的经济特性、发展趋势和文明形态的评判,而且必然影响到对古代乡村治理活动趋向的判断。

一、小农经济特征观点的由来与发展

小农经济问题的研究是在20世纪20年代末到30年代,伴随着中国社会性质的论战展开的。其中关于中国社会性质、发展道路、发展方向及小农经济特点等问题评价的理论依据主要来自经典作家的论述。因此,不首先弄清经典作家是如何和在什么情况下论述的以及是哪国的小农经济,就不可能真正揭示出小农经济特征观点形成并固化的认识脉络。

(一) 马克思、恩格斯的小农经济特征观

马克思关于小农的论述,最为集中而又精彩的部分是在著名的《路易·波拿巴的雾月十八日》一书中。为了分析波拿巴王朝的性质和社会基础,马克思对法国小农做出了如下分析:

> 小农人数众多,他们的生活条件相同,但是彼此间并没有发生多种多样的关系。他们的生产方式不是使他们互相交往,而是使他们互相

隔离。这种隔离状态由于法国的交通不便和农民的贫困而更为加强了。他们进行生产的地盘,即小块土地,不容许在耕作时进行任何分工,应用任何科学,因而也就没有任何多种多样的发展,没有任何不同的才能,没有任何丰富的社会关系。每一个农户差不多都是自给自足的,都是直接生产自己的大部分消费品,因而他们取得生活资料多半是靠与自然交换,而不是靠与社会交往。一小块土地,一个农民和一个家庭;旁边是另一小块土地,另一个农民和另一个家庭。一批这样的单位就形成一个村子;一批这样的村子就形成一个省。这样,法国国民的广大群众,便是由一些同名数相加形成的,好象(原文如此)一袋马玲(原文如此)薯是由袋中的一个个马玲(原文如此)薯所集成的那样。……由于各个小农彼此间只存在有地域的联系,由于他们利益的同一性并不使他们彼此间形成任何共同关系,形成任何全国性的联系,形成任何一种政治组织,所以他们就没有形成一个阶级。……归根到底,小农的政治影响表现为行政权力支配社会。①

在马克思这段精彩的论述中值得注意如下几点:第一,马克思论述的小农是资本主义生产关系在法国已经确立后的小农。马克思在对小块土地所有制的进步作用予以充分肯定的同时,着重分析了它保守、落后的一面,因此,这种时代的小农与中国古代小农处在不同的社会发展阶段。第二,马克思把小农生产之间的联系估计得很低,"袋中的一个个马玲(原文如此)薯"形象地否定了小生产者之间可能存在的属于经济意义和生产方式范畴的任何联系,进而将其扩大到社会交往和社会行为方面,乃至对法国的政治格局也产生了重要的影响。第三,唯一提到的小农的联系是地域关系,这说明马克思一方面认为法国乡村的社会结构完全是由地域关系构成的,另一方面也轻易地否定了既是一个阶级又不是一个阶级的小农群体之间的精神联系和文化联系。马克思对法国小农的认识是从一个家庭开始的,"自给自足"是以家庭为单位的。然而,在论述东方社会时情况却有所不同了,主要观点如下:

(1) 没有土地私有制之存在,这的确是了解全东方情形的关键。

(2) 农业与家庭工业的结合是必要的,因为在这种情形之下,农民家庭由于不依靠市场,不依靠生产的变迁以及不依靠外界的历史运动而差不多完全自给的性质,总而言之,因为一般的自然经济底性质,这

---

① 《马克思恩格斯全集》(第21卷),人民出版社1972年版,第493—494页。

种形式最容易成为社会停滞状况的基础,例如我们在亚洲所看到的就是这样。①

(3)(在亚洲)除了中央政府之外,全国都分为许多村社,这些村社构成完全各自独立的团体,各自成为完全闭关自守的小天地。②

(4)这些自给自足的村社经常以同一形式重新恢复起来,它们被破坏了,又在原处用原有的名称重新产生,它们的生产结构的简单就足以解释亚洲社会不变性的秘密。③

显然,关于对东方社会的认识,马克思是从村社、农业和手工业相结合、自给自足、结构简单而又不稳定的角度,试图探索东方社会停滞之谜,这里自给自足的单位已成了"村社"。从当下的知识积累看,马克思关于东方社会停滞和自给自足的分析至少是不尽符合中国社会的历史状况的,而且马克思并没有深入解剖他所提到的那些主要观点。可以说,马克思关于小农经济特点的上述论述基本上框定了我们对这一问题的认识,其他领袖人物又从不同的角度进一步固化了这种观点。

与马克思关于小农的哲学式思考不同,恩格斯则更多地是从具体的方面对小农经济的特点进行分析。恩格斯认为所谓小农包括不同的农业生产者,主要是农奴、佃农和自耕农④,但是,他却没有从个体农户的角度来认识中世纪农业生产的特点,在几处论到中世纪经济特点的地方,都是从公社、庄园的角度入手的。主要有以下几处:

(1)恩格斯在《卡尔·马克思》一文中说道:

中世纪的封建统治依靠的是自给自足的小规模的农民公社的经济,这种公社差不多所有消费品都是自己生产而几乎没有交换关系。⑤

(2)恩格斯在《社会主义从空想到科学的发展》一文中又说道:

在中世纪的社会里,特别是最初几个世纪,生产基本上是为了供给自己消费,它主要是满足生产者及其家属的需要。在那些有人身依附

---

① 《资本论》(第3卷),人民出版社1975年版,第701页。
② 《马克思恩格斯全集》(第21卷),人民出版社1972年版,第500页。
③ 《资本论》(第1卷),人民出版社1975年版,第290页。
④ 《德国农民战争》,人民出版社1976年版,第8—9页。
⑤ 《马克思恩格斯全集》(第19卷),人民出版社1963年版,第121—123页。

关系的地方,例如在农村中,生产还满足封建主的需要。因此,在这里没有交换,产品也不具有商品的性质,农民家庭差不多生产了自己所需要的一切:食物、用具和衣服……交换是有限的,市场是狭小的,生产方式是稳定的,地方和外界是隔绝的,地方内部是团结的。①

（3）恩格斯在《论封建制度的瓦解和民族国家的产生》一文中更具体地说道：

> 货币在中世纪早期的典型封建经济中几乎是没有地位的,封建主或者是用劳役形式,或者是用实物形式,从他的农奴那里取得他所需要的一切。妇女纺织亚麻和羊毛,缝制衣服；男人耕田；儿童放牧主人的牲口,给主人采集林果、鸟窝和垫圈草；此外,全家还要缴纳谷物、蔬菜、蛋类、奶油、干酪、家禽、幼畜以及其他许多东西,每一座封建庄园都自给自足,甚至军费也是征收实物,没有商业来往和交换,用不着货币。②

由恩格斯这三段比较集中的论述,我们可以发现:第一,这三段论述中世纪经济特点的文字无一例外地是在将中世纪与近代相对照的背景下提出的。换言之,恩格斯为了证明近代以来的社会结构及其发展的特点,重点在于考察中世纪没有货币、交换和商业的状况,由此确定了人们有关典型封建经济特征的概念。第二,恩格斯关于欧洲中世纪经济特点的论述,是在欧洲封建社会的范围内展开的,在那里,地租的主要形式是劳役,土地的占有和使用是庄园、份地形式,这与中国封建社会的情形相距甚远。第三,恩格斯论述中的"自给自足"的承载单位是变动不居的,三段论述出现了三种单元,即"农民公社""农民家庭"和"封建庄园"。如果考虑到土地占有和使用的方式,所谓"农民家庭"并不是独立的生产单位,而是与封建领主经济同构于一体,那么,可以认定恩格斯的自给自足主要指的是"封建庄园"。

总之,"自给自足"现象是指在欧洲中世纪特有的社会条件下,由于封建庄园经济的特殊经营方式而产生的,这使中世纪不需要货币、交换和商业,决定了乡村与外界的隔绝状态。列宁在分析俄国资本主义发展时,把俄国封建时代徭役经济产生并占据优势的前提之一看作"自然经济占统治地位",并且指出:"农奴主的领地必然是一个自给自足和闭关自守的整体,同

---

① 《马克思恩格斯全集》(第19卷),人民出版社1963年版,第233—234页。
② 《马克思恩格斯全集》(第21卷),人民出版社1972年版,第449—450页。

外界很少联系。"① 显然,俄国的情况和马克思、恩格斯注意到的欧洲其他地方的情况是大致相同的。在经典作家那里,农村经济的特征是同特定社会历史发展阶段相联系的,恩格斯和列宁主要论述的是在领主制经济和农奴制经济占主导地位的情况下的典型封建经济的特征,似乎这种封闭和自给自足还不是针对小农而言的;而马克思关于法国小农的认识则出现在资本主义生产关系已经在其他行业确立,并且小农经济是作为否定性形态而产生的一种过渡型经济的背景下。然而,这一切的前提是判定当时的社会不存在商品经济,没有货币和交换,仅此而言,就与中国的历史状况不尽符合。经典作家的论述对后世学者产生了巨大的影响,特别是在 20 世纪某些特定的时期里,人们把马克思、恩格斯关于封建社会的论述和批判奉为经典,套用于中国封建社会的研究中,成为研究重大社会历史问题的重要理论依据。

（二）国内学者关于"自给自足"的主要观点

国内学者特别注意到马克思在《资本论》里关于中国和印度生产方式的论述：

> 在印度和中国,生产方式的广阔基础是由小农业和家内工业的统一形成的,……农业和制造业直接接合引起的巨大经济和时间的节省,在这里对于大工业的生产物,提出了极顽强的反抗。②

这段引用频度颇高的话几乎成为分析中国农村状况的标准,甚至被发挥到了极致。例如,1942 年,著名哲学家华岗就认为,"中国封建制度本身的特点……(是)以农业与手工业直接结合的农村公社遗制……农民兼作手工业者,手工业者也兼作农民,生产始终维持着自足的状态"。③ 这种说法显然低估了古代社会分工的程度,而且把个别现象看作普遍现象,无视中国自古以来商业和货币经济的存在与繁荣。傅筑夫、谷书堂两位先生则认为：

> 这种小农业和家庭手工业相结合为基本核心的自然经济结构,是生产力发展的严重障碍。因为以生产资料分散为前提的自然经济,经营规模狭小,不但不能进行协作、分工等社会形态的劳动,不能利用科学方法进行生产,而且还把社会仅有的机能资本,也都在土地所有权的

---

① 《列宁全集》(第 3 卷),人民出版社 1972 年版,第 158—161 页。
② 《资本论》(第 3 卷),人民出版社 1975 年版,第 412 页。
③ 华岗：《中国社会发展阻滞的基因》,《群众》第 7 卷第 12 期。

转移上无形消失,使已经贫乏薄弱到极点的再生产的经济基础,还在那里一天天地萎缩。①

这个说法没有考虑到农业生产的特点,对"科学方法"的理解也存在问题。中国古代农业在土地面积没有显著增加的情况下却养活了越来越多的人口,试想如果不是新作物引进、种子改良、种植方法改进等技术发展,能出现这种人口急剧膨胀的现象吗?白书、刘修明则认为:

> 以农业和手工业相结合的小农经济,是封建所有制的社会细胞,具有极强的再生力,是中国社会长期停留在封建时代的因素。……耕织结合的小农经济从根本上限制了商品经济的发展和资产阶级的形成。②

所谓"封建所有制"应该是指地主土地所有制,如果说佃农小农经济勉强可成为"封建所有制的社会细胞"的话,那么,自耕农经济算什么呢? 所谓"限制"了商品经济的发展是缺乏统一标准的,商品经济发展到何种程度算是被限制? 难道中国古代社会的商品货币经济与农业发展毫无关系? 还有人认为,"封建经济的共同特点是自然经济,即农业和手工业相结合"。③ 把自然经济与"农手结合"画等号,并看作封建经济的共同特点,无视了各种不同封建形态的存在。同时,这还混淆了自然经济的内涵,如此说就等于否认了原始社会、奴隶社会的自然经济的属性。显然,把"农手结合"上升为一种社会形态的共同特征是十分不妥的。

总之,从学界关于小农经济特征的主要观点看,多直接来源于马克思和恩格斯。然而,人们似乎忽略了马克思关于自给自足的载体规模上本来就存在不同说法这一事实,"结合"说显然把自给自足的载体看作以一个家户为单元。因而,这种矛盾又引发了人们对"单元"规模的不同认识。归纳起来主要有四种代表性的观点:

1. 家户自给自足说

这是最为流行的观点,是人们看待小农经济自给自足性的最常见的单位。例如,汪征鲁就认为:

---

① 傅筑夫、谷书堂:《中国原始资本积累发生迟缓的原因》,《天津日报》1956年12月7日。
② 白书、刘修明:《中国封建社会的典型性与长期延续的原因》,《历史研究》1981年第6期。
③ 于素云:《论中国资本主义萌芽发展的阻滞》,《辽宁大学学报》1980年第3期。

"小农经济",又被马克思称为"小生产方式"。"小农经济"在反映生产方式的内容时,又侧重反映了生产力方面的内容,它从质和量的方面规定了封建主义生产的规模和性质。……(它)是建立在部分生产资料私有制和自己劳动基础上的,农业和手工业结合的,以户为单位的个体小生产。①

2. 乡里自给自足说

近年来不少学者否定了家户自给说,然而这并未引起人们对地方交换行为和乡村集市存在的重视,更没有把它们纳入生产方式之中来考察我国乡村经济特征,不过是在范围上进一步扩大了。比较完整的说法是黄逸平先生提出的:

> 所谓自然经济,就是说其生产目的主要是为了满足自己的需要,它的基本内容是衣食两项。在中国封建社会沉重的租赋剥削下,农民为了维持最低限度的衣食生活,除了从事农业生产外,不得不从事副业生产,包括家庭纺织、养殖牲畜家禽、捕鱼捉虾、种植蔬菜等,以达到自给目的。其他的日常生活用品,如简陋的竹木用具、草鞋、柴薪等,农民一般也自己生产制作,同时农民也有一部分产品需要用以交换自己不能生产的若干生活用品,或者出售用以完纳封建租赋。这些商品交换并不导致农民自给自足经济性质的质变,而且正是自然经济的必要的补充。因为自然经济并不是以一家一户为单位,而是从一个社会经济单位来考察的。西欧这种社会经济单位是庄园领地,我国地主经济是以一个乡里为一个社会经济单位,它们或者叫"集"、"寨"、"庄",在那里,有地主、农民、各种手工业者,铁匠制作供给农民器械,织布、纺纱以及缝衣者供农民衣着,还有小商人等等。生活在这小小部落中的人们,靠那里的地方小市场调剂余缺,做到生产资料和消费资料的基本自给。这种调剂虽然也采取商品交换形式,但它主要是为了自身的消费,不是为发财致富,乃是自然经济的补充。②

3. 经济共同体自给自足说

吴承明先生认为无论是家户、村社还是乡里都不足以自足,而仅仅是农

---

① 汪征鲁:《小农经济、封建化及其他》,《福建师范大学学报》1981年第2期。
② 黄逸平:《近代中国经济变迁》,上海人民出版社1992年版,第21页。

民和手工业者也难以自给：

> 男耕女织长期成为农业与家庭手工业结合的基础，成为自然经济的标志。不过自然经济并不是单纯由农业构成，也不只是由农业和农民家庭手工业构成，它还包括手艺人，包括游乡串户的工匠，包括农民之间和农民与非农民之间以使用价值为目的的交换。地方小市场恰恰是自然经济的产物，也是这种经济的必要补充。象一个家长制家庭的成员互相交换自己的劳动一样，在一个村社，一个庄园或一个乡里、区县里，也都必须有这种交换。自然经济又不仅包括劳动者和剥削者两个方面，还应包括一些与经济活动密切相关的非生产活动。象医生、兽医、占卜星象家、教师，恐怕连同封建庄园里的牧师都应包括在内。总之，自然经济既不是或主要不是以一家一户为单位，而是一个复杂的经济共同体。①

4. 双重自给自足说

张琢先生在其论述中国现代化历程和命运的专著——《九死一生——中国现代化的坎坷历程和中长期预测》——中为了说明工业现代化最早出现在西欧而不是社会经济发展水平高于西欧的中国，提出了双重自给自足的观点。他认为中国前现代社会存在着自身内部矛盾形成的"内周期"和农业民族与游牧民族冲突与融合而形成的"外周期"，以及两者相互作用与叠加形成的社会运行周期同自然现象运行周期叠加及相互作用共同构成的中国封建社会演进大周期的规律；而中国传统社会由于幅员和资源等要素构成的宏观自给自足及耕织结合、两性结合的小家庭微观自给自足而形成了"双重自给自足"的特点，这两个因素成为阻碍社会分工、商品经济发展和整个社会进步的桎梏。② 实际上，这一观点由两个要素构成：一是从地理环境的角度，把古代中国存在的地域特征理解为对外交往的屏障，从而形成中华文化圈自给自足式的隔绝状态；二是从耕织结合的家户生产方式得出自给自足的结论。其实，中外许多学者也曾程度不同地提到过地域封闭说，早在20世纪30年代，陈伯达在《中国社会停滞状态的基础》一文中就写下了这样一段文字：

---

① 吴承明：《论男耕女织》，收录于《中国社会经济史论丛》（第一辑），山西人民出版社1981年版。
② 参见张琢：《九死一生——中国现代化的坎坷历程和中长期预测》，中国社会科学出版社1990年版。

中国缺乏内地海,中国东滨太平洋,汪洋漫漫,是学习航海的一个困难,使中国人不易为开拓海外市场的冒险;再则西北一带,高山大岭,荒漠绝域,也使中国不易较长期地维持国外市场的联系和存在。这种国外市场的获得和维持之困难,当然对于中国社会生产力发展的停滞是加强了影响。①

这无疑是说中国古代是封闭的。国外学者中持这种观点的也不乏其人,如美国著名学者费正清在其主编的《剑桥中国晚清史》一书中就明确指出:"由于它的幅员辽阔,它不易受到外来影响,并且对于与外国接触的反应也是形形色色的和分散的,而不是一致的和集中的。总的说来,中国自给自足的程度是非常高的……"②严格地说,这种地域关系造成的自给自足本不应是本书探讨的问题,然而,这一问题却与小农经济的特点有着密切的联系,将两者放在一起会给人们造成这样的印象:似乎是中国小农经济自给自足的特征,才导致了整个中国前现代社会的封闭与停滞,因此也有必要用专章(见第四章)一并加以澄清。

(三)问题的症结与对策

1. 方法论上的局限

学者们对经典作家论述的理解和运用存在着极大的片面性和模仿性,从而使研究带有注释性的特点。不同的经典作家关于小农经济的论述,仅仅是从特定时期、特定民族的小农出发的,并不具有普遍的解释力。因而,用这些结论来审视乃至解释中国的小农经济显然是不完全妥当的。

2. 实证性缺乏的局限

小农经济实际上包含着不同的经营形式,在不同的地区,由于气候、土壤等自然因素的影响,耕作的内容也在一定程度上制约着经济规模及其发展方向。因此,这就需要进行大量的实证性研究,从中寻找出各种类型小农经济的共性,否则是难以找到一个普天下通用式的小农经济的特点的。

3. 研究视野偏狭的局限

针对诸如中西文化的差异,欧洲封建社会与中国封建社会的异同,如何看待资本主义的全球性扩张,封建社会演变的前途是否只有一个,小农经济与工业化有无矛盾,如何评价中国前现代社会的商品货币经济,怎样看待地

---

① 陈伯达:《中国社会停滞状态的基础》,《文史》第1卷第4号。
② [美]费正清主编:《剑桥中国晚清史(1800—1911)》(上卷),中国社会科学出版社1993年版,第6页。

主经营与小农经济的关系等问题,如果研究主体不能确立一个以人类社会发展的共性与个性既区别又统一为指导的思想,就难以对上述问题做出合乎实际的结论,从而也就不能很好地摆正小农经济的位置。

鉴于上述局限性的存在,必须从生产方式的构成因素以及文化习俗、地主经济、商品经济等与小农经济特征形成的关系等方面进行更深入的分析与研究。

二、生产方式的构成因素与小农经济互助协作特点的生成

生产方式即物质资料的谋得方式,是生产力和生产关系的统一。小农经济作为一种生产方式,其特点自然要从生产关系和生产力及其运动过程等方面加以观察。

(一) 从生产关系角度看

《辞海》把小农经济看成"个体经济"的同义语,指的是以家户为单位、完全占有包括土地在内的生产资料的小块土地经营者。这个定义没有包括不完全占有全部生产资料的佃农,显然是不全面的。从中国的历史看,小农经济应如恩格斯所说,当包括各种形式的以小块土地分散经营的个体经济,具体就是指佃农、半佃农和自耕农、半自耕农等经济形式。在地主制经济占主导地位的社会经济环境中,佃农和自耕农在生产关系中拥有一定的自主权,这决定了他们对部分劳动产品的处理权要远远多于欧洲中世纪的农奴。其中,如何看待佃农的经营特点是判断小农经济特征的关键。

所谓佃农就是指使用自己的劳动工具、租种地主土地的农业劳动者。从生产资料的占有上看,佃农拥有以生产工具为主的部分生产资料,对土地拥有使用权而没有所有权,地主与佃农的关系带有协作和共同投资的意味。因此,历史上也存在地主提供部分生产资料和劳动工具的现象。据载:"若有田不能自耕,佃客税而耕之者,每亩乃得一斛一斗而已。有牛具种粮者,主客以四六分,得一斛一斗;无牛具种粮者,又减一分也。"[1]可见其中的部分生产资料,有属于地主的,有属于佃农的。正是由于对生产资料的这种占有方式,佃农相对于欧洲的农奴来说有许多优势。一是由于佃农租地带有协作、合资的性质,在法理上存在随意选择租地对象和终止租地的自由,因此,佃农的"起移"和"别住"带有合理合法性,而西欧的农奴则在任何情况下都不能合法地离开领地。二是佃农租地量的大小主要取决于佃农的经济能力和劳动能力及实际耕作的需要,不受其他关系的束缚和影响。而西欧

---

[1] [宋]王炎:《双溪集》(卷一),《上林鄂州书》。

的农奴则必须耕种由领主从领地中划定的份地,意即农奴不能随意选择耕种土地的多少。三是在产品分配方式上,佃农有权自由处理除地租以外的剩余劳动产品,而农奴的产品分配则很直接,即为领主耕种份地的全部收获归领主,而耕种份地的收获则用以维持生活的基本需要,没有多少剩余产品可供交换。因此,弄清佃农经营的特点是说明中国古代小农经济特征的关键。

租佃制起源于春秋战国之际,在战国时代已普遍流行,到了汉代已有"豪民侵陵,分田劫假厥名三十税一,实什税五也"的记载①。唐人颜师古对"分田劫假"解释说:"分田,谓贫者无田而取富人田耕种,共分其利也。假,亦谓贫人赁富人之田也。"②宋人苏洵曾说:"井田废,田非耕者之所有,而有田者不耕也。耕者之田资于富民,富民之家地大业广,阡陌连接,募招浮客,分耕其中。……田之所入,已得其半,耕者得其半。"③这道出了这种经营形式的合作意味。关于租佃形式,明人顾炎武曾说:

> 汉武帝时,董仲舒言:"或耕豪民之田,见税什五。"德宗时,陆贽言:"今京畿之内,每田一亩,官税五升,而私家收租,有亩至一石者……。"仲舒所言,则今之"分租";贽所言,则今之"包租"也。④

顾氏所说的"分租"就是指分成制,"包租"则是指定额制。分成制是指佃农须按事先约定的比例交纳当年生产的粮食。定额制是指事先确定交租量,无论丰歉都要交足这一确定的额数。无论哪种形式,由于地租量已事先约定,增产丰收就会给佃农带来经济利益,因而佃农就会自觉增大农业投入,增加劳动强度,延长劳动时间,从而大大提高了劳动质量。佃农的租地量取决于土地肥瘠、气候及水利条件、人口密度、生产垫支能力、耕作技术水平等诸多因素。傅筑夫先生认为:

> 在佃农的客观条件和主观条件的限制下,他们既不能少佃土地,也不敢多佃土地,结果佃农的经营单位都是少则三亩五亩或七亩八亩,多则二、三十亩或四、五十亩的小型农场,即我们所说的小农制经济。⑤

---

① 《汉书·王莽传》。
② 《汉书·食货志》。
③ [宋]苏洵:《嘉右集》(卷五),《田制》。
④ [明]顾炎武:《日知录》(卷十),《苏松二府田赋之重》。
⑤ 傅筑夫:《中国古代经济史概论》,中国社会科学出版社1981年版,第92页。

从记载上看,佃农的租地量也大致如此,如唐代陆龟蒙是长江下游的一个地主,"有田奇十万步","有耕夫百余指"①,当时吴田1亩合250步,则佃农10余人耕地400余亩,每人大约租地40亩。明代松江:

> 东西两乡不但土有肥瘠,西乡田低水平,易于车戽,夫妻二人可种二十五亩,稍勤者可至三十亩。且土肥获多,每亩收三石者不论,只说收二石五斗,每岁可得米七八十石矣。故取租有一石六、七斗者。东乡田高岸陡,车皆直竖,无异于汲水,稍不到,苗尽槁死,每遇旱岁,车声彻夜不休,夫妻二人极力耕种,正可五亩。若年岁丰熟,每亩收一石五斗,故取租多者八斗,少者只黄豆四五斗耳。②

可见,夫妇两人合耕,在不同地力条件下租地量在5—30亩波动。至清代:

> 南方种田一亩,所获以石计,北方种地一亩,所获以斗计……盖南方地窄人稠,一夫所耕,不过十亩,多则二十亩,力聚而功专,故所获甚厚。北方地土辽阔,农民惟图广种,一夫所耕,自七八十亩至百亩不等,意以多种则多收,不知地多则粪土不能厚壅而地力簿矣,工作不能遍及而人理疏矣。③

从历史记载看,自战国以降迄于明清,两种分配方式大抵是以对分制为主的,即佃农收获的50%要作为地租交纳,余下的50%则是佃农及其家人可支配的劳动产品。

　　从生产关系角度考察,佃农是生产关系中拥有一定自主权的劳动者,在劳动产品的支配上有一定的处置权,从生产和生存需要上看有对外联系的可能性与现实性。至于自耕农,作为独立的生产者更是如此。因此,中国的小农经济是具有较大灵活性和伸缩性的经济形式,小生产者劳动的终极产品不仅是为了自己消费,作为地租和赋税的那一部分有着多种流向,因此不能说它是自给自足的。

(二) 从生产力角度看

　　生产力由人和劳动工具两方面构成,过去仅仅把生产工具的变革看成生

---

① [唐]陆龟蒙:《甫里先生集》(卷十六),《甫里先生传》。
② [明]何良俊:《四友斋丛说》(卷十四),《史》。
③ 尹元孚:《散陈末议疏》,见[清]陆耀辑:《切问斋文钞》(卷十六)。

产力活跃的主要因素是不全面的。人是改造自然的主体,无论从生理上还是智力上而言,人都是生产工具的发明者和使用者,只有两者的结合才能构成生产力的发展与飞跃。因此,这两个因素同构于一体,有着相同的重要地位。

将人视为生产力的构成要素无非要从两个方面来把握:一是劳动力本身的再生产,即人口的繁衍,这是构成人力同质横向扩大的唯一自然途径;二是现实劳动力的体力与脑力的恢复。劳动力体能的恢复主要是饮食和睡眠,而饮食中对劳动力体能恢复起着决定作用的物质则是食盐。《中国大百科全书》关于"食盐"的释文云:

> 食盐,主要成分为氯化钠 NaCl……氯化钠是人体细胞液和血液的组分,是生命不可缺少的物质。缺少食盐会患缺钠症,发生口渴、恶心、肌肉痉挛、神经紊乱等症状,甚至引起死亡。[1]

现代科学已证明了盐对人的生存和体能恢复的重要意义,其在生产方式上的意义就显得格外突出了。从我国的自然条件看,盐的种类和产地是相对固定的,主要是海盐、岩盐和井盐,其中的海盐又占大宗。盐产地的局限性就决定了大多数人必须通过交换才能获得这种生命不可或缺的物质,否则难以形成稳定的生产力。从这个意义上说,靠交换得到的盐,是人的劳动能力能够持续的重要因素。

在古代社会,劳动工具经历了石器、蚌器、木器、青铜器和铁器等不同质料的阶段,随后铁质工具取代了其他工具,成为那个时代占主导地位的劳动工具。恩格斯曾这样评价"铁"的作用与意义:

> 铁已在为人类服务,它是在历史上起过革命作用的各种原料中最后的和最重要的一种原料。……铁使更大面积的农田耕作,开垦广阔的森林地区成为可能;它给手工业工人提供了一种坚固和锐利非石头或当时所知道的其它金属所能抵挡的工具。[2]

我国是用铁比较早的国家,无论是数量、种类还是冶铁技术都达到了当时较高的水平。铁器被广泛地使用在农业和手工业工具、兵器、缝纫、装饰、祭器、炊具、建筑材料等社会生活的各个方面,成为人们日常生产生活中不可

---

[1] 《中国大百科全书》(化学卷1),中国大百科全书出版社1992年版,第908页。
[2] 《马克思恩格斯选集》(第4卷),人民出版社1972年版,第159页。

或缺的物质。① 众所周知,我国产铁之地是有限的,特别是冶铁技术和设备是极为复杂的,对广大农民消费者来说,只能通过购买的方式获得。即使到清代前期,国内著名的冶铁地也不过河北遵化、山西阳城、广东佛山、福建龙溪、直隶磁州等几处,因此,铁制工具就成为乡村集贸市场上的重要商品。农业经营者都非常重视农器的置备,特别是铁器。明末清初沈氏所著《沈氏农书》载,"正月置备铁扒、锄头、桑剪","八月买稻铗并镰刀,买筛筐";"桑锯,须买木匠生铁器。桑剪,须在石门镇买,(银)五分一把"。故而,班固在《汉书·食货志》中早就指出:"夫盐,食肴之将;铁,田农之本;非编户齐民所能家作,必仰于市,虽贵数倍,不得不买。"作为生产力的重要构成要素,盐和铁获得的途径和方式直接影响着对生产特征的定性。

构成农业生产力的工具因素中,尤为值得重视的还有耕畜的使用。如牛、马、驴等大牲畜,是关系到一家生产能力大小的重要因素。大致说来,耕畜的用途有三:一是生产中畜力的供给,包括耕地、运粪、拉收获物、打场及日常役使,如拉磨、压碾、乘骑等;二是农家肥料的重要来源;三是副业经营的运输力量,如贩炭、贩盐、贩粮、贩货等。因此,耕畜是农业生产力的重要组成部分。据学者调查,20世纪40年代,陕西绥德县的主要耕畜是驴,共有7038头,此外有牛534头,骡马150匹。占有方式有二:一是"伙喂",贫苦农户数家合有一头耕驴,按出资多少决定使用时间长短;二是"份喂",由富家出资购买驴驹,交贫苦农家喂养,平日此驴归贫农使用,富家有用时归其使用,若生驴驹归两家共有。② 两种形式实质上都是共同投资、合作喂养、共同使用的占有方式。从牲畜占有和使用的情况看,这更使小农户的生产活动倾向于互助和合作,不可能在家户范围内完成劳动的全过程。

(三) 从农业生产内容看

中国农业自古便走上了精耕细作的道路,劳动力的投入和生产技术的发展以及成套系列工具的使用,保证了粮食生产与人口增长的相对平衡。因此,整个农业生产是一个极为复杂的、包含着多种程序的过程,从开荒垦地、选种积肥、平整土地、播种灌溉、中耕锄草、收获打场到加工食用,都是完成农业生产的必备环节。这一过程不仅包括各种各样的生产工具和加工工具的使用,还包括劳动经验和技术的积累与运用。

农业中使用的生产工具主要有犁、锄、镢、镰、耙等;生活用具有刀、剪、斧、锯、锅、铲、勺等。农具中除铁器外,还有木、竹、石等质料制成的器具,如

---

① 参见杨宽:《中国古代冶铁技术发展史》,上海人民出版社2004年版。
② 柴树藩、于光远、彭年:《绥德、米脂土地问题初步研究》,人民出版社1979年版,第6页。

畚箕、竹箩、蓑笠、竹耙、木耙、水车、碌碡、米砻、石磨、石臼、连枷、苇席等。就这些用具来说，农家既不可能全部拥有，更不可能都由自己制造，必须通过交换才能获得，这进一步强化了小农生产中的交换倾向。以清代的情况为例，农村集贸市场中交易最频繁的商品就是生产工具，见表2－1：

表2－1 农村集贸市场中交易的生产工具

地域	记载内容	文献出处
直隶	商通有无，大抵缯帛来自江苏，铁器来自潞汾，铁器为多。	乾隆《沧州志·风俗》
	铁器，在本境制造者，不过十分之一二，其余多由获鹿、山西泽州、潞安等处运来。	光绪《束鹿县志·物产志》
山西	铁器出潞安、盂县等处。田间铁器半出本邑，半出他邑，木器亦然。	光绪《寿阳县志·物产志》
山东	铁器，山西客商贩来，销售岁约五千金。	光绪《淮县乡土志》
	铁货，陆运来自山西，水运来自怀庆，岁售约数万斤。	光绪《东平州乡土志》
河南	如农器年货，亦靠外方人贩来。	道光《扶沟县志·风俗志》
	铁器，农器之属，自湖北老河口、樊城运入，岁约值二千余金。	光绪《淅川直隶厅乡土志》
	南（市），县东五十里，商贾无几，汝河上下，山谷数十里内民货盐米农器者，率担负柴炭，入市交易。	乾隆《嵩县志》
	从前贸迁于市者，止有盐铁之需。	同治《叶县志·风俗志》
陕西	铁货，如铁钉、铁锁之类，除自制外，由山西泽州、潞安等府，水运至河口，由河口至雩，每年共销六七万斤。铧由山西河津樊村镇水运至咸阳，由咸阳至雩，每年共销十余万叶。镰刀由省城运至雩，每年约销七八万张。	光绪《雩县乡土志》
江苏	农田各器，耕牛、豚豕等畜，春夏间，某乡某镇俱有集期……交易而退，各得其所。	道光《江阴县志·风俗志》
浙江	泽库街出产锅、斧、犁、锄，每月四日和九日集期，制造商就近出售，农家则趋集购买。	康熙《太平县志》
湖南	农具铁器亦同内地各处。其品，近水者购自辰（州）常（德）；陆路来自永顺县之龙农寨，相隔均在数百里外，农家糜费不少。	光绪《古丈坪厅志·物产志》

续 表

地域	记 载 内 容	文 献 出 处
四川	附近居民日用布帛、菽粟、农器、耕牛等物,咸愿就近赶集交易。	嘉庆《华阳县志·风俗志》
广东	饶平县大埠所市……多鱼虾、瓜果、菽粟、布疋(原文如此)、麻、铁,逐日市。	乾隆《潮州府志·圩市志》

上述表明,"耕织结合"中的"耕",其全过程是与分工、协作和交换等经济行为联系在一起的,并非完全由农家自己完成;而其中的"织"也同样具有这样的特点,可以从两个方面来分析。第一,从自然条件的特点与分布看,我国纺织业的主要原料是麻、丝、棉,这些作物有特定的产地,并非随处可种。如麻类中的黄麻主要分布在浙江、广东、湖南、江西、江苏等省。"丝"源于蚕桑业,而桑树一般在25—27摄氏度的气温下最适宜生长,而且,它还需要较多水分,并以有机质丰富、保肥力强、接近中性的沙壤或壤土为宜。此外,丝的生产过程复杂、技术性强、费工多、投资较大。从上述要求看,我国以长江及珠江流域最为适宜。棉花的适应性较强,主要集中在长江、黄河流域,似乎可以成为农家自织的主要原料。但是种植棉花所耗的水、肥、劳力、畜力、投资、所需技术措施都比粮食作物复杂得多,且棉花的适宜区一般也是粮食作物的适宜区,这样在小块土地上既种粮又植棉是有冲突的,小农户完全靠自己解决衣料就非常困难了。[1] 第二,据学者研究,早在秦汉时期,我国就形成了较为复杂的纺织工具系列,主要有织机、提花机、纺车、缫丝用的釜、丝车、络子、络车、纺锤、碾轧上染等工具和加工工艺。[2] 如果说纺纱、抽丝设备较为简单,家家户户可以置备的话,那么织布这样复杂的设备和技术就不是每家每户都能配备的了。当然,上述工具在当时主要是用于织造绫罗锦绣,从文献记载上看,丝织品中有些还是世家贵族的特殊用品,它们的生产不是出于农副业和小手工业者之手,往往是官营手工业和某些大地主庄园中的产物。然而,就是棉织布普及后也无法实现家家自织,因为织布机是比较笨重的大型设备,需要掌握比较复杂的操作技术,再加上浆染、裁剪、缝制等工序,到最终成为衣服,绝不是一个小家庭所能独立完成的。显然,"耕织"结合中的"织"从原料种植到制造成品的过程都蕴含着小户农民难以克服的困难,"织"的历史情形不足以说明小农经济特点的自给自足。

---

[1] 参见孙敬修主编:《中国经济地理概论》,商务印书馆1983年版,第369—371页。
[2] 参见荆三林:《中国生产工具发展史》,展望出版社1986年版,第193页。

如果将小农经济视作以家户为单元的话，成熟的劳动力恰恰是比较匮乏的，依靠自身的劳动难以完成生产的全过程，特别是后期工序，如打场、磨面等所需场地和设备均非家户所能独立进行。因此，势必在生产中发展出各种合作、协作的形式。例如，明清时期的江浙一带：

> 盖一夫一妇，大约种田五千步，五千步古之二十亩也。以一岁之所费，则自莳秧至于获稻，每用十余人，则有阡陌比属之家相与合作，不足则佣之，有余力者又时时修其沟洫，备其未耜，饭牛车水所费亦不赀焉。①

在中原、华北等地，粮食收获后的初步加工，往往也通过合作完成。如河南：

> 农家合组打场，系小户无场地、牲畜者于麦将熟时，商准大户，将所获之麦各运至大户场中，逐日轮碾。大户出牲畜，小户出人工，轮碾某麦则某备酒脯犒劳，麦糠归大户牲畜食用，颇有古代通力合作遗风。②

华北地区被称为"撺场"：

> 各村中，每于秋季禾稼登场后，用碌碡压籽，或用连枷打籽，陆续收积成堆，再用扇车扇摇，或用木锨撒场。至时，村中人均来帮忙，不用金钱，只晚间飨以粘糕、烧酒，简单蔬菜而已。至各家借牲畜、物件使用，若有无不借给，此亦互助扶助之义也。③

由生产中的互助到日常生活中的帮忙，乡村社会的确弥漫着一种互助守望的氛围。如"助忙"："村中一家如有婚丧之事，邻佑必一家二名前来相助，至事毕而后去，不要工资，谓之助忙。过日，主人另备酒席请饮，谓之谢劳。""帮工"："一家盖房，村人于苫盖之日，一家一名各持家具前来相助，一日之内，必将其房之上下，内外治峻而后已。主人治酒席饮之，不取工钱，谓之帮工。"④在生产劳作中，合作需要的产生，一方面是由于自然条件的严酷，人们被迫通过协作进行生产，另一方面是小农户不能占有所有的生产工具，仅

---

① [嘉靖]《通州志》(卷二)，《风俗》。
② 《中国地方志民俗资料汇编》(中南卷)，书目文献出版社1991年版，第94页。
③ 《中国地方志民俗资料汇编》(华北卷)，书目文献出版社1989年版，第160页。
④ 《中国地方志民俗资料汇编》(东北卷)，书目文献出版社1989年版，第242页。

元代王祯《农书》中列举的农具就达 105 种之多。这就迫使他们必须通过互助合作来解决生产中的困难。总之,正是由于在生产劳动中存在这样的松散协作,不但让人们可以通过劳动来创造生存条件,而且日益培养起了人际之间的亲情,由此进一步强化了人们的互助行为和互助需要,把古代社会的农村组织形态视为大于家户和乡里的"族性社会群落"是比较合适的。

三、日常生活习俗中见到的乡土民众的交往行为

给小农经济下定义时仅仅从经济活动出发,很容易忽视它赖以存在的文化土壤。如果小农经济真是自给自足和封闭隔绝的,那就很难想象当时的社会生活是怎样一幅画卷。特别是很难与乡土社会盛行的人生礼仪、岁时节日、赶会上香等气氛浓烈、充满意趣和生气的民俗活动联系在一起。事实上,作为以家户为单元的小农经济从属于更大范围的社会组织,受制于各种社会规范、习俗的调节与影响,不可能独立存在。因此,生产方式特点的形成必然要受到诸多非经济因素的影响,而这些活动的完成也依赖于最基本的经济活动。

所谓"自给自足"大体上是指吃(耕)穿(织)的自给,其判断标准就是有无商品交换,更甚者就是看生产的性质和动机,即是为交换价值还是为使用价值而生产。因此,有学者这样分析道:

> 以自然分工为起点开始的内部分工,如果没有(或极少有)外部交换的推动,那么它永远也不可能改变共同体自身的自给自足状态,这种分工无论产生多少具体的劳动种类,无论各种劳动的专业化程度有多高,它们之间的结合方式必然决定其结果仍然是一个自给自足的综合劳动单位。换句话说,经济条件的全部或绝大部分,还是在本经济单位中生产的,并直接以本经济单位的总产品中得到补偿和再生产,在单纯的内部分工之间,我们也很难设想会有不同劳动的商品交换,就象在家庭中男耕女织之间,也谈不上什么商品交换,即便在形式上存在某种交换(如实物交换),也不足以使生产成为真正意义上的商品生产。[①]

这种分析过于理论化和程式化,无法完全说明丰富多彩的现实生活。首先,由于地理环境的影响,有些乡村的确比较封闭,然而开发较早、地势平坦的大河流域和东部平原却是我国古代文明的发祥地和兴盛地,在这里,用封闭来解释生产的特点就不能说明问题了。其次,不能人为地缩小或割裂乡土

[①] 冯钢:《马克思与韦伯:关于东方社会落后原因的探讨》,《社会学研究》1992 年第 1 期。

社会的经济联系、精神联系和社会联系的范围。某村、某户生产过程的完成离不开交换,更离不开协作,所谓"全部经济条件"在本经济单位中(家庭或村落)是根本不可能生产出来的,交换行为很自然地就会跨出这些单位,延伸到更为广阔的地域空间。最后,不能把小农们设想为经济动物,他们事实上已是文化发展到较高阶段的社会文化动物。因此,支配和影响人们生产目的与积极性的因素十分复杂,并不仅仅是温饱等生理和生存的需求。满足各种心理需要和精神联系所必需的物质条件往往暗含在生产过程之中,并通过商品交换得以满足。应该说精神需要的满足程度直接影响着生产的目的和方向。因此,应从生产方式的高度来认识乡土社会的各种信仰和节日习俗在生成小农经济特点上的重要意义。

著名民俗学家张紫晨先生将我国民俗归为巫术民俗,信仰民俗,服饰、饮食、居住民俗,建筑民俗,制度民俗,生产民俗,岁时节令民俗,人生礼仪民俗,商业贸易民俗和文艺游艺民俗10类。[1] 在这些民俗活动中,不要说婚丧嫁娶所需要的物品,仅在信仰民俗中所需要的物品就不一而足,如神像、阡台、蜡烛、纸钱、供品、鞭炮等,许多都是农家所不能自产者。再如日常生活用品之锅、碗、杯、瓶、缸、罐等器皿,还不包括酬神演戏、娱乐观赏之花销,这些需要的满足基本上都要靠生产的收获来维持。至于节庆日的喜庆场面、求神降雨的宏大阵势等更能说明乡土社会生活的气息。总之,婚丧嫁娶、人生礼仪、拜祖求神、节令贺仪等是乡土社会的重要日常民俗活动,有些决定着人生价值的实现方式,对劳动生活方式的形成必然会产生作用。因而,一方面存在着人际之间按着血缘、地缘脉络开展的频繁交往;另一方面,这些活动需要品类繁多的各种非自己能生产的消费品。生存的最简单含义是使生命得以延续,而乡土社会的生活却存在着超越仅仅使个体和群体生命绵延的丰富多彩的一面,精神需要表现了一个文明民族超越动物本性和自然束缚的应有水平。这些需求的满足和交往的实现必须依靠农产品的交换,因此,必然会深刻地影响农民生产的取向。例如,"赶会"是中古以来中国农民日常生活的重要活动。北宋时,由于农业中商品经济的发展,交换活动日趋频繁,无论是农民之间还是城乡之间都要依靠农村集市贸易以满足自己的生产、生活需要。因此,南北各地的城市周围及农村的交通要道附近成了集市贸易的好地方。这种集市在岭南谓之"虚市",四川称为"痎市"[2],北方

---

[1] 参见张紫晨:《中国民俗与民俗学》,浙江人民出版社1990年版。
[2] [宋]吴处厚:《青箱杂记》(卷三):"又蜀有痎市,而间日一集,如痎疟之一发。则其俗又以冷热发歇为市喻。"

及江淮地区则称为"草市",又统称为"坊场"。北宋中期坊场遍布全国各地,形成了一个初级交换网,为"赶会"行为的出现提供了条件。① 在元代,《马可·波罗游记》里便记述了全国各地发达的商业网络,例如杭州的十大市场,交易的货物应有尽有,每天有四五万人云集。明清以来,乡土社会的各种集会迅猛发展,从一乡一村的集市到跨县跨省的著名庙会,其数量之多、名目之繁、举会日期之短的确叫人目不暇接。近代以来影响较大的"会"可分作娱乐性集会、信仰性集会、行业性集会等三大类,遍布村镇。例如,吉林通化县"每逢旧历三、六、九日,农人必将田间所出拥载入城,陈设市中销售,俗呼'赶集'"②;在民国十五年(1926年)前,河北的张北县全县约有46个村子有庙会,"会期约在四、五、六、七四个月内"③;河北新河县建有"寺观之多竟达二十余所(按:书中实际罗列了63座庙宇)……各村庙宇多有年会……庙会者,实农村大交易场及娱乐场也"。④ 至于乡村的娱乐性集会就更为兴盛了,如天津静海县约有五六十种娱乐性集会,散布于各乡镇。可见,"赶集"是人们定期参加的重要社会活动,参加集会的动机最初并不一定是经济的,然而,人群相聚的地方也就是贸易和交换开展的地方。人们在满足信仰和娱乐需求的同时,也通过集市满足了自己生产、生活所需,将这一广泛的经常性交往行为纳入整个生产方式之中考量,就很难说小农经济的特点是"自给自足"的了。

从民俗方面考察,我们还要注意到各种仪式和信仰意识对农民生产行为的制约与影响。尽管在农谚和歌谣中反映了千百年来农业生产的经验积累和对自然、天象的正确认识,然而这些知识弥漫着一种神秘的氛围。人们在信仰意识的支配下去观察天象地候、安排劳动时间和内容,并通过一定的仪式来达到祈求生产顺利的目的。例如,旱灾是我国常见的灾害,直接威胁着农业生产,因此在南北各地都盛行着仪式复杂、规模宏大的求雨仪式。参加仪式的人们由各种临时机构组织起来,参加人员大多为村落或乡里全体。这种与生产直接相关的信仰仪式直到近代仍畅行不衰。如北京房山县紫草坞乡的求雨仪式,由乡间的"能人"出面组织,这些人被称为"会首",各村派代表参加,到远在百里之遥的黑龙潭求雨。⑤ 由自然灾害的压力和信仰意

---

① 参见周宝珠、陈振主编:《简明宋史》,人民出版社1988年版,第103—104页。
② 《中国地方志民俗资料汇编》(东北卷),书目文献出版社1989年版,第328页。
③ 《中国地方志民俗资料汇编》(华北卷),书目文献出版社1989年版,第165页。
④ 《中国地方志民俗资料汇编》(华北卷),书目文献出版社1989年版,第515页。
⑤ 参见任军:《近代北京房山区元武屯社会结构与民众信仰调查报告》,收录于[日]佐佐木卫主编:《近代华北社会结构与民众运动》(日文版),日本东方书店1990年版。

识支配而联合起来的行为,其目的是解决生产上遇到的巨大困难,作为家户的农民是无法自己完成的。总之,信仰习俗、节日娱乐等活动沟通了乡里社会大众的精神联系,使乡土百姓的日常生产、生活行为呈现出协作性和组织性的特征。人们在这种精神活动中获得了生活的信念和无穷的精神力量,这也是支撑人们维护生产和继续进行再生产的重要心理力量。将小农户置入村落、乡里等更大的社会网络和社会结构中考察,可以看到其与其他社会组织和活动的紧密关系,人们正是在这种相互联系中绵延生息的,怎么能说小农户的生产和生活是封闭的和自给自足的呢?

四、地主经济对小农经济运行方向的影响

在中国古代社会,地主占有大部分土地是一个基本事实,无论是庄园式的大地主,还是中小地主,其经营的共同特点是将土地以分散的方式出租给农民耕种,农民以交付地租的方式获得土地的使用权。问题的关键在于,在过去的理论视野中,地主被排斥在生产全过程之外,甚至否定了地主对农业生产和经营的作用。事实上,地主对土地的经营应当包括订立契约、出租土地、收取地租,以及将农副业收入转化成货币财富和生活用品、利用农业收入经营商业和放款生息等内容。特别是对大地主而言,经营土地恐怕就不仅仅是为了消费。因为他所拥有的土地上生产出来的产品数量要远远超出他家庭的日常消费,于是就产生了由佃农——小农之一部分——生产出的农产品中约占总额一半的部分以地租形式交纳给地主后,它们的流向问题。地主控制着以家庭生产为单位的大量小农,获得了通过土地占有权和一定程度的投资而带来的利润,因此地主对地租的处理方式在一定程度上决定了小农经济的经济运行方向和特点。从农业生产完成的全过程看,佃农的土地使用权固然是为生活所迫,做出牺牲而获得的,但契约中的义务与责任规定了生产目的的一部分是属于补偿使用权性质的,这样一来,其生产活动就与地主的经济活动联系在了一起。

中国古代的地主大体上可分为身份性地主和非身份性地主,对土地的占有不外赏赐、继承、购买和强占等几种方式,直到近代依然如此。例如,有学者考察了20世纪30年代各地地主土地来源的情况,指出:

> 占有一千亩以上土地的374个土地所有者中,有166个是军政官员,129个是放债人,以及89个是从工商业中获得他们原始财富的人。……十九世纪九十年代华北131户地主户的材料中,8户当过官员,60户商人,以及59户过去曾经放过债的从富农起家的人。……据安徽

芜湖二十世纪的调查,在36户地主中有23户是经商的,只有二户从事农业。在广东省调查的191个地主中有188个是从事某种商业的。①

有关地主土地财富原始来源的情况表明,以官僚和商业高利贷起家是大地主产生的主要方式,这决定了他们在经营中势必仍走上兼营其他行业的道路。这主要因为农业经营的周期相对较长,财富积累的速度慢,所得利润也很低,而通过土地所有权获得地租来积累财富,进一步投资于其他行业可以带来更高的利润,这便促使中国的大地主走上了集土地占有者、商人和高利贷者三位一体的道路,这也就极大地影响了地主经营土地的方式。清人张英在《恒产锁言》中曾有一段精辟的议论:

> 大约田产出息最微,较之商贾,不及三四。……若田产之息,月计不足,岁计有余;岁计不足,世计有余。尝见人家子弟厌田产之出息微而缓,羡贸易之生息速而饶,至鬻产以从事,断未有不全军尽没者。……天下货财所积,则时时有水火盗贼之忧。至珍异之物,尤易招速祸。草野之人有十金之积则不能高枕而卧。独有田产,不忧水火,不忧盗贼。虽有强暴之人,不能竟夺尺寸;虽有万钧之力,亦不能负之以趋。千万顷可以值万金之产,不劳一人守护。

这段议论表明:一方面,土地是最稳妥的财产,从而决定了大量货币财富转化为土地财富的总体趋势;另一方面,土地生息较慢,不如商业、放债快,从而决定了大地主和有能力的中小地主在具体经营中无不把非地权收入看作聚财的重要手段。这决定了地主经营中财富的双重走向相互交织、生生不息的总特点。因此,人们在置产时总是"以田地为上,市廛次之,典与铺又次之"②,即三者兼营。

日本学者西嶋定生根据《四民月令》研究了两汉豪强地主经营的情况。特别是书中逐月记载了豪强之间买卖商品的内容,反映了豪强从事商业经营并谋利的倾向。他得出结论说:

> 当时生活资料被出乎意外地进行买卖,因此……当时的豪族的家庭生计并不一定是自给自足的,农产品及家庭手工业产品普遍地成为

---

① 参见[美]帕森斯:《中国农业的发展(1368—1968)》,上海译文出版社1984年版,第118页。
② [清]张又渠辑:《课子随笔节钞》(卷十三),《家约》。

买卖的对象,商品经济在豪族的家庭生计中占有很大的比重……所记载的籴粜可以说是类似商业资本家追求利润为目的而进行的。①

西嶋定生的研究表明,在秦汉时期,大庄园的经营虽然也处在自然经济的状态之下,但并不是以自给自足为特点的。大地主的经营带有强烈的商品经济的色彩,从而使地租在转化为货币财富的过程中被商品化,小农生产的劳动产品中很大一部分流入市场,这种经济联系也决定了小农经济的非封闭性和非自给自足性。特别是西嶋先生认为,豪族商品经济的对象是"小农",因为他们经营的商品都是小农日常生活之所需,这从另一个方面证明了秦汉时期的小农与地方市场有着密切的关系。隋唐五代时期,地主对商品经济的参与就更为频繁了,除出售粮食外,还生产和出卖其他农副产品,如茶、果、蔬、桑、禽、畜等。特别是粮食出售非常普遍,因为粮食贮存一般不能超过两三年,所以每年有千万石粮食的地主必然在消费之余要大量出售粮食。如《稽神录·拾遗》记载说:"戊子岁旱,庐陵人龙昌裔,有米数千斛,粜既而米价稍贱",显然龙氏就是一个出售粮食的地主;五代漳浦人林昌业,也把稻谷加工成米出售,他"有良田数顷,尝欲舂谷为米,载诣州货之。"②至于其他商品,如《太平广记》卷38所记九陇地主张守圭有茶园,"每岁召采茶人力百余人",他无疑是个商品生产者。《太平广记》卷243还记载了一个叫裴明礼的地主,生产并出售蜀葵、花果和蜂蜜。宋人王灼的《糖霜谱》记载了唐大历年间江南黄氏生产和出售蔗糖的情况。至宋元明清,随着商品货币经济的深入发展,地主经营商业,从事商品生产就更为普遍了。

问题的关键不在于地主经营是兼跨农业与商业,历史事实已经证明了地主经济经营的特点。相反,如何评价这种经营的性质和影响是我们理解地主经济与小农经济关系的关键之所在。学界最具有代表性的观点当属胡如雷先生提出的地主的经济职能就是占有地租,满足消费的观点。他指出:

> 封建地主根本不过问生产过程,他的主要经济职能就是占取地租,而地租却只是他的一个纯所得,即全部作为地主家庭的生活消费资料被消耗掉,根本不投入生产领域。地主拥有的土地越多,他的消费能力越强,其物质生活方面的欲望也就更加强烈。

---

① [日]西嶋定生:《中国经济史研究》,农业出版社1984年版,第36页。
② [宋]徐铉:《稽神录》(卷三)。

之所以如此是因为地主"'欲壑难填',就产生了对土地无限追求的情欲";"地主无限地兼并土地,却是为了增加纯所得。这就必然使地主阶级在多取地租之外,在生产过程中毫无经济职能";"土地被地主购买以后则是永远可以使用的财产,根本用不着加以更新,它只包括一个阶级关系,而不参加生产中的物质条件运动过程"。① 此外,胡先生还把地主在开垦荒地、兴修水利时进行的垫支看作一种非投资性的活动,是"支付了一个地价","提高了土地的丰度,也就等于提高了地价",而不是投资。原因在于地主不参加劳动,一旦开始生产就退出了生产过程,他认为这是地主和资本家的最大区别。胡先生的观点值得商榷。

第一,胡先生的结论是在与资本家经济职能对比的情况下得出的。然而,资本家和地主从事的产业各自有着鲜明的特点。一方面是社会生产力的发展,农业以外的谋利方式兴起,特别是工业化以后,资本的投入与周转催生了资本家群体;另一方面,农业生产周期长,产品相对稳定,生产过程周而复始,是自然条件和气候特点与人们的劳动共同作用的过程。这种差别决定了两种私有制的代表在经济职能上肯定是不一样的。

第二,胡先生的结论建立在资产所有者是否亲自过问和参加劳动上,但衡量的标准却是两个。在谈到地主时,主要考察的是地主作为一个从生理上具备了参加劳动条件的人,是否直接"下田耕地""播种收获",在引证大量资料后,确认了地主与劳动过程无关的观点。在谈到资本家时,却是从资金的投入与周转这个角度,承认了资本家对生产过程管理和过问的情形,从而认为资本家是关心生产的。值得注意的是,依靠土地获取财富的地主,的确不用操心地里种什么,种得怎么样,因为这已由在土地出租前与佃户订立的契约中规定了;就地主经营的全部内容来看,其经济职能不仅表现在参与生产产品的劳动过程的程度,还表现在其他环节,如产品的加工、销售、转化,亦即对地租的处理上。显然,地主也有着综合型的经济职能,只不过不同于资本家罢了。

第三,胡先生的观点最终落在投资动机上,即从主观条件的角度区别和决定两种投资者的性质。在地主这里,通过获得地租满足其"腐朽"生活是占有土地的唯一动机,所谓地租被立即消费的说法过于绝对化了,也不符合古代社会的历史事实。满足消费固然是一个重要的动机,但绝不能因此否认地租的一部分也必然作为资本重新投入了生产。一方面,古代的土地买卖十分发达,"发家致富"者除了非经济渠道的土地占有外,主要靠点滴积累

---

① 胡如雷:《中国封建社会形态研究》,生活·读书·新知三联书店1982年版,第67—68页。

而扩大自己的地产。不能否认的是,历史上的大多数非身份性中小地主就是通过资本的不断积累而占有相当的土地资源,这一过程必然包含着地租的非消费特点。另一方面,从地租的最终流向上看,也有相当的部分进入了流通领域,成为地主依靠商业和高利贷来谋取利润和利息的主要方式。无论这种获利在地主经济中占有何种比重,它们都共同构成了地主经济的当然内容,因此,不能说地租完全用于消费。所不同的是,地主对生产物的消费所占比重大一些,而资本家追求剩余价值和利润无非也是某种意义上的"谋利",两者抽掉其形式上的差别,实质上的经济行为都覆盖着"求富"的色彩,在动机上没有什么区别。因此,由主观动机来区别两种生产和两种资产所有者的性质是不全面的。更深入地来看,土地和货币是两种不同形态的财富和资本。然而,货币在不同时代所代表的财富形式是不同的,它最终要代表人们所拥有的物质财富。土地的天然存在和获利的品格,固然与货币资本有着较大区别,但这在社会生产力的特定发展阶段是必然的,并不能以此否定土地作为资本形态的性质和特点。从某种意义上说,地主无论通过何种方式获得土地和增加土地占有量都是资本和财富增值的表现,因而也是一种再投资和扩大再生产。通过地租转化再购买土地无疑是一种再投资,扩大了再生产在量上的规模;即便是通过非经济手段,如掠夺、赐田、强买等手段,也应看作那个时代十分正常的获得财富和资本的手段。因为这背后浸透着将政治权力转化为经济权力的过程,就如同资本主义社会资产阶级财富的来源一样,原始资本积累就是以血腥和强制为特征的。既然不否认这种资本积累和投入对扩大再生产的意义,那么对地主土地增加而在量上扩大了规模也不应加以否定。

综上所述,我们可以认为地主经济包括以佃农为主的小农经济,两者同构于同一经济运行过程之中,离开地主经营的特点来考察作为小农经济之一的佃农经济的特点是不全面的。应该承认,地主经营的特点使佃农生产的劳动产品最终仍有相当部分经由地租形态转化成了商品形态,从而使小农的生产体现出了商品生产的意味。正是由于地主经营和小农经营都有一个通过流通领域和市场网络转换其价值形态的过程,才不能把小农经济看成是封闭的和自给自足的。

五、小农经济运行中的交换倾向与古代商品经济的互动

长期以来,人们在研究商品经济时,是将其放在与自然经济和小农经济相对立的角度的,并把商品的生产与流通看作产生资本主义的前提,对自然经济有瓦解作用,这实际上是把商品经济归结为资本主义性质的范畴了。

基于这样的认识，人们一方面从小农经济生产的动机来判定其非商品生产的性质；另一方面又从小农的活动区域、距离和范围，否定小农与生活区之外通过市场与商品经济取得的联系，突出说明其封闭与自给自足的特点。然而，与这种理论结论相悖的是中国自古以来就存在着发达的商品货币经济，尽管在某些历史时期，商品货币经济的盈缩枯荣有起伏，但总的来说是繁荣的，商人阶层也是作为社会的重要经济和政治力量活跃于历史舞台的。那么，怎么理解在一个以自然经济和自给自足为特征的地主经济与小农经济长期占主要地位的社会，会有如此发达的商品货币经济呢？怎样认识两者的关系呢？理论上的悖论直接影响了我们对商品经济的认识以及对小农经济特征的评价。

（一）商品经济本身应有诸多形态，并不仅仅与资本主义发生联系

尽管两者有某种生成的关系，但在前资本主义社会也存在着商品经济，它与什么生产关系相联系，要由具体的历史情况来定。从本质上来说，商品经济的存在是基于人的需要的增长和产品交换的需要，也就是社会分工的发展、劳动门类专门化的趋势决定了人们彼此间相互满足需要这一行为的产生。在不同的历史时期，相互交换劳动产品以满足生存需要的欲望程度是有强弱之别，但是交换行为却始终存在，因而商品经济也就始终存在。

（二）不能把小农生产的性质仅仅看作生产使用价值而与商品生产无关

学界流行的观点是，小农产品的商品化不是经济原因而是人为的、外在的、政治的原因所致，农业与家庭手工业，特别是耕织结合是小农被迫以"织"助"耕"的手段，主观上并没有商品生产的概念。这一套逻辑推论不但将小农排除出了商品生产之外，也排除出了交换之外。值得注意的是，不能认为凡是手工业同农业的结合都属于自给自足的自然经济。列宁在《俄国资本主义的发展》一书中曾谈到6种不同形式的农业与手工业结合的情形：

① 属于自然经济范畴，而且是"同给地主所作的劳役相结合"；

② "宗法式的农业同手艺形式的手工业相结合"，手艺人获得货币工资，出现了商品流通；

③ "宗法式的农业同工业中（以及农业中）的雇佣劳动相结合"；

④ "宗法式的农业同为市场制造工业品的小生产，即同工业中的商品生产相结合"；

⑤ "小资产阶级的（商业性的）农业同小资产阶级手工业（工业中的小商品生产、小商业等等）相结合"；

⑥"农业中的雇佣劳动同工业中的雇佣劳动相结合。"①

在列宁总结的6种形式中,除第一种外,其他结合的形式均带有某种商品生产的倾向。在我国古代社会,由于地域条件的差异和经济发展的不平衡,存在着多种手工业与农业相结合的方式,这种复杂状态决定了农民与交换和市场联系的某种必然性,这恰恰构成了中国古代商品货币经济发展的基础。

在我国历史发展的不同阶段,农业与手工业的分化也在不断地发展,许多手工业部门逐渐从农业中分离出来。如矿冶业、铁器制造业和陶瓷业等,成为以交换为目的的独立商品生产的单位。这些手工业行业除了城市之外,正是因为有广阔的农村市场才得以生存和发展。因为各种铁器、瓷器、瓦器、木器、竹器、石器等都是农民在生产和生活中所必需的手工业品,其中很多不能自己制造,要向市场购买。为此,他们就必须卖出包括粮食在内的农产品和其他家庭手工业品以进行交换。从另一方面看,许多独立手工业所需要的原料也取给于农村,如丝织业的蚕茧和丝,织布业的棉花,其他纺织业所用的宁麻,造纸业所用的木材、竹、麻、稻草等,制糖业的甘蔗,各种木器、竹器制造业的原料,建筑业的木材,染业所有的蓝靛、红花之类,酿酒业所需要的各种粮食和某些果品等。如果农村不能大量供应这些原料,独立手工业部门就难以存在和发展,这是乡村交换关系发展和商品经济繁荣的重要原因。特别是明清以来,由于乡村商品经济的发展,农民经营商品化和市场化的倾向加强,因此商品经济的存在与影响始终伴随着小农经济,它不仅没有瓦解小农经济,反而维护和繁荣了小农经济②。其表现在以下几个方面:

1. 市场的商品种类繁多

颁布于明景泰二年(1451年)的税则很能说明问题,课税商品包括手工业产品、农产品和牧副渔的产品。手工业商品约有120余个品种,大致可分为以下9种:官手工业产品(如官绢、官三梭布等)、纺织品(如罗缎、纱绫锦、白布、夏布、麻布等)、皮毛制品(如毛皮袄、毡衫、皮裤、细羊羔皮被等)、纸品(红油纸、冥衣纸、五色纸、书房纸、毛边纸等)、生产工具(如大碌、枝条碌等)、陶瓷制品(如碗、碟、盘、茶盅香炉等)、草竹制品(如竹椅、草席、竹扫笤、蒲席、芦席等)、半成品(如扇骨、响铜、生熟铜、靛花、土硝、熟铁、沥青、生铁等)、其他用品(如篦子、土降香、雨伞、酒、黑砂糖、腊、胭脂、松香、墨、肥皂、香油等)。农副产品约93种,主要是果类、海鲜、香料、蔬菜、家畜、皮张

---

① 以上见《列宁全集》(第3卷),人民出版社1972年版,第337—339页。
② 参见郑昌淦:《明清农村商品经济》,中国人民大学出版社1989年版。

等物,也有一些原料如宁麻、棉花之类,乡村的副产品几乎都在市场上流通。这个税则还不能说明当时国内市场上的全部商品,明朝政府曾颁布过一些商品免税的公告,使许多农民的日用品贸易可以免税。如永乐元年(1403年)曾宣布：

> 及军民之家,嫁娶丧祭、时节遣送礼物、染涤自织布帛,及买已税之物或船只车辆运自己物货,并农用之器(草器物,并常用杂物、铜锡器物、日用食物),各处下民挑担蔬菜、各处溪河小民货卖杂鱼、民间家园池塘采用杂果非兴贩者,及民间常用竹木蒲草器物,并常用杂物、铜锡器物、日用食物俱免税。①

免税政策保证了农民正常贸易行为的进行,从一个侧面说明了小农经济与商品经济之间不可分割的关系。

2. 各级城乡市场网络逐渐形成

我国的城市和乡镇虽然主要起源于军事和政治需要,但是也依行政区划和权力等级体系形成了一张城镇网络,为相对后起的城镇经济活动创造了一个广阔空间。例如,明代的顺天府共领5州21县,离府治最远的县治不过150余里,在较大范围内形成了城镇网络。特别是县以下日益兴起了小镇和农村集市,使市场网络进一步延伸到了乡村。如明代通州方圆百里内有6个镇,许州方圆50里内有11个镇,襄城县方圆40里内就有12个镇,"已上各镇俱有集"②,这些镇都具有较强的经济活力,商业十分繁荣。就拿北方的情况来说,元城县的小滩镇,"民居稠密,舟车辐辏";东馆镇"亦商贾聚集之所";大名县的艾家口镇,"临卫河之滨,舟车商贾所集";魏县双井镇"通舟揖之利";清丰县的武强镇"地颇沃饶,商旅集焉";滑县的丁栾镇,"民多业机杼,其艺颇精"。③ 镇成为乡村集市之上的一级市场。至于乡村集市的数量就更为可观了,彰德府下1州6县在乡村的大集市就有30余处,而固始一县就多达37处。总之,客观上形成的这种乡村集市、镇、县、州、府的政治隶属关系和分布特点,为各地乃至全国商品流通提供了交易场所,形成了层次分明的市场网络,这种情况与小农大量参与商品生产和交换的情形是相适应的。

---

① 以上参见《明会典》(卷三十五)、《课程四·商税》。
② [明]嘉靖《通州志》(卷一)、《地理·市镇》；《许州志》(卷一)、《地理志·村镇》。
③ [明]正德《大名府志》(卷二)、《乡镇》。

3. 商人起着联系各级集市的重要作用

在评价小农经济的特点时,人们往往用小农个人活动的范围来说明其经济联系的微弱和活动范围的狭小,却忽视了商人上通下联的织网作用。从明代商人活动的情况看,其地域之广、联系之密实使其成为沟通各级市场的主要力量。比如,"郴桂通五岭……其民寡于积聚,多行贾四方,四方之贾亦云集焉";杭州"米资于北,薪资于南","茧丝帛宁之所出,四方咸取给焉,虽秦晋燕周大贾不远数千里而求罗、绮、缯、帛者,必走浙之东也"①;临清"地产青谷不敷用,犹取资于商贩,从上河泛舟东下者,豫省为多,秫粱则自天津溯流而至,其有从汶河来者,济宁一带之粮米也"。② 实际上,这时的商人足迹已遍及全国各地,深入穷乡僻壤。据载:"豫章之为商者,其言适楚尤门庭也。北贾汝宛徐邳海雩;东贾韶夏夔巫,西南贾滇黔沔,南贾苍梧桂林柳州,为盐、麦、竹、箭、鲍、木皮革所输会"③;"西人善贾,涉民慕之,远出逐什一之利,苏杭关东无不至,然所鬻唯本地椒柿之属,或山南毡物,无他珍异"。④ 在乡村集市和小镇中也活跃着各类商人,如河间府内"贩者至自南京、苏州、临清;……贩铁者,农器居多,至自临清泊头,皆架小车而来;贩盐者至自沧州、天津。贩木植者至自真定。其诸贩磁器、漆器之类至自饶州、徽州"。⑤ 考察农民与市场的关系,不能仅看其活动范围的广狭。无论是何种社会形态和生产力达到了何种发展水平,所谓经济联系都必须通过某些中间环节和起类似作用的方式,才能构成紧密完整的社会生产系统和消费系统的统一,并由此实现劳动价值及其转换。因此,商人活动的广泛性和深入性、农业经营的多样化和专业化、市场层次网络的存在都必然使小农经济与市场联系在一起,并通过商人的活动联络着更为广阔的地域间的经济关系。所以,小农经济的非自给自足性与中国商品货币经济的繁荣有着某种内在的相互生成、相互依存、共同繁荣的关系。

综上所述,中国古代商品货币经济的繁荣并不是作为主要生产部门的对立面产生的,它是小农经济中倾向市场的小商品生产造就的产物。小农日益频繁的交换行为是由其生产方式本身的特点决定的,而商品经济恰恰是小农经济重复再生产和扩大再生产的重要环节。面对这样的历史现象,无论如何也难以得出小农经济是自给自足的这一结论。

---

① [明]张瀚《松窗梦语》(卷四),《商贾纪》。
② [清]乾隆《临清直隶州志》(卷二),《街市》。
③ [清]徐世溥:《榆溪集选》,《楚游诗序》。
④ [明]嘉靖《涉县志》(卷一),《疆域》。
⑤ [明]嘉靖《河间府志》(卷七),《风土志·风俗·末俗》。

六、结论

通过上述几个方面的考察,可以确认自给自足说未能全面反映小农经济存在的样态和运行的特点。从生产方式的特点看,家户自给自足说难以成立;从地主经济和商品经济与小农经济关系的角度看,所谓乡里自给自足和经济共同体自给自足说也很难成立。因为市场网络早已突破了上述两类空间的限制,走卒贩夫、行商坐贾的活动,将农民交易的范围间接扩大了,不能视为在有限的空间内可以实现生产过程的顺利完成。至于双重自给自足说,其关键在于怎样从地理环境的角度来认识中国经济的特点。如果孤立看,大海、高山、荒漠、长城似乎将中国封闭于欧亚大陆板块的东部和东南部。然而,在特定的时代,即半机械化和手工工具为主的时代,交通通信技术极不发达,封闭和隔绝乃是世界性的,古代中国绝非特例,而况这种判断还有些片面和武断。事实上,我国历史上的对外交往要远远早于其他民族,海陆丝绸之路的形成就是明证。小农经济表现在家庭是合作生产型,表现在家族、村社和乡里则呈现为松散协作型,它是笼罩在乡村社会整体主义和集体主义氛围中的经济形式。小农经济的强固性乃至对生产力发展的阻碍作用实际上恰恰表现在它与以文化习俗交往为主干,包括经济交往在内的广泛的联系,这种联系不仅以自然的血缘、地缘、人缘为纽带,而且还有人们基于共同地位而产生的共同的社会意识,这是远比人们的血缘和地缘联系要广阔得多的精神联系,它笼罩在农业社会之上,作用于由无数个家庭、家族、村镇、街巷、集市、茶馆、庙会等组成的生活空间之中,把看似分散的人群联结成一个具有共同文化表征的共同体。因此,中国的小农经济在其遭受打击的时候,不但可以得到亲属集团和邻里集团的帮助,而且可以得到政府的救助,从宏观上看,它的生产力和生存力恰恰存在于群体联系之中。总之,松散协作型经济特征为中国古代乡村治理活动采取"顺势而治""因俗而治"等策略提供了依据和基础。乡土百姓在生产、生活中呈现的"整体主义"价值取向使历代王朝采用的里甲制、保甲制、村社制以及连坐制等治理制度安排有了执行的可能性和可行性。

第三章　族性群落：古代乡村治理依循的组织形态

自氏族时代以降，在中国传统社会一直存在着一个"族性传统"。它包含两个基本方面：一是指以血缘纽带为特征的自然组织及其泛化的组织形态的传统；二是指维系这一组织形态而形成的精神传统，包括共同的神灵信仰、价值取向、道德情操、审美情趣和社会理想等内容，是人们相互认同的精神纽带。族性传统一经形成甚至可以不依托于它得以产生和保持的原生组织形态，在更大社会空间和结构中长久绵延。因此，我们把中国传统社会的基层组织形态称为族性社会群落。这种组织形态决定了古代乡村治理活动的运动趋向。

关于中国传统社会的结构特征和组织形态，学界存在着两种截然对立的观点，即伦理（家族）本位说和大共同体本位说。[①] 近年来，还有学者提出了"家户制是以一家一户为基本单位的经济社会组织制度"的观点。[②] 然而，这些观点的解释力或多或少存在着局限性。比如，中国传统社会中后期并非都是家族林立，杂姓村落相当普遍，把社会组织形态仅仅看作家族、宗族组织，把社会联系的纽带仅仅看作血缘和地缘关系，显然就不够了；而以国家主义为核心的大共同体本位说，则无助于说明家庭伦理在社会层面和政治层面的泛化和扩衍；至于基于"编户齐民"政策而提出的"家户制"既无法涵盖地主土地所有制存在的影响，也无法说明"佃农"和"自耕农"在统治

---

① 伦理本位说见于梁漱溟：《中国文化要义》，生活・读书・新知三联书店1987年版；大共同体本位说见于秦晖：《从大共同体本位到公民社会——传统中国社会及其现代演进的再认识》，收录于《问题与主义》，长春出版社1999年版。家族本位说与儒家本位、小共同体本位的内涵是一致的，是相关专著和论文中常见的说法。

② 徐勇认为："'户'是中国独一无二的组织单位。它是基于国家管理而产生的，是国家对人口的管理单位，同时也是国家征收赋税的单位。'家'是经济社会单位，'户'是政治单位。'户'的出现具有革命性意义，这就意味着个人从狭隘的地域共同体走了出来，成为更大的共同体——国家的成员。"见徐勇：《历史延续性视角下的中国道路》，《中国社会科学》2016年第7期。

视野中的差别。因此,有学者认为,"中国传统的乡村社会既不是我们所看到的因为多姓聚居而认为是地缘共同体,也不完全是因为单姓居住而认为是血缘共同体。而是一种既有地缘又有血缘的临时性利益共同体"。① 虽然没有给出具体的称谓,但这却是一种很有见地的观点。分歧源于两个因素:一是中国古代的国家形态与经典理论并非完全吻合,由此导致理论认识上的分歧,有必要重新审视国家起源的理论基础。二是对传统社会结构的基本判断的侧重点不同,强调伦理本位是看重家族、宗族的存在和巨大作用;提出国家本位则是因为观察到高度集权统一的政治制度;提出"家户制"则是关注到历代统治者以"编户齐民"的方式治理乡村社会。如何判定中国传统社会的基本结构、组织形态和精神纽带,便成为问题的关键。

一、族性社会群落概念的理论描述

与漫长的氏族时代相比,中华先民生活在国家形态中的历史不过几千年。数万年的蒙昧生活,构成了一部原始人类童年时期的历史。就如同童年的成长经历对于一个个体的性格特征、情感倾向、认知结构、思维特点有着重要的定向作用一样,群体的童年时代必然形成影响这一群体后期发展的某些重要特征。特别是它以一种集体无意识的状态构筑着民族的心理特质和人格特征,并以精神联系的形式使群体产生认同感和归属感,从而使该民族有别于其他的族类。

族这个字的含义大致有 4 种:一是指有一定血缘关系的亲属的统称,二是指表明家族、宗族系统的称号,三是在古代曾用来作为地方基层组织的单位,四是指品类、种类。就第四种含义而言,在汉语中有"族落"一词,专指聚族而居的村落。② 使用"族性"一词即包含着肯定质朴、原初的血缘关系是社会组织中的重要纽带这样的学术认识,同时又注意到它的泛化,即含纳了地缘关系、姻缘关系和拟血亲关系等。作为氏族组织演变运作的方向之一,在氏族时代解体后,家族、宗族仍然是社会组织的基本单元,并没有实质性地改变自组织的形态和原则。这种原则在演变后的组织中或明或暗地发

---

① 徐旺生:《中国古代乡村社会的结构和性质》,《古今农业》2008 年第 1 期。
② 《汉语大词典》(第 6 册),释"族落",汉语大辞典出版社 1994 年版,第 1606 页。在文化人类学上还有"族群"的概念,意指同一社会中共享文化的一群人,尤其是共享同一语言,并且文化和语言能够没有什么变化地代代传承下去。有关"族群"(ethnic group)的概念是多种多样的,在 20 世纪 50 年代,韦伯给族群下过一个定义:"族群是指因体质的或者习俗的或者对殖民化以及移民的记忆认同的相似而对共同的血统拥有主观信仰的群体,这种信仰对非亲属的共同关系具有重要的意义。"族群不同于亲属群体。参见任军:《"Ethnic group"的翻译、理解与运用现状》,《世界民族》2009 年第 5 期。

挥着作用,从而形成了"族性传统"。群落原本是生物学上的一个概念,指生存在一起并与一定生存条件相适应的动植物的总合。所谓"生存在一起"是指以相互杂存而又有序的方式生活在一起,并密切地产生相互作用,而不是"杂乱"无章。社会群落有相应的空间范围,其边界与一定的地理环境、气候条件、生活习俗、生产组织形式、技术水平等相关,从而构成了一个个具有相对独特文化面貌的人类共居体。在截然不同的共居体之间分布着共居体的某些过渡形态。当然,构成群落的因素在空间上的分布范围是不同的,如以方言为标准划分的区域,与以耕作内容(稻作或是旱作)为标准划分的区域,就会出现极不相同的群落边界。因此,人类社会群落边界的确定,精神上的相似性甚或一致性便成为一个十分重要的标准。我们借用这个概念更多地是想强调在一个较大的空间范围内,村落性质、结构、文化习俗的相似性甚或一致性,构成了一个生存的"整体"。这里的所谓"一定生存条件"不仅包括生存所必需的自然条件,还包括与其思维方式、行为习惯、价值观念等内在精神相一致的文化环境,其中最质朴、最原初、最核心的就是伦理精神。

所谓族性社会群落,是指长期生活在同一地域空间,以族性传统相互认同和联结的人类共同体。这个概念首先确认了在进入国家状态后,中国社会基本组织单元的家族、宗族特征,反映着中国进入国家形态的独特道路。同时,这一概念又不把中国古代社会看成单纯由家族、宗族构成,避免了对其他民间组织的存在和作用的忽视。它更多地着眼于一个大的民族共同体形成中,基本单元的特性和演变,强调的是基于共同的经济、文化和政治生活而产生的精神联系,这是要比血缘关系和地缘关系覆盖面广泛得多的一种内在联系。用这一概念审视古代社会主体民族——汉族与其他少数民族的关系,就会发现,在族际关系中也存在着共同祖先的历史记忆,无论是民间传说还是神话故事,表达的主题都是以共同的拟血缘关系为核心的各族同源的意象,从而在更大的范围里构筑起以"族性"为特征的社会群落。[1]"族性社会群落"概念的使用对认识中国古代社会的结构、特征、性质和现代转换极具启发意义。

二、族性社会群落的历史形态

从组织形态的演变看,中国古代社会经历了3种形态,即夏以前的氏

---

[1] 参见任军:《"Ethnic group"的译词"族群"在理解与运用中的文化冲突》,收录于《现代化旋涡里的中国》,河南大学出版社2013年版,第77—78页。

族、族邦、酋邦形态;①以世卿世禄制为特征的宗法贵族形态;以皇帝为核心的官僚形态。氏族组织的基本特征是以自然组织形态把人们联系在特定的秩序当中,其重要的纽带是血缘关系和后起的姻缘关系。夏商周之前的时代无疑是氏族时代。问题是进入国家形态后,氏族组织是如何变化的,演变的路径怎样,在理论上和史实上,这都是一个极具挑战性的问题。近年来,有学者提出,中华文明进入国家形态后还存在一个以氏族为社会基本组织的氏族时代,即从夏商周直到战国是氏族存在和最终解体的时期。② 尽管国家形态已经确立,但它们却与氏族组织,特别是氏族精神高度合一,所谓君权、族权和神权的合一,形成了有别于其他文明的独特景观。

三代以前的氏族社会自不必详论。值得注意的是,我国走入国家形态的模式与其他民族相比有极大的不同,它不完全以地缘关系为基础,而是主要以血缘关系为基础的氏族、部落集合而成,学界称之为"族邦"或"酋邦"。③ 氏族制度与国家制度的紧张状态并未在中国早期文明中上演,国家组织延续和套用了氏族组织的模式。氏族内部的自然等级序列与国家政治统治的行政序列合二为一,氏族组织及其衍化物——家族、宗族组织非但没有瓦解、消失,反而借助于更大空间范围的公共权力的产生而得以保存、延续。先秦时期形成了一个多层次的宗法家族形态,主要有王族家族形态、异姓贵族家族形态和庶民家族形态,构成了由高到低、由核心到边缘、由中央到地方的政治实体和区域、地域权力中心。这一演化的过程相当漫长而又激烈,正如杜佑概括的那样:

> 夏氏革命,又为九州,涂山之会,亦云万国。四百年递相兼并。殷汤受命,其能存者三千余国,亦为九州,分流天下,戴记六百。及乎周初,尚有千八百国,而分天下为九畿……其后诸侯相并有千二百国。④

显然,这里的"国"是一个个部落或氏族,拥有相对独立的治理权力。如甲骨

---

① 所谓"邦"其实是以氏族血缘为纽带的"族邦"。如商代方国的人数平均在 2 000—4 000 人之间,在一个人口有限的族邦内,既不能积累大量的财富,也无法造成财富的高度集中,因而不足以支撑起一个国家的上层建筑,氏族首领和巫师勉强履行着若干共同体的公共事务,远不能构成国家的规模。国家形成必然与血缘组织融为一体,这奠定了国家权力结构与家长制度、家庭的权力结构相一致的"家国同构"的基本格局。
② 参见晁福林:《论中国古史的氏族时代》,《历史研究》2001 年第 1 期。
③ 参见臧知非:《周秦社会结构研究》,西北大学出版社 1998 年版;谢维扬:《中国早期国家》,浙江人民出版社 1995 年版。
④ 《通典》(卷一百七十一),《州郡一》。

文中就有不少关于商代氏族的记载,不少学者注意到这种情况。徐中舒先生较早指出:"殷代的社会基础组织是彻头彻尾的氏族组织……殷代帝王也不过是当时一个大部落的酋长。"①韦庆远先生也注意到:"商代的基层社会组织是宗族,基层行政区划称'邑',是商代行政区划的基本单位。"②据学者们对甲骨文中地名的统计,"有称侯的 35 个,称伯的 40 个,称子的 127 个,称妇的 80 个,共计 282 个,有称'方'的 51 个。"③《史记》说上古"用国为姓",这些地名实际上就是一个个聚族而居的"国"。

秦汉以降,宗族、家族组织的显性形态逐渐在上层政治舞台上浅退,主要活跃于民间社会。历史上早就有人注意到了战国时期这种变化的发生。宋人陈祥道就说:

> 周之盛时,宗族之法行,故得以此系民,而民不散。及秦用商君之法,富民有子则分居,贫民有子则出赘,由是其流及上,虽王公大人,亦莫知有散宗之道,浸淫后世,习以为俗。④

明人归有光也说:"古者诸侯世国,大夫世家,故氏族(即宗族)之传不乱,子孙皆能知其所自始。迨周之季,诸侯相侵暴,国亡族散,已不可稽考。"⑤但在新的历史条件下,氏族、家族组织有了新的形态。从西汉到魏晋唐代,出现和盛行过世家大族式的家族制度,文献中把这种家族的族长称为豪强、世家、士族、著姓。像被刘邦强行迁入关中的齐楚大族昭、屈、景、怀、田等,就是这种"强宗大族"或"豪右著姓"。从两汉实施的打击豪右势力而终其数百年却不绝看,豪右的政治影响很大且非常普遍,已危及中央权威的维护,在地方的影响更不能低估。东汉末年起,有关"宗族""宗家""族党"举族从军、御寇、避乱、攻县的记载不绝于史⑥,北齐宋孝王曾总结说:"瀛冀诸刘,

---

① 《徐中舒历史论文选辑》(下),中华书局 1998 年版,第 812 页。
② 韦庆远主编:《中国政治制度史》,中国人民大学出版社 1989 年版,第 47 页。
③ 王宇信、杨升南:《中国政治制度通史》(第 2 卷),《先秦》,人民出版社 1996 年版,第 180—181 页。
④ [宋] 陈祥道:《礼书》,见[明] 顾炎武《日知录》(卷一三),《分居》条引。
⑤ [明] 归有光:《光亭蔡氏新谱序》,见《震川先生集》(卷二)。
⑥ 如《三国志·魏志·许褚传》载许褚:"汉末,聚少年及宗族数千家,共坚壁以御寇。"《李典传》载李典"率宗族及部典输谷帛供军",后自愿徙"宗族万三千余口居邺"。《后汉书》(卷一百),《荀彧传》载韩馥起兵,荀彧"乃独将宗族从馥";董卓之乱,韩融"将宗亲千余家避乱密西山中"。《三国志·吴志·贺齐传》载,剡县小吏斯从被县长贺齐处死,"从族党递相纠合,众千余人举兵攻县"。

清河张、宋,并州王氏,濮阳侯姓,诸如此辈,一宗将近万室,烟火连接,比屋而居"①,这相当典型地说明了世家大族当初是普遍存在的。这一时期可以看作是行政力量与自然力量相互冲突与斗争的转换时期。

东汉以后,由于世家大族逐步控制了中央和地方各级政权,改变了两汉以来打击"强宗大族"的政策,使世家大族迅速发展,血缘纽带又一次得到强化。一个家族、一个庄园就成为"耕战"结合的单元,这种形式前后存在了五六百年。宋以后,血缘家族组织呈现出两种形态:一是由个体小家庭组成的聚族而居的家族组织,二是累世同居共财的大家族。在宋代,聚族而居是非常普遍的,这种小家庭一般只包括二三代数口之家,若干个这样的同姓小家庭聚居于一个村落或蔓延到附近的几个村落。② 他们都是同一个男性祖先的后代,"往往以姓名其村巷焉",如叫张家村、李家庄、吴家湾等。尚没有系统的统计数据来判断宋以后历代这种聚族而居的村落在整个村落中的比重,且即便是以某姓为名的村落,也很难说就不是一个杂姓村落。但至少说明宋以来村落的发展经历过一个由同姓聚居向杂姓共居的过程,而且在相当程度上还存在和保留着同族共居的传统,在有些地区甚至成为主要的村落存在形式。到明清时期,许多人曾描述过这种聚族而居的普遍现象。如乾隆时陈宏谋说:"惟闽中、江西、湖南,皆聚族而居,族皆有祠,此古风也。"③道光时的张海珊曾提到:"今强宗大姓,所在多有,山东、西,江左、右,及闽广之间,其俗尤重聚居,多或万余家,小亦数百家。"④近代的魏源也说:"天下直省郡国,各得是数百族,落落参错县邑间。"⑤总之,直到近代,家族组织仍然是中国社会最普遍的社会组织。

至于累世同居共财、同爨共食的大家庭,在宋代以后也非常多见。如江州德安陈氏,从唐中叶开始兴起,到南唐陈昉时,"已十三世同居,长幼七百余口,不畜仆妾,上下娴睦,人无间言"⑥,到北宋嘉祐年间分居时,已"萃族三千七百余口"。⑦ 洪州奉新胡氏,"累世聚居,至数百口";南宋建昌洪氏,"子孙众多,以孝弟著称,六世义居,室无异爨";池州青阳方氏,"八世同爨,家属七百口,居室六百区";河中永乐姚氏,到北宋庆历时已十三世同居,"世为农,无为学者,家不甚富,有田数十顷,聚族百余人,子孙躬事农桑,仅给衣

---

① 《通典》(卷三),《食货典》,引宋孝王:《关东风俗传》。
② 参见徐扬杰:《宋明家族制度史论》,中华书局1995年版。
③ [清]陈宏谋:《寄杨朴国景书》,见《清朝经世文编》(卷五十八)。
④ [清]张海珊:《聚民论》,见《清进经世文编》(卷五十八)。
⑤ [清]魏源:《庐江章氏义庄记》,见《魏源集》(下册),第503页。
⑥ 《宋史·陈竞传》。
⑦ 《义门陈氏大同宗谱》(卷三),引宋嘉祐间订《义门分庄纪实》。

食";吉州永新颜氏,"一门千指,家法严肃,男女异序,少长辑睦,匦架无主,厨馔不异,义居数十年,终日怡愉"。① 元代也存在许多累世同居的大家庭,如延安张氏,"八世不异爨,家人百余,无间言","室无私藏";浦江郑氏,到元代已"十世同居,凡二百四十余年","家庭中凛如公府","虽尝仕宦,不敢一毫有违家法"。② 石埭桂氏,自南唐以来十二世同居,"百口共爨"。③ 在明代,从宋以来就兴旺的浦江郑氏已"累世同居几三百年",人口达到"数千指";浦江王氏"合食同居",不久,"遂埒郑氏";蕲水王氏,亦"七世同居,一家二百余口,人无间言"。④ 以上所列仅是受到表彰,被官方记载的一小部分,可以想见,实际存在的大家庭要比这些记载多得多。

所谓族性,是指源于氏族传统而形成的与宗族、家族制度相关的信仰意识、伦理道德、组织形态、人际关系模式和风俗习惯,在社会组织、社会规范、社会意识等方面的泛化,表现出对社会生活极强的渗透力,最为典型地代表了传统中国社会中社会组织和社会意识的特征,它构成了组织关系的理论基础和意识源泉。因此,族性社会群落的形成不仅指家族、宗族的存续,还包括由此扩衍而出的其他组织形式。这就是存在于中国古代的各个历史时期,形式不同、内容各异、功能不一、存续时间久暂有别的结盟拜会和民间宗教。据陈宝良先生研究,中国古代的会社可分为政治型(包括由朋党之争而出现的政治结盟、自发的政治性结社结会和秘密会社)、经济型(包括合会、善会和行会、会馆、公所等行业性组织)、军事型(包括义社、义会如弓箭社、马社、义甲、牛社及义勇大社;保甲、民团和商团等)、文化生活型等几个大的类别。陈先生指出,"会社的活动,发轫于先秦,自汉迄清,一直延续,其间总有盛衰,但其活动并无停歇"。如宋代,"以志趣相投而结会的现象更趋普遍,并有取代民间春秋二社,佛教结社之势。在宋代,太学生有'茶会',文人有诗社、文社,士大夫的闲暇生活则有'耆英会'等怡老组织,讼棍有'业嘴社',民间有互助性的合会,也有保防乡里的'弓箭社'、'马社'等军事性结社,此外尚有秘密结社,结社已遍布社会生活的各个层面并存在于社会各阶层"。⑤ 这充分说明结盟拜会具有持久性和普遍性,其主要纽带则是生发于血缘、地缘等亲缘意识的师承伦理关系和信仰耦合关系,在社会组织中有其独特的地位和价值,深刻地影响着乡土社会的政治行为方式和政治生活的

---

① 以上见《宋史》的《胡仲尧传》《洪文抚传》《方钢传》《姚宋明传》《颜诩传》。
② 以上见《元史》的《张闰传》和《郑文融传》。
③ 陈作霖:《桂氏宗谱叙》,见《光绪石埭桂氏宗谱》(卷一)。
④ 以上见《明史》的《郑濂传》和《王澄传》。
⑤ 陈宝良:《中国的社与会》,浙江人民出版社1996年版,第10、13页。

面貌。

　　深入观察中国传统社会中的各种类型的结盟拜会，我们发现其联系的基本纽带也是血缘和地缘关系，并呈现出拟血亲化和泛血亲化的趋势。具体说来，主要的感情纽带是血缘关系、地缘关系、姻缘关系、异姓结拜和师生关系，其思想基础是基于共同的心理需要而产生的亲情意识、伙伴意识和结盟意识。传统的结盟拜会多数表现为个体异姓通过结盟、结拜而相互联结，甚或有同姓合族、异姓认宗的现象。此外，在民间组织之间和成员之间本身并没有血缘关系，但通过结盟、结义与异姓结拜的方式，在精神上确认了某种拟血亲的联系，达到了增强内部凝聚力的目的。如东晋南北朝时期的一些佛教结社在一定程度上就带有结义的性质。《北周王妙晖等造像记》云："邑子五十人等，宿树兰柯，同兹明世，爱托乡亲，义存香火。""香火"一词在当时即指结义、结盟。① 而事实上，这一时期出现的佛社多以大族为基础，兼及同一地域内的别姓成员共同构成。② 在隋唐时期，民间春秋祭社活动多以宗族为基础，史载"李氏宗党豪盛，每至春秋二社，必高会相欢，无不沉醉喧乱"。③ 这种习俗不但延至宋代，而且扩大到各种活动之中，如乡族之中流行的聚会，"每月一聚，具食；每季一会，具酒。所费率钱，令当事者主之。过聚食，则书其善恶，行其赏罚"。④ 明清时期就出现了以同族为基本成员的会社，如明代的宗族内流行"生日会"：

　　　　是会也不论尊卑长幼，凡遇生日，派分有三，上者五分，次三分，再次二分。在尊长，同呼卑幼而饮之；在卑幼，则奉尊长而视之。置簿一扇，轮一直会，一月一转，如此则常常相聚，意气联属。⑤

上述这些结社都是以血缘关系为纽带，对这一纽带的认同是不言而喻的。按照社会学中功能理论的观点，社会是一个各种社会组织机构及其制度的动态平衡系统，而这些组织机构及其制度则根据人们所共同认可的社会规范规定着人们的活动方式。为人们所共同认同的社会规范，是通过人类自然参与而获得的合法性和约束力。⑥ 在传统中国社会，维系组织凝聚力的

---

① ［清］王昶：《金石萃编》（第36卷），中国书店缩印本。
② 参见《东魏大吴村合邑一百人造像记》，收录于［清］陆增祥编著：《八琼室金石补正》（第19卷）。
③ 《隋书》（卷七十七），《隐逸·李士谦》。
④ ［宋］吕大均：《吕氏乡约》，见《说郛》（卷十一）。
⑤ ［明］高兆麟：《生日会约》，见《说郛续》（卷二九）。
⑥ 参见陈宝良：《中国的社与会》，浙江人民出版社1996年版，第30、446、449、465页。

纽带都离不了"血亲"这个最原始、最质朴的关系意象。这种源于天然的情感纽带能够提供最可靠的安全感，并不断地扩大到社会关系的各个领域，由真实的血亲关系衍生出各种拟血亲关系和泛血亲关系，成为人们相互联结的重要精神纽带。如科举制产生后，同年进士之间往往通过同年的关系扩大为异姓兄弟的关系。像明朝蔡清赞咏同年之间的关系"譬如一家子，腑肺亲弟兄"。① 这种关系甚至会传至同年子孙也以兄弟相好，正如明人吴宽所云的"盟在久要，其子孙之亦讲"。② 明人赵用贤也说，明代同年情谊最厚，"即身没已久，而子孙犹有蒙庇者"。③ 这种异姓结拜，情同兄弟，视若父子，义结金兰等，无不是拟血亲化和泛血亲化的表现。

综上所述，家庭、家族、宗族与国的关系是基础和上层建筑的关系。《孟子·离娄上》道："人有恒言，皆曰天下国家。天下之本在国，国之本在家。"《墨子·尚同》云："治天下之国若治一家。"《汉书·盖宽饶传》也说："五帝官天下，三王家天下，家以传长，官以传贤。"家国一体的意识典型地反映了氏族传统的影响。司马光在《迁书》中说："父之命，子不敢违；君之命，臣不敢违。父曰前，子不敢不前，父曰止，子不敢不止；臣之于君亦然。"家庭、家族的政治行为规则被扩大到国家意志和行为规则，显然两者是血脉相通的。传统"公共秩序"或"政治秩序"的建立就是依靠社会大众源于日常生活的政治意识和政治心理及政治习惯来维系的。家族、宗族组织不仅是基层政权的补充，有时甚至取而代之。无论社会成员的社会流动性如何增强，在组织行为和思想意识上，社会大众总是要把自己归属于某族、某姓的群体之中，这就使源于氏族的精神因素得以在空间和时间上继续延伸，构成了人们认知社会、人生和宇宙的重要精神资源。正是因为有这样的组织依托，中华先民形成了有别于西方的伦理精神，或曰家族精神，它由三个相互环扣的观念组成，即孝亲祭祖、夫妇人伦和子嗣绵延，反映的是农耕社会乡土百姓的价值取向、审美情趣、道德情操和社会理想。这种在心理上有着极大覆盖面的精神联系，使得中国社会的乡村组织程度不同地带上了家族、宗族的色彩，因而出现了可称之为"族性社会群落"的组织状态，这是氏族传统在思想上和空间上进一步泛化的表现。

三、族性社会群落的共同社会意识

氏族时代形成的族性传统，由于其所赖以存在的文化土壤一直延续着，

---

① ［明］蔡清：《虚斋蔡先生文集》（卷一），《同年会》。
② ［明］吴宽：《匏翁家藏集》（卷五七），《丁未岁作同年会请帖》。
③ ［明］赵用贤：《松石斋文集》（卷三），《南都同年会约序》。

从而构成了乡土百姓精神世界的核心内容,由此外推,逐渐形成了人们借以相互认同的观念体系,程歗先生将其称为乡土意识。① 这种意识是指以农民为主体的,在乡里社会大多数成员中普遍流行的民众意识。这种群体意识直接以乡土社会的经济关系、政治关系和精神环境为基础,受到认识主体在文化传承过程中形成的心理素质和人格特点的制约,从而支配了普通老百姓的思考方式和行为准则。② 族性社会群落的共同社会意识大致有生活意识、政治意识和信仰意识。共同的生活意识是指亲情意识、互助意识和结盟意识,共同的政治意识是指禁欲意识、均平意识和皇权意识,共同的信仰意识则指多神意识、功利意识和现世意识。这些共同的社会意识在时间和空间上具有极大的覆盖面,甚至成为古代社会多数社会成员精神生活的主要内容。在这些共同的社会意识中,家族意识、价值取向和社会理想最具普遍意义。对此,程歗先生在《晚清乡土意识》一书中进行了独到的分析,兹介绍如下。

家族意识源于以父子关系为轴心的农业小生产家庭生活。"父(族)—子(支)"关系是中国农业家庭和家族的基本结构,"儿子的江山,闺女的吃穿",家族的江山靠父子相替的直系血缘纽带来维系。由此而形成的家族意识包括孝亲祭祖、夫妇人伦和传宗接代这三个主要观念。祖先崇拜是自古以来中国社会中持续时间最长、覆盖人群最广泛的信仰活动。这是因为,农业社会的人们对于自然界的认识能力和对社会关系的适应能力,以及生产经验和劳动技术的积累,主要靠前一代人向后一代人的言传身教。虔诚的孝亲祭祖,不仅体现了乡民对父辈、祖辈所传承的财产和经验的感激,还意味着继承了祖父辈用人缘和地缘构筑的人际关系网络。因此,祖先崇拜不仅有祈祷亡灵护佑赐福的信仰意念,更包含着维系家族与社会稳定的实际功能。就逻辑上而言,信仰的意念与其他社会规范互相沟通,其中最为人重视的就是旨在保证家族血缘纯度的"男女大防",通过婚姻的稳固以确保祖先遗产在纯正的家族血脉中传递。祖先崇拜和男女大防以子嗣繁衍为归

---

① 乡土意识包括日常生活意识、政治意识和宗教意识。日常生活意识又包括务实求验的处世态度、人生和谐的价值取向、执着亲情的道德情操和均平—太平的社会理想。程先生的概括有助于我们理解"族性社会群落"精神纽带的构成。参见程歗:《晚清乡土意识》,中国人民大学出版社1991年版。

② 陈劲松从社会关联或社会性团结的角度深入研究中国社会的社会性关联形式及其功能,认为伦理关联是传统中国社会的主要形式,颇具启发意义。这里的社会关联指的是把个体结合在一起的社会纽带,是建立在某种共同情感、道德、信仰或价值观念基础上的个体与个体、个体与群体、群体与群体之间以结合或吸引为特征的联系状态;而伦理关联则是指人际之间的联结靠的是一种宗法的、亲情的伦理。实际上,这种所谓"社会纽带"就是以精神联系为主的结合方式。参见陈劲松:《传统中国社会的社会关联形式及其功能》,《中国人民大学学报》1999年第3期。

宿。中国农业家庭是合作生产型,农民们靠耕织结合所带来的物力与时间的节省,靠早婚、早育所带来的劳动力的增殖来求得生存与发展。倘若绝后,祖宗将无所依托,父母将得不到供养,家业将转于他姓,绝后就意味着家族血缘纽带的断裂。孝亲祭祖、夫妇人伦、子嗣传承这三大观念,共同构成了乡土百姓以注重现世、追求和谐、服从隶属、执着亲情为重要特征的传统价值体系的核心,它以极大的覆盖面长期占据着中国古代民众的精神世界。

　　价值取向是精神文化中的一个重要观念,用以表示主体需要和客体满足之间的关系,制约着主体对客体性能的选择和判断。生活在以农耕文明为主要特色的文化氛围中,乡里民众日常的价值目标表现为对"福""禄""寿""财""土"这五种神灵的崇拜。五神一体的崇拜以重"土"为起点,以求"福"为归宿,这实质上是乡里民众价值心态的反映。简要地说,土地崇拜是远古先民对大地母亲养育万物的朴素认识而导致的一种信仰,数亩农田就基本上可以满足一个核心家庭的吃、穿、住等最基本层次的生活需要,人们普遍把土地看成生活源泉和群体的纽带,把刨土种地看成创造价值和实现价值的基本形式,以乡土为贵成为人们牢不可破的价值观念。敬奉财神则反映了农民变地产为家财的占有欲,强化了"送穷迎富"的动机。农民们固执地相信只有从土地里取得的财富才是可靠的,从而排斥抛乡离土的其他谋生与求富手段。崇拜寿星代表了乡里百姓执着于生命价值的心态。祈寿和求富是互为表里的两个信念,长寿和多子本身就具有财富价值。禄神信仰则反映了乡土民众要求提高社会地位,确保已有的地产家财的安全和传承的心态,以权力追求为目的的"禄"是"土""财""寿"这些价值追求的继续。崇拜福神是人们追求幸福机遇心态的凝结,是上列四项分项价值的收敛,表示人们希望获得某种机运以实现自己的追求。值得注意的是,古代民众的价值取向是在特定的环境中被追求并最终得到一定程度的实现的。在生产力落后的时代,农业耕作基本上是以家户为单位,以村落邻里为单元,通过松散的协作共耕来完成的。人们的各种价值追求,只有在良好的人际关系、正常运转的家庭秩序和合作秩序中才能得以体现,从而把人们的各种追求凝结为对秩序的追求,集中体现了人生存在的意义。正如民间俗语所说:"天时不如地利,地利不如人和";"远亲不如近邻,近邻不如对门";"亲故亲故,无亲不顾";[1]"好汉护三村,好狗护三邻,好花还得绿叶扶"。[2]

---

[1]《中国地方志民俗资料汇编》(东北卷),书目文献出版社1989年版,第38页。《礼·檀弓》云:"亲者,无失其为亲也;故者,无失其为故也。顾者,无令其失所也。"

[2]《中国地方志民俗资料汇编》(东北卷),书目文献出版社1989年版,第289页。

应当说在乡土百姓的意识中,基于血缘和地缘而形成的人际关系乃是生存与发展的首要条件,它远远高于人与自然关系平衡的重要性。来自现实生活的经验积累,使人们在追求人生和谐的价值目标时形成了某种稳固的处世态度和价值评断的标准,通过个体的道德自律、内省,外化为宽以待人、严于律己的处世态度和安身立命的标准,由此实现由里到外、由自然而社会的各种关系的平衡,既由此实现个体对群体的义务和责任,又由此而获得社群的认同与赞赏。俗语说的"常把一心行正道,自然天地不相亏"正是这个意思。[1] 应该说,由民间俗神信仰反映出的价值取向集中代表了乡土百姓对幸福式样及其实现条件的理解,即把基于和谐的群体关系中的价值实现看作最理想的目标。因此,看似松散的农民群体,实际上是一个有着整体主义倾向的群体,所谓扶老携幼、乡田同井、出入相友、守望相助、疾病相扶持等民谚正反映了古代百姓普遍的价值心态。

社会理想是人类日常生活意识的高层结构,它以社会生活为基础将人们现实的处世态度、价值取向、道德风俗延伸为一种具有特定指向性的社会设计。这种设计集中了人们的情趣和意向,成为人们从事社会活动的动力。程歗先生指出:农民的社会理想可以概括为对"均平—太平"景象的期待,包括劳而有食、寡欲息争、差序和谐、财货均有、讲信修睦等五个方面的内容,由此来实现"乡田同井,出入相友,守望相助,疾病相扶持"的境界。值得注意的是,农民的社会理想更主要是作为日常意识弥散在村落的社会行为和物化文明之中,沿着家庭、家族、村落的空间次序在不断扩散。在家庭内部,这种意向是按照兼爱的格局在活动,基本上不分角色的差异,实行均匀齐一的分配原则,主要表现为统收、统支和分产析户的传统。在家族这一层次,同宗同族有相互扶助的义务。出于维护同一家族的稳定的需要,许多家族都有数量不等的族产族田,用于祭祀、恤老、教育和扶贫等开支,起到同族互济的作用。在村落这一层次,均平意向体现为邻里互助和同乡周济的风俗。显然,均平意向是一种巨大的习惯力量,依社会结构的层次,按统收统支—分产析户—出入相友—同乡互济的格局弥散,通过人们的现实生活,"均平意向"成为深入人心的观念,成为千百年来农民群体想要改变命运、追求幸福生活的强大的精神动力。

农民构成了中国古代社会成员的主体,这个群体借以互相联系、互相认同的纽带,不仅有天然的血缘和地缘关系,而且还有人们基于共同的地位而产生的共同的社会意识。这是比人们的血缘和地缘联系要广阔得多的精神

---

[1] 《中国地方志民俗资料汇编》(华北卷),书目文献出版社1989年版,第62页。

联系。这种共同的社会意识的核心内容可称之为"伦理精神",价值追求可称之为"人生和谐",理想生活则为"均平—太平"。无论乡村社会组织如何演变,无论村落社区是同族村落、主流村落,还是杂居村落,由历史传承而形成的这种共同社会意识都有着时间上的持久性和空间上的广泛性,从而实现了跨地域、大范围的文化认同,这是汉民族和中华民族形成的重要条件。

四、族性社会群落的政治秩序追求

族性社会群落的组织形态反映在日常生活中,表现为人们在长期共同聚居中形成的相互看顾和同乡周济习惯。《逸周书·大聚解》载:"以国为邑,以邑为乡,以乡为闾。祸灾相恤,资丧比服。"[①]虽然这是理想化的一种设计,但反映出人们的意识里希望通过邑、乡、闾的组织设置来实现相互扶持和救助的愿望。《周礼·地官·大司徒》中也有相类的设计:"令五家为比,使之相保;五比为闾,使之相受;五闾为族,使之相葬;五族为党,使之相救;五党为州,使之相赒;五州为乡,使之相宾。"文中弥漫着一股浓重的"相亲相爱"的气息,家、比、闾、族、党、州、乡显然也不仅是简单地为治理而设,而是要通过这些组织来实现相保、相受、相葬、相救、相赒、相宾的目的,这样就可以维护和谐的乡村社会秩序了。此外,当时的统治者意识到要维护乡村秩序还必须建立社会保障机制,使人们能够在合作中应对自然和社会压力。《逸周书·大聚解》载:

> 乡立巫医,具百药以备疾灾,畜五味以备百草。立勤人以职孤,立正长以顺幼;立职丧以恤死,立大葬以正同;立君子以修礼乐,立小人以教用兵;立乡射以习容,春和猎耕耘以习迁行。教芋与树艺,比长立职,与田畴皆通。立祭祀,与岁谷登下厚薄。[②]

文中涉及医疗保障、幼童教育、丧葬料理、礼仪和军事训练、农业技能教授、祭祀活动的筹备等,把人们从生到死的各种需要都纳入了保障的范围。这种理想正是"族性"传统在社会生活中打下的深刻烙印,也是人们追求的社会秩序状态的一种最佳情形。随着社会结构变革的进程,乡村百姓的组织性和组织行为逐渐跨越了单纯自然联系的范围。虽然联系纽带的地缘色彩突出了,但仍弥漫着一股强烈的"拟血亲"或"泛血亲"的气息,许多组织形

[①] 黄怀信:《逸周书校补注译》,三秦出版社2006年版,第187页。
[②] 黄怀信:《逸周书校补注译》,三秦出版社2006年版,第188页。

式和原则都是自组织的结构扩展和空间放大,表明了"族性社会群落"的延展性、弥漫性和聚合性。特别是对政治秩序的企盼与追求,在村落的公共空间中形成了某种整体主义的传统。

对大范围社会秩序的追求是人们价值追求的自然延伸,在政治信仰上就必然表现为以追求"明主"和"清官"为主要内容的皇权主义的盛行。这种朴素的政治信仰源于家族、村落生活的现实体验。在一个农业家庭中,父家长的权威是自然形成的,对家庭和家族的繁荣有着决定性的影响。对家长的服从不仅是自然关系使然,也是生存与发展的要求。这一点在大众的信仰领域表现得尤为明显,如果说信仰以玉皇大帝为首的众天神反映了人们对社会整体秩序的追求的话,那么,信仰"一家之主"灶神则是对家庭秩序维护的反映[1],信仰两者的目的和功能在本质上是相通的,都是现实政治生活的一种幻化。在古代社会,地方上的权威人物一般出自大姓望族,权威产生的基础一般由家族地位、政治权势、知识和话语权掌握的程度等因素构成。其中最根本的还是源于"族性"传统中所处的地位。因此,在古代社会的下层政治生活中,往往会出现跨越村落空间的有影响的人物,在一定程度上左右着人们的政治态度。在非常时期,如大规模反叛行为中,其背后的组织核心一定是以拟血亲关系建立起来的某种民间秘密宗教或会社,如汉末黄巾起义的太平道、张鲁割据的五斗米道、方腊起事的"吃菜事魔"、红巾军起义的白莲教、太平天国的上帝会等。这些民间宗教、结社组织可以看作是族性社会群落的异化形态,深刻地影响着一般大众的政治倾向和政治行为。

总之,族性社会群落是人们实现人生价值、劳动价值和满足安全需要的组织依托和空间条件。人们的伦理道德和行为规范受到"族性"传统的深刻影响,并从家庭、家族结构向外推衍,在更大的空间蔓延,从而形成了既相互独立,又相互联结的关系状态。由此我们可以发现,族性社会群落在空间上并不局限于自然村落,而是受某一地域内人们的联系方式、联系频度、联系内容的制约。精神联系的内容和方式也在一定程度上跨越了家族、村落结构,在更大范围内形成了相互认同和联结的状态。族性社会群落在时间上的持久、空间上的蔓延,形成了中国古代社会稳定的基层组织形态,对政治结构的形成、权力运行的方式、权威资源的类型、伦理道德的内涵、行为规范的产生、生活习惯的养成等都产生了十分深刻的影响。

---

[1] 参见任军:《灶神考源》,《中国史研究》1999年第1期。

第四章　开放包容：古代乡村治理依顺的文明特质

　　文明特质的形成反映了特定人群在存续和发展中对外部世界和自身境遇的认知和实践过程，表现在政治、经济和社会生活的方方面面。对社会及其与生存相关的自然事项的治理既是创造文明特质的过程，又是治理活动开展自然顺从的历史环境。因此，如何判定中华文明的特质，对深入认识古代乡村治理的理念生成、制度安排和习俗样态所依顺的社会人文环境及其呈现的治理效果（强大的对外来文化的吸纳力和显著的对外影响力）有着非常重要的意义。在探讨中国社会为什么会在近代落伍于西方时，归因于（地理的、政治的和心理的）"封闭"的观点非常流行。这种观点往往还成为解释中国两千多年来所谓长期停滞问题的一个重要根据。问题的深层涉及对整个中华文明性质的评价，即所谓大陆文明与海洋文明之争。相比较而言，中国学者持"封闭"看法的人比较普遍。尽管对中国的文化史、社会史、贸易史和对外交往史有着深入而又广泛的研究，然而，对所获得的事实却未能提升到应有的高度（即世界历史和全球范围的高度）来加以评判。就西方著名汉学家有关中国史的论著而言，一个鲜明的特点在于能够将中国文化置于特定的世界氛围中加以分析，对中华文明的世界影响给予了充分的关注。正是这种"世界历史"的眼光，使他们不但在中国历史断代上得出了不同于国内学界的结论（比如将秦汉时期称作中国的中世纪，将近代史的开端定于唐宋时期，把唐代的古文运动称为中国第一次文艺复兴，把宋代的理学、实学等学术思想的发展称为中国的第二次文艺复兴等），而且在看待中国古代社会的发展和影响时，一直把它看作开放性的社会，甚或认为中华民族早就是一个海洋民族，至少也认定中国南方有一种由来已久的海洋传统。无论这些看法是出于对中国文化的热爱，还是基于历史事实的认识结果，有一点非常值得我们借鉴，即用全球文明发展相互联系、共同制约的观点来看待历史。为便于深入探讨中国文化的特性，解析中国社会长期停滞和近世落伍的原因，借鉴西方汉学家的研究成果有着积极意义。

一、中华文明自古以来就是一个开放的世界性文明

西方汉学家往往把中华文明看作世界文明发展的重要类别之一,在客观地综合考察不同历史阶段人类所处的时代条件和环境因素的基础上,着重从文化交流中的蛛丝马迹的联系角度去看待中华文明的影响,普遍都把中国古代文明看作具有世界影响的开放性的文明。

法国汉学家谢和耐教授在其所著的《中国社会史》①一书中批评那些把中国看成是"孤立的"观点是"幼稚可笑的"。他认为"中国欢迎从外国传给它的一切","中国社会比其他任何一种社会都更与那些其生活方式和文化与自己相差甚殊的民族保持着长久的接触和交流"。他坚定地认为自古以来,开放的、面向世界的中国对世界文明的贡献是难以形容的:

> 在数千年的和不停顿的发展中,于其历史上的每个历史时代,中国的社会、政治制度、法律、技术、经济和文化生活都互相影响。中国以其幅员和气候的差异性而独自形成一个世界。它始终对外开放,同时也不断地受远近不同国家的影响:西域、印度、伊朗、伊斯兰世界、地中海国家、东南亚、美洲和欧洲国家,但它同时也不停地对世界上的其他地区或直接或间接地施加最为广泛的影响。若没有中国,世界就不会成为它今天的这个样子。②

谢和耐是从全球视域的广度给予了中国文化应有的历史地位。

有的汉学家则对不同历史时期中华文明的性质给予了总体评价。如美国学者费正清的《中国:传统与变革》③一书就着重对唐、宋、元、明四个朝代的对外影响给予了关注。在探讨中华文明兴衰的原因时,费正清没有从地理环境的封闭上找原因,更没有否认中华文明的世界性和开放性。他总结性地指出:

> 从任何观点来看,很显然唐宋时期以至马可·波罗时代的中国就其幅员和成就而言都比同一时期中世纪的欧洲要文明得多。作为一个标志,可以看出在长期的历史发展过程中有多少主要的成果从中国传

---

① [法]谢和耐:《中国社会史》,江苏人民出版社1995年版。
② 以上引文分别见[法]谢和耐:《中国社会史》,江苏人民出版社1995年版,第1、231、29、2页。
③ [美]费正清:《中国:传统与变革》,江苏人民出版社1996年版。

入欧洲,而不是从欧洲传入中国:首先是经过中亚直到罗马的丝绸贸易;其次是来自中国的一大批发明——传播文化的纸和印刷术、便于保持清洁的瓷器、汉代军队所用的弓箭、铸铁、运河的闸门、手推车、在海上行船的舵、航海用的罗盘、火药以及其他各种发明。与这些物质技术发明相对应的还有中国的先进的官僚政府形式。其中包括文官考试制度,更不用谈像绘画这样的艺术了。总之,欧洲人的扩张不仅反映了他们的贪婪、好奇、热情和爱国心,而且在某些方面反映了他们的落后。

特别是他认为六朝时期和唐代前期,整个中国充满了文化的宽容精神,实际上既肯定了中华文明的先进性,又肯定了它毋庸置疑的开放性。他列举了以下事实:首先,"唐代的力量扩展到一个广大的地区,从西伯利亚南部直到东南亚,向西经过西藏和中亚直到地中海"。"从中国人的观点来看唐代的统治实际上遍及世界。"其次,由外部传来了新的农作物和技术,如从东南亚传入茶叶,从西方传入椅子等。"更多的技术进步出自中国自身",如纸、火药、瓷器、手推车、使用煤炭等。再次,"贸易和外国的使团给唐代都城带来了成千上万的外国人,这些人还随之带来了许多宗教",他提到了拜火教、景教、摩尼教、犹太教和伊斯兰教,它们在唐代的一定时期得到了发展。最后,中国成为当时世界各国的样板,被极力仿效,"人类中有如此大比例的人注意中国,不仅把它视为当时首屈一指的军事强国而且视为政治和文化的楷模"。这说明了唐文化影响的深远。之所以能产生宽容精神,并出现文化的频繁交流和高度融合,费正清认为有这样几个因素:

"夷狄"入侵使中国北方对外来影响开了大门;佛教既是中国与遥远地区进行密切文化联系的工具又是这种联系的动力;海陆两路的地区间贸易发展远远超过汉代时的情况;初唐帝国直接与印度——西亚两大文明中心进行接触。①

显然,费正清把唐朝时期的中国文化看作开放型文化,不但吸收外来文化而表现出文化的宽容精神,更重要的在于中国文明自身对其他文明和地区产生了强大的影响和示范效应。显然,一个封闭的、为地理环境所限的中国不可能出现他所说的"文化宽容"精神。

---

① 以上引文分别见费正清:《中国:传统与变革》,江苏人民出版社1996年版,第199、100—101、112、113、115页。

从现代化的角度关照中国古代文明是一些西方汉学家看待中华文明现代影响的重要角度。美国著名学者罗兹曼主编的《中国的现代化》[①]一书就是一个代表。他首先高度评价了古代中国的辉煌成就，认为"在世界历史的大部分时间里，中国一向是整个东亚社会的文化巨人"，"悠悠2 000载，中国人表明自己拥有程度极高而造诣极深的多样化文化价值"。对中国治理辽阔国土、众多人口的能力；技术开发、组织计划公共工程与扩大生产的能力；先进的官僚体制，调动资本、劳力的能力；开放的阶级系统，高识字率，商业、工业和市场流动的高度发达等都给予了热情的肯定，并断言，"被我们看作现代社会的某些特征，亦曾在中国达到过很高的水平"，"中国在兼容并蓄其他文化，甚至是征服者的文化方面曾表现出极大的灵活性"。显然，他认为中国文化是一种开放性文化，前现代中国甚至已具备了许多转向现代社会的条件。他们指出："按照前现代的标准，中国已经显示出，它是一个界定明确的国家，具有悠久的外交经验，善于观察，并适应国际关系的变化。"这些都说明前现代中国已具备了趋向现代化的素质和条件。此外，罗兹曼还从物质技术的交流与影响方面驳斥了把自古以来的中国社会看作自给自足的封闭型社会的观点。他列举了一些有影响的外国物品的传入。其一，"中国从美洲引进过某些粮食作物，特别是甘薯和玉米。这在早期近代中国的经济和人口增长中起到了重大作用"。其二，"涌入世界贸易市场的白银，有一大部分被中国吸收过来，这批白银是在美洲和日本新开发到的资源"。银币成为明代后期地税的基本媒介物，白银数量的增长为经济发展提供了动力，造成乡村定期集市增加、传统工业规模扩大、新兴工业出现、棉织品的生产和消费也提高了。其三，日本的黄铜在明朝贸易中的地位十分突出，"成了中国铜币铸造的主要原料，而铜币在明代中国是作为基本货币流通的"。以上事实，使他确认"到1644年时，中国已是世界历史的一个组成部分"。[②]

综上所述，西方汉学家从整体上确认了中国社会自古以来开放性的特征。尽管研究的侧面和重点不同，但都把中国文化看作独立的文明式样，并从它自身历史发展的逻辑线索中寻求恰当的历史认识。

二、中国古代社会开放性的三个重要表现

西方汉学家非常注重中外文化在古代不同历史时期的交流与影响。尽

---

① ［美］罗兹曼主编：《中国的现代化》，江苏人民出版社1995年版。
② 以上分别见［美］罗兹曼主编：《中国的现代化》，江苏人民出版社1995年版，第21、22、630、31、32页。

管提到的史实都是中国学人所熟悉的,但如何看待这些史实所表现出的文化倾向和文明性质却反映出了中西学者在理论视野上的差别。西方汉学家有关中国文明开放性的论述主要涉及以下三方面的问题。

(一) 经商大潮问题

中外贸易和技术交流是考察古代中国文明开放性的重要方面。西方汉学家除继续肯定"丝绸之路"在经商大潮中的重要作用外,对海上贸易的兴起、军事扩张促发的交流、宗教传播中引起的振动也予以高度的重视。谢和耐便认为"一直到公元19世纪时,中国仍是一个出口豪华奢侈品的大国,其交易激起了世界范围内阵阵贸易潮流"。[①] 他认为对外贸易中比较重要的、经久不衰的商品主要有丝绸、瓷器、棉织品、茶叶、铜镜、漆器、小五金、家具、书籍、绘画等。

在中外贸易和文化交流中,有两个问题是比较重要的。其一是外国人来华经商。费正清注意到,当时欧洲人来华有四条通道:一是由俄国南部和伊犁穿越草原;二是渡黑海穿越古丝绸之路和中亚绿洲;三是由海路去叙利亚和十字军建立的拉丁国家,然后经过巴格达和中亚到达中国;四是从海路经印度洋和东南亚沿岸到达中国南部港口。正是由于蒙古人横贯大陆的统治和多渠道交通线路的开辟,"通过这些挤满西亚人的通道,许多欧洲人来到中国"。"西方来的商人人数肯定大大超过穿越亚洲来传教的传教士。"由于人员的频繁往来,推动了几大文明之间的交往,"俄国、波斯和美索不达米亚也受到中国文化的影响"[②],特别是对波斯和阿拉伯世界影响最大。中国的许多技术和物品再次大规模传入欧洲,而欧洲文化、阿拉伯—突厥文化也对中国产生了巨大影响。显然,在一个以军事征服为主的时代,文化间的交流更加频繁,特别是蒙古时代大陆内部的文化交流,充分说明了地理环境并非阻绝文化交流的决定性因素,也并不构成某些文明封闭的障碍。如果说中国文明是封闭的、孤立的,也仅只是说与当时西方之间的交往沟通还显得不直接、不经常。但是,相对而言,欧洲文化也孤立于中国文化影响之外。显然,这一视角并不能说明文明的特性和倾向,这是时代条件对所有文明带来的共同影响,而绝不是某一文明的特殊表现。其二,经久不息的贸易交流是偶然的、表面的,还是有其文化和经济的指向性。西方汉学家提出,把中国社会看作一个纯农业社会是不全面的。谢和耐就指出:

---

① [法] 谢和耐:《中国社会史》,江苏人民出版社1995年版,第28页。
② 以上引文分别见[美] 费正清:《中国:传统与变革》,江苏人民出版社1996年版,第172、174、175页。

一个纯属农业经济的中国不可能会对它们(按:指欧洲)产生任何影响或吸引力。有一种广为流传的思想认为,中国始终是一个以农业经济为主的国家。但其实恰恰相反,从宋代(甚至从汉代)到明末和18世纪,中国的主要财富均出自商业和手工业。瓷器、丝绸、铁和其它金属、盐、茶叶、酿酒、纸张和刊本书等等都成了一种活跃贸易活动的对象。它涉及到了整个帝国,而国家是其主要受益者。那些贸易税和国家专营税在11世纪和12世纪初年确保了国家的税收,而这种税收已经与农业收入相等了;在南宋和12—13世纪时,它又远远地超过了农业税。①

这样的评价与国内学者的一般看法大不一样。我们历来自称为农耕文明,过分重视农业文化的地位和影响,但由于将中国农村经济的生产方式,即小农经济倾向于描述为封闭的、自给自足的、排斥技术进步的经营方式,导致对商品货币经济评价也未能提升到生产方式的高度来加以认识。这样一来,古代经济便成了内向的、缺乏活力的、自我封闭的生存经济,何谈它与对外贸易的关系。

(二)军事大扩张问题

军事扩张是古代中国开疆扩土、文明传播的重要途径。以往我们对开疆扩土中引发的文化交流往往重视不够,从而忽略了大规模军事扩张活动对整个世界历史的影响,特别是对几个世纪以后文化和文明格局变化的作用。而西方汉学家则把军事扩张与文化传播联系起来考察,其结论是非常独到的。

谢和耐考察了自中华帝国形成以来在亚洲乃至欧洲的主要军事活动,注意到以下几项历史事实。首先是汉武帝时期对匈奴人的战争,将其影响扩大到了西域、帕米尔及中亚广大地区。在他看来,汉武帝的军事扩张不完全基于军事和领土占有的需要,它深刻地反映着当时中国社会内部经济发展的需要,即打通贸易路线、促进物品交流。"经过欧亚大陆的大规模丝绸贸易在公元1—2世纪的东汉时代仍在增长。它同时涉及到了中国中原、西域、北印度、安息帝国和罗马帝国"。② 其次是唐代的对外开拓。一方面是唐朝对突厥人的战争取得了胜利,甚至还在648年,王玄策就率军远征北印度,到达华氏国地区;662年,介入位于底格里斯河畔的泰息丰萨珊王朝的

---

① [法]谢和耐:《中国社会史》,江苏人民出版社1995年版,第29、281页。
② [法]谢和耐:《中国社会史》,江苏人民出版社1995年版,第114页。

内部事务。另一方面,军事活动促发了与中亚、西亚的交往,波斯、印度、阿拉伯伊斯兰文化也相继传入中国。甚至遥远的拜占庭也想与中国结盟。显然,一系列互有往还的军事扩张活动,促进了文化交流。谢和耐指出:

> 唐朝前半期,上层阶级酷爱和迷恋胡人的一切:舞蹈、音乐、娱乐、烹饪、衣服、住宅……,草原和西域自汉以来一直对中国北方施加影响,但经过7世纪初叶的大规模反攻之后,通过遣使、纳贡、布道、商队和求法、进香日益增加的交流接触,中国的渭水和黄河流域与蒙古、塔里木盆地以及位于帕米尔以远地区之间的关系变得更为密切了。……可以说,这个时代的中国文明是世界性的。①

此外,如早期基督教、景教、摩尼教、祆教(拜火教)的传入,中国技术(如造纸术等)的西传等,都是军事扩张中文化交流的见证。其三,蒙古的军事大扩张更促发了欧亚之间的文化交流。他指出:

> 蒙古人扩张的结果,是于13—14世纪之间赋予了这条草原古道一种新的重要地位。而这条古道从新石器时代起就经过准噶尔和哈萨克斯坦而把蒙古和伏尔加河下游联系起来了。这条直接通向东欧平原的道路曾由在那里推广中国驿站制度的蒙古人作了系统的规划整治。……蒙古地域中各个民族的人来来往往,其中有西域和中东的穆斯林,有原籍为察哈台汗国、伊儿汗国、金帐汗国的正统斡罗思人,有中国北方辽金亡国的臣民,还有由于与斡罗思和近东的贸易关系而一直把他们带到蒙古甚至直达北京的热那亚人和威尼斯商人。②

蒙古的军事扩张不仅促进了大陆内部的贸易和文化交流,还促进了东南亚一带的海外移民浪潮和15世纪大规模的海上远征。谢和耐提到1273—1279年对南宋的征服,13世纪末向越南、柬埔寨、缅甸和爪哇的远征都产生了移民效果。以上事实说明,中国历史上的军事活动促进了贸易、文化、人员交流,中西文化借助于军事扩张而相互渗透,是古代中国对外开放的特殊方式。

从更深远的历史影响看,以蒙古西征为代表的军事大扩张既沟通了中

---

① [法]谢和耐:《中国社会史》,江苏人民出版社1995年版,第238页。
② [法]谢和耐:《中国社会史》,江苏人民出版社1995年版,第323页。

西交流,又是造成西方落伍及在近代崛起的因素。谢和耐对此有着透彻的分析:"中世纪末叶,受一种新生活鼓舞的意大利城邦均位于亚洲通商大道的终端。而欧洲则位于欧亚大陆的一端,处于文明大潮流和商业大潮流之外。"①这就说明了当时的欧洲是相对孤立的,远离于亚洲大陆内部和海上繁荣的贸易和文化交流大潮,因而导致了落后。那么,为什么西方在近代又能够崛起呢? 谢和耐提出:

就在蒙古人立足于以美索不达米亚到孟加拉湾之间的地区而导致伊斯兰世界衰落的时代,欧洲仍处于发展之中,它还利用了由一个从朝鲜到多瑙河之间的蒙古大帝国的创建所引起的交流和借鉴新潮。……西方接受了这种遗产中的一部分,并从中吸收了后来使自己得以发展的因素。②

这就是说,蒙古的扩张造成了伊斯兰文明和中华文明的削弱,而其扩张开拓的畅通的文化交流大道,又把东方文明源源不断地传入西方,使之成为近代发展因素。显然,蒙古军事扩张在某种意义上成了西方近代崛起的因素。

(三) 大宗教传播问题

中国历史上,外来宗教的传播是一个重要的文化现象。从佛教、景教、摩尼教和祆教传播的历程可以看到中外文化、经济、军事和外交活动的广泛性和活力,并深刻地说明了中国人心态的开放性。特别是佛教能够本土化并为人们所接受,确实反映了中华文明具有世界性文明的胸襟。西方汉学家在分析佛教传播的原因时,是与经济大潮和军事扩张联系在一起的。谢和耐指出:"佛教之所以蔓延到了亚洲大陆的绝大部分地区,那是由于它沿着通商大道前进,并受到了交流大潮流的推动。"他认为:

经过持续于公元最初几个世纪中的一个适应时代之后,佛教可能从中世纪末——8世纪末之间在中国掀起了一场巨大的宗教虔诚运动,深刻地改变了早期的传统并在中国社会以及中国周边地区留下了持久的痕迹。③

---

① [法] 谢和耐:《中国社会史》,江苏人民出版社 1995 年版,第 302 页。
② [法] 谢和耐:《中国社会史》,江苏人民出版社 1995 年版,第 303 页。
③ 以上分别见[法] 谢和耐:《中国社会史》,江苏人民出版社 1995 年版,第 179、170 页。

此外,他还充分重视宗教人士在文化交流中的重要作用。他提到了元代时罗马教皇向蒙古帝国派出传教士的活动,他们不但带来了宗教信息,而且传播了地中海文明的文化因素,对中外交流有着重大贡献。同样,中国宗教人士的朝圣进香、取经及零散的赴中亚、欧洲经商旅游的人也起到了这样的作用。

费正清特别注意到元代时罗马教廷与东方的联系,"西方的基督教世界热衷于组织十字军,这就为西方基督教世界、蒙古人和伊斯兰教徒之间的外交关系提供了活动舞台"。费正清提及:1267—1291 年,伊儿汗国至少派出七批使臣去西方寻求帮助以对付伊斯兰教徒;1241 年,教皇派出一批显赫的方济各会士去波斯、蒙古和中国从事外交和传教活动,并在中国建立了一个罗马天主教的边远教会;1304 年,北京有 5 000 名信徒举行洗礼仪式。罗马天主教的传教活动在中国元代后期发展越来越快。此外,"中世纪基督教世界和中国之间的接触还进一步表现在异端的景教早就从波斯渗透进这一地区"。景教在北方民族中广为流传,景教教会大约建立了 25 个主教区,"1275 年在巴格达的总主教决定在北京设置一个大主教职位。虽然被看作异端,但景教教会还是与教皇有联系"。① 其他如东正教在这时也有一定程度的传播。

综上所述,西方汉学家通过这三条线索,为人们梳理了中外文化交流的历史,提出诸多发人深省的观点和看法。之所以能得出中国社会具有开放性和世界性特点的结论,不仅仅在于他们注意到各种历史事实,还在于他们能摆脱西方中心论的局限性,从世界范围和文明发生、发展的具体过程来观察中国社会。这样一来,在人们看来是片断的、偶然的那些历史事件,恰恰构成了一幅持续不断的、属于文明特性、活泼生动的交流画卷。

三、海洋文明与世界经济中心

海洋与中华民族的关系是评价中华文明性质的重要方面。长期以来,我们倾向于把中华文明描绘成以农业经济为主的大陆性文明,海洋传统至多是一个支流,更不要说对中国文明特性的影响了。显然,正确认识海洋对中华文明形成的作用以及中国经济在近代以前对世界的影响,的确是判断中华文明是否具有开放性的关键问题。

谢和耐没有接受所谓"大陆民族"的说法,他不但确认了自古以来中国航海技术的发展、海上贸易的繁荣,而且确认了中国海上强国和海洋民族的

---

① 以上见[美]费正清:《中国:传统与变革》,江苏人民出版社 1996 年版,第 172—173 页。

地位。他依据的事实,首先是"继印度—伊朗人在海上扩张之后,从公元3世纪起紧接着便是中国南部的航海高潮",这揭示了东地中海与中国南部交往的经济意义和贸易交流的存在。其次是"中国长江流域与东南亚和印度洋的关系在4—6世纪期间发展起来了",这种交流的存在解释了中国南方城市和长江流域为什么有越来越多的东南亚和印度洋人。最后,"中国的长江流域与华北之间的重新统一确实扩大了视野,赋予了隋唐的中国一个向海外即热带地区和东南亚诸地开放的门户"。正是在这个时候,"自大马士革迁都巴格达以后,由波斯湾的巴士拉港口锡拉夫出发赴印度、马六甲海峡和中国南方的海上旅行就发展起来了";"从11世纪起,中国航海术的发展无疑是亚洲历史上最重要的奇观之一";"元代的海上贸易无疑可以解释中国商人在东南亚、锡兰和马拉巴尔海岸的存在";"永乐时代以其大规模的海上远行而出名,它们于15世纪初叶揭示了中国的技术优势"。在这里,他并不满足于对历代航海事件的简单梳理,也不侧重于强调中国历史上曾有过零星、片断的航海活动,而是从一个持续发展的传统和文明存续式样的高度来加以认识的。他指出:

  中国这种先进性可以通过上溯到11世纪的航海传统的持续性来解释。人们无法相信它曾经中断过。……远洋大帆船时代包括从11世纪到15世纪初叶的大远征之间的整个时期。因此,这些远征并非形成了某种一纵即逝的和特殊的事件。

基于对历史事实和广阔背景透视的历史方法,他这样总结说:

  宋元时代的内河海洋贸易的规模、战船在12—13世纪保卫南宋的战争中以及在13世纪末当蒙古人企图入侵日本和爪哇时所起的作用,明帝国于1405—1433年间从事的直到红海和非洲东海岸的大规模海上远航都清楚地证明:在从宋帝国的巩固到明帝国的创立之间长达四个半世纪的大规模远航时代,中国曾是最强大的海上国家。①

  费正清则鲜明地提出,中华民族至迟在宋代就已经是一个海洋民族了。首先,他提出宋代"海外贸易好像对这时中国经济的发展有更大的刺激作

---

① 以上引文分别见[法]谢和耐:《中国社会史》,江苏人民出版社1995年版,第110、119、234、289、328、344—345、345、207页。

用"。他把 8 世纪以来的中国海外贸易称为"世界历史上大规模远洋贸易的第一时期"。其次,"远洋贸易的发展很快改变了中国对外部世界的趣向"。在宏观区位结构变动上,西北省份变为边远内地,而东部和南部沿海则成为对外贸易的重要地区,"在宋代海外贸易集中在南部沿海和长江下游的几个大城市……关税成为政府收入的一个重要来源",这说明了海外贸易在宋代经济中的重要地位。再次,海外贸易发展的原因在于航海技术的发展。"用帆和桨的大船投入使用,发展了一套横向水密船舱体系使船不容易沉。"此外,还有伊斯兰教兴起使西亚人势力激增;唐宋时国内经济的繁荣,"必然使商人来到中国港口以及从日本直到东非各地不断需要来自中国的产品"。最后,"中国对外贸易的性质表明中国在世界经济中所起的主要作用",致使大批外国人来华贸易、居住、布道传教,"外国商人的社区可能相当大,在 8 世纪据文献记载在广州和长江下游的一个大城市扬州有'积千累万'的外国人"。基于上述事实的确认,他最后总结说:

> 在宋代,中国人逐渐开始成为海外贸易中的主角,至宋代后期中国控制了与朝鲜和日本的贸易。因此,原先被陆地封锁的中国人慢慢成为一个海洋民族,他们的船舶开始远航,很快一路航行到了非洲。①

我们并不是说大陆民族就一定是封闭的,而执意要将中华民族说成是海洋性的,以证明它的开放性,而是立足于中华民族对海洋利用、开发的事实来确认海洋在中华民族形成中赋予了它怎样的禀性。

郑和下西洋是西方学者着意评价的重要历史事件。他们往往把这次远航与中国当时的经济状况、航海技术发展和世界经济、贸易、金融及航海状况联系在一起。费正清认为"郑和的航行之所以能够成功,归功于中国造船工业的发展以及在南海航线上航海技术的发展"。这次远行访问了大约 50 个新的地区,扩大了中国海上贸易的来源,"在早期贸易中已建立的航路上无疑能获得商业利益,中国移民已经在东南亚港口建立了大规模的海外华人社会",远航不但扩大了政治影响、建立了海上贸易通道,而且再次推动了中国文化在广大地区的传播,"这些蔚为壮观的海上远航活动表明一个有着伟大活力时代的到来"。总之,他认为明代的中国在广州、厦门、泉州和宁波的渔船与商船基础上建立的海上力量稳步增长,明朝的舰队也正在发展运

---

① 以上引文见[美]费正清:《中国:传统与变革》,江苏人民出版社 1996 年版,第 135、196—198 页。

输大量军队和贸易商品去南海任何一个地方的航海与后勤供应能力,这时"中国正处在能成为统治东亚的海上强国的边缘"。[1]

正是由于对海洋及海上贸易的重视,西方汉学家一方面着力批驳中国是纯农业社会的片面看法,一方面又注意到中国经济与世界经济的关系,特别是在西方逐渐崛起的同时代,即中国的明末清初时期,对金融和贵金属流向的研究使西方学者确立了中国在当时作为世界经济中枢之一的地位。这方面,美国学者魏斐德在其《洪业——清朝开国史》中进行了较详尽的研究。

首先,是贵金属的流入问题。他认为:

> 明代末叶中国与世界货币体系的关系是相当清晰的。
> 由于国际收支经常出现有利于中国工商业的赤字,白银从全世界源源流入中国。中国,在罗马时代以来便是欧洲货币的归宿,17世纪通过与西属菲律宾的贸易,又成为了美洲白银的主要吸收者。

他提出了如下一些数据和资料以证明他的看法。一是西属美洲所产白银的20%经海路被用来购买中国丝绸和瓷器,还有一部分经中亚陆路贸易流入。这样一来,"美洲新大陆出产的贵金属,有一半之多经上述渠道流入中国"。二是每年从日本输入15万—18.7万公斤白银,这样每年输入中国的白银总量约达25万—26.5万公斤。三是根据太仓白银收据,"贵金属的流入到1571年达到高潮。该年太仓的白银收入量从230万两(8.625万公斤)跃升到310万两(11.625万公斤)"。之所以如此,他认为恰好与贸易限制的放松(1562年)、日本长崎港的建立(1570年)和马尼拉被选定为西班牙驻菲律宾首府(1571年)以及白银提纯技术使秘鲁波托西等中心地区白银产量猛增至原来的3—5倍是同时的。四是据吉斯《明代的北京》称:"1597年,西班牙大帆船将34.5万公斤白银,从阿卡普尔科运到中国。这一数字比明朝半个世纪的产量还多(明朝官府银矿的年产量约为6 000公斤)。"[2]五是16世纪西班牙的外国雇佣兵要支付黄金,迫使西班牙要用美洲白银通过与远东的贸易来兑换金锭。用布罗代尔的话说,在"长期的白银统治"时期(约1550—1680年),这种局面创造了一个全球经济体系,"以意大利、中国为中枢,从美洲出发,通过地中海或好望角,通向整个世界。这可以看作是一种结构,一种在20世纪以前从未受到干扰的世界经济体系的持久而突出

---

① 以上引文见[美]费正清:《中国:传统与变革》,江苏人民出版社1996年版,第196—198页。
② 以上见[美]魏斐德:《洪业——清朝开国史》,江苏人民出版社1995年版,第2、3页。

的特征"。① 显然,通过对贵金属流入的考察,魏斐德也确认了中国在世界经济中的地位和影响,甚或直接把当时的中国看作世界经济的中心。这种经济影响无疑从一个侧面确认了16—17世纪乃至更为久远以来中国经济对世界其他地区的影响和引力。

其次,贸易危机与中国经济的关系。魏斐德注意到,"1620年至1660年间,欧洲市场爆发了贸易危机,以西班牙的塞维利亚为中心的世界贸易体系遭到沉重打击。中国尽管与欧洲相距遥远,也不可避免地受到严重影响"。其表现在,一是17世纪20年代驶往马尼拉的中国商船由41艘锐减至6艘;二是白银输入的涨落,17世纪30年代末和40年代初,白银流通再次被严重阻断;三是在长江下游地区高度商品化的经济急需更多白银以对付通货膨胀之时,自然灾害又席卷中国大地,导致人口严重下降,这些都"恰恰与全球性的经济衰退同时发生"。② 据魏斐德看来,导致白银进口量骤然跌落的因素有四个:1634年后,腓力四世采取措施限制船只从阿卡普尔科出口;1639年冬,许多中国商人在马尼拉遭到西班牙人和土著人的屠杀;1640年,日本断绝了与澳门的所有贸易往来;1641年,马六甲落入荷兰人手中,果阿与澳门的联系也被切断。整个贸易形势的变化被称为"世界历史的转折点"。"中国的衰落与欧洲的衰落发生在同一时刻。因此,中国贸易的这一灾难性变化表现为双重的衰退:一方面,美洲白银的出口无疑减少了,而同时,一场周期性的或者说是破坏性的危机又席卷了中国大地。"③ 魏斐德甚至认为,经济衰退继续引起经济衰退,结果变成了原因。中国的国内危机也许促进了全球性危机的爆发。"我们可以证明,中国对马尼拉遥相呼应的支配达到了这样一种程度,使得中国贸易和世界贸易的长期周期性波动出现了一致性;甚至还达到了这样的程度,使中国贸易的波动幅度比世界贸易的波动幅度大得多。因此,我们可以断定,不管表面现象如何,正是跟中国大陆之贸易的兴衰,支配着西班牙海上贸易本身的消长。"④ 魏斐德的研究可以改变我们过去较为狭隘的看法,即把中国经济看作自给自足、没有外来影响这一观点。他的研究表明,早在18—19世纪初期以前的中外贸易和经济关系中,中国就已成为世界经济中心和贵金属的最终归宿地。

---

① [法]布罗代尔:《地中海与菲利普二世时代的地中海世界》,商务印书馆2013年版,第499—500页。
② 以上引文见[美]魏斐德:《洪业——清朝开国史》,江苏人民出版社1995年版,第4页。
③ 引肖努:《马尼拉与澳门》,第579页;[美]魏斐德:《洪业——清朝开国史》,江苏人民出版社1995年版,第4页。
④ 引肖努:《伊比利亚群岛》,第267页;[美]魏斐德:《洪业——清朝开国史》,江苏人民出版社1995年版,第5页。

四、反思封闭导致中国古代社会发展停滞说

(一)西方汉学家的观点给我们的启示

第一,世界历史的角度和眼光。从介绍中,我们可以明确地感受到这几位汉学家普遍反对西方中心论。他们把中国文明当作是世界文明多样性中平等的一支。这种"平等心态"才使他们能客观地评价不同历史时期中华文化对世界的影响和贡献,从而把欧亚大陆上存续的不同文明体看作是动态的、互相影响的统一体。

第二,知微见著的分析方法。关于中国历史研究中运用的材料,除他们从西方文献中增添的一些不为我们熟悉的材料外,大多是中国学人所熟知的,但中国学人却未能充分估计到它们的世界历史价值。西方汉学家对一些细枝末节的文化现象给予了高度评价,如玉米的引进、白银的归宿、零星传教士的影响等,都把它纳入文化交流与影响的大潮中加以认识,由此得出古代中国是海洋民族、海上强国,具有开放属性等结论。特别是对蒙古西征的文化意义及其对整个大陆文明交流的充分肯定,确实令人耳目一新。

第三,尊重历史的客观态度。研究中国古代社会,尤忌用现代的观点苛求前人。西方汉学家并没有单纯为说明现代去研究历史,也不因18、19世纪中国的落后而影响对中国古代文明的客观评价。应当说,多数汉学家是把中国社会发展看作一个相对独立的体系,并没有把西方社会进程的表现作为标准来剪裁中国的历史,许多人把中国近代的开始放在唐宋时期就是立足于中国社会自身的变化。尊重历史的态度既能就历史的本来面目给予客观的清理,又能够正确地说明现实变化的历史基础。总之,如何看待中国文明的性质是一个重大的理论问题。正确认识和分析中国社会停滞、落后的原因是我们前进的基础。西方汉学家有关中国古代社会开放性的论述,有助于我们解决这些认识上的重大问题,如把"封闭性"看作导致中国古代社会发展停滞的根源的观点就值得反思。

(二)将"封闭性"视为中国社会发展停滞的根源,是片面认识

在研究中国社会发展停滞的问题时,许多学者把"封闭性"看作一个根源,并以此说明"开放"的必要性。他们所说的封闭包括地理封闭、政治封闭和心态封闭,乃是全方位的封闭。然而,这是发展观上的又一个片面认识的反映。

1. 所谓"封闭"是一个时代问题,绝不仅指中华民族历史上所遇到的相对隔绝

应该说,在地理大发现和近代科学技术出现以前,世界各大文化圈都相

互处在一种隔绝状态,相互处于"封闭"之中。如果说中国历史上是"封闭"的,那么对西欧文化圈、阿拉伯文化圈、印第安文化圈来说,它们也都处在相互的隔绝之中。这里有一个怎样看待欧洲各民族的性质及其相互交往的问题。实际上,欧洲各民族总的来说都属于同一种系,即雅利安人种,主要承续的是古希腊、罗马的文化,如果把它们的交往看作同一文化圈内部的相互交流,那么欧洲文化圈同样处于封闭之中。因此,"封闭"是双向的乃至是多向的,如果说它是东方社会落后的原因,那么怎样看待同样处于同东方隔绝的西方社会却能在近世发展起来这一问题呢?难道也是因为"封闭"造成了西方中世纪的黑暗却又启动了近代文明吗?

2. 中国古代社会真的处于"封闭"状态吗

这应从两方面分析,即一方面要看到在同一文化圈中不同民族间的相互交往,另一方面又要看到与不同文化圈间的相互交往。关于前者,中国自古以来就处在一个民族大融合的过程之中,南北两方的民族不断融入中原以华夏族为主干的民族共同体中来,共同促进了中华文明的进步。与周边其他国家的交流也非常频繁,日本、朝鲜、越南、缅甸、印尼、泰国等,包括中亚地区,从而使同一文化圈中的文化交流也处在动态之中,扩大了中华文化的影响,也吸收了其他民族的优良传统。从后者看,中西、中印之间的交流也史不绝书,中国科学、思想和制度的西传,西方、西亚农作物的东来都曾是中西交流史上的主流。特别是印度佛教的传入和唐宋年间西方基督教、摩尼教的东来并在中国扎根的事实,足以说明古代中国对外交流的频繁和深入,并由此带来技术发展和文化交融。不管出于何种目的,与不同文化圈的交流反映了中华文化品格的非封闭性。中国古代封闭的结论导源于清代以来实行的"闭关锁国"政策,尽管清王朝的具体政策有可商榷之处,但这也绝不是拒绝西方文明的心态所导致的结果,从某种意义上说还是维护民族利益的正义之举。但是,无论如何不能因此就把整个中国古代历史都看成"封闭"的,更不能把它看作中国社会发展缓慢的主要原因。

3. 把政治封闭和心态封闭看作是主要的,似乎封闭是主动的、主观的

所谓政治封闭,应当指的是最高决策和权力运用的群众性或社会基础的封闭,即权力主体的单一化和世袭化,表现为对社会政治资源的吸收、运用和控制能力的萎缩和僵化。如果把维护政治秩序和最高权力的政治行为看作是封闭的,那么,人类历史迄今还不存在一个非封闭的政府。君主权力、集权体制、官僚制度都有历史的合理性,在特定的历史阶段维护这些体制、制度、权力乃是必要的、正常的,而绝非什么"封闭"的表现。如果从我们理解的政治封闭的角度来审视中国古代社会的政治,那么,结论只能是非封

闭性。从传说中的"禅让"到三公九卿、内阁、议政王大臣会议对最高权力的制衡；从"乡选里举"、九品中正到科举取士，从白衣公卿、布衣将相、清官意识到"明王出世""真主御世"的企盼，都反映了中国政治文化传统中开放性、民主性的一面。所谓心态封闭，则着眼于地理和文化观念，然而，这种现象又非中国所独有的。"天圆地方"的世界地理观固然是非科学的，但处在同一时期内的其他民族也并非处在科学或正确的地理观之中，而况，"天圆地方"的地理观绝不会推导出封闭的心态，恰恰是在中华文化中，流传着许多以地理知识为基础的讽刺目光短浅的故事、寓言、童话，诸如井底之蛙、夜郎自大等都反映了人们某种开放的心态。至于说到那部奇书《山海经》，其所反映的地理知识远远超过了人们可感知的生存地域。所谓"中国中心论"本质上是一种文化本位主义，在世界大隔绝的时代，产生这样的心理是十分正常的，且世界上历史悠久的民族都不同程度地存在着这种心态。而况，中华文化在相当长的时期的确领先于世界，这种事实引导下产生的文化优越感也是很自然的，不能看作是封闭的表现。更深入地看，中国文化传统中蕴含着的恰恰是一种开放的心态，使之形成了一种具有包容性的特点，像唐宋以来三教合一的情形、基督教初到中国为李唐王朝所接纳、明代后期再次来华所受礼遇、佛教传入并深入民间的景观等，都表现了这种文化兼容的特色。

总之，把"封闭"看作中国社会长期停滞的根源是没有根据的，本质上依然是"西方中心论"阴影的折射。更深入地看，提出所谓中国社会"停滞性"问题本身也是这一观点导致的结果，也是"标准化"逻辑的自然结论。严格地说，几千年来的中国社会是在不断地向前发展的，社会形态本身是否质变固然是一个重要的标准，但是，社会生活的方方面面都在发生着前所未有的更新。西方汉学家普遍认为，至少在唐宋时期中国社会的性质已开始发生变化，他们把中国近代的开端也定在这一时期是不无道理的。试看唐宋以来，中国社会在思想文化、社会经济、科学技术、商品货币、世俗生活、文学艺术等诸多方面都呈现出了前所未有的新气象。固然这些变化和欧洲社会质变时的现象是不一致的，但是，民族特色的东西也是人类社会发展多样性的体现。如果按照这一逻辑来考察欧洲社会，那么，其中世纪前的奴隶社会岂不是太长？不也存在着一个"停滞性"的问题？而这却没有学人质疑，为什么欧洲较中国为早地进入铁器时代，却在奴隶社会停留了一千多年乃至更长的时间？实际上，任何社会的发展阶段的长短都不是固定的，"停滞论"不过是将不同阶段的问题放在一起比较的结果，把中国社会看作是停滞的，就是因为把中国封建社会看作比欧洲封建社会长，并且用西方近代社会的进步反观中国古代社会所导致的结果。如果我们换一个角度来看这一问题，就很容易理解这种现象乃是中西社会交替发展的结果，是中西思维方式在解决人与自然关系问题的差异性时导致的结果。在文明时代的早期阶段，认识水平决定了东方和西方都以综合和整体认识为重，但是，西方民族的直线式思维心理特征与综合时代的客观要求有一定的矛盾，因而使西方人的聪明才智受到一定压抑。而中国发祥远古的综合思维与文明早期的客观要求和实际条件正相吻合，因此在整个古代，中国人发挥出了自己高度的智慧和热情，在一定程度上避开了古代分析技术和实验手段的低下，而能靠直觉观察发现许多有重要意义的客观规律，这是中国古代科技领先世界达16个世纪的原因。欧洲文艺复兴后，西方迅速发展起精密分析的实验技术，分析时代的到来使西方思想家如鱼得水，民族传统的心理特质推动他们迸发出惊人的力量，把世界的认识水平从朴素直观迅速推到实验科学的阶段。由此可见，不同阶段表现的状况与整个人类对自然的体认、把握是分不开的，用"停滞"的眼光分析中国社会，是无视人类整体发展特征与区别的表现，最终也无助于说明历史发展的真实面貌。

第五章　民为邦本：古代乡村治理依据的思想基础

民本思想是中国古代思想史中极具特色的思想潮流,学界对此有浓厚的研究兴趣,并给予了极大的关注。对这一思想的研究总体上是在与西方民主思想进行某种比较的背景下展开的,或以为它与之相比有很大的局限性①,或以为它就是与西方民主思想价值不差上下的"中国式民主思想"②。还有的学者认为"两千多年中国封建社会的政治生态实际是对民本思想的无情嘲弄。……民本思想在长期的封建政治生活中也就逐渐演变为一句'口惠而实不至'的政治空话"③。这就全面否定了民本思想在古代政治生活中的实践价值。上述观点在某种意义上失却了对民本思想自身价值和思想内涵的认识。特别是从中国古代政治文化的角度来看,古代中国有着较为系统的政治思想、成熟的政治技术和丰富的政治实践活动,因而在政治认识上已具有一套系统的、理性的治理国家的观念。作为政治思想重要内容的民本思想绝不仅仅在于它自身的理论价值,更在于它对于治国活动有着无法替代的定向作用和指向价值,在一定程度上影响甚至决定着古代治国理念和制度的定型与运用。

一、民本思想是古代治理活动的理论基础

民本思想作为古代治理活动的理论基础,至少应包含两个方面的含义:一方面是指"民"为国之"本"和"根",它构成了权力合法性的基础,无民无

---

① 参见刘泽华主编:《中国传统政治哲学与社会整合》,中国社会科学出版社2000年版,第194—206页。
② 夏勇先生就不同意学术界把"民本思想"看作"以君为主"的观点,他认为在原初意义上,"民本"就含纳着"人民主权"的意蕴。他指出:"《尚书》里讲'民惟邦本',不仅是讲民为国之根基、源泉或凭恃,而且是讲民为国之主体……民本的主体不是君主,不是君主以民为本,而以民为主体。"参见夏勇:《民本与民权——中国权利话语的历史基础》,《中国社会科学》2004年第5期,第4—23页。
③ 参见林甘泉:《论中国古代民本思想的价值》,《光明日报》2003年10月28日。

以成国,治国乃为民而治;另一方面"民"又是治理对象,治国就是治民。因此,古代治国的首要理念是以君主为核心建立符合天地自然的社会秩序,这样才能"治之而争杀息,导之而生养遂,教之而伦理明,然后人道立,天道成,地道平"。① 显然,民本思想涉及治理国家的所有实践活动。治国理念必然围绕如何治民这个中心问题推衍和展开,如君道内涵的设定,为政目标的追求,采取富民、安民、惠民、养民、畜民、使民、保民等施政措施以及为达此目的而进行的官职设置、制度安排、权力制约等。

(一) 先秦民本思想的基本内涵

夏商西周时期是民本思想逐渐系统化的时期。统治者从政治实践中逐渐认识到民的重要地位和作用,开始从本源和学理的角度来认识"民"存在的意义和价值,形成了关于"民"的重要认识,从而丰富了民本思想。这一时期的民本思想主要包括如下几种认识:

1. 民是天生的,君是民立的

从现有的存世文献看,先秦时期作为被统治阶级的"民"是得到了统治阶级的高度重视的。如《尚书·五子之歌》载:"民为邦本,本固邦宁";同书《盘庚》说:"朕及笃敬,恭录民命,用永地于新邑";同书《泰誓》说:"天视自我民视,天听自我民听";《左传·桓公六年》称:"夫民,神之主也,是以圣王先成民而致力于神。"仔细品味这些言论,对"民"的重视不仅是一般意义上对政治关系的理解,还包含着对"天"的神性信仰以及"天命""民意"相通的含义,这反映出对"民"的认识是与对"天"的信仰联系在一起的。因而,"夫民,神之主也"似可理解为"以民为主"的意思表达。在先秦政治思想里,借助天的权威来抬高民的地位,已经发展成为一种良好的思想传统,民被看作自行与天相通的独立政治主体。《左传·襄公十四年》记云:"天之爱民甚矣!岂其使一人肆于民,以从其淫,而弃天地之性,必不然矣!"可见,一人凌驾于万民之上,已经被上升到违背天地之性的高度来看待了。在思想家们的头脑中,国家社稷高于君主,民是天生的,君是民立的,爱民、尊民乃是遵从天地之性等都是极为明确的观念。因此,民不仅能够借天来伸张自己的意愿和利益,还被看成天下的主人,享有拥有天下的天然权利,故《礼运》云:"大道之行也,天下为公";《吕氏春秋·重民》亦云:"天下非一人之天下也,天下之天下也";汉初贾谊引师尚父之言曰:"天下者,非一家之有也,有道者有也。"②

---

① [宋] 程颐:《河南程氏经说·春秋传序》。
② [汉] 贾谊:《新书》(卷九),《修政语下》。

2. 民是财富的主要生产者,君与民是对立统一的关系

《国语·周语》载虢文公劝周宣王行籍田之礼时说:"夫民之大事在农,上帝之粢盛于是乎出,民之蕃庶于是乎生,事之供给于是乎在,和协辑睦于是乎兴,财用蓄殖于是乎始。"天子只有带头耕田以示重视,"乃能媚于神而足于民矣"。这表明对民的认识从最初笼罩着较浓重的神性逐渐向更加客观、理性的方面转变。在远古人类进化和生存的过程中,人们依靠越来越明晰的自组织力量应对自然的压力和挑战。按照一般的规律,自组织中的首领应当是孔武有力、智谋超群的杰出人物,主要靠力量、经验、血缘辈份和智慧获得人们的认同与服从。当人们逐渐意识到秩序和群体的力量是人们生存绵延的基本依靠的时候,首领的作用和一般成员的作用也会被进一步联系为一个整体。既然权力发生的过程就包含在首领与大众共同构成的秩序之中,那么,一般民众在权力结构中的地位就是天然的和无以替代的。在权力运转的自然过程中,产生一个众所拥戴的首领是维持秩序的前提和保证,而维护和巩固首领的地位就成为大众利益得以实现的重要条件。由此就生发出神化、圣化首领的一系列观念和认识(包括神性认识)。因此,民本思想有着悠久的氏族传统,并不像学者们所言一开始就是作为君权的附属物被认识和论证的。在古代民本思想中就有一些把"天命"与"民意"、"天下"与"为公"相连的论证,隐晦地透露出了这种认识的原初状态。

3. 民意代表天意

先秦时期,把天的意志与民情联系起来思考是一种普遍的思路。《康诰》中说:"天畏棐忱,民情大可见。"这是说上帝的威严与诚心从民心上可以看到,不知民情就不要妄论天命。《大诰》说:"弗造哲,迪民康,矧曰其有能格知天命?"《左传·襄公三十一年》中鲁穆叔引《大誓》云:"民之所欲,天心从之。"随着时间的推移,到春秋战国时,人们在认识上已经逐渐对民意与神意有了明确的区分,甚至认识到民的作用高于神的作用,这说明在分析政治关系的过程中更凸显了世俗理性的色彩。随国的季梁说:"夫民,神之主也。是以圣王先成民而后致力于神。……今民各有心,而鬼神乏主。"[1]宋公要用人祭,司马子鱼说:"民,神之主也,用人,其谁飨之?"[2]鲁国的曹刿说:"民和而后神降之福。"[3]可见,这种认识有一定的普遍性,反映了同时代

---

[1] 《左传·桓公六年》。
[2] 《左传·僖公十九年》。
[3] 《周语·鲁语上》。

人们的某种共识，因而"重民"成为一个重要的治国理念。正如季梁所说："所谓道，忠于民而信于神也。"①治国活动应该面向民众，先"成民"而后致力于神，所以虢国的史嚣说："国将兴，听于民；将亡，听于神。"②意即治国的要务在于"成民"，使民能正常地进行生产、生活，此乃治国之道。不过，把天意与民意相连的思想并没有消失，反而把对自然的客观认识与对人类及社会的理性认识进一步结合起来，使民本思想和治国理念依然笼罩着某种诡异的神秘色彩。如天道、天命主宰人事、天象示人、天应人事的思想依然十分流行。公元前525年，有星孛于大辰，西及汉。申须曰："彗所以除旧布新也。天事恒象，今除于火，火必出布焉。诸侯其有火灾乎？"梓慎曰："往年吾见之，是其徵也。"③公元前555年楚晋交兵，董叔认为晋必胜，因"天道多在西北，南师不时（杜注：不时，谓触岁月），必无功"。④周太子晋从历史上考察了圣王与天、地、民、神的关系后，提出了治国的"五则"，即象天、仪地、和民、顺时、敬神，只有处理好这五者的关系⑤，并依之制定治国的政策才能实现治国的目标。

（二）诸子百家对民本思想的发展

古代治国理念的形成与诸子百家密不可分。尽管后世各家的命运不同，但以民本论为底色是各家治国思想的共同特点。这些经过数百年争论的政治思想和治国理念，逐渐成熟为一种系统的治国思想，在目的、方法、手段等方面达到了空前的一致，从而作为一种政治传统为历代统治者所沿袭和运用。

孔子从仁爱、重民出发，非常重视执政者的内在修养和对民的态度，认为君主在政治生活中起着决定作用，一言可以兴邦，也可以丧邦，他说："政者，正也。子帅以正，孰敢不正。"⑥因此，他十分强调执政者个人的修养和品德，据此，他指出："修己以安居乐业""修己以安百姓"。⑦ 为政者必须从修身开始，"其身正，不令而行；其身不正，虽令不从"；"苟正其身矣，于从政乎何有？不能正其身，如正人何？"孔子还进一步指出，执政者要努力成为"君子""仁人""贤人"，开创一个贤人治国的局面，只有努力学习使自己变成贤人，才有资格从政，这样才能做到"上好礼，则民莫敢不敬；上好义，则民

---

① 《左传·桓公六年》。
② 《左传·庄公三十二年》。
③ 《左传·昭公十七年》。
④ 《左传·襄公十八年》。
⑤ 参见《国语·周语·太子晋谏灵王壅谷水》。
⑥ 《论语·颜渊》。
⑦ 《论语·宪问》。

莫敢不服;上好信,则民莫敢不用情。夫如是,则四方之民襁负其子而至矣,焉用稼?"①在治国手段和举措上,孔子也提出了一系列影响深远的主张,如"以礼治国",孔子说:"道之以政,齐之以刑,民免而无耻。道之以德,齐之以礼,民有耻且格。"②因此,"上好礼,则民易使也"。③ 再如治国要贯彻"仁"的精神,孔子提出了贯彻"仁"的基本点,即"尊五美,屏四恶"。④ 此外,在治国手段上,他还提出了富民足君和先德后刑的思想,包括"使民以时""取民有度""少征民力"等一系列富民的主张。孔子提出:"为政以德,譬如北辰居其所而众星共之。"⑤首先,先富后教。子贡问政,他说:"足食,足兵,民信之矣。"其次,先惠后使。"惠足以使人"。最后是以直正枉,先教而杀。哀公问:"何为则民服?"孔子答:"举直错诸枉,则民服;举枉错诸直,则民不服。"又说:"举善而教不能,则劝。"⑥总之,孔子所说的"为政有道"就是礼仁的和谐统一和富民足君,这体现出浓郁的民本思想。

孟子主张性善说,认为人生而具有"不忍之心""恻隐之心""辞让之心""羞恶之心"和"是非之心",从圣人到民众都属于同类,他曾说:"舜,人也;我,亦人也。舜为法于天下,可使于后世,我由未免为乡人也,是则可忧也。忧之如何?如舜而已矣。"对所有人来说,只要能修养心性,"服尧之服,诵尧之言,行尧之行,是尧而已矣",都有可能成为尧那样的人,即"人皆可以为尧舜"。他由此推出"仁政"的政治设计,"有不忍人之心,斯有不忍人之政矣。以不忍人之心,行不忍人之政,治天下可运之掌上"。⑦

荀子也认为"天之生民,非为君也。天之立君,以为民也"。⑧ 他提出了著名的"舟水论",在《荀子·王制》中,他论述道:

> 马骇舆,则君子不安舆;庶人骇政,则君子不安位。马骇舆,则莫若静之;庶人骇政,则莫若惠之。……庶人安政,然后君子安位。传曰:"君者,舟也;庶人者,水也。水则载舟,水则覆舟。"此之谓也。

---

① 以上见《论语·子路》。
② 《论语·为政》。
③ 《论语·宪问》。
④ 所谓"五美"是指"君子惠而不费,劳而不怨,欲而不贪,泰而不骄,威而不猛"。所谓"四恶"是指"不教而杀谓之虐;不戒视成谓之暴;慢令致期谓之贼;犹之与人也,出纳之吝谓之有司"。见《论语·尧曰》。
⑤ 《论语·为政》。
⑥ 以上见《论语》的《颜渊》《阳货》《为政》诸篇。
⑦ 以上见《孟子》的《离娄下》《告子下》《公孙丑下》诸篇。
⑧ 《荀子·大略》。

儒家虽然把民置于了基础性地位,但在他们的意识里,民的重要性还没有到能独立治国的地步,所以孔子说:"民可使由之,不可使知之。"荀子在《正名》中也说:"夫民易一以道而不可与共政。"意思是只能用正道统一民的行动,不能与民共同治理国家。《法行》也说:"礼者,众人法而不知,圣人法而知之。"即众人知道怎样做,不必知其理;圣人既知道怎样做,又知道其中的道理,这便演化出化民、教民、使民等一系列治国的理念。

法家主张以法治国,特别强调法在国家治理中的作用,主张要一切一断于法,把人们的一切行为规范都用立法的形式给以明确的规定。因而对立法原则提出了顺天道、随时变、因人情、循事理、量可能的思想。"顺天道"大体上就指制定法律要遵循自然规律,即"法天""法地""法四时"。[①] "随时变"就是指制定法律时要时刻考虑与世事变化相适应,要及时"变法""更法"。"因人情"是指要考虑人们的需求和愿望。慎到提出:"法非从天下,非从地出,发于人间,合乎人心而已。"[②]韩非子也认为:"凡治天下,必用人情。"[③]"循事理"就是要遵从已有风俗习惯和人世间的通理。正如《管子·版法解》中所说:"审治刑赏,必明经纪;陈义设法,断事以理。""量可能"就是在制定法律时要注意可行性。《管子·形势解》说:"明主度量人力之所能为,而后使焉。故令于人之所能为则令行,使于人之所能为则事成。"慎到认为君主的权势必须"得助于众",关键在于"兼畜下者"。他说:

  民杂处而各有所能。所能者不同,此民之情也。下之所能不同,而皆上之用也。是以大君因民之能为资,尽包而畜之,无能不取焉。是故不设一方以求于人,故所求者无不足也。大君不择其下故是。不择其下则易为下矣。易为下,则莫不容。莫不容,故多下,多下谓太上。

在慎到看来,君主的"权势"是以民人的拥戴为基础的,因此,"古者立天子而贵之者,非以利一人也。曰:天下无一贵,则理无由通。通理以为天下也"。也就是说,天子的产生是根据人们的需要,目标是能使社会有序运转,所以,"立天子以为天下,非立天下以为天子也。立国君以为国,非立国以为君也"。他进而又提出了百姓养圣人的观点,"百姓之于圣人,养之也;非使圣人养己也"。[④] 这是从经济关系上给"立天子以为天下"的主张提供

---

① 《管子·版法解》。
② 《慎子·逸文》。
③ 《韩非子·八经》。
④ 以上引文均见《慎子·威德》。

了有力的根据。

综上所述,古代政治的许多重要思想都发乎于民本思想。这种以"民"为中心来思考治国方法的思想传统,规定了治国活动的一系列目标、原则和方法,从而形成了横亘持久、大体趋同的治国理念,在很大程度上决定着政治活动的性质和方向。

二、民本思想是古代治理目标的文化底色

古代治理活动也有其追求的目标。具体目标主要包括天下一统、政权稳定、安居乐业、四方来朝,即追求一种以"仁政"为核心的"王道乐土"。远景目标就是要实现"天下一家"的"大同之治"。治国目标的形成经过了长时段的积淀,不可避免地受到民本思想的浸润,从而使治国目标呈现出"公""平""一"的鲜明特征。

(一)"爱人"是儒家"仁政"理想的核心

古代治国的具体目标主要体现在儒家的"仁政"理想上。在先秦思想家的逻辑里,治国目标的确定是与对统治者的道德要求密切相关的,其中孔孟的思想最具代表性。

孔子提出了"为政以德"的思想,也就是要求为政者必须具有良好的道德修养,通过以上率下的示范作用把遵守道德规范及其礼仪制度转化为社会大众的自觉意识,要求君主要"修己以敬""修己以安人""修己以安百姓"。[1] 也就是通过"修己及人"建立起良性运转的社会伦理秩序。孔子认为要实现"仁政"这个治国目标,必须遵循"古之为政,爱人为大"的原则,这突显了他的以民为本的思想。在孔子看来,为政者要想治理好国家、维持好社会秩序就必须以自己良好的道德修养泽惠于民,这样才能取信于民;而要取信于民必须做到诚实无欺、恪守信用。子贡曾问政于孔子,"子曰:'足食,足兵,民信之矣。'子贡曰:'必不得已而去,于斯二者何先?'曰:'去兵。'子贡曰:'必不得已而去,于斯二者何先?'曰:'去食。自古皆有死,民无信不立。'"[2]孔子把"民信"看得比"足食、足兵"更为重要,把取信于民看作治理国家的关键,所以他说:"上好礼,则民莫敢不敬;上好义,则民莫敢不服;上好信,则民莫敢不用情。夫如是,则四方之民襁负其子而至矣。"[3]因此,孔子认为为政者的首要之务就是"足民""富民","百姓足,君孰与不足;百姓

---

[1] 《论语·宪问》。
[2] 《论语·颜渊》。
[3] 《论语·子路》。

不足,君孰与足?"①朱熹对此解释说:"民富,则君不至独贫;民贫,则君不能独富。"②由此认识出发,孔子认为,为政以德的标准和目的是民富国强,只有做到"足食足兵"才可能获得百姓的拥护与支持,因此,使民"富之"是"为政"的首要选择。具体而言主要包括以下思想。首先,孔子肯定了追求富裕是人的合理欲望与本性,但要符合道德要求。他说:"富而可求也,虽执鞭之士,吾亦为之。"他认可人们求富的动机和追求财富的正当性,也曾赞赏过子贡经商致富的行为,这都表明孔子认为让百姓丰衣足食、安居乐业是为政之要。但同时他也提出求富要"取之有道""富而好礼""欲而不贪",他说:"富与贵是人之所欲也,不以其道得之,不处也。贫与贱是人之所恶也,不以其道得之,不去也。"他还说:"不义而富且贵,于我如浮云。"③孔子反对"见利忘义",主张见利思义,义而后取,要求执政者在政治伦理上必须树立富民、利民的思想。其次,孔子认为"使民以时"是使民富裕的要诀。他认为必须遵循农业生产规律,保证农民能够按照天时节候来从事生产活动,这样才能创造更多的财富;同时,还要"节用而爱人",爱惜民力、开源节流,因此,他一再强调"政在节财"。④ 孔子的这种民富君才能富的思想代表了当时不少人的看法。如《国语·周语》载:周景王二十一年将铸大钱,单穆公就曾劝曰,若"绝民用以实王府,犹塞川原而为潢污也,其竭也无日矣"。文中的"潢污"是指聚积不流之水,单穆公以此阐明滥用民力就相当于把川中活水变成死水一样,很快就会干涸断流。孔子深知民富则安,民安则国安,民贫则乱,民乱则国危的道理,提出作为统治者要"施取其厚,事举其中,敛从其薄"⑤,"薄赋敛则民富"⑥,切不可漠视民众之合理诉求,"众恶之,必察焉;众好之,必察焉"。⑦ 孔子的认识反映了他对民力的爱惜与重视。最后,孔子十分赞赏历史上管子和子产的富民主张。管子曾明确提出"仓廪实而知礼节,衣食足而知荣辱"及"凡治国之道,必先富民"⑧等思想,并据此推动了齐国改革的深入开展,且取得了相当的成效。孔子认为管仲的强国富民政策助推了齐国的强盛,惠及了百姓,称赞管子体现了仁的精神;⑨孔子对郑大夫子产

---

① 《论语·颜渊》。
② [宋]朱熹:《四书章句集注·颜渊第十二》,中华书局1983年版,第135页。
③ 以上引文见《论语》的《子路》《里仁》《述而》。
④ 《史记·孔子世家》。
⑤ 《左传·哀公十一年》。
⑥ [汉]刘向:《说苑·政理》。
⑦ 《论语·卫灵公》。
⑧ 《管子·牧民》。
⑨ 《论语·宪问》。

实行惠民政策也称赞说:"子产有君子之道四焉,其行也恭,其事也敬,其养民也惠,其使民也义。"①值得注意的是,在孔子的逻辑里,富民只是治民的前提和基础,最好的治民方法则是"既富,乃教之也"。② 孔子认为,对民众先富后教才能培养民众服从的秩序观念,有了稳定的生活基础才能保证社会等级秩序的良性运转。因此,"导民以德"是孔子主张"仁政""德治"在国家和社会治理领域得出的必然结论。

孟子进一步发展了孔子的"仁政"思想,提出"仁者无敌",认为只要君主以"仁德"加强个人修养,施"仁政"以治天下就可以"王天下"而"无敌"。正如他对齐宣王所说:"今王发政施仁,使天下仕者皆欲立于王之朝,耕者皆欲耕于王之野,商贾皆欲藏于王之市,行旅皆欲出于王之涂,天下之欲疾其君者皆欲赴于王,其若是,孰能御之?"具体到"仁政"的内容,就是"省刑罚,薄税敛,深耕易耨;壮者以暇日修其孝悌忠信,入以事其父兄,出以事其长上,可使制梃以挞秦楚之坚甲利兵矣"。孟子的仁政思想主要包括两个方面:其一是主张要想获得人民的衷心拥护就必须在治理活动中使人民的生存和安全得到保障,要少收税,慎用罚,确保农业生产顺利进行;其二是主张治国活动中要营造一个由下及上、由父子到君臣的和谐氛围,力争实现《大学》中所说的"孝者,所以事君也;悌者,所以事长也;慈者,所以使众也"的情形。孟子还指出了王与民争利的危害:

> 王何必言利?亦有仁义而已矣。王曰:"何以利吾国?"大夫曰:"何以利吾家?"士庶曰:"何以利吾身?"上下交征利而国危。万乘之国,弑其君者必千乘之家。千乘之国,弑其君者必百乘之家。万取千焉,千取百焉,不为不多矣。苟为后义而先利,不夺不餍。未有仁而遗其亲者也,未有义而后其君者也。王亦曰仁义而已矣,何必言利?③

也就是说,只要施"仁政"则天下可治矣。

(二)"爱民"是历代实现治国目标的根本

先秦时期有关治国目标的思想逐渐为历代统治者所吸纳,形成了以"仁政"为核心的治国目标,并程度不同地体现在政治实践中。从历史上贤君治国的经验看,从"爱民"出发实行"仁政"必须贯彻执行三个原则。

---

① 《论语·公冶长》。
② 《说苑·建本》。
③ 以上见《孟子·梁惠王上》。

1. 宽政爱民

先秦时期已经形成了"民惟邦本,本固邦宁"的思想,先贤们也认识到"夫民者国之本,国者君之本",民人的地位是基础性的,力量是巨大的,由此形成了"君者,舟也;庶人者,水也。水则载舟,水则覆舟"的深刻认识。春秋战国时期的诸子对"以民为本"的体认更加深入,如荀子就提出"得民众则得天下"的思想。历史上不断上演的兴衰事也不断地提醒着想有作为的君主,要想巩固统治,实施有效治理就必须关注民心向背。如唐太宗就注意总结历史上暴君失天下的原因,发现"桀纣之失天下也,失其民也;失其民也,失其心也",周幽王"暴其民甚"导致国破家亡,而隋炀帝扰民过于烦苛使隋帝国迅速走向瓦解。这些事例使唐太宗深刻地认识到:"朕看古来帝王,以仁义为治者,国祚延长。任法人御人者,虽救敝于一时,败亡亦促。"①"重民""爱民"涉关国家的兴衰,坚持"宽政爱民"原则自然成为贤君治国理政的核心理念。

"宽政爱民"的治国原则在历史上主要表现在三个方面。一是轻徭薄赋、与民休息。汉人刘安曾在《淮南子》中记述,商汤在灭夏立商后,为使"百姓亲附"以恢复社会秩序,在经济上采取了"轻赋薄敛,以宽民氓"的政策,在社会救济上采取了"布德施惠,以振困穷。吊死问疾,以养孤孀"等举措②,很快稳定了统治。再如西汉初,长期战乱造成百姓贫困、经济破败、国力衰微。为改变这种状况,汉初几帝均采取了"轻徭薄赋""无为而治"的治国策略,从高祖刘邦的1/15税到文景帝时的1/30税,几十年间就使人民得到安宁,国力得到提升。唐太宗认识到"为君之道,必先存百姓",因此,唐朝所实施的赋税制度——租庸调制就非常注意减轻老百姓的负担,唐太宗在历史上也落了一个"爱民"的君主形象。二是爱惜民力、使民以时。如西周时周文王问姜尚:"爱民奈何?"他回答说:"利之而勿害,成之勿败、生之勿杀、与之勿夺、乐之勿苦、喜之勿怒","使各居其宅,田其田,无变旧新,唯仁是亲"。③ 也就是说,要努力保证民众生存的条件,使之能安居乐业。此外,还要爱惜民力,尊重民人的劳动成果。晁错多次告诫景帝"民贫,则奸邪生"④,要求坚持与民休息、爱惜民力的政策,关心百姓的疾苦。汉陆贾提出"是以君子尚宽舒以其身,行中和以统远"⑤,要求君主用宽宏舒缓来修身,

---

① [唐]吴兢辑:《贞观政要》(卷五),《论仁义》。
② [汉]刘安:《淮南子·修务训》。
③ [唐]魏征等辑:《群书治要》(卷三十一),《文韬·国务》。
④ [汉]晁错:《论贵粟疏》,见《汉书·食货志》。
⑤ [汉]陆贾:《新语》(上)。

用中正平和来治国,告诫汉武帝要爱惜民力、慎用武力。这些认识和实践为后世君主治国提供了宝贵经验,是后世成功君主都在坚持的原则。三是倾听民意、修德安民。孟子要求君主在治国时努力实现"老吾老以及人之老,幼吾幼以及人之幼",要求为政者必须修德性、爱百姓,这样才能得到百姓的拥戴。唐太宗就认识到:"若安天下,必须先正其身,未有身正而影曲,上治而下乱者。"因此,"天子者,有道则人推为主,无道则人弃而不用",所谓"有道"就是克己修德、使民安身,只有"宽民必当阜民之财,息民之力",这样才能"惟欲清静,使天下无事"。① 总之,爱民是为政者的基本政治道德,宽以待民是治世的基本原则。

2. 固本节用

中国古代社会建立在农耕文明的基础上,维护政权稳定和社会运转主要靠农业生产提供的财政资源。在古代治国理政的思想和实践中,确保农业生产顺利进行,爱惜民力,勤俭节用,激发劳动者的劳动积极性等是经常使用的举措。因此,固本节用就成了重要的治理原则。其主要包括如下几层内涵。一是以农为本,激发民力。"以农桑为本"是古代许多政治家、思想家坚持的重要治国思想。如墨子就说:"凡五谷者,民之所仰也,君之所以为养也。故民无仰,则君无养;民无食,则不可事,故食不可不务也,地不可不力也,用不可不节也";管子则认为:"凡为国之急者,必先禁末作文巧。末作文巧禁则民无所游食,民无所游食则必农。民事农则田垦,田垦则粟多,粟多则国富。国富者兵强,兵强者战胜,战胜者地广";汉代的恒宽强调:"衣食者民之本,稼穑者民之务也。二者修,则国富而民安也";北魏的贾思协甚至认为:"五谷者万民之命,国之重宝。"② 这些认识都表明,"固本"就是"重农",是治理国家的前提和基础,事实上也是为历代王朝治理实践中所坚持的基本国策。古代先贤深知要发展农业以使民足国富,就必须调动劳动者的积极性,故而,他们反复论述"民生在勤,勤则不匮""善为政者,必重民力""人生在勤,当以力田为先"的道理,要求"君子所其无逸,先知稼穑之艰难,乃逸,则知小人之依"。③ 历史上出现的"致治"景象无不是鼓励百姓"勉力勤事以致富"的结果。二是善积财富,量入为出。在物质生产能力比较低

---

① [唐]吴兢辑:《贞观政要》(卷一)。
② 依次见《墨子·七患》,《管子·治国》,[汉]桓宽:《盐铁论·力耕》,[北魏]贾思勰:《齐民要术·杂说》。本节所引古人言论均参见岳文典等编著:《韬略治要》,东方出版社2016年版,第37—67页。
③ 依次见《左传·宣公二十年》,[宋]程颢、程颐:《二程粹言·论政》,[元]脱脱等:《宋史·辛弃疾传》,《尚书·无逸》。

的情况下,注重财富积累是保持长治久安的重要举措。在古代先贤们看来,国家如果没有三年以上的粮食储备,政权就可能会不稳定;一个家庭要是没有一年左右的粮食储备,生活就会出现困难。荀子说:"足国之道,节用裕民,而善臧其余",意思是要使国家富足,除了要节约开支外,更重要的是要善于把多余的财富储藏起来。在财富的使用上,先贤们历来提倡"量入为出",墨子说:"民以时生财,固本而节用,则财足";吕不韦等则批评了"竭泽而渔"的愚蠢行为:"竭泽而渔,岂不获得? 而明年无鱼;焚薮而田,岂不获得? 而明年无兽";汉代贾谊则指出:"生之有时而用之无节,则物力必屈。"①因此,治国理财必须节制消费,所谓"育之以时,而用之有节""上节下俭者,财用足""理财之要,莫先于节费"②,讲的都是这个道理。三是俭以养德,反对浪费。先秦诸子都提倡节俭,孔子提出"节用而爱人",道家主张"去奢崇俭",韩非认为"力而俭者"才能致富,墨家主张"节用""节葬""非乐"。他们都认为节俭是君子必备的美德,《周易》说:"君子以俭德辟难,不可宁禄",意思是君子有了俭朴的德行就可以避免危难;孔子说:"奢则不孙,俭则固。与其不孙也,宁固",意思是说宁可因节俭而显得寒酸,也不要因奢侈而逾越礼制;墨子大声疾呼:"节俭则昌,淫佚则亡。"历代王朝的兴衰让唐人李商隐总结出了千古名言:"历览前贤国与家,成由勤俭破由奢。"这些思想对有为的君臣产生了巨大的影响,如朱元璋就清醒地认识到:"自古王者之兴,无不由于勤俭;其败之,未有不由于奢侈。"③西晋的傅玄甚至认为:"谷帛难生,而用之不节,无缘不匮。故先王之化天下,食肉衣帛,皆有其制。窃谓奢侈之费,甚于天灾。"④总之,固本节用是古代治理国家的重要原则,是古代政治家、思想家在复杂的政治实践和人生经历中感悟出的十分重要的治国理政的经验。

3. 虚心纳谏

国家能否治理的好关键是看统治者治国理政的决策能否代表或反映多数民众的意愿,而决策时能否收集到足够的信息直接关系到判断的准确程度。一个人的经历和阅历毕竟有限,智力、能力和精力也有很大的差别,要想治理好国家就必须减少决策失误的发生率。因此,孔子要求为政者要"多

---

① 依次见《荀子·富国》,《墨子·七患》,《吕氏春秋·义赏》,[西汉]贾谊:《新书·无蓄》。
② 依次见[东汉]班固:《汉书·货殖传》,[宋]林逋:《省心录》,[宋]范浚:《节费》。
③ 依次见《周·易否》,《论语·述而》,《墨子·辞过》,[唐]李商隐:《咏史》,[明]朱元璋:《明太祖宝训》。
④ 《晋书·傅玄传》。

闻,择其善者而从之;多见而识之,知之次也"①,也就是说治国理政者要善于收集各种意见和信息,必须坚持虚心纳谏的原则。关于这一原则,儒家有系统的论述,一是主张杜绝"因人废言",尤其是要听取反对者或自己不喜欢的人的意见。这就是孔子所说的"君子不以言举人,不以人废言"。② 二是对待各种意见要有"好善"的态度。所谓"好善"就是指"闻一善言,见一善行,若决江河,沛然莫之以御也"。③ 孟子把采纳善言、善行比作能获得如江河决口般强大的不可阻挡之势,唯有如此才能最大限度地掌握最真实的情况而做出正确的决策,即"夫苟好善,则四海之内皆将轻千里而来告示之以善"。④ 三是要辩证地听取各种意见,不能毫无选择。荀子认为为政者如果缺乏主见,"则奸言并至,尝试之说锋起",面对这种情况,不能正确选择、做出决断必然会"则听大事烦,是又伤之也"。为避免判断失误必须采取"公平者,职之衡也;中和者,听之绳也"⑤的态度,既要让人说话又不能过分挑剔使人不能尽言,这样就能绝"奸言"之峰起而择"善言"以从之。荀子还告诫说:"无稽之言,不见之行,不闻之谋,君子慎之。"⑥对所有没有根据的言论,没有见过的行为,没有听说过的谋划,为政者一定要慎之又慎,不可轻信。儒家关于虚心纳谏的思想对后世为政者产生了深远的影响,也为有作为的君主所认同并被付诸治国理政的实践中。如唐太宗认识到"夫王者高居深视,亏聪阻明"⑦,不可能掌握全面的情况,必须广开言路、虚心纳谏才能治理好国家。有作为的君主一般都会清醒地认识到繁冗的政务仅靠一己之力是无法承担的,也很难事事判断准确、决策无误,只有求言纳谏、广开言路才能保证决断的正确。明成祖认识到,"人君日总万机,事难独断,必纳言以广其聪明,从善以增其不及"⑧,这样才能集天下人的智慧治天下。因此,就古代政治实践而言,广开言路、虚心纳谏是贤君治国的重要特点,也是历代思想家"仁政"主张的题中应有之义。

（三）"为公"是古代治国远景目标的追求

在古代思想史上,强调"天下为公"的言论不绝于缕,倡言"尚公""公天下""天下为公""贵公抑私"者代有其人,其核心内容就是要求君主要把

---

① 《论语·述而》。
② 《论语·卫灵公》。
③ 《孟子·尽心上》。
④ 《孟子·告子下》。
⑤ 《荀子·王制》。
⑥ 《荀子·正名》。
⑦ [唐]李世民:《帝范·纳谏》,新世界出版社2009年版。
⑧ [明]朱棣:《圣学心法》,河南人民出版社1999年版。

"公"作为自己职能的目的,把"民"作为自己服务的对象。荀子说:"天之生民,非为君也。天之立君,以为民也。"①吕不韦等人也认为:"天下,非一人之天下也,天下之天下也";"置君非以阿君也,置天子非以阿天子也。"②《慎子·威德》更明确地提出:"古者立天子而贵之者,非以利一人也。曰:天下无一贵,则礼无由通,通理以为天下也。……立天子以为天下,非立天下以为天子也,立国君以为国,非立国以为君也。"成书于战国时代的《六韬》提出了"同天下""天下同利"的思想,认为"天下非一人之天下,乃天下人之天下""同天下之利者则得天下,擅天下之利者则失天下"。带着自组织逻辑的思考惯性,人们普遍认为帝王应以"四海为家",在观念上仍保留着把最高首领看作血脉相通的族人、家人和亲属的观念,帝王存在的意义就是维护天下人的根本利益。荀子提出:"四海之内若一家,通达之属莫不从属。"③萧何说:"天子以四海为家。"④《文子·九守》也认为:"天下公侯以天下一国为家。"《抱朴子·逸民》则说:"王者无外,天下为家,日月所照,雨露所及,皆其境也。"众所周知,"大一统"是古代重要的政治理想,其内涵集中体现了古人明确的国家概念。在古代中国,每当人们谈到理想的治理境界时,就会有"圣帝在上,德流天下,诸侯宾服,威振四夷,连四海之外以为席,安于覆盂,天下平均,合为一家"⑤的说法,希望普天之下,无论远近大小,共戴一主,并为一国,汇聚一族,合成一家。有学者指出,"这种理想境界显然集天下一统、治权一统、政令一统、帝位一统、王道一统、文化一统、华夷一统于一体"⑥,是"大一统"理想的体现。尽管这是一种理想,然而却反映出"天下"有所指、国家有范围、人民分族类的古代政治生态图景,人们希望没有国家、种族、文化的界限,实现"以天下为一家,以中国为一人"⑦的目标。总之,古代治国的远景目标的形成,充分展现了民本思想的深刻影响和基础性地位。它不但是治国理念的理论底色,而且是治国目标实现的重要构成因素。无论是"仁政"还是"天下一家",无不把"民"放在"中心"位置,这表明中国古代治国理念中蕴含着浓郁的"民主"气息。

---

① 《荀子·大略》。
② 《吕氏春秋》的《贵公》《恃君》。
③ 《荀子·议兵》。
④ 《汉书·高祖纪》。
⑤ 《史记·滑稽列传》。
⑥ 刘泽华主编:《中国传统政治哲学与社会整合》,中国社会科学出版社 2000 年版,第 127 页。
⑦ 《礼记·礼运》。

三、民本思想是古代治理理念的核心内容

治国活动是一项复杂的系统工程。对秩序的追求反映在先秦诸子的思想里,他们都认为远古时期存在一个没有政长、人们互相杀伐的混乱时代。无论这种思想是猜测还是历史记忆的残存,都说明当时的智者认为"有序""息争"是人类延续并获得平静生活的前提。人类社会的自组织阶段为他们提供了丰富的治理社会的思想养料,成为他们治国、治世思想的源头,弥漫着一股朴素的"自然主义"的气息。古代长期的治国实践形成了为历代共同遵循的治国理念,其中最主要的是以民本思想为底色而形成的君为中枢、以礼治国和德主刑辅这三个重要理念。

(一) 君为中枢

治国需要君主是古代的一个重要的治国理念。这一理念的丰富和发展含纳着民本思想的深刻内涵,诸如"敬天保民""君以民为本""民贵君轻""立君养民"等思想都是君主治国思想的认识基础,也是君权合法性的解释基础和理论来源之一。

古代思想家在论证君主权力的必然性和必要性的思想中,普遍存在两个思路:一是把君权的产生与神权相联系,通过"君权神授"的思路,为君权的合法性寻找终极解释,从而奠定了君主神秘而又至上的特性;二是从社会演进的事实中寻找根据,从论证人类社会由无序到有序的必然性中引申出君权产生的必要性。这方面的论证又循着两个思路。一是把自然秩序的不可更改性比附为人类社会秩序产生的来源,说明建立和维护社会秩序的合理性,这是一个相当普遍的思维方式。《周易·系辞》说:"天尊地卑,乾坤定矣。卑高以陈,贵贱位矣。动静有常,刚柔断矣。方以类聚,物以群分,吉凶生矣";春秋时楚国的芋尹无宇说:"天有十日,人有十等。下所以事上也,上所以共神也"[①];《礼记·曾子问》引孔子言曰:"天无二日,土无二王";《礼记·乐记》也说:"天高地下,万物散殊,而礼制行矣。……古圣人作乐以配天,制礼以配地";《管子·君臣上》说:"天有常象,地有常形,人有常礼"。二是认为社会秩序是由圣人、君主或超人间主宰创造的。君主产生的必要性是古代政治思想领域反复论证的命题。一般说来,人们对人类远古的秩序状态都有一个基本估计,即从混乱到有序,他们依据传说和猜测隐约而又模糊地描述了君主应运而生的历史过程,从而证明君主出现的重要意义。如墨子认为远古时期"一人一义,十人十义,百人百义",没有政治权威

---

① 《左传·昭公七年》。

"正长",故而天下大乱。于是人们就"选取择天下贤良圣知辩慧之人,立以为天子"并"选择天下赞阅贤良圣知辩慧之人,置以为三公",然后分封诸侯,"择其国之贤者,置以为左右将军大夫,以远至乎乡里之长"。① 这样就形成了稳定有序的社会秩序。《商君书·君臣》认为:"古者未有君臣上下之时,民乱而不治。是以圣人列贵贱,制爵位,立名号,以别君臣上下之义。"《管子·君臣下》也认为,最初没有君臣上下之别,"以力相征"导致一片混乱,后有圣贤出为君主平治天下,社会才进入有序运转。《吕氏春秋·恃君》延续了这种思考,认为人类早期由于没有君主,"民如麋鹿禽兽",毫无秩序可言,"圣人深见此患也,故为天下长虑,莫如置天子;为一国长虑,莫如置君也"。这类思想试图从历史进化的角度论证君主的重要性和出现的必然性,从本源的层次上说明君主中枢地位获得的自然性和合法性。但是仍没有从根本上为君权的合法性提供最原初的解释。因此,还必须借助于超人间力量为君主的合法性提供终极说明,在当时的认识水平下,自然就走向了"君权神授"的思维理路。长盛不衰的帝王诞生神话就反映着这样一种政治逻辑,它根植于人们的政治文化心理之中,把"君权神授""奉天承运"看作天地之自然、社会之本相。权力的合法性基础源于天和天命的信仰,这种认识反映了当时人们对政治现象的认识水平。

在记载夏商周三代史迹的《尚书》中,政治上的最高权威是"王",而思想观念上的最尊贵者则是拥有终极权威和道德威慑力的"天"(神)。天神所具有的道德意志体现为"保民""裕民",因为它本质上代表着"民"的意志,即所谓"天聪明自我民聪明,天明畏自我民明畏","民之所欲,天必从之"。② "王"是治"民"者,但"王"是由"天"选择的,是能够秉承天的道德意志而"敬德""保民"的人。天所选择的"王"被称为"天子",他必须像父母般地爱护、保护民众。如果王违背了天的意志肆虐百姓,那么,"天"就要讨伐暴君,"改厥元子",另择贤人立为君。如果君主是"真命天子",那么,"忠君事主"就是臣民必须恪守的政治伦理。值得注意的是,这一伦理规范不是单向的,它同时要求天子也必须"忠于民"。这种"利于民为忠"的思想产生的也很早,随国的季梁就说:"所谓道,忠于民而信于神也。上思利民,忠也。祝史正辞,信也。"③鲁国的曹刿与庄公论政时,庄公自诩"衣食所安,弗敢专也,必以分人;……小大之狱,虽不能察,必以情",曹刿评论说:"忠之属

---

① 《墨子·尚同中》。
② 依次见《尚书》的《皋陶谟》和《泰誓》。
③ 《左传·桓公六年》。

也。"①显然,"忠君"与"利民"相连,是民本思想在政治伦理上的必然反映,它要求为政者治国时必须以民利为重,只有如此者,"忠君"才合乎天道的要求。这种认识又体现在另一个政治伦理概念——"仁"之中。《国语·晋语》说:"为国者,利国之谓仁。"国家之利高于个人之利,两者发生矛盾时,只要于国有利,可弃个人之利,故"长民者无亲,众以为亲。苟利众而百姓和,岂能惮君?"②只要有利于民,任何其他的事都不必顾忌,包括君主在内。《周语》中又说:"夫义,所以生利也;禅,所以事神也;仁,所以保民也。……不仁则民不至",把治国的好坏与是否对民有利作为标准,利民则是仁政。儒家根据商汤伐桀、周武伐纣的历史事实总结出"得民心者得天下"的规律,由此得出"民为贵"的结论。要在治国活动中体现出"民为贵"而得民心,实行"德治"就成了必然。总之,君为中枢的理念既肯定了君主存在的历史必然性和合理性,又以是否符合民意暗含了对君权的某种制约。

(二) 以礼治国

"以礼治国"是古代重要的治国理念。礼是由传统和习俗形成的行为规范。春秋战国时代的思想家、政治家就已普遍认为礼是治国的基本方式和要道,"礼,经国家,定社稷,序民人,利后嗣者也";"礼,国之纪也";"礼,王之大经也";"礼,上下之纪,天地之经纬也,民之所以生也";"大礼,天之经也,地之义也,民之行也。天地之经,而民实则之"。③ 这些言论表明,当时的人们认为"礼"是天定的秩序规范,循礼而治就在于顺民意而施政,诚如晋国的师服所说:"义以出礼,礼以体政,政以正民,是以政成而民听,易则生乱。"④所谓"义以出礼"就是指合乎事理就能形成规范,在民众共同认可的规范下施政就意味着"政成""民听",即实现有序的统治。类似的认识在当时还是比较普遍的,如晋国的丕郑说:"义以生利,利以丰民";里克也认为:"夫义者,利之足也","废义则利不立";⑤解扬说:"君能制命为义,臣能承命为信。信载义而行之为利。"可见时人认识到:"礼,所以守其国,行其政令,无失其民者也。""以礼治国"的目的就是维护民的利益,对治国者而言"有礼无败"⑥。礼与民的关系,在西周时期表现为安邦养民。《左传·文公十八年》记鲁太史克称:"先君周公制《周礼》曰:'则以观德,德以处事,事以

---

① 《左传·庄公十年》。
② 《国语·晋语一》。
③ 依次见《左传·隐公十一年》《国语·晋语四》《左传·昭公十五年》《左传·昭公二十五年》。
④ 《左传·桓公二年》。
⑤ 以上引文依次见《国语·晋语一》《国语·晋语二》。
⑥ 依次见《左传·定公十五年》《左传·昭公五年》《左传·襄公二十六年》。

度功,功以食民'。""食"即养民,制定礼制的终极目的在于食养下民,荀子也说:"故礼者,养也。"所谓"情先于性,礼先于情"①;所谓"唯人道为可道也"②;所谓"道者,非天之道也,非地之道也,人之所以道也,君子之所道也"③等,都在说明礼应是一种符合"人道"的规范,尊礼、崇礼就掌握了处理人际关系和政治关系的要诀,所以《礼记·祭统》说:"凡治人之道,莫急于礼;礼有五经,莫急于祭。"可见,时人对实施礼制与维护秩序作用的关系是多么重视。这些思想在政治实践中也不同程度地得到了落实,后世国家制度、社会规范都含纳着远古礼制的成分,也培养起社会成员遵从秩序、服从隶属的意识和行为习惯。

(三) 德主刑辅

在采用何种方式治理国家的问题上,古代思想家、政治家是有分歧的,总括而言有三种基本的主张,即儒家的德治、法家的法治和道家的无为而治。春秋战国时期天下动荡,耕战保国、称霸统一成为各国治政的第一要务。因此,通过严刑峻法来增强国力以求自保甚或一统天下成为各国治国方式的首选,从而法家学说畅行一时,以"法"治国成为当时主要的治国理念。先秦法家的集大成者是韩非,他所主张的法治是一种纯粹意义上为君主统治服务的法治,主要包括"法""术""势"三个内容。韩非说:

> 故明主之行制也天,其用人也鬼。天则不非;鬼则不困。势行教严,逆而不违;毁誉一行而不议。故赏贤罚暴,举善之至者也;赏恶罚贤,举恶之至者也;是谓赏同罚异。赏莫如候,使民利之;誉莫如美,使民荣之;诛莫如重,使民畏之;毁莫如恶,使民耻之。然后一行其法,禁诛于私家,不害功罪,赏罚必知之,知之,道尽矣。④

由此可以看出,在韩非的思想里,君主权力以及制度安排是顺应天道的,没有君主的绝对权威,想要实行法治是根本不可能的。与儒法两家相比,道家的治国思想最反对人为的干预,认为无论德治还是法治都是一种人为干预政治生活的表现。道家主张,在圣人的领导下,治国最好采取无为而治的方法。《道德经》说:"是以圣人之治,虚其心,实其腹,弱其志,强其骨;常使民无知无欲。使知者不敢为也。为无为,则无不治。"也就是说要遵从天道和

---

① 《郭店楚墓竹简·语丛》。
② 《上海博物馆藏战国竹简·性情论》,上海古籍出版社 2000 年版,第 8 简、第 25 简。
③ 《荀子·儒效篇》。
④ 《韩非子·八经》。

人的本性来治理国家。从历史事实看,道法两家的主张虽然没有单独成为长久的治国之策,但都被后世治国者吸纳进了主流意识形态,从而形成了影响最为深远、治国实践最为广泛的"以德治国""德主刑辅"的治国理念。

儒家主张治理国家要以"德治"为主,"法治"为辅。所谓德治就是运用道德的力量建立起人们心理上对内在秩序的服从,通过道德教化既能规范君主的行为,又能潜移默化地把伦理信条内化为百姓的信念和行为方式,从而实现对国家和社会的治理。历史上,周公最早提出"德政"思想,孔子进一步将其系统化,把道德的作用提升到治国安邦、协调人际关系和提高个人素养与境界的高度来认识。孔子明确提出,"道之以政,齐之以刑,民免而无耻;道之以德,齐之以礼,有耻且格","为政以德,譬如北辰,居其所而众星共之。"①他对德治的作用推崇备至。同时代前后的思想家、政治家也都十分重视"德治",如管子把"礼、义、廉、耻"看作治国的"四维"②;荀子也说:"故君人者,欲安则莫若平政爱民矣,欲荣则莫若隆礼敬士矣,欲立功臣则莫若尚贤使能矣。是君人者之大节矣"③;《左传》更明确地指出:"德,国之基也"④,"君若以德绥诸侯,谁敢不服?"⑤"德主刑辅"治国理念的内涵主要如下。其一,治国者要有较高的道德修养和人格感召力。《大学》提出:

> 欲治其国者,先齐其家,欲齐其家者,先修其身……身修而后家齐,家齐而后国治,国治而后天下平,自天子以至于庶人,壹是皆以修身为本。

认为"修身"是"齐家、治国、平天下"的前提和核心,只有具有高尚的道德修养并率先垂范的人才能感召民众,从而治国、治天下。孔子也主张:"政者,正也。子帅以正,孰敢不正?""其身正,不令而行;其身不正,虽令不从。"所谓"身正"就是指"以德立身",以高尚的道德推行政令就会得到人们的赞同和服从。孔子还以"君子之德,风;小人之德,草。草上之风必偃"⑥来说明治国者的自身品格对治国理政的重大影响。法家的韩非也赞同道:"修身洁白而行公行正,居官无私,人臣之义也"⑦,他认为"官德"是进行治理活动公认的首要要求。其二,"德治"要靠贤能之人实施。孔子力倡"举贤",在

---

① 《论语・为政》。
② 《管子・牧民》。
③ 《荀子・王制》。
④ 《左传・襄公二十四年》。
⑤ 《左传・鲁僖公四年》。
⑥ 以上见《论语》的《颜渊》《子路》诸篇。
⑦ 《韩非子・饰邪》。

回答仲弓问政时,他说:"先有司,赦小过,举贤才";墨子主张"尚贤事能",指出:"夫尚贤者,政之本也";孟子要求"尊贤使能",说"俊杰在位,则天下之士皆悦,而愿立于其朝也";荀子认为"贵贤,仁也","尚贤使能则民知方",因而要求"论德而定次,量能而授官"。这些思想对有为之君把"选贤任能"作为治国理政的重要举措产生了深远的影响,如唐太宗意识到:"夫国之匡辅,必有忠良。任使得人,天下自治","为政之要,惟在得人"。① 其三,道德教化是实现德治最重要的手段。董仲舒指出:"教化立而奸邪皆止者,其堤防完也;教化废而奸邪并出,刑罚不能胜者,其堤防坏也。古之王者明于此,是故南面而治天下,莫不以教化为大务。"②古代政治家、思想家提出了许多开展道德教化的方法,并为历代所沿用。一是设立专门管理道德教化的官员;二是开展学校教育。孟子强调:"谨庠序之教,申之以孝悌之义。"③三是通过推行音乐教育,化人于无形。古人认为观乐可以知德养德,《乐记》说:"乐者,通伦理者也","乐至则无怨……以乐礼教和,则民不乖",④所以十分重视利用音乐来教化百姓。四是以宣扬古代圣贤的德性感召百姓。孔子、孟子等人经常提到的尧、舜、禹、汤、文、武、周公、伯夷、叔齐、柳下惠等,都是古代推崇的道德典范。大禹治水,与民同甘共苦,"三过其门而不入",百姓赞扬说:"美哉禹功,明德远矣!"周公"一沐三捉发,一饭三吐哺,起以待士",曹操称赞道:"周公吐哺,天下归心。"⑤孔子本人也被人们所景仰,司马迁《史记·孔子世家》称赞道:"高山仰止,景行行止,虽不能至,然心向往之!"这些圣人先贤的故事广为流传,他们的德性也被世代称颂,对世间民众产生了持久的感召作用。其四,用政治要求和法律条文固化道德规范。古代把帝王称为"天子",把官员视为臣民百姓之父母,使治理者身上罩上了一层温情脉脉的伦理面纱。而古代很多政治家、思想家所说的"王道",就是"德被天下"的伦理政治。对于这种拟亲化的氛围,就连主张"法治"的韩非也受到感染,提出了"臣事君,子事父,妻事夫"为"天下之常道"的三纲思想,把人伦亲情演化成了政治规范和行为戒律,汉代就采取了"以孝治天下"的方针。力倡德治的《论语》《孟子》和后来的《孝经》等成为统治者治天下的经典。总之,"德主刑辅"理念反映了古代统治者"刚柔并济""宽严结合"的治理思想,尤其注意百姓内在的思想服从和自律的力量运用,

---

① 依次见《论语·子路》《墨子·尚贤上》《孟子·公孙丑上》《荀子·君道》《帝范·求贤》。
② 《汉书·董仲舒传》。
③ 《孟子·梁惠王上》。
④ 《周礼·地官·大司徒》。
⑤ 依次见《孟子·离娄下》《左传·昭公元年》《史记·鲁周公世家》《短歌行》。

体现了中国古代政治文化的鲜明特征。

中国古代的治国理念蕴含着深厚的民本思想的底蕴,反映出古代政治家、思想家在国家和社会治理的过程中已经能够把握统治者与被统治者的辩证统一的关系,也认识到良好社会秩序的维护根本在民众、归宿也在民众。重民、爱民成为选择治国、治世方略,制定治理方针政策,创造治理技术、技巧和方法最根本的思想基础。

上篇小结　古代乡村治理理念及活动与历史环境的互动

以农业立国的中国古代社会，其治国最重要的内容就是治理乡村和农民。因此，从宏观层面上说，无论是治国理念还是乡村治理理念主要包括君为中枢、以礼治国和德主刑辅三个方面，反映了"顺势而治""因俗而治"的治理智慧。本篇着重讨论了古代乡村治理理念及活动运行的社会历史环境中的几个重要方面。这种环境的形成又与治理理念、制度安排和习俗形成同构于一体，相互促发、同频共振。

政治格局的二元结构反映了统一的中央政权与乡村离心倾向之间长期斗争所呈现的结果，使得乡村治理活动始终必须妥善解决乡村潜在的对抗力量和现象。代表统治阶级整体和长远利益的中央统治力量不得不对本阶级部分成员过度维护私利的行为进行限制甚至打击，使其他阶级和社会成员的基本权益得到基本的维护，以换得他们对政权的认同，力图保证政权的长治久安。王朝与地方势力，特别是大土地所有者的斗争长期呈现此消彼长的态势，这是二元政治格局形成的原因，也是它的结果。如北宋初年对大土地所有者的土地兼并行为进行的限制性规定最终便以失败而告终。史载，宋太祖和太宗时期已然出现了"富者有弥望之田，贫者无卓锥之地；有力者无田可种，有田者无力可耕"[1]的现象。到宋真宗时的首都东京一带早已是"悉大臣资产之地"[2]了，这就必然造成"天下赋税不均，豪富形势者田多而税少，贫弱地薄而税重，由是富者益富，贫者益贫"[3]的严重情况。到宋仁宗时更是"天下田畴半为形势所占"[4]，已经严重影响到宋朝的财政收入和经济秩序的稳定。于是，宋仁宗分布了限田令："公卿以下毋过三十顷，牙前将吏应服役者毋过十五顷，止于一州之内。"然而，此令一颁布就遭到官僚地

---

[1] 《续资治通鉴长编》（卷第二十七），《雍熙三年七月》。
[2] 《续资治通鉴长编》（卷第五十三）。
[3] 《宋会要·食货志》（一之十八、六十三之六十五）。
[4] 《山堂先生群书考索·后集》（卷五十一）"仁宗条"。

主和大土地所有者的反对而不得不变通,以至"任事者终以限田不便,未几即废"。此后,"势官富姓,占田无限,兼并冒伪,习以成俗,重禁莫能止焉"。到宋徽宗时曾两次下限田令,也都落得个"虽奉御笔,许执奏不行"①的结果,在这个问题上,宋廷不得不屈服于地方豪富势力。中央政权与地方势力的斗争贯穿于古代乡村治理活动的全过程,这是观察和评价古代乡村治理活动的一条主要脉络。

农业生产是古代社会最重要、最稳定的财源,松散协作型的经济特征保证了古代国家经济的活力和财政收入。因此,维护农户对小片耕地的占有权和使用权成为乡村治理中最核心的工作,而确保"财均力平"、合理分配赋税负担便成为历朝历代都坚持的税赋原则。中国古代的赋税制度经历了由"履亩而税"、按丁抽税再到以土地财产为依据征收的变化过程。特别是唐代实行两税法,确定了以土地财产作为征税的标准,这样地主就成为赋税的主要承担者。地主们开始尽力降低户等、隐瞒土地财产以逃避赋税,与国家的矛盾更加突出。为解决国家、地主和农民之间的矛盾,唐宋明清历代王朝都把核查土地占有和依财力划分户等的情况作为保证财政收入、均平赋税负担的重要治理手段。如唐后期元稹的均田议、宋代王安石的方田均税法、朱熹的经界法,到明代张居正的丈量土地,直至清代的"一条鞭法",都是为了解决这个问题。以王安石变法为例,主要推出了"均输法""青苗法""农田水利法""募役法"等措施。其中的"农田水利法"主要确立的是官督民修或按照户等高低来确定出工、出料多少的兴修水利的机制;"募役法"的原则则是"计产定户,募民代役",即免除此前老百姓承担的各种差役,改为按户等高低缴纳免役钱,然后由政府招募民户充当。② 王安石改革的内容主要涉及农业和农民,这充分证明古代国家治理的主要内容就是乡村治理,是农耕文明基础上国家政权得以维系的根本所在。尽管乡村治理制度不尽完善或运行乏力,但乡村秩序的维护主要靠的是中央政府运行的基本制度和基本方略来进行的。因此,研究古代乡村治理不可能将其从整个古代国家治理体系中抽出而孤立地看待。乡村治理制度的有效性也应从整体的、系统的视野来加以观察,这应是相关研究的基本立场。

民本思想反映了古代智者较早地形成了带有理性色彩的认识社会政治关系的倾向。把治理对象的地位提高到代表"天心""天道"的高度,从而决定了治理理念和制度都以"重民""惠民"为核心展开。特别是"族性社会群

---

① 以上引文见《宋史·食货志上一》。
② 参见纪宝成主编:《中国古代治国要论》,中国人民大学出版社2004年版,第237页。

落"的组织形态,孕育和延续了"族性传统",在民族心理上形成了浓重而又泛化的"亲缘意识",使治理制度和举措都蒙上了一层"亲情"的面纱。古代知识精英都把向内寻求维护秩序和统治的伦理尺度看作成功实现治理的关键,这是古代农业生产特性和乡村生活习俗中整体主义倾向对治理理念和治理制度的深刻影响。任继愈先生认为,中国古代的国家和社会治理主要是靠统一思想和内心修养而实现的:"秦始皇开始已经采纳了'孝'、'忠',忠君、孝父母,用这个观念统治全国,统一思想。""总的格局是中央权力要集中,分散的农民要安居乐业。"而内心修养则是指《大学》中提出的"格物、致知、诚意、正心、修身、齐家、治国、平天下"这8个步骤,就是"叫一个人从内心到行动都要纳入这个大一统的国家的要求范围之内"。① 从古代统治思想形成看,社会精英的观念活动如果不能完全关照现实社会的需要,就可能成为一种纯粹的思想活动而远离现实,其也就可能失去传播传承的可能性而湮灭在历史的长河中。另一方面,知识精英往往又是统治阶级的重要组成部分,至少是潜在的部分。尽管他们具有一定的追求精神自由的游离性,使其总体的服务倾向不是归于统治活动的,且往往希望自己的观念活动的成果能够变为治理国家和社会的现实举措。因此,不能想象统治集团的政治理念、统治思想的形成仅仅依靠政治实践活动本身,丝毫无视知识精英观念活动的存在。所以,两者的观念活动和实践活动是有交叉点的,这种合力使文化发展的方向部分地在变成社会现实。古代治国理念的生成正是这样一个过程,以儒家思想为主,法家、道家思想为辅的精英文化才能够成为主流意识形态。

开放包容的文明特质不但使中华文明不断吸收外来事物而日益丰满强盛,而且在阶级构成上形成了一个可以互通的开放结构,通过各种"选举"制度把社会各阶级、阶层的人才吸收到各级治理机构中,既扩大了统治基础,又增添了制度活力。"致治"是古代最直接的一个治理目标,即要保持统治的长治久安。治理活动也主要围绕选举、吏治、土地、赋役、边务、军政、刑政、河防、赈济、抚夷等各方面展开。在具体实施的过程中,统治者对历史上出现过的各种治国思想采取的是包容开放的态度,所谓"百川异源,而皆归于海;百家殊业,而皆务于治"②。比如对"天下"的统治与治理就形成了由近及远、由直接到间接、由实质到名义的治理理念和实践活动。这种治理理

---

① 任继愈:《中化五千年的历史经验》,收录于国家图书馆编:《部级领导干部历史文化讲座·史鉴卷》,北京图书馆出版社2008年版,第1—20页。
② 《淮南子·氾论训》。

念发端于三代时的"服制",后世儒家对其进行了规范性的归纳和表述,把统治区域划分为以王畿为中心、五百里为直径依次向外推衍的甸服、侯服、绥服、要服和荒服的治理空间,离中心越远,自由度越大。这种治理思想和传统直接影响到后世的朝贡制以及对偏远地区采取灵活制度安排等治理政策的运用。这种现象比较典型地体现了中华文明"开放包容"的特性。一方面,它源于广土众民的古代基本国情,使"天下"的概念成为一种边界模糊、经常变动的概念,导致对治理范围的理解和维护不局限在直接控制的地域,对治理的程度也"包容"到可以在"名义"上服从。因此,"大一统"的目标也就成了可以盈缩的地理构成。另一方面,农业经济中开放与松散互助的经营特点支撑着治理活动"因地""因势""因情"开展,从而铸就了中华文明开放包容的文化特质。中国历史上的农耕文明从生存样态到思想理念都显示出了巨大的吸纳融合能力,无论是相对落后的游牧文化、玄妙怪异的信仰文化,还是海上传入的贸易文化、贵金属货币文化等,基本都被纳入了农耕文化的既有形态之中。这种相对包容开放的态度不断提升中华文明的品质,使中华文明在人类社会发展史上留下了辉煌的印记。

中 篇

古代乡村治理制度的演变及基本特色

所谓乡村治理制度是指历代统治者为有效控制和管理乡村社会而创设并实际运行的制度体系。其形成和发展大致经历了自组织运用、创设人为制度到两者并用这样三个阶段,充分体现了古代统治者"以民为本""因俗而治""顺势而治"的治国理念和策略,这或许是自古以来超大规模社会能够较长时间维持"大一统"局面的奥妙所在,是中国古代政治史中不容忽视的制度成果。近20多年来,学术界对古代各个朝代的乡村治理制度(乡里制度)进行了详尽的研究,取得了丰硕的成果。本书在充分吸收这些研究成果的基础上,重在关注制度层面的变化和体现出的特色。特别是对乡村控制、治理制度安排的起源及其性质进行了探讨,旨在说明制度生成的自然性、连续性,以体现古人"顺势而治""因俗而治"策略选择的政治智慧,弄清制度安排与治理理念和治理习俗的关系。

第六章　乡村治理制度研究的学术定位

一、问题的提出

中国古代乡村治理制度是中国政治制度史研究中的一个重要内容。在一个多世纪的研究历程中，中外学者做了大量的资料挖掘和整理研究工作。虽然研究成果的总数不算太多，但在许多方面也取得了重大进展，特别是对汉、唐、宋、明、清各朝的乡村治理研究取得了较多的学术共识，填补了政治制度史研究的空白。[①] 然而，从学术规范的角度看，乡村制度研究，从概念到内容、从时间到空间、从阶段划分到性质判定、从资料疏理到理论分析都存在着较大分歧，有些问题甚至是模糊和不确定的。特别是在如何称呼古代乡村制度，如何划分乡村制度演变的阶段，如何定位古代乡村制度、组织、机构、领袖人物的性质和功能等几个主要问题上，还存在着重大的理论分歧。这种状况严重制约了中国古代乡村治理制度研究的深入，特别是在制度的功能性分析和规律性把握方面难以取得突破性进展。因此，一方面有必要澄清研究中存在的某些认识误区，另一方面则应当规范研究中使用的学术术语和理论概念，廓清其内涵和外延，以便使中国古代乡村治理制度研究更加有效深入地开展。

二、乡村治理制度研究的学术地位

政治制度是人类文明的重要组成部分，也是人类所创造的制度文明的核心。阿尔蒙德认为政治制度具有强制性和规范性的特点，是社会管理和控制过程中发展起来的一套系统的协调社会利益的带有强制性特点的规定

[①] "据粗略统计，此时期（按：指20世纪70年代末80年代初至今）以前近40年乡里制度研究论文和著作（暂不包括[中国]台湾、日本）约有20多篇（部），而这20年间约有40多篇（部），较前增加了四倍。"（原文如此）见赵秀玲：《中国乡里制度》，社会科学文献出版社1998年版，第9、172页。

或规范。① 因此,有学者指出"政治制度是政治的载体和规则",②还有的学者认为"政治制度就是处理和调整政治领域中的各种关系"。③ 这些看法大致反映了政治制度在人类文明发展中的地位和特性。

学者们通常把中国政治制度史的研究对象确定为研究中国历代的国体和政体,也就是研究中国国家制度产生、发展和演变的历史。包括中国历史各阶段中各阶级间的关系、力量对比和各阶级在国家政权中所处的不同地位;国家机关的组织结构形式;职、权、责、利的划分和运用;各个时期总的国家体制以及行政、立法、司法、军事、监察、人事、财政、文教、民族等方面的典章制度的形成和执行情况,以及中央和地方的关系、国家结构形式的状态等。④ 从这一带有普遍性的学术共识中,我们可以看到,学者们普遍把研究的重心放在国体和政体上,研究的重点是皇帝制度、中央和地方行政制度等。乡村治理制度的研究仅属于地方行政机构研究中的一个边缘问题,在通史类著作中一般只作简单的描述,更谈不上把它放到整个政治系统中加以考察。这也间接说明了乡村治理制度的研究还不够兴旺的原因。既然把政治制度看作处理和调整政治领域中各种关系的规定或规范,那么,乡村治理应该属于一种政治行为(无论开展治理活动的主体是政府或者是民间自发力量),因而乡村治理制度研究就有其独特的价值。⑤ 问题在于在这种理论认识下研究乡村管理和控制规范,必然在学术视野上受到一定的限制,从而导致学术概念上呈现出模糊现象。

例如,用什么来指称中国古代乡村社会管理与控制的规范和规则,学界就没有统一的认识。学者们根据自己的理解和研究重点,沿用了历代出现过的各种各样的名称,诸如闾里制度、什伍制度、闾社制度、里社制度、里甲制度、保甲制度等,还有个别学者沿用了书社制度的概念。针对某朝某代,使用相应的概念是可行的,但用上述任何一个概念来涵盖整个中国古代的乡村政治生活就显得不够准确了。有学者试图统一称谓,主张用乡里制度以蔽之,指出:

---

① [美]阿尔蒙德、小鲍威尔主编:《当代比较政治学》,商务印书馆1996年版,第6页。
② 王育民:《秦汉政治制度》,西北大学出版社1996年版,第2页。
③ 白钢:《中国政治制度通史》(第1卷),人民出版社1996年版,第3页。
④ 参见韦庆远主编:《中国政治制度史》,中国人民大学出版社1989年版。白钢认为"中国政治制度史的研究对象,是历代的国家性质与形式问题,亦即历代国体与政体的形成及其发展规律问题",见《中国政治制度通史》(第1卷),人民出版社1996年版,第2页。王育民认为政治制度的"核心是国家政权的结构关系及其运转方式",见《秦汉政治制度》,西北大学出版社1996年版,第2—3页。
⑤ 参见任军:《中国乡村政治制度的变迁及其对社会变革的影响》,《天津社会科学》1994年第1期。

以往,人们对"乡里"的认识是相当模糊的,有人以保甲制度或里甲制度代替乡里制度,但却很少有人直接论及乡里制度。其实,保甲和里甲都只是乡里制度的一个组成部分,其职能比较单一,分布阶段也有其相对性,它们远远无法概括乡里制度的复杂内容。正因此,长时间"乡里"概念基本被"保甲"和"里甲"概念取代,而乡里制度研究也基本成了保甲和里甲制度研究。①

该观点认为用"乡里制度"这个概念可以涵盖古代乡村社会管理与控制的全部内容。然而,用乡里制度来概括,固然照顾到中国古代乡村政治发展的特色,乡里制度也是延续比较长的一种基层政治制度。但是,如同上述诸种制度名称一样,这样的概括仍然无法涵盖古代乡村政治生活的全部内容,理由有三:

其一,乡里制度的出现,最早可以追溯到西周时期。② 这样一来,夏商两代(此为学界公认中国进入国家时代的时期)的基层社会管理与控制就不可能包括于其中。作为中国政治文明萌芽、起步和形成的重要时期,夏商两代的基层社会管理和控制中形成的一套政治制度、政治习惯及由此引发的政治心理和政治信仰,必然对后世产生重大影响,而这是乡里制度这一概念在时段上所无法涵盖的。因而,不宜用乡里制度来指称中国古代所有时期的乡村治理制度。

其二,不同的时代、不同的王朝,在乡村社会实施的管控制度有很大的不同,从名称到功能都有许多变化,这是乡里制度这个概念无法全部含纳的。比如汉代的"亭"就是与"乡"并行,受县领导的一级治安组织,不受"乡"的直接领导;③再如,北魏的"三长制"、北宋的"保甲制"、明代的"粮长制"等,特别是在少数民族地区开展的基层社会管理还有一些特殊的制度(如斡鲁朵、头下军州、猛安谋克、甲喇、牛录制、酋长制、头人制、土司制等)。此外,大规模农民起义建立的政权对占领区实施的管理制度也与常态有很

---

① 赵秀玲:《中国乡里制度》,社会科学文献出版社1998年版,第12页;《中国乡里制度研究及展望》,《历史研究》1998年第4期。
② 臧知非指出:"里的出现晚于邑,当系西周制度,从邑演变而来,仅实行于国,如果说邑之作为一个居民区还属于自然聚落状态的话,里则带有行政规划的色彩。西周时代,乡的产生较晚,偏重于军事上的划分。"见《周秦社会结构研究》,西北大学出版社1998年版,第55页。
③ 参见张金光:《秦乡官制度及乡、亭、里关系》,《历史研究》1997年第1期;罗开玉:《秦国乡、里、亭新考》,《考古与文物》1982年第5期;臧知非:《先秦什伍乡里制度研究》,《人文杂志》1994年第1期。

大不同。这些都是各代重要的乡村治理制度,但却与乡里制度不同,不可能涵而盖之。与上层(县以上)政治制度相比,乡村治理制度具有非连续性、不稳定性和复杂多样性等特点,各朝各代既有对前人的因袭,又有根据实际作出的某些新的制度安排,旧有的任何一种称谓都不可能涵盖中国古代乡村政治生活的全部内容。因此,只能运用现代政治学的规范术语加以描述,否则很难体现出研究的科学性和准确性。

其三,乡里制度有其特定的职能,只能反映乡村社会管理或曰乡村制度的某一个层面,不能涵盖乡村治理制度的全部内容。从制度层面研究乡村社会,不能仅着眼于"制度安排"这个角度,在其权力运行过程中,许多"体制外"的组织、规范、习惯、关系、心理等都要发生作用,都应看作乡村治理制度的当然内容。比如,宗族、家族组织是自上古一直到清代都存在,并发生作用的重要社会组织,它的存在与作用并非某朝某代的仅现和偶然,而是一以贯之的。鉴于这类组织的活动日益政治化的趋势,不把它纳入乡村治理制度研究的视野,仅仅看作对乡村制度产生影响的因素,恐怕很难揭示乡村政治生活的真实面貌。再比如结社组织和行为,涉及人们的生产、生活、交游、娱乐等日常生活的各个方面,这些经常存在的结社(最早也可追溯到春秋战国时代,也不是某朝某代的偶然现象),作为组织活动,影响着人们政治心理的发展,影响着人们对公共权力的态度,影响着人们对国家权力的认同,也应是乡村治理制度的重要内容。上述这些经常性存在的因素,也是乡里制度这一概念所无法涵盖的。

中国古代乡村治理模式与运作规则的定位是一个大问题,它不但涉及研究视野,而且关系到组织功能的分析。用乡里制度来概括古代社会县以下的治理制度和社会组织显然是不全面的,既不能反映不同时期称谓的混乱、制度设置的无序,更不能从理论意义上划清它与上层制度的区别。特别是它的性质,这决定着如何认识乡村治理制度与上层制度的互动关系,如何把握乡村治理制度与中国古代政治文明、制度文明的关系等重大理论问题。因此,应使用"乡村治理制度"这个概念。

三、乡村治理制度的起点

谈论乡村治理制度,自然应从有"乡村"开始谈起。这里的乡村不仅是自然的生存聚落,而且含有一定的行政及政治内涵。严格地说,只有当人类社会产生了相对于大众的公共权力,产生了高于自然组织的人为组织,或是出现了超越最小的自组织单元之上的更广泛的公共政治组织之后,才谈得上出现对最底层的社会大众进行控制和管理的乡村治理制度。因此,这里的乡村治理不仅指的是对从事农业及其相关职业的大众的管理,而且指的是在农耕文明背景中出现的最基层的社会政治组织及其行为规范、政治意识和风俗习惯,从而实现对乡土社会秩序和心理秩序的有效维护。

有学者在比较中西政治文化时认为:

> 中国与西方不同,其资源(文明)的最初聚集,是通过政治手段(国家社会)而不是技术突破来实现的。我们在中国这幅图景中所看到的,是政治文化对资源分配的首要作用。财富积累须首先凭借政治权力的行使来实现,而政治权力在中国的成长,又为几个有内在联系的因素所促进,它们是:宗族层序系统,统治者的道德权威,武装力量,借助祭祀、艺术和文字等手段对神与祖先的独占等。[1]

这个立论似有片面性,实际上涉及的是公共权力起源这个根本问题。无论是何种民族,在其初始状态主要面临的都是自然压力和生存压力。人们普遍是在一种秩序中获得了集体的力量,这种合力源于以一定的法则维系起来的组织。当然,天然的组织是最早的、人们可以依赖的秩序体系,这恐怕带有普适性。因此,公共权力对任何民族而言都是对资源分配的首要手段,而决非仅止于中国。问题的关键是公共权力的产生基于怎样的组织结构和制度形态,进入农耕文明的早期人类组织结构和特征应是中国乡村治理制度研究的起点。研究内容应包括:自然压力;生理条件(即人对秩序及其由此产生的美的感受的追求);自然分工形成的社会合力或曰群体合力;权威形成的资源基础:血缘辈份、生活经历、信仰状态、个人素质等。早在原始社会,人类就以血缘关系为纽带形成一种聚族而居的村落雏形。比如西安半坡遗址揭示出它是一个同时居住了五六百人的村落。在一条防御性环形壕沟内,以一座大房屋为中心,周围环布46座小房屋,聚落空间布局呈现出向心的特征,表明这是一个有着等级秩序的早期人类组织。这种情况在我国新石器时代聚落遗址中带有一定的普遍性,所以有学者认为:"围绕一个中心空间(内院)组织建筑群,也许是一种人类最早就存在的布局方式,中国传统建筑从开始到终结基本上都受这种意念所支配。"[2]

关于中国文明和国家的起源,学界尚有不同的观点,主要有部落联盟说

---

[1] 何怀宏:《世袭社会及其解体》,生活·读书·新知三联书店1998年版,第9页。
[2] 参见杜正胜:《筚路蓝缕——从村落到国家》,收录于《永恒的巨流——中国文化新论·根源篇》,联经出版事业公司1981年版,第7—73页;刘沛林:《古村落:和谐的人聚空间》,上海三联书店1998年版。

和酋邦说。但不管持哪一说,学者们普遍认为,维护人际关系的基本纽带仍然是血缘关系,基层社会组织仍以血缘组织为主。主张部落联盟说者认为:

> 在典型部落社会中,最常见的社区单位就是部落,分散在各部落中的氏族实际上只表现为一种关系,它们并不是一种社区。除最细小的社会细胞——家庭之外,部落是这些社会的基层社会组织。……同一部落的人们相互间都是亲属。
>
> 在发展出酋邦形态的民族中,社区单位的概念发生较大的变化,其最根本的表现就是开始把具有不同血缘渊源的,有时甚至是具有相距较远的族源的部落结合在一起,使它们置于同一个最高权力之下。这是人类冲破血缘关系的范围相互组织起来的第一种有较大规模的政治形式。……但作为社区单位,这时部落本身并没有被打破,它们基本上依然以固有的形式存在着,也就是说,社会的基层组织仍然是血缘性的。①

晁福林先生提出在中国历史上存在一个"氏族时代",也就是氏族作为社会基本组织形式的历史时期。他指出:

> 中国古史上的氏族时代的特色主要在于它没有随着原始时代的结束而终结。中国古代社会进入文明时代以后很久,氏族还是社会的基本组织形式,是社会的细胞。直到春秋中期以前,社会还很少能够找到流离于氏族之外的人,甚至可以说几乎所有的社会成员——从各级贵族到普通劳动者——都生活在氏族之中。人在社会上的活动和影响通常是以氏族的面貌出现于社会历史舞台之上的。②

晁先生的研究表明,氏族组织甚至一直延续到战国时期还在发挥着作用。这个观点对我们研究乡村治理制度的缘起和性质具有启发意义。

夏商周时期一般被认为是中国古代国家萌生到成熟的重要时期。当时的国土结构表明,对王权的拥护更多地表现在观念上,中央权力直接管辖的地域相对较小,而臣服或附属的地方势力(方国或部落)则世代居于自己占

---

① 谢维扬:《中国早期国家研究》,浙江人民出版社1995年版,第364、365页。
② 晁福林:《论中国古史的氏族时代——应用长时段理论的一个考察》,《历史研究》2001年第1期。

有的地域。在这些相对独立的地域存在的政治实体中,如果更多的是依靠"自然秩序"与"政治秩序"合一来达到管理和控制的目的,那么,作为一种政治习惯和政治文化,势必对后世产生深远的影响。据学者研究,中国远古的自然居民点最早被称为"邑",出现在商代(夏代的情况尚不清楚)且很普遍,甲骨文中就有天邑、大邑、某邑、三邑、四十邑等记载。① 从台西和孟庄两处商代遗址分析,"商国的诸侯臣属邑,居民主体是族氏组织,居住形式实行分片分级的聚族居住制"。② 周初分封功臣子弟以建邦立国,本身就反映了三代王朝权力来源的特性,即依靠旧有氏族部落的管理体制,以共主的方式形成上下有别的方国联盟。这说明,按地域、职业、利益划分国民的情形还不是十分突出,也不是建国的基本依据。所以三代都分有内服、外服。内服集中了本族、本部落的精锐部队和人才,外服是将功臣、亲戚、子弟分封于各地以巩固中央政权。如周初的第一次分封,"将卒之士皆封。诸侯国四百人,兄弟之国十五人,同姓之国四十人"。③ 分封中仍以血缘关系较密之兄弟及同姓为大宗。这充分说明三代贵族体制的中央公共权力的产生源于血缘基础。因而,贵族政体下之乡村制度的权威性,必然依靠质朴、自然的血缘纽带来维系。从形成国家的部落联盟酋长式政权到成立封邦建国的宗法制,在统一的王权之下,是因血缘关系的亲疏、姻缘关系的辅助、亲缘关系的远近、地缘关系的相维而呈现出的数量众多的氏族、宗族、世族、家族拱卫统一王权的局面。争伐之中,大家认同共主,各据其地,这是特定历史时期人们应付自然挑战的必然的组织形式。同一王权之下,不必追求尽为同源,要害在于,居于各地的人群是由何种方式组织起来的。显然,在华夏族的鼎盛期,还存在东夷、西狄、苗蛮等部落联盟,统一王权的建立一是依靠武力,二是依靠妥协,即武力不能彻底殄灭异族,就必须给它以一定的地域让其延

---

① 陈家梦:《殷虚卜辞综述》,科学出版社1956年版,第321—325页。杨宽先生也认为"邑是古人居住地的通名,大的都市可以称为邑,小的村社也可称为邑",见《古史新探》,中华书局1965年版,第124页。
② 宋镇豪:《夏商社会生活史》,中国社会科学出版社1996年版,第67页。晁福林甚至认为"离开氏族就无从探讨商代社会组织和社会面貌。……人们在夏商时代的社会上所能看到的只是氏族,说氏族是夏商时代社会的具有最普遍意义的社会组织形式,应当说是一点也不过分的",《论中国古史的氏族时代——应用长时段理论的一个考察》,《历史研究》2001年第1期。早在20世纪50年代,徐中舒就曾指出"殷代的社会基础组织是彻头彻尾的氏族组织……殷代帝王也不过是当时的一个大部落酋长",见《徐中舒历史论文选辑》(下),中华书局1998年版,第812页。韦庆远也认为"商代的基层社会组织是宗族,基层行政区划称为'邑',商王和诸侯都有'邑',是商代行政区划的基本单位",见《中国政治制度史》,中国人民大学出版社1989年版,第47页。
③ 《毛诗正义》引皇甫谧说。

续,这实际上就是向旧族的血缘组织妥协。联盟是靠武力维系的,武力来自本部族的旧有组织力量和经济实力。这个打破血亲纽带、设官任职、建立新的权威基础的历程是十分漫长的。

四、乡村治理制度的性质

政治制度、权力结构、治理特点都应从早期国家权力形成的道路和特点中寻找根源,应把它看作一个连绵不断的、动态的过程,只有在总体结构的框架下探讨乡村治理制度才有意义。乡村治理制度是乡村政治行为和习惯的制度化,着眼于一种机制和行为规范,但它也有相应的组织依托。以往的研究往往忽视了民间组织在乡村的存在和作用的发挥。就中国而言,国家产生后,对于底层民众的管理与控制一直是一个十分棘手而又关乎国家存亡的重大政治问题。然而,有趣的是,历朝历代又很少将乡村管理纳入正式的管理体系,除去通过举荐、征召、恩赐和参加科举考试等方式被吸入上层外,还有大批的乡村精英、领袖或权威人物少有可能入流,也绝少有机会进入官僚品级队伍。这种现象的存在一定程度上决定了王朝的兴衰更替和政治文明的发展。

关于乡村治理制度的性质,学界尚有不同的看法,有的认为是基层组织[①],有的认为是社会组织[②],有的认为是行政组织或行政单位,有的提出是乡官制和职役制,有的认为属于官僚制度的一部分,还有的认为是自治组织或带有民治色彩[③]。值得注意的是,赵秀玲在《中国乡里制度》一书中多次使用了这样的表述:"一般说来,乡里组织作为中国官僚行政机构的最底层……""中国官僚政治中还没有哪一种制度能像乡里制度这样与宗族家庭有着更为直接更为内在更为密切的关联。"[④]把乡里制度说成是官僚政治的

[①] 马新认为:"在两汉社会,虽然史籍与法律都以乡、里涵盖整个乡村社会,然而实际上除了政府法定的基层单位乡里之外,还存在着大小不一的自然村落,它们实际上是乡里之制的基础。"谈到两汉的"里"时,他进一步说:"里作为乡村基层组织,事务繁多……而具体负责组织管理者则是里吏。里吏已不属政府正式官吏,即不是朝廷命官,按《春秋公羊传》的说法是'比庶人在官之吏'。"见《两汉乡村社会史》,齐鲁书社1997年版,第201、209页。

[②] 如王育民认为"秦汉时期的乡、亭、里不属于政权组织,而属于县以下的基层社会组织",见《秦汉政治制度》,西北大学出版社1996年版,第83页。

[③] 赵秀玲认为"在大多数朝代,乡里组织不是一级行政政权,而是县以下的基层行政单位",见《中国乡里制度》,社会科学文献出版社1998年版,第1页。白钢先生认为"中国乡里制度大体以中唐为界分成前后两个发展阶段,第一阶段是乡官制,第二阶段为职役制",见《中国农民问题》,人民出版社1993年版,第131、134页。杨宽先生认为"最初村社中管理公务的领导,该是选举出来的。……秦汉时代的乡官……究其原始,该是由村社中选举出来的,后来才成为国君和贵族选派的",见《古史新探》,中华书局1965年版,第126页。

[④] 赵秀玲:《中国乡里制度》,社会科学文献出版社1998年版,第176、187页。

一部分,似乎隐含着认为乡里组织的从业者也是官僚的暗指。① 赵秀玲还指出:"以人类和人性的情怀审视中国古代的乡里制度,我们会感到它除了具有安民联民的作用外,其主要性质是愚民、束民、害民和异化人民的。"②这种观点就失之偏颇了。

首先,赵秀玲的观点有这样一个倾向,即认为乡里制度完全是源于一种人为的制度安排,这就忽略了乡村制度与天然秩序的关系。特别是在叙述乡里制度产生的时候,直接从黄帝设井田制开始,在承认了史料的传说性质后,重点叙述了西周的乡里制度,认为这就是设官分职,治理乡村社会的开始。这就明显地忽略了西周宗法分封制度与乡里社会的关系,特别是没有注意到聚族而居、采邑遍布和点状诸侯国分布的特点。这种对乡里制度源起的粗略研究,必然导致对乡里制度实质把握的不准确,因而也就很难准确地解释它的制度功能。故而,在这种倾向的引导下,其书中就认为:"要加强对乡里社会的控制,只设几个官吏要达到管辖和控制的目的,那几乎是不可能的。所以统治者把广大的乡里分成若干层次,而每一个层次都设有专人专职管理,从而达到'天网恢恢,疏而不漏'的效果。……乡里保甲组织设立的目的在于补官治之不足,充当官府的耳目等。"③显然,这是阶级分析法思维下得出的结论,似乎统治者和被统治者之间只有"统治"与"被统治"、"压迫"与"反抗"的关系,忽略了一种社会政治秩序、公共权力权威的出现也有其历史的必然性和合理性,是人类历史上必经的阶段。因此,存在了数千年的中国古代政治制度不宜被看作一种刻意与老百姓对立的制度,古代文明的辉煌和灿烂正是在这种政治制度之下被创造出来的。

其次,在赵秀玲著作的视野里,乡里制度与上层制度是对立的,她认为乡里制度本该是带有自治性质的。她认为"乡里百姓的参与"是中国古代乡里精神的一个重要特征。其理论依据是"中国官僚政治的最大弊端之一即是把乡里百姓排除在政治大门之外,而只让其被动地接受统治"。由此,她认为"让乡里百姓参与到乡里制度中来,这在中国政治制度史上具有特殊意义,也使乡里制度带有相当的民治色彩和自治性质"。但官僚政治的存在,使其成为权力金字塔的末梢而失去了自治性。有这样的理论期待和研究心

---

① 赵秀玲在《中国乡里制度》一书中曾特别提到州县官吏"奴役"乡里领袖的情况(见该书第200页),似乎更能说明乡里领袖是"民"而不是"官"。因为在正式体制中,"官"的任用罢免之权在"上",对僚属的参弹升降、罢黜起复都是由皇帝决定的,这从一个侧面说明了乡里制度的性质。
② 赵秀玲:《中国乡里制度》,社会科学文献出版社1998年版,第22页。
③ 赵秀玲:《中国乡里制度》,社会科学文献出版社1998年版,第306—307页。

态自然很难给历史上的乡村治理制度定位。她的这种态度或认识是贯穿于全书的,如"乡里组织就如同一个陀螺被无数鞭子无规则的抽打";"中国的乡里制度在清代以前是封建专制的,乡里制度是封建专制机器上的一个螺丝钉,这就决定了中国乡里制度的官治性质"。[①] 这个结论也有理论出发点的失误。乡村治理制度原本就源于自组织,是对基层民众的治理制度,如果没有治理对象,根本就谈不上什么参与。她仅站在"管"与"被管"的角度看问题,才得出所谓"自治""民治"的结论,有把乡里制度理想化的倾向。应该说,乡村治理制度的产生不完全是人为的制度安排,有其"自然形成"的属性,研究乡村治理制度就是要揭示这种属性,这样才能更好地认识它与上层制度的关系。这就是说,乡村社会是统治的基础,任何上层公共权力的产生必然源于基层社会,应当是先有基层后有上层,循着制度发生的自然脉络来研究才能真正揭示乡村治理制度的起源、性质和功能,而不能本末倒置。

  夏商周三代,虽然形成了统一的王权,但在其治下则是以家族、氏族为生存组织,程度不同地认同王权的松散形式。在这一时期,对社会大众的管理无须设置官吏或行政机构,而是以本家、本族的自组织秩序规则加以管理。但这里应该注意政治心理和习惯的养成,特别是西周宗法制的推行,大小宗族构成了塔式网络权力结构,不但包括姬姓,也包括同构的广大异姓宗族、家族和氏族,使血亲扩大而泛化,形成了后世的"政治道德秩序"。这一秩序的政治化便表现为人们对天子的认同和对公共权力的自觉服从,这一习惯蔓延到以后历代。先秦时期的所谓乡村是较难划分清楚的。三代以降,行政体制和政治制度逐渐丰满,然而,恐怕最基层的组织却更多地保持着原初的"自然状态"。所谓礼乐征伐的行为规范,不仅具有一般的道德约束力,也是制度的固定规范。尽管夏商周三代均有关于作刑的记载,但是,日常行为的约束却主要靠习惯法。逮至春秋,还有浓重的赋诗、赏乐、有辞、有言等文化行为的盛行,这充分说明人为的制度安排和明确的行政规范还不是约束乡村社会政治行为的主要依据。春秋战国时期,相对独立的诸侯国,方不过千里、百里,管理层次自然不会太细,因而被称作乡、里的组织就有地方组织的意味。但它们毕竟还不是直接临民,是否能与行政组织直接相比,还要看乡长、里宰是否食禄、食邑。在古人眼里,邑、里不分。《尔雅·释言》云:"里,邑也。"《周礼·地官·里宰》云:"里宰掌比其邑之众寡与六

---

① 以上分别见于赵秀玲:《中国乡里制度》,社会科学文献出版社 1998 年版,第 311、236、237 页。

畜兵器",郑注:"邑犹里也。"西周的邑、里、乡等地缘组织和宗族血缘组织是一种相互依存的关系,合二为一;邑、里的设置是以族为基础的,一邑可有一族也可有数族,里亦然,其户数也无定制,规模可大可小;邑人、里君即由宗族长担任,里是周制,商代的里君称为族尹。[①] 因此,中国历代的乡村治理制度都含纳着非正式的制度、组织和习惯的内容,并不是纯而又纯的行政组织或政权机构。正如费正清所说:"政府统治的活动可以区别为两类:一类是往下只到地方县一级官员的正规官僚机构的活动。另一类是由各地缙绅之家进行领导和施加影响的非正规的网状系统的活动。"[②]

综上所述,是否可以说先秦时期留下了一种传统、一种政治习惯和文化? 一方面,贵族政体在主体上瓦解了,但并不彻底;另一方面,象征宗法的礼仪习俗却依然在下层社会存在并发挥着重要作用,如祭祖、拜庙、扫墓、父家长制等。三代宗法制的特征,实际上是自组织扩大化的结果,在特定的历史时期发挥了巨大作用,同时留下了一份持久的政治遗产——政治血亲化、血亲社会化,并为后世王朝所沿袭。作为一种社会秩序维系的规范和原则,"亲亲"一直在乡村社会的政治生活中发挥着作用。因此,我们认为,所谓乡村治理制度,是指县以下(不包括县)的村社政治制度,带有半官半民的性质,是中央政权直接或间接地控制和管理乡村民众生活的主要媒介和机制。就我国古代的情况而言,乡村治理制度往往与当地的社区文化和血缘家族结构融为一体,成为上层中央官僚制度稳定的广泛基础。

[①] 田昌武、臧知非:《周秦社会结构研究》,西北大学出版社1998年版,第59—60页。
[②] 费正清主编:《剑桥中国晚清史》(上册),中国社会科学出版社1994年版,第25页。

第七章　乡村治理模式初起所蕴含的亲缘基因

中国古代政治遗产的总结成为学术界近年来关注的焦点。特别是改革开放以来，随着我国乡村自治制度的确立和发展，对古代乡村社会治理历史经验的总结成为学界讨论的热点，并成为解释中国社会转型、政治民主化道路、现代化模式选择等问题的重要理论视角。中国古代乡村治理制度源远流长、一以贯之，学界对它在各个历史时期的沿革、性质、作用及相关问题进行了细致的研究，虽然取得了很大的进展，但仍有许多问题没有形成学术共识。这种状况的出现固然与资料匮乏且搜集整理困难有着直接的关系，但更主要的是理论方法和理论认识工具方面的问题。一是理论认识工具的钝化或模式化，即主要依据成熟于西方并以西方历史经验为底蕴的政治学、历史学、考古学和人类文化学的基本理论作为认识工具。以西方的历史经验为标准，甚至为尺度，自然会出现与中国历史自身演进逻辑不相吻合的偏差。二是倒溯研究的心理和作法导致倒因为果的错位现象，意即为了解释中国社会近现代以来的状况（如中国社会为什么停滞？明清以来为什么落伍？为什么没有能自发地产生资本主义？为什么没有出现西式民主模式？等等），追溯历史原因是一个重要的研究角度，这就导致用"果"释"因"，因"果"而寻"因"，用近现代的标准去看待古代政治生活，从而使研究结论大打折扣。[①] 三是在研究方法上，侧重于把乡村治理制度作为一种制度安排来加以研究，对它的起源研究没有深入政治组织出现的源头，大多从有了"乡""里"等行政建制后作为研究的起点，也就是说从夏商周三代开始，尤以西周为源头。对乡村治理制度起源研究的粗疏化，就必然使研究后世乡村管理与控制失去了它之所以存在的历史依托，也很难解释乡村治理制度在数千年历史变革中的作用、性质和地位。基于这种情况，本章拟从一种政

---

① 例如，秦晖先生的《大共同体本位与中国社会》一文中阐述的观点就是一个典型，见《社会学研究》1999年第2、3、4期。

治习惯和政治心理形成的角度,结合考古学的最新成果和文献学、历史学的相关资料,对中国古代乡村治理制度的起源进行初步的探讨。

一、中国远古社会发展阶段划分研究上的理论困惑

揭示中国上古时代社会组织形态的演变,于中国史研究自然是一个至关重要的问题。它不但涉关中国古代国家的起源,也关乎影响后世的许多社会制度和政治制度的产生。就实际的情况看,由于历史的久远和文字记载的阙如,对上古时代,特别是夏商及其以前的历史状况依然有隔着晨雾看日出之憾,很难理出一个清晰的脉络。自人类文化学兴起,一个用现存原始民族状态去推衍文明民族原始状态的方法悄然兴起,对整个历史学界产生了长达一个半世纪的冲击,至今仍持续不断。在这种"现代原始事实材料"的基础上,关于人类远古社会便生出了许许多多的理论,试图用理论推衍去弥补原始材料的不足。外国的且不去说它,就中国古史研究来看,20世纪以降,由于马克思主义的应用和西方人类学著作的传入,中国古史界掀起了一股探索远古历史的热潮,这在中国社会性质论战、社会历史分期论战及一系列探讨远古史的学术论战中表现得淋漓尽致。此后,在远古史研究中出现频率很高的理论术语,如氏族社会、母系氏族社会、父系氏族社会、军事首领制、对偶婚、班辈婚、一夫一妻制、农村公社、普那路亚式家庭等,无不出自西方人类文化学。当转用至中国古史研究时却出现了硬套概念所带来的模式化和教条化的倾向,从而使中国远古史研究逐渐失去了自己的特色,在一定程度上使相关学术和理论研究陷入了简单套用、盲目比附的危机。对于同样的史料,倘若我们转变思想、转换视角,或许能得出全新的结论。我们试以原始社会阶段划分为例,揭示古史研究中存在的理论危机。

至今为止,原始社会是人类了解自身历史最为模糊的一段。随着考古资料的丰富,建立起"物化"的原始社会体系已经成为可能。然而就当时的整个社会生活而言依然是模糊不清的,只能借助于人类文化学提供的资料和理论来加以推断。关于原始社会发展阶段的划分,影响最大的自然是马克思、恩格斯的研究。我们现在已形成了有关原始群、母系氏族社会、父系氏族公社、军事首领制、国家产生这样的发展脉络和理论观念,这也是常常被用来描述中国原始社会史的理论框架和线索,体现在通史、专门史及神话、艺术、宗教等有关原始社会研究的成果之中。然而,就历史文献和考古材料给我们提供的信息而言,能建立起如此继替的阶段模式吗?考古发现和文献记载、神话传说真的能够一一对应吗?看来答案并不是确定的。依据考古发现,从年代上我们可以确立这样的时间表。在我国广阔的国土上,

迄今发现的最早猿人是距今 170 万年的元谋猿人；随后是距今 115 万—80 万年的蓝田人和距今 50 万—40 万年的北京人；在 4 万—5 万年前出现了山顶洞人。从距今 1 万年到 5 000 年左右，发现了大量新旧石器时期的遗址，原始人类已经分布到我国境内主要的江河两岸。传说中的黄帝时期，在 5 000 多年前，到约公元前 2070 年大禹建国，我国进入国家时代。怎样划分这些时间刻度下的社会发展阶段必须在理论上有清晰的判断。下面我们以王宇信、杨升南的《中国政治制度通史》（第 2 卷）的《先秦》为例，来说明对我国原始社会认识的混乱和模糊性。

首先，该书关于 200 万年至二三十万年前的原始群居生活的论述。除了发现的实物资料外，所有描述的资料和理论根据均来自恩格斯的《家庭、私有制和国家的起源》一书。例如，谈到"北京人生活时期"，未列举任何实证的材料分析就断然地说："'血缘家庭'就逐步取代了杂乱性交关系的'血亲婚配'。"这样说的根据是什么呢？自然是恩格斯关于"家庭的第一个阶段"的长篇论述，其能否与考古资料相吻合不得而知。其实，考古资料不可能显示出如此丰富的内容，以至于从出土的几件石质工具、人类遗骨化石及其他一些零星的遗迹、遗物就能推断出如此准确的生活图景。所以接下来的长达两页的过渡性语言完全采撷恩格斯的说法，即关于排斥兄弟姐妹之间性关系的族外婚的产生，以及普那路亚家庭的出现、氏族制度的产生。这个对应于历史时空中非常漫长的时段由恩格斯的论述填充了，未见有任何实际能说明状况的资料。显然，不能为而强为之，很难令人信服。我们并不仅仅是要追求所谓逻辑的自洽性和理论的完美性，更重要的是要遵循科学精神，研究方法的不科学必然带来历史认知的偏差。

其次，该书断然认定"早在公元前四至五万年（原文如此）左右，即在山顶洞人时期，我国进入了母系氏族社会"。① 这种观点依然没有任何的证明和论述，接着一下就转而运用距今 8 000—7 000 多年的磁山、裴李岗文化，即新石器早期遗址的发现，大谈农业的产生。这使人很难确信母系氏族开始的年代。特别是书中又说："在我国新石器时代的早期，无论北方还是南方的母系氏族公社，都逐步以农业为社会重要生产部门了。"显然，作者在确定何时进入母系社会时也是难下定论的，把时间拉得如此之长，由四五万年至 1 万余年，很难让人捕捉到母系氏族社会确定的开始年份。值得注意的是这里还有一句话："古史传说中的'神农氏'时代，正是农作栽培发明、农业生产发展的时期。这一时期母系氏族公社得到了发展，处于她的繁荣阶

---

① 王宇信、杨升南：《中国政治制度通史》（第 2 卷），《先秦》，人民出版社 1996 年版，第 3—6 页。

段。而我国考古学者发现的许多仰韶文化遗址,反映了母系氏族社会繁荣的社会面貌。"请记住这一观点,对探讨后面的阶段论很关键。

再次,该书说"公元前3500多年,我国黄河流域下游的大汶口文化中期以后……私有制产生了"。这可以由考古资料来证明,然而由此导出男子社会地位的提高"已成为生产领域的主人,父权制就确立了"的结论则未免有些勉强。通过对野店遗址的详尽分析,作者说:"在5 000多年左右,即传说中的黄帝时期以后,我国父系氏族社会终于确立,并发展到原始社会的最后阶段——军事民主制时期。"这样,我国的母系氏族社会从四五万年到5 000多年前,经历了数万年的漫长历程。然而有一个现象值得注意,就目前发掘的母系氏族文化遗址看,大都集中在前10000—前5000年之间,为什么会有几万年的空白?该书在论证黄帝时期生产力的提高时,主要运用的是龙山文化的资料,说明作者是将大汶口文化对应于父系氏族公社时期,至于何时进入军事民主制时期则语焉不详。从后面论述到的黄炎与蚩尤之间的大战看,似乎一进入父系氏族社会同时也就进入了军事民主制阶段,这恐怕显得有些"仓促"吧?按该书的描述,这时出现了几个较大的部族集团,如炎黄为首的华夏集团,太昊、少昊、蚩尤等为首的东夷集团,以及苗蛮集团,然后就是他们之间的大战,真有"军事民主时期"的气象。故而,作者说:"从黄帝时期以后,原始社会已进入它的最高阶段——军事民主时期。"①

至此,原始社会的几个发展阶段在中国原始史中就有了它的时间表,也依次被塞到了原始群—母系氏族公社—父系氏族公社—军事民主制的框架之中,似乎"理论"根据和考古资料颇为印合,"充分"地说明了这一阶段演进的合理性。要说明的是,该书只是一个代表,它所反映的观念是共同的,分别体现在诸多关于中国原始社会的研究成果之中。细心的读者已经发现,上述发展阶段很难完整地串联起来,有许多断裂或重合之处。比如,如何将考古资料与黄炎传说联系起来?要知道,至今还不能确定任何一处遗址就是炎黄遗迹。这还在其次,关键是按照这种阶段划分,我国的原始社会史显得很不平衡,试举例来分析一下。众所周知,仰韶文化是母系氏族繁荣的典型,碳14测定,其遗址距今6 000—5 000年,与传说中的黄帝时期在时间上是重合的。那么如此说来,黄帝算是一个过渡人物。就夏商周三代世系和年表的推断,一般认为公元前21世纪夏朝立国,也就是距今4 000余年。假如我们认定黄帝时期进入父系氏族社会,那么我国的父系氏族社会

---

① 以上见王宇信、杨升南:《中国政治制度通史》(第2卷),《先秦》,人民出版社1996年版,第7、27、31、41页。

仅仅存在了约1 000年,而且是一进入父系氏族社会就发展到了军事民主制阶段,这不是显得很紧迫吗？早在20世纪80年代初的第二届先秦史学会年会上就有学者提出"黄帝是女的"这一命题,并进行了翔实的论证①,但似乎未能引起学界的足够重视。实际上是学界不愿接受这个结论,假如说黄帝是女性,那么黄帝时代岂不还处在母系氏族社会阶段,这不大大地延迟了中华文明孕生的时间了吗？这种担心之所以出现,就是死守着阶段演进的框架不放的结果。如果不这么理解,那么在帝系和阶段问题上只能忍受混乱了。我们且看《中国政治制度通史》中的一处混乱。关于黄帝部落的性别及历史脉络,该书有这样三段论述：首先是提出"在5 000多年前左右,即传说中的黄帝时期以后,我国父系氏族社会终于确立,并发展到原始社会的最后阶段——军事民主制时期"。其次则叙述了黄帝至禹时期部族集团之间的战争,并分析战争逐渐摧毁了氏族制度的血缘纽带,逐步形成了跨地域、超血缘关系的华夏部落联盟。最后论证的是鲧时期即为母系氏族时期,并引《史记·殷本纪》为证。

> 《殷本纪》"殷契,母曰简狄,为帝喾次妃。三人行浴,见玄鸟堕其卵,简狄取吞之,因孕生契"。《周本纪》"周后稷名弃。其母邰氏女,曰姜原。姜原为帝喾元妃。姜原出野,见巨人迹……践之而身动如孕者"。……因而,契、稷是殷周两族实现了由母系社会向父系氏族转变的关键人物。而契、稷与禹同时服事过舜,并共同参与了治水之事。②

这三段论述明显存在着时代划分的混乱。让我们先看史书上有关世系的记载。

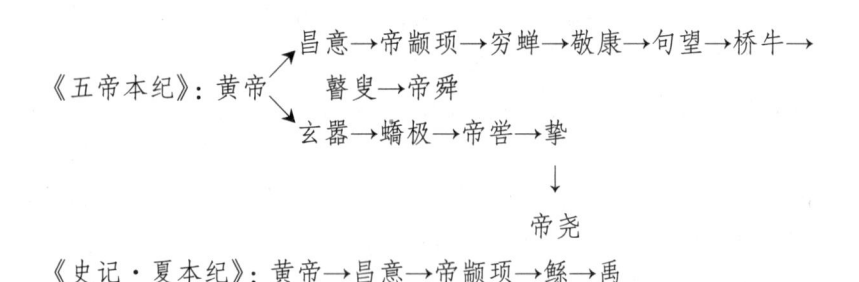

《五帝本纪》：黄帝 → 昌意→帝颛顼→穷蝉→敬康→句望→桥牛→
　　　　　　　　　　 瞽叟→帝舜
　　　　　　　　　　 玄嚣→蟜极→帝喾→挚
　　　　　　　　　　　　　　　　　↓
　　　　　　　　　　　　　　　　帝尧

《史记·夏本纪》：黄帝→昌意→帝颛顼→鲧→禹

---

① 郑慧生：《我国母系氏族社会与传说时代——黄帝等人为女人辨》,《河南大学学报(哲学社会科学版)》1986年第4期。
② 王宇信、杨升南：《中国政治制度通史》(第2卷),《先秦》,人民出版社1996年版,第31、73、96—99页。

对照这两处世系记载,《中国政治制度通史》所说契、稷与禹均为同时代的人,而他们共同服侍的舜却要晚出于他们四世,很难与五帝继替之序相吻合。这且不论,至少鲧离黄帝时代还隔着两代,那么,如果说鲧时期的夏族尚处于母系氏族时期,怎么能说黄帝时期以后父系氏族社会就确立了呢?构成炎黄部落的重要氏族或部落,如夏族、商族、周族等,也才在黄帝的重孙帝喾之后才告别母系氏族时期,何谓黄帝时期就已经是军事民主制了呢?显然,黄帝部落的性质还有待于进一步定性。问题的关键在于不必剪裁史实,硬要塞进一个既定的框架,否则就会出现这种首尾不顾的情形。

历史面貌的清晰程度受制于时间的长短和遗物的多寡,不必强求十分清楚。然而如何对待已有的史料,理论出发点却是关键。假如我们不必恪守非得父系时产生私有制,而母系时就不行;非得从父系到军事民主制再到国家,母系就不能直接产生国家等观念,还史实以本来面目,混乱便可迎刃而解。至于大量关于氏族结构、文化、生产乃至精神活动的推测,更要慎之又慎,完全依赖于理论成说,未必能真实反映历史的本来面貌。有学者指出,在西方人类学界,19世纪后期至20世纪初期,学者们信仰一种"进化论"的学说,他们把一切"非西方"的文明看成"西方"(欧美)的过去,是文明的"古代"。到20世纪20年代以来,随着功能主义、结构主义等历史社会科学理论的成长,人类学家们对这种"古代"式的人类学提出了批判,转而把"非西方"看成与西方同时并存的不同文化,反对从历时的观点把这种文化看成过去。[1] 尽管这种转变明显强化了西方与非西方的二元对立的观点,甚至导致一种非西方文化异己化的趋向,并形成了西方—非西方、文明—野蛮、现在—过去、进步—落后的逻辑。然而,值得注意的是他们已改变了用现代存活的野蛮民族的解构去构建文明民族古代面貌的企图,并能够谨慎地对待这些当代的各大洲的落后民族。这种态度的改变有利于我们认真对待马克思、恩格斯在19世纪中后期主要依据达尔文的进化论、摩尔根关于印第安部落的考察,以及当时他们所能看到的人类学家关于野蛮人的资料汇集和研究著作所得出的有关原始社会演进阶段的划分及其具体描述的结论,可以用新中国丰富的考古成果来探究远古社会的真相。

二、新石器时代远古聚落分布的基本情况

根据我国的考古发现,早在距今240万—200万年间的安徽繁昌人字洞

---

[1] 参见王铭铭:《村落视野中的文化与权力》,生活·读书·新知三联书店1997年版,第331—338页。

就有了人类居住的遗迹,这一时期的人被称为"洞穴人"。1.5万年前就有了人工栽培水稻,这表明早期农业已经产生,虽然出现了村落型聚居,但还不足以支撑人们长期稳定居住。考古学者随后在北京门头沟东胡林遗址、河北徐水南庄头遗址相继发现了距今1万年左右的与村落生活有关的用火遗迹,表明这时已经建造起了较为稳定的人工居所。有学者总结说:

> 在8000年前左右的新石器时代中期,我国南北方地区都已有了较多村落的出现,考古学家们发现的磁山文化(河北)、裴李岗文化(河南)、大地湾文化(甘肃)、后李文化(山东)、兴隆洼文化(内蒙古)、彭头山文化(湖南)、上山文化(浙江)、顺山集文化(江苏)等几乎都发现了村落遗址。①

聚落的出现表明原始先民从洞穴走出来,开始了定居生活。学术界一般认为,中华文明起源于距今6000年左右的仰韶时代晚期,"最为突出的变化是聚落的等级化日益鲜明,不同规格的聚落构成金字塔形的聚落群。最为引人注目的是位于塔尖上的超大规模的中心聚落的出现"。由此以降至夏商时期,"人们以血缘关系为纽带,生前聚族而居,死后聚族而葬"。因此,"聚落形态尤如(原文如此)一面镜子,从一个侧面反映出当时的社会组织与结构"。② 由此也形成了悠久的组织行为和秩序认同的心理习俗,对后世产生着持久而深远的影响。

仰韶文化在我国中部的分布最广,东到豫东、西至青海东部、南到汉水中上游、北达内蒙古中南部一带。依据考古发现,学者们逐步揭示了仰韶文化和中原龙山文化聚落群分布的大致情况,集中展示了文明发生之初聚落的繁盛。

① 河南仰韶文化聚落群。有学者提出:"黄帝时代的年代框架界定在距今6000年前后至距今5000年前后,基本上与仰韶文化中晚期相对应。"通过统计,"河南仰韶文化聚落群共37群,633处遗址"。研究者把包括10处遗址的群称为"小群",20处的称为"中群",21处以上者则为"大群"。这样一来,这633处遗址中"小聚落群共13群,中等聚落群共9群,大聚落群共15群"。遗址分布在两条线路上,呈现出丁字形并在郑州交会,"一条是豫北至豫西南,包括安阳、焦作、郑州、平顶山和南阳市","另一条线路是沿黄河南岸的郑州、洛阳、三门峡市",并且"在这一条线上,聚落最多,特级聚

---

① 田野:《村落的起源》,《大众考古》2014年第1期。
② 王巍:《聚落形态研究与文明探源》,《郑州大学学报(哲学社会科学版)》2003年第6期。

落也最多"。① 这样的分布状态一方面说明黄河及其支流沿岸台地是先民宜于生存的首选之地,另一方面也似乎显示出处群落和遗址之间存在着等级差异,或者说存在管理与被管理的情形。

② 陕西仰韶文化聚落群。据学者研究,陕西共发现仰韶文化遗址2 040余处,距今约7 000—5 000年,延续了2 000余年。研究发现陕西仰韶文化遗址"主要分布于渭河及其主要支流泾河、洛河流域,以及汉江上游、丹江上游等地区。渭河流域的关中地区和洛河中游一带分布十分密集,是仰韶文化的中心地区"。② 这表明河流附近密集定居必定与早期农业出现有着密切的关系。

③ 天水到郑州间仰韶文化晚期(约公元前5500—前5000年)聚落。甘肃天水到河南郑州之间"共涉及仰韶文化遗址2 480处",属于晚期的"聚落遗址共1 466处,其中属于关中、豫西、晋南西王村类型的978处,属陇东地区石岭下类型的234处,属于洛阳至郑州间秦王寨类型的254处"。根据聚落遗址数量,学者判断"关中、豫西、晋南是仰韶文化晚期的中心地区,陇东和洛郑之间乃是次中心地区"。研究者"按照史前人类近水而居、沿河建村的实际情况进行分群的原则,划分出12个聚落群","共分出特大型聚落41处,大型聚落37处,中型聚落178处,小型聚落1 210处"。据此学者推断:"假如小型聚落是一个氏族的聚居地,那么,中型聚落可能是一个胞族或部落的聚居地,大型聚落可能是一个部落的聚居地,特大型聚落可能是部落联盟的驻地。"这表明当时居民的社会组织结构存在不同的级别。学者根据中心聚落(如大地湾)大型房址的布局和建筑特点推断:

> 这里可能是一个联邦(或酋邦)首领召集各部落联盟首领举行议事、会盟的大会堂或神庙。联邦(或酋邦)首领是整个联邦政权、军权、财权和宗教权的掌握者,是天水至郑州间仰韶文化(晚期)全体居民利益的代表。③

④ 中原龙山文化聚落。龙山文化距今约5 000—4 000年,其社会发展最重要的特点"就是夯筑或石砌城址普遍存在。种种文化特征,恰与五帝时代普遍筑城建国的现象相吻合"。研究者认为:

---

① 许顺湛:《河南仰韶文化聚落群研究》,《中原文物》2001年第5期。
② 许顺湛:《陕西仰韶文化聚落群的启示》,《中原文物》2002年第4期。
③ 巩文:《天水至郑州间仰韶文化晚期聚落群与中心聚落的初步考察》,《中原文物》2003年第4期。

在夏商周文明发祥的中原地区，诸多龙山城址已具早期城市性质，并形成了以城址为中心、明显具有不稳定性和对抗性特点的扇形聚落群布局结构。其中聚落群同盟组织的存在可能是扇形聚落群成立的社会基础，而导致扇形聚落群及其同盟组织发生的原因则应是中原地区居民所面临的巨大生存压力。①

这为说明更大区域内公共权力的产生提供了有力的佐证，也就是说居住在特定区域的原始先民在"巨大生存压力"下通过既有自然组织形态走向了更大规模、更复杂层级的组织联合状态。这时的社会控制显然依靠的是"神灵崇拜"和"血缘纽带"，这种传统一直保存并流传于整个文明发展的全过程。

⑤ 陶寺文化聚落。陶寺聚落已经初步显示出"城乡"的差别。距今4 300—3 900 年的陶寺文化分布在临汾盆地，在1 750 平方千米的范围内有54 个规模大小不等的陶寺文化聚落遗址②，发现有宏大的城址、凸显地位的宫殿区、等级分化明显的墓地、专有祭祀区及特大型的建筑等。研究发现：

> 陶寺文化城址内部已经基本上有了严格的功能区划，有了居住区、手工业作坊区、宗教祭祀活动区、墓葬区等，甚至居住区又细分为上层贵族居住区、下层贵族居住区和一般平民居住区，有了明显的等级分化。

特别是聚落分布的"等级和差别明显"，"应是社会组织和结构进一步分化和复杂化的反映，或许强制性的权力机构已经出现"。由此，研究者判断陶寺文化已经"进入了属于早期国家形态的邦国阶段"，不过"对社会的统治是较弱的、不太稳固的"，控制的地域还"不是很广阔，是限定在自然地理格局形成的一定区域范围之内"，"还没有出现跨地域的更广大区域内的较为统一的中央集权统治"。③ 这表明此时已经出现了城乡的区别，区域统治中心有了城池护卫，城外在一定区域内则分布着各种等级的聚落，可以将其看作最早的"乡村"。

---

① 钱耀鹏：《中原龙山城址的聚落考古学研究》，《中原文物》2001 年第 1 期。
② 何驽：《2010 年陶寺遗址群聚落形态考古实践与理论收获》，《中国社会科学院古代文明研究中心通讯》2011 年第 21 期。
③ 高江涛：《陶寺遗址聚落形态的初步考察》，《中原文物》2007 年第 3 期。王震中先生认为，陶寺"这样的都邑邦国在国家的起源阶段就并非少数，例如在黄河、长江流域目前发现史前城址有六七十座，排除其中一些尚属于中心聚落形态之外，有相当多的也是早期国家的都城，从而构成了邦国林立的格局"，见《陶寺与尧都：中国早期国家的典型》，《南方文物》2015 年第 3 期。

三、新石器时代远古聚落结构及功能分析

讨论乡村治理制度起源不仅要着眼于制度安排和行政意味的组织机构的出现,更重要的是从组织结构、权威认同及由此源头而孕育的政治心理、政治信仰和政治习惯入手。从远古政治文明演进的过程看,曾经出现过古城、古国、酋邦、族邦、邦国、方国、王国、帝国等超越氏族、部落等以血缘关系为纽带的各种类型的社会公共权力形态。但是,由于中国文明发展的连续性和持久性,远古时代形成的某些政治文化因素并没有随着时间的流逝而湮灭,而是时隐时现,在不同的历史时期仍有其不同的表现形式和独特的作用。因此,必须探索公共权力产生时的模式和特征,这是解析古代乡村治理制度的必然起点。

聚落的出现与原始农业的发明和推广是同步的。因为农业生产是一个复杂的系统,至少包括以下几个因素。首先,通过观察野生植物的生长规律,获得可食性和耐储藏特性的认识,对土壤的肥力、气候以及季节变化对作物生长的影响要有初步的感知。其次,栽培农作物还要制造相应的农具,如翻挖、种植、收割、加工等工具。再次,谷类食物的食用还必须用器皿蒸煮,一方面要有陶制器皿的发明与制造,另一方面就是用火方式的改进。最后,谷类的生长期起码以年为周期单位,不可能是短期行为,必须有一定的计划。这就决定了从事农业生产不能是单个人或小群人的活动,而必须是较大的群体,固定居住在相应的地点,这样原始村落就产生了。[①] 上述研究显示,进入新石器时代中期,氏族聚落是按照某种规划来建筑的,布局规整、规模较大且内部房屋设置也能显示出氏族内部出现了分层。此外,在较大的区域还出现了密集的聚落群,并呈现出分级的趋势,在区域的中心地带出现了高于一般聚落的中心聚落,其标志是特大型殿堂或建筑的出现。应当说,农业革命以来的聚落、城堡和大型聚落群的出现与特点,曾经依次扮演了推进中华文明结构演进与形成的重要力量。

聚落遗址的布局为我们分析新石器时代人类的社会结构、社会组织及相应的政治观念提供了某些参照,由此可以推演出某些在那时就已产生的权力运行模式和政治认同习惯。考古发现表明,比较完整的聚落遗址发掘首推新石器时代中期的兴隆洼聚落,这里共发现房址169座以上,"其早期聚落经周密规划,在周长约570米的近圆形环壕内,面积约2.4万平方米,平

[①] 参见严文明:《长江流域在中国文明起源和早期发展中的作用》,收录于《严文明自选集》,首都师范大学出版社2017年版。

行排列8排房址,每排10座左右,中部有两座大房子"。① 学者们认为这里至少居住了两个氏族,统一规划显示了某种公共权力的存在,而大小相同的房址又表明聚落内部尚没有等级划分,聚落的秩序显然是靠自然等级的力量来维系的。再如:

> 新石器晚期的姜寨聚落是布局最完整清晰的一处,它由居住区、窑场和墓地三大部分组成。居住区面积约1.9万平方米,有壕沟和小河相环绕,共120座房子,分为5组呈环形分布,每组群由大、中、小型房子搭配组成,门向都朝向中央广场。村西有窑场,沟外东部、东南部设有公共墓地。这处聚落由若干家族组成5个氏族公社,聚居一起又形成更高一级的社会组织。②

这一时期的聚落有一个共同特点就是规划整齐,具有中心建筑或广场,表现出超越氏族的公共权力中心的存在。如半坡遗址的40座房子朝向中心广场;下王岗遗址出现了总长为79米的横贯聚落中部的主体建筑;大地湾遗址发现的F405和F901基址表明原有的建筑非常宏大,其内出土的四足大陶鼎、大石匕也十分罕见。这种建筑形式的出现只能表明更高级的公共权力形式已经存在。

新石器时代末期开始出现城址和二三级部落共存的现象,说明公共权力已经产生,社会组织的范围在不断扩大。目前,在典型龙山文化、河南龙山文化、石家河文化、成都地区、河套地区,共发现约近50座城址,成为这一时期聚落发展的高级形态,城乡居住差别开始出现。值得注意的是,城址以外的聚落仍延续着早先的习惯和特点,如属河南龙山文化的汤阴白营聚落,有40多座圆形白灰色小房子较整齐地成片集中分布,门向大都朝南。城子崖城址外围分布着龙山文化遗址40余处,大体上存在两个等级的普通部落。而石家河城址内外8平方千米范围内还分布着30余处遗址,显示出城址统治中心的地位和作用。江南的良渚文化更为典型,辐射区域达四五十平方千米,共有50余处聚落遗址,强烈地显示出大范围公共权力的存在。跨越壕沟、围墙而出现开放式聚落的现象表明:一是生存安全有了超越氏族或群团之上的力量来维护,二是表明出现了更大范围的社会联合和社会组织。因此,尽管聚落显示的内部结构未发生较大变化,但外部联系却在加

---

① 任式楠、吴耀利:《中国新石器时代考古学五十年》,《考古》1999年第9期。
② 任式楠、吴耀利:《中国新石器时代考古学五十年》,《考古》1999年第9期。

强,这就意味着邦国文明社会于先进地区诞生了。苏秉琦先生根据红山文化的祭坛和女神庙遗址的形态,认为"我国早在五千年前,已经产生了植基(原文如此)于公社、又凌驾于公社之上的高一级的社会组织形式",他把这种"高于氏族部落的、稳定的、独立的政治实体"称为"古国"。①

太湖流域的良渚文化遗存是引起考古学界对中国早期政治组织问题产生一些新的考虑的另一宗重要考古发现。其中具有代表性的遗址有浙江余杭反山墓地、瑶山祭坛遗址、上海青浦福泉山墓地等。考古学家认为这些遗址表明这时的良渚社会已相当分化,出现了"一批凌驾于部族一般成员之上的特殊阶层或集团成员",他们不但拥有巨大的财富,而且拥有"权力"。特别是从随葬品中可以看出,"墓主人生前的部属为表示对墓主的臣服而敬献贡奉品"②的情况已出现了。这些说法暗示着一种复杂的等级社会权力结构的存在。尤其值得注意的是,良渚文化还比较明显地反映出已经形成了保持和维护社会秩序的"礼"的观念和制度,形成了重要的政治心理传统和习俗。"礼治"和"礼制"是中华文明传承数千年不绝的独有文化现象,为历代政治家、思想家所推崇。如《左传》载:"礼,国之干也";"礼以体政,政以正民,是以政成而民听,易则生乱"③;孔子一生力倡"礼治",主张"为国以礼"④;清儒阮元曾经指出:"古今所以治天下者,礼也。"⑤从各地田野考古资料看,构成夏商周三代以来中华礼乐文明之主体的礼或礼制,在红山文化、良渚文化等新石器时代文化中已经萌生,如红山文化大型祭坛、女神庙和陵墓三位一体的格局,就是礼制存在的表征。在长江下游三角洲地区距今5 300年的良渚文化中,礼制更已趋于系统化、规范化和制度化。礼制在良渚文化社会中存在,主要体现在以下几个方面。第一,良渚文化的聚落形态及其规模,投射出当时的社会已经确立了一个等级分明的"金字塔"形社会分层系统,处于最高层的是浙江余杭莫角山的大型宫殿式建筑基址。据严文明等考古学家推断,该遗址为良渚文化时期的一座台城,是当时整个良渚文化社会的政治中心、宗教中心、经济中心和军事中心之所在。遗址和聚落的规模仅次于莫角山中心遗址的有上海福泉山遗址、江苏赵陵山遗址、寺墩遗址等;再次一级的聚落,如浙江省余杭市良渚镇的荀山、吴家埠等遗址;而良渚遗址群中的茅庵前、棋盘纹等一系列小型遗址,则无疑是良渚文化社

---

① 苏秉琦:《辽西古文化·古城·古国》,《文物》1986年第8期。
② 王明达:《反山良渚文化墓地初记》,《文物》1989年第12期。
③ 《左传》的《僖公十一年》和《桓公二年》。
④ 《论语·先进》。
⑤ [清]阮元:《研经室续集》(卷三)。

会最底层的聚落遗址。良渚文化聚落形态及其规模的多层次、级差式分化现象,表明当时的社会已经确立了一个多等级的社会分层系统,这些正是礼和礼制在良渚文化时代存在的现实基础。第二,良渚文化的墓葬出现了等级化现象。根据田野考古发掘报告,有大型墓、中型墓、次中型墓和小型墓。各种类型的墓葬之间,无论是墓地规模、墓葬形制,还是随葬品的种类和质量,均存在界限分明、悬殊极大的差异。各类墓葬中表征墓主人生前身份和社会地位的礼乐用器的悬殊多寡,明白地投射出当时的社会是一个等级森严的社会,社会各个阶层的成员尊卑有序、贵贱有等,这是礼和礼制存在的又一个有力证明。第三,良渚文化的许多祭坛具有形制上的一致性。如浙江省余杭市瑶山祭坛遗址、汇观山祭坛遗址,以及江苏省昆山县赵陵山、武进县寺墩等良渚文化遗址中发现的祭坛,其形制均有一致处,即平面呈方形,南北向,用泥土堆筑而成。其中瑶山祭坛、汇观山祭坛,都建在高均30余米的小山上,祭坛平面呈方形,里外三重结构,用三种颜色的泥土精心堆筑而成,祭坛整体又存在上、下两级的形式。良渚文化分布区内祭坛形制的一致性,表明礼和礼制在当时的社会里已经趋于规范化和制度化。第四,良渚文化玉器的内涵也有高度的一致性。如玉钺、玉琮、玉璧、玉璜、玉冠形器、玉三叉形器等,其形制、文化宗教内涵和社会功能,在横跨浙江、江苏和上海两省一市的大范围的良渚文化分布区里,显示出惊人的一致性。关于这些玉器的用途或社会功能,学者们一般认为:玉钺为象征军事统帅权的权杖;玉琮为贯通天地的礼器,是巫术与王权结合的最早的象征;玉璧为墓主人生前所拥有的财富的象征;玉三叉形器是良渚社会集行政、军事和宗教大权于一身的统治者顶戴的皇冠。这些制作精美的玉器是用来表示贵族身份和社会地位的礼仪用器,在使用中有严格的规定,不同等级之间不得逾越。将这一现象与聚落形态、墓地规模和祭坛形制的多层次、级差式现象结合在一起考察审视,表明礼和礼制在良渚文化社会中,已经趋于系统化、规范化和制度化,已经成为兼具政治、军事、宗教和文化等多重社会功能的维系社会正常运转的礼仪体系。[①]

良渚文化的古礼体系被后来的夏商周三代王朝全面继承下来,成为古代中华文明最具特色的内容。夏商周三代从良渚文化继承的古礼,既包括礼的文化精神、礼制的社会功能,即不同等级的贵族阶层占有的宫室、器皿、衣饰之具体规定中所体现的亲疏尊卑的等差原则,也包括一些具体的礼器,如象征王权的军事统帅权的玉钺、祭祀天地的玉琮、玉璧、玉圭、玉璜等;甚

[①] 参见刘斌:《神巫的世界:良渚文化综论》,浙江摄影出版社2007年版。

至连玉琮上代表良渚文化神灵信仰系统的神人兽面纹,都被夏商周王朝继续沿用,成为三代礼乐文明的重要标识。礼仪活动中的行为规范有着重要的社会作用,所谓"登降揖让,贵贱有等,亲疏之体,谓之礼"①。正是在进退揖让、迎迓拜接中,人们才强化了归属于某一社会共同体的意识,并明确了在共同体中的地位和名分以及与之相应的行为规范,由此构建起了特定的社会关系。所以,孔子说的"立于礼"②就是指学礼是人立身的根本,《礼记·冠义》也说:"凡人之所以为人者,礼仪也。礼仪之始,在于正容体,齐颜色,顺辞令……而后礼仪备,以正君臣,亲公子,和长幼。"这样一来,尊礼才能构建起必要的社会秩序。同时,古人还认识到乐舞能够引起人们心灵的共鸣,是拉近情感、和谐共处的重要手段。所以,《礼记·乐记》说:"乐在宗庙之中,君臣上下同听之,则莫不和敬;在族长乡里之中,长幼同听之,则莫不和顺;在闺门之中,父子兄弟同听之,则莫不和亲。故乐者,所以合和父子君臣,附亲万民也。"这些认识恐怕都与史前文化遗存流传的精神文化有一定的关系。北方的红山文化也含纳着以礼神为特征的等级彩色,据学者研究,"红山文化的'女神庙'不是建造在居民生活区内或附近,因此不是同任何一个居民聚居点有特殊关系,这表明它可能是为一个较大区域内的不同聚居点的居民共同服务的,这意味着当时公共生活的规模可能已超出了单个部落的范围"③。女神庙出土的泥塑群像显示了其社会秩序中的复杂因素,"这些形象有的可能象征当时社会上的权势者,有的或许是受到崇敬的祖先。根据群像之间大小和体态的差别判断,似已形成有中心、有层次的'神统'"④。

政治作为一种治理和改造人类社会自身的活动,当然要源于人类社会与自然和自身斗争的实践。在迄今为止的历史中,我们看到人类是以"群"的方式生存与绵延的。远在阶级和私有制出现之前,人们就以原始群、群队、氏族等自组织应对着自然的压力和挑战,这时的人类更像是自然的一部分。上述姜寨、良渚文化遗址构成表明,区域统一公共权力出现时,其基层社会仍以氏族为单位,这种状况一直延续到春秋战国时期,其变化了的形式一直存在于古代的乡村社会,直至近代。这一事实说明,在乡村社会,人们对公共权力的认同是基于它是血缘等级权力的扩大,权力的权威基础主要

---

① 《管子·心术上》。
② 《论语·泰伯》。
③ 谢维扬:《中国早期国家》,浙江人民出版社1996年版,第298页。
④ 辽宁省文物考古研究所:《辽宁牛河梁红山文化"女神庙"与积石冢群发掘简报》,《文物》1986年第8期。

由血缘秩序的位置、个人的能力、年龄资历等因素构成。只有当人类社会产生了相对于大众的"公共权力",产生了高于自然组织的人为组织,或是超越了最小的自组织单元之上的更广泛的"公共政治组织"之后,才谈得上出现对最底层的社会大众进行控制和管理的乡村治理制度。因此,这里的乡村治理不仅指的是对从事农业及其相关事业的大众的管理,而且指的是在农耕文明背景中出现的最为基层的社会政治组织及其行为规范和政治意识。

四、国家产生——中华先民迈入文明门槛

美国学者罗伯特·L.卡内罗把国际学术界关于国家起源的理论观点进行归纳整理,认为主要有自发论、自动论、水源论、强制论、环境限制论、政治演化论、资源集中论、社会限制论等诸种观点,充分说明散居于世界各地的古老民族在走向文明、进入国家形态时呈现出了五彩缤纷的状态,不存在统一的、绝对一致的模式。① 著名考古学家苏秉琦先生在他最后的著作《中国文明起源新探》里,开宗明义地以"两个怪圈"为题,讨论了困扰学术界的两大理论问题:一是"根深蒂固的中华大一统观念";二是"把马克思提出的社会发展规律看成是历史本身"。他深刻地指出:"把社会发展史当成唯一的、全部的历史,就把活生生的中国历史简单化了","结果大量丰富的考古资料也只能'对号入座',把一般的社会发展规律当成教条,再添加些考古资料交差了事"。② 显然,苏先生所说的"怪圈"依然是许多学人钻不出来的樊篱,理论的束缚制约着我们对"事实"的把握与分析。苏先生一辈子就是探索着"如何绕过这两个怪圈"的途径和方法,他在考古文化类型学以及对国家起源研究中提出的"三历程"(古文化、古城、古国)、"三部曲"(古国、方国、帝国)和"三模式"(北方原生型、中原次生型、北方草原续生型)的理论极大地丰富了国家起源理论,确立了属于中华文明自身的考古学理论和远古文化的理论体系。

近些年来,苏秉琦先生的观点得到了不少学者的认同。有学者依据公元前8000—前5000年的城址、聚落考古成果,认为在仰韶文化晚期,中华大地从北到南先后出现了互不统属的、独立的政治共同体——"方国"。也就是说,"距今约5000年前后的仰韶时代末期,辽西、中原、黄河下游、江淮地

---

① [美]罗伯特·L.卡内罗(Robert L. Carneiro):《国家起源的理论》,陈虹、陈洪波译,陈淳校,《南方文物》2007年第1期。
② 苏秉琦:《中国文明起源新探》,辽宁人民出版社2009年版,第4—5页。

区、长江下游等主要的文化中心区域出现的首批初级文明社会",它们"各自都有自己的文化根系和族系传统,均属区域性的部族方国"。① 有学者提出国家出现的标志是城址,《史记·五帝本纪》载:"舜居妫……一年而所居成聚,二年成邑,三年成都",据此认为:"传世文献所揭示的这种由村落而城镇,由城镇而王都的政治空间结构和社会演化图景,可以在陶寺文化考古材料中获得佐证。"据报道,在陶寺城址周围1 750平方千米范围内,环列分布着50余座规格较低、规模不等的陶寺文化早中期聚落遗址,与陶寺古城共同组成了规模庞大的聚落群体。② 因此,陶寺城址的出现"应该可以理解为国家文明普遍形成之际,先于夏朝而出现于中原地区的早期'中国'"。③ 还有学者根据繁体"国"字的构造认为其表达了三个意象:"作为攻击性武器的戈,作为防御性建筑的城池——四方形的外城墙屏障之内,还套着较小的方形内城。"文字的构造表明出现这样的城址就意味着国家已经产生。据考古发现,在距今4 300年的陕西石峁城址中,"不仅有外城,还有内城,总面积达到400万平方米,大大超过此前发现的山西襄汾陶寺遗址和浙江余杭良渚遗址古城的面积,号称中国目前已知最大的史前城池"。其形制恰与"国"字构造相同,显然这里已经出现了类似国家的政治共同体,这个年代早于夏代。④ 近年来,随着我国考古工作的不断开展,有关龙山文化的新收获不断涌现,尤其是龙山城址的不断增多和鲁西、内蒙古地区城址群的出现,越来越多的学者认为龙山时代已进入酋邦制阶段。许顺湛先生认为夏代以前已有一个"联邦制王朝"。⑤ 张学海先生根据鲁西发现的两组8座龙山城址的材料,认为在龙山时代,已形成"都、邑、聚"的金字塔形三级社会结构,中心城是"都",二级城是"邑",还有一批村庄聚落。这个时期,在鲁西地区,已形成茌平、阳谷两个古文化中心,"这可能是类似城邦国家的部落古国"。⑥ 当然,也有学者不同意这样的看法,坚持认为夏朝是第一个早期国家。尽管三代时期保留下了"遍布各地的许许多多氏族,或族邦"这样的血缘组织,然而,"这些族邦就单个来说,自然就是单纯的血缘组织,但它们既

---

① 田广林、翟超:《从多元到一体的转折:五帝三王时代的早期"中国"认同》,《陕西师范大学学报(哲学社会科学版)》2018年第1期。
② 何驽:《2010年陶寺遗址群聚落形态考古实践与理论收获》,《中国社会科学院古代文明研究中心通讯》2011年第21期。
③ 田广林、翟超:《从多元到一体的转折:五帝三王时代的早期"中国"认同》,《陕西师范大学学报(哲学社会科学版)》2018年第1期。
④ 叶舒宪:《从汉字"国"的原型看华夏国家起源——兼评"夏代中国文明展:玉器·玉文化"》,《百色学院学报》2014年第3期。
⑤ 许顺湛:《夏代前有个联邦制王朝》,《中原文物》1995年第2期。
⑥ 张学海:《鲁西两组龙山文化城址的发现》,《中国文物报》1995年第4期。

然被国家编织进一个共同体,彼此之间又没有血缘关系,并各自长期占有某一固定地域,那就只能是国家下属的行政单位"。据此,研究者不同意把文献中记载的五帝时期的"天下万邦"视作"国家"。尽管"考古工作者通过聚落考古调查,发现与'五帝'时期相对应的龙山文化时期,各地的聚落经过分化和重组,已形成一组组'都、邑、聚'的结构,他们认为这每一组'都、邑、聚'都可以对应于文献提到的'天下万邦'的'邦'",但也很难把这些"邦""国""说成是国家性质的政治组织"。因为这些"邦""国"内部都是纯血缘组织,至多像外国学者所称的"酋邦",不符合"按地域划分居民"的国家产生的条件。而况"文献中也未见其时有不同姓氏的族邦组织在一个世袭王权之下的更高一级权力机构的迹象,只是在尧、舜、禹之后,才由禹治洪水导致将众多这样的族邦纳入世袭王权之下。这样,我们就只能将禹建立的世袭王权,即夏朝,作为我国第一个早期国家"。① 这种观点的理论依据显然过于拘泥于"按地域划分居民"的判断。

夏商周三代的国家形态和权力结构保留着极为浓重的血亲基因,中华国家文明的出现并不是建立在彻底按地域划分居民的基础上。按地域划分居民并不是指氏族、部落分处于不同的地域,而是指决定人们的相互关系,特别是生产关系和社会关系的因素应以地缘关系为主,意即在聚落群的居民之间,利益关系取代了血缘关系,因而,才有新的将人们组织起来的政治、社会机构及制度。我们以西周为例试加以说明。

第一,周初对夏商遗民的安置和治理是以其原有的宗族、氏族为单位。为防止殷商遗民可能的反抗行为,周初的统治者采取分散安置、个别管制的策略,把称作"殷顽民"的部族安置到王畿洛邑地区,而对于其他的殷遗民,"使帅其宗氏,辑其分族,将其丑类",整族地分封给有功诸侯。鲁公得到"殷民六族",康叔得到了"殷民七族",唐叔得到了"怀姓九宗"等。② 康叔年少被封于殷墟故地,周公"惧康叔齿少,乃申告康叔曰:'必殷之贤人君子长者,问其先殷之所以兴,所以亡,而务教民。'"这则史料生动地说明,对殷商遗民的治理,不是简单地肉体消灭或严刑峻法,也不可能纳入本族内部治理,而必须借助于殷民自身的氏族组织或家族组织,必须依靠殷遗族中的"贤人君子长者",即殷族中的"头面"人物。看来在贵族集权政体下的底层治理,更多的是依靠自组织自身所蕴含的力量。齐国原为商诸侯薄姑故地,旧夷人势力很是强大,太公受封后"修政,因其俗,简其礼,通工商之业,便鱼

---

① 沈长云:《关于夏代国家产生的若干理论与实证问题》,《中原文化研究》2015年第1期。
② 《左传·定公四年》。

盐之利,而人民多归齐,齐为大国"。鲁国原为商朝的奄、淮、徐故地,鲁公伯禽就国后"变其俗,革其礼"①,用周王朝的模式和周礼来统治当地居民。康叔治理卫国"皆启以商政,疆以周索"②,即实行商朝旧政不变,但以周人的制度疆理土地。唐叔封于故夏墟,夏朝遗民仍有一定势力,再加上"怀姓九宗"是戎狄之人,所以唐叔"启以夏政,疆以戎索",实行夏王朝的旧政,但用戎人的办法疆理土地。表面上看,这些都是因时制宜,实际上是不同程度上照顾到这些旧族的政治心理,延袭了既有的政治传统,唯其如此,他们才会服从新的统一政权。而所谓"旧俗""旧政"说到底就是血缘法则,还谈不上按地域来划分居民。

第二,周初分封功臣子弟以建邦立国,本身反映了三代王朝权力来源的特性,即依靠旧有氏族部落的管理体制,以共主的方式形成上下有别的方国联盟。这说明,按地域、职业、利益划分国民的情形还不是十分突出,也不是建国的基本依据。所以,三代都分有内服、外服。内服集中了王族及其部族的大部分人口和人才,并组成了威服四方的精锐军事力量;外服是将功臣、亲戚、子弟分封于各地以巩固中央政权。就周初的第一次分封而言,"将卒之士皆封。诸侯国四百人,兄弟之国十五人,同姓之国四十人"。③ 分封中仍以血缘关系较密之兄弟及同姓为大宗。这充分说明三代贵族体制中央公共权力的产生源于血缘基础。

第三,西周时期,宗法血缘关系进一步制度化,贵族和平民以宗族为单位,聚族而居。大宗、小宗的贵族宗主和宗子以及他们的子弟,居住在立有宗庙的城邑之内。而那些与贵族有一定血缘关系的原贵族子弟沦为平民后日渐贫困,居住在城外的郊。贵族和平民就是西周王朝的"国人"阶层。战时,以宗族为单位参战,大小贵族组成车兵,而穷困的平民无车马自赋,只能组成随从车兵作战的徒兵队。关于国、野的概念,照焦循所云:"盖含天下言之,则每一封为一国。就一国言之,则郊以内为国,外为野。就郊以内言之,又城内为国,城外为野。盖单举之则统,并举之则各相属也。"④这说明国、野有范围大小的不同,是一个多层次的概念。公卿大夫于四土是国人的主体,他们以血缘关系聚族而居,在国中有特定的居住区,谓之"闾里"。按宗法关系,大宗族长是全族的统治者,全族成员必须与之同居共财,以维护家族的势力,大宗享受世卿世禄的待遇。这些不同等级的领主贵族,不仅在

---

① 以上依次见《史记》的《卫康叔世家》《齐太公世家》《鲁周公世家》。
② 《左传·定公四年》。
③ 《毛诗正义》引皇甫谧说。
④ 孙诒让:《周礼正义·太宰》疏。

"野",即离都城较远的农村分别占有不同数量的禄田,其家族在城郊还占有天子诸侯的赐田。

  总之,夏商周三族均为同时代起源的部落,但发展程度不同。在同一历史时空,三族在不同的地域各自发展,成为天下共主却在时间上相差很远。这说明成为共主的部落不但武力强大,而且定居早、文明程度高,这样才会使众多邦国部落臣服。因此,在国家起源问题上也要对既有的理论认知采取审慎的态度,部落联盟式国家的出现不一定非要按地域划分居民,甚至,成为共主的部落内部也未必有较明显的阶级分化,但这不妨碍国家的形成。正如德国学者赫尔佐克所说,在较多的人们共同居住的时候,相互冲突、摩擦的机会就会增多,这必然呼唤着公共权力的出现,国家组织就是这样逐渐形成的。①

---

① 参见[德]罗曼·赫尔佐克:《古代的国家——起源和统治形式》,赵蓉恒译,北京大学出版社1998年版。

第八章　先秦时期乡村治理制度的创设

乡村社会治理活动的出现,至少要具备两个条件:一是较大范围的政治权力中心的存在,这样才有可能出现中心与边缘、中央与地方的关系状态;二是出现专门的城市、城堡,成为统治力量政治中心的所在地,社会成员的居住状况便呈现出国、野、乡、遂、鄙的格局,也就是城乡的分野。夏商周三代是我国进入国家形态的最初时期[①],相对于中央王权而言,受封或臣服的氏族、部落便充当着地方和乡村的治理重任,基本上可视为自然组织与人为组织完全合一的时代。这种状况一直到战国时代还能看到,虽然处于一种逐渐浅退的状态,但是没有完全退出历史舞台,它以变化了的形式一直存在于从秦汉到清代的古代社会中。因此,把这一时期看作乡村治理制度的萌生期是比较合适的。

一、夏商周国家权力结构与基层治理

(一)夏王朝的"侯伯"与部族首领

夏朝是中华文明史上第一个出现的国家政权,这是多数中国学者认同的判断。虽然在夏代国家结构和政权性质的认识上还有一些细微的分歧,但都承认它是一个"集合式"的国家结构形式,主要有三种观点。第一,众多族邦构成的复合型国家说。有学者认为,"夏代的族邦有同姓和异姓之别",因此,"夏族和夏文化绝不能简单理解为中原地区或单一地区的民族和文化",实际上夏代就是"由众多族邦构成的复合型国家结构"。[②] 第二,"万国"联合体说。有学者认为,"夏人通过联姻、治水、战争、迁徙等方式,不断

---

① 按苏秉琦先生的意见,在距今5 000年左右,在古文化得到系统发展的各地,古城、古国纷纷出现,中华大地社会发展普遍跨入古国阶段。这一阶段之后则是方国时代,大约距今4 000年,方国是比较成熟、比较发达、高级的国家,夏商周都是方国之君。参见苏秉琦:《中国文明起源新探》,生活·读书·新知三联书店1999年版,第130—145页。
② 郜丽梅:《有关夏代族邦及夏文化的几点思考》,《南方文物》2014年第4期。

融合其他部族邦国,凌驾于'天下万国'之上",夏朝是"在'九洲'(原文如此)区域内建立起来的'万国'联合体,即千百个氏族、部族、诸侯邦国都尊夏国为'天下共主',拥夏族为王族,承认了夏族的统治"。① 第三,由"霸权"而"王权"说。有学者认为:

> 夏王朝并非中国最早的国家,尧舜禹时代是已形成国家的邦国林立并组成族邦联盟的万国时代,夏王朝"天下共主"的王权源于万国时代族邦联盟的盟主权,是由盟主的霸权转化而来的。
>
> 夏代是由多层次政治实体构成的社会,既有夏后氏这样的王邦即王国,也有许多附属的邦国(属邦或称庶邦),还有很多氏族、部落、酋长制族落(即所谓"酋邦")之类的"前国家"的政治实体。
>
> 这种由王邦与属邦以及其他层面政治实体而共同构成的夏王朝这样的"大国家结构",可称之为"复合型国家结构"。②

这种国家权力结构表明,夏代对王都以外的基层治理只能依靠诸多以血缘关系为纽带的族、邦来进行。

夏王朝的国家结构还可以继续探讨,但学者们的研究至少表明:夏王朝是建立在大量降服各部族并对之进行管辖的基础之上的。相传"禹会诸侯于涂山,执玉帛者万国"③,变分散为集中,以强制力凝聚各部族,是国家形成的自然道路。在这样的基础上,禹划分中国为九州(古以九为多),表示自己兼有九州土地。夏王朝以王族为中心,以同姓侯伯为骨干,团结一批异姓方国的首领,牢牢地控制着势力所及地域的统治权。因此,夏王朝是一个以夏后氏王族统治的伊洛地区为中心,由大大小小的同姓或异姓方国所组成的初级国家。据《史记·夏本纪》载,夏后氏的同姓侯伯有有扈氏、斟寻氏、彤城氏、褒氏、费氏、杞氏、缯氏、辛氏、冥氏、斟(氏)、戈氏等,这些同姓侯伯是夏王族维护统一权力所依靠的核心力量。一些承认夏王朝共主地位,或接受夏王朝封号的方国部落首领,则成为夏王朝的异姓侯伯。其中较大的方国部落首领称为"伯",如祝融之后的"昆吾为夏伯"。④ 这样,夏后氏控制着中央王权,侯伯控制的方国部落则成为地方政权机构。尽管夏代已"别

---

① 闫德亮:《夏人的形成及其神话论略》,《中州学刊》2017年第6期。
② 分别见王震中:《中国王权的诞生——兼论王权与夏商西周复合制国家结构之关系》,《中国社会科学》2016年第6期;《夏代"复合型"国家形态简论》,《文史哲》2010年第1期。
③ 《国语·鲁语下》。
④ 《国语·郑语》。

九州",开始按地域治理属民和族众,但血缘氏族关系仍然在起着重要的作用,《史记·夏本纪》"用国为姓"之说就反映了地域与血缘的密不可分。一些氏族、部落酋长被夏王分封到各地,形成了大大小小的方国部落,居民以氏族、部落为单位聚族而居。平时,族众在侯伯、族长的指挥下从事农业生产劳动,战时则随首领出征。因而这些侯伯和部落首领既是方国族军的将领,又是治理基层的主要制度力量。

(二)殷商时期的"邑"与"族尹"

关于商朝的国家结构,学术界的主要争论在于它是一个"统一的集权国家",还是延续了夏代的传统仍然是一个"复合型国家"。主要有三种观点。第一种观点认为商朝国家是统一的集权国家。有的认为:"商王国是一个统一的君主专制的大国","商王对诸侯如同对王室的臣僚一样。……诸侯政权对商王室的臣属关系,在实质上,就是后世中央政权与地方政权的一种初期形态"①;有的干脆就说商朝是"比较集中的中央权力的国家"②。第二种观点认为商朝实际只是一种政治共同体的联盟。有的认为商朝时期并不存在真正的中央权力,只是一个由许多"平等"的方国组成的联盟③;有的称之为"共主制政体下的原始联盟制"国家结构④。第三种观点认为商朝国家是一种"复合制结构"。王震中认为:"商代的国家结构和形态,既非一般所说的'统一的中央集权制国家',亦非所谓'邦国联盟',而是一种'复合制'国家结构,它由'内服'与'外服'所组成","这是一种以王为天下共主、以王国(王邦)为中央、以主权不完全独立的诸侯国即普通的属邦为周边(外服)的复合型国家结构"。⑤ 无论怎样看待商代国家的结构,可以确定的是,商代基层仍然是由诸侯、方国、宗族和氏族等血缘组织构成。

商代的统治区域以王畿为中心,呈同心圆状由近及远扩展,在国土结构上很明显地存在着中央与边缘的划分。《尚书·酒诰》云:"越在外服,侯、甸、男、卫、邦伯;越在内服,百僚、庶尹、惟亚、惟服、宗工越百姓里居(君)。"在王都之外的近郊称东、南、西、北四"鄙";往外一层的区域称东、南、西、北四"奠","奠"即后来被称作"甸服"的"甸",它本是由王田区而起名,连同宗族邑聚及农田区构成了"王畿区";自"奠"以远就泛称"四土""四方",为

---

① 杨升南:《卜辞中所见诸侯对商王室的臣属关系》,见《甲骨文商史丛考》,线装书局2007年版。
② 谢维扬:《中国早期国家》,浙江人民出版社1995年版,第383页。
③ 林沄:《甲骨文中的商代方国联盟》,收录于《古文字研究》(第6辑),中华书局1981年版。
④ 周书灿:《中国早期国家结构研究》,人民出版社2002年版,第7页。
⑤ 王震中:《论商代复合制国家结构》,《中国史研究》2012年第3期。

王朝宏观控制的全国行政区域;四土以外的边地称"四戈"①,这个区域内存在着众多听从商王政令、承担相应义务的子族和臣族政权。王畿内只有一个大族邦,就是王族集中居住之地大邑商。田昌武先生认为,从殷墟出土的甲骨卜辞来看,商代同样存在着宗族组织,主要是王族、子族和各地的族邦。② 子族是王族的分族,是商王子孙得以别立宗者,见于卜辞者有子商、子渔、子目、子凡、子沃、子丕等,共30多支。王族和子族是一支强大的社会势力,除近亲家族成员外,还包括旁支、旁系的众多族人,是一个庞大的宗族群体。王族人数众多,见于卜辞的登人之数最多者为5 000人;记有一次对羌方用兵出动了13 000人;武丁时的卜辞有王作三师的记载,如每师以万人计,当为30 000人。这只是军队人数,士卒还有家庭,如每家以五口计,王族人口总数则为15万—20万人。商王的核心统治区外分布着诸多的族邦,无论与商王是同姓还是异姓,都是相对独立的政治实体。甲骨文中诸侯的名称有侯、伯、子、男、任等,他们有封地,有军队,有自己的官吏,显然是一级地方政权,商王与夏王类似,也属于共主的性质。地方伯侯因此也是拥有一定地域和人口的区域主宰,特别是拥有自己的武装,使之具有对抗商王的资本。对它们的控制和管理始终是商王朝维持一统必须面对的重大挑战。

王畿内的聚居点规模远胜前代,一般都拥有各自的居宅、农田、囿苑、作坊、墓地、宗庙、族众、隶仆等,也有相对的独立性。殷墟墓地出有"邑云"铜鼎,揭示了这类聚居点大抵属于以族氏为单元的"小邑"实体,由此形成了邑中有邑的"卫星城"式众星拱月格局。商代的邑是一种社会组织,甲骨金文中出现的"邑"有200多条,出现了各种邑名,如大邑、兹邑、唐邑、柳邑、望乘邑等。③ 此外,还有用数字标识的邑,如二邑、三邑、四邑、十邑、廿邑、卅邑等。邑以群居,在一小地域范围内竟多达30邑,由此反映了人口的繁衍程度和邑聚的密度。甲骨文有云:"……其多兹……十邑……而入执……鬲千……"④鬲为人鬲,即人数,十邑鬲千,平均一邑为一百鬲(户),则至多算作中下之邑。文献有谓"十室邑""三十家为邑""邑人三百户""千室外之邑"⑤,邑的

---

① 参见宋镇豪:《夏商社会生活史》,中国社会科学出版社1996年版,第44页。
② 参见田昌武:《中国古代社会发展史论》,齐鲁书社1992年版,第240—246、395页。甲骨文中有很多"族"的名称,如王族、子族、多子族、三族、五族、犬延族等(分别见胡厚宣主编:《甲骨文合集》,中华书局1978—1982年版,6343、14922、5450、6438、26879、9479片),这些"族"在政治上很活跃,常见以"族"的形式出征、戍守、打猎等。
③ 胡厚宣主编:《甲骨文合集》,中华书局1978—1982年版,321176、7859、36429、36526、7071等片。
④ 胡厚宣主编:《甲骨文合集》,中华书局1978—1982年版,29028片。
⑤ 分别见《荀子·大略》《周语·齐语》《易·讼九二》《论语·公冶长》。

规模大体以人口的众寡为准。据学者研究,甲骨文中提及的地名有542个,其中称侯的35个,称伯的40个,称子的127个,称妇的80个,共计282个;称方的有51个。在这542个地名中,与侯、伯、子、妇、方国名重者有53个,实有489个。一个地名就是当时的一个邑。古时一个邑的人口,据古籍记载,在300家左右,这489个邑以每邑300家、每家5口人计,共有146 700家,约74万人。① 总之,商代的基层社会组织是宗族,基层行政区划称为"邑",商王和诸侯都有"邑",是商代行政区划的基本单位。邑与田是相关联的,《周礼·小司徒》就有"四井为邑"的记载。甲骨文中邑和田互用,是因为以田制邑,以邑居民,邑中居民对邑所辖的田要实行定期分配制度。关于地方基层行政官吏,夏代没有确切的记载。商代则有"族尹",也称为"里君""里尹"②。据《礼记》记载和注疏,里与族是属于同一性质的,"里君"是周人的语言,指里邑之长。在卜辞中记载有"族尹"们的活动,他们率领族内成员为王室或诸侯"师田行役",负担军事、田猎、看守仓库等任务,并且承应各种徭役③,由此可见,"族尹"是执行王室和诸侯命令的基层官吏。商代还有"百姓","百姓"是贵族阶层,甲骨文中称"多生",他们有的是"族尹",也有的是族邑中的尊长,所以与"里君"并列④。

(三) 西周时期的采邑与"里宰"

周朝的建立,在继商朝之后再次加强了中国古代政治传统中关于王朝正统的观念。这个观念的要点是:新建立的王朝必须证明它继承了前代王朝的主要主体性标志,即所控制的地域和所拥有的中央权力。据《逸周书·世俘》记载,周武王灭商之后,向武王臣服的诸侯共有652国,其中被武王征

---

① 王宇信、杨升南:《中国政治制度通史》(第2卷),《先秦》,人民出版社1996年版,第180—181页。另据宋镇豪先生研究:"甲、金文中有族落或地缘组织名约550个,称'侯'的诸侯名称约40个。又有与其名相系的妇姓名184个。……统合之,地方部落或基层地缘组织总数有700个上下。……甲骨文中登人300和3 000为最多,则各地方族落组织或基层地缘组织内包括老弱妇孺的总人口数当分别为1 500人和15 000人左右,均之衡之,晚商地方组织的平均人口数约为8 200人上下。"参见宋镇豪:《夏商社会生活史》,中国社会科学出版社1996年版,第108—109页。
② 以上诸名称见于《尚书·酒诰》、西周金文《令彝》《礼记·杂记》等。
③ 参见胡厚宣主编:《甲骨文合集》,中华书局1978—1982年版,599、5618、9336、33023、22450等片。
④ 有学者认为,商代的"邑"是一种"农村公社",而不是以血缘为纽带的"家族公社",也不是"氏族公社"。从考古发掘的商代墓葬群中,如在河南安阳的大司空村、殷墟西区、河北藁城台西等地的商代墓葬群中分析,各墓间存在着以下四个不一致……同一个氏族或家族,各成员间的埋葬习俗应大体保持一致。……埋在同一个墓区内的人,其埋葬习俗是不相同的。这些不同,乃是该墓地不是具有血缘关系的一族人的公共墓地的反映。参见王宇信、杨升南:《中国政治制度通史》(第2卷),《先秦》,人民出版社1996年版,第201页。

服的有99国。至于分封的数量，《荀子·儒效篇》曰："立七十一国,姬姓独居五十三人。"而《左传》昭公二十八年则曰："其兄弟之国者十有五人,姬姓之国者四十人。"实际上,周初的同姓诸侯可能更多,正如《荀子·儒效》所云："周之子孙,苟不狂惑者,莫不为天下之显诸侯。"此外,《史记·周本纪》记载武王灭纣之后,即"封神农之后于焦,黄帝之后于祝,帝尧之后于蓟,帝舜之后于陈,大禹之后于杞"。《说苑》所载周公的"复其位如故"政策,《史记·宋微子世家》所载"武王乃释箕子,复其位如故"等事例,都说明周族延续着原有的统治秩序。同时,封纣子武庚禄父于殷之旧地,后又封微子于宋。这些就是允许先帝、先王之后,包括殷商后人在服从周王朝统治的前提下开展"自行治理"的政策。这些受封的先圣故王之后在封地保持着自己的社会组织和风俗习惯。如在微子所封的宋国,宗族制度盛行,君位继承不以嫡长子继承为主,而以兄终弟及和父死子继两种制度并行,这些都是商族的旧俗。从曲阜鲁故城的考古材料可以看出,夷人(商人)在国都内聚族而居,聚族而葬,有着固定的居住区,其生活习俗和文化传统是得到尊重的。①

西周王朝将统治区分为国、野两部分,通过不同的制度安排来实施治理、实现统治。在周王直接治理的地区,有许多被称为"畿内诸侯"的贵族,其都邑分布在周王直接治理的地区之内。在金文中,畿内诸侯被称为"邦君",如五祀卫鼎有"邦君厉"。从文献记载看,畿内诸侯更多的是贵族家族,没有畿外诸侯所拥有的较大自治权。畿内诸侯与王朝的关系更具私人性,同畿外诸侯在政治组织发展上所体现的较完整的公共性有较大的区别。畿内贵族在自己的都邑内有一定的管辖权,但根据对周原遗址的研究,可以看出畿内贵族家族的居址与其拥有的采邑,包括相应的土田,"在空间上"可能是"相分隔"的。② 侯志义先生在《采邑考》中对大夫之家和诸侯采邑的内部管理进行了详尽的研究,他指出：

> 在大夫家府,有总管大权的"家宰",分管经济、军事、劳役的"三有司",主管狱讼的"家士",掌管祭祀礼仪的"家宗人"。在采邑,则有"邑宰";邑宰之下,又有"马正"、"工师"诸职。……采邑,在实质上,具备了国家政权性能。③

---

① 参见李民、张国硕：《夏商周三族源流探索》,河南人民出版社1998年版,第226页。
② 朱凤瀚：《商周家族形态研究》,天津古籍出版社2004年版,第239页。
③ 侯志义：《采邑考》,西北大学出版社1989年版,第180页。

这就是说,封地在政治上有相对的独立性,具有基层社会组织的特征和管理职能,延续着氏族管理的传统。西周时期的地方势力,从其来源说有两种情况。一种由周王室分封子弟、功臣形成的地方治理力量。另一种则是商朝原有的地方势力,通过册封为诸侯国的形式承认它们在地方的治理权利。每个诸侯国(周王直接治理的区域亦如此)内部都存在着许多邑,邑中还有许多作为居住区的里,由不同等级的贵族和官员来治理。周朝社会中同居的血缘单位(家户),其规模通常不超过三个旁系,一般以含一个或两个旁系的同居为多。这种同居形式实际上不过是由若干家庭组成的家族,在社会的重要性上同部落是不同的。① 周代地方行政区划有国、都、邑三级以及邦鄙。国是国都,是王和诸侯所在地;都是大邑;邑是居民点,相当于村镇;邦鄙是边境地区的行政区域。西周职官中有邑人、奠人两官,是偏重于管理基层社区的官职。王侯所居的都邑称为国,其周围农村称为郊或乡;郊以外的所有国土称为野,野中亦分布有贵族领有和居住的采邑。相对野而言,国与郊都可以统称为国,其中的居民称为"国人",主要是各级贵族以及从属于王室、公室和各个贵族家庭的有兵役义务的农民;野中居住的是专门从事农业生产并隶属于贵族的底层居民,称为"野人",国野中这些底层居民又被称为"庶人"。②

西周乡村制度安排采用"五家为比,五比为闾,四闾为族,五族为党,五党为州,五州为乡"的"乡制"③,分别设有比长、闾胥、族师、党正、州长和乡大夫。此制实行于王畿和都畿之内,主要是以宗法来控制所属部民以至贵族。在王都和都畿之外及边远地区实行的是"遂制",以"五家为邻,五邻为里,四里为酂,五酂为鄙,五鄙为县,五县为遂"④,分别设有邻长、里胥、酂师、鄙正、县长和遂大夫。杨宽先生认为,金文中的"邑人"就是管理乡邑的长官,相当于《周礼》中的乡大夫,且兼具行政和军事职能。而奠人(通"甸人")则相当于《周礼》所说的遂人,是对野中的社区进行管理的官员。⑤ 邑人有时又被称为"里人",《尔雅·释言》载:"里,邑也",《周礼·地官·里宰》则说:"里宰掌比其邑之众寡与其六畜、兵器,治其政令",郑注:"邑犹里也"。邑是自然居民点,而里则是一种制度安排,从现有的文献记载看,其最早出现于西周。值得注意的是,西周的邑、里、乡等地缘组织和宗法血缘关

---

① 参见谢维扬:《中国早期国家》,浙江人民出版社1995年版,第430页。
② 参见谢维扬:《中国早期国家》,浙江人民出版社1995年版,第452页。
③ 《周礼·大司徒·乡大夫》。
④ 《周礼·大司徒·遂大夫》。
⑤ 杨宽:《论西周金文"六𠂤"、"八𠂤"和乡遂制度的关系》,《考古》1964年第8期。

系是相互依存的。里的设置是以邑中所聚之族为基础的,一邑可以有一族也可有数族,其户数也无定制,规模可大可小;邑设有里宰之职,亦称"里人""里尉""里正",由宗族长担任,直接听命于王。① 除管理民人的住宅安排和教化外,还管理劳动生产。《周礼·里宰》云:"以岁时合耦于锄,以治稼穑。"对此,班固说:

  春,将出民,里胥平旦坐于右塾,邻长坐于左塾(注:孟康曰"里胥,如今里吏也。"师古曰:"门侧之堂曰塾。坐于门侧者,督促劝之,知其早晏,防怠惰也。")毕出,然后归。夕亦如之。入者必持薪樵,轻重相分,班白者不提挈。②

何休也说:"田作之时,父老及里正旦开门,坐塾上,晏出后时者不得出,莫(暮)不持樵者不得入。五谷毕入,民皆居宅,里正趋(同促)缉绩。"③这说明当时的邑聚似乎是有围墙的,进出都要接受"盘查",比较形象地描绘了里宰督促生产、维持治安等治理活动的情形。

  西周时代,乡的产生较晚,性质和里、邑有异,我们在下一节还会专门讨论。还有一个问题值得注意,就是西周统治者试图按照居民的职业来安排居住的区域,以适应行政区划治理的需要,这可以看作中央王权抵制地方族权分权趋势的一种措施,从而也拉开了中央与地方斗争的序幕。周王在安置居民,划分行政区域的过程中,把士农工商不同职业的居民进行分别安排,使之不相混杂,各安心于自己所从事的职业,这是处理住居问题中的一项重要措施。《礼记·王制》云:"凡居民,量地以制邑,度地以居民。地邑民居,必参相得也(郑玄注:'得,犹足也')。无旷土,无游民,食节事时。民咸安其居,乐事劝功,尊君亲上。"这是说根据土地面积来制定邑里,安排民宅,并分给居民以可耕之地。《逸周书·程典解》云,文王作《程典》以命三忠曰:"士大夫不杂于工商。士之子不知义,不可以长幼;工不族居,不足以给官;族不乡别,不可以入惠。"并云:"工攻其材,商通其财。"这是说士、工、商三种人是应该异居的。《逸周书·作雒解》亦云:周公东征告捷,"乃作大邑成周于土中",令"农居鄙,得以庶士,士居国家,得以诸公大夫(原注:'农之秀者可为士,士有功效可为大夫')。

---

① 田昌武、臧知非:《周秦社会结构研究》,西北大学出版社 1998 年版,第 60 页。
② 《汉书》(卷二十四上),《食货志上》。
③ 《公羊传·宣公十五年》,何休注文。

凡工贾胥市臣仆州里,俾无交为。"这又是说士、农、工、贾是不同里居的。同时,还建立起一套户籍管理制度,《周礼·司民职》云:"司民,掌登万民之数,自生齿以上皆书于版。辨其国中,与其都鄙,及其郊野;异其男女;岁登下其死生。"民人所在之国、都、郊、野及其性别,都须登记清楚;对"死生"者,每岁要注销一次。为掌握民众之数,还责令各级刑律之"士"严加控制,如乡士"各掌其乡之民数而纠戒之,听其狱讼,察其辞";遂士"各掌其遂之民数而纠其戒令听其狱讼";县士"各掌其县之民数,纠其戒令而听其狱讼"。[1]

总之,西周统治者通过以血脉为基、封邦建屏、国野分立、分类居住、延续旧俗等举措,建立起以周王室为中心、同心圆放射的治理体系和机制,实现了对乡村(基层)的有效治理。

二、春秋战国时期乡村制度安排的特色

《周礼》记载了两种乡村控制制度。一是行之于国中,由比—闾—族—党—州—乡六级组成的乡制。据《周礼·地官·小司徒》,国中(邦、国)及四郊、都、鄙共编有六乡,故又称此制为"六乡之制"。二是行之于"野"中,由邻—里—酇—鄙—县—遂六级构成的遂制。[2] 理想设计中的乡村治理制度层级较多且称谓也变动不居,极不利于中央权力对基层的有效控制。随着周王权的衰落,列国争霸愈演愈烈,扩大兵源、汲取财富的需要日益迫切,要求诸侯国必须打破血缘层级的限制直接管理和控制乡村大众,新的乡村治理制度创设便呼之欲出了。

(一)乡里制的萌生

春秋战国时期的乡村治理制度主要表现为乡里制度逐渐确立。[3] 春秋战国时期基层组织变动的趋势是层级减少,不断增强治理的直接性。春秋早期实行国野制,所属乡村治理组织的名称和层级是不同的。国中的制度安排是井、邑、丘、甸、县、都六级,齐国是轨、里、邑、连、乡五级,鲁国是邻、里、乡、党、州五级。春秋中后期,齐国则变成了国中为里、连、乡三级,野中为邑、卒、乡、县、属五级,其中丘的组织消失了。据学者研究,丘产生于龙山文化时期,"商代的丘是农渔田猎的基本单位,是军赋的承担者。西周春秋时代丘与国野制度相结合,是野中的政权组织,丘民耕种公田,缴纳禾、刍、

---

[1] 分别见《周礼》的《乡士》《遂士》《县士》。
[2] 参见鲁西奇:《聚落、地域性联合与古代早期的社会控制——〈周礼〉乡里制考原》,《江西社会科学》2018年第4期。
[3] 参见臧知非:《先秦什伍乡里制度试探》,《人文杂志》1994年第1期。

米军赋。春秋末年缴纳牛、马、车,充当甲士步卒。战国时代井田制破坏,国野制瓦解,国野两套行政系统混一,丘被乡取代,丘从此退出历史舞台"。①战国时期,国野制逐渐泯灭,社会大众都成了编户齐民,乡里什伍制成为各国普遍采用的乡村治理制度。如《管子·立政》载:"十家为什,五家为伍,什伍皆有长焉";《度地》载:"案家人比地,定什伍口数,别男女大小";《乘马》云:"五家而伍,十家而连,五连而暴";《禁藏》云:"夫善牧民者,非以城郭也,辅之以什,司之以伍;伍无非其人,人无非其里,里无非其家。"楚人著作《鹖冠子·王鈇》云:"五家为伍,伍为之长;什伍为里,里置有司。"《逸周书·大聚》云:"发令以国为邑,以邑为乡,以乡为闾,祸灾相恤,资丧比服。五户为伍,以首为长;十夫为什,以年为长;合闾立教,以威为长;合旅同亲,以敬为长。"这种安排含纳着浓重的乡土亲情,体现了出入相友、守望相助的互助精神。

(二)乡里里吏的主要职能

春秋战国时期的各国为掌握人口的变动,一般都把所属的邑里登记于策并称之为"书社"。据学者研究,先秦时期的里中一般都要立社祭神以祈求丰年,所以文献中往往里社并书,国家将其登入版图就记为"书社",足见当时对乡村制度安排的重视。经过这番变动,在乡村治理中里的地位和功能逐渐突显出来,有学者甚至认为:

> 里是直接治民机构,各国在普遍采用乡里制的同时,十分注意里的治民职能的建议,可以说,里的职能是国家统治的缩影,几乎所有的国家统治权都要通过里这一基层政权来实施。②

里的职能主要有以下几个方面。一是组织、监督生产过程。根据《周礼》、出土秦简、楚简等相关文献的记载,战国时里正(或称为"里宰""里典""里长")要负责颁授土地、监督耕牛饲养、及时上报灾情、借钱给农民购买种子等。二是掌握人口变动情况并据此分派徭赋。战国时各国已经建立起严密的户口登记制度,每个家庭成员的生死、年龄、男女、数量都要登记在册,以便准确掌握适龄成员,为国家承担徭赋。因此,《周礼》记述的乡里官吏的首要职责是掌握管内的家户众寡、成丁口数,以此作为征发徭役和征收贡赋的

---

① 张怀通:《先秦时期的基层组织——丘》,《天津师大学报》2000年第1期。
② 参见臧知非:《先秦什伍乡里制度试探》,《人文杂志》1994年第1期。

依据,如履责不力还要受到相应的惩罚①。三是维护乡村社会秩序和伦理权威。据《周礼》所载,州长、党正、族师、闾胥都有"掌其戒治"、宣读邦法之职能,乡里里吏对乡民间产生的纠纷、矛盾、争议负有调解、仲裁的职责,甚至拥有一定的法律裁判权。此外,里吏还要监督乡民的言谈举止、衣着服饰、出入行踪等,如发现有孝悌忠信者要及时上报表彰,以示里尉、游宗、什伍之长及家长的教化功劳。通过这些治理活动以维护乡间的基本秩序。②

(三) 兵农合一的制度特色

值得注意的是,春秋战国时期的基层组织继承了自上古以来兵民合一的传统,基层组织编制与军队编制相匹配③,以便随时征召参战,以达到"征则有威,守则有财"④的治国目的。战国时齐国的情况比较典型。文献所见齐国乡村治理制度的最底层是以什伍编排的,如《晏子春秋·内篇问上》载:"晏子对曰:'昔吾先君桓公,能任用贤,国有什伍,治遍细民'";《国语·齐语》:"管子于是制国:五家为轨,轨为之长;十轨为里,里有司";《管子·立政》:"分里以为十游,游为之宗。十家为什,五家为伍,什伍皆有长焉";《管子·小匡》:"桓公曰:'五鄙奈何?'管子对曰:'制五家为轨,轨有长;六轨为邑,邑有司'。"虽然出现了"轨长"或"伍长"这样不同的名称,但都是以五家为基数逐级编排以形成治理系统。当征调成军时,《管子·立政》云:"以为军令:五家为轨,故五人为伍,轨长帅之;十轨为里,故五十人为小戎,里有司帅之。"轨长、里有司就成了基层带兵人,这在《管子》其他各篇中也有反

---

① 如秦简《傅律》规定:"匿敖童,及占(癃)不审,典老赎耐;百姓不当老,到老时不用请,敢为酢(诈)伪者,赀二甲;典老弗告,赀各一甲;伍人户一盾,皆(迁)之。""敖童"即成童,指到了该注名役籍年龄的刚成年的青少年;"癃"指病残者;"老"指年过六十免除徭役的人。"匿敖童""占(癃)不审"指故意隐瞒成丁人数,把正常人当作病残者,导致役籍人数减少,影响国家役源,当事人固然受罚,里典、伍老也要受罚,并被判迁刑,迁往荒远之地。这是各国通制,并非秦国独然。参见臧知非:《先秦什伍乡里制度试探》,《人文杂志》1994年第1期。

② 如《管子·立政》载:"置闾有司,以时开闭;闾有司观出入者,以复于里尉。凡出入不时,衣服不中,圈属群徒,不顺于常者,闾有司遂之,复无时。""凡孝悌忠信、贤良隽才,若在长家子弟臣妾役属宾客则什伍以复于游宗,游宗以复于里尉,里尉以复于州长,州长以计于乡师,乡师以著于士师。"

③ 如"五家为比"对应"五人为伍","五比为闾"对应"五伍为两","四闾为族"对应"四两为卒","五族为党"对应"五卒为旅","五党为州"对应"五旅为师","五州为乡"对应"五师为军"。"各级军事长官一般都由地方行政官吏兼任,五长、两司马、卒长、旅师、师帅都由原来的比长、闾胥、族师、党正、州长担任,从而使政令和军令都集于一人之身,既减少了军政官吏的员额,又可以使军、政命令迅速下传上达,提高各级官员对周王命令快速执行和对各种事务快速决断与处理的效率。"参见罗琨、张永山:《中国军事通史》(第一卷),《夏商周军事史》,军事科学出版社2005年版,第9—10、342—343页。

④ 《国语·周语上》。

映。如《君臣下》："上稽之以数,下什伍以征,近其罪伏以固其意";《幼官》："修乡间之什伍,量委积之多寡。注:'杀气方至,可以出师征伐,故修什伍'";《立政》："伍之人祭祀同福,死丧同恤。"另据《银雀山汉简释文》："五人为伍,十人为连,贫富相……(守·九)"①,研究者认为这条简文反映的是战国时齐国的史实,最基层也记为五、十为编,与文献记载相合。虽然记载的低级军吏和里吏有伍长、轨长、连长等不同的称谓,但治军、治民的管理模式却一脉相承。② 关于战国时楚国的乡里制度,据《鹖冠子·王鈇》载:"其制邑理都……五家为伍,伍为之长。十伍为里,里置有司。四里为扁,扁为之长。十扁为乡,乡置师。五乡为县,县有啬夫治焉。十县为郡,有大夫守焉。命曰官属。"与此相适应,也有对应的军队编制。魏国的情形在《尉缭子·伍制令》中也得到了反映:"军中之制,五人为伍,伍相保也;十人为什,什相保也;五十人为属,属相保也;百人为闾,闾相保也……吏自什长已上,至左右将,上下皆相保也。"这里所提的"伍""什""属""闾"等,实际上是军队编制上对地方乡里基层组织名称的袭用。《商君书·境内篇》所见之秦国也是以5家为伍,10家为什为起点编制的,与此对应的军队编制则是5人为伍,10人为什,50人设屯长,百人设百将,500人设五百主,彼此相互对应。对于这种兵农合一的制度安排,时人给予了高度的评价和推崇。《鹖冠子·王鈇》认为这种制度安排的优势在于:"军旅相保。夜战则足以相信,昼战则足以相配。入以禁暴,出正无道,是以其兵能横行诛伐而莫之敢御。"《六韬·龙韬·农器》认为其好处在于"田里相伍,其约束符信也;里有吏,官有长,其将帅也;里有周恒,不得相过,其队分也"。《国语·齐语》认为"卒伍定于里"的安排,则士卒是由"世同居,少同游","居同乐,行同和,死同哀"的族人和同乡里之人所组成,因而在战斗中能够"守则同固,战则同强",从而能够明显提高协同作战的情感力和战斗力。③ 所以《尉缭子·伍制令》总结说:"什伍相结,上下相联,无有不得之奸,无有不揭之罪。父不得以私其子,兄不得以私其弟,而况国人?聚舍同食,乌能以干令相私者哉。"

---

① 吴九龙:《银雀山汉简释文》,文物出版社1985年版,简号1251。
② 张信通先生对伍长、什长的演变进行了系统研究,指出:"伍长、什长源于春秋时期军事制度的变革,步兵在西周以前尚不是主力兵种,春秋时期步兵发展为独立兵种。伍长和什长最早见于战国文献,战国的基层社会实行兵农合一制,伍长、什长兼有军事和民政职能。战国后期,多数诸侯国基层的里中普遍设置伍长、什长。秦统一六国后,将其基层体制推行于全国。秦汉时期里中的伍长和什长是低级里吏,承担着大量行政事务,其行政行为构成地方行政制度重要内容。秦国的伍老是高级里吏,不是指伍长。"见《先秦秦汉的伍长和什长》,《六盘水师范学院学报》2014年第1期。
③ 参见吴如嵩、黄朴民、任力、柳玲:《中国军事通史》(第三卷),《战国军事史》,军事科学出版社1998年版,第80—81页。

兵农合一的制度安排反映了春秋战国时期列国征战引起的治理方式和内容的深刻变化。西周时期，入伍从征是"国人"的专利，所需装备、物资、抚恤都由参军者所在的居民点其他人员提供，费用则来自王授予的土地，所谓"因井田而制军赋"，也就是说，统治者用土地授予换取了民众的军事服务。进入春秋后直至战国时期，战事频繁，扩大兵源势在必行，各国逐渐走向了全民皆兵，一方面要便于组织兵源，于是以什伍来编制居民，随时实现征召；另一方面则要改革税制以保证充足的物资和钱粮供应。为此，各国仍然坚持以土地换服务的思路，加强户籍管理，实行"名田"制，即授田文书上还要登记耕种者的名字，以作为征租税、差徭役和征兵丁的基本依据。这样一来，政府负担的武器装备和衣食钱粮等军需又通过赋税的方式分摊到平民身上，史载"作丘赋""作丘甲""用田赋""初为赋"等[1]，反映的正是这种变化。由此，登记户口、征调兵员、筹集赋税等就成了乡村里吏常态化的工作。

三、由称谓所见的古代"乡制"的缘起和演变

乡是古代乡村治理制度中十分重要的一级组织，在文献记载和研究著述中往往乡里并称。早在西周文献和金文中，"乡"字就出现了，在几千年的发展演变中，乡及与乡有关的人物事项经历了十分复杂的演变过程，乡的性质、治理范围、作用功能等也发生着大小盈缩的变化。这些变化较为明显地表现在称谓的变化之中，笔者拟在现有学界研究成果的基础上，以乡为中心，以历史上出现过的有关乡的名称为重点，对乡的缘起和演变进行初步的疏理。

（一）乡的本义

"乡"的古文写作"鄉"，与"向""嚮""享""饗"等通用。杨宽先生据金文的乡字将其意释为"两人相向对坐，共食一簋的情况，其本意应为乡人共食"。[2] "乡"字本意并无划地而居之意，而是指众人共享之状。臧知非先生进一步认为：

> 这些共享之人，根据当时宗法奴隶社会的性质，是指统治宗族的成员。其时"国之大事，在祀与戎"，祀指同族共祭列祖列宗，保证族人团

---

[1] 分别见《左传·昭公四年》《左传·成公元年》《左传·哀公十二年》《史记·秦孝公十四年》。
[2] 杨宽：《古史新探·乡饮酒礼新探》，中华书局1965年版。

结和纯洁性,戎是执兵作战保卫社稷,这众人共享就是来源于族人共祭,同向而祭,相向而食,故以"二人共享一簋"之状示之。①

也就是说,"乡"字最初的含义是"族人共祭共享",而商代地方官吏就被称为"族尹",可见乡的治理含义起源于族。罗开玉先生也表达了类似的意思,他据《广雅》中所说"乡,救也"的解释,提出乡"当指原始社会末的部落军事联盟"。乡是否为"部落军事联盟"尚存疑,但乡最初指某种具有政治功能的血缘组织是可以肯定的。因此,罗先生又据《说文》的"乡,国离邑"的说法认为乡产生于西周,因为"西周的乡隶属于'国',是军、政、法合一的政权"。② 所以,臧知非先生也认为"西周时代,'乡'产生较晚,性质和邑、里有异,并不完全是地方居民单位,而偏重于军事上的划分"。③ 西周时代只有国人才有当兵的权利,而国人多是周天子、诸侯的同宗、同族,乡的军事色彩恰恰说明它最初与国人的氏族组织、宗族组织是合二为一的,这更清楚地说明了乡的最初性质。因此,我们可以得出这样的结论:乡的最初出现与人为的制度安排关系不大,带有一定的自然性和军事色彩。我们应注意到,"乡"字最早出现在金文中,当于西周之时,而西周分封的等级中有诸侯、卿、大夫、士,其中大夫的封地似乎就是以乡来命名的。众所周知,西周时代实际上地阔人稀,人们聚居在以城邦为中心的周围,治理层级十分简洁。因而,乡里官员的政治地位不低,可与国君论事,与卿事、诸侯并列于朝且多由贵族世袭担任。我们从周代几个官爵名号中也能窥出其中的信息。

如乡大夫。《仪礼·乡饮酒礼》载:"乡朝服而谋宾介,皆使不能宿戒。"郑玄注:"乡,乡人,谓乡大夫也。"贾公彦疏:"以乡大夫为主人,故知乡大夫。"在《国语》中,"乡"与"宰""族""虞""衡"等并列,同为官职名。《国语·齐语》载:"参国起案,以为三官。臣立三宰,工立三族,市立三乡,泽立三虞,山立三衡。"王引之的《经义述闻·国语上》说:"乡,亦官名,与宰、族、虞、衡同例。"可见,"乡"曾是"乡大夫"的简称,为一官名。

再如乡士。《周礼·秋官·乡士》曰:"乡士,掌国中,各掌其乡之民数而纠戒之。"郑玄注:"言掌国中,此主国中狱也。六乡之狱在国中。"周代有国、野之分,国下为乡,乡士负责人口统计管理和狱讼之事,显然应是畿中之乡的负责人,与分封中的"大夫"爵位在等次上相当,应属贵族之例。

---

① 臧知非:《先秦什伍制度试探》,《人文杂志》1994年第1期。
② 罗开玉:《秦国乡、里、亭考》,《考古与文物》1982年第5期。
③ 臧知非:《先秦什伍制度试探》,《人文杂志》1994年第1期。

此外,还有乡老的称谓。《周礼·地官·序官》载:"乡老,二乡则公一人。"郑玄注:"老,敬称也。王置六乡,则公有三人也。三公者,内与王论道,中参六官之事,外与六乡之教,其要为民,是从属之乡焉。"乡老上可与王讨论治理之道,中可参与官员职事,下则掌乡民教化,足见西周时对乡的重视,乡的地位之高由此也可见一斑。在某些重大活动中,乡老和乡大夫起着同等重要的作用。如乡学三年大比,向周王推荐人才就是由乡老和乡大夫联手进行的。如果乡大夫不属贵族之列,没有朝堂议政之权,恐怕是难以和三公并列从事政事的。乡最初源于对聚居氏族成员管理的性质还可以从上古将其称为"乡邑"看出。《周礼·地官·乡师》载:"以司徒之大旗,致从庶而陈之,以旗物辨乡邑,而治其政令刑禁。"郑玄注:"邑,犹里也。"孙诒让正义:"此乡邑亦犹言乡里。凡六乡五比为闾,则聚居为城邑,犹之里宰。六遂之邑为五邻聚居。《小司徒》都鄙之邑为四井聚居也。然则辨乡邑者谓六乡之众而辨其某乡某邑耳。"《大戴礼记·文王官人》说得更加明白:"慈惠而有理者,使是掌乡邑而治父子。"显然,这时的乡与氏族、宗族组织是合二为一的。

从乡的本义和乡中活动的几类重要人物的称谓看,在它初生时并不是作为一级单纯的行政机构,而是带有某种自组织色彩的组织形式,这就决定了乡的最初性质与宗法血缘关系之间的天然联系。尽管后世的乡逐渐演变为一个基层行政组织,甚至是政权组织,但原初意义上的血缘烙印一直发挥着作用,这是我们判断后世乡里组织性质的一个重要因素。

(二)称谓所见乡的组织演变

乡作为古代县以下乡村基层治理单位,大致经历过三个演变阶段。

1. 第一阶段在西周,是为萌生期

西周时期尚未有郡县建置的出现,但乡作为治理基层民众的一个单位已开始发生作用,在文献中也出现了有关乡的编制的记载。《周礼·地官·大司徒》载:"令五家为比,使之相保;五比为闾,使之相受;四闾为族,使之相葬;五族为党,使之相救;五党为州,使之相赒;五州为乡,使之相宾。"由此而推,周时一乡当包括 12 500 家。实际的情形不会这样整齐,但乡作为一个军事编制单位,在国内基层管理、军队组成、户口搜括及社区管理方面发挥着相保、相受、相葬、相救、相赒和相宾的作用是不容置疑的。因此,在文献中就出现了"乡合"一词,意思是使国之六乡中的州党族间与军事编制的卒伍相联合,相互配合以共同担任防卫任务。《周礼·秋官·士师》载:"(士师)掌乡合州、党、族、闾、比之联,与其民人之什伍,使之相安相受,以比追胥之事,以施刑庆赏。"值得注意的是,有学者根据《文献通考》和明人叶子奇在

《草木子》中所言"井田亦始于黄帝"的说法,得出"'里'作为乡里组织的基本单位之一,可能萌芽于黄帝时代"的看法①,这离事实就相去甚远了。传说中的黄帝时代还处于氏族社会阶段,尚不存在城乡之间的明显区别,至多处于如某些学者所主张的酋邦或族邦阶段②,不可能演化出里这样的基层行政单位。上引《周礼》的记载也只有比、闾、党、州、乡等称谓,并不见里。

2. 第二阶段在春秋战国时期,乡除了军事功能外,开始向治理民众的方向发展,并在诸侯管辖境内全面推广

这一阶段主要存在齐制和楚制两种情形。齐国在郊内外实行不同编制的乡制,在郊内以 2 000 家为一乡。《国语·齐语》载:"五家为轨,轨为之长;十轨为里,里有司;四里为连,连为之长;十连为乡,乡有良人焉。"管子改革时,将全国分为 21 乡,加强了乡村的控制与管理。在郊外以 3 000 家为一乡,《国语·齐语》载:"制鄙,三十家为邑,邑有司;十邑为卒,卒有帅;十卒为乡,乡有乡帅。"这个编制具有鲜明的军事色彩,符合其时耕战国策的需要。《管子·小匡》中的记载就出现了将郊内外乡制混编的设想,恐怕就是出于耕战国策的迫切需要。据载,管子"制五家为轨,轨有长;六轨为邑,邑有司;十邑为卒,卒有长;十卒为乡,乡有良人"。取郊内的轨和郊外的邑、卒合为一乡,省去了郊内的里、连两级,这种设想减少了管理层级,便于迅速组军和领导指挥,明显具有军政合一的性质,颇合"乡"的本义。齐国实施的基层管理制度是其成为春秋霸主的重要原因。春秋战国时的楚国也采用2 000 家为一乡的编制,具体名称有异。据《鹖冠子·王鈇》记载的大体情况是:"五家为伍,伍为之长;十伍为里,里置有司;四里为扁(甸),扁(甸)为之长,十扁(甸)乡,乡置师。"由此可见,军政合一的色彩比较突出。

在这一阶段,还有把基层组织称为"乡曲"的记载,表明其有进一步由与等级分封制相联系向基层行政管理组织转化的趋势。银雀山汉墓竹简《孙膑兵法·官一》载:"制卒以州闾,授正以乡曲。"《庄子·胠箧》也有记载:"阖四竟之内,所以立宗廟(原文如此)社稷,治、屋、州、闾、乡曲者,曷尝不法圣人哉?"王先谦集解引《司马法》:"五州为乡",又引郑玄注曰:"二千五百家为州,万二千五百家为乡。"可见,乡曲的行政色彩更加突出。这种变化说明,乡的行政职能日益突显,军事色彩逐渐浅退。到战国时,地方行政机构以县为主,乡村治理机构也有很大变化,原有的族、党等设置逐渐消退,乡成为固定设置但地位有所下降。如《管子》各篇因成书年代不一而对基层组

---

① 见赵秀玲:《中国乡里制度》,社会科学出版社 1998 年版,第 1—2 页。
② 参见谢维扬:《中国早期国家研究》,浙江人民出版社 1995 年版。

织的记载不同就反映了这种变化的轨迹。《立政》反映的是战国初年的情况，其所述地方行政系统是游、里、州、乡四级；《九变》所述为党、州、乡、县四级；战国中期的《问篇》载："子弟以孝闻于乡里者几何人矣"，表明乡里有了上下统辖的关系。银雀山竹书《田法》有云："五十家而为里，十里而为州，十乡（州）而为州（乡）"①，为里、州、乡三级，乡上则为县，可见乡的地位远非西周、春秋时代可比了。到了成书于战国后期的《墨子·尚同》和《吕氏春秋·怀宠》两书，则只记里、乡两级②，泛指各国地方行政系统，这说明到战国末年，原来名称各异、层次不一的地方行政组织已演变为乡、里两级了。

3. 第三阶段为秦汉以后，乡作为一级行政组织被固定下来，成为一种稳固的治理制度

尽管在历朝历代，乡的人数、辖区有变化，但其基本功能却已经程式化了。《汉书·百官公卿表第七上》载：

> 大率十里一亭，亭有亭长。十亭一乡，乡有三老、有秩、啬夫、游徼。三老掌才华。啬夫职听讼，收赋税。游徼循禁贼盗。县大率方百里，其民稠则减，稀则旷，乡、亭亦如之，皆秦制也。

关于亭的性质、作用和归属，学界还存在着较大的分歧，但乡在秦汉时已成为县以下重要的一级组织则是确定不疑的。到三国两晋南北朝时期，南方多因袭汉制，如晋制：

> 县（户）五百以上皆置乡，三千以上置二乡，五千以上置三乡，万以上置四乡，乡置啬夫一人。乡户满千以下，置治书史一人；千以上，置史、佐各一人，正一人；五千五百以上置史一人，佐二人。县率百户置里吏一人，其土广人稀，听随宜置里吏，限不得减五十户。户千以上，置校官椽一人。③

北方建立的各朝则多仿西周之制，基本上实行邻、里、族党三级制，一度废弃了乡的设置。设乡的朝代，乡的管辖范围、员额编制、职权作用都有所

---

① 《银雀山汉墓竹简》，文物出版社1985年版。
② 如《吕代春秋·怀宠》云："有能以家听者，禄之以家；以里听者，禄之以里；以乡听者，禄之以乡；以邑听者，禄之以邑；以国听者，禄之以国。"邑、国指封邑和诸侯国，不是行政机构，因而所记基层行政组织只有里、乡两级。
③ 《晋书·职官志》。

缩小,这种变化与社会动荡、战乱频仍是密切相关的。到隋唐时期再次肯定了里、乡两级制,但乡的功能进一步弱化,里、村成为重要的层级。据史载,唐代的乡里组织为百户为里,五里为乡,两京及州县之郭内为坊,郊外为村。"里及坊、村皆有正,以司督察,四家为邻,五邻为保。保有长,以相禁约。"①这一趋势一直延续到宋元明清,各代都有侧重的基层组织出现,如宋代的保甲、元代的社、明代的粮长等,乡的职能和作用越发显得无足轻重了。

（三）由称谓不同看乡级组织首领的治理作用

在漫长的乡级组织演变的历史中,担任乡级组织首领的称谓复杂多变,极不固定。这种不确定性在一定程度上反映了乡级组织的功能、性质和作用的不确定性。在一般百姓的认识领域,乡级组织显然不是一个纯正的正式行政机构。

先秦时期,尤其是西周时期,乡的首领地位比较重要,政治作用也很大。如前所述的乡大夫、乡士、乡老、乡师等,掌管着一乡的教化、赋税、荐才、狱讼等日常政务活动。这时出现的有些称谓,由于其有过显赫的内涵而被后代一直沿用。如"乡士"之称在明代就成了赐给耆老的爵号,明代顾起元的《客座赘语·里士乡士》载:"洪武十九年六月二十日,诏赐耆老粟帛……应天凤阳民八十以上,天下民九十以上赐爵乡士,与县官平礼,并免杂役,冠带服色别议颁行,正官岁一存问。"这个待遇与周时乡大夫的政治地位较为接近。

春秋战国时期,乡大夫又被称为"乡正",正者,政也,这表明乡正是乡级治理区域内的主要行政官。《左传·襄公九年》载:"二师令四乡正敬享,祝宗用马于四墉,祀盘庚于西门之外。"杜预注:"乡正,乡大夫。"古时,国之大事之一就是祭祀,由乡正主持乡间的重大祭祀活动,既表明了此时的乡还保留着氏族时代的某些传统,同时也说明乡正的权威资源仍根植于自然关系。《逸周书·大匡》载:"赋酒其弊,乡正保贷。"朱右曾校释曰:"乡正,乡大夫也。《春秋传》曰:使四乡正敬享。保而后贷,防奸欺也。"这表明乡正还负有管理经济和社会治安的职能,也是乡大夫听狱讼职能的一种延伸。正由于乡正曾有如此大的权力,这一称谓一直沿用到隋唐时期。隋唐两代均以五百户为乡,置乡正一人,专理民间诉讼。如《隋书·李德林传》载:"威又奏置五百家乡正,即令理民间辞讼。"值得注意的是,到了隋唐时期,乡中政治首领的地位似乎有些下降,像《旧唐书·高士廉传》所记:"窦轨之镇益州也,闻而如见(朱桃椎),遗以衣服,逼为乡正。"一个"逼"字,透露出对于乡正这个"官",人们已不是很情愿去"当"的了。

————————

① 《旧唐书·职官二》。

西周和春秋时，乡大夫还被称为"乡良人""乡和"。乡良人含有道德伦理意味，表明乡级组织的首领必须具备较好的道德修养，只有良人、亲和而有号召力的人才能为长，并统帅军队。而乡长之称正如《墨子·尚同》所言："乡长，固乡之贤者也。举乡人以法乡长，夫乡何说而治哉。"也就是说，乡长不仅应当是"贤者"，而且应当是"年长"的贤者，这就进一步透露出乡级组织的最初首领，其权威资源来自自然的血缘等级秩序的信息。由此就形成了一种政治习惯，乡村政治领袖必须是在名望、辈份、财产和知识等诸方面居其一的人。如"乡师"之称，在《周礼》中就属于地官司徒之列的官名，按《周礼》的设计，每三乡共设乡师二人，负责治理本乡的教育和行政，并负有监督乡以下各级行政官吏处理政务的权力。《周礼·地官·序官》载："乡师下大夫四人。"孙诒让的《周礼·正义》称："乡师二人共三乡，盖以六乡分为左右，左三乡，右三乡，各设乡师二人以主之。"《周礼·地官·乡师》进一步说："乡师之职，各掌所治乡之教而听其治。"孙诒让的《周礼·正义》称："乡先生以三物教乡子弟，此官则察其教之善否而兴其贤能，与乡老、乡大夫为官联也。"尽管可能实际的情况达不到这种状态，但乡师一职的存在也绝非空想，春秋战国时的文献也有记载。如《荀子·王制》曰："顺州里，定廛宅，养六畜，闲树艺，劝教化，趋孝弟，以时顺修，使百姓顺命，安乐处乡，乡师之事也。"在这里，乡师的职责更加宽泛了。而齐楚两国更是直接把乡师一职任命为乡级组织的首领。《管子·立政》说："凡孝悌忠信，贤良俊材，若在长家子弟臣妾属役宾客，则什伍以复于游宗，游宗以复于里尉，里尉以复于州长，州长以计于乡师，乡师以著于士师。"这里对乡以下各级官吏的选用仍然强调了道德标准。《鹖冠子·王鈇》所反映的楚制，更加重视乡师的教化功能，采取"高配"的办法，让乡师直接负责下一级"甸"的工作，其文曰："郡大夫修其属县，啬夫退修其乡，乡师退修其扁（甸）。"显然，在先秦时期，乡级组织首领的选任依据是血缘等级和伦理修养的标准，这一传统影响到秦汉以后乡级组织首领治理功能的发挥和人员的选派。如汉代把在乡级组织中工作的人员称为"乡部"，《汉书·韩延寿传》载："延寿大喜，开閤（原文如此）延见，内酒肉与相对饮食，厉勉以意，告乡部，有以表劝悔过从善之民。"《后汉书·左雄传》则记曰："乡官部吏，职斯禄薄……乡部亲民之吏，皆用儒生清白任从政者。"依然沿袭着先秦的政治习惯。

称谓是对事物进行归纳、概括而产生的符号，往往能反映事物最主要的特征和内涵。本节对几个重要称谓的分析，可以清楚地看到乡的起源和最初性质，以及在乡中活动的首领式人物的基本作用。这为我们认识古代乡村治理制度的功能提供了一个新的视角。

第九章 秦汉至明清时期乡村治理制度的演变及特色

自秦汉时期乡村治理制度基本确立,到清王朝退出历史舞台,古代乡村治理制度经历了漫长而又复杂的演变过程。以农耕文明为主要发展支撑的古代社会,其政权的巩固、国家的兴衰都要依靠乡村提供人力、物力和财力等资源的供给。因此,治乱兴衰这一历史画卷的呈现与历代统治者的乡村治理制度安排及其治理成效息息相关。历代统治者为了加强乡村社会治理,在继承前代的治理理念、治理制度和治理习俗的基础上,根据变化了的历史条件不断丰富和完善着乡村治理制度,从而呈现出一些新的特色。如秦朝崇尚治民于严刑峻法,两汉政权则强调以孝治天下,魏晋南北朝时期更重视户籍管理,隋唐王朝则把乡村组织建设及其检察作为重点,两宋时期把重点放在乡民防卫组织的建设上,元明清各代则是通过乡村教化来实现对乡民的役使和控制。这些都是中国古代政治文明发展积累的宝贵历史经验,值得我们进一步认真总结和汲取。

一、秦汉时期乡村治理策略与制度安排

秦汉时期乡村治理思想基本成熟,制度安排已比较完整、规范。县以下的乡里什伍各级组织在人选、待遇、职掌、管理区域设置等方面都有详尽细致的规定,甚至形成了几套并行或重叠的、性质和作用都不同的管理系统,在乡村社会治理中发挥着不可替代的重要作用。

(一) 秦汉时期乡村治理策略因俗而定

秦朝建立后仍然延续着战国时期严刑峻法的治理策略。秦帝国的权力体系直达乡里,显示了其强有力的政治动员效能。据高凯研究:"秦代每年至少要使用200万以上的青壮男性从事各种力役。如果再加上大批育龄妇女进入服役人的队伍,可能每年服役青壮男女会达到三四百万。"[1]秦朝建

---

[1] 高凯:《秦代人口比例与人口下降问题——以刑徒墓的发现为例》,《文史哲》2007年第5期。

立时直接统治的人口不过约 2 000 万,人力资源的动员能力不可谓不强劲。当然,由此带来的结果是人民困苦、经济凋敝、社会动荡,很快就丧失了政权。西汉建立后,统治集团的精英们首先就意识到秦亡的主要原因是刑罚过严、政策过苛、待民薄情寡义且缺乏教化。于是,他们呼吁改变社会治理策略,大兴教化。如陆贾提出:

> 在朝者忠于君,在家者孝于亲,于是赏善罚恶而润色之,兴辟雍庠序而教诲之,然后贤愚异议,廉鄙异科,长幼异节,上下有差,强弱相扶,小大相怀,尊卑相承,雁行相随,不言而信,不怒而威,岂待坚甲利兵、深刑刻令、朝夕切切而后行哉?①

董仲舒也主张:

> 凡以教化不立而万民不正也,夫万民之从利也,如水之走下,不以教化堤防之,不能止也。是故教化立而奸邪皆止者,其堤防完也;教化废而奸邪并出,刑罚不能胜者,其堤防坏也。古之王者明于此,是故南面而治天下,莫不以教化为大务。②

这些主张促使西汉王朝着力构建主流意识形态、塑造核心价值观,在政治思想上独尊儒术,在哲学思想上确立了"天人感应"学说,在核心价值观上推崇"孝道",形成了完整的治理思想,并通过一系列的制度安排,如举荐孝廉制度、学校制度、三老制度及礼俗制度等与乡村民众的生活习俗相衔接,从而达到维护统治、保证社会良性运转的治理目的。

两汉乡村治理策略最突出的特色是因俗而治,充分运用维系自组织运转的天然伦理规范和体现人们天性的血缘亲情,通过对孝悌、尊老、礼仪等的倡导实现乡村治理。两汉采取"以孝治天下"的策略,就是因为统治者意识到天性不违,如汉宣帝说:"父子之亲,夫妇之道,天性也。虽有祸患,犹蒙死而存之。诚爱结于心,仁厚之至也,岂能违之哉!"③孝道的提倡强化了远古亲缘基因造就的"为民父母"的为官意识。在汉代,从皇帝到地方官都自称为"民之父母",称百姓为"子民";百姓对地方官的"父母"角色也自觉认同,

---

① [汉]陆贾:《新语校注》(卷下),《至德第八》,王利器校注,中华书局 1986 年版,第 118 页。
② 《汉书·董仲舒列传》。
③ 《汉书·宣帝纪》。

如汉代的基层民众甚至自创歌谣颂美地方官,称他们为"父母"①,在官民之间营造了一种温馨的氛围。顺此情势又强化了一系列制度安排。首先是实施以"孝悌廉洁"为标准"举孝廉"的官员选拔制度,突出了为官的"德"性,引导人们躬行孝道,褒奖"孝悌"成为国家和地方政府的常用举措。如汉惠帝四年(前190年)"春正月,举民孝悌力田者复其身";高后摄政元年(前187年)春正月,"初置孝悌力田二千石者一人";汉武帝元光元年(前134年)冬十一月,"初令郡国举孝廉各一人";元朔元年(前128年)冬十一月,又下诏"……兴廉举孝,庶几成风";汉宣帝地节三年(前67年)冬十月,下诏"令郡国举孝弟有行义闻于乡里者各一人"。② 经过几代帝王的推行,"举孝廉"逐渐经常化和制度化,成为西汉重要的官员选拔制度。

为落实以"孝"治天下的策略,汉代还继承和发扬了古已有之的三老制度。春秋战国时期,乡里普遍设三老。秦统一后,亦在全国乡里普遍设三老。汉承秦制,不但乡置三老成为定制,而且不断完善。刘邦称帝次年就下诏:"举民年五十以上,有修行,能帅众为善,置以为三老,乡一人。择乡三老一人为县三老,与县令丞尉以事相教,复勿徭戍。"③后来又置孝悌、力田与三老配合。文帝前元十二年(前169年)三月下诏说:

> 孝悌,天下之大顺也。力田,为生之本也。三老,众民之师也。廉吏,民之表也。朕甚嘉此二三大夫之行。今万家之县,云无应令,岂实人情?是吏举贤之道未备也。其遣谒者劳赐三老、孝者帛,人五匹;悌者、力田二匹;廉吏二百石以上率百石者三匹。及问民所不便安,而以户口率置三老、孝、悌、力田常员,令各率其意以道民焉。④

其后又设郡三老、国三老。三老之制实质上是当时的一种社会教育制度,目的是让德高望重的老人作百姓的表率,推行教化,教导人民安分守己。三老不是行政职务,亦无正常俸禄,但他们是民间权威的体现者和道德表率,因而得到两汉统治者的优礼和尊崇。不但免除其徭役,而且不断地厚加赏赐,由此在百姓中树立起了一定的权威,享有一定的威望。各级三老不但可以与县令、丞尉分庭抗礼,甚至可以直接上书皇帝提出意见和建议,具有较高

---

① 参见白振奎、闵克香:《汉代的"父母官"歌谣与"为民父母"文化》,《阜阳师范学院学报(社会科学版)》2018年第5期。
② 以上见《汉书》的《惠帝纪》《高后纪》《武帝纪》《宣帝纪》。
③ 《汉书·高帝纪上》。
④ 《汉书·文帝纪》。

的社会与政治地位,在乡村治理中发挥着十分重要的作用。

为实现对社会大众的教化,汉代统治者十分注意发展学校教育。董仲舒曾说:"是故古之王者莫不以教化为大务,立大学以教于国,设庠序以化于邑。"①西汉统治者希冀通过学校教育使民众从小普遍受到主流意识形态的教化,安于现存的统治秩序。汉武帝时"令天下郡国皆立学校官"。② 平帝时"立官稷及学官。郡国曰学,县、道、邑、侯国曰校。校、学置经师一人。乡曰庠,聚曰序。庠、序置《孝经》师一人"。③ 由此建立起了全国性的学校教化体系。《汉书·食货志》载:"八岁入小学,学六甲五方书计之事,始知室家长幼之节。十五入大学,学先圣礼乐,而知朝廷君臣之礼。"入小学而"知室家长幼之节",入大学而"知朝廷君臣之礼",由此培养学生的秩序观念和尊卑意识。据学者研究,乡里庠序主要对乡村中5—14岁的适龄儿童少年开展教育活动,在每年的1—5月和8—11月到校集中学习,内容包括《孝敬》《六甲》《九九》《急就》《三仓》《论语》等,成为推行主流意识形态的主阵地。④

规范和恢复上古礼仪制度也是汉代统治者非常重视的治理之术。汉武帝曾"令礼官劝学,讲议洽闻,举遗兴礼,以为天下先"⑤,于是"议立明堂,制礼服,以兴太平"⑥。在汉代,在人生的重要节点上都有相应的礼仪,诸如生老病死、婚丧嫁娶、祭祖欢庆等都要遵守特定的仪轨,由此向人们灌输特定的价值观念,养成符合统治意志的价值取向。对于各种礼仪的功能和效用,汉代的统治者是十分清楚的。如《汉书·礼乐志》就说:

> 人性有男女之情,妒忌之别,为制婚姻之礼;有交接长幼之序,为制乡饮之礼;有哀死思远之情,为制丧祭之礼;有尊尊敬上之心,为制朝觐之礼。哀有哭踊之节,乐有歌舞之容,正人足以副其诚,邪人足以防其失。故婚姻之礼废,则夫妇之道苦,而淫辟之罪多;乡饮之礼废,则长幼之序乱,而争斗之狱蕃;丧祭之礼废,则骨肉之恩薄,而背死忘先者众;朝聘之礼废,则君臣之位失,而侵陵之渐起。

意思是说,通过礼仪活动明确了每个人的身份和地位,每个人的行为不逾越

---

① 《汉书·礼乐志》。
② 《汉书·循吏传》。
③ 《汉书·平帝纪》。
④ 参见张信通:《汉代里的教化职能》,《东岳论丛》2016年第11期。
⑤ 《汉书·武帝纪》。
⑥ 《汉书·礼乐志》。

礼制,社会就会井然有序。例如乡饮酒礼,《礼记·乡饮酒礼》说:

> 乡饮酒之礼,六十者坐,五十者立侍以听政役,所以明尊长也。六十者三豆,七十者四豆,八十者五豆,九十者六豆,所以明养老也。

汉代乡里的乡饮酒礼主要由里祭酒主持,目的在于明尊长养老、明长幼之序、明尊卑贵贱,"里祭酒负责传播儒家乡饮酒礼和乡射礼的结果,促使里小共同体形成更加稳定有序的运行状态,收到了单靠行政手段控制基层无法达到的效果"①。总之,汉代统治者"对'礼'的重视和遵循,使西汉时期孝悌忠信的核心价值观得以传播和弘扬,也使得主流意识形态得以普及并深入人心"②,乡村治理策略找到了落实的途径。

(二)秦汉时期乡村治理制度完备严密

根据多年来学者们的研究成果可以确认,秦汉时期已经形成了从中央到地方、乡村的多条并行的垂直治理制度。主要有由丞相—郡守—县令(长)—乡有秩(或啬夫)—里正—什长—伍长构成的政务系统;由御史大夫—郡丞—县丞—乡佐—里佐构成的监察辅佐系统;由国三老—郡三老—县三老—乡三老—里祭酒构成的教化系统。此外还建立了中央、郡县和乡里构成的治安管理系统。中央一级设置了太尉、廷尉、中尉、卫尉等官吏,分别主管朝廷、宫廷与皇城内外的禁卫与治安,主管全国和京师地区治安。郡、县一级设置有郡尉、县尉及关都尉、骑都尉、农都尉、分部尉等官员,主管辖区的安全防范与治安工作。乡村社会的治安则专门设置了"亭"这一机构。西汉对乡村治理的重视还体现在从中央到地方、从民政到军政领域都设置了专门管理农业生产的官员。据学者研究,中央派驻地方的农官有漆官、橘官、都田啬夫、都田佐;地方机构中直接设置了农司马、渔监、田典、左田、劝田史、劝农史等农官;军屯机构中有护田校尉、戊校尉、己校尉、将兵护民田官等农官,民屯机构中则设置了农令、农长、农丛、代田长、屯田丞、别田令史等农官③,这表明重农是治理乡村的重要理念和举措。

就乡村治理而言,乡、里、亭的设置和运转是最基本的制度安排。据《汉书·百官公卿表》记载,西汉平帝时全国有县道邑国1 587个,乡有6 622个,平均每县四乡有余。《续汉书·郡国志五》载,东汉有县邑道侯国1 180

---

① 张信通:《汉代的乡饮酒礼和乡射礼》,《凯里学院学报》2018年第5期。
② 参见吴全兰:《西汉意识形态的大众化及其启示》,《广西师范大学学报(哲学社会科学版)》2018年第4期。
③ 郭俊然:《出土资料所见汉代地方农官考论》,《昭通学院学报》2015年第1期。

个,永兴元年(153年)有乡3 681个,平均每县三乡有余。乡的官员为啬夫。《汉书·百官公卿表》叙述乡官的情况时说:"乡有三老、有秩、啬夫、游徼。三老掌教化。啬夫职听讼,收赋税。游徼徼循,禁资贼。"《续汉书·百官志五》对乡官作了更详细的介绍:"乡置有秩、三老、游徼。"本注曰:

> 有秩,郡所署,秩百石掌一乡人。其乡小者,县置啬夫一人。皆主知民善恶,为役先后,知民贫富,为赋多少,平其差品。三老掌教化,凡有孝子顺孙,贞女义妇,让财救患,及学士为民法式者,皆扁表其门,以兴善行。游徼掌徼循,禁司奸盗。又有乡佐,属乡,主民收赋税。

最基层的里参与治理的人员也十分多。据学者研究:

> 从理论上说,秦汉时期一个标准居民单位"里"的里吏职位和职数设置包括:伍长二十人,什长十人;里监门二人;田典、里正(里典、里魁)各一人;里佐职数不定,盖一人常见;社宰、里治中从事各一人;里祭尊、里祭酒职数不定,多一至二人;总计四十人上下。①

按当时标准里属百户、每户5人计算,一里也就500余人,管理者则多达40余人。若果如此,实现严密控制与治理就不是什么难事了。西汉时代,全国分布着29 635个亭;东汉永兴元年(153年)有12 443个。西汉平均412.79户即有一亭,平均每县有18.67个亭;每乡约有4.47个亭;东汉时代,平均每858户有一亭,平均每县10.54个亭,每乡3.38个亭。这样,在两汉有效统治的地域内便形成了一张严密的治理网络,牢牢地维系着乡村社会的秩序②。

值得注意的是,关于乡、里、亭的性质和关系,学界也逐渐取得相对一致的认识。一是认为秦汉时期的乡部、田部和亭部吏员都是县廷属吏,是县政府的直属单位派驻于乡村开展工作的,"乡部主要负责户籍管理及相关事务,田部负责田地相关事务,而亭部负责社会治安,缉捕盗贼。所以实际上并不存在所谓的'乡一级',无论'乡部'、'田部'还是'亭部',都不能算是一级,可以把它们看作是作为县级政府的补充而存在的"。③ 二是认为亭和乡里不属于同一行政系统,乡与里的性质也不同。有研究者认为:

---

① 张信通:《秦汉里治研究》,河南大学博士学位论文,2013年,第152页。
② 参见马新:《两汉乡村社会史》,齐鲁书社1997年版,第195—196页;王育民:《秦汉政治制度》,西北大学出版社1996年版,第84页。
③ 宋聪聪:《汉代乡里制度几个问题研究》,南京师范大学硕士学位论文,2013年。

亭和乡、里不属于一个行政系统,不是乡的下级政权,亭长是直属于县的地方治安管理官吏,而非乡的属吏。

汉代乡、里的性质是不同的。乡是县的派出单位,乡政府是县政府的组成部分,乡吏是县吏的成员,都属于官僚序列。而里则是居民的基本编制单位,里虽然有里正、里典、里监门等管理人员,但他们不属于官僚序列,无俸禄可食,所操之事不过是"役"而已。①

三是认为里的管理范围并不一定对应的是自然村,而是行政村。有研究者根据江陵凤凰山 10 号墓的简牍的内容发现:"里正偃不只负责一个里,而是从郑里、市阳里和当利里三个自然村落征收算赋。从算赋倒推这几个里的户数,分别为 25 户、38 户和 39 户,合计为 102 户。因此,里正偃很有可能是由几个自然村落形成的 100 户的行政村落的代表。"②还有学者认为:"秦汉乡里组织,实际上是地域组织与血缘宗法组织的有机结合。乡里民众多聚族而居,一个里往往就是一个或数个宗族,故时人常以宗族与闾里、乡党并称。"③这些研究成果有助于我们深化对秦汉乡村治理制度的认识和理解。

(三)秦汉时期乡村治理效果评价上的分歧

怎样评价秦汉时期乡村治理制度的运行效果,学界的认识尚不统一。主要集中在两个问题上:一是所谓乡村自治问题,也就是如何看待豪强宗族势力在乡村治理中的影响和作用。二是如何看待"里"的管理方式,特别是对秦汉聚落的形式如何判断,即是否有围墙。史籍中记载的管理举措,如出入里门的检查、生产劳动的督促、日常生活的规定等是否存在。如存在,是施于城中之里还是乡间之里。

1. 秦汉时期的豪强宗族与乡村自治问题

长期以来,不少学人在追踪古代乡村自治时,通常都是把乡村中的宗族及其组织的活动看作至少是带有自治色彩的行为。这种认识的主要依据源于明清时期宗族的情况。对于秦汉时期宗族组织的形态,学界存在着不同的认识。部分学者认为,乡村是行政组织与民间组织并存的状态,民间组织的作用甚至超过了政府的基层组织。日本学者中比较盛行的是所谓的"共同体"理论,将秦汉乡里秩序结构解释成由父老的里共同体向豪族的里共同体的演变模式④。林甘泉先生则指出:"决不能认为秦汉的乡里已经完全丧

---

① 臧知非:《简牍所见汉代乡部的建制与职能》,《史学月刊》2006 年第 5 期。
② [韩]金秉骏:《汉代乡里统治之变迁》,《中华文化论坛》2004 年第 1 期。
③ 仝晰纲:《秦汉时期的乡里管理体制》,《东岳论丛》1999 年第 4 期。
④ 参见东晋次:《东汉的乡里社会及其政治的变迁》,《中国史研究》1989 年第 1 期。

失了先前共同体的自治功能。作为一种聚落形态,秦汉的乡里并非单纯是封建国家的基层行政组织,它实际上扮演了封建国家基层行政组织和民间社区的双重角色。"①另有一部分学者则认为:"秦汉魏晋南北朝时期乡村社区的居住关系是以异姓杂居为主要趋势的家族、宗族聚居与异姓杂居同时并存的居住形式,概括地说,就是'大杂居,小聚居'。"②秦汉时期能够横霸一方的大宗族比较少见,更多的宗族"实际上大致相当于我们所谓的家族范畴,只是社会上仍保持着上古以'宗族'称亲戚的传统而已。几乎可以肯定地说汉初社会生活的基本单位在个体家庭,人们的社会政治联系一般限于家族范围之内。除个别的'宗族'联系较为紧切的大族(如六国贵族之氏)势力以外,汉初社会的宗族联结是十分有限的"。③ 家族、宗族存在的形态既是自然演变的结果,又是秦汉政府打击地方势力、加强乡村治理与控制的结果。东汉时人杜林在谈及汉初迁移豪强之家的影响时就评论说:

> 及汉初兴,上稽旧章,合符重规,徙齐诸田,楚昭、屈、景、燕、赵、韩魏之后,以稍弱六国强宗。邑里无营利之家,野泽无兼并之民,万里之统,海达赖安……强干弱枝,本支百世之要也。④

所论虽不免绝对,但大致符合当时的情形。秦汉时期的宗族、富家、豪强显然还谈不上近现代意义上的自治的问题。所以有学者认为:

> 用"自治权"(autonomy)概括地方权威在乡村社会中的地位和作用并不太恰当,"自我管治"(self-control)或许是一个更为贴切的术语。因为在集权专制主义的政治模式和权力结构中,"自治权"没有独立存在的空间。⑤

这种观点得到不少学者赞同,他们认为:"西汉中期以后宗族豪强在乡里权力结构'自治'色彩的增强就只能说成是'自我管治'功能的日益凸显而已"⑥。

---

① 林甘泉:《秦汉帝国的民间社区和民间组织》,收录于《中国古代政治文化论稿》,安徽教育出版社2004年版。
② 李卿:《秦汉魏晋南北朝时期家族、宗族关系研究》,上海人民出版社2005年版,第112页。
③ 赵沛:《两汉宗族研究》,山东大学出版社2002年版,第109页。
④ 《续汉书·五行志三》,刘昭注引《东观书》。
⑤ 高寿仙:《略论传统中国的乡村控制与社村结构》,《北京行政学院学报》2001年第5期。
⑥ 参见王爱清:《秦汉乡里控制研究》,山东大学博士学位论文,2008年,第83页;温乐平、艾刚:《冲突与制衡:秦汉民间力量与乡里政权的关系》,《江汉论坛》2010年第8期。

笔者也赞同不能用"自治"的视角来看待乡村社会自行开展的生产、生活行为,古代乡村治理空间的留白既是上层统治力极限的反映,更是统治者采取"无为而治""顺势而治"和"因俗而治"等治理策略的表现。

两汉史籍中经常出现豪民、豪强、豪右、乡村著姓、右姓等描述乡村中强势人物的字眼,他们或是六国旧贵族,或是新兴的军功贵族,或是乡中累世大姓,或是以仗义疏财而颇具声望的游侠,或是因经商成为财力雄厚的大户等。这些强势人物依靠在政治、经济、文化等方面的优势地位,对乡村社会秩序产生了巨大的冲击,往往成为王朝治理乡村的对抗力量。其消极影响主要表现在两个方面。首先是觊觎和染指乡村权力、权威职位。秦汉乡村治理制度中,乡啬夫虽为"斗食之吏",即作为县廷派出的官员管理着徭役摊派、赋税征收、监督户口等大权,掌握着乡民的命脉。同时,乡官还有进一步升迁的机会,是乡村社会比较令人羡慕的职位,有些地方甚至流传着"人但闻啬夫,不知郡县"的民谚。因此许多豪强争当乡啬夫,不少人还因此得以进入更高层的权力系统。如鲍宣初为渤海高城县乡啬夫,"后为都尉太守功曹,举孝廉为郎";张敞"本以乡有秩补太守卒史,察廉为甘泉仓长"。① 其余如朱邑、第五伦、爰延、郑玄、郑宏等均由乡啬夫起家。另一个为豪强们关注的职位是三老。三老虽然不是正式的官员,但能够左右乡党舆论,对"乡举里选"的察举、征辟往往起到关键作用,享有很高的社会地位,于是许多豪强都努力争取获得三老的称号。如武帝时期的绣衣御史王翁孺解职后为魏郡元城委粟里三老;出身世代豪吏的赵宽为浩亹三老;南阳豪民地主樊重因"赈赡宗族,恩加乡闾",被推为乡三老。② 豪强借助于三老的威望和地位不但可能享受免役、获得赏赐等特权,而且进一步提高了身价、扩大了影响。其次是凭借雄厚的财力左右乡村经济生活,严重干扰政府经济政策的落实。秦汉时期,农业经济和乡村人口是政府财税收入和徭役征发的重要来源。史载两汉时期豪强"膏田满野,奴婢千群,徒附万计","多畜奴婢,田宅亡限,与民争利"。③ 他们凭借雄厚的财力,在乡里颐指气使、偷税抗税、垄断商品交易、大放私债,严重干扰了正常的经济生活秩序,使乡村生活陷入困顿和混乱之中。例如,豪民放债活动不但使小农经济日趋破败,其声威甚至超过了官府。西汉成帝、哀帝时的罗裒通过重贿外戚宠臣,竟"赊贷郡国,人莫敢负";权贵之家"至为人起责,分利受谢,生人死出者不可胜数";有的豪

---

① 引文依次见《汉书》的《爰延传》《鲍宣传》《张敞传》。
② 引文依次见《汉书·元后传》;《东汉三老赵椽碑》,《文物》1964 年第 5 期;《后汉书·樊宏传》。
③ 《汉书·哀帝纪》。

民甚至能令"中家子弟,为之保役,趋走与臣仆等勤"。豪民还与乡村吏员相互勾结,千方百计转嫁应承担的赋税徭役,"大抵通流皆在大家,吏正畏惮,不敢笃责,刻急细民,细民不堪,流亡远去"。① 乡吏只好使"中家为之色出,后亡者为先亡者服事",从而"因公生奸","发求民间,至夜不绝,或狗吠竟夕,民不得安"。② 司马迁在《史记》里讲出了这样的道理:"凡编户之民,富相什则卑下之,伯则畏惮之,千则役,万则仆,物之理也。"这说明在社会生活中除了政治权力外,能够产生强制力和压迫力的还有财富,两汉时期的豪强往往是"役财骄溢,或至并兼豪党之徒以武断于乡曲"。一些巨室大户不仅横行乡里,甚至凌驾于郡县政权之上。如汉武帝时的灌夫横行颍川;宣帝朝涿郡的大姓西高氏、东高氏,"自郡吏以下皆畏避之,莫敢与梧,咸曰:'宁负二千石,无负豪大家'";汉景帝时的南阳人宁成更是"使民威重于郡守"。③ 东汉崔寔在《政论》中尖锐地说:"上家累巨亿之赀,斥地侔封君之土,行苞苴以乱执政,养剑客以威黔首,专杀不辜,号无市死之子,生死之奉,多拟人主。"仲长统也指出:

　　井田之变,豪人货殖,馆舍布于州郡,田亩连于方国。身无半通青纶之命,而窃三辰龙章之服;不为编户一伍之长,而有千室名邑之役。荣乐过于封君,势力侔于守令。财赂自营,犯法不坐。刺客死士,为之投命。④

总之,两汉时期,乡村秩序的维护、生产生活的治理遇到了豪强势力的严重干扰,虽然中央政府也曾不断打击这股势力,但由于它根植于血缘、地缘纽带且具有强大的经济实力,始终是社会治理中的难题。⑤

2. 秦汉时期里的管理问题

不少研究者认为,秦汉时期的里有严格的规制和管理措施,"里的设置和居民分布有严格规定,街巷墙垣、道路林木、里门数量依制而定;里民则根据身份等级,各有相应居住区,五家为伍,比邻而居,相互监督"。⑥ 文献记载中"里"的存在形态似乎过于规整,考古发现的秦汉聚落遗址似乎也不都

---

① 引文依次见《汉书》的《货殖传》和《谷永传》,《后汉书·植谭传》,《盐铁论·未通》。
② 引文依次见《汉书·贡禹传》,《后汉书》的《孝安帝纪》和《循吏列传》。
③ 引文依次见《汉书》的《食货志上》和《酷吏传》。
④ 《后汉书·仲长统传》。
⑤ 参见王彦辉:《汉代豪民与乡里政权》,《史学月刊》2000年第4期。
⑥ 臧知非:《"闾左"新证——以秦汉基层社会结构为中心》,《史学集刊》2012年第2期。

是有围墙的,不足以证明文献记载的真实性。从逻辑上推断,一方面新石器时代居住遗址大多都有一定的防卫设施,如壕沟、矮墙等,作为一种建筑传统或许会流传后世,直到明清仍存在有围墙、城堡、沟壑等防御设施的村落,说明建筑规范的里居形态是真实存在过的。另一方面,还要考虑当时的人口分布状态和城乡建筑布局。从目前学界的研究看,还存在较大的认识分歧。主要有以下一些观点。第一种认为,西汉可称为城市时代,乡村聚落是在东汉时才普遍出现的。俞伟超提出:"人口集中于城市的情况,在战国至汉代(至少至西汉),在我国历史上是仅见的。这样的历史,完全可以说是城市的历史。"①日本学者江村治树认为,从殷周到春秋基本上城市是国家的主要部分,从战国到西汉的前半段是很多巨型城市发达的时代,从殷周到西汉,城市是历史的主要舞台。② 韩国学者金秉骏先生根据墓葬与县城距离的分析,提出西汉时的农民主要居住在县城内或邻近地区,到东汉时聚落就不再完全围在县城附近了,在远离县城的地方也有分散且不规律的分布。③第二种观点认为,从战国到秦汉,人口的大部分包括农民都居住在县城以上的都市里,城外分布着耕地,农民则需要出城劳作。④ 这种状况似乎能够印证"里监门"存在的必要和管理方式的存在。第三种观点认为,大部分汉代的乡、聚、亭的建筑形制都是拥有垣墙的小城,当然也"存在着没有城郭的聚落"。因此,汉代的都市可称为"农民都市"⑤。第四种观点认为,有围墙的"里"存在于城市中,是住宅区,商业区称为市。城中的"里"有围墙和总门,出入都有严格的管理。⑥ 第五种观点则认为唐代之前的中国就是一个乡村社会,大部分人口居住在城外的乡村。何兹全认为战国和秦汉时代的人口一般是围着城市居住,由城区向外辐射,远离城郭的地区人口越来越少,汉代城市人口约占总人口的40%;鲁惟一估计汉代城市与农村人口的比例应是1∶9;马新认为"中国古代社会,尤其是汉唐社会,并不存在一个完整的

---

① 俞伟超:《中国古代都城规划的发展阶段性》,收录于《先秦两汉考古学论集》,文物出版社1985年版。
② [日]江村治树:《古代都市社会》,收录于《殷周秦汉时代史之基本问题》,汲古书院2001年版。
③ [韩]金秉骏:《汉代聚落分布的变化——以墓葬与县城距离的分析为线索》,《考古学报》2015年第1期。
④ 参见[日]宫崎市定:《战国时代的都市》,朝日新闻社1976年版。
⑤ 参见[日]宫崎市定:《关于中国聚落形体的变迁》,收录于《日本学者研究中国史论著选译(第三卷)》,中华书局1993年版;[日]五井直弘:《东汉王朝与豪强大族》,收录于《中国古代史论稿》,姜镇庆、李德龙译,北京大学出版社2001年版;张继海:《汉代城市社会》,社会科学文献出版社2006年版。
⑥ 参见李剑农:《先秦两汉经济史稿》,生活·读书·新知三联书店1957年版。

城市社会","中国社会的实际是乡村社会"。① 第六种观点认为,文献记载中已经出现了很多有名称的村落,说明两汉时期的自然村落已经普遍存在了。② 有学者依据上述研究和考古新发展的资料得出结论认为:汉代"普通村落一般集聚在大小城邑周围。城乡聚落的比例与文献记载不同。已发现的汉代普通聚落遗址均未发现墙垣遗迹。乡内之里的户数和地理范围均不固定,布局多分散且无规律"。③ 还有学者根据考古发现的汉代聚落遗址资料总结出汉代中原地区聚落形态的特征:一是汉代聚落与城市初步构成了城乡连续体,相互依存。"从永城市范围内汉代遗址的调查情况看,汉代郡县境内以县城为中心,聚落分布较为密集,而且,聚落的规模、等级有明显的差异,在地理空间分布上自然或人为形成了县城以外的较大规模的次中心聚落(可能对应乡级管理机构所在地),围以较小规模的聚落。"二是聚居一般是由最初的相对散居逐渐形成的。"大致从西汉初期后开始,城邑内人口较多的农户和家族逐渐有组织或自发地从城内分离出来,在距城较远的宜耕之地开垦新的农田",由家庭人口的繁衍逐渐向四周分居而形成了新的聚落。三是聚落形成经过一定的规划,院落多居于农田之中,与当时授田制的实行相吻合。④ 上述研究表明,考古成果没有提供当时新形成的聚落有围墙的证据,那么里的管理方式也很难与文献记载相对应。

总之,如果认为秦汉时期的村落大都是围绕城市分布的,那么整齐的聚落规划就完全可以实现。限于史料和遗址的相对匮乏,我们还无法搞清全部的状况,但文献记载所反映的情形至少说明秦汉时期的中央政府对乡村治理的举措还是非常严格的,也是直接的。

二、三国两晋南北朝时期乡村治理制度的重整

自东汉末年(184年)黄巾起义始到589年隋文帝灭陈统一全国,中国社会在长达400余年的时间里一直处于分裂和战乱之中。在政治上,王朝频繁更迭,先后出现了由各族建立的统治区域大小不等的政权多达35个;在军事上,战乱不断,400余年间几乎无年不有战争,造成了巨大的破坏;在

---

① 参见何兹全:《中国古代社会形态演变过程中三个关键性时代》,《历史研究》2000年第2期;鲁惟一为王仲殊《汉代考古学概说》写的书评,《通报》1983年第69卷;马新:《两汉乡村社会史》,齐鲁书社1997年版,第2—3页。
② 侯旭东:《北京大葆台汉墓竹简释义——汉代聚落自名的新证据》,《中国历史文物》2009年第5期;《东汉魏六朝的自然聚落——兼论"邨"、"村"关系与"村"的通称化》,收录于《中国史新论·基层社会研究》,联经出版事业有限公司2009年版。
③ 韩国河、张继华:《汉代聚落考古的几个问题》,《中原文物》2015年第6期。
④ 参见刘海旺:《中原地区汉代聚落试探》,《中原文物》2016年第5期。

生存环境上,自然灾害频仍,经济生产持续遭受严重冲击;在民族关系上,北方少数民族频频南侵,民族冲突、矛盾和融合进一步加剧。所有这些造成社会动荡不安、人民流离失所、人口锐减、土地荒芜。各类政权的社会控制力和国家统治力不断削弱,特别是对基层社会的治理和控制几近无力顾及的程度。于是坞壁、宗主督护制、三长制等社会基层管理制度或组织应运而生,从而使乡村治理策略、制度和方法呈现出新的样态。

(一) 乡村治理环境的巨大变化

三国两晋南北朝时期,乡村治理环境改变的外在因素不外天灾人祸两个方面。自然灾害是一个常见因素,但这一时期人祸的剧烈使两者的损害叠加,正常的乡村治理制度和机制功能几近全失,进一步加剧了社会的动荡和生产、生活的破败。

就自然灾害而言,据学者研究,这400余年间,共发生地震、水、旱、风、雹、蝗螟、霜雪、疾疫等灾害多达619次,其频度之密、波及之广、为害之烈远远超过前代。根据史籍记载和学者研究,这里择要展示部分自然灾害的破坏情况[①]。(见表9-1)

表9-1 三国两晋南北朝时期灾害部分情况

灾害	发生时间	破 坏 情 况	史 料 出 处
旱灾	309年	"江、汉、河、洛皆竭,可涉。"	《晋书·怀帝本纪》
	473年	"州镇十一大旱,相州民饿死者二千八百四十五人。"	《魏书·高祖本纪》
	563年	"东诸郡大旱,甚者米一升数百,京邑亦至百余,饥死者十有六七。"	《南史·宋前废帝本纪》
地震	294年	"山崩地陷,坏府城,杀居民。"	《晋书·惠帝本纪》
	512年	"京师及并、朔、相、冀、定、瀛六州地震。恒州之繁畤、桑乾、灵丘、肆州之秀容、雁门地震陷裂,山崩泉涌,杀五千三百一十人,伤者二千七百二十二人,牛马杂畜死伤者三千余。"	《魏书·灵征志》
	562年	"地震,有声,自河北来。鲁郡山摇地动;彭城女墙四百八十丈坠落,屋室倾倒;兖州地裂,泉涌二年不已。"	《宋书·五行志》

---

① 参见邓拓:《中国救荒史》,北京出版社1998年版。

续表

灾害	发生时间	破坏情况	史料出处
水灾	277年	"兖、豫、青、徐、荆、益、梁七州大水,伤秋稼。"仅荆州五郡被水淹者就达4 000余家。	《晋书·武帝本纪》
	485年	"数州灾水,饥馑荐臻,致有卖鬻男女者,……百姓无辜,横罹艰毒。……南豫、朔二州大水,各杀千余人。"	《魏书·高祖本纪》
	516年	"淮堰破,萧衍缘淮城戍村落十余万口,皆漂入于海。"	《魏书·肃宗本纪》
	567年	"秋,山东大水,人饥,僵尸满道。"	《北史·齐后主本纪》
风灾	281年	"五月,济南大风,折木伤麦;六月,高平大风折木,坏邸阁四十余区;七月,上党又大风伤秋稼。"	《晋书·武帝本纪》
	453年	"大风,拔木;雨,冻杀牛马无数。"	《宋书·五行志》
	499年	"大风,京师十围树,及官府居民屋,皆拔倒。"	《南齐书·五行志》
	500年	二月,"幽州风暴,杀一百六十一人。"	《魏书·灵征志》
雨雹	279年	记载多地发生雨雹之灾,"伤禾麦""伤秋稼""伤秋麦千三百余顷,坏屋百二十余间"。	《晋书·五行志》
	332年	"雹起西河介山,大如鸡子,平地三尺,下丈余,行人禽兽死者万数,历太原、乐平、武乡、赵郡、广平钜鹿千余里,树木摧折,禾稼荡然。"	《晋书·石勒载记》
疫疾	275年	"洛阳大疫,死者大半。"	《晋书·武帝本纪》
	310年	"襄阳大疫,死者三千人。"	《晋书·怀帝本纪》
	322年	"天下大疫,死者十二三。"	《晋书·元帝本纪》
蝗螟	310年	"自幽、并、司、冀至于秦、雍,大蝗食草木,牛,马毛鬣皆尽。"	《晋书·怀帝本纪》
	318年	"蝗害禾稼,纵广三百里,食生草尽。"致"诸郡百姓多饥死"。	《晋书·元帝本纪》

就战乱而言,施和金先生根据《读史方舆纪要》统计,自先秦至明代土木之变,我国境内共发生了6 192次战争,其中魏晋南北朝时期就占了1 677次。① 频繁的战争不但造成财力、物力和人力的大量损耗,而且带来人口的大量减少和频繁迁徙,生产遭到巨大破坏,大量土地荒芜,进一步加剧了社会的动荡。这里择要列举部分比较突出的战乱情况。② (见表9-2)

表9-2 魏晋南北朝战乱部分情况

战乱时期	为害情况	资料出处
东汉中平六年(189年)董卓之乱开始,到曹操统一北方(215年),持续26年	董卓凶暴残忍,烧毁洛阳宫庙、官府和民居,城内扫地殄尽,洛阳城外200里内无复人迹。	《三国志·魏书·董卓传》
	董卓徙洛阳数百万人口去长安时,"步骑驱蹙,更相蹈藉,饥饿寇掠,积尸盈路"。	《后汉书·董卓传》
	董卓将李傕放兵劫掠,"强者四散,羸者相食,二三年间,关中无复人迹"。	《后汉书·董卓传》
	东汉兴平元年(194年),关中兵乱后,大旱,"是时谷一斛五十,人相食啖,白骨委积"。	《后汉书·孝献帝纪》
	"名都空而不居,百里绝而无民者,不可胜数",甚至造成"千里无人烟""白骨蔽平原"的悲惨景象。	《后汉书·仲长统传》
西晋八王之乱,从元康元年(291年)到光熙元年(306年),持续16年	战争初起才两月余,战乱死亡者已达10余万人。	《晋书·赵王伦传》
北方各少数民族贵族反晋斗争,长达30余年	造成黄河流域"千里无烟爨之气,华夏无冠带之人,自天地开辟,书籍所载,大乱之极,未有若兹者也"。	《晋书·虞预传》
	全国各地流徙总人数大约有30万户,150多万口。史称:"自永嘉丧乱,百姓流亡,中原萧条,千里无烟,饥寒流陨,相继沟壑。"	《晋书·慕容皝载记》

---

① 施和金:《中国古代战争的地理分布》,《历史地理》1995年第12辑,并收录于《中国历史军事地理研究》,南京师范大学出版社2000年版,第332—337页。
② 参见朱大渭、刘驰、梁满仓:《魏晋南北朝社会生活史》,中国社会科学出版社1998年版。

续表

战乱时期	为害情况	资料出处
北方各少数民族贵族反晋斗争,长达30余年	时人刘琨说:"目睹困乏,流移四散,十不存二,携老扶弱,不绝于路。"又说:"及其在者鬻卖妻子,生相捐弃,死亡委危,白骨横野,哀呼之声,感伤和气。"	《晋书·刘琨传》
晋怀帝永嘉五年(311年)六月,匈奴人刘曜等带兵攻进洛阳	"曜等遂焚烧宫庙,逼辱妃后,吴王晏、竟陵王林、尚书左仆射和郁、右仆射曹馥、尚书阎丘冲、袁粲、王级、河南尹刘默等皆遇害,百官士庶死者三万余人。"	《晋书·孝怀帝纪》
前后赵之间的战争,从东晋太宁二年(324年)至咸和四年(329年),持续6年有余	"二赵构隙,日相攻掠,河东、弘农之间民不聊生。"	《资治通鉴》卷93,《晋纪·十五·晋明帝太宁二年》
后赵统治北方时期	"青、雍、幽、荆州徙户及诸氐、羌、胡、蛮数百余万,各还本土,道路交错,互相杀掠,且饥疫死亡,其能达者十有二三。诸夏纷乱,无复农者。"	《晋书·石季龙载记下》
前秦末年的战乱,持续12年	"燕、秦相持经年,幽冀大饥,人相食,邑落萧条。燕之军士多饿死,燕王垂禁民养蚕,以桑椹为军粮。"	《资治通鉴》卷106,《晋纪·二十八·晋孝武帝太元十年》
	慕容冲攻长安,"纵兵暴掠,关中士民流散,道路断绝,千里无烟"。	《资治通鉴》卷106,《晋纪·二十八·晋孝武帝太元十年》
	慕容俨守郢州时,受到梁军的围困,"城中食少……人有死者,即取其肉,火别分啖,唯留骸骨"。	《北齐书·慕容俨传》
	前秦时苻登(后为秦主)举兵征伐,"是时岁旱众饥,道馑相望,登每战杀贼,名为熟食,谓军人曰:'汝等朝战,暮便饱肉,何忧于饥'!士众从之,啖死人肉,辄饱健能斗"。	《晋书·苻登载记》
侯景之乱	梁末繁华的建康城,"道路隔绝,数月之间,人至相食,犹不免饿死,存者百无一二"。甚至连"贵戚、豪族皆自出采稆,填委沟壑,不可胜纪"。	《资治通鉴》卷162,《梁纪·十七·梁武帝太清三年》

生活在三国两晋南北朝时期的各族广大劳动人民饱受战乱、灾害的折磨,还要承担繁重的赋税、徭役和兵役,忍饥挨饿、颠沛流离。正如北魏后期的辛雄所说:"当今天下黔黎,久经寇贼,父死兄亡,子弟沦陷,流离艰危,十室而九,白骨不收,孤茕靡恤,财殚力尽,无以卒岁。"①真可谓水深火热。秦汉时期建立的乡村秩序完全被破坏,乡村治理面临着失范、失序、失控的境况。试择要列举部分饥馑情况。(见表9-3)

表9-3 三国两晋南北朝时期社会饥馑部分情况

王朝	饥 馑 状 况	资料出版
西晋	永嘉年间,"幽、并、司、冀、雍六州大蝗,草木及牛马毛皆尽。又大疾疫,兼以饥馑,百姓又为寇贼所杀,流尸满河,白骨蔽野。……人多相食,饥疫总至"。	《晋书·食货志》
	"生民通尽……或毙于饥馑,其幸而自存者,盖十五焉。"	《晋书·食货志》
北魏	延兴三年,"州镇十一水旱……相州民饥,死者二千八百四十五人"。	《魏书·孝文帝本纪》
	景明二年,"青、齐、徐、兖四州大饥,民死万余口。明年,河州大饥,死者二千余口"。	《魏书·世宗本纪》
	延昌二年,"六镇大饥……饥民死者数万口"。	《魏书·宣武帝本纪》
	大统二年,"关中大饥,人相食,死者十七八"。	《北史·孝文帝本纪》
	皇兴二年,"豫州疫,民死十四五万"。	《魏书·灵征志》
	神龟元年,"幽州大饥,民死者三千七百九十九人"。	《魏书·肃宗本纪》
南梁	太清三年,"九江大饥,人相食者十四五"。	《南史·梁简文帝本纪》

就社会阶级结构而言,从汉代兴起的豪强大宗,到魏晋时期的豪族酋帅,再到东晋南北朝士族门阀制度的形成,社会各阶级可以划分为三个等级。第一等级是贵族,主要是皇室和高门士族;第二等级是良民,包括寒门庶民地主、寺院地主、富商巨贾、个体编户农民、个体手工业者、金户、银户、盐户、濒民等;第三等级被称为贱口,诸如屯田户、佃客、部曲、军户、吏家、百工户、杂户、绫罗户、牧户、僧祇户、佛图户、奴婢等均属此列。士族贵族高居

---

① 《魏书》(卷七十七),《辛雄传》。

统治阶级的最上层,垄断了中央和地方官员的重要职位,并且占有大量土地,还拥有免除赋役、荫庇亲属、收揽门生故吏、享受赐田、给客、给吏卒、恩赏钱财等种种经济和政治特权。寒门地主有些也是地方豪强,主要担任地方政府的缘属佐吏,虽然较少享有政治经济特权,但他们也占有相当的土地和经济资源,靠自身经营生产,剥削佃客奴婢,或兼营工商业,经济势力也不容小觑。① 无论是贵族士族还是寒门庶族,占尽了政治权力、经济资源、文化优势和精神高地②,对乡村农民有巨大的支配能力,也不时地挑战着中央政府的权威,对乡村治理成效和乡村秩序运转有着不容忽视的影响。例如人口的争夺,长期的战乱造成人口大量死亡、土地大量荒废,发展经济的主要矛盾则由争夺土地转向争夺劳动力。为此,南北各政权间、政府与地主间展开了激烈的争夺战。③ 东晋南朝时期多次进行土断、括户、却籍,试图控制流民、清出隐匿人口,成效却十分有限。据学者研究,虽然有大量北方人口流入南方,还有不少少数民族人口也纳入统治之中,东晋末年包括隐漏在内的人口约 1 746 万人,到了刘宋大明八年(464 年),总人数应为 1 500 万—1 700 万之间。④ 然而,从东吴到陈朝 300 多年间,政府控制的人口数却没有增长,刘宋时江南户口 517 万,到陈朝灭亡时户口仅有 200 万。⑤ 其原因就在于"大量人口流入私门"。⑥ 有学者估计"魏晋南北朝依附民的数量约略和编户相等"。⑦ 还有学者认为南朝政府能控制的人口最多占实际数目的 1/3 或 1/4。⑧ 这样的状况下,对乡村社会的治理就不能不依靠豪门强族了,这是魏晋南北朝时期乡村治理制度难以步入正轨的重要根源。

(二) 乡村治理制度的废坏与整顿

三国两晋南北朝时期的灾害和战乱加深了社会危机,许多农民背井离乡,或逃往深山海际隐匿,或避入寺院为僧尼,或投靠豪强大族为部曲附徒,或四处游荡沦为流民难民。如东晋咸安年间(371—372 年)有 3/10 的民户逃亡⑨;

---

① 朱大渭、刘驰、梁满仓:《魏晋南北朝社会生活史》,中国社会科学出版社 1998 年版,第 23—24 页。
② 参见张学峰:《九品相通:再论魏晋时期的户调》,《江海学刊》2002 年第 5 期。
③ 参见刘静夫:《中国魏晋南北朝经济史》,人民出版社 1994 年版,第 2—3 页。
④ 葛剑雄:《中国人口史》(第 1 卷),复旦大学出版社 2002 年版,第 464—466 页。
⑤ 吴宗国主编:《中国古代官僚政治制度研究》,北京大学出版社 2004 年版,第 87 页。
⑥ 唐长孺:《魏晋南北朝隋唐史三论》,武汉大学出版社 1992 年版,第 88—90 页。
⑦ 何兹全:《三国以后自由民(编户)和依附民的比率等问题》,收录于《冰茧彩丝集》,成都出版社 1994 年版。
⑧ 王育民:《东晋南朝时期户口试探》,《上海师范大学学报》1987 年第 1 期。
⑨ 《晋书·刘隗传附波传》。

南梁时期更是"天下户口,几亡其半"①。由此可知,中原人民被迫向外流亡,大批人口流居江淮之南;而北方少数民族数百万人口则南下就食,从而引发了南北人口的大流动、民族关系的大冲突、大融合和阶级关系的大变动。在这样的社会大变动时期,由于人口的频繁流动和大量减少,原来治理乡村的制度安排即使仍然存在,也难以发挥有效的作用了。根据现有的史料,这一时期的乡村治理制度既缺失记载,也很不完整,或许可以从另一个方面证明治理方式变异的存在。例如三国时期,史籍上充斥着"承大乱之后,民人损减""是时天下郡县皆残破"的记载,北方的魏"虽有十二州,至于民数,不过汉时一大郡",如金城郡"死丧流亡,或窜戎狄,或陷寇乱,户不满五百"。南方的吴也是"旧京空虚,数百里中无烟火","白骨露于野,千里无鸡鸣""郡县颇有荒残,民物雕敝,奸乱萌生"。② 人烟如此稀少,不可能再维持"十里一亭,十亭一乡"的规制。据学者研究,魏元帝曹奂景元年间(260—264年),曹魏控制的人口约443万,按当时所设县数为731个,则每县平均只有6 000余人,所以才会出现"不居者数百里"的景象,乡村治理制度真可谓名存实亡矣。③

西晋统一后,开始整顿地方县以下基层政权,减少乡的辖户。规定500户以上皆置乡,3 000户以上置2乡,5 000户以上置3乡,1万户以上置4乡,每乡置啬夫1人,大乡置治书史1人,佐2人;次乡置史、佐各1人;小乡只置治书史1人。百户置"里吏"1人,"其土广人稀,听随宜置里吏",但每里不得少于50户。又千户以上,置"校官掾"1人④。十六国时期这种制度安排在河西走廊一些地区仍然得到维持⑤。东晋时,贺循曾提出沿江诸县"多置亭侯,恒使徼行",虽不能如汉代做到十里一亭也应"要宜筹量,使力足相周"⑥。元帝接受了这一建议,部分地恢复了亭候制度。葛洪在《抱朴子·内篇》中曾十分明确地将东晋地方政权机构分为州、郡、县、乡、里五级⑦,南朝宋、齐、梁、陈,大体沿袭汉晋之制。总之,魏晋和南朝县以下仍努力维持着乡里什伍制度,它们的主要职能,一方面是徼察盗贼,维持社会治安;一方面是根据所谓"善恶""贫富",代表官府向百姓征租调,发徭役。侯

---

① 《南史·郭祖深传》。
② 依次见《三国志·魏书》,《三国志·吴书·孙破虏传》注引《江表传》,《三国志·吴书·孙登传》。
③ 参见任重、陈仪:《魏晋南北朝的里》,《西安交通大学学报(社会科学版)》2003年第2期。
④ 《晋书·职官志》。
⑤ 《西凉建初十二年(416年)敦煌县西宕乡高昌里户籍残券》,收录于《敦煌资料》第1辑。
⑥ 《晋书·贺循传》。
⑦ 《抱朴子·内篇》(卷六),《微旨》。

旭东通过石刻研究发现北朝时期(386—581年)"在实行三长制的同时,北朝乡村依然存在广泛的乡里编制。约自北魏太和年间开始直到北朝末,除北齐时京畿地区不设乡里之外,均设有乡里编制"。不过,这时的乡里制度已经变异,不但性质上变成了一个地域概念,原有的职能也转到了三长手中,而且不为乡土民众所接受。这种变化说明经过魏晋时期的摧残,秦汉时期的乡村治理制度和机制的确退出了乡村治理的实际运作,在王朝治理看似严密的制度网络里乡村民众通过"邑义"之类的组织培养起了对"村"的归属感,"看来当时民间活动仍有广泛空间,朝廷对基层的控制也有限"。①

从史籍记载看,这一时期乡村治理最主要的内容是通过户籍和什伍连坐制度保证人力资源的供给和防止民人逃亡。历史上的统治者已经深刻地认识到"人数周,为国之本也","人数者庶事之所自出也,莫不取正焉,以分田里,以令贡赋,以造器用,以制禄食,以起田役,以作军旅,国以建典,家以立度,五礼用修,九弄用措,其唯审人数乎。"②也就是说,必须通过严密的户籍制度的实施才能确保国家政权的正常运行。这个认识在魏晋南北朝时期也得到了贯彻和坚持。魏晋时期的户籍,又称"版籍"。郡国的正式户籍簿称为"黄籍",凡"在官役者"均登记在册③。东晋时,把中原南下的流民单独设立临时户籍,称为"白籍"④。户籍编制工作主要通过乡里什伍组织进行,编定后由乡里吏如有秩、里魁、里司等根据编户的不同情况征收租调、摊派徭役。汉魏以来,乡村里吏的职责之一就是勘定"贫富",按赀产定户等、按户等摊派赋税租调。曹魏建安年间就有了评估家赀的记载⑤,西晋时,户等分九品,征收租调采用"九品混通"法。因此,县令每年都要下到乡里主持"诘评百姓家赀"的工作。⑥ 这种户口赀产簿又称为"赀簿",从南朝的记载看,这时的"赀产"主要是指土地、房屋以及与生产绵绢有关的桑树等。为确保人口管理的准确,当时的各政权都努力整顿和加强乡村治理制度,特别是"正其里伍"。东晋南朝因"杂居流寓,闾伍不修"而实施土断的目的就在于

---

① 侯旭东:《北朝乡里制与村民的生活世界——以石刻为中心的考察》,《历史研究》2001年第6期。
② 《通典·食货》(卷三),《乡党》引《中论》。
③ 《太平御览》(卷六百六),《文部·札》引《晋令》。
④ 参见[宋]胡三省:《通鉴释文辨误》(卷四)有关《通鉴》(卷九十六)记载的晋"咸康七年诏实王公以下至庶人,皆正土断白籍"的内容。
⑤ 《三国志·魏书·曹洪传》注引《魏略》。
⑥ 《晋书·刘超传》。

"明考课之科,修闾伍之法"。① 北魏在攻城略地时就十分注重掌握当地户籍并以此为进行统治的依据,如正始二年(241年)征讨益州,"益州诸郡戍降者十二三,民送编籍者五万余户"。为实行均田令,太和十年(486年)二月,"初立党、里、邻三长,定民户籍"。即便是救济灾荒也要"阅户造籍,欲令去留得失,赈贷平均"。② 这些都说明魏晋南北朝时期的编制户籍是乡村治理活动中最重要的内容之一。什伍连坐法是一项历史悠久的基层治理制度。东汉时就规定:"民有什伍,善恶相告","什主十家,伍主五家,以相检察。民有善事恶事,以告监官"。③ 进入两晋南北朝时期,乡村秩序大乱,民人散亡众多,各政权相继恢复和实施什伍连坐法。东晋永和年间(345—356年),王羲之就指出:

> 自军兴以来,征役及充运死亡叛散不返者众,虚耗至此,而补代循常……上命所差,上道多叛,则吏及叛者席卷而去。又有常制,辄令其家及同伍课捕。课捕不擒,家及同伍寻复亡叛。④

刘宋时,仍实行"五家为伍,伍长主之;二伍为什,什长主之;十什为里,里魁主之"的连坐制度。⑤ 从史实看,什伍连坐法作为一种防范民人逃亡的常设制度在南方运行,而北方实施邻里连坐的目的则主要是防止逃兵役和守护边陲。什伍邻里连坐法虽然保证了一时的人力资源管控,但由于战乱频仍,无论是兵役还是徭役,既占用了大量壮劳力,影响了农业生产,又在战争中导致大量兵士或死或残,乡村民众惧之,仍然大量逃亡。此法的实施连累到家属和邻人,出现了"一人犯禁""一村废业"的现象,反而进一步造成乡村治理的混乱,从而也打破了南北政权长治久安的梦想。⑥

(三)北方乡村治理地方势力的依赖与挣脱

三国两晋南北朝时期的北方相对于南方来说,政权交替更为频繁、战祸破坏更为惨烈。为自保避乱,人们或自发聚集或依附豪强大宗屯聚,依托偏远险峻之地筑坞作壁,坞内耕以自存,对外则战以自保,成为实质上控制乡村的一种社会组织和治理方式。对于北方各政权而言,坞壁的存在严重影

---

① 《宋书·武帝纪》和《范汪传附宁传》。
② 依次见《魏书·世宗纪》上、下;《魏书·高祖纪》上、下;《魏书·高祖纪》下。
③ 《续汉书·百官志》。
④ 《晋书·王羲之传》。
⑤ 《宋书·百官志》。
⑥ 参见朱大渭、刘驰、梁满仓:《魏晋南北朝社会生活史》,中国社会科学出版社1998年版,第60—65页。

响到了赋役征收和对基层社会的控制。在与地方势力长期的争夺中逐渐完成了从依靠地方势力的宗主督护制向重新掌控乡村社会的三长制的转变。

三国两晋南北朝时期长期的战乱,迫使人们以血缘和地缘关系为纽带自发地结成自保自卫的组织,史称"坞堡",亦称"坞壁""坞垒"。作为一种防御型军事设施,坞壁出现在汉武帝时期的塞外列城。王莽天凤年间(14—19年)北方大饥,社会动荡不安,富豪之家为求自保,纷纷构筑坞堡营壁。汉光武帝曾下令拆毁坞堡,但禁之不绝。东汉末年天下大乱,坞堡成为离散人群的避风港,且聚集了大量的部曲和家兵,军事防御色彩更加浓厚。进入十六国北朝时期,坞堡在北方地区大量出现。据学者统计,魏晋南北朝时期关中地区的坞壁有3100余处,司豫诸州有1090余处,并汾晋诸州有560余处,定冀诸州有180余处。[①] 此外,还出现了跨州联郡的坞壁联合体,如山西的张平统辖了约300个坞壁,拥有坞民10余万户,分布在新兴、雁门、西河、太原、上党、上郡等郡[②];关中冯翊的赵敖联合的坞壁多达3000余所[③]。从学界研究的成果看,坞堡有两个特点:一是多建在有险可守、有城可依的险要地方,相对封闭自立。如永嘉中结成的洛阳垒就是"因阿旧城,凭结金墉"[④]。《水经注·洛水》中记载的檀山坞、一全坞则建立在险峻之处。洛水流经檀山南,"其山四绝孤峙,山上有坞聚,俗谓之檀山坞"。"洛水又东,经一全坞南,城在川北原上,高二十丈,南北东三厢,天险峭绝,惟筑西面,即为全固,一全之名,起于是矣。"[⑤]二是坞堡多由豪族强宗创建,主要依靠血缘宗法力量维持堡内秩序。[⑥] 魏晋时期出现的几个著名的坞堡主,如田畴、庾衮、郗鉴都是豪强大族;十六国时期出现的"裴氏堡""薛氏垒"也都是由河东大族创建。[⑦] 如曹魏时人田畴"率举宗族他附从数百人……遂入徐无山中,营深险平敞地而居,躬耕以养父母,百姓归之,数年间至五千余家"。田畴在坞堡内"又别为婚姻嫁娶之礼,兴举学校讲授之业"[⑧],俨然一个自治的独立政权。西晋八王之乱时,颍川人庾衮"乃率其同族及庶姓保于禹山",为维护堡内秩序,他倡礼定制,使堡内呈现出"均劳逸,通有无,缮完器备,量力

---

① 参见黎虎:《汉魏晋北朝中原大宅、坞堡与客家民居》,《文史哲》2002年第3期。
② 《晋书·慕容儁载记》。
③ 《晋书·苻坚载记下》。
④ [北魏]郦道元注,杨守敬、熊会贞疏:《水经注疏》(卷一六),《谷水》,第1387页。
⑤ [北魏]郦道元注,杨守敬、熊会贞疏:《水经注疏》(卷一五),《洛水》,第1296、1301页。
⑥ 参见赵克尧:《论魏晋南北朝的坞壁》,《历史研究》1980年第6期。
⑦ 参见毛汉光:《晋隋之际河东地区与河东大族》,收录于《中国中古政治史论》,上海书店出版社2001年版,第107—114、125页。
⑧ 《三国志·魏书·田畴传》。

任能,物应其宜……上下有礼,少长有仪,将顺其美,匡救其恶"的景象。庾衮"劳则先之,逸则后之,言必行之,行必安之",带头践行礼制,"是以宗族乡党,莫不崇仰"。① 西晋末年,高平人郗鉴"复分所得,以恤宗族及乡曲孤老,赖而全济者甚多……遂共推为主,举千余家俱避难于鲁之峰山","三年间,众至数万"。② 即使北魏实行了宗主督护制和三长制,但宗族势力结堡自居、控制乡村的情况依然存在。北魏末年,曾任河南太守的李显甫"集诸李数千家于殷州西山,开李鱼川方五六十里居之,显甫为其宗主。显甫卒,子元忠继之",后"元忠率宗党作垒以自保"。③ 北齐文帝和宣帝时期"政令严猛,羊、毕诸豪,颇被徙逐。至若瀛、冀诸刘,清河张、宋,并州王氏,濮阳侯族,诸如此辈,一宗近万室,烟火连接,比屋而居。献武初在冀部,大族猬起应之。侯景之反,河南侯氏几为大患,有同刘元海、石勒之众也"。④ 足可见,这一时期影响乡村治理的地方宗族势力是何等强大,北魏统一北方后不得不承认宗族势力的存在,采取宗主督护制就是一种折中妥协的乡村治理策略。⑤

把坞堡主纳入统治序列,赋予治理乡村的职能始于西晋。永嘉之乱中,为重建和加强对北方黄河流域广大地区的统治,西晋王朝任命一些大的坞主出任刺史、太守,有的还授予将军名号,让他们承担起管理地方的职能。如魏该为河南宜阳一泉坞主,晋元帝加封他为"冠军将军、河东太守,督护河东、河南、平阳三郡"。⑥ 其他如张平、樊雅,"帝皆加四品将军,即其所部,使扞御北方"⑦;刘遐被授予龙骧将军、平原内史;郭默先后被任命为河内太守和颍川太守;李矩则任都督司州诸军事、司州刺史,等等。继起的十六国各族政权均为短命王朝,乡村治理更是无力顾及,从而加重了对坞堡宗族势力的依赖。刘渊称帝后,任用坞主担任将军、都尉负责地方和乡村治理,史称"老弱安堵如故"⑧,发挥了很好的作用。后燕时期,"鲜卑、乌桓及郡县民据

---

① 《晋书·庾衮传》。
② 《晋书·郗鉴传》。
③ 《北史·李灵传附显甫传》。
④ 《通典·食货》(卷三),《乡党》。
⑤ 王育民认为:"北方魏晋以来,纠合乡里保据坞壁的豪强地主,其依附人口佃客、部曲等对官府'皆无官役',每一坞壁事实上就等于一个小的独立王国,北魏初期,只得承认这一事实,并进而任命坞主为宗主督护,以行使基层政权的职能。"见王育民:《中国历史地理概论》(下册),人民教育出版社1988年版。
⑥ 《晋书·魏浚传》。
⑦ 《晋书·桓宣传》。
⑧ 《晋书·石勒传》。

坞壁不从燕者尚众"①，慕容垂也是通过承认坞主的地位稳定了地方的统治。何兹全曾指出：

> 魏晋南北朝几百年中，国家和豪族大地主之间展开了人口的争夺。劳动人民为了逃避徭役负担，大量投靠豪族，去作豪族的依附人口。如《魏书·食货志》载："魏初不立三长，故民多荫附。荫附者，皆无官役。"②

北魏统一北方后，面对乡村林立的坞堡组织一时很难用强力将其平灭，只得采取宗主督护制，在承认坞主、宗主对乡村的管理权的同时，使其纳入中央政府治理的规范之中。然而，宗主毕竟以宗族势力为基础，为维护其宗族和地方利益，与中央政府始终存在着争夺人口的矛盾。《通典·乡党》说："后魏初不立三长，唯立宗主督护，所以人多隐冒，五十、三十家方为一户，谓之荫附。荫附者皆无官役，豪强征敛，倍于公赋矣。"这种情况对北魏政权吸纳统治资源、维护政权稳定是十分不利的。北魏中期孝文帝时期，为加强中央政府对人口的控制，给事中李冲建议设立三长制，规定："五家立一邻长，五邻立一里长，五里立一党长，长取乡人强谨者。邻长复一夫，里长二，党长三。所复复征戍，余若民。三载亡愆则陟用，陟之一等。"这一制度增加了中央政权的财政收入，使北魏中后期的社会经济有所好转。北魏中期的冯太后曾评论说："立三长，则课有常准，赋有恒分；苞荫之户可出，侥幸之人可止。何为而不可？"③北齐时继续实行三长制，但邻、里、党所辖人数略有增减，河清三年（564 年）令规定："人居十家为比邻，五十家为闾里，百家为族党。一党之内则有党族一人，闾正二人，邻长十人，合有十四人。"④北周相关文献中只出现了党里两级的记载。⑤ 隋朝初建时仍维持三长制："人五家为保，保有长，保五为闾，闾四为族，皆有正。畿外置里正，比闾正，党长比族正，以相检察焉。"⑥公元 589 年隋朝统一全国后在北方恢复了乡里两级制，

---

① 《资治通鉴·晋纪》（卷二十七）。
② 何兹全：《读史集》，上海人民出版社 1982 年版，第 15—16 页。
③ 以上见《魏书·李冲传》。
④ 《通典·食货》（卷三），《乡党》；《隋书·食货志》引河清三年令。
⑤ 如北周在大统十年（544 年）颁布的《六条诏书·擢贤良》中说："非直州郡之官，宜须善人，爰至党族闾里（党族）正（闾里）长之职，皆当审择，各得一乡之选，以相监统。"见《周书·苏绰传》。
⑥ 《隋书·食货志》。

规定:"五百家为乡,正一人,百家为里,长一人。"①至此,隋朝统一了全国乡村治理制度,重新恢复了对乡村的直接统辖权。

三、隋唐两宋时期乡村治理制度安排取向的变化

隋唐两宋时期,乡村治理在理念和制度上又有了新的变化。一方面,在制度安排上,除坚持乡里制度外,乡的功能在不断弱化,而里之下又出现了村。不过,学界对此的认识并不统一;另一方面,则是学界普遍认为的乡村基层治理者的性质开始由"乡官"转变为"职役",也就是说,乡村基层治理者的性质变成了"差役",甚至是"苦役"。这些变化与乡村治理成效之间存在着怎样的互动关系,还需要进一步深入探讨。

(一) 隋唐乡村治理制度的变化

隋唐统一王朝的再现,结束了长达数百年的分裂混乱的状态。为巩固统治、维护秩序,新王朝不断加强治理国家和社会的措施。主要表现在两个方面:一是整理直接统辖的州县。隋朝设立郡 190 个,县 1 255 个②。入唐后改郡为州,并将隋朝的总管府改为都督府,其地位等同于州,至玄宗时期,州府有 360 个,县有 1 557 个③。唐朝的州县根据其地位的重要与否,分成上中下三等;都督府同样如此。地方州县政区的统一,有利于乡村治理制度的安排和活动的顺利进行。二是重申各级官吏的职责以体现治理理念。唐代律令中要求地方各级官员要"宣布德化,抚和齐人,劝课农桑,敦谕五教",都督和刺史要"每岁一巡属县,观风俗,问百姓,录囚徒,恤鳏寡,阅丁口,务知百姓之疾苦"。除要求各级官吏自身要"廉正""清直""守节"外,还要举贤才,"有不孝悌,悖礼乱常,不率法令者,纠而绳之","若孝子顺孙,义夫节妇,志行闻于乡闾者,考使集日,具以名闻"。④ 这些要求充分体现了以德为主、以法为辅的治国理念,是治理乡村的重要指导思想的反映。

不少学者认为隋唐乡村治理制度最突出的变化是由乡里制向村里制或乡村制转变⑤。根据是唐代的律令,主要有唐高祖武德七年(624 年)令:

---

① 《隋书·高祖纪下》和《裴蕴传》。
② 《隋书·杨尚希传》记载杨的建议:"当今郡县,倍多于古,或地无百里,数县并置,或户不满千,二郡分领……今存要去闲,并小为大。"由此隋朝实行郡县二级制的改革。
③ 《旧唐书·地理志一》,《新唐书·地理志一》。
④ 《唐六典·三府督护州县官吏》。
⑤ 余世明、戴聪提出:"唐代中叶是中国古代社会的重大转折时期,其最为显著的特征是传统中国的乡村组织模式从乡官制到职役制的转变。乡村行政组织的负责人从吃皇粮国税的国家官吏演变为自带干粮的任人驱使的差役,从受人尊敬和羡慕的乡村领袖人物演变为轮流承担摊派和劳役的一般民夫。"见《论唐代中期乡村控制的转型》,《凯里学院学报》2008 年第 1 期。

百户为里,五里为乡。四家为邻,五家为保。在邑居者为坊,在田野者为村。村坊邻里,递相督察"……①

唐玄宗开元七年(719年)令:

百户为里,五里为乡。两京及州县之郭内分为坊,郊外为村。里及村坊,皆有正,以司督察(里正兼课植农桑、催驱赋役)。四家为邻,五家为保。保有长,以相禁约……②

唐玄宗开元二十五年(737年)令:

诸户以百户为里,五里为乡,四家为邻,五家为保。每里置正一人,若山谷阻险,地远人稀之处,听随便量置。掌按比户口,课植农桑,检查非违,催驱赋役。在邑者为坊,别置正一人,掌坊门管钥,督查奸非,并免其课役。在田野者为村,别置村正一人。其村满百家,增置一人,掌同坊正。其村居如(不)满十家者,隶入大村,不须别置村正。③

研究者认为这些史料足以证明,隋唐政府以法令的形式肯定了村的行政末梢地位,由此实现了乡里制向村里制的转变。关于村制的研究成果,一是从文字学的角度考察它的起源,认为是从早期的"屯""邨"演化而来,说明村的起源与屯田制有关,是战乱时对流民、浮民收纳、安置而逐步形成新的聚居地,最终演化为村。④ 二是从动荡时期产生的坞壁的发展轨迹探索,认为这种居住方式最终演变成了村。⑤ 三是认为南朝时,特别是齐梁之后,村成为官方认可的乡村组织,隋唐时期得以普遍推广。⑥ 四是对村正、村长的职责进行研究,认为"村正之责主要有助捕、纠告、治盗、捕亡等","村正之责

---

① 《旧唐书·食货志上》。
② 《唐六典·尚书户部》,户部郎中员外郎条。
③ 《通典·食货》(卷三),乡党条。
④ 参见刘再聪:《唐朝"村"制度研究》,厦门大学博士学位论文,2003年。
⑤ 参见张旭华:《魏晋南北朝时期中原城市与聚落的变迁》,《东岳论丛》2018年第3期。
⑥ 据章义和统计,《晋书》中关于"村"的记载凡11处。晋朝的地方志和志怪小说中都出现了具体的村名。在正史中记载具体村名始于南北朝时期,《宋书》中关于"村"的记载有42处,一共记载了14个具体的村名,见《关于南朝村的渊源问题》,《福建论坛(人文社会科学版)》2005年第4期;吴海燕则搜寻出数条南朝时期有关"村里"并称的史料,认为村在南朝时"已经被统治者认可为乡村基层组织",见《东晋南朝乡村社会基层组织的变迁》,《中国农史》2004年第4期。

当属于'检察非违'一项","村正长的职责主要在于维持社会治安"。① 这说明村正长的出现似乎与维持治安的需要有直接的关系,还没有全面取代"里正"的职责。唐代中叶以后,村长的职责不断扩大,逐渐承担起催驱赋役的职责,承担著与"里正"相当的法律责任。到五代时,村长就全面负责村务了。天宝年间,唐玄宗的《安养百姓及诸改革制》规定云:"其天下百姓,有灼然单贫不存济者,缘租庸先立长行,每乡量放十丁。……其所放丁,委县令对乡村一一审定,务须得实。仍令太守子细案覆,本道使察访,如有不当者,本里正村正先决一百,配入军团,县令解,太守本道使不举者量贬降。"② 制文明确赋予村正长处分部分村务的资格。从量刑程度看,村正长与里正长承担的责任相当,并无高下之分。《旧五代史·食货志》记后唐任用村官政策云:"长兴二年六月,敕:'委诸道观察使、属县,于每村定有力人户充村长,与村人议,有力人户出剩田苗,补贫下不逮,肯者即具状征收,有辞者即排段检括,自今年起为定额。有经灾渗及逐年逋处,不在此限。'"敕文没有提及里正长,仅规定于每村设置村长,知村长已为村务的主要负责者,村长的催驱赋役之权正式获得政令的支持。

隋唐时期,乡里制度依然存在并继续发挥著治理作用。西魏的大臣苏绰在奏书中曾说:"夫正长者,治民之基。基不倾者,上必安。"③ 苏绰认为乡村基层治理者的选任关系著国家意志的实现和统治秩序的稳定,说明当时的统治者对乡村治理的重要性的认识是十分清醒的,这种思想对隋唐时期乡村治理制度的加强和完善产生了积极的影响。隋初的乡村治理制度分为畿内外两种情形,畿内是族、闾、保三级,畿外则是里、党两级。史载:"颁新令,制人五家为保,保有长。保五为闾,闾四为族,皆有正。畿外置里正,比闾正,党长比族正,以相检察焉。"④ 开皇九年(589 年),在苏威等人的奏请下,隋文帝颁布新令,全国统一实行"乡、里"二级制,"五百家为乡,正一人;百家为里,长一人"。⑤ 一年后,即开皇十年(590 年),关东诸道巡省使虞庆奏:"五百家乡正专理词讼,不便于人,党与爱憎,公行货贿",于是又废乡正理词讼之职责。⑥ 此时的乡级虽未废止,如仍有乡正负责户口编查,但显然其权力越来越小了。总之,隋政府对乡里社会的治理仍然集中在对土地、户

---

① 参见刘再聪:《唐朝"村"制度研究》,厦门大学博士学位论文,2003 年,第 119 页。
② 《文苑英华》(卷四三三)。
③ 《周书·苏绰传》。
④ 《隋书·食货志》。
⑤ 《隋书·高祖纪下》。
⑥ 《文献通考·职役一》,历代乡党版籍职役。

口、粮食的管理和乡里教化等方面①,并形成了多套工作机制。

到了唐代又有了两个明显的变化。一是乡的功能进一步弱化,里和村成为乡村治理制度的重要层级。唐朝建立之初,即从高祖武德元年(618年)到太宗贞观十五年(641年)间县以下仍有乡的建制和乡正长的设置,史籍中多有记载。如"武德令……诸州县佐史、乡正、里正、岳渎祝史、斋郎,并介帻、绛袂衣",专门规定乡正、里正的服饰说明其"官"的身份是确定的;唐初规定:"百户为里,五里为乡,两京及州县之郭内,分为坊,郊外为村。里及坊村皆有正,以司督察。四家为邻,五邻为保。保有长,以相禁约";贞观九年(635年)又规定:"每乡置长一人,佐二人";《通典》云:"大唐凡百户为一里,里置正一人;五里为一乡,乡置耆老一人,以耆年平谨者,县补之,亦曰父老。贞观九年,每乡置长一人,佐二人,至十五年省。"②唐初虽然规定的是乡、里、村三级制,但实际上,乡远不如秦汉时那么重要,最终乡长及其佐员被裁撤。据此有学者认为:

> 唐前朝虽然有乡的划分,但不存在乡级行政机构,乡是便于完成各种政务的项目实施单位,与乡的这一特性相适应,在完成各种具体事务时,唐代县厅实行吏员分"片"管理的办法。③

也就是说,乡已经演变成了一个治理区域"片",具体工作均由片内的里正、村正直接对县负责,也就意味着减少了一层管理层级。王梵志诗云:"当乡何物贵,不过五里官。"④"五里官"即5个里正,里正实际负一乡之责。这些都说明唐代的乡逐渐变成了一种区划,乡内之工作实际上是由里正承担。二是里正、村正的身份向职役性质转变。相比而言,唐代的里较为重要,也受到统治者的重视。如史载:"每里设正一人,掌按比户口,课植农桑,检察非违,催驱赋役","诸里正,县司选勋官六品以下,白丁清平强干者充"⑤,可见里正的职责比较重大。为了表示对里正的重视,唐政府免除了里正的一切劳役及赋税。到唐睿宗时,里正地位开始变化,景云二年(711年),韩琬在《上睿宗论时政疏》中说:"往者学生、佐史、里正,正每一员阙,拟者十人,

---

① 参见宋文龙:《隋朝乡里制度浅探》,西北师范大学硕士学位论文,2012年。
② 依次见《旧唐书·舆服志》;《旧唐书·职官二》;《旧唐书·太宗纪》;《通典·职官十五》,乡官条。
③ 刘再聪:《唐朝"村"制度研究》,厦门大学博士学位论文,2003年,第164页。
④ 项楚:《王梵志诗校注》,上海古籍出版社1991年版,第129页。
⑤ 《文献通考·职役一》,历代乡党版籍职役。

今当选者亡匿以免。往选司从容有礼,今如仇敌。"①过去,里正出缺会有"争当"的现象,现在却出现"亡逸"不当的情况,显然,里正的位子已被时人视为畏途。之所以如此,除"催驱赋役"难度大、困难多以外,唐代法令还有对里正不能如期完成任务的处罚。如《唐律·户婚律》"输课税物违期"条云:"诸部内输课税之物,违期不充者,以十分论,一分笞四十,一分加一等。"最高可处徒二年,里正等有连坐之责。《唐律疏议》载:"里正及州、县官司,各于所部之内,妄为脱漏户口,或增减年状,以出入课役,一口徒一年,二口加一等,十五口流三千里。"又载:"诸部内有旱涝霜雹虫蝗为害之处,主司应言而不言及妄言者,杖七十。……主司,谓里正以上。里正须言于县,县申州,州申省,多者奏闻。"②到宣宗大中九年(855 年)则诏令以贫富等差而定差役高下。这表明,唐代的里正已有为人所"役"的苗头,地位已开始下降了,"自是以后,所谓乡亭之职,至困至贱。贪官污吏非理征求,极意凌辱……其困踣之状,则与以身任军旅土木徭役者无以异,而至于破产不能自保"③。马端临观察到唐宋以来乡里正长地位的变化,他说道:

  役民者,官也;役于官者,民也。郡有守,县有令,乡有长,里有正,其位不同而皆役民者也。在军旅则执干戈,兴土木则亲畚锸,调征行则负羁绁,以至追胥力作之任,其事不同而皆役于官也。役民者逸,役于官者劳,其理则然。然则乡长、里正非役也,后世乃虐用其民,为乡长、里正者不胜诛求之苦,各萌避免之意,而始命之曰户役矣。唐宋而后,下之任户役者,其费日重,上之议户役者,其制日详。于是曰差、曰雇、曰义,纷纭杂袭,而法出奸生,莫能禁止。④

  里正、村正由"官"而"役"的变化,必然会使其地位下降,乡村治理仅靠现有的制度安排显然已难以奏效,为两宋时期乡村治理的制度创新留下了必须填补的空间。

  五代十国之乡里制度多沿袭隋唐,更易不多。如村制在有些朝代仍然设置,史载后唐长兴二年(931 年)六月敕"委诸道观察使,属县于每村定有力人户充村长。与村人议,有力人户出剩田苗,补贫下不逮,肯者即具状征

---

① 《全唐文》第四部(卷三百四)。
② 《唐律疏议》(卷二十二、卷十三),《户婚》。
③ 《文献通考·职役一》,历代乡党版籍职役。
④ 《文献通考·自序》。

收,有辞者即排段检括。自今年起为定额。有经灾渗及逐年逋处,不在此限"①。另外,这一时期还出现了一些新的乡里组织,如设立"团"级组织控制乡村,史载,"周显德五年,诏诸道州府,令团并乡村。大率以百户为一团,每团选三大户为耆长。凡民家之有奸盗者,三大户察之,民田之有耗登者,三大户均之"②。这些新变化开启了两宋时期乡村治理制度变革的序幕。

(二) 两宋乡村治理制度的复杂样态

历经唐末五代的战乱,北宋建立时内外形势已然发生了巨大的变化。一方面,宋朝建立后,为加强中央集权、分散治权,在官制上设置了许多相互牵制的机构,从而造成官员队伍膨胀、财政需求大增。再加上两宋时期时常面临着北方和西部游牧民族南下东进的侵扰,连绵的战争不但要保持庞大的军队,还要支付战争费用和战后事宜的处理,这些都需要财政有持续稳定的收入才能支撑。另一方面,自唐代中期以后,土地制度发生了巨大的变化。随着均田制的败坏,入宋以来土地私有、流转、兼并愈演愈烈,官府通过授田控制乡村的手段受到极大的削弱。这种情况在时人的言论中多有反映,如宋人叶适就曾说:

> 盖至于今,授田之制亡矣,民自以私相贸易,而官反为之司契卷而取其直。而民又有于法不得占田者,谓之户绝而没官,其出以与民者谓之官自卖田,其价与私买卖等,或反而贵之。③

之所以如此,是因为官府已经无田可授,"今天下无在官之田,而卖易之柄归之于民"④;"不能井天下之田以授民,民自买田为生"⑤。土地私有的趋势冲击了官府控制和管理土地的权力,"口分世业之田坏,而为兼并,限田之令不可复行矣"⑥。于是,朝廷不得不承认民间土地的自由买卖的正当性与合法性,由此助长了土地不断集中的趋势,从而造就了一批乡间富户,造成了大量小农失地。为生存计,失地小民频频用暴动的方式表达自己的不满,据统计,"仅仅在南宋建炎元年(1127年)到绍兴四年(1134年),先后有五十

---

① 《旧五代史·食货志》。
② 《五代会要·团貌》,《文献通考·职役一》,历代乡党版籍职役。
③ [宋]叶适:《叶适集·水心别集》(卷二),《民事上》,中华书局1961年版,第652页。
④ 《宋史·吕祖谦传》。
⑤ [宋]陈淳:《北溪字义》(卷下),《义利》,中华书局1983年版,第52页。
⑥ [宋]王安礼:《王魏公集》(卷四),《元丰五年殿试进士策问》,文渊阁四库全书本,第1100册,第40页。

多次的农民起义"①,从而加剧了乡村失序的状态,加强和改变乡村治理的策略和方法势在必行②。

1. 宋代乡村治理策略的重大调整

从大的方面来看,宋代乡村治理制度在户口管理和赋税征收对象上有两个显著的变化。一是为便于治理实施了更细化的户口分类制度。宋代户口分类的细化可以从十分复杂的户名命名中略见其大概③(见表9-4)。

表9-4 宋代户口分类

户 名	分 类 根 据	户 名	分 类 根 据
单丁户	家中只有一个成丁	未成丁户	家中有男子未成丁者
孤贫户	单丁而家产贫乏者	女户	无夫、无子的人户
军户	军人及其家属	僧、道户或寺观户	僧寺和道观
畦户、亭户、灶户、井户和铛户	从事盐业者	园户	产茶以至种桔、养花者
酒户、坊户、槽户、拍户和扑户	从事酒业者	镬户	从事炼矾者
坑户、冶户、矿户、炉户和炭户	从事采矿和冶炼者	陶户和窑户	烧制陶瓷者
匠户	工匠	机户、绫户、锦户、染户和绣户	从事纺织、印染、刺绣等
船户	拥有船只者	舶户	从事远洋经商者
市户、行户、铺户和店户	城市的商铺	纸户	从事造纸者
揽户	包揽代纳赋税等类	宕户	山中打石者

户名的复杂多样一方面反映了当时社会经济生活的繁荣与发展状况,另一方面也说明了社会治理向精细化的方向发展,是适应社会变化而调整治理方式与策略的反映。从治理的角度看,宋代户口可分为两大类。一类

---

① 何竹淇编:《两宋农民战争史料汇编》,中华书局1976年版,第230页。
② 参见刁培俊:《唐宋时期乡村控制理念的转变》,《厦门大学学报(哲学社会科学版)》2009年第1期。
③ 参见陈智勇:《中国古代社会治安管理史》,郑州大学出版社2003年版,第198—200页。

是按身份将人户划分为官户与民户、形势户与平户。官户"谓品官,其亡殁者有荫同"①,属于特权阶层,享有免除大部分差役和赋税的权利。官户以外的人户被称为"民户",文献中常与官户对举,如"和籴非正赋,不得已而取之,乃止敷民户,而不及官户"。② 所谓"形势户"是指"见充州县及按察(官)司吏人、书手、保正、耆、(户)长之类,并品官之家,非贫户弱者"③。形势户大致是对官户和富有的吏户的一种称谓,以外的人户称"平户",大抵是处于社会中下层的人户,如南宋时有人建议设甲头催税,"以形势户催形势户,平户催平户"④,显然是把形势户与平户对称的,这表明了两者经济地位的不同。另一大类是按照资产、房产和土地占有的情况,将人户分为主户和客户。主户又称"税户","税户者有常产之人也,客户则无产而侨寓者也"⑤。按财产多少,又把乡村主户分为五等户,坊郭主户分为十等户,据此来征收赋役⑥。二是把赋役征发对象从人丁逐渐转向土地和财富,并确定乡村富户为赋役的主要承担者,从而改变了乡村治理的方式。自唐代实行两税法后,赋税征收即由"税丁"变成了"税产",即"人无丁中,以贫富为差"⑦或说"唯以资产为宗,不以丁身为本"⑧。相对于"税丁",履产而税更为繁杂。为确定税额,乡村税收人员必须核查所辖乡村每户各种田产的亩数、肥瘠程度,统计乡户的资产总数,据此来评定户等、征税派役。宋代继续实行"履产而税"的政策,乡村赋役摊派主要按田地多寡肥瘠、家业钱和税钱等划分乡村主户户等的财产标准来确定额数,并予以征收。显然,乡村税收工作日趋复杂,收税人员的工作难度也不断加大,从而导致宋代乡村治理制度变动不居且各地各具特色复杂多样。⑨

2. 宋代乡村治理制度的演变

与历代王朝相似,宋朝也是通过户籍制度、赋役制度、治安制度、军事制

---

① 《筼溪集·缴刘光世免差科状》,引《绍圣常平免役令》。
② 《文献通考》(卷二十)。
③ 《庆元条法事类》(卷四十七),《违欠税租》。
④ 《宋会要·食货志》(十四之二十四)。
⑤ 《宋会要·食货志》(十二之十九)。
⑥ 参见刁培俊:《乡村中国家制度的运作、互动与绩效——试论两宋户等制的紊乱及其对乡役制的影响》,人大复印资料《宋辽金元史》2007年第2期。
⑦ 《旧唐书·杨炎传》。
⑧ [唐]陆贽:《唐陆宣公翰苑集》(卷二十二),《均节赋税恤百姓六条》。
⑨ 谭景玉认为"复杂性"表现如下:"首先,宋代乡村区划的名称复杂多样,有乡、里、村(邨)、社、都、保、管、坊、首和团等多种";"其次,宋代乡村区划的编排形式十分复杂"。他归纳出乡—里、乡—村(邨)、乡—社、管—村(疃、里)、乡—都(一保)、乡—保、乡—首等多种编排形式。见谭景玉:《宋代乡村组织研究》,山东大学出版社2010年版,第57—60页。

度等对乡村开展治理活动的。所不同的是少了前朝的授田制度(占田制、均田制)这个经济手段,却多了隋唐以来形成的科举取士制度这个文化手段。宋朝将县域所属地域划分出治理区域,主要出现过乡、里、村、管、都、图、团等区划,通过派役的方式安排相应的人员,如里正、耆长、户长、保长、乡书手、壮丁、弓手等来完成带有行政、治安、经济、文化、司法等管理性质的工作。宋代乡村治理制度复杂多变、名目纷繁,南宋人赵彦卫曾有过归纳:

> 国初,里正、户长掌课输,乡书手隶里正。里正于第一,户长于第二等差乡书手。天圣以来,以上户多占色役,于第四等差耆长,掌盗贼烟火之事,其属有壮丁;耆长差第一、第二等户,壮丁差第四、第五等户。至和元年,罢里正,增差户长。熙宁二年,募耆长壮丁。四年,仍旧于本等人户轮差。五年,罢户长。六年,行保甲法,始置保正副、大小保长,机察盗贼,别召承帖人隶其下。七年,轮保丁充甲头催税。绍圣元年,耆户长壮丁复雇募法,不许以保正长保丁充代。寻复保正长法,既又罢甲头,以大保长催税,其保正长不愿就雇者,仍旧法,募税户充耆户长壮丁。建炎元年,罢户长催税,复甲头。绍兴初,拘取耆户长钱,寻罢。七年,大保长仍旧催科。九年,令保正长专管烟火盗贼,不得承受文帖及课输事。十年,以耆户长雇钱充总制窠名。又明年,复拘壮丁钱充。三十一年,令保甲催税。乾道二年罢,四年复,八年罢。①

由此可以看出,有宋一代乡村治理制度变化的重要节点主要在宋太祖赵匡胤的建隆(960—963年)、宋仁宗赵祯的天圣(1023—1032年)与至和(1054—1056年)、宋神宗赵顼的熙宁(1068—1077年)、宋哲宗赵煦的绍圣(1094—1098年)、宋高宗赵构的建炎(1127—1130年)与绍兴(1131—1162年)、宋孝宗赵昚的乾道(1165—1173年)等年间。

宋初延续了唐代的乡里制度。宋太祖建隆年间规定:"里正、户长掌课输,里正于第一等差,户长于第二等差,乡书手隶里正,于第四等差。"②里正、户长、乡书手的主要工作是征收赋税、户口登记、督促生产、查报灾荒、调解纠纷等。宋太祖开宝七年(974年),朝廷颁布新制:"废乡,分为管,置户长主纳赋。耆长主盗贼、词讼。"③据学者研究,一方面"管"的建制并没有完

---

① [宋]赵彦卫:《云麓漫钞》(卷十二),《国朝州郡役人之制》,中华书局1996年版,第219页。
② [宋]陈耆卿:《嘉定赤城志》(卷十七),《吏役门·乡役人》,上海古籍出版社2016年版,第193页。
③ [清]徐松:《宋会要辑稿·职官》(四十八之二十五),上海古籍出版社2014年版,第4321页。

全替代乡,其作用与乡里制中的里相当。另一方面实施的范围有限,并没有在全国推行,因而史籍中记载较少,很快就湮没无闻了。① 北宋前期约百年间设置耆长、壮丁名目的乡役,主要负责维持治安,并参与推排户等,编造五等丁产簿。耆长之设始于五代时的后周,初设时名为"三大户"。据《文献通考·职役考一》记载,后周显德五年(958年),"诏诸道州府令团并乡村,以百户为一团,每团选三大户为耆长,凡民家之有奸资者,三大户察之,民田之有耗登者,均之"。可见,耆长管辖的范围是"团",约百户人家,入宋后基本延续了这个范围。仁宗庆历三年(1043年)九月,范仲淹曾上奏,主张合并"耆""保""管":"其乡村耆保地里近者,亦令并合,能并一保耆管,亦减役十余户,但少徭役,人自耕作,可期富庶。"②范仲淹提出把"耆"与"保""管"进行适当合并的建议,表明这三者管辖的范围相当,其职责显然也是相对独立的。随着时间的推移,耆长承担的职责不断扩大,与里正、保长的职责有了交叉,这才有了"合并"的主张。耆长的职责最初主要涉及与维护治安相关的工作,史载:"在法:乡村盗贼、斗殴、烟火、桥道公事并耆长干当";"推详祖宗旧法……置耆长、壮丁专管争讼、斗殴、追呼公事"。③ 时人也是这么看耆长工作的,朱熹就认为"管干乡村盗贼、斗殴、烟火、桥道公事,则耆长主之"。④ 苏轼也说:"逐处色役,各随本处土俗,事宜轻重不同。借如盗贼多处,以弓手耆长为重。税务难催处,以户长为重,士人不闭书算处,以曹司为重,难以限定等第,一概立法。"⑤宋真宗景德年间发布的《景德农田敕》,又赋予耆长稽查丁产、修造版籍的职责:

    诸州每年申奏丁口文账,仰指挥诸县,差本村三大户长就门通抄,每年造账。本县据户数收落,仍春季终闻奏。⑥

宋神宗熙宁后,原本由里正等负责的催征赋税的工作职责也落到了耆长的身上,史载:

---

① 皇祐五年(1053年),包拯上书说:"臣伏见知并州韩琦上言,乞罢逐路里正,逐乡税赋只委户长催纳。"见《包拯集》(卷7),中华书局1963年版,第101页。参见王文兵:《多元主体参与下的宋代乡村治理问题研究》,河北师范大学博士学位论文,2017年,第60—67页。
② [宋]赵汝愚:《宋朝诸臣奏议》(卷147),上海古籍出版社1999年版,第1673页。
③ 《宋会要辑稿·食货》(十四之四十七、六十五之九十一)。
④ [宋]朱熹:《晦庵先生朱文公文集》(卷二十一),《论差役厉害状》。
⑤ [宋]李焘:《续资治通鉴长编》(卷第三百七十九),哲宗元祐元年六月庚子条,中华书局1985年版。
⑥ [宋]梁克家:《淳熙三山志》(卷十),《版籍类—垦田》,收录于《宋元方志丛刊》(第5册),中华书局2006年版,第7880页。

熙宁初,陈留知县苏消言:"臣领歌邑,请为文下倡户五等,自二石四斗,出粟有差,每社有仓,各置守者,耆为输纳,官为籍记"。①

此后,反映耆长催征赋税的记载渐次增多②,说明这项职责成了耆长的主要工作。熙宁三年(1070年)实行免役法,耆长改为雇役。熙宁六年(1073年)实行保甲法后,由保正取代耆长。

3. 宋代的保甲制

宋代乡村治理制度最大的变化是熙宁年间王安石推进的保甲制度。把最基层的民户编排起来形成责任相联、互相监督的群组是自古以来的一个传统治理方法,如西周时期的卒伍法、战国时管子在齐国实行的什伍法等。到北宋时,由于战乱频仍、盗贼蜂起,乡村社会矛盾尖锐、秩序大乱,这在时人的文稿中都有反映。如欧阳修就注意到盗贼"一年多如一年,一火强如一火"③;神宗时任大理寺卿的赵子几也上奏说:

> 昨任开封府曹官,往来畿县乡村,察问民间疾苦,皆以近岁以来寇盗充斥,劫掠公行。虽有地分耆壮邻里,大率势力怯弱,与贼不敌;纵能告捕赴官,其余徒党辄行仇报,极肆惨毒,不可胜言。④

可见,加强乡村治安成了一项十分迫切的任务。宋初的"户令"就规定每5户为一保⑤,以达到互通气息、以相检察的目的⑥,被称为"保伍法"。有些地方官率先开始尝试,如博州知州蔡挺"申饬属县,严保伍";宋仁宗时范仲淹任袁州万载令,"善行保伍法";浚州的黎阳和卫县"各将乡村之人,五家结为一保",结保后"绝无逃军、贼盗,公私简静";汝州襄城县尉孙永在当地

---

① [宋]董煟:《救荒活民书》(卷二),《义仓》,中华书局1985年版,第28页。
② 如方岳诗:"昨者耆长来,名复挂欠籍。截绢入官输,官怒边幅窄。"见[宋]方岳:《秋崖集》(卷二十六),《山庄书事》,黄山书社1998年版,第459页。华岳诗:"农夫日炙面如煤,丝妇缫成雪一堆。早早安排了官税,莫教耆长上门催。老农锄水子收禾,老妇攀机女掷梭。"见[宋]华岳:《翠微南征录》(卷十),《七言绝句》,黄山书社2014年版,第118页。范成大诗:"小妇连宵上绢机,大耆催税急于飞。今年幸甚蚕桑熟,留得黄丝织夏衣。"见[宋]范成大:《范石湖集》(卷二十七),《夏日田园杂兴十二绝》,上海古籍出版社2006年版,第274页。宋人谢维新也说:"一都缺保正,则一都之事废,一乡缺耆长,则一乡之财赋亏,理势必然。"见[宋]谢维新:《古今合璧事类备要外集》(卷三十),《徭役门差役》。
③ [宋]欧阳修:《欧阳修全集》(卷一百),《再论置兵御贼札子》,中华书局2001年版,第1538页。
④ 《续资治通鉴长编》(卷第二百一十八),熙宁三年十二月乙丑条。
⑤ 宋祁:《景文集》(卷二十八),《乞修复陂塘古迹札子》。
⑥ 《欧阳修全集·河北奉使奏草》(卷上),《五保牒》。

"修保伍相司之法,而宿奸侨寇为之屏远";陈良器在知曹州时,"又修律令'五家为保'之法,故盗往往逃去之它境"①,等等。不过到仁宗庆历年间,实施保伍法的州县还不普遍。随着时势的推移,统治者越来越认识到保伍法对维持乡村秩序的重要性,如吕南公就指出:"夫联邻伍为保甲,以检责奸偷,讥诃逋逃,此熙宁以前,县大夫间亦行之,而民间晓此甚熟矣。"②正如南宋人赵彦卫所说:"卒伍之法,以起军旅,以作田役,以比追胥,以令贡赋,此即后世保伍之法,逐捕盗贼是也。"③由此便催生出一种新的乡村治理制度。

大范围推行保甲法始于王安石变法。宋神宗熙宁三年(1070年)制定颁布《畿县保甲条制》,确定畿内府县:

> 始联比其民以相保任。乃诏畿内之民,十家为一保,选主户有干力者一人为保长;五十家为一大保,选一人为大保长;十大保为一都保,选为众所服者为都保正,又以一人为之副。应主客户两丁以上,选一人为保丁。附保,两丁以上有余丁而壮勇者亦附之,内家赀最厚、材勇过人者亦充保丁。④

条制的具体规定主要有:第一,每10家组织成一保,50家为一大保,10大保即500家为一都保。保长、大保长、都保正和都保副从主户等中依次选财多、品高、有才干者充任。第二,主户和客户每家有2丁(满15岁)以上者,抽一人为保丁。单丁、老幼、患病者、女户等就近附保;其中才勇为众所服和物产最高者,也要充当本保的保丁。除禁止使用的兵器外,可自备弓箭等兵器开展习武活动。第三,以大保为单位,每晚出5丁进行巡逻。如遇盗贼则击鼓为号并报告大保长,保中之人应闻鼓而动救应追捕。如贼人窜入邻保则应依次击鼓示警接续追捕。凡捕获盗贼,酌情给予奖赏。第四,同保之人出现犯强窃盗、杀人放火、强奸抢人、传习妖教等情况却知情不报要连坐治罪。第五,保内如有人户逃移、死亡户绝等情形必须及时上报县衙;如同保人户不到5户,准许并入别保。本保内户数增加,暂令附保,待满10户,再另设一保;如有外来人户迁入本保居住,须申报县衙,编入保甲;如一保内有

---

① 依次见《宋史·蔡挺传》;[清]徐栋辑:《保甲书》(卷四),《原始》;《欧阳修全集·河北奉使奏草》(卷上),《五保牒》;《苏颂集》(卷五十三),《资政殿学士通议大夫孙公神道碑铭》;王安石:《临川集》(卷八十八),《司农卿分司南京陈公神道碑》。
② [宋]吕南公:《灌园集》(卷十四),《与张户曹论处置保甲书》之2。
③ [宋]赵彦:《云麓漫钞》(卷九),中华书局1996年版。
④ 《宋史·兵志六》。

外来行踪不明之人要及时收捕送官。第六,每保设置牌子,登录各户和保丁的姓名。如有申报本县的文书,由保长轮差保丁解送。① 宋神宗熙宁六年(1073年)在全国推广时,保甲编排的户数有所减少,变成了五户为一保,五小保为一大保,十大保为一都保。熙宁七年(1074年)取消户长、坊正设置,"令州县坊郭择相邻户三二十家排比成甲,迭为甲头,督输税赋苗役"②。随着户长、耆长和壮丁的相继取消,用保正取代耆长,保正下又另设承帖人,并用催税甲头取代户长,宋哲宗时又取消催税甲头,用大保长催税。到此,原本是维护治安的保甲制就变成了兼管催征赋税、佥派力役的主要制度安排。

进入南宋,保甲法有了一些新的变化。一方面是保甲编排出现了多样化的情况,多数地方在坚持5家为保的同时,还有将屯田人户每6人结为一甲,每10甲合为一保③;也有人将5家编为一保,5保合为一甲,6甲合为一队,几个队合为"总",设总首和副总首统率④;也有以10家编为一小甲,100家为一大保,置大甲头一名⑤。另一方面保甲的职役性质更加鲜明,有时称保甲法为"差役法"⑥,有时又称为"保役法"⑦,保甲组织的军事色彩进一步被淡化,保甲长几乎沦为了催税的专职人员。此外,还有种种负担:

> 方其始参也,馈诸吏,则谓之"参役钱";及其既满也,又谢诸吏,则谓之"辞役钱";知县迎送,儓夫脚,则谓之"地里钱";节朔参贺,上榜子,则谓之"节料钱";官员下乡,则谓之"过都钱";月认醋额,则谓之"醋息钱"。如此之类,不可悉数。

以致"被差执役者,率中、下之户。中、下之家,产业既微,物力又薄,故凡一为保正、副,鲜不破坏家产"⑧。保甲制逐渐走向了它的反面,近乎成为扰乱乡村秩序的一种制度安排。

(三)唐宋乡村治理职役化性质的讨论

据《宋史·食货志》记载,宋代的职役包括:

---

① 《续资治通鉴长编》(卷第二百一十八);《宋会要·兵》(二之五)。
② 《文献通考》(卷十二),《职役一》,历代乡党版籍职役。
③ 《宋会要·食货志》(六十三之五十四)。
④ 《建炎以来系年要录》(卷一百九十二)。
⑤ 《宋会要·兵》(二之四十三)。
⑥ 《宋会要·食货志》(六十五之七十八)。
⑦ 《宋史·食货上一·农田》。
⑧ 以上见《宋史·食货志》(卷六十五之九十六至九十七),《免役》。

以衙前主官物,以里正、户长、乡书手课督赋税,以耆长、弓手、壮丁逐捕盗贼,以承符、人力、手力、散从官给使令,县曹司至押录,州曹司至孔目官,下至杂职、虞候、拣、搯等人,各以乡户等第定差。

大致是管理官家物品、催督赋税、维持治安和承办官府杂务等四项工作,分别依"乡户等第"从乡户中佥派,从而全面实行了乡村治理的职役化。①

学界普遍把唐宋时期乡村治理职役化的趋势看作中央政府权力无力深入基层乡村的反映,是"以官治民"难以维系而不得不采取"以民治民"的策略。但又坚持认为乡役人代表着"国家权力的末梢",乡、里、都、保是"行政组织""基层权力机构",甚至认为这种现象乃是所谓"乡村自治"传统的继承和发展。如何评价宋代乡村治理策略的性质主要是怎样看待乡村治理活动中起着重要作用的里正、耆长、户长、保正长、都保正、都保副的性质。从史籍记载看,无论是北宋"于捕盗则用为耆长壮丁,于催税则用为户长里正"②,还是南宋"保正指掌烟火,奉行文引,而有收捕凶暴盗贼之虞;户长夏则催税,秋则催苗,而有并催二科役钱之苦"③,他们的职责和行为的确带有行政、经济和治安管理的意味,行使着国家授予的部分权力。值得思考的是,为什么这些头目主要从富裕者中选派?北宋规定"第一等户充里正,第二等户充户长","耆长差第一、第二等户"④。保甲法规定,大保长和都保正、都保副都要选"物力最高者"⑤。尽管如此,这些头目履职的经历并不愉快,甚至还会倾家荡产。如仁宗至和二年(1055 年):

罢诸路里正衙前。先是知并州韩琦言州县生民之苦,无重于里正衙前。自兵兴以来,残剥尤甚,至有孀母改嫁,亲族分居,或弃田与人,以免上等,或非命求死,以就单丁,规图百端,以脱沟壑之患,殊可痛伤。国朝置里正,主催税及预县差役之事,号为脂膏,遂令役满更入重难衙前。⑥

---

① 有学者认为:"中国古代役制始终包含力役和职役两个类别系统。力役是国家、社会层面用役,属于大系统,主体役种是正役和杂徭,这种用役带有公共性……职役是各个官府部门的小系统用役,目标是完成其应承担的行政职能。正常情况下,属于官府部门的工作人员,应该有俸禄,或者说薪酬,但国家财政拿不出那么多钱来,故只能通过强制征用的役形式。"参见吴树国:《北宋募役法改革前特殊户役探析》,《山西大学学报(哲学社会科学版)》2017 年第 1 期。
② [宋]苏辙:《栾城集》(卷三十五),《自齐州回论时事书·划一状》。
③ 《宋会要辑稿·食货》(六十六之三十一)。
④ 《续资治通鉴长编》(卷第三十五),淳化五年三月戊辰。
⑤ 《续资治通鉴长编》(卷第二百一十八),熙宁三年十二月乙丑。
⑥ 《续资治通鉴长编》(卷第一百七十九),仁宗至和二年四月辛亥。

司马光也曾批评说：

> 臣窃见顷岁国家以民间苦里正之役，废罢里正，置乡户衙前。又以诸县贫富不同，东乡上户家业千贯亦为里正，西乡上户家业百贯亦为里正，应副重难，劳逸不均，乃令立定衙前人数，每遇有阙，于一县诸乡中选物力最高者一户补充，行之到今，已逾十年，民间贫苦愈甚于旧。议者以为一州一县利害各殊，今一概立法，未能尽善。又里正止管催税，人所愿意为，衙前主管官物，乃有破坏家产者。然则民之所苦在于衙前，不在里正，今废里正而存衙前，是废其所乐而存其所苦也。①

正因为如此，在实际运行中，富户往往想尽办法逃避任职②，史载："上户百般规避，却令中下户差役频并。"③把负担逐渐转向中下户不仅打乱了宋政府的赋役征收的制度安排，还引起了更大的社会问题。时人就尖锐地指出：

> 大保长皆选差物力高强、人丁众多者，其催科，则人丁既壮，可以遍走四远；物力既强，虽有逃亡、死绝户，易于偿补。今置甲头，则不问物力、丁口，虽至穷下之家，但有二丁，则以一丁催科。既力所不办，又无以偿补，类皆卖弩子女，狼狈于道。……又保长多有惯熟官司人，乡村亦颇畏之，然犹有日至其门而不肯输纳者。今甲头皆耕夫，岂能与形势之家、奸滑之户立敌，而能曲折自伸于官私哉？方追呼之急，破产填备，势所必然。④

总之，这些记载不仅反映出赋役不均的问题，更重要的是这些乡村头目并没有表现出"政治权威"的任何气象。

我们再从乡书手的身份由乡役变为县役，最终变成县衙直属吏员这个现象看，似乎更能说明州县才是乡村治理的主体力量，被称为"长"的耆、户、保、都等不过是"出力"的役者，恐怕很难把这些人组成的"单位"或"区划"称为"行政组织"或"基层政权"。乡书手之名最先出现在唐代两税法实施之后，元稹在《牒同州奏均田状》[唐宪宗元和四年（809 年）]中就提到了

---

① [宋]司马光：《温国文正司马公集》（卷三十八），《衙前札子》。
② 参见朱瑞熙：《宋朝乡村催税人的演变——兼论明代粮长的起源》，《河北大学学报（哲学社会科学版）》2016 年第 1 期。
③ [宋]刘攽：《彭城集》（卷三十七），收录于《赠兵部侍郎王公墓志铭》，出自《景印文渊阁四库全书》第 1096 册，第 363 页。
④ 《宋会要辑稿·食货》（六十六之七十七至七十八）。

"书手":"臣自到州,便欲差官简量,又虑疲人烦扰。昨因农务稍暇,臣遂设法各令百姓自通手状(实),又令里正、书手等傍为稳审,并不遣官吏擅到村乡"①,文中的"书手"就是负责审查百姓自报家资情况并登记入簿等工作的。五代时,如出现欠缴赋税达三成以上时就要追究责任,其中"乡里正、孔目、书手等各徒二年"②,说明书手造账簿的准确性是影响赋税完收的重要因素,出现欠征自然会怪罪到账簿的准确性而责罚乡书手。宋代以乡为单位实行簿账、户籍等财政单列,通常只配设以书算文书为职责的乡书手一名,主要工作是审计赋税稽征、各类钱物簿账、版籍簿及年度税租账、差账等。北宋初年间,乡书手是里正属下承担乡役的人员,宋仁宗至和二年(1055年)废止里正后,乡书手的性质就由乡役变成了县役。宋神宗熙宁后,乡书手的选派方式也由差役变成了募集,大体上按照一乡一员来安排。到了南宋时期,其地位有了很大变化,在现存的一些方志中,乡书手被赫然列入了"县吏"的行列。如《嘉泰吴兴志》卷七"官制"载长兴县:"本县吏额:……乡书手十五名";台州各县吏人"以前后押录、前行、后行、贴司、书手为名次"③。从时人的观察看,乡书手已经成为乡村治理制度和赋税征收机制中不可替代的重要角色了。宋人评论说:

> 乡司虽至微至贱,而关乎民事有最切。故凡乡司,知广狭之地,人户之虚实,赋役之重轻,皆所以熟讲而精究。往往民间之事,官司所不能知者,惟以所供为是;官与之事,人户所不能名者,惟以乡司所陈为实。④

乡书手地位和性质的变化正说明,宋代乡村治理活动始终是以州县为主导,国家通过户籍制度、赋役制度、治安制度等制度设计,以国家军事制度、法律制度、保甲制度为依托,通过"派役"的方式对乡村开展治理活动,从而维系了整个王朝的运转和社会秩序的稳定。

唐宋乡村治理研究上出现了一个悖论:有学者认为富民是乡村社会控制的主要力量,是国家权力的末梢代表和执行者,这就意味着富民与上层统治集团利益一致、气脉相通,自然会有其相应的政治和经济利益的回报。⑤

---

① 《册府元龟》(卷四百九十五),《邦计部》。
② 《五代会要》(卷十九),《县令上》。
③ [宋]陈耆卿:《嘉定赤城志》(卷一七),《吏役门》。
④ [宋]佚名:《群书会元截江网》(卷二十八),《役法》。
⑤ 参见林文勋:《唐宋"富民"阶层概论》,《宋史研究论丛》2008年年刊;田晓忠:《"富民"与宋朝乡役制度的变迁》,《中国经济史研究》2020年第4期。

然而,富户承担的催征赋役、维护治安等工作的性质却是"役",尽管称之为"职役""乡役",带有"公"的意思,但更主要的意味是"强制"性质的工作。这就提出了一个问题:宋代治理乡村社会的主体到底是谁?所谓"乡官制"转向"职役制"是治理方式和性质变化的说法能否成立?从唐宋的历史事实看,职役化实施不久,富民们就不愿担任这些"职位"了,想尽办法逃避之、推诿之,避之唯恐不及。那么,治理乡村社会依靠这样的人、这样的方式却长达数百年,真正的统治力量到底体现在何处呢?把职役制看作行政机构或政权组织是否合适呢?有学者将其称为"以民治民"法①,那么,治民之民的权威从何产生呢?从历史事实看,正因为是"役",所以从业者既要完成官府规定的任务(收赋、催税、派役等),又要承受完不成任务的责罚(有明确的律法规定),结果往往是承役者不是产破人亡就是四处逃亡,依靠这种状态的人群如何能维护乡村秩序和保证财政收入呢?因此,把职役制看作行政制度或基层权力机构的说法就大可怀疑了。实际上,宋代乡村治理的职能直接由州县实施,原来所谓乡官制下的乡里头目、制度安排、治理内容恐怕都变成了被治理的对象。也就是说,宋代乡村各色头目的行为不能看成是"治理"性质的,应当是被治理的表现。任用富户担任所谓乡村头目,一方面说明官府是为确保赋税征收能够得到落实,看中的是他们的经济能力而不是治理能力;另一方面,虽然称谓上或延续前代或带有"长",恐怕都不能与"政治权威"相联系。他们不但不是"官",谈不上有什么"薪俸",而且还是一种"苦差",弄不好就会倾家荡产,故而,避之犹恐不及,何来"治民"的快感、"权威"的优越感和"权力"的至上感呢?正因为金派富户应役存在着尖锐的矛盾,富户依靠自己的家资财力、人际关系、文化影响想方设法地逃避赋役、转嫁负担,造成了日益严重的"赋役不均",反而扰乱了国家的赋役制度和乡村的社会秩序。因此,如何治理乡村中的富户(豪强、豪横、富民等)就成了中央政府乡村治理的突出问题,这更说明了乡村治理活动是由宋朝各级政府直接进行的。两宋时期中央政府治理富户之策主要体现在三个方面。

一是通过诏令宣示和法律规定弥补制度漏洞,以打击富户的"诡名挟户"行为。如宋真宗天禧四年(1020年),勒令形势户凡有"荫庇差役"者限

---

① 刁培俊认为:"两宋政府一直贯彻着以乡村中较富裕(一般指第三等以上的主户)的民户充任里正、户长、耆长、都副保正、大小保长、甲头等乡役的制度,并凭藉这些较富裕的乡役人,来实现中央政府'以民治民'职役模式下对于乡村社会的控制和有效管理。"见《乡村中国家制度的运作、互动与绩效——试论两宋户等制的紊乱及其对乡役制的影响》,人大复印资料《宋辽金元史》2007年第2期。

百日自首,逾期将治罪。① 宋哲宗绍圣时也把"人户以财产妄作名目隐寄"等行为按"违制论"②,随后还专门制定了"诡名挟户法"③,明确把隐匿户口的行为定为犯罪。在南宋宁宗时的法令汇编《庆元条法事类》中专门收入了南宋时期制定的《匿免税租》的条文:

> 诸诈匿减免等第或科配者(谓以财产隐寄,或假借户名,或诈称官户,及立诡名挟户之类),以违制论。如系州县人吏、乡书手,各加二等,命官仍奏裁,未经减免者,各减三等,许人告。即知情受寄,诈匿财产者,杖一百。④

二是为解决赋役与户等相符合的问题,加强对乡村民户财产和土地占有情况的核查。宋仁宗至和年间(1054—1056年)制定了"乡户五则法",规定:

> 凡差诸州军乡户衙前,以产钱与物力从多至少置簿,排定户数,分为五则。其重难差遣亦分等第准此,若重难十处合用十人,即排定第一等一百户;若有第二等五处,即排定第二等五十户,以备十次之役。⑤

这再次明确了依"产钱与物力"编排户等的规定,要求据此安排轮役。此后,宋神宗时在部分地区推行方田均税法,南宋高宗、孝宗则在南方诸地区推进经界法,都是为准确核实民户田土占有多寡、肥瘠,编订相应籍簿作为佥派乡役的依据,努力使乡役负担与民户的财产相符合。

三是探索实行免役法和募役制从根本上解决赋役征派上的矛盾现象。宋神宗熙宁二年(1069年),有关部门奏称:"考合众论,悉以使民出钱雇役为便,即先王之法,致民财以禄庶人在官者之意也"⑥,提出"乡户差役者,悉计产赋钱,募民代役,以所赋钱禄之"的方案⑦。宋神宗采纳了这个建议,并于熙宁三年(1070年)开始在开封府试行,其办法是:

---

① 真宗天禧四年敕:"以田产虚立契,典卖于形势、豪强户下荫庇差役者,与限百日,经官首罪,改正户名。限满不首,许人陈告,命官、使臣除名,公人、百姓决配。"见《文献通考》(卷十二),《职役考一》。
② 《宋会要辑稿·食货》(十四之六)。
③ 参见王曾瑜:《宋朝的诡名挟户》,收录于《涓埃编》,河北大学出版社2008年版,第575页。
④ [宋]谢深甫监修:《庆元条法事类》(卷四十七),《匿免税租》。
⑤ 《续资治通鉴长编》(卷第一百七十九),至和二年四月辛亥。
⑥ 《文献通考》(卷十二),《职役考一》。
⑦ 《续资治通鉴长编》(卷第二百二十七),熙宁四年十月壬子。

> 畿内乡户计产业若家赀之贫富,上户分甲、乙五等,中户上、中、下三等,下户二等,坊郭十等,岁分夏秋,随等输钱。乡户自四等、坊郭自六等以下勿输。产业两县有者,上等各随县,中等并为一县输,析居者随所析,若官户、女户、寺观、未成丁,减半。募三等以上税户代役,随役重轻制禄。禄有计日,有计月,有计事而给者。①

从规定中看,免役钱也是依据户等确定征收额数的,官府收钱后根据役事的轻重给应募者支付相应的报酬。经过试点后,熙宁四年(1071年)开始以法令的形式向全国推广,规定:

> 天下土俗不同,役轻重不一,民贫富不等,从所便为法。凡当役人户,以等第出钱,名免役钱。其坊郭等第户及未成丁、单丁、女户、寺观、品官之家,旧无色役而出钱者,名助役钱。凡敛钱,先视州若县应用雇直多少,随户等均取。雇直既已用足,又率其数增取二分,以备水旱欠阁,虽增毋得过二分,谓之免役宽剩钱。②

宋王朝有关免役法以及相应的各种雇募役的规定,对缓解赋役征收中与乡村富户的冲突,保证国家财政收入显然是有利的。这些法令举措充分说明乡村治理就是宋王朝的主要工作,无论是中央政府还是路州府县都通过国家行政权力直接开展治理活动,民户通过"役"的形式服务国家不过是分担了本应由政府行政部门承担的工作,这种履行"役"的活动恰恰就是被治理的过程。有研究者通过研究宋代乡村空间区划而得出结论说:

> 首先宋代的乡里之间并无官方划定的区划界线,而是在长期的过程中形成的一种地域单元。其次乡里等并无自己的办公机构和固定的办公地点,乡长、里正等作为乡里组织的头目,实行的是轮充制,即轮流担当,这种"役"的性质也决定了其不能作为一级政权的首脑。因此其不能被称为"行政区划"或"行政机构",充其量属于一种组织空间或社会空间。③

---

① 《续资治通鉴长编》(卷第二百二十七),熙宁四年十月壬子。
② 《宋史·食货上五》,《役法》。
③ 参见姚帅:《宋代乡村社会空间研究》,暨南大学硕士学位论文,2011年,第2页。

研究者主张用"乡村组织"来定义宋代乡里的性质。因此,把里正、耆长、户长、壮丁、保长、都保正和都保副看作乡村治理活动的主体,甚至是"国家权力"的代表显然是不合适的。

四、元明清时期乡村治理制度与民间秩序力量的耦合

元明清是中国古代最后三个大一统的王朝,相继持续了640余年。从乡村治理的角度看,它们都延续了自古以来的统治策略和治理理念,在制度安排上则强化了"因俗而治""顺势而治"的取向,特别注重利用民间业以形成的维护秩序的血缘力量、地缘力量和民俗信仰力量来加强乡村管控,取得了一定程度的治理效果。

(一) 元朝时期以"劝课农桑"为主旨的村社制

从1206年建立蒙古国,1271年建立元朝,到1368年退回漠北,蒙古族先北方后南方的统治活动持续了约162年,对乡村社会的治理有继承、有创设,也有增强。元朝延续了唐宋的乡都制,完善了金朝的村社制,加强了唐宋以来的巡检制和弓手制。其中,尤以把民间具有祭祀和互助功能的"社"发展成为一种推进和督促农业生产活动的组织最具特色。

1. 元朝乡村治理的全局性举措

自忽必烈经略中原地区始直到元朝建立初期,一直面临着社会秩序崩坏、人口大量死亡流散、农业经济一片破败的严峻形势。据史载,元初的中原地区历经金宋战争、蒙金战争这样的长期征战已是"土旷民贫";曾经富庶的关中地区人口不满万户①;四川地区在兵燹中居民"十亡七八";两淮流域"中间歇闲岁久,膏肥有余,虽有居民,耕种甚是稀少"②,甚至"荒城残堡,蔓草颓垣,狸狐啸聚其间"。③ 面临这样的局面,元朝"首诏天下,国以民为本,民以食为天,衣食以农桑为本"④,积极发展农业。同时,为稳定社会秩序,确保农业生产恢复和发展,元朝还创设和实行了许多通行全国的治理举措和制度安排,从而强化了对乡村社会的控制,一定程度上提升了乡村治理效果。

(1) 设置巡防弓手,强化乡村治安力量。弓手在宋金以前是军队中的

---

① 《元史·列传四十》,《刘敏》;《元史·列传四十六》,《商挺》。
② 王恽:《秋洞先生大全文集》(卷九十一),《开浚两淮地土事状》,收录于《元人文集珍本丛刊(二)》,新文丰出版公司1985年版,第269页。
③ [元]陆文圭:《墙东类稿》(卷十二),《故武德将军吴侯墓志铭》,收录于《元人文集珍本丛刊(四)》,新文丰出版公司1985年版,第237页。
④ 《元史·志四十二》,《食货一·农桑》。

一种专门兵种——弓箭手,分为马、步两种类型。宋太祖建隆三年(962年)下诏将弓手配属于县衙,成为一股专门负责乡村治安的力量。① 金朝在统治的区域内继续实行弓手制度,并将其改成了募役制,通过征收弓手钱来维护弓手力量。② 据《元典章》载,早在中统五年(1264年),忽必烈就曾下令"设置巡捕弓手,防禁捕捉盗贼",正式继承并设置了巡捕弓手制度。随着全国统一的进程,这一制度被推广到全境,成为控制乡村社会的重要军事力量。元朝的弓手分别隶属于路府的录事司、州的捕盗司、县的县尉司和县下及重要关隘、渡口、交通要道等地设置的巡检司。城内及城周乡村的治安工作分别由州判、县尉直接领导,县城外"其间五、七十里,所有村店及二十户以上者,设巡防弓手"③,隶属于巡检司,负责治安。此外,巡检司依据山川地理、人口多寡、关津渡口和村镇驿路等的具体情况来决定是否设置。④ 弓手的设置构成了一张从城镇到乡村的治安网络,在维护地方和乡村社会秩序上发挥着重要作用。弓手作为一种乡役,是按照每百户选充一人设计的。如中统五年(1264年)的诏令中就规定:

> (弓手)于本路不以是何投下当差户计,及军、站、人匠、打捕鹰房、斡脱、窑冶诸色人等户内,每一百户内取中户一名充役,与免本户合着差发。其当户推到合该差发数目,却于九十九户内均摊。⑤

据此可以看出,充当弓手则可免除其他"差发",其负担由其余99户"均摊"。但是,百户中还包括了军户、站户等职能与弓手有重叠的人户,不免有重复应役之嫌。因此,元政府又完善了相关规定,把弓手的征发限制在丁口较多的"包银户"内。如至元三年(1266年)就规定:"京府司县合用人数,止于本处包银、丝线,并止纳包银户计内,每一百户选差中户一名当役,本户合当差发税银,却令九十九户包纳。"紧接着于至元四年(1267年)又规定:"其所辖州县合设弓手,俱于本路包银等户选丁多强壮者充,验各处州县户数多寡、驿程紧慢设置。"⑥这些规定一方面确保了弓手来源的稳定和充足,另一方面也体现了赋役均平的治理思想,有利于乡村治安的维护。弓手作为乡

---

① 《续资治通鉴长编》(卷第三),太祖建隆三年十二月癸酉条。
② 《金史·章宗纪二》。
③ 《元典章》(卷五十一),《刑部十三·诸盗三·防盗·设置巡防弓手》。
④ 参见李中超:《元朝巡检制度研究》,西南政法大学硕士学位论文,2018年。
⑤ 《元典章》(卷五十一),《刑部十三·诸盗三·防盗·设置巡防弓手》。
⑥ 《元史·兵志四·弓手》。

村治安力量,职能十分广泛,主要包括巡夜禁、巡捕盗贼、押运官物、解送罪犯、检查防火用水、监视"警迹人"、举报携带禁用兵器等。① 据学者研究,元朝的弓手制度与前代最大的区别是由乡役转变为户计,即成为单列、世袭的"弓手户","这种变化有利于弓手履行相关职责。弓手长期充役,习惯武艺,又熟悉辖区山川地理,了解盗贼经常出没之所,这些都便于弓手准确而迅速地捕捉盗贼,加强治安力量"。因此,可以说:"弓手的分布范围非常广泛,总体数量庞大,是国家政权维护社会治安和加强基层社会控制的表现。"②

（2）实行户等制,确保赋税诸役的征发。元朝与前代一样,也是通过派征赋役来维持政府财政收入和公共事务的建设。从劳力征发使用的情况看,主要是杂泛和差役两种。所谓"杂泛"包括修路、筑城、伐木、造船、筑弟、挽舟、捕蝗、修造寺庙等事务,所以又称为"力役",主要由全体应役户承担。所谓"差役"主要是征派民户中的上、中户承担带有行政性质的公事,如催征赋役、统计户口、编排应役顺序等,因而也称"职役",应役者被称为"里正""主首"等。③ 为使赋役征收工作有序进行,元朝也依据政治地位、土地占有、财产多寡等情形对民户进行了等级划分,分为三等九甲,作为征发赋役的根据。中统五年(1264年)八月颁令:

> 今仰中书省,将人户验事产多寡,以三等九甲为差,品答高下,类攒鼠尾文簿。除军户、人匠各另攒造,其余站户、医卜、打捕鹰房、种田、金银、铁冶、乐人等一切诸色户计,与民户一体推定,鼠尾类攒。将来科征差发,据站户马钱祇应,打捕鹰房合纳皮货鹰隼,金银、铁冶合办本色,及诸色户所纳物货,并验定到鼠尾合该钞数,折算送纳。④

按等编排的"鼠尾文簿"就是征发的根据。元灭南宋后,于至元十九年(1282年)五月,下令户等制"遍行诸路",完成了全国统一的户等制度的建立。有元一代虽然户籍清查进行的次数不多,但每次"籍户"时都开展丁口和资产登记工作,并汇编成册,称为"鼠尾簿"。乡村的里正、主首和社长在

---

① 参见刘晓:《元代的警迹与警迹人》,收录于《北大史学》(第2辑),北京大学出版社1994年版。
② 参见王翠柏:《元代弓手制度初探》,《中国史研究》2017年第1期。
③ 参见王亚楠:《从元代中间人看基层社会官民互动——以社长、官媒为中心的考察》,武汉大学硕士学位论文,2018年。
④ 方龄贵:《通制条格校注》(卷十七),《赋税·科差》,中华书局2001年版,第494页。

日常工作中要随时掌握丁口、财产变化的情况,"凡丁口死亡,或成丁,或产业孳畜增添消乏,社长随即报官,于各户下令掌簿吏人即便标注",并及时调整户等。鼠尾簿有关于居民资产和户等的记载,是官府征发赋役和处理民事纠纷的依据,"凡遇差发丝银、税粮、夫役车牛、造作、起发当军,检点簿籍,照各家即目增损气力分数科摊";"至于土田、婚姻、驱良、头匹、债负,一切词讼,一一凭籍照勘"①。元朝杂泛差役征发仍沿用前代先富后贫、依次轮当的原则,即"各验丁产,先尽富实,次及下户"②。如北方地区的仓务官就由"上三户"(上上、上中、上下)担任③,南方的江西也"择民甲户主仓库"④;山西绛州的里正、社长则"推选上上户著甲乙簿"⑤;广西梧州"将官民户编排上、中、下三等九甲,额定每田一千亩应当里正一季,自上而下,周而复始,行之期年,已有定式"⑥。有些地方押运粮米也选派富户,"每米五百石,差上户一名,充押运头目"⑦。这些史料表明元代南北各地基本上都是按照户等派发杂泛差役的,可以说实行户等制是一项重要的乡村治理制度。

(3)建立农官制度,加强农业经济管理。农业生产是古代社会最重要的生产部门,元朝建立时经过了长期的战乱,再加上早期蒙古贵族重牧轻农,使北方农业生产遭到巨大的破坏。自元世祖接手管理汉地起,注重运用汉法,尤其重视农业生产的重建与恢复。设立农官制度,加强农业生产监督便成为治理乡村社会的重要举措。中统元年(1260年),忽必烈"命各路宣抚司择通晓农事者,充随处劝农官",并设十路(道)宣抚司,任命原王府幕僚等充任各路宣抚使、副使。第二年"诏十路宣抚使量免民间课程。命宣抚司官劝农桑,抑游惰,礼高年,问民疾苦,举文学方识可以从政及茂才异等,列名上闻,以听擢用;其职官污滥及民不孝悌者,量轻重议罚"⑧。中统二年(1261年)八月设劝农司,至元七年(1270年)二月设立专掌农桑水利的司农司,任命了劝农使、劝农副使各4人负责监督农业生产之事。十二月改为大司农司,在地方先后又设立了行大司农司、劝农营田司,以及负责监察的各道肃政廉访司,并赋予各道提刑按察司"兼职劝农水利事"⑨。据史载,这

---

① [元]胡祗遹:《县政要式》,《紫山大全集》(卷二十三)。
② 《通制条格》(卷十七),《赋役·杂泛差役》。
③ 《紫山大全集》(卷二十一),《政事》。
④ [元]虞集:《户部尚书马公墓碑》,《道园学古录》(卷十五)。
⑤ [元]刘尚质:《绛州知州彭侯去思之碑》,《山右石刻丛编》(卷一百三十八)。
⑥ 《冯太守德政碑》,见《永乐大典》(卷二千三百四十三)"梧"字门。
⑦ 《元典章》(卷二十一),《户部·押运》。
⑧ 《元史·世祖一》。
⑨ 《元史·食货一》。

套农官制度"行之五六年,功效大著,民间垦辟种艺之业增前数倍"①。农官制度的建立为"劝课农桑""教民耕植"和"察举勤惰"发挥了重要作用。

（4）颁布治安法规,运用律法制度加强社会控制。元朝统治者治理乡村社会的一大特点是十分注重运用律法的力量,把治理理念通过法规的形式公之于众,责令各级官员和乡村治理者依令按律开展治理活动,从而进一步提高了乡村治理的制度化水平。这主要表现在社会治理和管理农业经济活动上。

在治安管理方面,元朝制定了严密的制度。首先,实行宵禁和公引制度。规定:

> 一更三点,钟声绝,禁人行;五更三点,钟声动,听人行。有公事急速及丧病产育之类,则不在此限。违者笞二十七下,有官者笞七下,准赎元宝钞一贯。②

弓手在捕盗官的带领下,每日在城内及村镇巡查。商贾、游客的活动必须持有官府颁发的通行证——"公引"——才能通过关津渡口,"诸斡脱、商贾凡行路之人,先于见住处司县官司具状召保给公凭,方许他处勾当。若公引限满,其公事未毕,依所在倒给";"经过关津渡口,验此放行,经司县呈押。无公引者,并不得安下。遇宿止,店户亦验引,明附店历"。③ 这是通过限制人们的行动来防止盗贼出没和反叛活动的发生。其次,严格利器、兵器等危险器械的管控。元朝政府规定,汉人、南人拥有的弓箭、刀枪、甲胄一律没收入官。其他如铁尺、"古朵又带刀子挂棒"、弹弓等可作为兵器的物械也禁止汉人、南人使用、制造、买卖,如隐藏上述器械,一经发现将治罪严惩。即使是祭祀神灵也不能使用真兵器,要用"土木约彩假物"加以代替。甚至有人提出要没收"两股铁禾叉",但因"铁禾叉系农家必用之物,既非军器,难以禁治",最终没有被列入违禁品④,但也足可见当时兵器之禁的严厉。再次,严惩赌博、酗酒以及淫乱等扰乱社会秩序的不良行为。例如,对于赌博,元世祖至元十二年（1275年）二月就曾发布禁赌令:"禁民间赌博,犯者流之北地。"至元二十四年（1287年）,元政府又规定:"禁约诸人不得赌博钱物,并

---

① 石声汉校注:《农桑辑要·序》,农业出版社1982年版,第1页。
② 《元史·兵志四·弓手》。
③ 《元典章》（卷五十一）,《刑部十三·防盗》。
④ 《元典章》（卷三十五）,《兵部二·军器》。

关扑诸物,如有违犯之人,许诸人捉拿到官,将犯人流去迤北之地种田。"①处罚是相当严厉的。最后是加强公共场所管理,严厉打击恶少和地痞无赖。元政府对于公共场所聚众现象十分敏感,诸如跳神、祭祀、庙会甚至寺庙中的宗教活动都加以限制。世祖至元年间,大都街上曾出现过"夜聚晓散"的跳神巫婆,元政府恐其惹人围观、滋生事端而严令禁止。元政府还规定,除"五岳四渎等载在祀典者,所在官司依例岁时致祭"外,不许在城邑、村坊、镇市"聚集人众,祈赛神社,赌博钱物",如果有违,主办者笞五十七下,所在坊里正、主首、社长及其上的地方官员有失觉察者都要受到惩处。② 元政府还禁止寺观僧道举行大型法会,如武宗至大年间就曾驱散了陕西行省安西路举办的万僧水陆资戒大会,理由是"安西地面别无镇守军户,中间倘有乘间窃发或为奸盗,或拘异谋何以备之? 所系非轻,不可不虑"。到元朝中期时,对城乡"集场"内"唱词聚众的勾当"等娱乐活动也明令禁止:

> 诸民间子弟,不务生业,辄于城市坊镇演唱词话,教习杂戏,聚众淫谑,并禁治之。诸弄禽蛇、傀儡、藏撅撒钹、倒花线、击鱼鼓,惑人集众,以卖伪药者,禁之,违者重罪之。诸弃本逐末,习用角抵之戏,学攻刺之术者,师、弟子并杖七十七。诸乱制词曲,为讥议者,流。……诸妄撰词典,诬人以犯上恶言者,处死。③

元朝统治者担心说书卖唱、杂耍卖艺等活动会传播不利于其统治的思想,所以要严加禁止。历朝历代的城乡都会存在一批游手好闲的泼皮流氓和仗势欺人的恶少无赖,他们往往无事生非,打架斗殴、骚扰市井、欺男霸女,严重影响社会秩序。据史载,元朝的恶少无赖:

> 更变服色,游玩街市,乘便生事,抢掠客人笠帽,强取妇人首饰,奸骗良人妻女,及于娼优勾栏、酒肆之家乞取酒食、钱钞,因而斗殴致伤人命;或公然结揽诸物于税司、酒务、仓库,投托计嘱,故将官吏欺凌搅扰;或诈称巡捕人员,拦截往来客旅,夺要钞物。
>
> 但遇嫁娶,纠集人众,以障车为名,刁蹬婚主,取要酒食财物,故将时刻阻误,又因而起斗致伤人命。④

---

① 《元典章》(卷五十七),《刑部十九·禁赌博》。
② 《元典章》(卷五十七),《刑部十九·禁聚众》。
③ 《元史·刑法志四·禁令》。
④ 见《元典章·刑部十九》,《元典章·礼部三·婚礼》。

元朝统治者对此类人等也予以严厉的打击,往往施于"红泥粉壁识过其门"、"与木偶连锁巡行街衢"或杖责、迁徙等处罚。还有些无赖把持牙行、关隘、河岸、码头、江河坝闸,肆意刁难勒索过往商旅的钱财①,严重破坏了经济秩序,对此,元朝刑部专门责令地方官纠治严惩,经过一段时间的整治风气才有所好转。

在农业经营管理方面,元朝汇编了一套名曰《大元通制》的法律文书,于元英宗至治三年(1323年)刊行。其中收入的《通制条格》包括的《劝农立社事理条画》,就是元政府管理农业的纲领性文件,对农田生产、水利灌溉、鱼林畜业、基层管理、学校教育及赈灾救荒等都作了详细的指导性规定,集中反映了元朝统治者管理农业生产、治理乡村社会的政策和措施。如在树木种植上就规定每丁每年必须栽桑枣树20株,不宜种者则栽种榆柳等树20株。在水利灌溉方面,元朝从中央到地方都设立了明确的管理监督机构,允许民间自行开展水利建设,遇有资金物力不足还可上报官府获得资助。耕地用水也由官府统一调配,确保灌溉用水能得到平均使用。在乡村教育方面,规定每社都必须办一所学校,主要学习儒家经典,强化孝悌忠信等伦理教育。社学要聘请通晓经书者为教师,农闲时令子弟入学。据元史记载,到元世祖至元二十八年(1291年)十二月,"司农司上诸路所设学校二万一千三百余"②。元朝统治者希望通过乡村教育提高劳动者的技能和道德素养,由此夯实发展农业生产、维护乡村秩序的思想基础。③ 在救荒方面,详细规定了垦荒措施、互助政策、治蝗方法等。在垦荒方面实行贫民优先、肥瘠轮耕等原则,确保地利的开发。如社内人员遇有病患凶丧不能种植的,则由其他社众无偿帮助耕种和管理,不致其田荒废。总之,用法律的形式来规定相应的劝农措施,这些具体的规定对农业生产起到了良好的社会保障作用。④

2. 元朝立社蕴含的治理之策

元朝的乡村治理制度在安排上承继金代的村社制,从而使消失了千余年的"社制"又重新出现在治理体系之中。元朝立社研究中还存在着较大的分歧,主要是两个问题:一是元代的社与乡里的关系。一种观点认为社在

---

① 如元人高荣孙上言:"江河坝闸揽载人等,故用损船绳揽,名为盘浅,阻截民船。及河岸设立部头把隘,军人假名辨验,刁蹬客旅,取要钱物。"见《通制条格》(卷二十八),《杂令·船路阻害》。
② 《元史·世祖本纪十三》。
③ 参见苏力:《元代劝农文对农民的劝化》,《农业考古》2006年第4期。
④ 参见崔婷婷:《元代农官制度研究》,西北农林科技大学硕士学位论文,2017年。

里领导下,乡村治理层级是乡—里—社;另一种观点则认为乡里与社是并行的两套制度,虽有职能上的交叉,但里正、主首主要负责"催征赋役",而社长的职能则偏重"劝课农桑"。二是元代社制实施的范围,传统观点认为先北方后南方,施行于全国。部分学者则认为主要实施于北方,南方仍主要延续着南宋的乡都、都保制,西南各省更是基本没有实施。① 不过,学者们都认同元朝立社的初衷是恢复农业生产、稳定社会秩序的重农之举。元世祖继位之初,就提出"国以民为本,民以衣食为本,衣食以农桑为本"的基本国策,中统元年(1260年)颁行"农桑之制一十四条",对农业生产各环节提出了对应的详细要求;中统二年(1261年)始从中央到地方设立司农司,加强对农业的管理;中统三年(1262年)下诏要求:"管民官,劝诱百姓,开垦田土,种植农桑。"②到至元七年(1270年)设立大司农司,在"劝课农桑""教民耕植"和"察举勤惰"等方面发挥了重要作用。③ 这说明,元朝官府有一套从上到下的正式劝农制度和细致的促进农业生产的法律规定,这种背景下于至元七年(1270年),正式颁布法令,设立村社制度当是乡村治理思想另一层用意的表现。立社法令名曰《劝农立社事理》,一个"劝"字似乎可以品味出立社是运用民间已有的生产生活习俗来促进农业生产的意味。要弄清元朝立社的治理思想就必须首先弄清立社和结社的历史渊源。

  立社或结社在中国古代有着悠久的传统。有学者认为"社"的源流大约有五端④,其实均源于对"社神"的信仰,归纳起来向两个方向演变。一是由崇拜"社神"的祭祀活动,向迎神赛会的群体活动演化,再延伸到信仰、志趣相投的团体和行业团体的出现。这是古代民众寻求安全感、归属感并通过互助来应对生活压力的主要方式,从而形成了"结盟拜会"的习俗和传统。二是演化成基层组织。先秦统治者把社神信仰看作是维护"社稷"的重要力

---

① 参见鲁西奇:《买地券所见宋元时期的城乡区划与组织》,《中国社会经济史研究》2013年第1期;《元代乡里制度及其实行的北南方差异》,《思想战线》2019年第5期;刘九万:《蒙元时期农业发展及农业相关制度探析》,《中央民族大学学报(哲学社会科学版)》2020年第2期。

② 《元史·世祖本纪二》。

③ 参见王福革、赵亚婷:《忽必烈"至元之治"论》,《黑龙江民族丛刊(双月刊)》2017年第5期。

④ 参见陈宝良:《中国的社与会》,浙江人民出版社1996年版,第1—5页。杜正贞认为:"'社'字的本意,一般学者都倾向于认为是指'地祇',即土地神。祭祀土地神的场所,也被称为'社'。从上古时代开始,居于一地的人立社祭祀土地,'社'也就成为聚落的代称。'社'从一种祭祀对象而有了指称社区、聚落,乃至于各种不同人群组织的意义。"见《区域社会中作为信仰、制度与民俗的"社"——基于近十年晋东南研究的反思》,《学术月刊》2016年第12期。

量,不但设有"国社",即国家祭祀场所,而且还推广到最基层。故而,顾炎武说:"社之名起于古之国社、里社,故古人以乡为社。"①《左传》昭公二十五年载:"齐侯唁公曰:自莒疆以西,请致千社",据注,当时 25 家为一社,又据疏:"礼有里社……以二十五为里,故知二十五家为社也。"可见里、社在古代即可并称,逐渐成为乡村基层划分居民的单元。社神信仰就是土地神信仰,从夏商周开始便演化出祭祀社神的两个系统。就官方祭祀而言,从天子到贵族都要封地立社以表示对这一地域的统治权。《礼记·祭法》云:"王为群姓立社,曰大社。王自为立社,曰王社。诸侯为百姓立社,曰国社。诸侯自为立社,曰侯社。大夫以下成群立社,曰置社。"并规定了各级社的规模和形制。汉代延续了上古先秦的做法,依行政机构层级的不同都立有社,分别称为帝社、郡社、国社、县社、乡社、里社,定期举行对社神的祭祀活动。② 官方的祭社活动一直延续到清代。就民间祭祀活动而言具有全民性,《礼记·郊特牲》所记"唯为社事,单出里,唯为社田,国人毕作。唯社丘,乘供集盛,所以报本反始也",就描绘了当时民间祭社的盛况。魏晋南北朝时,民间里社逐渐被村社组织所取代,但祭社之俗并未湮灭。到唐宋时,社祭活动达到了高潮。祭祀社神习俗的持久化和普及化形成了乡土民众亲密的生存文化空间,是一种重要的精神纽带并产生了共同的社会意识。祭社发展为更为普遍的土地神信仰,围绕祭祀活动而形成的日常行为方式对社会生活的影响巨大且深远。围绕社祭的活动成为民众沟通感情、凝聚力量、维持秩序、互助帮忙的重要方式③,利用这种习俗来治理乡村社会正是元朝统治者重农思想和因俗而治思想的重要体现。

3. 元朝村社制的治理效能

经过长期的战乱,元朝初期的北方地区经济萧条、民户离散,恢复经济特别是农业经济是当务之急。为安定农人、鼓励生产,在建立了系统的劝农官署机构后,借助民间祭祀习俗形成的互助行为和机制,元政府采取了立社的官方策略。中统元年(1260 年)颁行"农桑之制一十四条",其中规定:

---

① [明]顾炎武:《日知录》(卷二十二),《社》。
② 参见杨华:《战国秦汉时期的里社与私社》,《天津师范大学学报(社会科学版)》2006 年第 1 期。
③ 有研究者指出:"在隋唐时期,民间广泛流行从事经济和生活互助的私社,并大多保持着春秋二社的祭社风俗。……这类私社不仅数量远较佛社为大,而且组织严密,存在时间也长,在民间的影响力颇大。"在宋代"结社已遍布社会生活的各个层面并存在于社会各阶层",并且认为"一种民间结社的出现,其目的可以有政治、经济、军事、文化生活之别,然它的存在,常常起到巩固乡村业已存在的基层组织的作用,实际上直到相辅相成的作用"。参见陈宝良:《中国的社与会》,浙江人民出版社 1996 年版,第 8—15 页。

县邑所属村疃,凡五十家立一社,择高年晓事者一人为之长。增至百家者,别设长一员。不及五十家者,与近村合为一社。地远人稀,不能相合,各自为社者听。其合为社者,仍择数村之中,立社长官司长以教督农民为事。

社中有疾病凶丧之家不能耕种者,众为合力助之。一社之中灾病多者,两社助之。……凡荒闲之地,悉以付民,先给贫者,次及余户。①

社长由五十家社众推选,条件除"高年晓农事"外,还必须有两子以上,即"社长由社众推举年高、通晓农事而又兼丁者承担"②,以便社长有精力和时间来管理社事。至元七年(1270年)"复颁农桑之制一十四条",至元二十三年(1286年)朝廷下令颁发给各路,把立社推向全国。元朝把立社称为"农桑之制",因此,社长最基本、最重要的职能当然是"劝农耕稼","农民每岁种田,有勤谨趁时而作者,懒惰过时而废者,若不明谕,民多苟且。今后仰社长教谕,各随风土所宜,须管趁时农作"。根据元朝法律规定,社长由社众推选、官方认定,并免除自身的一切杂徭,"专一照管教劝本社之人务勤农业"。③ 为使社长督促生产能有权威,《劝农立社事理》还规定在"地头道边,各立牌橛,书写某社长某人地段,仰社长时时往来点觑,奖谨诫惰",使之拥有公示、训诫懒惰者的权力。由于社长具有的行政色彩,时人也多认为其为"上司设立"④。综合元朝颁布的劝农条画、事理中的相关规定,社长的职责主要集中在三个方面。一是劝课农桑,主要包括开垦荒地,按规定督促种植桑榆,主持、督促兴修和维护水利工程,监督农人勤劳耕种。二是宣德教化,主要包括发现并上报本社中"勤务农桑、增置家产、孝友之人",使之得到官府的"优恤"和表彰;对本社内"不务本业、游手好闲、不遵父母兄长教令、凶徒恶党之人"要及时训导。元朝规定"每社设立学校一所,择通晓经书者为学师,于农隙时分各令子弟入学"。社长必须督促社内子弟及时入学接受教育,从而使统治者的思想得以贯彻,道德秩序得以建立。三是社内互助,主要包括帮忙救助丧失劳动能力的社众,即"本社内遇有病患凶丧之家、不能种莳者,仰令社众各备粮饭器具,并力耕种锄治收刈";按元朝规定,"每社立义仓,社长主之。……社长明置文历,如欲聚集收顿,或各家顿放,听从民

---

① 《元史·食货一》。
② 《元典章》(卷二十三),《户部九》。
③ 《元典章》(卷二十三),《立社·劝农立社事理》。
④ [元]王结:《文忠集》(卷六)。

便。社长与社户从长商议,如法收贮"。① 平时负责收储余粮,遇到灾荒则及时开仓救助。此外,社长还有调节民事纠纷的职责,"诸论诉婚姻、家财、田宅、债负,若不系违法重事,并听社长以理谕解,免使妨废农务,烦紊官司"②。从上述规定内容可以看到,立社的目的是通过民间互助习俗来加强农业生产和维持乡村秩序。元朝乡村治理机制无论是乡里制还是里社制,抑或是村社制,社制的设立更多地表现出了"因俗而治"的用心,在实施过程中也与乡间的里正、主首在职能上有比较明确的划分,从而使社长能够专心于"劝课农桑"之职。③

总之,立社是元代乡村治理的一大特色。所立之社成为组织生产、征调赋役、调解纠纷、维护治安的乡村治理组织,并能很好地贯彻执行元政府发展农业的各项政策。虽然社制并没有普及至元朝所有的统治地域,但在元朝前期的北方地区对恢复和发展农业生产、维护乡村秩序还是发挥了积极的影响和促进作用。

(二) 明朝因俗治理乡村的主要举措和制度安排

明朝建立后,除建立健全乡村治理的正式制度,如里甲制度、巡检制度、卫所制度、牌甲制度、保甲制度、仓储制度等外,更加注重运用民间组织和习俗的力量开展治理活动。特别是明太祖朱元璋非常重视对乡村的教化,除注重运用乡村的宗族组织和会社组织的功能外,还创设了一系列因俗而治的制度,如社学制度、宣谕制度、同里互助制度、乡饮礼酒制度、乡约制度,尤其是老人制度和粮长制度的创设,进一步提升了乡村治理的水平和效果。④

1. 明初朱元璋的社会治理思想

明朝建立初期,北有残元势力的威胁,内有各种反元势力的争权和农民反抗的频繁活动。仅据洪武、永乐两朝实录记载的农民反抗活动就达百余次之多,新王朝的统治秩序长期不稳定。值得注意的是,元末明初,民间广泛流传着大明教、弥勒教、白莲教、白云宗等秘密宗教,如以温州、泉州为中心的大明教"造饰殿堂甚侈,民之无业者咸归之"。朱元璋就关注过弥勒教的传播情况:

> 元政不纲,天将更其运祚,而愚民好作乱者兴焉。初本数人,其余愚者闻此风而思为之,合共谋倡乱。是等之家,吾亲目睹……今江西有

---

① 《元典章》(卷二十三),《户部》。
② 《元典章》(卷五十三),《刑部》。
③ 参见谭天枢:《元代乡村基层治理中社长的职能探微》,《古今农业》2020年第3期。
④ 参见牛建强:《从制度层面看明代国家的基层社会控制》,《中国史研究》2015年第1期。

等愚民,妻不谏夫,夫不戒前人所失,夫妇愚于家,反教子孙,一概念诵南无弥勒尊佛,以为六字,又欲造祸,以殃乡里。①

白莲教等的秘密宗教活动也一直未断过,他们经常组织一些武装骚乱。这些民间教门在元末农民战争中起到过号召和组织作用,为参加者提供了巨大的精神支撑,鼓起了抗争的勇气。各族各阶层人民的反抗斗争终于推翻了元朝的残暴统治,胜利的喜悦加深了人们对这些宗教组织的依赖程度,它们的宣传鼓动威力一直影响着广大信徒,一旦人们不满意现行统治秩序时就会依托民间教门组织并继续从事反抗活动。长期的战争和民间秘密宗教的传播极大地冲击了儒学的统治地位,摆在朱元璋面前最现实的问题就是重新恢复儒学的主流意识形态地位并据此稳定人心、建立秩序和开展国家与社会的治理活动。

明太祖要恢复纲常礼教,势必首先要隆尊孔孟等先贤圣人。早在洪武元年(1368年),朱元璋就下令国子监祭祀孔子,指出:"仲尼之道广大悠久,与天地并有,天下者莫不虔修祀事,朕为天下主,期大明教化以行先圣之道,今既释奠成均,仍遣尔修祀事于阙里,尔其敬之。"②由于这时的统治还不稳固,为实现国家一统不断东征西讨,朱元璋的注意力主要集中在以武力讨伐和强制性的镇压上,再加上他本人对孔孟之道的作用体会还不深,如洪武二年(1369年)他曾下令说:"朝孔春秋释奠,止行于曲阜,天下不必通祀。"③这是把对孔子的纪念活动仅限于孔子的老家。当时的刑部尚书钱房、侍郎程徐等劝告明太祖说,孔子创立的学说是天下人共同信守的教育万世后代的学说,应该在全国祭祀孔子,但朱元璋却未予理睬。此后,他的刚猛政策激化了社会矛盾,这才使他更加清醒地认识到"圣贤之道,所以济世也"。洪武九年(1376年),山西训导叶居升上《万言书》指出:"当今之事太过者有三,曰分封太侈也,曰用刑太繁也,曰求治太速也",他认为明太祖求治操之过急。他分析说:"盖天下之乱,气化之转移,人心之趋向皆非一朝一夕之故,致治之道固不可骤至",但是由于"主上切切以民俗浇漓",致使"人不知惧,法出而奸生,令下而诈起",于是产生了"或朝诛而暮犯者有之,昨日所进今日被戮者有之,乃至令下而寻改,已赦而复收,天下臣民莫之适从而不能相安"的混乱局面。叶居升认为:"国家求治之速莫若敦礼义尚廉耻,守令则

---

① 明太祖:《太诰三编》,造言好乱第十二,转引自吴晗:《朱元璋传》,陕西师范大学出版社2008年版,第145页。
② 《续文献通考》(卷四十八),《学校考》。
③ 《明会要》(卷十一),《礼六》。

责其先礼义慎征赋,而以农桑学校为急务,风宪则责其先教化审法律而以平狱缓刑为最切,如此则德泽下流,求治之道庶几得矣。"①这篇《万言书》既指出了强硬手段所造成的适得其反的统治效果,又提出了"敦礼义廉耻"的建议,说明了加强文化思想教育的重要性和必要性。明太祖也在统治实践过程中认识到了这一点,对孔子的态度也大为改变,认识到"孔子道冠百王,功参天地",甚至责怪当时的礼官刘仲质说:"今天下郡县并建庙学,而报祀之典止行京师,未遍宇宙,岂非阙典?"于是责成他们"共定释奠议,颁之天下,令每岁春秋以上丁日通祀文庙"。② 由此孔圣人的地位才在这个新王朝中确定了下来。随之,孟子、程朱也相继在太学、文庙及相关祭祀活动中获得了配享的地位。这样先贤圣人的历史地位重新得到了尊崇,孔孟的纲常礼教、程朱的尊卑廉耻再次得到肯定和弘扬,明太祖希望由此实现恢复伦理纲常构成的道德秩序。在这样的思想指导下,朱元璋在治理乡村社会时,一方面进行细致的制度设计,建立起严密的制度体系;另一方面则更加重视教化的作用,不但提倡良好的乡风习俗,而且把民间有益的组织活动和形式纳入了治理举措,从而大大强化了对乡村社会的控制。

2. 明朝治理乡村的制度安排

明朝乡村治理的策略是"威慑"与"教化"并重,因此在正式制度安排上的设计非常细致周密,较先前王朝显得更加体系化。就正式制度而言,主要包括赋役征发、维护治安和教化调解等方面的制度。

首先,负责催征赋役的里甲制和粮长制。洪武十四年(1381年),明王朝正式推行以里甲制为基础的黄册制度。明朝里甲制的基本建制形式及原则是:以110户为一里,里长由丁粮多的10户每年轮值一次;余下100户被编为十甲,每甲为10户,设甲首户10人,亦每年轮值一次。轮值里甲长管理年内里甲之事,为现年,10年一循环,称为"排年"。里甲或称图甲的编制是按户口为标准编制的,主要负责督课赋税、打击犯罪、维护治安、厉行教化等工作③,与历代的乡里制、村社制在功能上是一致的。为保证粮食征收和解运,明初还专门在产粮多的地区设立了粮长制,洪武四年(1371年)九月,明太祖正式下令设立粮长,"以郡县吏每遇征收赋税,辄侵渔于民,乃命户部令有司料民土田,以万石为率,其中田土多者为粮长,督其乡之赋税"。④ 被

---

① 《皇明文衡》(卷六),叶居升《万言书》。
② 《明会要》(卷十一),《礼六》引《大训记》。
③ 参见栾成显:《明代黄册研究》,中国社会科学出版社1998年版;栾成显:《论明代甲首户》,《中国史研究》1999年第1期。
④ 《明太祖实录》(卷六十八),洪武四年九月丁丑条。

金派为粮长的都是"巨室"①,"照得粮长之设,原奉勘合,遴选丁粮最多上户承充,征解各项税粮,此不易之定法也"。② 因此,"国朝设里长,委以催办钱粮,勾摄公务。又于里长中提出殷实大户,号曰粮长。长邑里长二百四十名,分为四十八扇,令粮长统领云"。③ 粮长主要设在粮食丰产区,"盖金民之丁力相应者充之,非轮年也,惟粮多处有之"。④ 各地设立粮长也不是同步的,而是有先有后,如南直隶徽州府休宁县在洪武十四年(1381 年)"编赋役黄册,每里设长一人","十有九年始设粮长"。⑤ 据学者研究:"明代设有粮长的地区是浙江、南直隶、湖广、江西、福建。"⑥粮区的范围大致与乡相当,《明史》记载:"粮长者,太祖时令田多者为之,督其乡赋税"⑦,这说明所设粮区主要依据的是"税粮"多寡,所谓"随其税粮多寡,分为几区,区定粮长四人"⑧,显然它不是一级行政机构。洪武年间,充任粮长是一件很荣耀的事情,甚至有机会"进京面圣"。粮长将粮食"输入京,往往得召见,一语称旨,辄复拜官",时人都把当上粮长视为"如得美官","当时父兄之训其子弟,以能充粮长者为贤,而不慕科第之荣"。⑨ 粮长初设的目的非常单一,就是"掌其乡之赋税",但随着其地位的提升,其权力也逐渐向乡村的治理领域扩散,比如干预诉讼等司法活动。明人何良俊说:"常忆得小时,见先府君为粮长日,百姓皆怕见官府,有终身不识城市者,有事即质成于粮长,粮长即为处分,人人称平谢去。"⑩宣德时,有官员批评粮长之害之一即"包揽词讼,把持官府"⑪;粮长还曾承担过清丈土地的工作,洪武十九年(1368 年)为核实天下土田,"乃集粮长暨耆民,躬履田亩以量度之"⑫;当"地方有水旱不测之灾,上司有不时之需,粮长力可卒办";粮长还"可以弹压地方刁顽"⑬,等等。粮长的职责虽然明确为"督其乡赋税",但由于有官府的背景而形成了特定的权威,很自然地就会蔓延到乡村生活的诸多领域,其作用也就逐渐偏离了

---

① [明]宋濂:《朝京稿》(卷五),《上海夏君新圹铭》。
② [明]古之贤:《新安蠹状》(卷下),《告示·行六县禁革粮长空役》。
③ [明]丁元荐:《西山日记》(卷下),《日课》。
④ [明]丘濬:《大学衍义补》(卷三十一),《傅算之籍》。
⑤ [万历]《休宁县志》(卷一),《舆地志·沿革》;《休宁县志》(卷七),《艺文志·纪述·刘三吾〈休宁县知县周德成墓志铭〉》。
⑥ 唐文基:《明代赋役制度史》,中国社会科学出版社1991年版,第14页。
⑦ 《明史·食货二·赋役》。
⑧ 《续文献通考》(卷三),《田赋考·皇明》。
⑨ [明]顾炎武:《天下郡国利病书》(原编第六册),《苏松》。
⑩ [明]何良俊:《四友斋丛说》(卷十三),《史九》。
⑪ [明]顾炎武:《日知录》(卷八),《乡亭之职》。
⑫ 《续文献通考》(卷三),《田赋考·皇明》。
⑬ [明]丁元荐:《西山日记》(卷下),《日课》。

其中心任务,反而成了干扰乡村秩序的因素,因而到明朝中叶逐渐退出了历史舞台。

其次,负责乡村治安的卫所制、巡检制、保甲制。卫所制是明朝军事力量镇戍布置的重要制度,对外维护边境安全,对内镇压叛乱和反抗,是维护明朝社会秩序的主要力量。明朝的巡检司承袭前代,也设置在水陆要害之地,设卡盘查过往行人,防奸防盗,是维持乡村治安的重要力量。为尽早恢复乡村秩序,洪武元年(1368年)就下令在全国设立巡检司,至洪武二十六年(1393年),"凡天下要冲去处设立巡检司"①,目的在于"扼要道,验关津,必士民乐业,致商旅之无艰"②,这就决定了巡检司的主要任务是"专一盘诘往来奸细及贩卖私盐犯人、逃军、逃囚、无引面生可疑之人"③。巡检司的吏员主要有巡检一名、司吏一名,下辖弓兵,或30名或50名不等④,有自己特定的辖区,是维护地方治安的重要力量。明朝中期以后,由于人口流动加剧,原有的户籍制度遭到冲击,里甲制也就逐渐失去了管控治理乡村的功能,这就需要新的治理制度,于是保甲制度逐渐占据了乡村治理的主导地位。事实上,明朝建国之初就有保甲之设,史载:

> 国初设保甲之法,每十家为甲,甲有长;十甲为保,保有正。凡属甲内人民各置兵器一件,甲长置锣一面,保正置鼓一面,或铳一竿。⑤

洪武初年,汉中知府费震就曾用保伍法安抚灾民,史称:

> 值大军平蜀后,陕西旱,汉中尤甚。乡民多聚为盗,莫能禁。是时府仓储粮十余万石。震即日发仓,令民受粟。自是攘窃之盗与邻境之民来归者,令为保伍,验丁给之,赖以全活者甚众。⑥

到永乐年间,为防盗贼,"于村市集民编牌置械"⑦,开始出现了牌甲法。宣德元年(1462年),御史朱惠"以伍籍空虚,复奏籍民兵,编保甲,令自为

---

① 《明会典》(卷一百三十九),《兵部二十二·关津二》。
② [明]陈仁锡:《皇明世法录》(卷十二),《谕各处巡简》。
③ [明]朱元璋敕修:《诸司职掌·兵部·职方部》。
④ [万历]《嘉定县志》(卷八),《设官》;[成化]《重修毗陵志》(卷十),《职官》。
⑤ [明]吕坤:《摘陈边计民艰疏》,《明经世文编》(卷四百一十六)。
⑥ [明]谭希思:《明大政纂要》(卷三)。
⑦ [明]谈迁编修:《国榷》(卷二十)。

守"①。至正统时，已在乡村正式实行保甲法。正德、嘉靖以后，这种保甲法在腹里或边地得到了普遍执行。在此法创设推行过程中，王阳明在江西任上起了很重要的作用。正德十二年（1517年），为维护地方秩序，压缩盗贼活动的空间，王阳明在江西的南安府、赣州府创立了十家牌法。具体做法是，给每家发放一枚小牌，上面注明居住的地址、户籍、丁口、职业、女眷数等基本信息，钉于门首，便于检查。每十家联为一牌，正面开列各户姓名，背面则为官府文告，具体运作是：

　　日轮一家，沿门按牌，审查动静。但有面目生疏之人、踪迹可疑之家，即行报官究理。或有隐匿，十家连罪。②

保甲的功能大致体现在三个方面：一是弭盗防贼、守望相助。即所谓"保者，古乡社之称，守望相助之劝"。③ 崇祯年间，歙县知县傅岩要求各处保甲严访查拿和禀报非为之人：

　　各十户内挨查，内有容留来历不明、面生可疑之人，及游方僧、道、娼妇、方术之人，即时驱逐；窝隐者，保甲长指名呈究。各甲内有赌博、打行、白莲邪术，夜聚晓散，不孝不悌、作歹为非者，保甲长不时禀报。④

二是担负一定的教化之职。即"查得保甲之法，无事修明礼义，有事互相救助"。⑤ 如海瑞的《保甲告示》、贵州巡抚王学益的《保甲谕》等，都告诫乡民行善，不要为非作歹，"使各欣欣日劝于善"。三是替代了部分里甲的职能。如代理民间词讼、协助征催科粮、参与救灾赈济等。此法实行后，"军民颇安，盗贼颇息"，"寇至，甲则户相策应，保则甲相策应，邑则保相策应，而有司第以游兵犄角其间"。⑥ 乡村治理效果十分明显，逐渐在各地推广。

再次是负责教化和调解民间纠纷的老人制度。在古代社会生活中，有着悠久的崇老敬老传统，年高德劭者也一直受到社会的尊崇，在乡村道德秩序中享有很高的地位。朱元璋正是想借助于这种习惯力量加强对乡村社会

---

① ［万历］《广西通志》（卷二十二），《兵防志》。
② ［明］王守仁：《王阳明全集》（卷十六），《十家牌法告谕各府父老子弟》，收录于《案行各分巡道督编十家牌》，上海古籍出版社1992年版，第529页。
③ ［明］熊鸣岐：《昭代王章》（卷一），《辨疑》。
④ ［明］傅岩：《歙纪》（卷八），《纪条示·严保甲》。
⑤ ［嘉靖］《徽州府志》（卷十一），《兵防志》。
⑥ ［明］许国：《条上弭盗方略》，《明经世文编》（卷三百九十二）。

的控制。洪武三十一年(1398年)四月发布《教民榜文》:

> 今出令昭示天下,民间户婚、田土、斗殴、相争,一切小事,须要经由本里老人、里甲断决。若系奸盗诈伪、人命重事,方许赴官陈告。①

这明确了乡里"老人"在治理乡村、教化乡民中的权责,正式确立和推行了老人制度。《教民榜文》规定由民间推举"年五十之上,平月在乡,有德行,有见识,众所敬服者"担任"老人"。每里的"老人"不止一人,"其老人须令本里众人推举平日公直,人所敬服者,或三名、五名、十名","报名在官,令其剖决",这样"老人"就获得了官府认可的治理权、调解权。按照《教民榜文》的规定,"老人"拥有三项基本的职责:一是调解纠纷、化解矛盾,如"户婚、田土、斗殴、争占、失火、窃盗、骂詈、钱债、赌博、擅食田园瓜果、私宰耕牛、弃毁器物稼穑等,畜产咬伤人、卑幼私擅用财、亵渎神明、子孙违反教令、师巫邪术、六畜践踏禾稼等,均分水利"等,几乎涉及日常生活的所有方面。二是教化乡里、劝民向善。《教民榜文》规定:"老人里甲,不但与民果决是非,务要劝民为善","老人"要关注乡间出现的诸如孝子顺孙、义夫节妇等善事,并且要"以其所善实迹,一闻朝廷,一申上司转闻于朝",使这种善事美举能得到表彰和宣扬,以引导乡间风气。三是督促生产、协调生活。在督促生产方面,规定每村置鼓一面,"凡遇农耕时月,五更擂鼓,众人闻鼓下田。该管老人点闸。若有懒惰不下田者,许老人责决,务要严切",不许"惰夫游食"。如"老人"督促不力也要依律惩处。为保证农业经济的恢复和发展,朱元璋提出"各宜用心生理,以足衣食",要求每户都要栽种桑树、枣树、柿树、棉花等,还必须"每岁养蚕,所得丝绵,可供衣服,枣柿丰年可以卖钞使用,遇俭年,可当粮食"。又规定里甲"老人"对这些生产生活内容要时常监督,确保其得以顺利实施。总之,老人制度的实施节省了政府的社会治理成本,缓解了民众与官府之间的冲突与矛盾,从而有效地维护了乡村社会的安定。②

3. 明朝其他因俗而治的重要举措

明太祖朱元璋通过初期的政治实践逐渐认识到"致治在于善俗,善俗在

---

① 明太祖钦定《教民榜文》,引自《古代乡约及乡治法律文献十种》(第一册),黑龙江人民出版社2005年版,第88页。文中所引均载本书第89—125页。
② 参见朱声敏:《法经济学视角下的明代老人理讼制度》,《理论月刊》2013年第7期;萧放:《"老人"制度与基层社会治理——从〈教民榜文〉看明代的乡治方略》,《社会治理》2015年第3期。

于教化，教化行，虽闾阎可使为君子"。① 于是，他继承和光大了政治传统中因俗而治的策略，希望通过发掘和强化乡村社会固有的信仰观念、行为习俗、组织形态来教化和引导民众认同和服从新的政治秩序和社会秩序，旨在从建立内在的伦理秩序入手，配以强力性质的制度安排体系，达至基层社会综合治理的目标。比较有特色的举措主要有宣谕互助、乡饮酒礼和举办社学。

明太祖为在乡村建立起长幼有序的伦理秩序和互相扶持的良好风气，不但大力提倡邻里互助的行为，而且还恢复实行上古的乡饮酒礼。洪武五年（1372年）五月，朱元璋依据古礼并参考唐宋旧制，决定在乡村恢复实行乡饮酒礼，颁布了乡饮酒读律仪式，规定天下府州县于每年的孟春和孟冬日由有关部门和学官主持在各级学校举行仪式，民间里社的仪式则由粮长或里长主持。乡饮酒礼是自古以来举行的祭祀社神的活动，朱元璋把这一岁时宴会与学习礼仪、知会律令结合起来，强化了该礼仪"序长幼""别贤否"的功能。"序长幼"体现在仪式中就是不论贫富，只要年高德重就要请到上座，"但系年老者，虽至贫亦须上坐"以示尊崇。"别贤否"也体现在座次上，"其有过犯之人，虽年长、财富，须坐于众宾席末，听读律，受戒谕"。② 如此，"则家识廉耻，人知礼让"，"不待教而兴"。③ 仪式中还有一个重要的内容就是在开宴前必须进行"法制"学习，内容是宣读大明律令和刑部所编戒谕，目的是使人皆知"趋吉避凶，不犯刑宪"。如洪武八年（1375年），江西饶州府余干县"每都以大户率士民于申明亭上读律、戒谕，饮酒致礼，风俗翕然而变"。④ 明王朝希望通过这样的仪式活动从内外两个层次培养乡民的服从和认同意识。洪武三十年（1397年）九月，朱元璋在谕令中还提倡"出入相友，守望相助"的互助精神，提出当百姓遇到婚姻、死丧等大事时，同里之人不论贫富都应量力出资以互相周济，这样"虽是贫家，些小钱米亦可措办，如此众擎易举。行之日久，乡里自然亲爱"⑤。为使教化思想落到实处，朱元璋还创设了木铎宣谕制度。洪武三十年（1397年）九月规定，每乡、每里各置木铎一个，由小儿牵引本乡、本里中的老年残疾或瞽目者，巡行本里，每月6次，"俱令直言叫唤，使众闻知，劝其为善，毋犯刑宪"。叫唤的内容是"洪

---

① 《明通鉴》（卷一）。
② 《大明会典》（卷七十八），《礼部三十七·乡饮酒礼》。
③ 《明太祖实录》（卷一百三十五），洪武十四年二月丁丑。
④ ［明］叶盛撰，魏中平点校：《水东日记》（卷二十一），《乡饮酒礼》，中华书局1980年版，第208—209页。
⑤ 《明太祖实录》（卷二百五十五），洪武三十年九月辛亥。

武六谕",即"孝顺父母,尊敬长上,和睦乡里,教训子孙,各安生理,毋作非为"①。这样就使教化活动常态化和经常化了。

明初教化活动最稳定的方式是在府州县建立各级学校和在乡村普遍设立社学。明代的学校是十分昌盛的,《明史》称为:"盖无地而不设之学,无人而不纳之教,庠声序音,重规叠矩,无间于下邑荒徼,山陬海涯。此明代学校之盛,唐宋以来所不及也。"②明代学校的种类很多,"自儒学外,又有宗学、社学、武学"③,通过不同类型的学校把社会各阶层的人们都纳入了儒家思想教育的体系中。朱元璋曾对中书省的臣下说:

> 古帝王育人材,正风俗莫先于学校。……兵乱以来人习战斗,惟事干戈,莫识俎豆,欲兴化何由? 今朕统一天下,虽内设国子监恐不足尽延天下之英俊,其令天下郡县并建学校,延师儒,招生徒,讲道论德,以复先王之旧。

他认为,维持和巩固国家政治秩序需要通过学校的"讲道论德",把自觉接受新秩序的要求变成人们的习惯。他非常崇尚前代的"风俗美","昔成周之世家有塾,党有庠,故民无不知学,是以教化行而风俗美",他认为"今京师郡县皆有学而乡社之民未睹教化",他要求有司"更置社学,延师儒以教民间子弟,导民善俗,称朕意焉"。④ 他非常担心下层人民"未睹教化",经常教导臣下要"善附循之,毋加扰害,简役省费以厚其生,劝孝励忠以厚其俗"⑤,要把倡导和培养良好的社会风俗习惯作为乡村治理的重要手段。洪武八年(1375年)"诏天下间里皆立社学,延师儒,教子弟,有司以时提督"。⑥ 洪武

---

① 《明太祖实录》(卷二百五十五),洪武三十年九月辛亥。参见牛铭实:《中国历代乡约》,中国社会出版社2005年版,第4—5页。
② 《明史·选举一》。
③ 《明史·选举一》。关于明代学校的种类,罗仑先生在《明初教育制度初步考察——社学、府州县学与国学》一文中认为:"在朱元璋亲自过问下,先后办起来的学校,明显地区分为社学、府州县学和国学三大类。"(《南京大学学报》1981年第1期)对此,笔者有不同看法。罗文所说的三大类实际上一类是儒学,是儒学中分的三级不同程度的学校,即国学、府州学和县学。而所谓社学其实是另一类学校,"郡县之学与太学相维。……迄明,天下府州县卫所皆建儒学"(《明史·选举一》)就是这个意思。实际上"自儒学外,又有宗学、社学、武学"(《明史·选举一》)之分。这样说来,明代学校实际上可分为儒学、社学、宗学、武学、卫学共五大类。
④ 以上见《续文献通考》(卷五十),《学校考·郡国乡党之学》。
⑤ 《明通鉴》(卷一)。
⑥ 《明史纪事本末》(卷十四)。

十六年(1383年)再"诏民间立社学,有司不得干预"。① 正统元年(1436年)重申:"各处提学官及司、府、州、县官,严督社学。"明代的一些地方官员也大力开办社学,洪武年间,"方克勤知济宁府,立社学数百区";"吴良守江阴,暇则延儒生讲论经史,新学宫,立社学"。成化初年,"杨继宗为嘉兴知府,大兴社学";"南安知府张弼毁淫祠百数十区,建为社学"。② 社学是官督民办性质的学校,入学带有一定的强制性,成化元年(1465年)"令民间子弟愿入社学者听之"③,规定"民间子弟八岁不就学者罚其父兄";弘治十七年(1504年)"令各府州县建立社学,选择明师,民间幼童十五以下者送入读书"④。从社学的教学内容看,洪武年间"令民间子弟读御制大诰及本朝律令","讲习冠、婚、丧、祭之礼"。⑤ 为了提倡上学,洪武二十年(1387年)"令社学子弟读诰律者赴礼部较其所诵多寡给赏"⑥。可见,统治者是极希望民间子弟都学习诰律,使之耳熟能详并严格遵守。到英宗正统元年(1436年)又下令:"有俊秀向学者许补儒学生员"⑦,这一方法把社学与府州县学、国子监及科举、登仕联系了起来,具有较大的诱惑力。社学的举办不仅使乡村子弟能够得到启蒙教育,还是政府传播法律、建立道德秩序的重要途径,对于从根本上改革乡村风习、维护统治基础具有重要的现实意义。

(三)清朝乡村治理教化手段的运用

清朝前期的乡村治理制度基本承袭了明朝的规制。但由于战乱和经济发展,人口、土地等征收赋役要素变化十分大,里甲制度逐渐败坏并失去作用。清初先是实行均田均役法,试图恢复里甲制度的功能,效果不著。后又推行顺庄法,依户口所在地统计田亩归属以明确赋役征收的依据,这就直接导致里甲的废除和保甲制的加强。与前代相比,清朝治理乡村社会最突出的举措就是大力开展乡村教化活动,试图通过思想控制、伦理牵引、风俗改良等"软手段"达到维护统治秩序、实现乡村治理的目的。有关清朝前期里甲制与保甲制的情况,我们将在"古代乡村治理制度的衰落与瓦解"一章中再行介绍,本节着重分析清代开展乡村教化的情况。

1. 清朝开展乡村教化的历史过程

清朝初年面对的乡村社会已经是一个礼制崩坏、世风日下、社会动荡的

---

① 《明会典》(卷七十八),《社学》。
② 以上见《明会要》(卷二十五),学校上。
③ 《明会典》(卷七十八),《社学》。
④ 《续文献通考》(卷五十),《学校考·郡国乡党之学》。
⑤ 《明会要》(卷二十五),《学校上》。
⑥ 《续文献通考》(卷五十),《学校考·郡国乡党之学》。
⑦ 《明史·选举一》。

情形。其形成的原因主要有两个：一个是明朝中后期社会经济的繁荣极大地改变了人们的价值观念和生活理念，日常生活日渐奢靡，原有道德秩序遭到猛烈冲击；另一个则是明末农民起义和满族的统一战争引发各种反叛势力活跃，下层人民的反抗活动也日益频繁，挑战和冲击着乡村社会的秩序和权威。迅速稳定统治、巩固秩序成为清王朝入主中原后的当务之急，教化乡民就被提到了议事日程上。清朝的乡村教化大致经历了顺康初创期、雍乾成型期和嘉光衰败期。

首先，顺治、康熙时期重新确认孔孟儒学、程朱理学为主流意识形态，并将其确立为开展乡村教化的指导思想和主要内容。顺治在位时，战乱仍未停止，城乡社会依然动荡不安。为稳定统治、恢复秩序，不少汉臣上奏请求颁布礼书、恢复礼制，认为"夫礼者，所以辩上下，定民志也"，依礼对民实施教化就可以很快恢复社会秩序。① 汉臣们的奏议得到了顺治帝的积极响应，他本人不但"好汉语，慕华制"，而且继续封孔子为"万世师表"，举行祭孔大典时亲自行三跪九叩大礼以示尊崇。顺治帝还亲自编撰《孝经衍义》一书，汇集了前人有关孝道的言行，"俾读者观感效法"②；他还仿明太祖六谕亲撰"孝敬父母、恭敬长上、和睦乡里、教训子孙、各安生理、毋作非为"为《圣谕六条》，颁行天下以为教化的核心内容。顺治十六年（1659年）决定在全国推行圣谕宣讲制度——约讲，规定在乡里选择60岁以上德高望重的生员或70岁以上品行端正的乡民担任讲解员，名为"约正""约副"，每月朔望（初一和十五）负责召集乡民宣讲顺治的《圣谕六条》，同时要求约正和约副要记录乡民的行为举止，做出善恶评判③，清代乡村教化由此拉开了序幕。

康熙继位后进一步确定了儒学和理学的正统地位。他本人尤其对程朱理学推崇备至，甚至认为"朱夫子集大成而继千百年传绝之学，开愚蒙而立亿万世一定之规"，朕"读其书，察其理，非此不能知天文相与之奥，非此不能治万邦于衽席，非此不能仁心、仁政施于天下，非此不能内外为一家"。④ 于是，他让朱熹享祀孔庙，将其列为圣贤，以朱熹所注四书为科举考试的法定内容，并组织力量编撰《朱子全书》《性理精义》《周易折中》等理学名著，颁行全国。在康熙的大力推动下，逐渐形成了"非朱子之传义不敢信，非朱子之家礼不敢行"的社会风气。在社会治理思想上，康熙帝主张"尚德化刑，化民为俗"，并于康熙九年（1670年）撰成《圣谕十六条》（又称《上谕十六条》）

---

① 《皇清奏议》（卷十四）。
② 《清世祖圣训》（卷一），《圣孝》。
③ [清]津门佟氏辑：《士庶备览》（卷二），《讲约事例》，北京出版社2000年版。
④ [清]章梫：《康熙政要》（卷十六），曹轶注评，中州古籍出版社2012年版。

系统阐述了乡教思想,其核心是弘扬"孝"以达"忠",通过儒学的纲常名教来化导百姓,以达巩固统治秩序的目的。康熙帝认为移风易俗莫过于读书,应该通过设立学校来教育贫民子弟。《圣谕十六条》颁布后成为乡间宣讲的主要内容,地方官员也想出各种办法,务求宣讲实效。江苏巡抚汤斌要求下属官员充分利用乡镇的祠堂庙宇集合乡民,选择有德望且善于表达的老人开展宣讲活动,提倡乡民互助监督、彼此批评、共存天理、同守王法。① 还有些官员进一步注解、图解《圣谕十六条》,使之更加通俗易懂,便于乡民理解掌握。如安徽繁昌县知县梁延年就注重用俗语讲解,取得了"凡在编氓亦稍稍知向方矣"的效果。这种做法受到康熙帝的嘉奖后,梁延年大受鼓舞,针对妇女儿童专门编成《圣谕像解》一书,通过插图宣扬历朝孝悌事迹,"期于宣布圣化,俾目不知书者翻然动其为善之心"。② 在康熙帝的鼓励和提倡下,"孝治"思想深入民间,乡村教化开始初显成效。

其次,雍正、乾隆时期完善乡村教化思想体系和制度安排,形成了"忠孝一体"的乡村教化突出特征。雍正帝对儒学的政治价值有更深的体会,他认为如果没有孔子之教,人世间"势必以小加大、以少凌长、以贱妨贵,倒置上下无等、干名犯分、越礼悖义,所谓君不君,臣不臣,父不父,子不子……其为世道人心之害尚可胜言哉!"故而,"惟有孔子之教,纲维既立而人无逾闲荡检之事,在君上尤受其益!"③为推动教化活动,雍正二年(1724年)颁行了《圣谕广训》一书,内容"皆四书五经之精义","悉本先师孔子之道,以为是训是行之本,并无一语出乎圣教之外也"。④《圣谕广训》着重宣扬孝悌忠信、礼义廉耻,希望它成为乡民们思想和行为上必须遵守的规范。到乾隆时期,国家政局趋于稳定,社会经济也有较大的发展,为全面推行乡村教化创造了良好的条件,乡村教化得以经常化、制度化。值得注意的是,这一时期的乡村教化形成了"忠孝一体"的特征,清朝统治者比较成功地运用教化消除了广大汉人中根深蒂固的"华夷之分"观念,使"华夷之辩"观念淡化于"君臣大义"中。其中,雍正帝用心良苦地处理吕留良及曾静案发挥了重要作用。儒生曾静接受了明清之际思想家吕留良的"反清复明"思想,主张逐杀清朝统治者,"夷狄侵陵中国,在圣人所必诛而不宥者,只有杀而已矣,砍而已矣"⑤,并四处鼓动反清逐满,他事败被捕在全国产生了很大影响。雍

---

① [清]陈宏谋编:《训俗遗规》(卷三),《语录》。
② [清]《圣谕像解》序·凡例,康熙二十年承宣堂刊本。
③ 《朱批谕旨》,雍正五年七月十九日上谕。
④ 《清世宗实录》(卷三十四),雍正三年八月。
⑤ [清]雍正编撰:《大义觉迷录》(卷一)。

正深知简单地处死曾静并不能消除汉人的反满情绪,必须批驳"华夷之辩"观念,宣传"仁者治天下"的思想才能起到教化汉人的作用。为此,他与曾静展开了长时间的辩论,并于雍正七年(1729年)九月,将曾静表示忏悔的《归仁录》和自己辩论的上谕汇编成《大义觉迷录》一书,刊行全国的府州县学,并且让曾静到江南城乡①、其弟子张熙到陕西各地亲自现身宣讲②,收到了很好的效果。雍乾时期推行的"忠孝一体"的乡村教化,提高了乡民对清政权的认同度,也在一定程度上改变了乡村社会的风气。如河北保安州民"宴答不过数簋"③;甘肃清水"婚丧鲜侈靡,与婚不论财"④;浙江于潜县民"衣着恒崇朴素,绅士不过布衣,妇女装饰不尚铅华,裙布钗荆,古风可见"⑤;陕西咸阳"士好读书,民尚廉正,男勤耕稼,女事桑麻"⑥。敦本尚俭的习俗在乡间蔚然成风,时人认为,"百余年来太平长享,民生不见外事而安于乐生送死,以睦族敦伦"是"圣朝培育有素所使然"⑦。道光朝的贺长龄也感叹说,清朝两百多年"化行俗美,海内乂安,间有邪说诬民旋即歼灭","诚以渐摩既久、觉悟既生,虽煽诱百端而邪不胜正,诚宣讲《圣谕广训》之明效也"。⑧清朝官员自身的感受从一个侧面说明乡村教化是清朝前期稳定统治、维护乡村秩序的有效手段。

最后是嘉庆至光绪时期乡村教化艰难维系逐渐走向荒败。这一时期是清朝统治由盛到衰的时期,官吏渐腐、世风日下,农民反抗、外力冲击,导致统治秩序岌岌可危、乡村社会动荡不安,虽然历代皇帝仍然要求强化乡村教化,但仍未能阻止乡村教化的颓废。经历清代前期百余年的发展,天下承平日久,奢靡之风、僭越之气逐渐抬头,不少大臣上奏要求加强教化工作,认为"此诚人心世道之所关,不可不亟为防范者矣","革奢而反俭,是诚今日救时之急务也"⑨。嘉庆帝诏令各地着力宣讲《圣谕广训》,务使民人"知仁而有所不忍为,知义而有所不敢为,则正教昌明、邪教自熄"⑩;道光帝要求各省学政重抄《圣谕广训》,印发给县学生和乡间生童,使人人诵习;咸丰帝要求各地谨慎选择朴实生员每月下乡宣讲《圣谕广训直解》,"俾共知名教之

---

① 《朱批谕旨》,李卫奏折八年二月初八日折。
② 《朱批谕旨》,史贻直奏折十年二月初三日折。
③ [清]道光:《保安州志》(卷四),《风俗志》。
④ [清]乾隆:《清水县志》(卷四),《风俗志》。
⑤ 民国续修:《杭州府志》(卷七十四),《风俗》,转引自乾隆年间的县志。
⑥ [清]乾隆合刊本《咸阳县志》(卷一),《风俗》。
⑦ 参见《清史论丛》(第4辑),中华书局1982年版,第160—519页。
⑧ 《皇朝道咸同沈奏议》(卷四十一),《礼政类·学校》。
⑨ 《皇朝道咸同沈奏议》(卷四十一),《礼政类·学校》。
⑩ 《清仁宗圣训》(卷十二),《圣治》。

可乐,一切诞妄不经之说无从煽诱,正人心而闭邪说"①;同治帝严令地方官督促乡约要坚持每月两次"敬将《圣谕广训》各条,恳切宣示";光绪帝还将《圣谕像解》石印成书,分送州县,"以广皇仁而崇教化"。经过诸帝的努力,在一些地方又出现了诵习《圣谕广训》的热潮,一些地方官在教化方面也卓有成效。如同治年间的江苏布政使丁日昌在太平天国起义失败后,敏锐地认识到"现当大难初戡,创巨痛深之后,尤易激发天良",于是,向所属州县各印发30部《圣谕广训直解》,使百姓"知名教中有乐境,处顺安常毋求淫福"。② 光绪年间任湖南巡抚的卞颂臣要求属下各地学官选择地方绅士,每月定期在城乡市镇人烟稠密处认真宣讲《圣谕广训直解》,由州县官亲自监督,及时将宣讲情况上报。③ 清中期以后,为鼓励教化宣讲活动,不但取消了宣讲人的资格限制,只要"品行端方、文词通晓"之人都可以承担宣讲任务,而且为宣讲者发放每人每月五千文的薪水。在宣讲内容上添入了历朝上谕和律例中涉关百姓生活的规定和要求,增强了宣讲的针对性和实用性。这些努力虽然取得了一时之效,但终究无力回天。

2. 清代实施乡村教化的重要举措

清代开展乡村教化承袭了许多前朝的做法,比较注重因俗而治,恢复和倡导传统礼仪、伦理习俗,引导和利用宗族组织开展治理活动,收到了一定的治理效果。

第一,恢复和重建乡约组织。乡规民约是由同乡村民自己订守的道德规范,始创于宋朝的吕大均,元明时期略有流传。清朝统治者承袭了这种教化形式并大力推广,使之成为一种制度。雍正七年(1729年)曾对全国的乡约组织进行过一次全面清查和整顿,要求各地建立健全讲约所,"城村俱设约正、值月宣讲圣谕,设约讲三名,村落报充不一"。④ 讲约所设约正、约副,由品行端正、德高望重者担任;设约赞二人,选正直强干、熟知礼仪者以为助手;还要选出口齿伶俐、声音洪亮之人轮流充当约讲。⑤ 同时,制定了奖惩办法,对业绩突出者给予皇帝亲自召见的荣耀,宣讲不利或漫不经心者则取消宣讲资格。⑥ 乾隆时又免去了宣讲人的杂差,极大地鼓舞了宣讲者的热情,乡约组织迅速得到推广。据《休宁县志》记载,该县共有180余处讲约

---

① 《清穆宗圣训》(卷十),《圣治》。
② 《江苏省例》《宣讲章程》。
③ [清]卞颂臣:《(光绪)抚湘公牍》(卷一),《札九府四州六厅》。
④ 《石门县志》(卷四),《食货志·户口》。
⑤ 《永州府志》(卷四上),《学校志·典礼》。
⑥ 《士庶备览》(卷二),《学校教规》。

所,仅十八都一地就设立了 20 个。道光帝颇为得意地说:

> 我朝列圣相承,圣谕广训十六条久垂功令。地方官每月朔望敬谨宣读,俾众著于爱敬睦姻之义,百数十年来,海澨山陬,罔不奉行。①

可见,乡约宣讲是清朝统治者最为倚重的乡村教化措施。

第二,在乡间设置耆老,负责"宣谕王化",继续实施乡饮酒礼。清朝统治者赞赏古代"三老"之设,也选择乡间七八十岁经历丰富、阅历广泛之人,尊为"耆老",使其在宣讲圣谕、调解乡民纠纷方面发挥乡土权威的作用。乡饮酒礼原本就是周代敬老、敬贤的一种礼仪,清朝统治者不但恢复了这种礼仪,而且还统一规定礼仪程序、祝酒词,并制成"图式"颁行,目的是"定此条式使民岁时宴会,习礼读律,期申明朝廷之法,敦叙长幼之节"。仪式通过座次安排体现崇老、尊老之意,培养乡民的伦理秩序观念。饮酒开始前由"司正"致祝酒词:"朝廷率由旧章,敦崇礼教举行乡饮,非为饮食","凡我长幼各相劝勉,为臣尽忠,为子尽孝,长幼有序,兄友弟恭,内睦宗族外和乡里"。② 通过祝酒词反复重申长幼有序、忠孝信义等道德信条,乡饮酒礼成为开展乡村教化的重要仪式。

第三,在乡村广泛设立义学,加强对儿童的启蒙教育。雍乾时期的名臣陈宏谋认为:

> 义学之设,最有关于风化,历代皆重其事。乡间义学以广教化,子弟读书务在明理,非必令农民子弟人人考取科举也。③

他在西南做官期间大兴义学,"共得新旧义学六百五十余处"。④ 同治八年(1869 年),由陕西西安知府徐栋原编,江西巡抚丁日昌重编的《牧令书辑要》刊行,这部被誉为"州县官从政的实用教程"也认为义学"实养蒙之首务,于风俗顽悍处尤为要务。牧民者当认真举行以化民成俗"。进入义学学习的儿童不但要学习经典,还要习练礼仪,每日"必训以拜、跪、坐、立之礼仪,君亲节孝之大义",每逢朔望:

---

① 《清宣宗圣训》(卷五十二),《训臣工》。
② 以上引文均见《士庶备览》(卷一),《风教·宣讲·服色》。
③ [清]陈宏谋:《五种遗规·养正遗规》,《补编·社学要略》。
④ [清]陈宏谋:《培远堂偶存稿》(卷一),序。

馆师率领各徒以次序立,拜谒至圣,次拜馆师,次令各徒文相拜揖。馆师于该地恭讲《圣谕广训》,令各学徒环立听讲,并许该耆老民人齐集听讲。①

义学的举办把乡村教化前置到幼童时期,以期从根本上解决伦理秩序观念的培养问题。

第四,借助宗族组织的族权,把宗法理念和习俗纳入乡村教化。清朝的宗族组织依然繁盛,特别是南方地区的乡村多为聚族而居,依宗法习俗生产生活。如闽中、江西、湖南"皆聚族而居,族皆有祠"②;四川"族必有祠,祠必有产"③;广东同样"率多聚族而居,每族皆建宗祠,置有祭田"④;安徽也是"垂宗谊,讲世好上下六亲之施,村落家构祠宇"⑤。宗族组织的运行对族众乡民的观念、行为产生着主导性作用,能否利用和管控好这种自组织现象成为能否实现乡村良好治理的关键。清朝统治者清醒地认识到宗族组织的价值,把支持族权的治理权威、伦理优势作为乡村治理和教化的重要手段。当然,宗族组织的利用并非完全靠它自然形成的权威,还要用国家权威加以干涉,使之符合政府的统治意图。例如,族长的产生就不完全靠血缘辈份的高低,而是由官府主持在族中"选举"产生。雍正四年(1726年),清政府就在湖南、贵州等地村落推动选举"族长"活动,在聚族满百人的村堡要求"选族中人品端方者,立为族长"⑥,由其主持族务、管理族众。为表明官府的态度,有官员还建议:"各祠既有族长、房长,莫若官府给牌照,假以事权,专司化导之事",这公开承认了宗族组织拥有一定的乡村治理的权力。曾任江西按察使的凌如焕在任上设立奖惩机制,对教化有方的族长、房长颁匾奖励,如五年内族中无人犯法,十年内能使风俗醇厚,则上报皇帝亲自直接奖励。⑦ 乾隆朝历任巡抚的陈宏谋认为运用宗族开展教化"较之官府劝惩,更有大事化小,小事化无之实效",族长、房长"奉有官法以纠察族内之子弟,名分既有一定……自然便于觉察,易于约束"。⑧ 意即只要把政权与族权结合起来就能收到更为显著的治理效果。对于宗族组织而言,为保证宗族利益,

---

① [清] 徐栋原编,丁日昌重编:《牧令书辑要》(卷六),《教法》。
② 《皇明经世文编》(卷五十八),《礼政》。
③ [清] 许仲元:《三异堂笔记》(卷二)。
④ [清] 梁章巨:《退庵随笔》(卷七),《政事》。
⑤ 胡朴安编:《中华全国风俗志下篇》(卷五),《安徽合肥风俗记》。
⑥ [清] 梁章巨:《退庵随笔》(卷七),《政事》。
⑦ [清] 凌如焕:《西江视臬纪事》,《设义族正议》。
⑧ 《皇明经世文编》(卷五十八),《宗法上》。

维持家族秩序也需要官府的支持。如安徽南陵《许氏宗谱》记载:"惟此通族相商,特恳天台准给印示刑杖,如有不孝子弟,许各房长送公祠,充实治罪。"这是明确要求官府承认和支持族权的权威。有些宗族势力非常清楚政权与族权的关系,桐城麻溪的《姚氏族谱》说:"国与家无二理,治国与治家无二法也。有国法而后家法之准以立,有家法而后国家之用以通。谱列家箴、家礼、庭训,立宗法实伸国法。"潜阳的《呈氏宗谱》还直接把《圣谕十六条》作为家规的重要内容,要求族众严格履行。①

3. 清朝乡村教化衰败的主要原因

乡村教化是清朝乡村治理的重要手段,反映了统治者注重思想引导、道德培塑和因俗而治的乡村治理理念,也曾起到过维护统治秩序的作用。然而,乡村教化的政治目的过于鲜明,宣教内容与百姓日常生活有不小的距离,也就不可避免地走向败落的境地。具体而言,清朝乡村教化没落的原因主要有三:

第一,宣讲形式程式化、内容单一化、时间固定化,必然造成宣讲者、听讲者的逆反心理。宣讲是乡村教化最常用、最普遍的形式,规定了固定的时间、地点、人员和方式,而内容则主要是皇帝的《圣谕六条》《圣谕广训》等,久而久之便会流于故套形式,宣讲者渐失热情,而听讲者难得更新信息。乾隆时期,有些宣讲者到点即念十六条,念完散场,其效果是"荷锄负耒之夫,阛阓贸易之人并未有一人舍其本业前来听讲者,间或有行路之人驻足观听,又于圣言之精义未能入耳会心"②,"日久视为具文,仅于月之朔望循例口诵一二篇,乡僻愚民非特不能听解,亦并不知有此(宣讲)一事"。乾隆也知道乡间"但朔望宣讲,只属具文,口耳传达未能领会"③,宣讲活动名存实亡。

第二,负责乡村教化的主要是州县级官员,对耗时费力、无利可图的教化宣讲工作消极应付,致使乡村教化流于形式,罕有实效。清人认为,"天下真实紧要之官,只有两员,在内则宰相,在外则县令,其实政实治则在县令"④,"牧令为亲民之官,一人之贤否关系百姓之休戚"⑤。清廷把宣教看作地方官,特别是州县官员的一项重要职责,深知"朝廷敷布政教,全赖州县奉行",乾隆在位时还规定被举荐官员的首要表现就是看其是否认真开展教

---

① 所引族谱、宗谱由《中华谱库》查询可得。
② 《皇清奏议》(卷三十三),《敬陈教民实政疏》。
③ [同治]《上杭县志》卷首《乾隆五年上谕》。
④ [清] 徐栋:《牧令书》(卷一),《治原》,道光二十八年刻本,第51页。
⑤ 雍正八年三月初四日上谕,《宦海指南〈钦颁州县事宜〉》卷首,光绪十二年荣录堂重刊本,第1页。

化宣讲工作。然而,对州县官员来说,关心钱粮之事有火耗之利,关注刑名之事是因有律法的督促,延误可能受到处分。但乡村教化"既无利于身家,复无碍于功名,则漠然无复留意者十居八九矣",于是宣讲活动"在州县不过奉行故事而督抚开列在首条,亦不过遵循旧文"。① 到光绪时期,敷衍应付、虚填报表之事更为普遍。湖南巡抚卞颂臣曾要求逐月上报州县宣讲情况,报表中要具体填写宣讲次数。数年后,他发现宣讲只在州县城中进行,广大乡村基本没有相应的活动。报表填写"不加考虑,第于课治表中泛填'按期宣讲'四字,按月上报",十分随意,他不禁感叹说:"以圣朝训民之良规、上官饬属之要务,无不视为故事报以虚文,官且不遵,安望民之能化乎?"②可见,地方官员的敷衍怠政是导致乡村教化难以为继的重要原因。

第三,由土地兼并、吏治腐败构成的内部危机与外国势力入侵带来的外部危机叠加,使乡村教化失去了继续存在的社会条件。清朝前期,由于政治经济文化政策的调整,尚能维护社会基本的运转,乡村教化也能顺利开展,为康乾盛世的出现奠定了基础。然而,官场腐败的蔓延、土地兼并的加剧,清中期以后社会渐趋动荡。从内部看,清中期以后人口增长的速度远远超过官吏增长的速度,清政府对县以下乡村社会的控制逐渐变弱,由此又带来了新一轮人—地关系的紧张、阶级矛盾的尖锐化,导致大规模农民抗粮、抗租、民变乃至起义不断发生,直至出现以太平天国起义为高潮的大片失控区,造成清政府政治统治的断裂。从外部看,集中体现在洋教的入侵、教民集团的形成、传教士政治权力与特权的获取,在地方上形成了与清政府总督、巡抚以下至县乡相并行的垂直权力系统,对部分乡村形成了直接的控制,使清廷的各种乡村治理制度逐渐失去了功效。在内外两种危机的共同作用下,乡村教化也就逐渐失去了得以继续维系的社会条件。

---

① 《皇清奏议》(卷三十三),《敬陈教民实政疏》。
② [清]卞颂臣:《(光绪)抚湘公牍》(卷一),《札九府四州六厅》。

第十章　古代乡村治理制度的衰落与瓦解

当历史步入晚清的时空,乡村治理制度在外来西方势力和内部反抗运动的双重冲击下渐次瓦解。清前期维持百余年的所谓"康乾盛世"部分地说明了清朝的乡村治理理念、制度还能发挥良好的作用,维护社会的基本秩序。然而,当面对人口急剧增长、阶级矛盾日益尖锐和外国势力的强势介入等剧烈社会变动时,原有的乡村治理制度逐渐失去了应对的有效性,乡村社会不得不寻求其他途径以满足自身安全感的需要。尽管古代乡村治理制度还存在于近代社会生活的表层,但却已经失去了大部分应有的治理功能。如何重建乡村秩序以适应变化了的内外世界就成为近代社会改造必须首先面对的重大历史课题。

一、清朝前期的里甲制与保甲制

清朝基层社会的治理组织与制度,基本上承绪了明朝的里社制和宋明以来的保甲制,主要执行着征发徭役、赋税和防盗、防匪的保卫功能。清前期,由于经济政策的调整,也带来了乡村治理制度的分化和整合。总的来说,尚能维护社会基本的运转,为康乾盛世的出现奠定了基础。然而,随着晚清时期社会震荡的发展,乡村治理组织和制度逐渐失去了其原有的功能,为各种社会组织所替代。乡村治理制度作为清朝借以控制乡村的半官方性质的制度,在剧烈的社会变动中,表现出了其非正规化、非组织性等巨大弊端,甚至由于它与清朝的上层制度及其权力存在着对抗性,而日益呈现出离心力增强与瓦解的态势,只能促使各种以自然关系和拟自然关系以及以信仰或共同利益为纽带的带有强烈政治倾向的民间组织、民间制度的复兴与膨胀,瓦解清朝对乡村社会的控制,最终成为清朝覆灭的先声。

清朝乡村治理机构与制度的确立,与历代王朝一样是着眼于赋役的征发和社会秩序的维护。不过,与前朝不同的是,清初将赋税征收、徭役佥募与户籍管理、地方治安分为两途,从而形成各司其职又互为表里的里社制与

保甲制并存的现象。清朝里社制承袭于明朝,规定:

> 凡里百有十户,推丁多者十人为长,余百户为十甲,甲十人,岁除里长一,管摄一里事……里长十人,轮流应征,催办钱粮,勾摄公事,十年一周,以丁数多寡为次,令催纳各户钱粮,不以差徭累之。①

成形后的清朝里社制与明制有了一定区别。明朝乡村治理机构之各首的产生以丁粮多寡为标准,轮年值役;而清代则以丁数为标准。这一变化带来了里甲长性质的某些变化,丁多者未必田多,富有者未必充长,从而使里社组织易于成为居于政府与乡众之间、佃户与业主之间在赋役催征、佃租完纳方面营私舞弊的组织。作为清政府的基层社会组织,里社以户为主,负责调查田粮丁数,弄清每户田粮丁银,编制赋役册以作为课税的依据,便于征收赋税,其作用侧重在经济。

清朝保甲制也经历了一个相当长的完备过程。清初为掌握人口数目及活动状况,以便征发徭役,维护治安,曾实行户口登记制度,以户为单位,统计丁口、籍贯、职业等内容,规定3年进行一次(后改为5年)。因此清世祖入关伊始,就发布了编置户口牌甲令,规定"州县城乡十户立一牌长,十牌立一甲长,十甲立一保长,户给印牌,书其姓名、丁口。出则注所往,入则稽所来"。② 但当时乡村治理机构以里社制为主,户口登记只是为征发赋役提供依据。随着里社制弊端的不断显现,清廷要员纷纷议论裁撤里长之制。雍正二年(1724年),"廷臣有言大小衙署,遇有公事需用物件,恣行科派,总甲串通奸胥,从中渔利……诏并禁止";乾隆元年(1736年)"又谕各处岁修工程……向皆于民田按亩派捐,经管里甲,不无苛索,嗣后永行停止"。③ 再加上当时国内尚有许多人口出于各种原因不在编户之内,严重影响了清朝的赋役征收和对乡村社会的控制。于是雍正四年(1726年),吏部正式议定了保甲条例,严厉推行保甲制度,所谓"畸零村庄""熟苗""熟僮"均"一体编入保甲"。还要求地方官用力推行,并设奖惩办法,对违犯保甲条令的人,若行告发,按被揭发的人数给奖;若为隐匿,予以杖责。④ 这一举措进一步完善了保甲制度,规范了乡村治理制度。到乾隆二十二年(1758年),由于废除编审人口的制度,里社制进一步向保甲制靠拢,从而使强化和整顿保甲制显

---

① 《清史稿·食货二·役法》。
② 《清史稿·食货一·户口》。
③ 《清史稿·食货二·役法》。
④ 《清世宗实录》(卷四十六),四年七月己卯条。

得尤为迫切。清朝进一步扩大了保甲的工作范围和权限,并对过去没有编入保甲的各种特殊"人物"也通令编入。据《清史稿》载,这次"更定"保甲条令共十五条,主要有两个内容,其一:

> 直省所属每户岁给门牌,牌长、甲长三年更代,保长一年更代。凡甲内有盗窃、邪教、赌博、赌具、窝逃、奸拐、私铸、私销、私盐、踩曲、贩卖硝磺,并私立名色敛财聚会等事,及面生可疑之徒,责令专司查报。户口迁移登耗,随时报明,门牌内改换填给。①

其二,将绅衿、族民杂处村庄、边外蒙地种地民人、客民入内地贸易者、盐场井灶、矿厂丁户、佣工、各省山居棚民、广东寮民、船工和舵工、水手网户、水次搭棚趁食之民,均一体编入保甲。这样不仅使保甲制度更加严密,政治功能不断扩大,而且几乎各类人员都成了国家的编户齐民,保甲制度由单一的户口登记和治安职责,渐次成为代表政府治理一乡一村的半民半官的正式组织。保甲长为半公职人员,一般由乡公举,由官府认可,并给予"执照""委牌",以明确其"在官"的地位。

有清一代,虽然由于摊丁入亩,里甲制与保甲制有合并的趋势,但一直是两者并行、相互补充。但是,应当看到由于它们是"半官半民"式的民间组织,里甲长、保甲长带有"充役"的性质,因此,对乡土社会的控制与管理,就不可能真正体现出政治权力的威力。特别是在乡村社会中,影响人们政治心理、政治态度和政治行为的社会组织,或明或暗地广泛存在,严重影响了乡村治理制度功能的发挥。据学者研究,在社会控制方面,清朝家族、宗族和乡族势力亦非常强大,几与里社、保甲形成鼎足之势,并逐渐趋于合流。②因此,尽管清朝乡村治理制度已很完备,但毕竟仍没有变成上层政府的直接派出机构和正式机构,依然存在着离心的巨大可能性。在晚清社会剧变的历史条件下,无法发挥组织乡土民众应付剧变的功能,表现出了中国古代社会在基层控制方面的痼疾。

二、晚清变局对乡村治理制度的冲击

晚清社会的剧变是两种性质截然不同的力量交互作用的结果。就内部变化的成因来看,基本上属于历代王朝所遇到的类似的问题——土地兼并。

---

① 《清史稿·食货一·户口》。
② 参见张研:《清代族田与基层社会结构》,中国人民大学出版社1990年版,第184—224页。

不过其不同之处还表现在民族矛盾和人口膨胀也构成了社会冲突日益频繁的重要原因。表现形式依然是租佃关系紧张，抗粮、抗租频仍，大小农民武装反抗不绝，这无疑对乡村治理组织和制度产生了剧烈的冲击，使其无法发挥正常的功能。

　　清朝自乾隆年间以后，乡村社会的矛盾主要集中在佃农与业主就租田权、地租分配等方面的冲突。由于清朝实施了摊丁入亩的赋役政策，其赋役主要依靠有地的业主来承担，佃种地主土地的农人则只交租子，不负官责。这样一来，佃农、地主和清廷之间便存在着一种依存关系，佃农按时、按量交租，地主才能按时、按量完科，从而迫使清政府的地方官员不得不把本属于个人之间的收租问题，当作为政的一项重要内容。乾嘉时期，在赋役极重的江南地区，矛盾尤为尖锐，各县县令频下通令、谕令催租交粮。于是，原本没有催粮责任的保甲组织，不但开始催粮（取代了里社组织的部分职责），而且替业主催租，其结果是保长、甲首、图总等获得了积聚财富的好机会。如江苏的江阴县，在乾隆年间"农之家十居八九，农无田而佃于人者十居五六……设立保甲原为弭盗卫农，不令催粮，今则黠保奸胥，以多田之家报充甲长，遇有欠户，勒令代完，民或因此破家，则复报一人以充数"。[①] 从制度规定上看，保甲的主要职责是妥善处理乡间的各种纠纷，但是在日常活动中却是欺上瞒下、左哄右骗。如果是一般纠纷不出人命，他们则左右逢源、从中渔利。对于地主，"地保与佃农日益亲洽，彼此团结，甚或勾串佃户欺侮业户，安心欠交"；对于佃户，"惟缘地保既有乡规，因而催甲亦多勾串，盖业户所酬脚米岁有定额，而佃户利其照应负助，每至加倍，是以催租之人转为抗吞之蠹"；对于官府，"地保与地总表里为奸，或匿佃不出，或包身包揽，以租欠十之二三交业户，勒逼完案，甚或佃户经官枷责，地保等反唆佃户家属向业户索付盘费，是业户控佃，实难于具控"。[②] 如果由于主佃相斗弄出人命，或出现武装抗租、抗粮，保甲组织又无权、无力控制和管理，这些都必须由督抚过问，府县经办，甚至还要请正式的军队来协助。因此可以说，作为乡村治理制度的保甲组织实际上并没有能力很好地起到治理乡村社会的作用。清朝地方官曾运用各种办法，三令五申，试图强化和净化保甲的作用，如道光年间江苏昆山县令曾命人刻立《昆山县奉宪永禁顽佃积弊碑》，其中总结了"顽佃积弊"的表现和产生的原因，并申明了保甲在这方面的职责，碑云：

---

① ［光绪］《江阴县志》（卷九），《风俗》。
② 《康雍乾时期城乡人民反抗斗争资料》（上册），中华书局1979年版，第45—46、51页。

照得粮从租出,租自佃交,正宜业佃相依,自可永无嫌隙。……(佃户)偶有物故及病危之人,即更借此生波,架以人命重情,通信值日县差及总保等,多方恐吓诈索,不遂所欲,混控到官。迨至验明无事,而无辜之累已极。又或一面纠众寻殴业主,抢毁房物,百端吵扰,中人之产,顿之荡然。纵使控官究追,已属无及。……为此示仰各都图农佃及佃属保总人等知悉……书差、地总、地保、庄书,从中串诈分肥,诱人犯法,仍各从重加等惩办,俾知炯戒。①

清王朝原本想依靠保甲制控制乡村社会,但它半民间、半官方性质的地位,决定了其无法发挥正常而有效的功能,从某种意义上来说,它反而成了官府的对抗力量,难以完全驾驭。

更深入地看,里社、保甲制度虽然是建立在以地域为基础的乡土社会,但地域划分仍然有赖于血缘纽带,多数情况下人们还是同姓聚居,或一姓一村,或数姓同村。按行政区划发挥作用的里社、保甲组织必然与家族、宗族等社会自组织在地域上相重合,这就造成了两种组织在成员、村庄领袖和社会控制方面的相互渗透,从而改变了里社、保甲等治理组织的性质和作用方向。当保甲组织在日常生活中无法满足上层政府所需要的权威和作用时,清朝就有意识地扶植家族和宗族势力,承认其拥有部分治理权力,试图借血缘势力巩固和加强行政组织的权威,这便导致了里社组织、保甲组织和亲缘组织之间的融合。清初就有不少地方官将政治权力下放给宗族,雍正以后,更有不少地区试图将宗族与保甲组织相结合。如雍正三年(1725年),广东顺成县令王念臣奏请:"州县有巨堡大村,聚族满百人以上保甲不能编者,选族中品行刚方之人立为族正,以察族之不肖",结果得到了上级政府的支持,通令"严保甲,立族正"。② 乾嘉时期,选立族长、族正、祠正等已成为地方官关注的重要事情,甚至由地方官下令某族、某宗选首给照。

经过清前期长期的探索和保甲制存在的弊端的影响,至道咸时期,清王朝便明确规定"凡聚族而居,丁口众多者,准择族中有品望者一个立为族正,该族良莠,责令察举"③,算是正式推广族权与政权的结合。由官方认可宗族、家族势力参与乡村治理的过程,我们可以看到,乡村政治生活实际上操纵于这些以血缘和地缘关系为纽带的亲缘集团手中。作为一种自组织,从

---

① 《康雍乾时期城乡人民反抗斗争资料》(上册),中华书局1979年版,第51页。
② [道光]《开平县志》(卷八),《事纪》。
③ 《咸丰户部则例》(卷三),《保甲》。

本质上和形式上来说，它们都是上层政权的异己力量，有其自己的功能和目标，在历史上长期是同中央政权抗衡的地方势力的社会基础，这是历代王朝在统治上面临的非常棘手而又无奈的问题。作为清朝准行政机构的保甲制之所以与地方政府存在着对抗性，正是由于它的领袖人物与宗族、家族的领袖是合一的，这种现象的主要表现就是乡土社会中乡绅集团的存在与作用。据研究，清朝宗族组织不同于历史上的宗族组织，它在一定程度上抛弃了传统的族内按血统分尊卑的习惯，而是变成了按官爵功名分尊卑，这样就等于是依靠财富的多寡和政治地位的高低来安排族内的等级秩序。有财力者通过捐纳便可捞取一官半职，他们或直接出任族首，或隐于背后操纵，一定程度上改变了宗族、家族自组织的形态和性质，如《盘谷孙氏族规》就制定了族长、族副的"虚位"性质，由族正管理族务的规定。这一方面维护了表面上的自然等级秩序，延续了血缘纽带的力量；另一方面又把族内有财势、地位的后辈推为族正，加强人为管理的色彩。据规定："族中推年辈最尊者一人为族长，年辈稍次者二人为族副，遇大祭时请到祠中弹压子姓，纠察行礼。"他们起着某种可称为"礼仪偶像"的作用。日常事务则从"族中择读书好学年力富强者四人为族正。每年以二人轮值，总理一族之事"，"族人有妄作非为者，告于族长、族副及族中有爵位者，以家法治之，其有口角细故及因户婚田土而讼事者，如据实在族正处具禀，族正会同察核"。① 所谓"读书好学"者，恐非一般贫穷之家的子弟所能符实的。因此，晚清家族、宗族组织中起支配和领导作用的乃是以财产和政治地位为基础的乡绅，这就使这种血缘集团的政治色彩更为浓郁了。就保甲组织而言，清王朝往往鼓励乡绅出马任事，所谓"保卫闾里，贤者之所应为。古者里宰、党正，皆士大夫之选，并非里胥贱役可比。宜踊跃从公以襄善事"②。有的地区更规定在贡生、监生中选一名品行端洁者聘为乡正，专门负责监察保甲的工作。云南、四川的"户长牌头，率系文武生监中人"③。还有一些乡绅并不亲自出马，只在幕后操纵，利用乡绅决定并具结担保保甲长的权力，安插亲信或代理人以左右地方事务。总之，在两种组织中，权力都集中于乡绅之手，乡绅集团便成为乡土社会政治势力的核心。在上层政权强大时，他们往往能加强保甲组织的功能和作用；当上层控制衰弱时，他们又成为对抗官府的组织或是聚族自保的领导力量。

---

① ［清］孙衣言：《盘谷孙氏族规》，见《瑞安孙氏规约数种》，《近代史资料》1983 年第 2 期。
② ［同治］《保甲条规》。
③ ［清］翁袖烈：《宦游随笔》（卷一）。

当太平天国运动席卷大半个中国时,清朝在南方的统治迅速瓦解,社会控制出现严重的断裂,原有的社会治安组织和军事组织都无力抵抗太平军锐利的锋芒,于是乡村基层组织的变化便朝着以血缘、地缘为纽带的各种自组织归复的方向发展。军事上出现的湘军、淮军,地方上出现的团练、乡团、团保等自卫准军事组织,成为延续基层社会控制的新势力。这一变化说明清政府对乡土社会的控制越来越乏力无术,不得不鼓励地方势力、乡土势力起来对抗当时对其统治威胁最大的太平军。其结果是,虽然太平军被消灭了,但地方割据势力却进一步膨胀了,乡土百姓对清政府的依赖减弱了,安全感丧失了,乡土社会在某种意义上处于失控状态,这必然促使民间的各种结社、结盟组织迅速发展。当外来势力侵入时,它们成为乡土百姓自发应战和抗拒变异的组织形式。

三、基督教传播与乡村组织功能的变化

晚清变局的形成还与外国侵略者野蛮的武装侵略和渗透分不开。无论怎样评价西方势力对中国社会进程的影响,一个毋庸讳言的事实是,中西文化产生了激烈的对抗与冲突。这不仅表现在中国民众直接拿起武器反抗外来侵略者的斗争上,还广泛地体现在对西方物质和精神文明的抗拒上。这种排拒集中在以传教士为代表的西方基督文化的渗透,从而演变出了绵延达60年之久的反洋教斗争。这里笔者不想涉及其他问题,仅就传教士为首的教民集团对中国乡村治理组织和制度的冲击以及中国社会回应的方式进行探讨。

鸦片战争后,西方列强在《望厦条约》和《黄埔条约》中获得了在五口设立教堂的权利;中法《天津条约》又重新申明了这一规定,并宣布解除对基督教传播的禁令,允许中国人信教和西方人进入内陆传教,"地方官务必厚待保护",从而使几次想进入中国而未遂其愿的基督教在列强的枪炮和不平等条约的保护下获得了公开传教的权利,由此西方传教士掀起了来华布道的狂潮。据统计,鸦片战争后来华的基督教的修会、差会约80个,属于天主教的会所、大小教堂,仅直隶、山东、山西、河南四省就有4 000余处;各差会设立的总堂,全国也近500处;1898年,美国传教士就已在中国建立了150多个教会和800多处分会。[①] 教堂分布在乡土社会的各个角落,到19世纪末叶20世纪初,仅山东义和团爆发地的7个府、2个直隶州、79个县、3 000多个保(乡),平均每乡就有一个教堂或会所,有的甚至达到每乡三四个,其密

---

① 参见顾卫民:《基督教与近代中国社会》,上海人民出版社2010年版。

度之大,数量之多,的确令人瞠目结舌。① 教会势力的迅速发展,由社会的表层深入到穷乡僻壤,引起了乡土社会秩序的极大混乱和不安。19世纪的后60年,由传教士引起的大小教案就达400余起,不但给中国人民的生命财产造成巨大损失,而且还形成了新的楔入乡土社会的权力系统。其表现在两个方面:一是各地教会依照本身的组织系统并仿照中国的行政区划,建立了各自控制的主教区,其内又有从主教座堂、总司铎区到司铎区的分层组织系统,从而形成了一套模拟中国传统行政结构的传教网络;二是传教系统充斥着政治气息,比如教会上下级往来的公文格式便采用清政府各级机构往来的文体式样——"谕""扎""禀""呈"等,教务活动政治化的倾向最终被清政府于1898年发布的《地方官接待教士章程》所承认,其中规定主教、总司铎、司铎的品级,依次同督抚、道员及府县各官相等,形成了有别于清朝地方行政系统的另一个垂直系统。传教活动上述两个方面的发展,促使乡土社会中分裂出一个教民群体,从而使乡土社会的结构发生了断裂。教民的活动方式、信仰内容、生活习俗自成一格,使乡间人际关系陡然紧张起来,民教纠纷明显增加,这又为传教士进一步掌握和控制乡土社会提供了机会和口实。他们往往有意通过广泛地干预诉讼来树立权威,本来属于一般性的民间纠纷,往往由于教士的挑动和参与而复杂化了,以致转化为影响一方的轩然大波。

传教士传教活动的上述倾向,促使教会在各国公使的支持下,向地方和乡村政治系统发起挑战,企图分享上至总督巡抚下至府州县乃至族长、社首、保甲长等管理民众的权力和特权。传教士"所到各省,无论有无官爵,辄与大吏抗衡,且乘坐绿舆,仪从喧耀"②,这当然会引起清政府官员的反感,山西巡抚鲍深源就抱怨说:"无论其干预地方意有挟制,且一游方之流,侈然与省中大吏抗衡,成何事体。"③在传教士的带动下,教民也争相仿效"妄自尊大""藐视官长",甚至冲闯官府、咆哮公堂、"于公堂面斥官长"。④ 传教士与教民的行为跨越了乡村的权威系统,使他们部分地丧失了乡里楷模和仲裁权威的地位。乡绅是乡村社会结构和宗法血缘结构的核心,在中央政令不能直接发挥效果的乡土社会,乡绅便理所当然地成为法律的解释者、仲裁者和执行者,再加上他们掌握着乡村的文化权,重大问题的裁定往往是仰乡绅之首以瞻。传教士藐视基层权力系统,就是对乡绅的藐视。随着乡绅

---

① 参见路遥、程歗:《义和团研究》,齐鲁书社1986年版,第5页。
② 《教务档·四川教务》,同治二年2月26日,成都将军崇实奏。
③ 《教务档》(第三辑),第472页。
④ 故宫博物院明清档案部编:《义和团档案史料》(上册),中华书局1979年版,第81页。

权威面临的挑战不断加剧,乡里百姓的安全感也逐渐消失,原有的里社组织、保甲组织和宗族组织都已无法满足人们安全感的心理需求,这便意味着乡村治理制度面临着传教士的严峻挑战而陷于瓦解的状态。这迫使社会各阶层在一定程度上和一定时间内,不得不承认原本是非法的、隐蔽的各种民间结社、结盟组织作为正式的、公开的组织进行活动,以保证巨变中的乡土百姓获得安全感并反抗侵略者。

晚清变局中的乡村治理组织和制度总的来说处于一种涣散无力的状态。在中国社会没有面临异质文明挑战的时代,由于乡村治理机制与血缘组织、地缘集团融为一体,尚能起到一定的控制乡村社会的作用。当乡村社会面临内外冲击时,最终唤起的是最原始、最质朴的亲缘情感和乡土情感,从而又把各种建筑在感情和血缘基础上的自组织变成了人们相互联系、守望相助的组织形式。晚清社会的变局应当说存在两种性质截然不同的方向,其中西方侵略者用野蛮的方式展示着西方文化的力量,客观上促进了中国的近代化在空间上、物质上和思想上出现某种程度的演进。然而,对于安土重迁、注重乡情和人情的乡土百姓而言,外来的人或事首先在形象上造成了恶劣的印象,在文化心理上产生了冲击,他们不可能冷静客观地认识到所谓西方文明的先进性。作为国家力量体现者的清廷,在历次对外战争中的惨败,使人们日益对其丧失了信任感和可靠感;而本来是人们最能获得安全感的里社、保甲和宗族组织的权威,又在传教士、教民和清廷地方官的交互作用与打击下丧失殆尽,不能不使人们借助于神灵而结社自保。历史事实表明,乡村治理制度是上层政权控制和管理民众的重要中介,政府的政治动员力、资源征调力、人才汇集力都要靠这一组织系统来体现和实现。清政府对乡村社会的控制延续了前代的做法,自然无法在变局中保持自己原有的统治;而近代化的推进,无论是列强的强行楔入,还是清朝的官办,抑或是所谓民间的跟进,无疑都难以深入乡村社会的内部。这种现象恐怕与以血亲集团为背景的乡村治理制度的存在有着重大的关系。中国近代化的外铄性,决定了近代化的启动和演进需要一个强有力的政治系统主动地推进,这就要求这一系统应具备真正调动和控制社会资源的能力。晚清变局中的乡村治理组织和制度的状态,无疑表明中国传统政治系统中存在的二元对立的特点是不利于全社会在政治上的高度整合的。可以说,中国近代化的推进在一定程度上要取决于乡村治理制度的作用及功能的正常发挥,不彻底改变这种建立在自然经济和人际亲情关系基础上的治理制度和组织,就无法将近代化推进到中国社会的深层。

第十一章 历代军事力量部署与乡村治理制度的维系

在中国古代乡村治理制度的研究中,有一种观点得到许多学者的赞同,即"皇权不下县,正式制度的作用有限,非正式制度与乡绅精英维系乡土秩序"。有的学者甚至认为:

> 传统乡土社会时期,国家治理乡村的主要目标是获取税赋和实现疆域稳定。乡村秩序主要依赖非正式制度和乡绅治理,非正式制度强于正式制度的作用,自发秩序强于控制秩序。非正式制度主导乡土社会的秩序,正式制度对乡村的控制相对较弱。[①]

这种观点严重忽略了古代政治的整体性和系统性,对古代统治目的的认识也延续着单纯"压榨""攫取""家天下"的片面评价。因此,有必要从更宏观的视角、更广阔的领域来审视中国古代乡村的治理制度,本章就着重研究古代军事力量部署与乡村治理的关系。

古代乡村治理制度和组织主要经历了乡里制、里甲制、保甲制等形式,虽然发生了由"官"到"役"的转变,但其主要任务如户口统计、征收赋税、派发徭役和兵役、捕捉盗贼和维护治安,以及应对县上的各种杂役摊派却没有大的改变。[②]那么,无官无职的乡村治理参与者靠什么获得权威?是什么力量保证他们能完成如此繁重的任务?倘若没有中央政府的其他制度安排,乡村治理组织的功能恐怕是发挥不出来的。比如,作为国家政权基石的军队及其兵力构成和部署状况,不但为地方提供了合法暴力支持,而且会涉及国家的

[①] 刘守英、熊雪锋:《中国乡村治理的制度与秩序演变——一个国家治理视角的回顾与评论》,《农业经济问题》2018年第9期。
[②] 如到了明代,里长甲首的任务仍是管办一里或一甲内的公共事宜,最主要的为催征收解税粮,及应办朝会、燕享、诸项典礼一切公事。参见梁方仲:《一条鞭法的名称》,收录于《梁方仲经济史论文集补编》,中州古籍出版社1984年版,第137页。

兵役制度、赋税制度、土地制度、户籍制度等重要的治理制度。显然,乡村治理制度和组织不是独立运行、单独发生作用的,学者们津津乐道的所谓"乡村自治"并不适合用来审视独成一脉的中国古代乡村治理的历史经验。

一、古代军事力量的构成及兵力部署

先秦时期的兵民合一制和帝制时代的常备军、地方军及私兵制度,反映了传统统治模式中合法使用暴力最基本的制度安排,从而对乡村形成震慑以达治理的目的。

夏、商、周三代,整个武装力量由王室军队、公室军队(诸侯方国军队)、族军构成。例如,西周的"王军"(中央军)由"西六师"和"成周八师"两大集团军构成,兵力达五六万之众,承担着镇抚殷民和维系疆土的重任。从当时的人口数量和疆域范围来看,14个师的常备军是相当强大的武装力量,有力地维护了西周数百年的统治。所封诸侯亦按照王都的乡遂制度可以拥有一定数量的军队。周代规定方伯二师、诸侯一师,不得逾制,这样既能够为王朝提供一定数量的兵力以维护地方秩序,又不足以与中央抗衡,从而起到"屏蔽""巩卫"中央的作用。此外,从周王、诸侯到卿大夫都有自己的私人武装——族军,一般是部队中的精锐力量。这种制度一直延续到春秋战国时期,对维护地方和乡村治安、形成作战核心起到了非常大的作用。[1] 春秋战国时期,各诸侯大国掌握的常备军包括车、步、骑、水4个兵种,组织越来越完善,规模越来越庞大,成为当时兼并、统一战争的强大武装力量。各国武装力量大致由中央军、地方军、族军和私属组成。中央军由各诸侯直接掌握,由国人充任,主要驻扎在王都附近,是保证各国统治的基础性力量。地方军主要出现在几个大国,因兼并而国土扩大,各国相继设立了"县"和"郡",同时也就出现了"县兵"和"邑兵",主要由过去无权当兵的"野人"组成。这股力量主要由诸侯任命的"县公"或"县尹"掌握,主要职责是维护当地治安,必要时随中央军出征作战。族军仍然是由贵族成员构成,装备精良、战斗力强,是诸侯国武装的精锐,即所谓"国士在,且厚,不可当也"。[2] 族军的主要职责是维护宗邑和贵族的安全。春秋时期出现的"私属"特指隶属于卿大夫的私人武装,成员由其辖区内的本族和非本族人员构成,不受国君的辖制。[3]

---

[1] 参见罗琨、张永山:《中国军事通史》(第一卷),《夏商周军事史》,军事科学出版社2005年版,第314—324页。
[2] 《左传·成公十六年》。
[3] 参见黄朴民:《中国军事通史》(第二卷),《春秋军事史》,军事科学出版社1998年版,第61—60页。

自秦朝统一以后,军队形成由中央军、地方军、边防军构成的三分体制。如西汉初年,京师兵(中央军)由相互制约的数支宿卫军构成,主要任务是保卫皇宫和京畿安全,不轻易远征;郡国兵(地方军)由材官、骑士、楼船、车兵组成,驻扎在全国不同地域,是一支由郡国掌管、中央统一控制,承担镇戍地方和远近征战等任务的主力;边防军主要由屯田兵组成,且耕且守,屯田戍边。东汉以后,军队构成发生了变化,除中央军和地方军外,又出现了在私兵部曲基础上发展的出自卫乡里不脱离生产的乡兵组织。魏晋形成的中央军和中外军体制,经过隋唐五代的长期演变,至北宋,形成了以中央军(禁军)为主体,中央军、地方军(厢兵)和乡兵三位一体的武装力量体制新格局。庞大的禁军驻守京师和分镇全国要地,厢兵和乡兵则负责维护地方和乡村治安,并随时准备补兵出征。这种体制被后世大体相沿,成为历代王朝巩固统治、维持秩序的基本制度。①

在兵力部署上,历代都贯彻"内重外轻"的原则以保持对地方的军事优势。因此,历代王朝都非常重视掌握和建设中央军。如秦汉的京师兵,魏晋的中外军,隋唐的府兵及中后期的神策禁军,北宋的禁军和南宋的屯驻大兵,元朝的蒙古军、探马赤军和汉军,明朝的卫所军,清朝的八旗兵、绿营兵和新军等,都是中央掌握的军队,是用以宿卫京师和对外征战的武装力量主体。为有效加强统治,各朝也十分重视地方军的建设,如秦汉以后,驻守地方的兵力受到重视。西汉建有强大的郡国兵和边兵;魏晋有外军驻守各地;唐有外府兵屯戍10道,宋有厢兵、蕃兵等;元明清的地方兵力也很强大,并主要以中央直接掌握的军队镇守地方。再例如,秦汉的地方部队主要屯驻在郡(国)治及都尉治所,各县驻有少量部队。兵员多少,取决于郡(国)辖区的规模、人口及经济条件。这些地方部队承担着训练役龄男子,储备后备兵员,向首都和边防部队输送合格士兵,维持地方治安,防范和镇压叛乱,听从中央征调,出境参加战斗等多项任务。秦汉地方军中还有一支特殊部队——关隘驻防军,主要任务是扼守各交通要道的关隘险要,收敛关税,稽查过往官吏、商旅,控制内外贸易和人口流动。② 西汉时期,地方军的规模达到了相当惊人的地步,如武帝元鼎三年(前114年),发陇西、天水、安定的骑士及中尉、河南、河内卒,计10余万人;元鼎五年(前112年),南越反,发南方的楼船士达20余万人,由此也造成了人民兵役负担沉重的问题。东汉建立后,刘秀进行了一系列改革,主要是裁撤了郡都尉、郡县兵并取消了军

---

① 参见军事科学院编:《中国军事通史》(全20册),军事科学出版社1998年版。
② 参见刘展主编:《中国古代军制史》,军事科学出版社1992年版,第141页。

事训练。此举虽有利于加强中央集权,在一定程度上减轻了百姓的兵役负担,但也使战争后备力量和对地方的控制有所削弱。为弥补这一缺陷,东汉政权往往在内郡要地及三辅地区设置屯兵,以代替番上的正卒。屯兵主要以营为建制,光武帝时,在京畿地区设立长安、雍二营。此后,又在边郡要地先后设置了度辽营、象林营、渔阳营、扶黎营等。这些营屯兵平时维持地方治安,战时随派出将领出战,仍属于地方军的性质。内地郡县则设立坞屯兵,史载:"明帝以后,魏郡、赵国、常山、中山六百一十六坞,河内通谷冲要三十三坞,扶风、汉阳、陇道三百坞,置屯多矣"①,成为维护地方的重要军事力量。除上述营兵、坞屯兵之外,就文献所见,东汉时期还有所谓的"河内兵""汝南兵""荆州兵""关中兵""苍梧兵""幽州兵"等。这些不同称谓之兵显然都属于地方军,主要任务就是维护地方的治安警备。② 南朝北魏的州郡皆有兵,州郡兵为地方部队,也称作"外军",根据州、郡的大小兵员数额不等,如大郡可有兵数千,小郡则可能只有数百名。作为地方部队,其主要职责是维护社会治安,以保证封建王朝的地方统治秩序。此外,北魏还在边地和内地大量设置了镇戍兵,每镇约有 3 000—5 000 人,以应对外敌入侵和内地人民的反抗,这也是一股维护地方秩序的重要军事力量。③

隋代建立地方卫戍制度。隋文帝把地方行政区划改为州、县两级制,并在州设立总管,负责所属地区的军事和戍守事宜。终文帝一代,最多时设立了 60 个州总管,长期保持的也有 30 个。④ 据学者研究,常设的 30 个州总管主要是加强南、北两线边远地区的军事控制,以达到巩固边防、维护统治的需要。此外,隋文帝还在军事要地和重要关隘分别设立镇、戍、关,加强地方乡村的管控力量。⑤ 唐朝的中央军以折冲府之名驻扎在全国各地,根据实际需要,军府分上、中、下三等,上等 1 200 人,中等 1 000 人,下等 800 人。据统计,唐朝军府最多时达到 657 个,其中的 80%驻扎在关内、河东和河南三道,仍然贯彻了"居重驭外"的原则,以确保对全国的控制。唐朝中后期又出现了藩镇兵,是在边地设立的由节度使掌控的镇兵发展而来,并遍布全国。唐朝有藩镇几十个,一般来说,大藩镇辖州十余,小藩镇也领州二三,拥有军队数千,甚至多达 10 万人。藩镇兵约占全国近百万军队的 80%,藩镇

---

① [宋] 马端临:《文献通考·兵考》。
② 参见黄今言、邵鸿、卢星、赵明:《中国军事通史》(第六卷),《东汉军事史》,军事科学出版社 1998 年版,第 145—146 页。
③ 朱大渭、张文强:《中国军事通史》(第八卷),《两晋南北朝军事史》,军事科学出版社 1998 年版,第 258—259、364—366 页。
④ 据《隋书》(卷 29—31),《地理志》统计。
⑤ 张文才:《中国军事通史》(第九卷),《隋代军事史》,军事科学出版社 1998 年版,第 78—79 页。

直接掌管军队是唐后期藩镇动乱的根本原因。此外,各州刺史还掌握着一定数量的州兵,或一两千,或三五千,人数不等,足够维护地方之用。元朝在行省下设的军府,分为万户府(或元帅府)、千户所、百户所三级。万户府分上、中、下三等,分别统兵7 000人、5 000人和3 000人左右;千户所也分成上、中、下三等,统军分别为700人、500人、300人;百户所分上、下二等,上百户所管军70人,下百户所管军50人。① 明朝则形成了都指挥使司体系。明太祖改元朝行省制为三司制,其中的都指挥使司及所属卫所直接隶属于五军都督府,由中央统一指挥。明朝共设置了21个都指挥使司②,下设卫指挥使司、千户所和百户所,所隶军士单独立籍,世代相袭。此外,还在全国要害地方设立镇守、分守、守备等军职镇戍。据史载,明朝设有总兵官的地方在全国有22处。③ 明初确立卫所兵制,朱元璋下令"自京师达于郡县,皆立卫所"④,担负保卫京师、镇戍地方的任务,足见其戒备森严。每卫一般约有5 600人,下辖5个千户所。每个千户所1 120人,下辖10个百户所。每百户所112人,下辖2个总旗。每总旗下辖5个小旗,每小旗为10人⑤,由此织就了一张严密的军力部署网络,对地方实施直接控制。清朝前期,八旗和绿营是国家的正规军队,称"经制兵"。八旗又分为京营八旗和驻防八旗。后者有十余万人,分驻全国各战略要地,保卫交通要道。绿营共有60万人左右,是各省的地方正规军,平时以维护地方治安,镇压当地人民反抗为基本任务。此外,各省控制的乡兵,又有民壮、乡团、团练、猎户、渔团、沙民等称谓,是维护乡村日常秩序的基本力量。⑥

从历史的主流看,中央和地方相互为用的集权化的武装力量整体上保证了统治秩序的维护。因此,有学者认为:"在两千余年的封建社会的大部分时间里,中央能够有效控制地方军事,统一的中央集权国家也就成了我国历史的主流。"⑦

二、合法运用暴力是实现乡村治理的基础性支撑

从历朝历代的军事力量部署看,从首都到乡村、从重要关隘到边防都有

---

① 参见刘展主编:《中国古代军制史》,军事科学出版社1992年版,第244—245、253—254、373页。
② [万历]《大明会典》(卷124)。
③ [万历]《大明会典》(卷126、127)。
④ 《明史·兵志》。
⑤ 参见刘展主编:《中国古代军制史》,军事科学出版社1992年版,第413—418、426页。
⑥ 参见刘展主编:《中国古代军制史》,军事科学出版社1992年版,第470—471页。
⑦ 参见刘展主编:《中国古代军制史》,军事科学出版社1992年版,第14—16页。

军队镇守。在武装力量的构成中,除正规的中央军和地方军之外,还逐渐发展起一支专门维持地方日常治安的武装力量,是乡村治理机制运行的重要支撑力量。

先秦时期大体实行兵民合一的军政制度,将日常治理与军事活动融为一体。夏商周是复合式国家结构,基层大都仍由"族性"组织构成,其治理的直接性自不待言。到春秋时期,各诸侯国继续延续了三代的兵民合一的军事制度,居民们平时务农、闲时训练、战时入伍从征,所谓"春以蒐振旅,秋以狝治兵"①。使居民组织军事化更利于耕战的需要,同时也实现了直接治民的目的。比如,一年四季定期举行的军事训练和实战演练,据《左传·隐公五年》载:"春蒐、夏苗、秋狝、冬狩,皆于农隙以讲事也。三年而治兵,入而振旅,归而饮至,以数军实。"据《尔雅·释天》解释:"春猎为蒐,夏猎为苗,秋猎为狝,冬猎为狩。"主要通过农闲时的田猎活动提高百姓的军事素养和实战能力,即所谓"则其制令,且以田猎,因以赏罚,是百姓通于军事矣"②。可见在当时乡村的各种治理制度中,兵农合一的军事制度对民人的管理与控制恐怕是最经常使用、最有效的治理形式,这是中央集权制度逐渐形成的基础。③ 战国时期,随着统治方式和行政区划的变化,开始出现掌握地方军务的军事长官。当时,各国县一级的军事长官为县尉,主要负责征集兵力,训练射手与骑士,构筑防御工事等工作。另设县司马负责后勤军需供应。县下的乡级则专设游徼,负责捕盗等治安工作,可以说是最基层的武职人员。县乡的军事力量与里、什、伍等居民编组相配合,实现了对乡村的统一治理。④

秦汉时期对乡村的军事控制进一步完善。西汉郡一级的军事长官称为"郡尉"(后称"都尉"),既是郡守的下属,军事上又直接受中央最高军事长官——太尉的节制,这反映了汉王朝对军事力量掌控的重视。郡尉的职责是协助太守管理相关军事事务,包括主持"都试",征兵,调运军饷,制造、保管武器装备,维护郡内治安等。⑤ 县级则设县尉掌管一县军务,大县设二人,小县为一人。郡尉、县尉统领的军队称为"郡县兵",是归中央统一调动

---

① 《国语·齐语》。
② 《管子·小匡》。
③ 参见黄朴民:《中国军事通史》(第二卷),《春秋军事史》,军事科学出版社1998年版,第93—94页。
④ 参见吴如嵩、黄朴民、任力、柳玲:《中国军事通史》(第三卷),《战国军事史》,军事科学出版社1998年版,第62页。
⑤ 参见陈梧桐、李德龙、刘曙光:《中国军事通史》(第五卷),《西汉军事史》,军事科学出版社1998年版,第90页。

的正规军,从编配人数看,大郡可达万人,小郡亦有数千人。① 作为地方部队,平时,郡县兵的任务主要是开展军事训练和维护当地治安,并轮番到京师或边防"屯戍";战时则由中央统一调发,奉命出征。显然,郡县兵是保证地方和乡村政令、军令畅通的重要力量。这一时期,有两种情况值得注意。第一种情况是郡县所设军事长官——都尉和县尉都是专属办公,且有众多属员。如西汉末东海郡都尉下属有 12 位大吏,每个大吏下又有若干属员。其下属的海西、下邳、郯三县县尉则分别有属员 107 人、107 人、95 人②,这还不包括由他们统领的游徼与亭长等负责社会治安的属吏。值得注意的是,两汉时期,都尉和县尉一般不与郡守、县令同驻一城,而是另外建城施治,客观上就加强了对地方和乡村的控制③。第二种情况是专门负责治安的亭遍布全国各地。据史载:西汉平帝时,全国有亭 29 635 所④;东汉顺帝永兴元年(153 年)时,全国有亭 12 442 所。⑤ 亭主要设置在通衢和要道上,各有不同的名称,设在都市的称为"都亭",设在市场中的为"市亭",城门上的为"门亭",街道旁的为"街亭",而设于乡村之亭被称为"乡亭""下亭""野亭"等,兼有旅舍和治安功能。⑥

东汉三国时期出现的豪强与私兵是一个反面的例证,说明军事统一则国家统一,军力分散则国家分裂。军队是国家政权的基石,军权分散必然会造成分裂的局面。东汉末到三国时期,豪门大姓逐渐豢养起自己的私人武装——部曲,逐步掌握了由乡村到郡县的控制权,长期分裂便不可避免。早在西汉末年就出现了田庄式地主经济的形式,史载南阳大地主樊重,"世善农稼,好货殖……三世共财"。他"营理产业,物无所弃,课役童隶,各得其宜";拥有的土地,"东西十里,南北五里",有"田土三百余顷";所起的庐舍,"皆有重堂高阁"。樊氏所经营的产业,除农业、手工业、高利贷外,还制造兵弩器械,达到了"有求必给""闭门成市"的程度。⑦ 可以说,这是一个规模较大的田庄。到东汉后期,田庄式大土地占有者发展惊人,仲长统说:"豪人之

---

① 黄今言:《秦汉军制史论》,江西人民出版社 1993 年版,第 158 页。
② 连云港市博物馆编:《尹湾汉墓简牍》,中华书局 1997 年版,第 77、79 页。
③ 参见李晓筠:《秦汉时期的郡尉与县尉——以出土简牍等有关考古材料为例》,《泰山学院学报》2014 年第 1 期。
④ 《汉书·百官公卿表上》。
⑤ 《续汉书·郡国志》引《东观汉记》:"永兴元年,乡三千六百八十二,亭万二千四百四十二。"
⑥ 参见高敏:《秦汉都亭考》,《学术研究》1985 年第 5 期;张玉莲:《汉代都亭》,《中国文化研究》2007 年第 3 期;陈冠男:《汉代"亭"的性质考论》,《宝鸡文理学院学报(社会科学版)》2018 年第 1 期;王彦辉:《聚落与交通视阈下的秦汉亭制变迁》,《历史研究》2017 年第 1 期。
⑦ 《后汉书·樊宏列传》;《水经注·比水注》。

室,连栋数百,膏田满野,奴婢千群,徒附万计。船车贾贩,周于四方;废居积贮,满于都城。琦赂宝货,巨室不能容;马牛羊豕,山谷不能受。""馆舍布于州郡,田亩连于方国。"①据崔寔《四民月令》载,田庄的特点一是多种经营,自给自足;二是聚族而居,实行宗法统治;三是设警守备,拥有私家武装。进入三国时代,更是出现了被称为"大族""大姓""甲族""冠族"的上层豪强,如冯翊郡有"甲族桓、田、吉、郭"②,天水郡有姜、阎、任、赵③,吴郡有顾、陆、朱、张等。这些大姓依靠经济实力、文化权威和私人武装,通过垄断州郡大吏的位置分享地方权力;通过名士操纵朝廷选人,影响朝廷的人才选拔④;通过私兵控制乡村社会,维护自己的利益。这样,豪强大族不但控制了乡村社会,甚至能影响到州郡乃至国家的政治生活,成为割据势力的社会基础。⑤在这种情况下,显然不可能给乡村留下多少自己管理自己事务的空间。

历经魏晋南北朝数百年的变乱,到唐宋时期正规军与地方武装开始直接参与地方治安和秩序维护的工作。据学者研究,唐代初期州县虽设有负责治安的官员,但不是专管,捕盗和捉逃亡仍是当地驻军的任务之一。《唐律疏议·捕亡律》所引《捕亡令》规定:"有盗贼及伤杀者,即告随近官司、村坊、屯驿。闻告之处,率随近军人及夫,从发处追捕。"⑥府兵配合州县直接参与地方治安活动是一种制度设计,并且以法律的形式规定了军地协作的具体流程。唐代中后期虽然出现了专门的捕贼尉,但人手缺乏,地方治安又转入军镇势力手中,这种情况一直盛行于晚唐和五代时期。直到宋朝加强了县尉的力量,把原由镇将统领的弓手交由县尉指挥,再加上设于各地的巡检所的力量,形成了维持乡村治安的专门武装力量。⑦此外,唐朝的州刺史还掌握着一股地方军事力量,名曰"团结兵"。安史乱后,团结兵设置增多。代宗大历十二年(777年)规定:"差点土人,春夏归农,秋冬追集,给身粮酱菜者,谓之团结。"⑧团结兵多从富户强丁中征发,一般在本地服役,不正式

---

① 《后汉书·仲长统传》。
② 《三国志·裴潜传》,注引鱼豢《魏略·严干·李义传》。
③ 《三国志·王朗传》,注引《魏略·薛夏传》。
④ 名士是东汉后期重要的社会势力,以某种道德方面的表现超人一等而出名,大多出身于大姓,或者有可能发展为大姓。名士主持乡里清议,品评乡里人物。当时进行选拔官吏,以乡里品评为根据,名士由此对朝廷用人拥有影响力。
⑤ 余大吉:《中国军事通史》(第七卷),《三国军事史》,军事科学出版社1998年版,第22—25页。
⑥ 长孙无忌等撰,刘俊文点校笺解:《唐律疏议笺解》(卷二八),《捕亡》"被强盗不救助"条,中华书局1996年版,第1967页。
⑦ 赵璐璐:《从〈捕亡令〉看唐宋治安管理方式的转变》,《史学月刊》2014年第3期。
⑧ 《资治通鉴》(卷225)。

登入军籍,不长期脱离生产,免除赋役,平时在家从事耕种,练习弓矢,每年定期举行考试。① 两宋时期的地方武装主要有乡兵、土兵和弓手。乡兵是北宋时期由乡村自行组织、自备装备、不隶军籍的地区性武装,主要任务是守卫本乡本土、维护乡村秩序。由于是各地自行组织的,故而名号繁多,如神锐、强人、弓箭手、义勇、土丁、壮丁、枪手、枪仗手等。北宋维持地方治安的武装还有土兵和弓手,"弓手为县之巡徼,土兵为乡之控扼"②,有时合称为"弓兵"。土兵隶属于朝廷设于各地的巡检司寨,每司寨兵员数量约几十人到一百几十人不等,任务是"就其乡井,募以御盗"③。弓手是由县尉统领的地方治安部队,最初由乡村第三等户"轮差",或"三年一替",或"七年一替",宋神宗时改为招募,主要任务是捕捉盗贼,巡查市场,维持治安④。南宋大抵沿袭这种制度。这三者是宋代控制乡村的重要军事力量。

　　元明清时期,除继续保持弓手、弓兵和民壮等地方性武装外,还日益完善了专门弹压地方的巡检制度。巡检制度最晚应始自北魏,唐代中叶主要设置区域是盐池产地、交通要道和军队屯驻之地等。五代时,巡检使正式成为官称,并按照行政区划的高低分层设置在京师及重要城镇周边,以维持各地治安,宋代巡检的设置更为普遍和复杂。元朝在维护地方治安和乡村秩序上设置了专门的机构,大致是路级设录事司,负责路府治所的治安;州设捕盗司、县设县尉司,负责维护治所及周边村镇的治安;在离州县城较远的乡村则专设巡检司,"其间五、七十里,所有村店及二十户以上者,设巡防弓手"⑤,在关津渡口和州、府驿路,亦设置弓手进行巡捕,此处设置不在五、七十里之限,承担任务的就是弓手,每个司所大体上配有二三十个弓手,虽数量不多但却分布较为密集,配合行动足以维护地方治安,是中央政权控制基层社会的重要力量⑥。因此,有学者认为弓手的设置在王朝统治力深入民间的历史上,具有标志性的意义。⑦ 明初,"在外府州县地方关津要害处所各设巡检司。巡检一员,俱从九品,率领徭编弓兵,或二十人,或三十人,专主巡缉盘诘诸务"。⑧ 至洪武二十六年(1393年)确立了天下巡检司及弓兵

---

① 参见刘展主编:《中国古代军制史》,军事科学出版社1992年版,第255—256页。
② [宋]叶适:《叶适集·水心别集》(卷十二),《厢禁军弓土兵》。
③ [宋]王应麟:《玉海》(卷一百三十九)。
④ 参见刘展主编:《中国古代军制史》,军事科学出版社1992年版,第295—298页。
⑤ 《元典章》(卷五一),《刑部十三·诸盗三·防盗·设置巡防弓手》,第1693页。
⑥ 王翠柏:《元代弓手制度初探》,《中国史研究》2017年第1期。
⑦ 黄宽重:《唐宋基层武力与基层社会的转变——以弓手为中心的观察》,《历史研究》2004年第1期。
⑧ 王圻:《续文献通考·职官考·巡检》,现代出版社1991年版,第1505页。

之制:"凡天下要冲去处设立巡检司,专一盘诘往来奸细及贩卖私盐犯人、逃军、逃囚、无引而生可疑之人,须要常加提督。或遇所司呈享设置巡检司……照例于丁粮相应人户内佥点弓兵应役。"①由此,弓兵成为明代维护基层社会治安的重要力量。明代巡检司、弓兵广泛设于内陆、沿海及土司地区,与卫所制度并行不悖,形成了梯次分明的地方治安防御体系。②洪武初年,设里甲制时,治安捕盗之责由里长、甲首、"老人"等担负,时人记述说:"国朝以里甲任民,推择齿德以为耆老,里中有盗、戍卒罪人逋逃及恶人不能捕者,里甲老人集众擒之,具教民榜。盖时卫所以防大寇,巡司兵以缉细奸。"③具体如何开展巡查捕盗活动,明人顾炎武也有详细的描述:

  太祖所行火甲,良法也。每日总甲一名、火夫五名,沿门轮派。富者雇人,贫者自役。有锣,有鼓,有椰,有铃,有灯笼火把。人执一器,人支一更。一更三点禁人行,五更三点放人行。有更铺可避雨雪,可拘犯人。遇有事,则铺之甲乙,灯火相接,锣鼓相闻。④

明初主要靠卫所、巡检司的力量维护地方治安,随着卫所制度的日益衰败,各地为维护秩序、防范盗贼逐渐兴起了民兵(乡兵、民壮、机兵等)组织,成为维护乡村治安的重要力量。⑤明政府规定,以里为单位,按照人数多寡规定抽调数量,这些民兵组织归当地政府训练指挥。农闲时开展军事训练,遇警调发时,官府发给行粮并严禁官司役占民壮、卖富差贫,富户可以出钱代役。可见,民壮是一种兵农合一的武装力量,显然是为维护地方治安和社会秩序而设立的。⑥清代前期地方军事力量部署是按照镇—协—营—汛逐级展开的⑦,最基层的营汛驻扎在全国各省府县及乡间的关津险要与交通要道,取代了前朝的民壮、弓手,承担着治安巡查、缉私捕盗、处置民变等地方警务工作,是清代由中央掌控、各级军事长官直接领导的稳控地方的主要力量。⑧

  综上所述,古代国家运转也需要财源、兵源和稳定的社会秩序,军事力

---

① 佚名:《诸司职掌·兵部·职方部》,《续修四库全书》(第748册),第724页。
② 杜志明:《明代弓兵述论》,《历史档案》2015年第1期。
③ [明]叶春及:《石洞集》(卷七),《保甲篇》。
④ [明]顾炎武:《天下郡国利病书》(第八册),《江宁庐州安庆·火甲》。
⑤ 薛理禹:《明代治安管理中的"总小甲"研究》,《上海师范大学学报(哲学社会科学版)》2015年第4期。
⑥ 参见刘展主编:《中国古代军制史》,军事科学出版社1992年版,第430页。
⑦ 黄水华:《中国古代兵制》,商务印书馆1998年版,第188页。
⑧ 参见刘洋:《清代基层权力与社会管理研究》,南开大学博士学位论文,2012年。

量部署就是最重要、最基础的社会治理的依托。农业社会获取政治资源主要依靠乡村的供给,历代实施的户籍制度、赋税制度、土地制度和兵役制度的有效运转都要依靠军事制度的支撑。例如,战国时期出现的"傅籍"制度就是一种与军事活动相关的人口管理制度。为确保耕战所需要的兵源,各国都把适龄男子登记在册,以备征召和服役。如秦献公"十年,为户籍相伍"①,也就是开始把户籍管理与服兵役联系在一起。兵役和徭役最能反映中央政府与最基层乡村民众的关系,即使是后来变为以钱赋替代,仍然是治理乡村最重要的方法和目的。而战国时期实施的兵农合一制度产生了巨大的军事动员能力。史载,燕国、赵国、韩国和齐国都是"带甲数十万",且有相当数量的车兵和骑兵。② 魏国的兵力,根据苏秦、张仪、须贾三人不同的说法,大体上在30万—70万之间。③ 而楚国和秦国则达到了"带甲百万""车千乘,骑万匹"的程度。④ 这种状况说明,当时的诸侯对百姓有相当直接的控制能力,通过军事和行政制度安排以实现对乡村的治理,由此达到政治和军事目标。从进入帝制时代的兵役制度看,乡村百姓仍不可能游离于政府的直接管理之外。如汉代实行的是普遍征兵制,带有义务性和强制性的特点。因为,服兵役的酬劳是国家分配给农户一定数量的土地,是建立在自战国以来实行的辕田制、军功赏田制等国家授田制的基础之上,得到授田的农户就必须按规定服兵役。汉代兵役分正卒和戍卒两种,各服兵役一年,正卒主要在居住地开展军事训练活动,一年后转为预备役。轮到征调时,再离开家乡服役一年,即为戍卒,或充任京师卫士,或前往边地戍边。这个运行过程是通过当时的乡、里、什、伍等乡村组织来实施和完成的。当时民人到起役和止役年龄都要自己到官府登记申报,里、什、伍的负责人要严格审核所有的申报情况,经审核批准方能生效。里、什、伍的负责人和邻里之间要互相监督,如出现不实的情况,如隐瞒年龄、谎报身体状况、脱落户籍、逃亡等

---

① 《史记·秦始皇本纪》。
② 《战国策·燕一》载:燕国在燕文侯时"地方二千余里,带甲数十万,车七百乘,骑六千匹,粟支十年"。《战国策·赵二》载:赵国据苏秦估计,"当今之时,山东之建国,莫如赵强。赵地方二千余里,带甲数十万,车千乘,骑万匹,粟支十年。"《战国策·韩一》载:韩"地方千里,带甲数十万"。《战国策·齐一》载:"齐地方二千里,带甲数十万,粟如丘山"。
③ 《战国策·魏一》载苏秦估计,"今窃闻大王之卒,武力二十余万,苍头二十万,奋击二十万,厮徒十万,车六百乘,骑五千匹"。同书载张仪的估计,"魏地方不至千里,卒不过三十万人"。《战国策·魏三》载魏人须贾的估计是"臣闻魏氏悉其百县胜兵,以止戍大梁,臣以为不下三十万"。
④ 《战国策·楚一》载:"地方五千里,带甲百万,车千乘,骑万匹,粟支十年,此霸王之资也。"《战国策·秦三》载:秦"战车千乘,奋击百万。以秦卒之勇,车骑之多,以当诸侯,譬若驰韩庐而逐蹇兔也,霸王之业可致"。

情由,就要受到相应的惩罚,防止隐匿户口,逃避兵役。① 这种征兵制之所以能够实行,得益于国家以个体小农为基础实施的授田制度、户籍制度和什伍制度。② 为此,西汉各级政府直到乡村组织都非常重视户籍管理,每年仲秋之月都要定期实行"算民"和"案比",登记户口,以为征兵的依据。显然,对乡村的治理就不是可紧可松的事务,而是古代国家最重要的政务。由此可见,乡村治理绝不是完全自发的过程,更不可能出现近现代意义上的"自治"现象。

三、军事视角下古代乡村治理的理论认识基点

军队是国家柱石,军事力量运用是历代历朝开展统治和治理活动的基本手段。由军事活动而引发的制度安排则是国家和社会治理的重要内容。因此,古代乡村治理作为最重要的国家治理内容自然不可能游离于中央控制之外,只不过在不同的王朝、不同的时期,控制的强弱、治理的方式有所不同罢了。从军事视角观察古代乡村治理制度及其活动,就是要把乡村治理放到整体性、系统性和连续性的长时段、宽视域中加以观察,从注重本土性和自发性的历史经验出发总结出符合历史事实和规律的理论性认识,避免研究中出现幻象性认识。

(一)战乱灾害频仍是古代乡村治理面临的常态

广大乡村是历代统治的基础,不可能是"世外桃源",这从战争频仍、灾害频发的历史现象中就可看出。在我国文明成长漫长的历史发展过程中,战争始终是一个重要而又挥之不去的社会主题,是一种残酷而又丰富的社会现象,是一股强大而又极具破坏性的推动力量。有学者统计,自距今5 000年左右的原始社会末期到1911年的辛亥革命之间,在中国这块古代大地上爆发的具有一定规模的战争和武力冲突达6 000余次;而自我国第一个奴隶制国家——夏王朝出现至1840年鸦片战争前,我国爆发的具有一定规模的战争和武力冲突就近5 000次。从具体的历史分期来看,由夏代至战国,见于史料记载的,先后共发生800余次战争和武力冲突;秦汉至隋唐五代时期,各类战争和武力冲突则多达2 000余次;宋元明和清朝前期(1840年以前),战争依然十分频繁而激烈,据不完全统计,这一时期的各类战争和武力冲突多达2 000余次。也有学者认为,在整个中古时期,中国先后共发

---

① 刘展主编:《中国古代军制史》,军事科学出版社1992年版,第156页。
② 参见陈梧桐、李德龙、刘曙光:《中国军事通史》(第五卷),《西汉军事史》,军事科学出版社1998年版,第110—112页。

生有史可考的具有一定规模的战争不下 4 000 余次。① 如此频繁的战争,除了使社会秩序不断重建外,还造成财富积累毁灭、社会生产凋敝、人民流离失所等人间惨景。特别是王朝更替战争、北方少数民族大规模南侵战争之后,往往是土地荒芜、人口锐减、城市萧条、乡村破败,每个新建立的王朝不得不从与民休息、恢复生产入手重新构建乡村治理秩序。

就自然灾害而论,我国历代灾荒在时空上呈现出日益普遍化的趋势,形成了无处无灾荒、无时不灾荒的现象。据统计,从前 206 年到 1936 年,我国水旱蝗雹风疫地震霜雪等灾害共发生 5 105 次,平均每 4 个月发生一次。其中旱灾 1 035 次,平均每 2 年发生一次;水灾 1 037 次,亦平均每 2 年发生一次。从大王朝看,秦汉共有灾荒 375 次,其中水灾 76 次,旱灾 81 次;唐朝共有灾荒 493 次,其中水灾 115 次,旱灾 125 次;两宋与金共有灾荒 478 次,其中水灾 196 次,旱灾 174 次;清朝共有灾荒 1 121 次,其中水灾 196 次,旱灾 201 次。② 每经一次灾荒必遭丧乱,人口必然锐减,生产力就会遭到巨大破坏。据过去官方的和半官方的统计材料,我国农村人口死亡率约为 25‰—26‰,即平均每年每千人约死亡 25 至 26 人。劳动力消减,则农业荒芜,农业荒芜则财源枯竭,各种生产事业趋于停滞,形成了社会的贫乏。如清代嘉庆十五年(1810 年)到光绪十四年(1888 年)的 78 年间,命丧于灾荒的农村人口达 6 200 余万之巨。古代灾害的频繁性、累积性,使历代统治者无不把救荒赈灾作为社会治理,特别是乡村治理的重要工作,形成了一整套救荒思想、制度和举措。战争与灾害的叠加出现,再加上生产水平落后等因素,使得历史上的多数时期,古代民人的生活还是相当艰苦的,古代乡村治理远没有达到"其乐融融"景象。对古代乡村治理成效的判断和认识必须置于这样的历史背景下才能得出合乎历史事实的结论。

(二) 治乱兴衰交替是古代乡村治理内在的节律

历史时间对观察者来说是重要参照,但也容易产生"匆匆"的错觉,文明正是在战争与灾害的夹缝中延续和创造的。例如,短命王朝往往容易被忽略,似乎几年、一二十年的统治难以有什么作为。然而,在政治上被诟病的秦朝和隋朝却也有相对的安宁和社会发展的巨大成果。纵观史实就会发现,动荡—恢复—动荡—再恢复是古代社会进程的一个节律。无论王朝存在时间的长短,都是"黑暗"与"光明"同在,绝不能以"封建专制"视角把古

---

① 参见军事科学院主编:《中国军事通史》(第十七卷),《清代后期军事史》(上、下册),军事科学出版社 1998 年版,第 1、3、5、6 页。
② 参见邓拓:《中国救荒史》,北京出版社 1998 年版,第 66—67 页。

代社会生活景象看成"一片漆黑"。我们试以历史上出现过的几次大社会动荡加以说明。

春秋战国时期的长期动荡和秦始皇短期的残暴统治以及秦末的农民起义和楚汉战争,使社会经济遭到了毁灭性打击。

> 秦皇帝……又使天下蜚刍挽粟,起于东腄、琅邪负海之郡,转输北部,率三十钟而致一石。男子疾耕,不足于粮饷,女子纺绩,不足于帷幕,百姓靡敝,孤寡老弱,不能相养,道路死者相望。①

到西汉建立时,每石米五千钱,"人相食,死者过半","民无盖藏,自天子不能具醇驷"②,"大都名城,民人散亡,户口可得而数,载十二三"③,社会经济凋敝到了极点。随着西汉初期一系列恢复经济、安定社会措施的实施,社会经济的逐步回升和日趋繁荣,出现了"文景之治",社会发展至汉武帝时期达到高潮。西汉末直至王莽之乱、东汉末的军阀混战、三国鼎立,又使社会经济的发展停顿。东汉末年,仲长统曾就这个形势说:

> 昔春秋之时,周氏之乱世也。逮乎战国,则又甚矣。秦政乘并兼之势,放虎狼之心,屠裂天下,吞食生人,暴虐不已,以招楚汉用兵之苦,甚于战国之时也。汉二百年遭王莽之乱,计其残夷灭亡之数,又复倍乎秦项矣。以及今日,名都空而不居,百里绝而无民者,不可胜数,此则又甚于亡新之时也。悲夫!不及五百年,大难三起,中间之乱,尚不数焉。④

三国两晋南北朝时期几经震荡几经回升,对社会经济造成的破坏是不言而喻的。随着隋朝大一统局面的出现,特别是唐政府的努力,中国封建社会的经济达到了很高的水平,出现了类似何明远、张守珪那样的大型手工工场主和茶园主。自安史之乱始,社会震荡转瞬之间席卷大半个中国,一个"人情欣欣然"的繁荣社会,顿然变成"荒草千里""积尸如山"和"烟火断绝"的荒凉世界。到唐肃宗时:

> 自经逆乱,州县残破,唐邓两州,实为尤甚。荒草千里,是其疆畎;

---

① 《史记·平津侯主父列传》。
② 《汉书·食货志》。
③ 《史记·高祖功臣候年表序》。
④ 《后汉书·仲长统传》。

万室空虚,是其井邑;乱骨相枕,是其百姓;孤老寡弱,是其遗人。①

这时恰恰"西蕃入寇",形成内外夹击之势：

夫以东周之地,久陷贼中,宫室焚烧,十不存一,百曹荒废,曾无尺椽。中间畿内,不满千户,井邑榛棘,豺狼所噪,既乏军备,又鲜人力。东至郑汴,达于徐方,北自覃怀,经于相土,人烟断绝,千里萧条,将何以奉万乘之牲饩,供百官之次舍。②

可见震荡程度是何等惨烈,关中经济区和黄河中下游经济区从此便衰落了。接下来的藩镇割据、军阀混战一直持续了半个多世纪,天灾人祸的煎熬不亚于唐末,史载："五六年间,民无耕织,千室之邑,不存一二,岁既凶荒,皆脍人而食,丧乱之酷,未之前闻。"③农业、手工业遭到巨大的破坏,人口大量流失死亡,土地荒芜,城邑遭焚,社会经济再次跌入低谷。

宋代实现了局部的统一,虽然不断与辽金、西夏等发生激烈的战争,但艰难中仍然使社会经济重新繁荣了起来,两宋境内相对和平的环境,造成人文昌盛、市井生活气息浓郁、乡村生活有序的社会图景。随着蒙古人的南侵,中国历史上再次出现空前的大灾难。1212年,成吉思汗攻打金国：

比至居庸,杀了的人如烂木般堆著。注：宋谢采伯《密斋笔记》曰：余尝观粘罕克何东,斡离不引大兵自涿州入安肃,陷开封府,至顺河,凡一百八十余州,八百七十五县,蹂践残灭,何可胜记。而自贞祐元年(1213年)十一月至二年正月,鞑靼残破河东、河北、山东、山西复一十七府,九十余州,镇县二十余处,数千里间,杀戮皆尽,城郭丘虚,金帛子女牛羊马畜,皆席卷而去,屋宇悉皆烧毁。④

破坏的程度是空前绝后的。元朝虽然是一个残酷的短命王朝,但是,由于有了前代高度发展的基础和某些习惯,稍一安定,经济便又有回升。元末明初又出现了像《始丰稿·织工对》中所反映的较大规模的手工工场,正说明即

---

① [唐]元结：《元次山集》（卷十）,《请省官状》。
② 《全唐文·请东驾还奏》。
③ 《旧唐书·昭宗本记》。
④ 《元朝密史》（卷十三）。

使是短命的元朝也出现了生产力不断恢复,社会生活也会稳定和有序进行的状况。

自明朝建立后的一百余年间,社会经济稳定持续地发展,长期积累的各种发展因素在各行业中迸发地出现,并再次发展起来,从而引起社会思想乃至社会风习的明显变革,许多学者都充分地提供了有关这个问题的信息和研究成果。这种势头在明末清初的剧烈震荡中再次遭到了破坏。明代末期灾害不断,赤地千里,吏治黑暗,统治腐朽,以致暴发了波澜壮阔的李自成、张献忠的农民大起义,波及大半个中国。接着就是清军的入关和进行了几十年的统一、平叛战争。在这近百年的时间里,社会经济从北到南又遭受了一次洗劫。1649年,清军在镇压榆园农民斗争中焚烧森林、扒河灌地;攻占扬州后进行大屠杀;攻占江阴后,对这个拥有二十多万人口、工商业发达的江南城镇,进行了血洗和破坏。地处中州的河南是"满目榛荒,人丁稀少"①;山东也是"土地荒芜,有一户之中止有一二人,十亩之田止种一二亩者"②;在江南地区"人民多遭惨杀,田土尽成丘墟"③;号称膏壤的四川则是"民无遗类,地尽抛荒"④;东南沿海地区"滨海数千里,无复人烟"⑤。城市工商业也同样受到严重摧残,例如湖广地区,"市变蓬蒿"残破不堪;成都"焚于兵火,锦坊尽焚"⑥,全国出现了一片凋敝景象。随着清初恢复和促进社会生产措施的推广,在一个相对短的时间内各行业恢复兴旺,渐次达到了清朝发展的顶峰——康乾盛世。

在剧烈的社会动荡里,乡村秩序的恢复、生活走向的正常都离不开中央王朝的政策安排。尽管这种恢复性增长没有从根本上改变贫穷落后的总体状态,但中华文明在这种震荡中仍然是向前迈进的,不断创造着特有的辉煌。乡村治理成效总体上也符合这样的节律,必须将其在具体的历史环境中加以评判,才能得出恰当的结论。

(三)人为的无为而治是古代乡村治理隐含的智慧

有研究者把中国古代地方秩序的生成划分为"外输秩序"和"内生秩序"两个部分。所谓"外"就是指乡村社会以外的"来自行政、政治、法律等具有一定强制力的制度性力量";所谓"内"则指"基于某种地方性认同而产

---

① 《皇清奏议》(卷四),季人龙:《垦荒宜宽民力国》。
② 《清节祖实录》(卷十三)。
③ 《明清史料》丙编,第783页。
④ 夏琳:《海纪辑要》。
⑤ 《明清史料》丙编,第901—1000页。
⑥ [民国]《华阳县志》(卷三十四),《物产》引旧志。

生的公共规则、地方规范、社会伦理等"。① 所谓"外输秩序""内生秩序"的划分显然透露着"国家""社会"二分对立的思想。这种认知倾向在学术界带有一定的普遍性,坚持认为地方社会有其自身的运转逻辑,根本不需要一个驾乎其上的"公共权力",存在这样的"公共权力"就是对"地方自治"的侵害和剥夺,似乎就是不合理的。然而,问题的关键在于为什么会产生这样的根本不被需要的公共权力及其形式呢? 从进入文明社会以来的人类不正是在权力不断集中的过程中不断克服着内外冲突与争夺而逐渐走向文明的更高阶段吗? 其实,在政治价值的选择与认同上,人们纠结于"自治"还是"被治"更能服从"人性"的特点。在现代政治理论中,似乎"无政府""小政府""有限政府"才是正道,被更多的学人所推崇。然而,历史和现实并不完全支持这种理论期待,文明进步的制度支撑还需要不断地向普惠性、有效性方向迈进。例如,对宗族势力与乡村治理关系的研究,就弥漫着似乎从古以来就有很好的相互利用的错觉。实际上,不但上古、中古和近世宗族有很大的不同,即使是同时代的南北宗族也存在着从形态到存在方式的巨大差异。② 秦汉以降,世家大族、豪强富户常常是中央集权的离心威胁,对乡村的控制也成为割据势力赖以存在的主要方式,这种现象对统一的王朝来说显然是不利的,打击豪强就成了治理乡村的重要手段。利用宗族力量加强乡村治理兴起于宋以后的南方,且也不能以什么"乡村社会的自治力量"的性质来评判。应该说,利用自然力量、自发力量进行统治是古代中国的一个重要治国理念和举措,宗族势力只能是在统一的更大范围的公共权力的制约下存在,只能是公共权力的社会基础,超出这个范围就会遭到中央政权毫不犹豫的打击。

(四)软硬两手兼用是古代乡村治理采用的策略

有不少研究认为,古代"官府并没有足够的财力和人力对州县以下的广大地区实施直接统治,朝廷律例也远不曾为社会日常生活提供足够的指导原则,因此不能不在很大程度上依赖于民间的组织和秩序,以维持整个社会的秩序"。③ 这种观点显然是有悖历史事实的。事实上,教化与暴力是古代

---

① 孙敏:《民间信仰、社会整合与地方秩序的生成——以关中风池村庙会为考察中心》,《北京社会科学》2017 年第 1 期。
② 据学者研究,北方地区的宗族特点是"这些宗族人丁不多,经济力量也薄弱,故其内部制度和各类设施也多不完善,教育及文化能力也差,甚至连完整的族谱家谱也不具备。但它们在乡村总人口的比例中占据优势比例,它们的组织型态、内部结构和制度,它们的文化型态和影响力、传承力才代表着华北地区乡村宗族的典型"。见乔志强主编、行龙副主编:《近代华北农村社会变迁》,人民出版社 1998 年版,第 161 页。
③ 梁治平:《在边缘处思考》,法律出版社 2003 年版,第 17 页。

统治国家和治理乡村的两个基本手段。使用合法暴力是国家政权得以确立和巩固的基础,对社会秩序的维护起着决定性作用。而教化则注重在思想上、心理上和习惯上培养百姓的服从与认同心理。无论是无为而治,还是忠孝治天下,都反映了古代统治者"顺势而治"的理念。黄老之学和儒家思想能够先后成为主流意识形态,正反映了这种治国思想。由此,我们看到,古代对乡村的治理,一方面把人为制度与自然制度相结合,发挥其最大的亲和力;另一方面则是把产生于自组织的忠孝伦理意识和习惯上升为统治意志,又通过一定的制度安排,如乡饮酒礼、学校设立、正祀礼仪、节令庆典等,持续地培养百姓的认同意识。因此,看似游离的乡村社会,其运转其实是符合统治阶级意志的一种治理状态,这才是中国古代不断出现统一王朝且统治时间比较长久的原因所在。古代乡村治理软的手段还有对民俗的导引和运用。著名民俗学家钟敬文先生指出:"民俗是一种约束面最广的行为规范。在社会生活中,成文法所规定的行为准则只不过是必须强制执行的一小部分,而民俗却像一只看不见的手,无形中支配着人们的所有行为。"①比如民间信仰,它属于观念系统和心理结构上的潜在形态,它的外化表现在日常生产生活和民俗活动中,而其内化则成为特定的思维方式、行为方式和价值取向。有研究者认为,明清时期遍布乡村的庙宇构成了乡村重要的生活空间和精神追求的物质显现。据统计,清末直隶武清县486村,有庙宇958座,平均每村1.97座;民国河北定县453村,有庙宇857座,平均每村两座;1937年前山西太谷百村,有庙宇1 346座,平均每村13.46座等。还有学者推测,"华北千人以上的大村,平均每村有7.25座庙宇;100—199人的小村,平均每村有2.73座庙宇;100人以下的更小村,平均每村有2.13座庙宇"。② 南方乡村的庙宇在明清时期也很繁盛。如苏州,据明中叶正德《姑苏志》记载,当时各类坛庙祠宇共有59处;到了明末,崇祯《吴县志》便载有113处坛庙;而至晚清同治《苏州府志》统计,长元吴三邑的坛庙总计更达199座。嘉庆年间,今上海地区被载入地方志书的坛庙祠宇达到了479处。③ 有研究者指出:"如果再考虑到广布于乡间村落的各种未被列入地方志书的小庙,其数量之多是令人瞠目的。"④研究者认为,这些庙宇的存在深刻影响着乡村的行政控制、村落治理、伦理教化、关系协调、秩序维持和生活运行,在乡村治

---

① 钟敬文:《民俗学概论》,上海文艺出版社1998年版,第29页。
② 姚春敏:《明清以降山西村落与庙宇——以山西泽州府为例》,《晋城职业技术学院学报》2014年第1期。
③ 参见范荧:《上海民间信仰研究》,上海人民出版社2006年版。
④ 王健:《明清苏松地区民间信仰研究》,华东师范大学博士学位论文,2007年。

理中发挥着重要作用。①

　　总之,军事力量运用是古代治理国家的基础性支撑力量。无论是夺取政权、巩固政权,还是运用民间既有因素开展治理活动,都离不开合法的、有组织的暴力底衬,否则统治秩序和社会秩序就难以为继。一方面,古代战乱频仍正是人们依靠武力相互争夺的产物,人们把暴力看作解决争端最终的手段和方法,频频使用;另一方面,维护政权稳定、解决灾后重建等政治社会问题也必须依靠暴力来建立基本的秩序。此外,之所以能够有效运用"软"的一手开展治理活动,就是因为有强大的合法暴力组织——军队。可以说,自古迄今的人类文明就是在暴力冲突中延续和发展的。考察古代乡村治理性质和状态是不可能绕开军事力量运用这个最主要的治理制度和治理手段的。

---

① 参见徐姗娜:《民间信仰与乡村治理——一个社会资本的分析框架》,《东南学术》2009年第5期。

中篇小结　古代乡村治理制度的变迁及其对社会变革的影响

深入探究中国社会的发展史,可以发现我国乡村治理制度的变迁在社会变革中起着关键性的作用。所谓社会变革,是指包括渐进的社会改良和突发的社会革命在内的一切社会结构和层次的变化。社会变革最终要表现在社会政治制度的一系列变化上,然而真正决定和代表社会变革性质的变化,我们认为主要是社会最基层的乡村治理制度、组织、结构及其政治习惯的变化,唯有这一层次的根本变化,才能真正实现和保证上层政治制度的革新。

一、乡村治理制度的血缘性根基

所谓乡村治理制度,是指县以下(不包括县)的村社治理制度。组成制度的各类组织带有半官半民的性质,它是中央政权直接或间接地控制与干预乡村民众生活的主要媒介和渠道。就我国历史上的情况而言,乡村治理制度往往与当地的村落文化和血缘家族结构融为一体,成为上层中央官僚制度稳定的社会政治基础。在社会变革由积累到迸发的过程中,对基层制度冲击的程度,往往决定着新建立的上层中央政治制度运作的方向、面貌和基本特点。

按照马克思主义的国家学说,国家形成的条件之一就是社会必须发展到按地域来划分居民的程度,意即社会分工、交换和生产必须发展到足以冲破血缘关系为纽带的原始社会结构的程度,以及私有财产和私有观念出现,阶级初步形成并且阶级对立呈不可调和状态。这就要求最基层的社会组织进一步分化,基本上以地缘关系来决定人们居住的社区和相互之间的关系。这实质上是人类社会历史上一次巨大的社会变革。然而,在我国国家制度形成的初期,维系乡村社会的最重要纽带是宗法血缘关系和地缘亲和关系,这使我国古代的国家形态带有浓厚的人伦色彩。这种状况的形成,直接导源于原始社会末期氏族组织瓦解得不彻底。在那个时代,氏族组织是以血缘为纽带的基本的和核心的社会组织,同时又是一个权力系统和信仰系统。维系氏族成员的精神力量来自共同认定的祖先灵魂的保佑,无论是真正的原始始祖的灵魂,还是带有象征意义的、观念形态上的祖先灵魂的转化物——图腾的崇拜,人们都是以共同的血缘联系作为相互认同、团结的基础。因此,那个时代便盛行着祖先崇拜,其对中国文化的影响相当深远,以致后世深深地渗入了政治、伦理、艺术和意识形态等领域。因此,当氏族制度进一步向国家演变的时候,就拖着大量血缘关系形成的观念、结构、组织模式等残余的或者正在衰落的形态,步入新的社会制度和文化环境,根深蒂固地黏附在国家的实体之中。我国在由氏族制度向国家制度的转换过程中,氏族的细胞及其分化物——个体家庭、家长制大家庭、家族、宗族势力却顽强地保留在社会的基层结构之中,直到近代还能看到"聚族而居,鸣钟而食"的大家族,至于血缘宗法观念更是深深地渗入社会意识形态之中。俞伟超先生曾对中国古代公社组织及其性质的演变进行了详尽的研究,指出:"据已知材料,可大致看到商周时,正经历着从家庭公社转变为农村公社的过渡,到东周时期,开始了农村公社的解体过程,这种公社,在商代叫做'单'。"关于"单"的性质,俞先生认为:"商代的'单'应大体是一种家长制的家庭公社。"[1]即便我们不把传说中的夏代看作中国进入国家状态的开始,仅就商王朝而言,它是一个完整形态的国家政权当是无疑的。但是,在它的社会底层结构中,血缘家族仍占据着显要地位,足见中国国家化道路的独特性。

二、乡村治理制度运行成效的检视——以土地制度为例

中华文明是建立在高度发达的农业文明的基础上,因此人口、土地和赋税是国家社会治理最重要的对象。土地是古代社会最重要的生产、生存资源,而历代王朝则始终掌握着土地的最终所有权[2],这从根本上决定了古代国家对社会和乡村治理的主导性、直接性,彻底脱离中央上层治理的所谓"自治"是根本不可能出现的。

在治理举措上,唐宋以前,土地国有制度是中央政府治理乡村最重要的经济制度。通过实施井田制、授田制、占田制和均田制,把土地分配给农民,使之成为承担国家赋税、徭役和兵役的编户齐民,以保证统治秩序的维护。

---

[1] 俞伟超:《中国古代公社组织的考察》,文物出版社 1988 年版,第 6、177 页。
[2] 参见王昉:《中国古代农村土地所有权与使用权关系:制度思想演进的历史考察》,复旦大学出版社 2005 年版。

此后在承认土地私有的情况下,通过赋税征收的差异来实现均贫富、平赋役的政治目的。这个过程实质是抬高了农民的地位,使之成为对国家负责的自耕农,"只有众多的自耕农才能使国家足食足兵,强大兴盛。我国自古以来,帝王们无不希望据有'广土众民',其故就在于此"。① 孟子就认识到自耕农的重要作用,他不但提出了"为民制产"的主张,还具体描述了自耕农的生活图景:

> 五亩之宅,树之以桑,五十者可以衣帛矣。鸡豚狗彘之畜,无失其时,七十者可以食肉矣。百亩之田,勿其时,八口之家可以无饥矣。……黎民不饥不寒,然而不王者未之有也。

这种设计充满平均共享和相互扶持的气息,传说中的井田制就是8家共耕900亩,其中每家平均百亩,所以孟子总结它的特点是"死徙无出乡,乡田同井,出入相友,守望相助,疾病相扶持,则百姓亲睦"。② 西周时期就采取了"养老抚幼"的优惠政策,据汉人追记,当时采取的是"七十以上,上所养也;十岁以下,上所长也;十一以上,上所强也"③的政策。可见,相互扶持的思想源于农业经营的方式和样态,既是一种生存传统的体现,又成为历代统治者治理乡村的重要理念,并体现在对农业经济的治理活动之中。井田制破坏后便兴起了授田制,仍然坚持了"平均"的原则,《公羊传·宣公十五年》何休注:

> 是故圣人制井田之法而口分之,一夫一妇受田百亩……司空谨别田之高下、美恶,分为三品:上田一岁一垦,中田二岁一垦,下田三岁一垦。肥饶不能独乐,墝埆不得独苦,故三年一换土易居,财均力平。

汉朝按照民户资产的多寡将其分为上户、中户、下户三等,采取"使中家以下得均贫富"④的政策,即在赋役征发中以家资序先后,富厚者先,贫弱者后。此外,还时常减免受灾下户的赋税,并以其作为救济的主要对象。为稳定编户齐民的经济地位,西汉政府还经常采取"假民公田"的举措,将国有或公有土地、皇家苑囿等以较低的地租,出租给无地或少地农民耕种。"这种'假

---

① 李埏、武建国主编:《中国古代土地国有制史》,云南人民出版社1997年版,第12—13页。
② 以上分别见《孟子》的《梁惠王》和《滕文公》。
③ 《汉书·食货志》。
④ 《汉书·哀帝纪》。

田'具有赈济贫民的性质,'假税'是不会很高的。"①其他如"赋民公田"和"赐民公田"等也都是经常采用的解民之困、救民之难的重民之举。东汉政府为恢复农业生产,直接管理乡村社会。不少郡县官员探索加强农业生产的举措和办法,包括鼓励垦荒,安置无地少数农民和流民;举办学校,提高当地农人的文化素质并劝民耕种;减少地方上的徭役,减轻农民负担;兴修水利,改善生产条件;向边地推广先进的牛耕技术;改进生产工具,推广经济作物种植以及整顿田亩,按土质好坏分等征收赋税等,有的举措还被中央政府认可,推广到全国实施②。此外,继续实行公田赐民、赋民和假民制度,并不时减免田租。这些举措有力地加强了农业生产管理,稳定了编户地位,减少了流民的产生,取得了较好的治理效果。值得注意的是,秦汉魏晋土地国有化与私有化的矛盾一直存在,中央政府逐步提出占田限田制以抑制土地兼并的趋势,反映了治理乡村社会的重心一直放在"贫富不均"上,这是治理国家和社会长期坚持的一项基本国策。研究者指出:

> 由国家直接控制土地和劳动人手,限制豪富兼并土地,安辑流散,使无地和少地的农民与荒闲土地相结合,全国臣民均平占田,"民无余力,地无遗利",增加国家收入,缓和阶级矛盾,安定社会,巩固封建统治,是为制定新的土地制度的要旨。③

如从北魏开始,历经东魏、北齐、西魏、北周、隋、唐各朝实行的均田制,本着"先贫后富,先无后少"的分配原则,从土地分配、农作物种植的种类以及土地处置的分类和负担的数额都有明确的规定,体现了各朝政府对农村、农业、农民的直接管理。这仍是依托土地国有制而催生的乡村治理举措。一方面反映了"民本""重农""均平"等治理思想的具体运用与落实,另一方面又起到抑制土地兼并、保证国家税源的功效。尽管在三百年的实施过程中不可能完全按照制度设计来运行,但这种土地制度的创设却体现了当时国家治理能力是能够直达乡村基层的。至少北朝和隋唐时期表现出这样的治理能力和治理状态。

---

① 参见李埏、武建国主编:《中国古代土地国有制史》,云南人民出版社1997年版,第79、94页。
② 如《后汉书·循吏传·秦彭传》载:"建初元年,(彭)迁山阳太守。……举稻田数千顷,每于农月,亲度顷亩,分别肥瘠,差为三品,各立文簿,藏于乡县。于是奸吏跼蹐,无所容诈。彭乃上言,宜令天下齐同其制。诏书以其所立条式,班令三府,并下州郡。"
③ 李埏、武建国主编:《中国古代土地国有制史》,云南人民出版社1997年版,第165页。

北齐、隋朝的均田令都与乡村人户编制一同颁行,说明乡村治理制度与户籍制度、土地制度、赋税制度、兵役制度和徭役制度是配套创设的,都是国家治理制度的组成部分。如据《隋书·食货志》载,北齐开武成帝河清三年(564年)三月颁布均田令规定:

> 至河清三年定令,乃命人居十家为比邻,五十家为闾里,百家为族党。……率以十八受田,输租调,二十充兵,六十免力役,六十六退田,免租调。

同书载,隋文帝开皇二年(582年)颁布的均田令也规定:"制人五家为保,保有长。保五为闾,闾四为族,皆有正。畿外置里正,比闾正,党长比族长,以相检察焉。""男女三岁已下为黄,十岁已下为小,十七已下为中,十八已上为丁。丁从课役。六十为老,乃免。"唐代推行均田制一直落实到最基层,把授田作为里正的主要职责,并用法律形式规定下来:

> 诸里正,依令:"授人田,课农桑"。若应授而不授,应还而不收,应课而不课,如此事类违法者,失一事,笞四十。①

其职责中既有授田,将国有土地授给缺田少地的农民;又有收田,将已经占有土地的人户中的漏剩土地及户绝田等收还于公。并且还要勘地造簿,即对人户已经占有土地的数额和状况进行勘查核实,造成簿牒,呈报于乡、县。授田的同时又规定了百姓承担的赋役义务,从而使土地制度与赋役制度紧密地联系起来了。如北魏均田令规定,民人年15岁为成丁开始授田,以一夫一妻为授田单位。据此出台的赋役令规定:

> 其民调,一夫一妇帛一匹,粟二石。民年十五以上未娶者,四人出一夫一妇之调;奴任耕,婢任织者,八口当未娶者四;耕牛二十头当奴婢八。其麻布之乡,一夫一妇布一匹,下至牛,以此为降。②

显然,凡是授田对象都有相应的赋役义务。北齐明确规定只要授田就要承担赋役:"率以十八受田,输租调,二十充兵,六十免力役,六十六退田,

---

① 《唐律疏议》(卷十三),《户婚》。
② 《魏书·食货志》。

免租调。"隋文帝开皇二年(582年)则规定:"未受地者皆不课"①,意味着授田者承担赋役。唐朝租庸调的征收也是建立在授田的基础上,《新唐书·食货志》载:"唐之始时,授人以口分世业田,而取之以租庸调之法。"至北宋时期,由于土地私有制的迅猛发展,宋廷采取"田制不立""不抑兼并"的放任政策,土地国有制度的主导地位开始逐渐丧失,国家也逐渐失去了对土地的统一支配权。宋人叶适敏锐地观察到了这种变化:"自汉至唐,犹有授田之制,则其君犹有以属民也;犹有受役之法,则其民犹有以事君也。盖至于今,授田之制亡矣。民自以私相贸易,而官反为之司契券而取其直。"②

此外,历史上出现的屯田、营田、方田都属于国有土地利用的方式,主要解决边患防御、出塞作战、内部征战等军事活动中的军需供给问题,同时也是安辑流民、恢复生产、稳定社会秩序的重要举措。其中的军屯主要由兵士来耕种,两宋时也采取招募平民耕种的方法,但组织形式均带有军事色彩,所涉地域自然是由国家直接管理。战乱是古代社会常见的现象,无论是时间上还是空间上都占有极大的比例,处于此种情形的乡村社会必然是由中央政府直接治理的。例如,疆域只剩半壁的南宋,虽有南方地利之优,但长期的战乱带来巨大破坏,人口流散、土地荒芜。据史载,江淮地区"民去本业,十室而九;其不耕之田千里相望"③;荆襄地区"自靖康以来,屡经兵火,地旷人稀"④,"千里之间,人迹断绝"。战乱频仍造成江南地区一片荒凉,"自江西至湖南,无问郡县与村落,极目灰烬,十室九空"⑤。宋时的两浙地区已是"鱼米之乡",但遭到金兵南下劫掠后,变成了"田筹荒莱,室庐破毁"⑥的凄凉景象。因此,南宋政府开展屯田、营田活动,不得不"募兵若民以耕"。河南的营田官就说:"伏见河南残破,民之归业者未众,其民营田,全籍军兵。"⑦这充分说明了在动乱时期,军队在安置流民、恢复生产、稳定社会秩序等方面发挥了重要作用。宋高宗就曾表扬说:

> 当中原之未定,念南亩之多荒,兵食弗充,农收益寡;乃别营、屯之制,用兴稼穑之功;军民不杂,而无争畔之词;官吏不增,而无加廪之费。⑧

---

① 以上见《隋书·食货志》。
② 《叶适集·水心别集》(卷二),《民事上》。
③ 《浮溪集》(卷二),《论淮南屯田》。
④ 《宋会要·食货志》(十之十一、六十三之一百三十一)。
⑤ 以上见《建炎以来系年要录》(卷四十一),绍兴元年正月乙丑、癸亥。
⑥ 《三朝北盟汇编》(卷五十三)。
⑦ 以上引文见[清]徐松:《宋会要辑稿》食货二《营田杂录》。
⑧ [清]徐松:《宋会要辑稿》食货六三《蠲放》。

关于兵屯、民屯的功能,时人也有明确的认识。宋高宗时的左司员外郎张纲就认为,兵屯"相度地形险隘远近,酌中处置立堡寨,遇有寇盗,则保聚在寨御捍,无则乘时田作";民屯"亦令依军兵法,于地形险隘远近,酌中处置堡寨屯聚,以备盗贼"①。显然,张纲是把军民屯田看成是战乱时期重建乡村治理秩序的重要举措。因此,有学者指出:"南宋屯田和营田,其设置范围遍及全国","都采取官庄形式进行经营管理"②,较好地解决了流民安置、恢复生产和稳定秩序的急迫问题。

总之,土地制度是古代治国的重要制度。上述基本史实一方面反映了"财均力平"的治理理念在实行治理活动中得到了贯彻和坚持,平均分配国有土地、平均承担国家赋税的政策即使是在土地私有化成为主流的情况下,也以赋税征收的"按资课税、先富后贫"的政策得到了很好的体现。另一方面,乡村治理参与者也围绕土地分配、人口登记、资产核查、劝课农桑和催征赋税等工作展开,相对于多数具体王朝的主要统治期而言还是表现出了较好的治理结果。

三、乡村治理制度对古代社会变革的影响

整体审视中国古代乡村治理制度的演变特点及其运行效果,可以得出这样的认识:决定社会政治制度变革的终极力量当然是社会生产力的发展;但是,如果从另一个侧面来观察同一个问题,就会看到在酝酿社会经济制度、政治制度及其相关体制的变革过程中,历代改革家无不是从乡村基层入手来推进变革的。

春秋战国时期,由于铁制农具的广泛使用和牛耕的出现,社会经济飞速发展,这就对落后的生产关系和僵化的体制提出了改革的要求。顺应历史的进步,各国纷纷掀起了改革变法的浪潮。齐国改革家管仲辅佐齐桓公"九合诸侯,一匡天下",使齐国成为春秋五霸之一。齐国的迅速强盛与管仲的改革有着密切的关系,其变法就是在"参其国而伍其鄙"③,重新划分乡村社会的政治单位,建立基层社会行政军事组织的基础上进行的。但是,这种变革还是不彻底,没有从根本上改变乡村社会的基本结构。因为他在变法中强调"与俗同好恶","俗之所欲,因而予之;俗之所否,因而去之"。④ 这固然包含着顺应经济发展和民心所向的含义,但从对乡村社会结构的改变来看,

---

① 以上引文见[清]徐松:《宋会要辑稿》食货二《营田杂录》。
② 李埏、武建国主编:《中国古代土地国有制史》,云南人民出版社1997年版,第306页。
③ 《国语·齐语》。
④ 《史记·管晏列传》。

没有完成国家行政组织彻底取代血缘宗法组织的变革,也就不可能使整个政治制度发生顺应经济变化的转换。齐国的改革成效也只能是昙花一现,最终为秦国所灭。当我们把目光投向秦国的商鞅变法时,就会发现另一种变革的方式。商鞅认为,应"因事而制礼,礼法以时而定,制令各顺其宜","治世不一道,便国不必法古"。① 因此,他能够大刀阔斧地进行改革。我们知道,所谓分封制是不利于统一王朝的政治集权的。西周初期"裂土分民",使封君有足够的力量与中央政权抗衡,这是过多地承认和保留宗族家族利益的结果。到了春秋战国时代,统一的王室和王权开始衰微,诸侯国各霸一方,日趋强盛。但是造成地方势力存在的社会政治制度依然把权力的转移向下层推进,同样的抗衡和分化在诸侯国内再现,开始出现权力从诸侯手中向公卿转移的趋势,不同程度地引发了各种形式的政治危机。这一切仍然是由于上层行政权力没有有效地彻底冲破地方集团中以血缘为纽带的乡土势力,从而无法有效地直接控制民众,使国家丧失了财源、兵源和基层政治势力的支持,中央权力不可避免地陷入了新的一轮削弱的过程。因此,为了加强权力的集中,以保持与经济发展要求相适应的统一稳定的局面,确保行政权力直达民众,就必须使乡村行政制度进一步独立和发挥作用。为此,商鞅进行了两项变革:其一,"令民什伍(五家为保,十家相连)而相收司连坐,不告奸者腰斩,告奸者与斩敌首同赏,匿奸者与降敌同法";其二,"民有二男以上不分者倍其赋"②。这两项措施表明,商鞅使用强制和法令的手段,重建乡村的社会结构和政治结构,使之成为互相监督防范的对立因素;用威吓与诱惑相结合的办法破坏原有的凝固的人际亲缘关系,使之对行政机构直接负责;同时,强令分家,打破原有的家族结构,从而保证了中央政权在制度和法律上对乡民的直接控制。这是秦国强大的重要原因之一。后人对商鞅的变法给予了中肯的评价:

> 商君以其急刻之心,行苟且之政……当世衰法坏之时,则归授之际,不免烦扰欺隐之奸,而阡陌之地,切近民田,又必有阴据以自私,而税不入于公上者。是以一旦奋然不顾,尽开阡陌,悉除禁限而听民兼并买卖,以尽人力;开垦弃地,悉为田畴,而不使有尺寸之遗,以尽地利。③

---

① 《商君书·更法篇》。
② 《史记·商君列传》。
③ 《文献通考·田赋考》(一),引朱子《开阡陌辩》。

由上述可见，在经济发展所引起的社会变革中，目光敏锐的政治家往往能抓住变革的关键，首先从基层治理制度的变革入手来推行全面改革，以后如汉武帝的打击豪强势力，王安石著名的保甲法，乃至太平天国的两司马制度等，都是最好的说明。

当然，应该充分认识地方血缘势力与中央行政权力冲突和斗争的复杂性与长期性，不能企求一两次强制性变革就能够彻底解决。因此，考察秦汉以后的乡村制度时，便会发现越来越明显的地方家族势力与乡村治理制度日益融合的强大趋势，这使宗族制度不断地政治化，而地方政治制度也具有了浓厚的家族化色彩。这是因为乡村政治权力的掌握者往往是当地富有并且在血亲关系中具有较高地位的家族人物。如唐朝，里仍然是最基层的催征单位。每里辖100户，设里正1人，而里正则由勋官六品以下的富户白丁充任，即所谓非身份性地主来担任。他们的职责是"按比户口，课植农桑，检察非违，催驱赋役"①。再如宋朝王安石的保甲法，更着意于这种融合，目的在于在乡村建立起有力的治理系统和防卫系统，用他自己的话说就是："保甲之法成，则寇乱息而威势强矣。"②这一制度中的保长、大保长、都保正，都由乡村中的"上中等户"（即富户）充任，实际上就是要利用乡间的宗法关系和地缘关系来控制与限制乡民的反抗行为。直到清朝保甲制中的牌头、里长、保正，也"皆以诚实识字有身家者充"③，充分表明了中央政府对乡村地方势力的妥协。但二者合一的趋势并没有使乡里民众感到多少异样与不适，而王朝又通过各种途径给予非身份性地主各种优待和向上层流动的机会，诱使他们为王朝服务。如秦国的军功爵制，以鼓励杀敌的方式保证一般地主获取爵位和经济收益；两汉时期的察举制度，就是从乡村直接选拔官吏；三国时，发展为系统完善的荐举制度——九品中正制，把地方势力向上层流动的方式制度化、程序化和固定化；明朝的粮长制，根据田赋催征交纳的多少好坏，分别给予粮长各种优待，甚至可以得到皇帝的接见，直接任官。当然，影响最大、持续时间最长的要算隋唐时期发展起来的科举制度了。科举考试几乎没有等级限制，稍有财力的乡村富家子弟均可报考，进一步把乡村地主向上流动的方式确定下来，从而使地方势力有可能变成身份性地主，直接参与上层政治生活。乡村治理机制是中央上层行政系统治理乡村和管理民众的重要手段，没有它的中间作用就无法贯彻统一的政令。同时，二者

---

① 《通典》（卷三），《食货·乡党》。
② 《临川集》（卷四一），《上五事札子》。
③ 《清朝文献通考》（卷二二），《职役（二）》。

的趋同融合也显著地缓冲了中央法令、政策的严肃性,因为一般民众对上层制度的感受是通过乡村治理组织过滤而得到的,而这级机构的充任者又是乡民熟悉的族内人物或地域内关系亲和的人物,这样必然削弱中央政府和上级机构的权威性和规范性。从这个意义上讲,中央政府又无法从根本上严密地控制乡村社会的基本成员。特别是清朝摊丁入亩以后,赋役纳入田亩,以交粮代替一切杂役、杂税,从而使劳动者的人身依附关系大大松弛,进一步淡化了乡民的政治意识。清末乡村的俗语说:"庄稼人纳了粮,好如自在王。"①好像上层制度的影响仅体现在纳粮一项上,足见其淡化的程度。由上述可见,中国历史上传统的乡村治理组织具有双重性质,既有一定的上层公共权力的色彩,又是上层治理乡村的手段,并日益与当地家族力量走向融合。

四、晚清政治变化呼唤新型乡村治理制度

乡村治理制度的变迁对社会变革的重要作用,在我国近代史上也是显而易见的。自 19 世纪中叶以来,中国乡村治理制度及其功能发生深刻变化,其发展变化的趋势是由地方政治的隔离孤立进一步滑向地方分裂主义的状态,成为地方军阀存在和实行割据的保证与基础。众所周知,在近代之前,地方绅士个人的家族地位、财富地位以及影响一方的感召力的强烈存在,保证了中央政权与地方势力平衡相安的关系。但是,这种平衡在晚清发生了严重的倾斜。清初,由于民族矛盾的尖锐对立,许多汉族地区的乡绅对清王朝多采取不合作态度,这为朝廷的运作带来了日益严重的冲击。此外,还有两个因素加剧了这种平衡的丧失:其一,18 世纪以前所没有的人口增长大大扩展了政府治理的范围,而旧的治理方式却没有发生本质变化;其二,太平天国运动的打击,造成社会控制上的断层现象,在太平天国统治的区域,曾全面地破坏和改变乡村治理制度。可以想见,地方绅士的消极态度、人口的增长和农民起义的发生,三者所形成的强大冲击力,从实质上改变了政府的任务和某些制度。特别是乡绅私人作用的变化,使地方行政结构也相应地发生了变化。过去,在乡绅看来,要保证家族的经济和政治优势,只有当官这一条路,然而在 19 世纪末,富有的绅士逐渐抛弃了公职高于其他职业的传统观念,这就使他们既可以不向监督他们的政府负责,又可以摆脱乡村环境和舆论对他们的约束。过去,他们所处的政治地位一直是由科举制度的诱惑来维系的。而此时,这种制度已经衰退,一部分乡绅便放弃

---

① 《元氏县志·谚语》,民国二十二年(1933 年)铅印本。

了乡村社会,流向城市与工商业,成为不在乡的地主,这就进一步造成社会结构和政治权力的断层趋势。1911年以后,在官吏的任用上出现了在本省内甚至本地区内任用地方官员的倾向,抛弃了原有的"回避制度",使地方实力人物有更多的机会直接掌握地方政治权力,乡里血缘与地缘势力便跨出了村社的限制,浸染到府、州、县甚至省的行政机构之中,这是前所未有的大变化。同时,通过近代商业、军事、教育的发展,特别是条约口岸城市的崛起和新职业的出现,形成新的向上层流动的方式,为某些有才干的乡绅提供了广泛的选择机会,这就进一步使他们摆脱了昔日公认的行为和成功标准的束缚。这样,中央和地方政府就失去了对用以束缚地方绅士的赏罚办法的垄断权,乡村政治便日益摆脱中央政权的控制,形成新型近代地方保守主义和割据状态。近代民族危亡的紧迫形势呼唤着新型乡村治理制度的孕育与诞生。

下 篇
古代乡村治理秩序的维护与民间习俗

人的本质是社会关系的总和,处理好人类之间的相互关系是人类社会治理最经常、最重要的事务。能否建立一个能够正常运转的社会秩序,不但要靠外在的强制力量,更要靠人们心理上高度认同的精神力量。在人类繁衍过程中,依靠秩序的力量获取生存延续的概率,既是自然进化的结果,也是人类意识觉醒而自觉选择的结果。因此,维持社会正常运转的政治制度体系构成了外在秩序,而人的精神世界却构筑着横跨过去、现在和未来三个时空状态的精神秩序,这构成了人类追求秩序的内在结构。人们对秩序的向往是由生活经验、生存经历积累而成的一种精神力量,它是由现实生活催生的一种社会意识,充满理性之光。同时,它又是超人间力量、神秘力量崇拜的反映,表达了人们对美好社会生活和秩序的向往和设计。这种社会意识是统治阶级主流意识形态得以流行的基础,无视它的存在则统治难以为继。这种社会意识又反映了人们的愿望,对治理理念、治理制度起着框定、修正的作用,是一种推动社会治理向更符合多数人意愿发展的强大精神力量。在中国古代乡村治理中,神灵信仰及其演化的习俗具有突出的作用。如果说民间信仰中以玉皇大帝为首统摄全神的信仰反映了乡土民众对国家秩序和社会秩序的某种内在要求的话,那么在以家户为信仰单位的群体中,人们把灶神奉为"一家之主",也就有了统摄众多家神、维护家庭秩序的意蕴。乡土民众的精神世界是一个复杂的系统,在几千年的发展过程中还不时受到外来信仰和文化的影响与冲击,对外来信仰的反应也在改变着人们对秩序的态度,在不同的时代产生了不同影响。对乡土民众精神世界的揭示是古代乡村治理研究不可或缺的重要方面。

第十二章 "天神"信仰与人间社会秩序的维护

天子是中国古代对国家首脑的独特称谓,它不但是一个政治性术语,而且潜在地包含着丰富的天神信仰的文化内容。"天子观念"中既有原始文化无意识的积淀,又反映了中国人对维护人间秩序中枢的认识、判断和企望。面对这一称谓,我们不难发现,对首脑的认识存在着明暗两层含义:从表层看,人们一律把最高权力掌握者看作"真龙天子";从深层看,天子承载着"天命",是"上天"赋予其主宰天下的权力。因此,在政治哲学和政治思想领域,"天子"代表着"天意",是维护人间秩序至高无上的主宰。

一、"天"的文化内涵

考察天子观念的起源,很自然要从"天"的概念谈起。作为信仰对象的"天",有一个由具体到抽象,由单一到聚合的发展过程,其信仰意识也有一个由简入繁的生成过程。"天"字在甲骨文中就已出现,但学者们认为殷商时的"天"还不具有神性,似乎是指自然的天空。历代学者在"天"字的释义上有如下一些主要观点:

一是《说文》云:"天,颠也,至高无上,从一大。"许慎把天看成极高无边的东西,似乎仍侧重于自然的天空。

二是《广雅·释言》承袭了这种看法,亦云:"天,颠也。"

三是《易·睽卦》云:"其人天且劓。"虞注:"黥额为天。"释文引马注:"剠凿其额曰天。"显然,"天"又特指某种刑罚。

四是陈柱《释天》认为:"盖天本训颠。《易》曰:'其天且劓',即其人颠且劓。颠,顶也,天为人顶。"[1]意即天是人的头顶。章太炎也认为天为人头顶,引申为苍苍者;王国维则说:"古文天字,本象人形……是天本谓人颠

---

[1] 转引自丁福保辑:《说文解字诂林》(一部),《天》,中华书局2014年版。

顶。"①以上诸人均训"天"为头顶。

五是清人朱骏声在《说文通训定声》中提出:"天,会意,按大犹人也,天在人上,仰首见之。"意即"天"字表达的是抬头的动作,指能看到的天空。

六是张立文先生据天的本义(即天为人的头顶),认为"天便是人的模拟,是人的引申,即'人的模样的神',天与人本就有着一种内在的联系"。②主张先有神义的"天",然后才出现自然化的"天"。

上述各家,均从字形、字义出发讨论"天"字的含义,其结果明显有很大的局限性,无法反映"天"作为既具体又抽象的认识对象,在先民的观念中是如何形成的。文字的出现较之思想、意识的出现为晚,必定是在某种大家认同的观念支配下创造文字的。因此,还必须联系原始思维的特点,从原始文化的大背景中讨论"天"字的确切含义。

笔者以为,破解"天"字的含义,应当结合原始思维和原始信仰的特点。按"天",甲骨文作"𠕇"或"𠀡"形,金文作"𠆢"(穆公鼎)、"𠆢"(毛伯彝)或"𠆢"(那𠀡尊)等形。③ 从文字的构造看,"▱""●""○"等是重要的组成部分,像人的头状。《春秋元命苞》说:"头者,神所居,上圆象天。"浑圆的人头为什么会"象天"呢? 由文字的形状,我们会不由得想起天空中最耀眼、最令人赞叹的太阳,或许具体的太阳就是"天"最原始的物化表征和代表。《诗·小雅·小明》这样描述"天":"明明上天,照临下土";《小雅·大东》亦云:"唯天有汉,监亦有光。"显然,天之有光而明明,故而能照临下土,无疑是说太阳的光芒照临着下方。由这个推理,我们又会注意到在中华先民中曾普遍流行过太阳崇拜。

对原始先民来说,太阳的光明和温暖使人们很容易注意到它,比如,大汶口出土的陶尊上的"𠀡",以及山东莒县出土陶缸上的"𠀡"等符号,考古工作者认为"这个复杂的陶尊符号具有确定春分日到来,指示举行祭日仪式时间这样一种复杂的涵义"。④ 1972 年在仰韶文化遗址出土了一些太阳纹陶片,其中一片有一定的弯曲弧度。考古工作者据此将其复原,整圈曲面正好 12 个太阳,表明了先民对太阳观察的细致。在内蒙古的岩画中,有非常丰富的天体图像,其中有一幅拜日图,一人跪向太阳,两臂上弯合掌作礼拜状,非常形象地再现了祭拜日神的情态。⑤ 这些都直观形象地展现了先

---

① 见王国维:《观林堂集》,《释天》,中华书局 1959 年版。
② 参见张立文《中国哲学范畴发展史(天道篇)》,中国人民大学出版社 1988 年版。
③ 见汪仁寿编纂:《金石大字典》,天津古籍书店 1982 年影印版。
④ 《中华文明史》(史前卷),河北教育出版社 1989 年版,第 214 页。
⑤ 《中华文明史》(史前卷),河北教育出版社 1989 年版,第 283 页。

民对太阳的关注和认识。文字记载中还残留着中华先民崇拜太阳的痕迹，甲骨文有"乙巳卜，王宾日"（佚存872）；"出，入日，岁三牛"（粹编17）；"辛未卜，又于出日"（粹编597）等卜辞，表明商代还盛行着祭日活动。《尚书·尧典》中也有"日中鸟星""寅宾出日"和"寅饯纳日"等记载，说明当时已有了把太阳视为或喻为鸟类之说，而且有了"迎旭日"和"送落日"的隆重祭祀活动。值得注意的是，古人在祭祀天体自然神时，日神处在独尊的地位。《礼记·郊特牲》载："郊之祭也，迎长日之至也，大报天而主日。"郑玄注："天之神，日为尊"，"以日为百神之王"；孔疏进一步说："天之诸神，莫大于日，唯日为尊，故此祭者，日为诸神之主，故云主日也。"可见，日神曾被先民视为最高贵的大神。那么，太阳崇拜表现了怎样的信仰意识呢？结合世界上其他原始先民对太阳崇拜的意识，可以得出一些有益的启发。

德国学者海克尔曾指出：

> 数千年前，太阳这一光照大地、温暖万物的神祇，就使人感到敬畏。一切有机生命都直接仰赖着它的恩泽。在现代科学看来，太阳崇拜是一切有神论信仰形式中最有价值的并容易与近代一元论自然哲学结合的形式。……我们整个躯体和精神的生命也象（原文如此）所有其他有机生命一样，说到底都要归结为光焰四射的、散发着光和热的太阳。①

今天，我们已能科学地认识到太阳乃是世界万物产生的原动力。这一点，原始先民与我们的认识结果是相同的，然而思考的角度和形式却是迥异的。《山海经》里不是说太阳"出自汤谷，次于蒙汜"吗？这正表明先民把太阳的运行看作一种永恒的循环。在初民的心目中，很自然地会把这种现象理解为永生的象征，是超自然的生命。古埃及的《亡灵书》曾这样礼赞太阳："我是光明的主宰，自生的青春；原始生命的'初生'，无名事物的'初名'；我是年岁的王子，我的躯体是'永恒'。"②太阳是永恒，是原始生命的"初生"，因此，可以说太阳是生命之神、生殖之神。正如人类学家利普斯所说：

> 灵魂国土的位置，时时与太阳运行直接联系，太阳神是引导死者灵魂去他们新居的向导。在所罗门群岛上，灵魂是和落日一起进入海洋，这一观念和太阳早晨升起就是出生，黄昏落下就死亡的信仰密切联系

---

① ［德］海克尔：《宇宙之谜》，马君武译，上海人民出版社1974年版，第265—269页。
② ［美］华理士·布奇：《亡灵书》，罗尘译，吉林人民出版社1957年版，第14页。

的。因此,地球上没有任何活的东西比太阳更早,太阳第一个"出生",也第一个"死亡"。①

考古发掘表明,仰韶文化的有些墓葬,"无论是单人仰身直肢葬还是迁徙葬,死者大都头朝西方,这可能是受日落西山的启示。古埃及人就称死者为'西方人',认为日落西山是没入死亡之夜"。② 只有当太阳升起,光明来临之际,原始人类才能清楚地观察和发现包括人类在内的一切自然存在,这不能不联想到太阳带来了生命和地球上的万物;而当太阳西落,世界万物重新没入黑暗之中,似乎万物又消失了,一轮生命也就终结了。《淮南子·天文训》中说:"日至而万物生",太阳是世界上各种生命形式的共同始祖。殷商时期的"迎旭日"与"送落日"的信仰活动,正反映了远古人类的某种共识。

如果我们进一步探究我国远古太阳崇拜的深层意向,那么就会发现除了一般意义上的生命崇拜外,后来它主要表现了对男性生殖作用的崇拜。华夏初民曾认为太阳是一个飞行物,想象有一只鸟背负着太阳运行。陕西华县柳子钲泉护村遗址出土的乌鸦负日纹就是明证。在文献记载中,也有将太阳寓为鸟或太阳中有鸟的说法,《尚书·尧典》云:"日中,星鸟,以殷仲春";《淮南子·精神训》亦云:"日中有踆乌",高诱注:"踆,犹蹲也。谓三足乌";《春秋纬元命苞》则云:"日中有三足乌"。可以说在我国三足乌乃是太阳的象征。又据赵国华先生考证:"因为男根由一阴茎二睾丸组成,其数有三,所以远古先民在彩陶上绘制象征男根的鸟纹时,为了强调两个睾丸,遂将其变形为两条竖直线,因此,鸟纹出现了三足。"③显然,三足乌既是太阳的象征又是男性生殖器的象征,强烈地表现了先民生殖崇拜的意向。中国古代神话将太阳与扶桑联系到一起,认为扶桑是日出之处,究其深层含义,是因为扶桑(桑林)本是女阴的象征,而鸟(太阳)是男根的象征,日出于扶桑,就是男出于女。④ 此外,太阳通常简称为"日",而"日"至今仍是男女交配的鄙称或俗称。可以确定,太阳崇拜在我国远古实际上就是以男根崇拜为核心的生殖崇拜。太阳崇拜的这种深层含义,在现代我国的某些少数民族中仍然保留着。在古时的南楚地区,祭祀太阳神时,"巫师要把自己化变成美女,与其祭祀的神调情玩乐",并且做媚眼,扭腰肢,磨下身以及打一些

---

① [德]利普斯:《事物的起源》,汪宁生译,四川民族出版社1982年版,第341页。
② 《中华文明史》(史前卷),河北教育出版社1989年版,第265页。
③ 参见赵国华:《生殖文化略论》,《中国社会科学》1988年第1期。
④ 众多学者认为,在原始时代,桑树的空洞是女阴的象征。《吕氏春秋·本味》谓伊尹母"化为空桑",伊尹即于"空桑之中"为采桑女得之。

离奇古怪的手诀,巫师对上述动作解释说:"这大王最爱色,要讨得他的欢心,必须化变成美女,与他调情欢爱,才能求得他保佑。"①巫师在颂歌中还尽情地歌颂大王生殖器的功劳,大意是说大王的生殖器创造了人和万物,有了它才人丁兴望、五谷丰登。可见,原始先民的确把太阳神看作生殖大神,看作万物的始祖而加以膜拜的。

综上,我们至少可以得出以下结论:第一,太阳曾被原始先民视为天空诸自然神中最重要的神灵,最初由它来代表主宰世界的天神是顺理成章的;第二,太阳崇拜的深层含义是生殖崇拜,太阳神也被看成生育万物的始祖。因此,很容易使太阳崇拜和祖先崇拜相融合。这一点十分重要,因为中国古代的最高政治首脑,同时也被视为天下万民的衣食父母,具有与天、地、亲、师同等的地位和价值。太阳的"生殖"功能与祖先的生殖功能都具有相同的效果,这样,观念上的神性主宰就必然会转化为与血缘关系密切的现实主宰。

二、古代首脑称谓与太阳崇拜的关系

对"天"含义的讨论尚未得出确定的结论,让我们再从另一个角度讨论我国远古最高政治首脑称谓的演变及其象征意义,这将有助于确定"天"字的含义。

从我国古代对首脑的称谓看,最初全氏族的共同始祖就是天然的首领,因此,"后"是中国最早的君称。《国语》引《夏书》云:"众非元后何戴,后非众无与守邦";《诗·周颂·时迈》亦云:"允王唯后,明昭有周";《墨子·尚同》引"先王之书"云:"夫建国设都,乃作后王君公。"上述古籍谈到的"后"均是最高权威者的名号。然而,"后"字的初义乃是指女性,王国维指出:"后字皆从女,或从母,从子。象产子之形。……《说文》后,继体之君也,象人之形,施令以告四方。"②可见,"后"字包含着以生殖崇拜为核心的祖先崇拜,其初义乃指全氏族的"尊母",把血缘序列上处在高辈分的女性奉为首领,并在死后加以崇拜和祭祀,第一个君称就与生殖崇拜有不解之缘。以后出现的君称也都隐约地包含着这种意向。如"皇",吴大澂认为:"皇,古文作 ,从日有光,日出土上则光"③;张舜徽也说:"皇,煌也。谓日出土上光

---

① 林河:《论南楚的太阳崇拜与〈九哥·东君〉》,收录于《巫风与神话》,湖南文艺出版社1988年版。
② 见《王国维遗书·殷卜辞所见先公先王续考》。
③ 转引自朱芳甫:《殷周文字释丛》,中华书局1962年版。

芒四射也。"①可见它与太阳(生殖)崇拜有着密切的联系。再如"王",左言东指出:"王的初义是日光,作为统治者的王,就象征着普照天地、君临天下,也就是说是太阳的象征。"②看来,把首领、首脑比作太阳是较为古老而普遍的观念,对后世产生着持久的影响,夏桀就曾说:"吾有天下,如天之有日也,日有亡乎? 日亡,吾亦亡。"③《礼记·曾子问》也说:"天无二日,土无二主,家无二主,尊无二上。"这些都取义于太阳的独一无二和永恒,借此比喻君主权威的至高和永恒。有趣的是商朝的创始者汤仍继承了这种信仰,连他的名字也与太阳有关,按古"汤""阳"音同,而商汤的名字又叫"太乙",也就是"太一"。《楚辞九歌》中的"东皇太一"正是太阳神。故而,商汤就是太阳神的化身,商裔对他的祭祀就包含着太阳崇拜和祖先崇拜的双层意向。因而,古人才有"君,天也""君命,天也"的说法④。上述表明,我国古代首脑的称号均与太阳崇拜、生殖崇拜有着密切的关系,这便暗示着这种信仰世代延续的轨迹,由表层的、直接的生殖器崇拜,逐渐隐含在双重,乃至多重象征物之中。而先民之所以选择这几个字来称呼首脑,足见我国最早的政治首领乃是从祖先崇拜和生殖崇拜的对象中演化而来。既然首脑称谓有这样的规律,我们循此再考察一下"帝"字的含义。

众所周知,殷人的至上神是帝或上帝,陈梦家先生考证说:"卜辞中上帝有很大的权威,是管理自然与下国的主宰。"⑤可见,在"天"字出现前,"上帝"曾经是自然与人类的最高主宰。那么"帝"的本义是什么呢? 张舜徽先生认为"帝之本义为日"⑥,也就是说,它也与太阳崇拜有联系。甲骨文和金文的"帝"字初多写作""""""",据叶玉森先生考证:"帝……即䕒字。丨、〇,象架薪,▬、▭,象束薪。《旧唐书》引礼虚注:'禘,帝也。'卜辞之帝亦多假用作禘。《礼》大传:'不王不禘'。是为王者宜禘。禘与䕒立祭天之礼。禘必用䕒,故帝从䕒。帝为王者,宜䕒祭天,故帝从一或二,立象天也。"⑦也就是说,"帝"字的初意表示的是某种通过烧柴而祭祀的活动。朱芳甫先生曾提到"古考祭天,燔柴为礼"⑧;《礼记·祭法》云:"燔柴于泰坛,祭天也";《郊特牲》也说:"天子适四方,先柴",郑注:"所到必先燔柴,有

---

① 张舜徽:《郑学丛考》,华中师范大学出版社2005年版,第429页。
② 详见左言东:《我国古代国家首脑的称号》协《古代礼制风俗漫谈》,中华书局1983年版。
③ 《新序·刺奢》。
④ 见《左传》的《宣公四年》和《定公四年》。
⑤ 陈梦家:《殷虚卜辞综述》,中华书局1988年版,第581页。
⑥ 张舜徽:《郑学丛著》,华中师范大学出版社2005年版,第429页。
⑦ 叶玉森:《殷契钩沉》,北平富晋书社1929年版,第5页。
⑧ 朱芳甫:《殷周文字释丛·释帝》,中华书局1962年版。

事上帝也";《尔雅·释天》亦云:"祭天曰燔柴";《说文·示部》则说:"祭,烧柴燎以祭天神"。这些都说明,在远古有过烧柴以祭天的活动。为什么要烧柴祭天呢?燃烧木柴能发出光和热,而天空中具有同样功能的物体只有太阳,先民以为太阳必然喜爱光和热,故而才以此种方式表达崇敬之意。至此可以认为"帝"字的本义是一种烧柴祭日的活动,久而久之,便用它表示祭祀的对象——太阳。正如祖先崇拜中的"祖"字一样,最初表达的是一种崇拜男根的活动,后来变成了表示先辈的专用词。《荀子·强国篇》云:"百姓贵之如帝,高之如天",杨注:"帝,天神也。"正是这样的转换,后来才用"禘"代替了已专门表示日神、天神的"帝",所以朱芳甫先生说:"天神谓之帝,国之祭天神谓之禘。"总之,殷人所崇拜的帝或上帝实际上就是太阳神,《诗经·商颂·长发》云:"帝立子生商……上帝是祇,帝命式于九国。"意思是说帝创造了商,赋予了商王权力。而《诗·玄鸟》又说:"天命玄鸟,降而生商",鸟如前证乃是太阳的象征,两句参照正说明帝就是太阳神,也就是殷人的始祖大神。

总之,远古先民对首脑的称谓均包含了太阳崇拜和祖先崇拜的深层意向。对祖先的崇拜和祭祀,表达了对人类生息繁衍的关注和对先人的感激;而太阳崇拜则包含着更为广泛的生命崇拜。虽然两者都源于相同的信仰源头,即生殖器崇拜,但是,却在表层上日益分化,向更广阔的象征领域扩展。在先民看来,一切有生命无生命的事物均是太阳创造的,太阳神是比祖先更为古老、威力更大的始祖。这样,人间的首脑,初喻为太阳,神为祖先,两者合在一起祭祀。商代的帝、王、祖先在同一观念上统一起来了,卜辞中的"问帝",就是子孙向祖先问事,以求得祖先的庇护,于是商代的"王"便具有了接近"天子"含义的内容了。

三、天神崇拜与天子观念的出现

作为至上大神的"天"的概念出现于周代。然而,殷周文化相互渗透,必定会留下种种痕迹。周人也崇拜太阳,同样也盛行着浓烈的祭祖习俗,也有着浓厚的生殖崇拜的意识。这些文化背景与殷商是一脉相承的。《诗·大雅·皇矣》云:"即受帝祉",郑笺:"帝,天也。"上引《诗经》两句,"帝"与"天"对等,可见在那个时代,人们已普遍把帝等同于天,把天等同于太阳。周人不过在这个基础上进一步发展了"天"的概念,由专指日神,渐次发展到包括天空一切自然神都在其统治下的抽象大神。

考察周人对天的认识,我们难以获得直接的材料。不过从两个现象中仍能看到它形成的粗略轨迹。前文已述,在我国古代,太阳崇拜实际上就是生殖崇拜和生命崇拜,而太阳的象征物是鸟,鸟又是男根的象征。有趣的是在秦人所写的两个"天"字中,仍能发现这样的含义。秦金文"受命于天"之"天"写作:

          或

这两种写法形象地表达了"天"字的本义。第二字上还明确地画上了太阳形,而整个下部就像孕育子女的母体,这不但明确表明"天"字的生殖崇拜的含义,而且明确地表明了天的本体就是太阳。秦国所处之地是华夏文明生长的核心地区之一,秦人与周人及早期华夏诸部落均源于古羌戎,有着相同的文化因子和族缘联系。因此,秦人的观念应被视为华夏诸族特别是周人意识的继承与发展。云梦睡虎地出土的《日书》中较多地反映了秦人的宗教观念。书中既有天神观念,如简889:"壬申,癸酉,天以震高山";简749:"天以坏高山,不可取妇"。同样也有上帝神,如简830:"毋以子筮(尸)害于上皇";简858:"鬼恒以人女与居,曰,上帝子下游"。[1] 据林剑鸣先生考证后认为:"从春秋到战国,'天'和'上帝'一直为秦人崇拜的对象。"[2]可见秦人对至上神的信仰意识与殷周时人是一脉相承。至此,我们已搞清"天"的最初形象是太阳,敬天就是对太阳神的崇拜,其深层意识则表现的是华夏先民普遍盛行的生殖崇拜和生命崇拜。

    当然,"天"的概念在周人这里是有所发展的。周人逐渐认识到,仰面观察到的不仅有太阳,还有月亮等其他星辰,不仅有物体,还有雷、电、风、雨、雪、虹等纷繁的自然现象,原有的"帝"——太阳不能容纳如此多的内容,于是"天"的概念便被发展了。周人的礼仪典章中还透露着这方面的信息。如周人在迎长日的祭祀活动中,"王披衮以象天"[3],郑注曰:"自日月至黼黻,凡十二章,天子以饰祭服。……天子冕服十二章,以日、月、星、辰、山、龙、华虫绘于衣。""衮"之所以"象天",乃是由于其上绘有日月星辰等图像。《郊特牲》下面更明确地说:"龙章而设日月,以象天也",足可见天的观念的丰富与发展。周人是战胜族,把殷人置于自己的统治之下,但在观念上和信仰意识及对象上最初尚无重大区别,因而,"帝"在周初仍持续了一段时间。然

---

[1] 《云梦睡虎地秦墓》(精装本),文物出版社1981年版。
[2] 林剑鸣:《从秦人价值观看秦文化特点》,《历史研究》1987年第3期。
[3] 《礼记·郊特牲》。

而,周人很快就会从征服者的优越感中体味到这种信仰上混同的危害,自己的至上神应当比殷人的更强大,商人的至上神——帝,仅仅是一个太阳,而周人却将其发展为囊括所有天体事物,从而使至上神的内涵发生了转换,抽象意义上的"天"开始独立存在。在周青铜铭文中,"上帝""皇上帝""皇天上帝""皇天王""天"等名称是混用的,以后"天"的称谓才越来越多。从"上帝"到"天"的转化反映了周人对宇宙统一性认识的提高,"天"成了比"帝"具有更高神性、更大威力、更具根源性的至上大神和时空的主宰。

以上我们探讨了"天"字的本义和初始形象,研究了其深层含义,在此基础上就可以探索"天子"观念的起源与内涵了。梁启超曾指出:"天的观念与家族的观念互相结合,在政治上产生出了一个新名词焉曰'天子'。"①现在我们可以更明确地说,天子观念起源于祖先崇拜和太阳崇拜的结合。"天子"之称始见于西周金文(如康鼎和齐侯鏄),文献上则最早见于《尚书·西伯戡黎》《洪范》和《诗经·雅颂》。对天子概念解释的权威看法是许慎提出的,他在《说文》中解释"姓"字时说:"人所生也。古之神圣母感天而生子,故称天子。""天子"就是上天的儿子的解释一直流传至今。然而,这个解释却泯灭了"天子"观念的最初含义。陈梦家先生认为,"天子"观念大约出现在西周初期稍晚,周初金文多称"王",没有"天子""天令"等观念,同时"帝"的观念仍在使用。他考证说:"西周初期稍晚,才有'天令'即'天命','王'与'天子'并称。大盂鼎:'丕显文王受天有(佑)大命……故天临翼子,法保先王……畏天畏……盂用对扬王休。'此器作于'隹王廿又祀',约为康王廿三年。此虽仍称王,但已有了天子的观念,已有了天佑之大命和畏天威的观念。……一方面有了'天子'的称谓,一方面保存着'帝'令的旧说。西周中期以后,金文的'扬天子休'已极普遍,代替了早期的'扬王休'。"②陈先生的考证为我们澄清了"天子"观念出现和占据主导地位的大概时间,与我们关于"天"的观念所形成的观点在时间上不谋而合。按"子"字古文写作"🙂",从囟、手、从几。《说文》"囟"作"⊗","头会脑盖也。"子"古文又写作"🙂",《说文》云:"巛,象发也。"可见,"⊗"表示的是"人头"。前文已引证头圆象征天,即象征太阳,则"⊗"又可视为太阳的象形,因此,"子"的本义是指手捧几上供物以祭太阳的动作,后世才进一步把祭祀祖先、延续香火的男性称为"子"。那么"天子"合起来的本义乃是指在祭祀太阳活动中的主祭者,也就是说,它的政治权力的获得是从远古先民的宗教信仰

---

① 梁启超:《先秦政治思想史》,中国书籍出版社2016年版,第31页。
② 陈梦家:《殷虚卜辞综述》,中华书局1988年版,第581页。

中转移过来的,此前的君称实际上都有这种意义。我们知道,祭祀活动在有些少数民族中是由巫师主持的,他们的通神本领,又使他们获得了政治权力,并成为该氏族的精神领袖。① 如哈尼族巫师追玛(或称"厄阿玛"),往往也是村寨中的精神和政治领袖,负责决定村寨生产、生活中的各项重大事情,调解族人矛盾和主持丧葬等宗教祭祀;基诺族的祭司,同时也是村社共同的寨父周巴和寨母周遂,其行政、宗教司职合为一体。在广大华夏诸部落,巫祝等也与政治权力有密切的联系。特别是进入国家形态后,重大的祭祀活动都以国家首脑为主祭人,历代君主都亲自主持封禅、祭天等重大祭礼,这都说明君主享有政治权力以外的精神控制权和主持祭祀活动的大权,深合"天子"观念的本义。

关于"天子"观念的政治文化内涵的粗略讨论,表明中国远古政治上最高权力掌握者的称谓及文化喻义与原始信仰之间的密切关系,试图揭示"天子"观念所隐含的深层文化意义,从而考察这种最高权力产生的信仰因素。这部分地说明了国家首脑权威的树立与生殖崇拜文化的密切关系,主持祭日活动就是主持祭祀生殖活动,也就是移植生殖力——始祖的威力,使其融入政治权力,人们才把他推上最高统治者的宝座。

四、民间精英的"天子"观——以墨子的认识为例

中国古代政治理论的核心是关于天子及其权威性质的系列思想,包括天子的产生、权力的形成及威慑范围,天子行为规范与治世准则,天子的家族地位,天子权力的继承与转移等内容。检讨中国古代社会的政治遗产,首先就要涉及天子理论,这是理解中国古代政治现象和社会治理思想的关键。在天子理论形成的诸多源流中,墨家是突出的一个。墨家的理论集中论述了一个问题,即如何治理好天下。墨子在论及这个问题时,赋予命题两个含义:一方面,为尚同天下之义,必须让天子处于绝对权威的地位;另一方面,为兼相爱,交相利,又必须对天子的权力进行控制与限制。因此,《墨子》一书中最突出的理论核心就是天子观。

(一)墨子眼中的"天""天子"与百姓

在墨子的历史观上,他认为人类最初存在过一段没有"政长"和国家机器的阶段。当时的社会状况是"内者父子兄弟作怨恶,离散不能相和合",而天下的百姓"皆以水火毒药相云害,至有余力不能以相劳,腐朽余财不以相分,隐匿良道不以相教",故而"天下之乱若禽兽然"。墨子认为当时的状况

---

① 参见任武:《我国南方民族的原始宗教》,《云南社会科学》1982年第2期。

如同野兽世界一样杂乱无章,人们在内耗中浪费着自己的生命和财富,原因就在"生于无政长"。他认定在"民始生"之时,人们是"一人则一义……十人则十义",而且是"人是其义,以非人之义,故交相非也"。人人从自己的"义"出发,互相为维护自己的"义"而交相攻击别人,这是天下乱的根本原因。要解决这一问题就必须立政长、建刑政,树立各种权威,建立管理机构,统一天下的"义"。为此就必须首先确立最高首脑,"是故选天下之贤可者,立以为天子"①,"天子"就在选举中产生了。这里有一个很重要的问题即谁选举了"天子"?刘泽华先生认为:那种认为是由民选举的说法并不符合墨子的本意,他认为"天子不是由民选举的,而是由天选择的"②。刘先生的看法只注意了墨子理论中"天"与"天子"的关系,而没有考察"天"与百姓的关系。墨子的所谓"天"是人格化的"天",有"欲",有"恶"。按照墨子的看法,人间的君王确实是天"使贵为天子,富有天下"的,但更重要的是他还强调了"天"对天子权力的控制与约束。墨子认为"天欲义而恶不义"③,这里的所谓"义"是"善政也","天下有义则治,无义则乱"④,故而墨子认为"义"是治理天下的基本原则之一,这就是"天"的意志,让为政长者从善政。因此,墨子说:"我有天志,譬若轮人之有规,匠人之有矩,轮匠执其规矩,以度天下之方圆,曰:'中者是也,不中者非也。'"这就把判断天下事物是非好坏的最后决定权赋予了"天"。正因为如此,"天"才操持着赏罚与选立天子的大权,像汤、禹这样的圣明者就可以立为天子,而桀、纣之流则没有好下场。墨子认为这就是"天志"存在的最好明证。他强调指出:"我未尝闻天下之所求祸于天子者也,我所以知天之为政于天子者也。"他告诫为天子者:"当天意而不可不顺,兼相爱,交相利,必得赏;反天意者,别相恶,交相贼,必得罚。"⑤与其说"天"偏爱天子,不如说是对天子行为的约束,天子的权威是来自天,他就必须按天意办事,否则就会得到惩罚。那么,在墨子的理论中,"天"凭什么而成为天子的控制力量呢?墨子做了进一步的阐述,他认为"义"是从"贵且知者出",治理天下必须是由有权威、聪明贤慧的人来承担,"然则孰为贵、孰为知?曰:天为贵,天为知而已矣,然则义果自天出矣"。这就是说,决定天下是否为善政的最后裁决权在"天"的手中。有人提出疑问说:"当若天子之贵诸侯,诸侯之贵大夫,高明知之。然吾未知天之贵且知

---

① 以上见《墨子·尚同上》。
② 刘泽华:《先秦政治思想史》,南开大学出版社1984年版,第572页。
③ 以上见《墨子·天志上》。
④ 《墨子·天志中》。
⑤ 以上见《墨子·天志上》。

于天子也。"墨子以他独特的方法论证道：

> 吾所以知天之贵且知于天子者有矣,天子为善,天能赏之;天子为暴,天能罚之;天子有疾病祸祟,必斋戒沐浴,洁为酒醴粢盛,以祭祀天鬼,则天能除去之,然吾未知天之祈福于天子也,此吾所以知天之贵且知于天子者。①

显而易见,不论墨子的论证是多么荒诞,但是"天"的权威高于"天子"是他极力想证明的事。如果在他的观念中,"天"与"天子"的利益倾向一致的话,为什么还要极力证明"天"的权威呢？可见,在"天"与"天子"的关系上,墨子强调的是"天"高于"天子",天意是最高准则,"天子"率天下百姓必须上同于"天",这就是顺天意。因此,"天"选立"天子"不仅证明了"天子"权威的来源,也意味着对"天子"的约束。

在"天"与百姓的关系上,墨子认为"天"是爱百姓的。在《天志上》中,他论证了这个问题,指出：

> 然则何以知天之爱天下之百姓？以其兼而明之;何以知其兼而明之？以其兼而有之;何以知其兼而有之？以其兼而食焉。……且吾言杀一不辜者必有一不祥,杀不辜者谁也？则人也。予人不祥者谁也？则天也。若以天为不爱天下之百姓,则何故以人与人相杀,而天予之不祥？此我所以知天之爱天下之百姓也。

显然"天"与百姓的关系是密切的。在墨子的论证中,经常把顺天的表现描述为"上尊天,中事鬼神,下爱人",处处考虑百姓的利益。例如在《非攻篇》中,他认为"贼傲万民"是"刺杀天民",这种行为是"上不中天之利矣"。因此,墨子认为"古者上帝鬼神之建设国都,立正长也,非高其爵,厚其禄,富贵佚而错之也,将以为万民兴利除害,富贫众寡,安危治乱也"②。建立国家机器并不是为了镇压和控制百姓,而是为了便于导民于利,选择正长是为了更好地在有领导的秩序中带领百姓谋求更好的生活,这就是天意。"我为天之所欲,天亦为我所欲"③,百姓与"天"的想法、好恶是一致的,在这个意义上

---

① 以上见《墨子·天志中》。
② 《墨子·尚同中》。
③ 《墨子·天志上》。

讲,"天"就是百姓,百姓就是"天"。故而,墨子指出:"遵道利民,本察仁义之本,天之意不可不慎也。"①至此,我们已清楚地看到,"天"与百姓的利益是一致的,而与天子则是上下分明的管理关系。树立"天"的概念,其用意指向十分明确:

> 置此以为法,立此以为仪,将以量度天下王公大人卿大夫之仁与不仁,譬之犹分黑白也。……今天下之王公大人士君子,中实将欲遵道利民,本察仁义之本,天之意不可不顺也,顺天之意,义也法也。②

通过"天人感应"的论证,墨子既赋予了"天"以超越人间君王的至上权威,又巧妙地把这个权威与百姓的好恶利害联为一体,既达到了控制和约束天子权力的目的,又反映了百姓的利益和要求。显然,用"天"的概念来代表百姓的概念更易于使天子顺从民意。可以说在墨子的"天子"观中,"天子"是民选出的,是为民办事的,不符合百姓利益的行为,必将受到百姓的惩罚,这样从天子权力的渊源和产生上把天子置于百姓的制约之中。

(二) 墨子的社会权威观

墨子认为天下致乱的原因是人,是己义,而非他人之义,最好的解决办法就是尚同天下之义。为此就要选立民之政长,建立严密的刑政。于是,他主张在天子选立后,由天子选立三公、诸侯、左右将军、大夫、乡长、里长等各级政长。诸侯以下皆"使从事乎一同其国之义",而天子、三公则"从事乎一同天下之义",由下而上,层层统一,达到统一天下"义"的目的。具体做法是首先从里开始,"里长顺天子政,而一同其里之义",由里长先同一最小行政单位的"义",然后"率其里之万民以尚同乎乡长",要求里人做到"乡长之所是必亦是之,乡长之所非,必亦非之",都要以乡长的言行为楷模,"去而不善言,学乡长之善言;去而不善行,学乡长之善行"。因为乡长"固乡之贤者也",他的言行模式就是一乡中最好的模式,这样全乡就可以达到治了。乡之义一同后,乡长"又率其乡万民,以尚同乎国君",也要求乡民以"国君之所是,必亦是之,国君之所非,必亦非之",并且"举国之人以法国君",一国之义也达到了同一。最后,各国国君率其国民上同于天子,"天子之所是,必亦是之,天子之所非,必亦非之"③,因为"天子"是天下的仁人,大家都学"天

---

① 《墨子·天志中》。
② 《墨子·天志中》。
③ 以上见《墨子·尚同中》。

子",这样就可以同一天下之义而大治。墨子通过这套论证把天子的权力推上绝对的地位,不论是物质的、精神的、伦理道德的,举凡一切都以天子的标准为准则,天子既是国家的最高首脑,又是家族中的宗主,故而,墨子要求天子"治天下之国若治一家,使天下之民若使一夫"①,由此"天子"权力的绝对性、必然性从社会起源、血缘和伦理的基本要求与现实的存在形式两方面得到了论证。

"天子"为保证自己权力的权威性和有效性,还必须建立缜密的治理网络。墨子认为"入国而不存其士,则亡国矣"②,首要的大事就是要选任大批"士",一方面充任各级政长,另一方面广为搜集民情。因为,"得天下之情则治,不得天下之情则乱",天子必须通过"耳目"洞察和了解天下之情,这实际就是要求天子建立一个严密的信息收集网络,要达到这样的程度:"是以数千里之外,有为善者,其室人未遍知,乡里未遍闻,天子得而赏之;数千里之外,有为恶者,其室人未遍知,乡里未遍闻,天子得而罚之",以至"举天下之人皆恐惧,振动惕慄,不敢为淫暴"。天子必须有极强的驾驭臣下的能力,利用臣下的各种能力以达同一天下的目的。因为"助之视听者众,则其所见闻者远矣;助之言谈者众,则其德音之所抚循者博矣;助之思虑者众,则其谈谋度速得矣;助之动作者众,即其举事速成矣"③。可见,通过培养亲信、驾驭臣下的办法,可以使"天子"的权力威慑到天下的任何角落和每一个人身上,这样严密的管理体系显然是加强了"天子"的权威。当然,墨子并不是要求这种绝对权力与民为敌,而是要求"上之为政,得下之情,则是明于民之善非也,若苟明于民之善非也,则得善人而赏之,得暴人而罚之也",善人赏、暴人罚,"则国必治"④,最后达到社会的稳定与繁荣。正如吕思勉先生所说:"墨家之尚同,正犹儒家之尊君,皆当时维持秩序,不得不然之势。"⑤由此可见,墨子的"天子"观中最重要的内容之一就是要求"天子"集权,权力集中于最高首脑就可以统一人们的思想和行为,从而从社会整体上讲建立一个稳定的系统,这为秦汉以后的集权主义思想提供了理论支撑。

墨子"天子"观中的另一个重要内容就是如何来限制和约束"天子"的权力。第一,"天子"在同一天下之义后,还必须率百姓上同于天,否则,天将以"降寒热不节,雪霜雨露不时,五谷不熟,六畜不遂,疾灾戾疫,飘风苦雨"

---

① 《墨子·尚同下》。
② 《墨子·亲士》。
③ 以上见《墨子·尚同中》。
④ 《墨子·尚同下》。
⑤ 吕思勉:《先秦学术概论》,东方出版中心2008年版,第121页。

的形式来惩罚,只有恭敬地按时祭祀天地山川,公平断狱和分财,才能"上者天鬼有原乎其为政长也,下者万民有侵利乎其为政长也"①,这样方能确保自己地位的巩固。在墨子看来"天"是平等待人的,"人无幼长贵贱,皆天之臣也",人人是平等的。因此,"天"在选立"天子"及各级政长时是以贤能为标准,贤能者任用,不贤而无能者废之。所以他说:"虽天亦不辨贫富、贵贱、远迩、亲疏,贤者举而尚之,不肖者抑而废之"②,这显然否定了"天子"权力以血缘为基础的世袭制和君权神授的理论。"天子"的权力是百姓("天")赋予的,一旦不能为百姓谋利就可以废除他。因此,"天"具有最后决定天子能否统治天下的权力,从根本上控制了"天子"行使权力的意志。第二,即便是"贤可者"被立为"天子",也要按天志办事,按"天"所规定的原则来行使权力。那么治理天下的原则是什么呢? 墨子提出:

> 当皆法其父母奚若? 天下之为父母者众,而仁者寡,若皆法其父母,此法不仁也,法不仁,不可以为法。当皆法其学奚若?……不可以为法。当皆法其君奚若?……不可以为法。故父母、学、君三者莫可以为治法。

也就是说治理天下的原则不能在血缘继承关系和现在的知识体系与权力结构中寻找,而"莫若法天",因为"天之行广而无私,其施厚而不德,其明久而不衰"。既然以天法为法,那么"动作有为必度于天,天之所欲人之相爱相利,而不欲人之相恶相贼也"③,因此,"兼相爱,交相利"乃是治理天下的根本原则。因此,墨子提出:"欲天下之治,而恶其乱,当兼相爱,交相利,此圣王之法,天下之治道也,不可不务也。""天子"行使权力时必须按照这一基本原则去发挥作用,"使天下兼相爱,国与国不相攻,家与家不相乱,盗贼无有,君臣父子皆能孝慈"④。"天子"权力的行使并不是随心所欲的,这个为"天"所认可的最高首脑必须把兼爱互利放在首位,与人爱而己爱,与人利而己利,否则就会天下大乱,而失去自己的权力和地位。这就必须去掉一切不符合这一原则的习惯和爱好,要节葬、节用、非乐、非攻,进而要修身、亲士、尚贤,通过尚同而天下大治。第三,从权力分配上对天子权力加以限制。墨子认为,天子个人的能力是有限的,因为"天下博大,远国异土之民,是非利

---

① 《墨子·尚同中》。
② 《墨子·尚贤中》。
③ 《墨子·法仪》。
④ 以上见《墨子·兼爱中》。

害之辨,不可一二而明知"①。"天子"不可能独治天下,必须选立次贤于天子者充任三公以下的各级职务,同时划地为国,建立地区性的权力中心。虽然权力分配仍然是为了同一天下之义集权于天子,但是,问题的出发点是基于天子精力的不足,这事实上从根本上否认了天子是万能的看法,进一步表达了墨子"天子"观中有关"天子"的可控性和可选择性的认识。第四,从伦理要求上看,墨子充分论证了"君惠臣忠、父慈子孝"间对立统一和互为制约的功能。他认为招致天下大乱的另一个原因是人人不相爱,"子自爱不爱父,故亏父而自利;弟自爱不爱兄,故亏兄而自利;臣自爱不爱君,故亏君而自利,此所谓乱也"。为子、弟、臣者不爱父、兄、君,则天下乱,这是伦理要求所不允许的,既不利于家庭关系,也不利于政治关系的有效性和权威性。墨子还认为:"虽父之不慈子,兄之不慈弟,君之不慈臣,此亦天下之所谓乱也。"②伦理规范并不是单向度的,而是双向制约的,只有父兄君慈,才会有子孝臣忠。因此,"人君之不惠也,臣者之不忠也,父者之不慈也,子者之不孝也"③,君父兄如果不惠不慈,就会有臣子的不忠不孝。通过"慈孝"的相互作用与关系的论证,要求天子不论是作为君,还是作为父,不论是在国家统治上,还是在家庭管理中都必须以"慈惠"为前提,必须首先遵守这样的伦理规范,才可能得到臣下的忠。这样在伦理领域也限制了天子的自由意志。第五,单纯从君臣关系上考察,实际上又更重视臣的作用。在《所染篇》中,墨子把臣下对天子的影响形象地喻为像染布一样,君染于臣下当,则"功名蔽天地",像舜、汤之类均是如此;染于臣下不当,则为"国残身死,为天下谬"。这里表达了这样的含义:无论"天子"个人好坏贤愚,他治理天下的结果在很大程度上取决于臣下的影响,甚至会影响到天下的治乱。臣下的权力和力量直接抗衡着"天子"的权力,而"天子"要治理好天下就必须有贤臣的辅佐。因此,墨子指出:"故善为君者,劳于论人(择人)而佚于治官。不有为君者,伤形费神,愁心劳意,然国愈危,身愈辱。"④也就是说,凡被选为天子者必须明了治世的理论和方法,君臣关系的选择和处理要恰当。墨子强调臣的作用,再次表明他主张限制天子权力的意向。

另外,墨子极力反对那种认为"凡事有命""命不可违""命不能违"的观点。持"有命"论者认定命是一种不可避免的规律,人力无法改变,命中注定是天意。但墨子却认为所谓"命"是不存在的,也不是天意,而且"暴君之所

---

① 《墨子·尚同上》。
② 《墨子·兼爱上》。
③ 《墨子·兼爱下》。
④ 《墨子·所染》。

作,穷人之所术"。君王的好坏、人们的富贵和贫穷全在人为。天鬼只是立定了一个仪法,天意是让人们为善为利,事情做坏了全在人事而不在天。持有命论者企图为暴王恶人的行为提供一个开脱罪责的途径,把他们的所为归结为"命中注定",非但犯错误者自己,就是圣王也无法改变注定的事情。墨子从根本上否定有命,认为"命"不是天志,这就从理论上堵死了为恶势力开脱的可能性。他告诫为政天下的"天子",不要为自己寻找后路,敬天利民就会得到天的赏赐;诟天恶民就会得到惩罚。这样在理论上的最后一个领域把"天子"逼向了实现天下而治的唯一道路——服从天意,敬天鬼、利万民。

(三)墨子"天子"观的社会根源

墨子的"天子"观中两种对立思想是融为一体的,它既是后来君主专制主义思想的重要理论起源之一,又为反对专制的思想家提供了可资借鉴的思想因素。之所以出现这种矛盾现象,是与当时的社会情形的巨大变化紧密相关的。

墨子所处的时代是中国古代社会巨变的时代。政治上,权力的分离与下移日趋加强;军事上,战争频仍,人民遭受着巨大的损失与痛苦。与此同时,在经济领域却发生着令人欣喜的变化,在生产力上产生了巨大的飞跃,铁器和畜力的广泛使用,不但使大面积的垦荒成为可能,而且亩产量也在迅猛增长。由此又带来了经济结构的变化,使自耕农的大量存在成为可能,在土地的耕作方式上也由粗放型向精耕型转变。此时,中国的商品货币经济得到了发展,形成了区域性的商品货物中心,几种主要的货币在不同的区域内流通,由此促进了生产的发展,人们的思想也由此活跃起来,接踵而来的是商人阶层的产生和活动范围的扩大。这些都在《史记·货殖列传》中有明确的记载。商品货币经济本身有一个突出的特点,即同化性,意即它的发展趋势是把世界上的一切均变成商品,无论是什么时代和社会制度,只要存在商品经济就会存在这种程度不同的同化趋势。同化的趋势表现为极强烈的联系和交换的需要,通过信息的传递,准确地把握市场的变化,从而完成经营活动。在商品经济的初级形式上,商品经营的主要方式还是依靠区域间的物价差进行长途贩运,由此逐步深化渗透。长途贩运的方式就必须一方面确保交通的便利和经营的安全(人身和商品);另一方面,要求度量衡的统一与稳定。这两方面的要求不是任何个人或诸侯所能完成的,必须有政治上的稳定与集权才可能实现。商品货币经济发展带来的另一个变化是要求经营者的自由与安全。商人阶层形成后,他们的活动实际上把全国织成了一个流通网络,形成了大一统的经济因素。要进行联系、交换等活动,经营者一方面必须有活动和经营的自由,能够正当地获得利;另一方面,又强烈地要求摆脱军役和国防劳役的困扰,能够自由地从事谋利的活动。

墨子的思想正反映了这种社会变化的趋势和潮流。政治上要求"天子"集权,通过集权统一政令,行政划一,从而可以实行统一的文字、度量衡和经济制度,"天子"集权的目的是使百姓谋利。同时,墨子又清醒地看到,如果不对这种至上的权威加以限制,势必会出现像桀、纣那样的昏君,百姓不但不能自由地谋利,反而会困苦不堪,会为满足统治者的享乐而不得不从事繁重的劳役,诸如参加战争、制造享乐所用、服务于有烦琐礼节的活动等,这样就会干扰乃至破坏人的活动自由而不能谋利,因此他又强烈地要求"天子"必须以"兼相爱,交相利"为统治原则,必须以"君惠臣忠"为伦理规范,必须以"利万民"为宗旨,由此形成了他独特的以民本思想为底蕴的天子观。墨家思想反映了时代的要求,不论他代表哪个阶层或阶级的利益,他的思想倾向是十分明显的,就是要求适应时代的变化,调整政治结构与首脑的功能,使这个社会更能健康稳定地发展。因此,可以说墨家的思想是当时比较现实而又先进的思潮。

五、"天神"信仰的传承与集权政治制度的形成

(一)秦人"天子"观的继承与演变

自西周以来,史书上和当时人对国家最高首脑的称呼均为"天子"。尽管秦始皇自称"皇帝",但是,在潜意识里,人们仍然把最高统治者视为天子,如始皇二十六年(前221年),"丞相绾等与博士曰:'天子自称朕。'王曰:'如议。'"[1]大臣们把他呼为"天子",他也能欣然领受;史学家也这样看待他,如司马迁在《封禅书》中就记载:"始皇即天子位三年,东游。"

关于秦人的文化继承与族源关系,许多学者都有过研究。比如秦人的族源问题,刘尧汉先生认为与炎黄、尧、舜、殷人、周人一样,源于云南元谋人发展形成的古羌戎;再如与殷文化也有相承关系,林剑鸣先生指出:"从观念信仰方面考察,秦人同殷人有一个共同点,就是都奉'玄鸟'为祖先。"[2]在墓制上:

> 殷制天子墓为亚字形,诸侯墓为中字形,有严格的等级界限,而陕西省凤翔南发现的秦公大墓,虽然有的规模较殷王墓大得多,但在七个

---

[1] 《史记·秦始皇本纪》。
[2] 林剑鸣:《秦史稿》,上海人民出版社1981年版,第15页。

秦公陵园廿二座大墓中,只有中字形墓,甲字形墓而绝无亚字形墓,这表明秦国陵墓形式仍遵循着殷制。①

至于与周人的关系确是由来已久,在秦建国以前,周王朝就有目的地把自己实行的一套礼乐制度竭力灌输给秦人,如秦仲就颇欣赏周王朝这套礼乐制度,史籍中特别提到他"有车马礼乐侍卫之好"②。由于秦国建于西周王畿故地,全面接受了周文化的影响,比如在宗庙制度上,据《礼记·王制》记载,周之庙制"天子七庙,三昭三穆,与大祖之庙而七",而《史记·秦始皇本纪》载二世元年(前209年)廷议尊始皇庙时,群臣奏言:"自襄公以下轶毁,所置凡七庙,群臣以礼进祠以尊始皇为帝者祖庙。"可见,秦确实尊奉着天子七庙之制。综上所述,秦人在思想观念和许多制度上都保留着先代的遗风。

在秦人的观念中,至上神既有天也有帝,这从云梦出土的秦简《日书》中可以得到印证。书中既反映了天神观念,如简889:"申,祭酉,天以震高山";简749:"天以坏高山,不可妈妇"。同时也有上帝神,如简858:"上帝子下游"等。秦人有关"天"的观念,基本上继承了周人的,反映了与上述文化背景如出一辙的含义。前文所示秦人两个鸟形字中,"鸟"既是太阳的象征,又表示男性生殖器,第一字上加了鱼纹,第二个字上还强调性地画上了太阳形,足见秦人仍然视"天"为太阳,并且还保留着以太阳为偶像的生殖崇拜。但是,这时"天"的含义已发生了变化,也丰富了许多。因此,与"天"的初义相同的"帝"依然是秦人崇拜对象之一,在专门的祭天之外,还要分别祭祀白帝、青帝、炎帝、黄帝。③ 而实际上,按照五德终始说的观点(详见后),黄帝时为土德,故尚黄;夏人为木德,尚青;殷人为金德,尚白;周人为火德,尚红。这样对四帝的祭祀实际上既是肯定前代对自己的恩德,也是把自己加入这一历史循环之中,显示"受命于天"的信念和观点。

为什么秦始皇要称"皇帝"呢?他自己认为"六王咸伏其辜,天下大定,今名号不更,无以称成功,传后世也"④,并且认为自己的功德超过了三皇五帝,合称"皇帝"才能与自己的功劳相配。后世学者对于称"皇帝"的原因有不同的解释,林剑鸣先生断言:"狂妄的秦始皇不甘心做'民'的领袖,他要

---

① 林剑鸣:《秦史稿》,上海人民出版社1981年版,第19页。
② 《史记·周本纪》,详参见何汉:《秦史述评》,黄山书社1986年版。
③ 详见孙楷著、涂浚订补:《秦会要订补》,中华书局1959年版。
④ 《史记·秦始皇本纪》。

当天、地、人三界的总领袖"①,这种说法显然未能揭示秦始皇的真实心理活动和思想状态。如前所述,早在西周初期,"天"与"帝"的内涵就有明确的划分,到了秦始皇的时代,抽象意义上的至上大神"天"的特定观念早已确立多时,而"帝"从神学意义上讲也早已成为"天"统治下的一个重要神祇——日神,不可能独立地代表天神。秦人的认知水平和信仰状态还不足以突破这种信仰传统。比如在秦文化中,就分别有祭天和祭日的活动。据史籍记载,早在秦襄公时就兴建西寺,设坛祭天,表示自己的权力是上天授予的。统一后,秦祭法规定:"三年一郊","天子"亲临郊外祭天,并且"上宿郊见,通权火,拜于咸阳之旁,而衣上白,其用如经祠云"。② 此外,秦人对社神的崇拜,基本上承继先秦的传统,"当时,从中央到地方各级行政机构都设立有社,分别称为帝社、郡社、国社、县社、乡社、里社等"③。社神实际上就是土地神,也是生殖崇拜的一种形式。祭天和祭地最隆重的祭祀就是"封禅",按《史记·封禅书·正义》的解释,"封"即"泰山上筑土为坛以祭天,报天之功";"禅"即"泰山下小山上除地,报地之功"。众所周知,报本感恩是祖先崇拜中的一项重要内容,向天、地报功,无疑是把天、地视为祖妣。对待天地,秦始皇是十分诚惶诚恐的,试看他以一国之君、独位之尊,不辞千里迢迢之劳"封禅",不正表明了这种心理吗?把天地视为祖妣或有性别的神灵,《封禅书》中就已交代得十分明白了:"盖天好阴,祠之必于高山之下,小山之上,名曰寺。地贵阳,祭之必于泽中圜丘云。"由此可见,秦始皇无论如何也不敢凌驾于天地之上。就人界而言,秦人依然保持着隆重的祭祖遗风,突出地表现在宗庙制度上。所谓宗庙,指古代帝王、诸侯或大夫、士祭祀祖宗的处所。《礼记·中庸》云:"宗庙之礼,所以祀乎其先也";《孝经·丧亲章》疏引旧解云:"宗,尊也;庙,貌也。享祭宗庙,见先祖之尊貌也"。秦人在这一制度上基本上是遵循周制。但是,对祖先特殊而强烈的感情,使秦人又创造和丰富了这一制度,即园寝制度。据蔡邕《独断》载:"至秦始皇出寝,起之于墓侧。"《续汉书·祭祀志》也记载:

> 古不墓祭,汉诸陵皆有园寝,承秦所为也,说者以为古宗庙前制庙,后制寝,以象人之居前有朝,后者寝也。……庙以藏主,以四时祭,寝有衣冠几杖象生之具,以荐新物。

---

① 见林剑鸣:《秦史稿》,上海人民出版社 1981 年版,第 409 页注。
② 《史记·封禅书》。
③ 参见林剑鸣:《秦汉社会文明》,西北大学出版社 1985 年版。

足见秦人对祖先的崇敬之情。那么,"皇帝"到底是什么意思呢?蔡邕以为"上古天子,包牺氏、神农氏称皇,尧、舜称帝,夏殷周称王,秦承周末……自以德兼三皇,功包五帝,故并以为号"。前面已经说过,皇、帝、王三字均象征太阳,无论始皇是否有这种意识,他把"皇""帝"并称,无非强调自己是"天"之下最耀眼、最有权威的首脑。

总之,秦人的"天子"观仍然继承和保留了先代的文化传统。秦始皇称皇帝,一方面是在客观存在上使新的首脑概念在人们长期以来对首脑的固有认知模式中发生顺应性转换,从而使人们在心理上自然地接受这一称谓;另一方面,不但表明自己的权力来自上天,而且表明了他对祖先的感恩戴德,希望在祖先的庇护下,君临天下,统治现世的人间,并且像太阳一样耀眼和威严。

(二)五德终始说与秦制的确立

秦始皇为了加强思想统治,强化政权合理性与应天命的理论依据,全面接受和运用了战国人邹衍的五德终始学说,并以此为根据建立了一套制度,对政治结构产生了巨大影响。顾颉刚先生称它是"中国历史上第一次用了五德终始说而制定的制度"。[①]

秦始皇称皇帝后,实际地位与殷王、周天子相同,为了证明他的地位与权力也是符合道统和天命的,他必然会推崇五德终始这类历史循环论的学说。当时有人就上奏说:"黄帝得土德,黄龙地螾见;夏得木德,青龙止于郊,草木畅茂;殷得金德,银自山溢;周得火德,有赤乌之符。"按照这种学说,每当后一德取代前一德时,必然会有某种天赐的征兆出现,可惜的是秦始皇统一前后没有这种现象。但这难不倒鼓吹者,他们从五百年前的秦文公时代找到了这种"符应",声称:"昔秦文公出猎,获黑龙,比其水德之瑞",这样很自然地迎合了秦始皇的期待。因此,前人早就指出:"自齐宣威之时,邹子之徒著终始五德之运,及秦帝而齐人奏之,故始皇采用之。"[②]可见,秦始皇的确全面接受了这一学说,并据此规定了一整套制度。《史记·秦始皇本纪》云:"始皇推终始五德之传,以为周得火德,秦代周德,从所不胜。方今水德之始,改年始,朝贺皆自十月朔。衣服旄旌节旗皆上黑,数以六为纪,符法冠皆六寸,而舆六尺,六尺为步,乘六马,更名河曰德水,以为水德之始,则刚毅戾深,事皆决于法,刻削毋仁恩和义,然合五德之数。"结果,黑色成为秦代流行

[①] 顾颉刚:《五德终始说下的政治和历史》,收录于《古史辨》(第5册),海南出版社2003年版,第404页。
[②] 马非百辑:《秦集史》,中华书局1982年版,第108页。

的颜色;"度以六为名",几乎任何东西都要与六相吻合,如"分天下三十六郡";公元前 219 年封禅时,坛长 12 丈,高 3 尺等。秦代行事也要与六相配合,如迁天下豪富"十二万户"于咸阳;在咸阳修宫室"二百七十";铸铜人"十二",就连写字刻石也是如此。如刻石,以三句为一韵,一句四字,共 12 字;碣石刻石共 108 个字,泰山、芝罘、东观、峄山刻石皆 144 字,会稽刻石 288 字。短文也是如此,如阳陵虎符铭文:"甲兵之符,右在皇帝,左在阳陵",共 3 句 12 个字,三为六之半,十二为六之两倍。

总之,这些与六相关的数字绝不是巧合,而是秦始皇迷信"五德终始说"的具体表现,并通过行政手段,将其渗入政治措施、典章制度和文字记述中,尽量使人们的行为和思想按着一定模式和框架活动。此举不仅进一步宣扬了"君权神授"理念,还通过信仰的方法有效地控制了人们的思想活动,从而起到了巩固政权的作用。

(三)集权学说与集权制度的建立

秦始皇建立中央集权制度不仅仅是宗教和崇拜意识上文化传统影响的结果,还继承了春秋战国以来政治理论上的集权主义思想传统,并在实践中加以运用。

春秋战国之时,天子集权说畅行于诸子百家。仅就当时公认的显学墨家学说而言,尽管普遍认为他代表了小农和手工业者的利益,但在政治上,他却要求和呼吁天子的专制。墨子要求从下级的乡长、里长到上级的诸侯国君都要率其属民上同天子之义,以"天子之所是,心亦是之;天子之所非,心亦非之",并且要求天子"治天下之国若治一家,使天下之民若使一夫"①,充分强调天子权力的绝对性和必要性。再如《管子》一书中也反映出了相类似的观点,认为君主产生于"假众力以禁强虐"的暴力斗争中,因此,特别强调法、令、兵与君主统治的关系,提出"正民之经"在于"宪法制度必法道,号令著明,赏罚必信"②,要求"君置其仪,则百官守其法;上陈明其制,则下皆令其度"③,由此达到"下不乘上,贱不乘贵,法立数得,而无比周之民,则上尊而下卑,远近不乘"的境地④。吕不韦则召集宾客们"上观尚古,删拾春秋,集六国时事"⑤,"人著所闻,集论",最终编成了一部《吕氏春秋》⑥,兼容

---

① 《墨子·尚同》。
② 《管子·法法》。
③ 《管子·法禁》。
④ 《管子·幼官》。
⑤ 《史记·十二诸侯年表》。
⑥ 《史记·吕不韦传》。

并包了先秦时期儒、法、道、墨、阴阳五行各派的学说,从而在政治理论上又有了全面的发展。吕不韦等认为"太古"时代没有君主,"昔太古尝无君矣,其民聚生群处,知母不知父"。但是,后来由于"少者使长,长者畏壮,有力者贤,暴傲者尊,日夜相残,无时休息",于是"圣人深见此患也,故为天下长虑,莫如置天子"①。他们认为君主的产生是由于"圣人"的忧患意识,选立天子是为了平止混乱,这样就把君主的出现必然化与合理化。有了天子,当然就要有中央集权的统一帝国:"今周室既灭,而天子已绝。乱莫大于无天子,无天子则强者胜弱,众者暴寡,以兵相残,不得休息。"②天子消灭了割据后,要建立一个统一的政权,"必同法令,所以一心也;智者不得巧,愚者不得拙,所以一众也,勇者不得先,惧者不得后,所以一力也,故一则治,异则乱,一则安,异则危"③,由此构划出了政治结构的基本指导思想。众所周知,秦始皇基本上是在吕不韦的教育下成人的,尽管以后他与吕不韦的矛盾日趋尖锐乃至最后彻底破裂,但在秦始皇的成长过程中已经不可磨灭地渗入了吕不韦政治思想的各种要素,试看他统一后在创建制度方面的作为,就足可见其影响的程度了。

　　秦朝是重法制的一个朝代,《史记》上就曾说秦时"事皆决于法",事实上也是有其文化传统的。在秦国封建化的过程中,商鞅曾起过重大作用,他是一个著名的法家,他的法律思想直接继承了李悝的《法经》,并"受之以相秦"。但他进行了补充,"改法为律",还增加了"相坐之法""参夷之诛"及凿颠、抽肋、镬烹、车裂等大辟之制,从而发展补充为最早的秦律。他依据法治思想,运用严刑峻法,推动了改革,使秦国迅速强大起来。对秦始皇有直接影响的法家是韩非,他的思想集先秦法家思想之大成,其特点是把"法""术""势"三者结合起来,灵活运用。在接受韩非的理论之前,秦王政只遵循秦国一贯的严刑传统,还看不到他有目的、有意识地使用"术"和"势";统一后却频繁使用,如采用各种办法,包括上尊号等,使皇位显得神圣不可侵犯,其目的无非加强"势"。这只是"人君南面之术"具体运用的一个方面。在法律制度方面,他也十分突出:一方面是法网严密,条目繁杂,上至军国大事,下至人民日常生活都有法律的限制,如"毋敢履锦履",何谓"锦履","以丝杂履,履有文,及为锦履,以锦缦履不为"④;另一方面是"轻罪重刑"的立法指导思想和量刑原则,实行严刑峻法。秦始皇继承了

---

① 《吕氏春秋·恃君览》。
② 《吕氏春秋·有始览·谨听》。
③ 《吕氏春秋·审分览·不二》。
④ 《云梦秦简·法律问答》。

先代的法制思想，迅速建立起了空前的大一统政权和比较完备的官僚统治体系，创建了中央集权式的国家政治制度模式，并为后世历朝历代所沿袭，对中国历史发展产生了至深至远的影响，可以说是中国历史上最重要的政治文化遗产。

第十三章 灶神信仰及风俗与乡村内在秩序的构建

中国民间信仰的俗神可谓千奇百怪、数目繁多,几乎无物不神。灶神便是民间俗神中一位重要的神灵。在中国这块古老的大地上,上迄远古、下至近代,地不分东西南北,人无论穷富贵贱,都把它奉为庇佑一家和睦、健康长寿、五谷丰登的"一家之主",握有上天奏事降祸福、下地察过保平安的大权。灶神和土地神、财神、禄神、寿星、福星等一样是土生土长的信仰对象。在其信仰发展的演变中,虽然受到佛教,特别是道教等正统宗教的影响,但其主要的祭拜活动却一直保持着大众信仰的特征。因此,民间俗神信仰更直接、更普遍地反映了乡土大众的思想倾向、是非标准和愿望要求。通过对灶神信仰及祭灶风俗的研究,可以从一个侧面集中观察古代乡土百姓的思维方式、价值取向和行为特征,揭示其心理深层向往或认同的社会和家庭秩序状态。

一、灶神信仰的生成与流布

灶神是中国民间俗神信仰中普遍祭拜的对象,然而,自古以来人们对灶神信仰的起源却从未形成统一的认识。灶神乃乡土社会的一位显赫的家神,在民间文化中有着重要的地位和作用,不弄清灶神信仰的起源,就很难对灶神的文化功能进行透彻的分析与研究。

(一)灶神信仰起源的古今观点

自古以来,灶神是如何产生并得到人们普遍信仰的,一直是悬而未决的问题。古籍上记载的人格化灶神杂乱无章,近代学人柴萼在《焚天庐丛录》中对古代的说法有过一个综述:

> 灶为五祀之一,昉于有夏。《淮南子》曰:"炎帝作火官死而为灶神。"汪瑓《事物会源》以黄帝为灶神。《风俗通》以颛顼子重黎为灶神。《五经异义》以高阳氏后苏吉利为灶神。《敬灶全书》又有东南西北中

五方灶神之目。《酉阳杂俎》谓灶君名隗,状如美女;又姓张名单,字子郭,夫人字庆忌,有六女皆名察洽。或云神名浩,以名罄。①

柴氏只列举了部分说法,此外还有,《淮南子·时则篇》注云:"祝融,吴回为高辛氏火正,列为火神,托祀于灶。"汉高诱注《吕氏春秋》亦云:"吴回,回禄之神,托于灶,是月火王,故祀之也。"又汉代"兴土龙"的仪式中,祭灶以蚩尤为神。《魏志·管辂传》云:"王其家贱妇人生一儿,堕地即走入灶中。辂曰:'直宋无忌之妖,将其入灶也。'"按《史记·封禅书》集解引《白泽图》云:"火之精曰宋无忌",这里又把宋无忌当作了灶神。上述看法有两个特点:其一,把灶神看作上古传说中的英雄人物转化而来;其二,这些英雄人物均以火神著称。据载,炎帝是火帝,以火德王;而重黎,又名祝融、吴回,为火正,也以火见称;宋无忌为火精,也与火有关;蚩尤为火神、灶神见于东汉"兴土龙"的求雨仪式中:"夏求雨,令县邑以水日家人祀灶,毋举土功,更大浚井。暴釜于坛,杵臼于术。七日,为四通之坛于邑南门之外,方七尺,植赤缯七,其神蚩尤,祭之以赤雄鸡七……"②参加求雨的官员、壮士皆衣赤,祭品用赤缯、赤雄鸡等皆以象征火色,这个仪式中蚩尤就被当作了火神和灶神。求雨祭灶似乎难以理解,然从五行相克的观念来分析,在整个仪式中,灶被视为"火",夏季又是火旺之时,而水克火,祭灶意即要"火势减弱",以便水克火更易,这从后面的"毋举土功"亦能理会,土克水,压制土则水旺无阻,雨水必至。至于黄帝,初起于雷,《河图稽命征》云:"附宝见大电光绕北斗权星,照耀郊野,感而生黄帝轩辕于青邱。"因此,祀黄帝为灶神当与"雷火"有关。

那么,这些传说人物之间有没有什么关联呢?《国语·晋语(四)》云:"昔少典氏娶于有蟜氏,生黄帝、炎帝",这里把黄炎说成是兄弟;清马骕《绎史》卷五引《新书》亦云:"炎帝者,黄帝同母异父兄弟也。"这类传说都把炎黄看作是血脉相连的兄弟。古《周礼说》云:"颛顼氏有子曰黎,为祝融,祀以为灶神",而《史记·五帝本纪》又说:"帝颛顼高阳者,黄帝之孙而昌意之子也",这是说高阳氏之后祝融是黄帝的后裔。上引《五经异义》亦说灶神苏吉利为高阳氏之后,说明这个苏吉利与祝融同为高阳氏之后人。又据袁珂先生考证,宋无忌即苏吉利,这样可知宋无忌也是与黄帝一脉有血缘关系

---

① 转引自杨荫深:《事物掌故丛谈》,上海辞书出版社2011年版,第104页。
② 《后汉书·礼仪中》,"兴土龙"董仲舒注。

的后裔。至于"阪泉氏蚩尤,姜姓炎帝之裔也"。① 综合上述说法,可以明了的是传说中的人物之所以被看作灶神,不但是由于他们都与火有关,而且是同一血脉传承下来的,所以灶神之说才会集中在这几个人物身上。那么,灶神信仰真的起源于火神信仰吗？值得注意的是,前引《淮南子·时则篇》言祝融是"托祀于灶",另《淮南子·氾论训》云:"炎帝,作火,死而为灶",高诱注:"炎帝神农,以火德王天下,死托祀于灶神。"一个"托"字充分说明,祭祀黄帝、炎帝、祝融、蚩尤等为神是"寄"之于灶而进行的,并非专祭灶神。也就是说,灶神与火神是不能混淆的,只是由于两者功能有相似之处,人们才将其放到一起同祀。因此,笔者以为不能将他们与灶神混为一谈,前人对此也有察觉。王利器注《风俗通义·祀典》时说:"灶者,老妇之祭也",明确指出:"此祭先炊,非祭火神。"②可见,时人把灶之火与火帝、火官、火正之火混同看待,失却了远古祭灶的原始含义,从而产生了火神与灶神混淆的观念。

中国古代典籍中还有另一类关于灶神前身的记载,如果可把上述一类称为"火神说",那么,这一类便可称为"先炊说"。主要记载有如下几条,《礼记·礼器》云:"灶者,老妇之祭,其神先炊也。"《礼记》又云:"灶者,老妇之祭也,故盛于盆,尊于瓶。"王利器注云:"老妇,先炊者。"《仪礼·特牲馈食礼》曰:"主妇视馈爨。"郑玄注:"炊黍稷曰馈,众妇为之。爨,炊也。"孔颖达疏云:"周公制礼之时,为之爨,至孔子之时,则为之灶。"《仪礼》又云:"尸卒食而祭馈爨、雍爨",郑注:"爨者,老妇之祭,"孔疏:"老妇,先炊者,此祭先炊,非祭火神"。显然,这类记载明确指明灶神的前身叫"先炊",为女性,并断然否定祭灶为祭火神。事实上,古人也没有把炎帝、祝融等火神完全等同于灶神,《礼记·月令》曰:"孟夏之月,其帝炎帝,其神祝融,其祭灶,祭先师。"孔疏指出:"此配灶神而梁者,是先炊之人。"在他看来,祭火神只是配祭于灶神,原因是炎帝、祝融等曾是"先炊之人"。郑玄更指明"灶神祝融是老妇",这说明灶神的前身必定是女性。两类说法虽各异,但却隐喻着类似的信息,即灶神信仰产生于母系氏族社会(新石器时代)。

20世纪以来,随着西方人类文化学、民俗学等理论的传入,灶神便成了研究对象之一。关于灶神起源,学界有代表性的观点有以下三种:

一是火神说。灶神起源于火神崇拜是目前最为流行的观点,一方面是由于上述典籍记载的灶神均与火神有关;另一方面则由于灶是盛火设备,炊事活动也离不开火,这自然使人们把灶神与火崇拜联系在一起。如著名民

---

① [宋]罗泌:《路史·后纪·蚩尤传》。
② 孙颖达疏《仪礼》亦云:"老妇,先炊者也,此祭先炊,非祭火神。"

族学家杨堃先生便认为:"髻之前身乃是火精,而火精或火神亦为灶神之来历之一"①;著名民俗学家张紫晨先生认为:"祭灶之俗遍及各地,它来源于对火神的崇拜。"②还有的学者指出"把灶神作为火神看待的观念,可能更早一些"③;有的则认为:"作为家庭保护神的火神,即民间普遍信仰的灶神。"④总之,学术界普遍把灶神信仰看作是源于上古自然崇拜中的火崇拜。

二是图腾说。早在20世纪40年代中期,杨堃先生就经过细密的考证,提出灶神信仰的来源之一是图腾崇拜。他从古文"灶"字的字形入手进行了分析,得出结论说:

> 因此,吾人乃得一假设焉,谓竈字从穴与黽者,穴与黽二字虽均为象形,而灶字则属会意。所谓会意者,盖在造字之初已有一种说法,谓司灶者或灶之发明者则是黽族。而此黽族居于穴内,亦即营穴居生活的图腾氏族一族,故竈字始从穴与黽而有如此之形象也⑤。

先生此说颇为独到,然却并未引起学界的重视。

三是昆虫说。灶神以昆虫为象征,意即灶神信仰初起于对某种昆虫的崇拜,但具体为何种昆虫学界尚有分歧。学界具有代表性的是袁珂和丁山先生依《庄子·达生》"灶有髻"的说法,从音韵学角度提出的蟑螂说⑥,认为"髻"就是灶上常见的类似蝉的红壳虫,学名蜚蠊(blattaria),俗名蟑螂、土鳖、偷油婆,他们认为蟑螂就是灶神的原初形象,是一种原始性质的火神。另有学者认为,将"髻"这种昆虫看作是"常常活动于灶屋中,学名灶马(diestramnenaccnicolor,俗名同)的那种昆虫为妥"⑦,即灶神信仰起源于对灶马的崇拜。此外,还有学者提出,"髻"实为"蟾"音之转,因此,名"禅(蟾)"的灶神可以为髻,也就是说蟾蜍(蛙)乃为灶神的代表⑧。以上几种观点都是在对《庄子·达生》所云"灶有髻"及晋司马彪注"髻,灶神,著赤衣,状如美女"的理解上做文章,围绕"髻"字及后世关于灶神不同称谓的

---

① 杨堃:《灶神考》,载《杨堃民族研究文集》,民族出版社1991年版,第166页。
② 张紫晨:《中国民俗与民俗学》,浙江人民出版社1990年版,第82页。
③ 刘群、宗力编:《中国民间诸神》,河北人民出版社1986年版,第254页。
④ 何星亮:《中国自然神与自然崇拜》,上海三联书店1992年版,第377页。
⑤ 杨堃:《灶神考》,收录于《杨堃民族研究文集》,民族出版社1991年版,第166页。
⑥ 参见丁山:《中国古代宗教与神话考》,上海书店出版社2011年版;袁珂:《中国神话传说词典》,灶神条,上海辞书出版社1985年版。
⑦ 刘敦愿:《中国古代艺术品年见昆虫崇拜》,《考古与文物》1990年第2期。
⑧ 刘夫德:《试谈我国古代鬼神观念的产生》,《中国史研究》1990年第2期。

字音相近、相同之关系,得出各自的结论。

灶神信仰起源问题一直是一个悬而未决的问题,学界的各种观点虽各有证据,但总的来说是以典籍记载和理论推论为基础,作为实际生活用品的灶及其由此产生的信仰必然有一个形成发展的过程,不依据考古学对原始先民居处遗址发掘的材料进行实证分析,恐怕很难揭示灶神信仰的起源,当然,就更不可能正确地认识灶神信仰的文化功能。

(二)"灶"的概念及考古学证据

灶是一种盛火、炊事设备,探讨灶神信仰的起源首先要弄清灶的产生及其与一般用火方式的区别,否则灶神就无从谈起。

按《玉篇》云:"爨,灶也。"《说文》释"爨"云:"[字形]象持甑,冂为灶口,推林内火",段注:"林,柴也。内同纳。"这清楚地表明,与陶制炊具共同使用的盛火设备方可称为"灶"。陶器出现在距今一万年左右的新石器时代,原始农业的形成,改变了人们的饮食结构,即由原来的兽类、鱼类、植物的根茎、果实为主,逐步改变为以谷物为主。如果说前者通过烧烤即可熟食的话,那么谷物则必须通过特定的耐火器皿经炊煮才能为食,这便推动了制陶业的发展。据我国考古发掘证明,距今8 000—7 000年的河南裴李岗文化时期,陶器已成为主要的饮食用具,如目前发现的最早的炊釜,可溯之距今7 000—5 000年的浙江余姚河姆渡、湖北京山屈家岭、河南陕县庙底沟、陕西西安半坡等文化遗址中。有趣的是,目前发现的最为接近后世"灶""炉"等盛火装置的遗迹,也出现在这一时期,这恐怕不是偶然现象。如距今8 000年以上的江西万年洞遗址中共发现烧火堆10处,多用不规则石块圈起来,火堆中夹有陶器残片,像T5⑥B层的一处烧火堆,"平面呈园(圆)形,长0.8(米),宽1.1(米),厚0.15—0.5米……有大小不等的石灰岩块垫底,石灰岩块多比较扁平"。[①] 再如,不晚于裴李岗文化的河南密县莪沟北岗遗址中,共发现6座房屋遗址,其中F1内地面上有一红色坚硬的圆形烧火面,上面堆有石块和烧土块,F2也有同样的迹象。显然,这些石块和烧土块都是用来支撑器皿的。[②] 陶器作为炊煮器,主要有鼎、鬲、釜等器形,前两者一般都有"足",就是为便于架烧而设计的,或许就是由支垫物的使用渐渐发展而成的。事实上,在新石器时代考古发掘中出土了大量用于支撑器皿的各种专用陶制支座、支脚、垫圈、烧火架等遗物,如磁山文化中便有以夹砂粗陶制成

[①] 江西省博物馆:《江西万年大源仙人洞洞穴遗址第二次发掘报告》,《文物》1976年第12期。

[②] 《河南密县莪沟岗新石器时代遗址发掘简报》,《文物》1979年第5期。

的"一种形制比较奇特的陶支架(或称支座)",研究者称:"类似这种遗物在河姆渡遗址和大汶口文化中也有发现。这种支座在河姆渡遗址中往往与釜同出,部分支座里面有烟熏痕迹,这说明这类陶支座可能是用来支撑釜的。"①上述情况表明,灶不能被视为一个火堆,它是与陶制炊具共存,且须有便于放置炊煮器皿的盛火设备和用火方式。严格地说,此前的用火方式不能被视为灶,灶出现在新石器时代早期,灶神的出现当不会早于此时。

借助于考古资料和文献记载,我们将发现学术界关于灶神起源的几种说法均存在着令人怀疑的地方,尚不能令人满意地揭示灶神信仰的产生及其在后世的流变。

一是关于火神说。第一,火神崇拜属于自然崇拜,而灶神崇拜则是社会神崇拜。灶是人类历史发展特定阶段的产物,它的出现标志着人类生活方式、饮食结构和文化状态的巨大变革。灶的发明和使用与农业的产生、谷物的出现、陶器的发明、便于炊煮的设备(如垫石、陶支脚等)的使用有着密切的联系,尽管远古的灶结构简单,制造方便,但绝不能因此否认它是人们改造自然的成果。因此,灶是人工制造物,那么在此基础上形成的神灵——灶神,是一个社会神,而非自然神。第二,正是由于先民对火崇拜的起源久远,在信仰上形成了火帝、火神、火精等偶像,直到清末还能看到独立的火神庙和祭火礼仪。在古人看来,"火化物也,亦言毁也。物入即皆毁坏也"。特别是火难以驾驭,稍有不慎就会酿成灾难,故而火又被古人看作"苦"②,认为"火之于民尊而不亲",迥异于人们对灶神的感情。崇拜火的另一个原因是火能驱逐野兽、鬼魅,并能"炮生为熟,令人无腹疾"③,也就是说具有消灾治病的功能。可见,古人在崇拜火时并没有从炊事、饮食的角度出发,也未将火与灶混为一谈。第三,从文字结构上看,古文"竈"字的构件中没有"火"的成分,这恰恰说明先民在对灶的理解和认识中不是从突出灶中火的角度入手的,显然,灶神的功能并不是火的功能的自然延续。值得注意的是另一个用来表示盛火、用火设备的字——"炉"的初文中,也没有"火"的构件:"穴居时代,一室之内,中呈炉火,昼则围炉而食,夜则围炉而卧,故甲骨文卢实为炉之初文。"④可见先民在认识炉这种设备时,也不是从火的特点出发的。综上所述,火神起源说未能说明灶神的起源,典籍中的有关记载显然是后起的观念,与考古发现也难以吻合。

---

① 唐云明:《略论"磁山"和"裴李岗"的有关问题》,《考古与文物》1981年第1期。
② 《尔雅·释名》:"火曰炎上,炎上作苦。"
③ 上引见《太平御览》(卷二百六十八),火部引《礼》及《礼含文嘉》。
④ 徐中舒:《甲骨文字典》(卷五),皿部,四川辞书出版社1988年版。

二是关于图腾说。杨堃先生的观点的主要依据是"竈"的结构。有三点尚有疑问：第一，杨先生将"竈"之"穴"释为"穴居"之"穴"，不符合古文字象形的规律。众所周知，新石器时代房屋基址主要是半地穴式建筑，甲骨文中多用 ⌂、⌂ 或 ⌂ 等来表示房屋、屋顶，没有用"穴"表示房屋、居处的习惯，如"家"作 家；宅作 宅；室作 室 等，均不象穴形。可见将"竈"之"穴"释为居处是不准确的。第二，杨先生释"黾"为"蛙"，并指出"竈"字乃是会意甚确。但将此蛙理解为图腾就有问题了。先生所言之蛙族没有具体所指，但就我国新石器时代考古发现看，蛙纹（蟾蜍纹）的发现极为普遍，西至青海的柳湾，中部出现在陕西的临潼姜寨、陕县庙底沟，北到辽宁敖汉旗小河沿南台地遗址均有发现，尤其集中于马家窑文化和仰韶文化的诸多遗址中。倘若存在一个蛙族的话，那么出现在如此广阔地域上的先民，哪个是司灶的蛙族呢？而况，在图腾理论上，中外学者一致公认，一个氏族只采用一种动物或植物作为本氏族的图腾，而上述遗存中除蛙纹外，还有其他纹饰，如仰韶文化中虽有蛙纹，但却以鱼纹为主，还有鹿、鸟、兔、羊、花瓣、叶形等纹饰，那么，哪种纹饰代表着仰韶先民的图腾信仰呢？如果是以蛙为图腾，那么，其他纹饰又做何解释呢？[①] 第三，考古发现一再证明，类似灶的用火遗迹遍布我国境内的原始遗址中，它们分别出现在不同的地域，分属于不同的文化系统。难以想象，灶神信仰由一个司灶的以蛙为图腾的氏族"独家发明"，再经过传播而成为中国民间普遍的信仰。总之，图腾说也未能令人信服地解释清灶神的起源问题。灶神并没有生物学上的形象，而灶的使用和发明也不是某一氏族所独有。考古证据表明，新石器时代远古先民使用着大同小异的炊事、盛火设备，特别是黄河流域，不同的氏族使用着类似的盛火用具。显然，灶的出现是一个极普遍且近乎同时自发产生的过程，后世灶神之所以有如此广泛的信仰当与此有关。

三是关于昆虫说。昆虫说主要是从音韵学的角度入手来探讨问题的，自然就忽略了其他因素的存在，缺乏综合分析，故而其结论也不能令人满意。第一，灶的出现与饮食性质的变化有很大关系，灶神亦被视为主管炊事、饮食的神灵[②]，而蟑螂、灶马、蟾蜍无论从生物特点，还是象征意义上看均与粮食生产、炊事活动无关。第二，据笔者研究，新石器时代的灶址是以半地穴式土质灶为主，整个灶面呈锅底状，底部堆薪燃烧，因而整个凹形灶

---

① 参见赵国华：《生殖崇拜文化论》，中国社会科学出版社1990年版，第146—151页。
② 《太平御览》（卷一百八十六），居处部引《梦书》曰："灶主食，梦者得食。"《汉书·五德中》亦云："灶，主饮食之事。"

面被烧烤成红、青或黑色烧结面。在这种设备的周围不可能存在任何生物。因此,所谓"臼灶生蛙"或灶上红壳虫的出现,只能是在灶已成为地面建筑,质料为土坯,结构上由进火口、火膛、烟道等构成时才有可能,而这种灶最早出现在西周末年。可见,蟑螂说、蟾蜍说离灶神的产生已相当久远了。专门的灶屋、厨房出现得也较晚,新石器时代的居址结构展示了先民居住、饮食于一室,大致是灶址位于房屋正中对门处,人们围灶而卧或坐,所谓于灶屋中活动的灶马亦属较晚的现象。

考古发现对灶的界定,有助于我们重新审视关于灶神起源的诸种观点,各说往往只从某一个角度入手论证,缺乏综合分析的方法,因此,所得结论与后世灶神被看作家庭保护神和"一家之主"的信仰内容也无法贯通。显然,弄清灶神起于何时、如何起源的问题,是灶神信仰研究中的一个关键问题。

(三)灶神的前身是女性先炊

学术界关于灶神信仰起源的探讨,基本上忽视了典籍中关于先炊的记载。《汉书·郊祀志上》"族人炊之属"注云:"先炊,古炊母之神也",暗示了在真正的灶神产生之前曾经历了一个"炊母神"崇拜的过程。显然,先炊当是灶神的前身,她出现于新石器时代灶被发明时的母系氏族社会之中。试就此观点证之:

第一,新石器时代已经出现了对灶的专门崇拜活动,如陕西绥德小官道遗址 AF6 的:"后室中央部位有一椭圆形图饰,底涂枣红色,再涂黑色,故黑中泛红,其东西 1.3 米,南北 1.5 米,比地面略低 0.02 米,边沿有手抹凸棱一周,其部位及形状显系仿灶坑形状,但无任何垒炉及火烧的痕迹,显然不是实用的灶坑火膛。"① 这种现象的唯一解释就是崇拜灶的活动场所和灶的象征物。

第二,根据先炊的有关记载,祭祀先炊乃是盛于盆,尊于瓶为礼。有关记载多出自汉代的典籍,而汉代大量墓葬出土的组合明器中,陶质灶的模型有一个通行的图式:除在灶面上印有鱼、钩、俎、肉、勺、刀等炊事用品的图形外,在灶门的左边印有炊人像,呈跪拜状;右边则为陶瓶、陶罐像。笔者以为这正是先炊形象和"盛于盆,尊于瓶"的图式注脚。先炊记载之所以大量出现于此时,说明它是当时社会上的流行观念,是人们普遍认同的信仰。无独有偶,在考古发掘中也于灶附近发现了彩陶瓶、罐等文物,如陕西旬邑崔家河遗址 K1 周围为白色姜石地面,出土有夹砂红陶罐 1 件,线纹夹砂红陶

---

① 《陕西绥德小官道龙山文化遗址的发掘》,《考古与文物》1983 年第 5 期。

罐 1 件,彩绘细泥红陶瓶 1 件;K3 灶坑内出土线纹夹砂红陶罐 1 件①;山东日照东海峪遗址,室内东北部有圆形红烧土面,旁有 1 件敞口圆肩蓝纹陶罐②;河南临汝煤山遗址,F1 内椭圆形红烧面,东室灶旁放有一蓝纹圆腹陶罐③;内蒙锡盟遗址,内有圆形灶,东南 1.85 米处有残蓝纹陶罐④。学界公认,彩陶并非实用器,主要用作祭器、礼器,遗址中出现的现象绝非毫无意义,正反映了先民对灶崇拜的方式和用具,先炊说之所以在汉代民间如此广泛的盛行,恰好说明它是远古观念的遗存。

第三,从"竈"的结构看,穴、土、黾各有其意。"穴"《说文》云:"土室也",段注:"引申为之凡空窍皆为穴。"可见是掘地而成灶,"穴""土"共同表示的是新石时代灶的形状和质地。考古资料表明,这一时期最常见的灶址形状呈圆形和椭圆形。从掌握的 70 个灶址看,圆形为 33 个,椭圆形为 13 个,其他如桃形、方形、长方形、圆角方形等共 24 个,均为半地穴式。圆形灶口径大约在 0.75—1.8 米之间,底径约为 0.6—1.5 米,深度约为 0.02—0.9 米。从质地上看,有石质、土质、泥质和陶质四种,其中又以土质为主。综合各方面研究可以确定,新石时代以位于居室中部正对门道的圆形半地穴式土质灶为通行灶式⑤,"竈"字当是对此的象形,出现不会太晚。至于"黾",方家多释其为"蛙",笔者深表同意,但就其象征意义而言,笔者更同意生殖崇拜文化的解释。蛙纹是新石器时代的一个重要纹饰,据赵国华先生研究,蛙纹乃是女性生殖器的象征,推而广之,泛指女性,因此"竈"下的"黾"字当是表示女性的一种符号,暗示了灶与女性之间的关系。此外"黾"还另有一层深义,《太平御览》卷 949 引《淮南子》云:"夫虾蟇为鹑(老虾蟇化为鹑)",虾蟇即蛙;《渊鉴类函》卷 438 引《万毕术》亦云:"虾蟇得爪化为鹑。"可见蛙老化鹑是一个比较流行的神话。⑥ 而所言之"鹑"指的是什么呢?《太平御览》卷 268《火部》引《左传》曰:"古之火正或食于心,或食于咮,以出纳火,是故咮为鹑火,心为大火(谓火正之官,配食于火星也)。"原来,"鹑"指的是鹑火星,从而使"黾(蛙)"具有了象征火的含义。值得注意的是,"黾"尚有

---

① 《考古与文物》1984 年第 4 期。
② 《考古》1976 年第 6 期。
③ 《考古与文物》1986 年第 1 期。
④ 《考古》1983 年第 12 期。
⑤ 以上数据与结论是据 1975—1990 年《考古》《文物》《考古与文物》等刊物发表的有关新石器时代居住遗址发掘、研究报告而分析研究得出的,并撰成《说灶》一文。
⑥ 《列子》(卷一),《天瑞》曾记:"老蛙为鹑"之说;《渊鉴类函》(卷四百二十八),引《谈苑》载:"至道二年夏秋间……是时雨水绝,无蛙声,人有得于水次者,半为鹑半为蛙,列子云蛙变事不谬矣。"

"开始""初始"的含义,"蛙"古文作"䵷",《方言》云:"䵷,始也",清人钱绎疏云:"《广雅》云:䵷,始也。《玉篇》云:今作蛙、䵷。按䵷为虾蟇之属,䵷之子常于暮春月生水中,以千万计……上古造字之始,实取象焉,生数日而脱其尾,遂成䵷。是科斗为䵷之始,因而始即谓之䵷。"①可见,"黾"又含带着妇女操持炊事,为饮食之始的含义,暗示了食物结构和饮食方式的巨大变革。最后,从该字的读音上看,刘熙《释名》云:"竈,造也,造作食物也",进一步证明了灶与炊事、食物的直接关系。综上所述,文字构造从象形、象征、会意、音义等方面都意会了新石器时代先民的炊事活动是女性以火造作食物的活动,这与母系氏族社会自然分工的状况也是吻合的。

  综上可以确认,灶神的最初原型是女性的先炊。在母系氏族社会(新石时代),自然分工使女性成为炊事活动的主要承担者,但各类食物的获得极不稳定,对食物的烹煮、分配便具有了控制生存的重要意义。因此,出于生存的本能、对女性的尊重以及对妇女熟食劳作的珍视,人们对灶的理解和认识便跨出了灶的物理属性,把从事烹饪劳动的妇女概括为"先炊",神化为"灶主",于是灶便有了人格形象,作为主管饮食的神灵受到早期人类的祭祀。一个有趣的旁证是进入父权制社会后,人们极力试图掩盖灶神曾为女性的事实,把灶神变成了男性。但是,信仰习俗的惯性又使这种转变的痕迹并没有被完全遮蔽,如《庄子·达生篇》云:"灶有髻",晋司马彪注云:"灶神,其状如美女,著赤衣,名髻也。""髻"多用来形容妇女的发式,又说"状如美女",透出了灶神曾为女性的天机。其后如《酉阳杂俎·前集》云:"灶神名隗,状如美女";《道藏·太清部·感应篇》注引传云:"灶神状美人",凡此等等,把男性灶神仍描绘得如美女一般,不能不说与上古"老妇之祭"的信仰意识密切相关。尽管灶神初起主要与饮食操作相关,但是,它一开始就包含着人类复杂的信仰动机,隐含着人们的种种疑惑和需求,除了把灶神看作主管饮食的神灵外,对女性首领的崇拜还包含着对氏族血缘秩序的服从与崇敬,对女性首领的权威的认同,这也是当时人类生存的必然要求。同时,对女性的崇拜又包含着生殖崇拜的内涵,反映了先民对人口生产,即子孙绵延的祈求与执着,这是氏族群体生存、繁衍的必然要求。对饮食的需求导致人们十分重视农业生产,五谷不但是人类生存所必需的食物,而且也是人们价值观念的物化,后世便形成对粮食的极大关注,如《墨子·七患》就云:"凡五谷者,民之所仰也,君之所以为养也,故民无仰则君无养,民无食则不可事,故食不可不务也",把五谷的重要性提高到君王治理天下的高度来加以

---

  ① [清]钱绎撰集:《方言笺疏》(卷十二)。

认识,说明它们的丰歉直接关系到政治秩序的维护。实际上,对一个小的群体而言,五谷作为财富象征很自然地关系到群体的兴衰沉浮。因此,灶神的产生也就自然含纳着祈求丰收的内容,充分反映了灶神信仰的复合型动机的特点。

二、社会生活中灶神的多种样态

灶神信仰在形成的过程中不断地渗入社会生活之中,从官方到民间,从传说故事到宗教典籍都有关于灶神形象的描述。特别是人们根据生活需要,把灶神人格化、家庭化、本地化,使之更能满足人们最直接的心理诉求。

(一) 民俗信仰中灶神神主的演化

灶神的最早神主虽然为先炊(老妇),但是随着男权的确立、五行观念的流行,其信仰从内容到神主都在不断地丰富和变化,由单独"一神"发展出夫妻成双、儿女成群、属神众多的群体形象,这就使灶神信仰进一步趋于复杂且名号繁多。如《五经异义》云:"祝融为灶神,姓苏名吉利,妇姓王名博颊。"典型的说法出自《酉阳杂俎》:

> 灶神名隗,状如美女。又姓张名单,字子郭。夫人字卿忌,有六女皆名察洽。……其属神有天帝娇孙、天帝大夫、天帝都尉、天帝长兄、硎上童子、突上紫宫君、太和君、玉池夫人等。一曰灶神名壤子。①

这里把灶神说成了拥有妻室儿女、众多属神的大神。道教将灶神吸收后,把灶王名号变得更为复杂。如《道藏·太清部·感应篇》注引传云:"灶神状如美人,有六女,即六癸六女。一云,灶有三十六神。苏吉利妇,姓王名博颊。张单妻,字卿吉,六女皆名察洽。"②这显然是把各种说法不分好歹一并收入。更有甚者,道教在民间灶神信仰的基础上创制的《灶王经》中,虽以种火老母为灶神之尊,保存了上古某些信仰意识,但却把灶神划分得更为细致、繁杂不堪。上述说法在民间影响不大,仅存典籍。但是,有两点却在民间广为流传。其一是把灶神变成夫妇在很多地区都非常流行,符合民众追求"对称""平衡""和谐"的审美心理和阖家平安的信仰心理。其二是灶王张姓近世以来通行民间。关于"张"姓的来源,杨荫深先生认为:"道家亦重

---

① 《酉阳杂俎·前集》(卷十四)。
② 见《风俗通义·祀典》,王利器注引。

视灶神,姓张之说,岂以为张陵的同族吗?"[①]认为灶神姓张是道家创始者姓氏的沿用。笔者以为此说稍后起,在此之前另有张姓之源。"张"在古代不仅是姓氏,而且是二十八宿之一。《史记·天官书》云:"张素,为厨,主觞客。"原来,张星早就被人们看作与厨事、饮食、待客有关的星君,这与灶神的功能何其相似,灶神姓张或与张星信仰的结合有关系。在我国民间,大多数地区只知灶王爷姓张,一般是把该地区自古流传的张姓人物(或显宦,或清官,或富翁……)附会为灶神。天津静海新旧县志记载的灶神人格化形象就反映了民间灶神的信仰意识。其志载:

"祭灶",春秋时已有媚灶之风,至晋唐,谓人家祸福悉操之灶神,今日奉为一家之主,以灶司饮食,每家必有之也。又《说唐》:"张百忍,九世同居,故封灶为神",欲人之家庭和睦也。

另一处也记云:"相传唐张百忍,九世同居,世尊为灶王,取家庭和乐之意。"[②]这一带把小说《说唐》中塑造的张百忍当作灶神,由此可以看到以下几层信仰意识。第一,表明自唐代以来,在一些地区便流传着张百忍的传说,且"张"姓与早已流传的灶神姓张相同,易于同化为人们所接受。名"百忍"也迎合了普通民众的心理趋向。第二,"九世同居"的说法反映了民众这样一些愿望:其一是长寿,张百忍能九世同居表明他本人寿命很长,若以古代通常流行的 30 年一世来计算,张百忍已经活过 270 岁了;其二是子孙众多,能九世同居表明每世人口都健在,子孙必众多,表达了多子多福的企盼;其三是合家欢乐和睦,九世同居而不散必然是家庭内部关系处理得好;其四是九世同居可谓人世之一大奇观,如真有其事恐怕也是极其罕见的,正因为如此,这个传说才具有吸引人们信奉灶神的魅力。第三,由此可见,灶神信仰有着较为广泛的社会功能,这一信仰暗含着丰富的社会规范和民间所向往的标准家庭模式和生活目标。灶神不仅主人寿夭,还是长寿与家族和睦的象征,难怪民间社会会如此持久地、广泛地祭祀这位并不太显眼的神祇。

(二) 官方七祀、五祀中的灶神

灶神信仰产生以后,经历了一个漫长的丰满过程。从原始社会的老妇之祭,发展到宫廷中的合祭,再变成民间大规模祭祀以至形成节日,表明祭

[①] 杨荫深:《事物掌故丛谈》,上海辞书出版社 2011 年版,第 104—105 页。
[②] 《中国地方志民俗资料汇编》(华北卷),书目文献出版社 1989 年版,第 68、71 页。

灶活动存在两个传统,即宫廷传统和民间传统。在上古时期,灶神信仰一方面被贬为"老妇之祭",一方面它又集合于七祀、五祀,列入国家祀典,反映了灶神由原型状态向适应王权社会转化所产生的内在矛盾。商周时期正是等级制盛行的时代,信仰领域的众神灵也被依其地位,自天子至庶人划分为各层次祭祀的对象,以体现"神道设教"的政治目的。因此,随着七祀、五祀为王者所祀,灶神不能再是"老妇"了,而必须是上古赫赫的英雄,只有如此才符合王者祭祀的尊崇。《明堂月令》就说:"孟冬之月,其祀灶也。五祀之神,王者所祭,古之神圣,有功德于民,非老妇也。"这典型地反映了这种矛盾心态。因此,祭七祀、五祀的活动一般反映了与民间迥然不同的宫廷祭祀传统,由七祀、五祀活动的兴衰可以窥探灶神在宫廷传统中地位的变化。

关于七祀与五祀的具体所指历来说法不一,综合上古典籍,可以认为五祀较七祀更为通行。《礼记·祭法》云:"王为群姓立七祀,曰司命,曰中霤,曰国门,曰国行,曰泰厉,曰户,曰灶。王自为立七祀。"此说注者多以不合诸经,因此后世绝少以七祀为祭,其中的司命、泰厉也被析出另祭,剩下的就成为五祀了。五祀自天子至庶人均祭,《礼·曲礼下》就提到天子、诸侯、大夫均行此祭。按商代五祀为户、灶、中霤、门和行,"天子与诸侯同,门户主出入,灶主饮食,中霤主堂室、居处,行主道路也"。① 周代诸侯五祀为司命、中霤、国门、国行和公厉,没有灶神。据《礼·月令》及《吕氏春秋》所载的"五祀"为户、灶、中霤、门和行,且分时祭祀,孟春祀户,孟夏祀灶,季夏祀中霤,孟秋祀门,孟冬祀行。秦汉时期五祀就定型为户、灶、中霤、门和井了,形成了五祀信仰的初步意识。《白虎通》云:"五祀,门户井灶中霤也,人之所处出入所饮食,故为神而祀之。"也就是因为这五者对人们的日常生活有帮助,祀之以报功。《论衡·祀意篇》便说:"五祀报门户井灶中霤之功,门户人所出入,井灶人所饮食,中霤人所托处,五者功钧,故俱祀之。"《淮南子·氾论训》更明确地说:"今世之祭井灶门户箕箒曰杵者,非以其神为能飨之也。恃赖其德,烦苦之无已也。故以时见其德所以不忘其功也。"可见,五祀之祭表现了功利主义色彩浓厚的报功思想。

殷周时期,五祀虽被列为祀典,但具体五祀中的五位神灵的礼遇则是大不相同。《礼器记》引孔子语曰:"臧文仲安知礼?燔柴于灶。灶者,老妇之祭也,故盛于盆,尊于瓶"②,灶是老妇之祭,规定的祭祀规格卑下,只能以盛食于盆、盛酒于瓶来致祭,不得以燔柴来祭祀。因此,孔子讥议臧文仲"燔柴

---

① [明]顾起元:《客座赘语》(卷四),《五祀》。
② 转引自《风俗通义·祀典·灶神》。

于灶"是违礼的。事实上,《礼记·王制》中另有一番规定:"天子祭天地,诸侯祭社稷,大夫祭五祀",祭五祀就是大夫之事,天子是不祭灶的。到了《礼记·祭法》里连大夫、适士也不祭灶了,变成了庶士、庶人之祭了:"大夫立三祀,曰族厉,曰门,曰行。适士立二祀,曰门,曰行。庶士、庶人立一祀,或立户,或立灶。"这种混乱的规定给后世设祀提供了较大的挑选余地,规格也升降不同。正因为如此,司马迁才把汉武帝祭灶说成是"天子始亲祀灶",表明祭灶神与五祀中的其他四神一样,在秦汉以前虽列在祀典,但地位并不是很高。汉武帝祭灶也事出偶然,他推崇黄老之术,刻意求丹丸之事,当时的方士们就投其所好,竞相献技。有李少君者便以"祠灶、谷道、却老方"进见汉武帝,声称:"祠灶则致物,致物而丹沙可化为黄金,黄金成以为饮食品则益寿,益寿而海中蓬莱仙者可见。"①在他看来,祭灶可以长寿成仙,这对汉武帝产生了巨大的吸引力,所以才有祭灶之举。随着李少君事败,"天子祭灶"的活动也就又搁置起来了。商周时期,"五祀国之大祀,七者小祀"②,五祀作为整体地位是相当高的。到秦汉以后,五祀在国家祀典中的地位不断下降,东汉以后,"国家亦有五祀之祭,有司掌之,其礼简于社稷云"。③《汉仪》亦云:"国家亦有五祀,有司行事,其礼颇轻于社稷,则亦存其典头。"④五祀之祭的位序已经排在了祭社稷之后。隋唐时期,又恢复了七祀之礼,但是将其规定为中祀,仪式也不算隆重,甚至成为一个程序过程,祭祀时重要官员也不到场,只有"太庙令""良酝令"之类的常设司祭官员例行公事:

  时享之日,太庙令布神席于庙庭西门之内道南,东向北上,设酒尊于东南,罍洗又于东南。太庙令、良酝令实尊罍,太官丞引馔,光禄卿升,终献,献官及即事,一献而止。⑤

  迄明清时期,五祀更是一降而为小祀,落得"遣官致祭"的待遇。按照明朝祭典的规定,各封国仍把五祀奉为主要的祭祀内容,尤其值得注意的是对庶人的规定:"至于庶人,亦得祭里社、谷神及祖父母、父母并祀灶,载在祀典"⑥,明确把祭灶规定为庶人常礼的内容且载入祀典,这对于推动民间普

---

① 《史记·封禅书》。
② 《礼记·祭法》。
③ 《后汉书·祭祀(下)》。
④ 转引自《晋书》(卷十九),《礼上》。
⑤ 《新唐书·礼乐(二)》。
⑥ 《明史·礼一》。

遍祭灶起到了引导作用。同时,也反映了用祀典的形式肯定了民间早已广为盛行的祭灶活动。明初祀灶"设坛御厨,光禄寺官主之"①,主要是在御厨举行,并派主管宴飨饮食的官员主祭,改变了上古祭五祀于庙的殷礼和祭五祀于宫的周礼,只是岁终在太庙合祭五祀一次。这种变化更突出了感谢灶神火食之功的信仰意识。对周、汉、唐、宋遗制的继承表现在"岁暮合祭五祀于太庙西庑下"的规定。明代以前,五祀都是合祀于太庙,依岁时轮番祭祀一神,余四者配享,一年至少合祭五次,而明朝把五祀按岁时分别祭祀,只合祭一次,这与把五祀降格为小祀的地位是相称的。

总之,由七祀、五祀地位的变化可以看出,灶神作为宫廷祭典中的一神,虽然一直得到礼遇,但却从没有获得如民间信仰那样广泛、丰富的文化内涵。因此,灶神信仰起于先炊,却沿着宫廷和民间两个脉络在传播。宫廷祭祀中灶神被看成五祀之一,没有明确的人格化形象,这在宫廷祭祀的时间上也能得到印证。自上古至明清,宫廷祭灶都在夏季,按照五行的观念,夏属火,是阳气盛行的季节,而灶的功能也是以火熟食。因此,灶神的功能在宫廷信仰中一直未得到发展,仅仅是报火食之功,祭祀的时间、仪式、规模都没有对民间产生稳固长久的影响。可以说,宫廷信仰的灶神还较多地保留着远古崇拜的朴素观念。

(三) 司命与灶神

民间灶神信仰系统的发展中,除接受了灶为五祀之一的观念外,沿着迥异于宫廷的模式独立发展,大大拓宽了灶神信仰的内容。这一点充分表现在民间将司命神与灶神合一的变化过程中。民间往往把司命与灶神联呼为"司命灶君",甚至径直以司命取代灶君而呼之。反映宋代开封市井生活的《东京梦华录》就把祭灶活动称为"醉司命";《三教源流搜神大全》也把灶神一条列称为"司命灶君";道教的《灶王经》、湖南的礼俗资料中均把灶神呼为"司命灶君",甚至在近代某些地区还把祭灶活动称作"醉司命",如恒仁县"以酒灌灶前,曰'辞(醉)司命'"②,广宗县"俗以灶为司命之神"③等。这些都表明司命与灶神信仰有着十分密切的关系,揭开两者合称之谜,便可进一步深化对灶神信仰意识的认识。

司命在上古时期与灶神一样,同列为国家七祀之中,至秦汉时期才分化成民间单独祭祀的神灵。《周礼·春官宗伯·大宗伯》载:"以槱燎祀司中、

---

① 《明史·礼四》。
② 《中国地方志民俗资料汇编》(东北卷),书目文献出版社1989年版,第90页。
③ 《中国地方志民俗资料汇编》(华北卷),书目文献出版社1989年版,第531页。

司命",祭祀规格比较高。至汉代,"民间独祀司命耳,刻木长尺二寸为人像,行者檐箧中,居者别作小屋"。① 表明司命已经在民间单独祭祀,而且人格化倾向也已趋于定型。按《史记·天官书》载,"司命"乃一星名,属斗魁戴匡六星中的第四星。《索隐》引《春秋元命苞》说:"司命主老幼",可见"司命"一星在那时的人看来是主管人们寿夭的星宿。《礼记·祭法》中有"司命",郑玄注云:"此非大神所祈报大事者也。小神居人间,视察小过,作遣告者尔。"又曰:"司命主督察三命。"在春秋至秦汉时期,无论宫中还是民间,所祀的小神中都有主管寿夭和察人过失的司命神,进而转化为主管与生命相关事务的神。早在《管子·国蓄》中就有"五谷食米,民之司命也"的说法,司命信仰自古就与粮食、饮食和寿命密切相关,这与后世民间发展了的灶神信仰有着观念上的相通之处,或许这是将两者联系起来的信仰基础。屈原的《九歌》中曾提到大司命、少司命,多注为三台中的上台二星。《晋书·天文志》云:"上台为司命,主寿",明确地把司命看作主寿的星君。王夫之在《楚辞通释》中明确地把大司命释为主管人的寿命的神,把少司命释为主管人的子孙多寡的神。无论是大司命,还是少司命,其职能在后世灶神信仰中都能找到对应的信仰内容。汉高祖时,在长安城设祠祝官,网罗各地女巫分别负责按岁时祭祀各路神祇,其中的"晋巫,祠五帝、东君、云中君、司命、巫社、巫祠、族人、先炊之属"。② 由此我们可以得出两点认识:一是司命原属七祀之一,但历代都将其单独列出祭祀,显然不同于其他6位神祇,也就是说,它有着特殊的地位,或许是七祀中的司命有着对应的星官,且主人寿夭才让人们对其格外地尊重。二是上述材料表明,至少在汉初,司命就与先炊并祀,两者地位相当、功能相近,是否可以说是开了"司命"与"灶君"合祀而一的先河?

寿命与饮食相关的观念,从汉武帝祭寿官神君之事中也可略见一斑。汉武帝某次大病初愈后,令大赦,置寿宫神君:

> 寿宫神君最贵者太一,其佐曰大禁、司命之属,皆从之。非可得见,闻其言,言与人音等,时去时来,来则风肃然,居室帷中。时昼言,然常以夜。天子袚,然后入。因巫为主人,关饮食。所以言,行下。③

"太一"早在上古时代就是"天帝"的别称,是天地间万物的主宰,由它担任

---

① 《风俗通义·祀典·司命》。
② 《史记·封禅书》。
③ 《史记·封禅书》。

寿宫神君的主宰自然是再恰当不过了。相伴的还有大禁和司命,司命是主人寿夭者,当然应在陪祭之列。这里的祭祀以巫为主持,又关饮食,说明寿宫神君也含纳着保佑饮食充足的功能,至少说明古人把饮食的好坏与寿命的长短是联系起来思考的。主寿的司命自然兼管饮食之事,而灶神信仰恰在这时也与饮食、寿命发生了联系。前述李少君上"祠灶、谷道、却老方"之事就说明当时的人们相信通过祭灶炼出黄金,用此金制成器皿用以饮食就可以益寿,这就等于说祭灶可以增寿。在人们的信仰意识中,早已把灶神也看作是主人寿夭的神祇了。因此,将两者合在一起称呼,并为一神祭祀,其信仰内涵并未发生本质的转变,反而强化了企求长生不老的愿望。魏晋时期,作为主人寿夭的司命一直得到人们的重视,无论是郊祭于南,还是郊祭于北,司命都是作为天帝的重要辅佐而陪祭于坛。① 这一时期,文献中还未出现将司命与灶君联呼的记载,但是信仰观念上的相互渗透还在继续发展。祭祀中产生了不经意的结合,例如隋代"兆司中、司命于南郊,以天神是日,故兆于南郊也"②,显然是把司命也看作与"火"有关的神,这与把灶神和火相联系有着一致性,促进了两者的信仰进一步融合。

总之,司命、灶君在民间联称,是把上古两神的信仰糅合在一起的反映。后世司命在官方和道教典籍中虽然仍以独立的姿态存在,然而民间却早已将其视为一神,而且借用上古司命信仰中"小神居人之间,视察小过"的意识,扩大为灶神上天洗白人罪的内容,也成为人们媚神自娱的信仰基础。司命与灶神的合一强化了该信仰系统中渴望长寿、阖家平安、五谷丰登的信仰取向,把灶神推到了民间俗神信仰中最为突出的位置。

(四)民间故事中的灶神

伴随着灶神信仰的发展和祭灶习俗的形成,在不同地区流传着形形色色的关于灶神来源、习俗源头、功能神迹等大量的传说与故事。这些传说与故事在民间流传的影响远比典籍中灶神的形象要丰富和鲜明得多,更直接、更具体地反映了不同地区由灶神信仰所表现出的乡土百姓的价值取向和生活期待。特别是近代以来不同地区民众心目中的灶神形象就是由这些传说和故事塑造的。有关灶王的民间故事大多与祭灶风俗的形成联系在一起,讲述该地区历史上或传说中的人物如何变成灶王爷的故事,有的肯定颂扬灶神,有的则讽刺挖苦灶王爷。总之,都是从人们的善良愿望出发,把自己的所喜所爱、所憎所恶通过民间口头文学的形式表现了出来。

---

① 参见《魏书·礼志(一)》。
② 《隋书·礼仪(二)》。

关于颂扬灶神的故事又可分为两类。一类是直接颂扬灶神,如九江一带把乾隆皇帝的教师王聿修当成灶神,俗称"王灶君"。据说王聿修在九江做官时教会了当地的人们垒煤灶,从此不再烧柴草了。人们为了纪念他,遂把全国流行的张灶神改成了王姓。① 另一类是通过颂扬灶王奶奶来颂扬灶神,如流传于河南南阳地区的《祭灶和守岁》的民间故事就是如此。故事中说到,玉皇大帝的小女儿爱上了一个凡间烧火的穷小伙儿,玉帝震怒遂贬女儿下凡受罪。后经王母说情才给穷小伙儿封了个"灶王"的职位,玉皇女儿便成了灶王奶奶。这灶王奶奶看到穷人的困苦,就经常从天上带些好吃好喝散给穷人们。玉皇得知后只准她每年回家一次。第二年,灶王奶奶看到快到年前了,决定腊月二十三回娘家给穷人要点吃的,百姓们便设法凑了些面,烙成馍团送给她路上当干粮。玉皇看到女儿又来拿东西大为不满,要她马上回去。于是,灶王奶奶施展智慧,每天提一个要求,准备一样好吃的,直到三十晚上她才满载而归。人们燃起香纸,放起鞭炮迎接她,这时已是初一五更了。以后,人们为了纪念灶王奶奶的恩德,年年都要腊月二十三烙灶饼,二十四扫房子,二十五拐豆腐,二十六去割肉,二十七杀灶鸡,二十八把面发,二十九去灌酒,三十捏饺子,夜里不睡觉等着接灶王奶奶从天上归来。② 这则传说把民众活动纳入其中,生动地刻画了灶王奶奶心灵智巧、为民谋利的精神,同时鞭挞了玉皇大帝的丑恶行径,这是对人间上至皇帝下到官僚不关心人民疾苦的控诉和批判。在这则传说中,灶神实际上是陪衬,以灶王奶奶为核心展现了祭灶风俗的形成和过程,或许这是灶神男性化以后,人们通过赞扬灶王奶奶继续保持着远古老妇之祭的信仰和遗风。

关于讽刺和挖苦类的故事内容也十分广泛,有讽刺贪官污吏的,有讽刺皇帝的,也有讽刺忘恩负义、宣扬恶有恶报的,不一而足,一定程度上反映了不同地区百姓们的是非标准和伦理追求。例如,流传于山东胶东地区的《灶王的来历》的传说,人们在祭灶时只供一碗烂面条,并流传着"灶王老爷本姓张,一年一碗烂面条"的俗语。说的是一户张姓中等人家,因张郎外出做买卖,留下媳妇丁香侍候公婆并承担了家里的一切劳动。结果,张郎在外发财后却一纸休书将丁香赶走。后来张郎也好景不长,家私财产全被大火烧光,沦落到行乞乡间,要饭要到丁香家门口。善良的丁香端出一碗面条给他吃,当张郎发现是丁香时羞愧得无地自容,便一头钻入灶内被活活焖死。然而,玉皇大帝不分好歹,竟将他封为灶王,人们不得不供奉他,但又不愿给他好

---

① 吉星编:《中国民俗传说故事》,中国民间文艺出版社 1985 年版,第 9 页。
② 参见陈晓勤、郑土有:《中国仙话》,上海文艺出版社 1990 年版。

吃的,联想到他在丁香家门口要到的是一碗面条,于是人们就供面条羞辱他。① 这则故事反映了人们对夫妻关系、家庭和睦的要求和标准,张郎富贵不能忘妻,但他偏偏违背了这一伦理要求,结果自己也遭到了报应。这里的灶神在人们的心目中简直就是一个忘恩负义之徒,人们供奉他完全是因为玉皇大帝封了他的官而不得不祭。这便把民俗活动中又敬神又娱人的矛盾心态通过民间故事进行了说明,从而既不违背人们在现实祭灶活动中的习俗,又表达了对人际关系,特别是家庭关系的一种内在规范性要求。再如流传于河北平原的一则"灶王爷"的故事,讲的是某州官上任后,规定全州每家要请他吃一天上等酒席,吃过一年后,把百姓吃的叫苦连天。在一个偏僻山村里有一个张大巴掌,力大无穷,巴掌奇大,听说此事后决定请州官到自家来吃饭。于是,州官便与夫人、鸡、犬和下属一同到了张家。张大巴掌关起房门一巴掌将州官打到了灶边的墙上,人们提议请画匠把他画下来贴在灶边,让他们瞪眼看家家户户吃好东西。后来皇上知道了,说州官生前是"御膳厨子",就封他两口子做灶王爷、灶王奶奶吧。② 这则传说便是人们对贪官污吏横行乡里、不顾人民死活的有力鞭挞,灶神也被人们惩罚而站在灶边,哪里还有一点敬神的肃穆。

通过上述民间传说故事,我们可以得出这样一些印象:第一,传说中的灶神与典籍中的灶神有很大的区别,他们大多是现世人神化后而来,生前并无"神味";第二,传说中的灶神要么地位偏低,要么是受讽刺挖苦的对象,人们丝毫不惧怕他,敢于和他抗争,把祭灶神看成是戏弄耍笑他的时机,灶神毫无"威仪"可言;第三,灶神成为人们街谈巷议的笑料,反映了百姓们不惧怕官府、天庭,不甘心听任"神"的摆布的深层反抗意识,反映的正是中国百姓精神世界里积极向上的一面。

三、灶神信仰蕴含的乡土百姓的价值取向

在乡土社会,家庭是人们借以安身立命、实现个人价值的最小社会单元。围绕家庭的兴衰产生了众多保佑家庭兴旺的家神。其中的灶神被视为"一家之主",其信仰内容比较集中地反映了乡土民众的价值取向,成为构建大众内在精神秩序的重要信仰对象。

(一)由"先炊"到"一家之主"

灶神称谓产生前曾经历了一个"炊母神"崇拜的过程,先炊当是灶神的

---

① 吉星编:《中国民俗传说故事》,中国民间文艺出版社1985年版,第201—206页。
② 吉星编:《中国民俗传说故事》,中国民间文艺出版社1985年版,第208—209页。

前身。但是,远古先炊崇拜究竟怎样转变为灶神信仰,已无法详察,我们透过灶神称呼演变的粗略轨迹,似乎也能大致把握灶神信仰发展的基本脉络。大抵殷周时期,人们视灶如神,直呼"灶",作为生活用具的实物——灶,便成为人们生活信仰中主管饮食、炊事的"神",两者是合一的,这种称呼一直保持在官方的祭祀系统之中。迄于春秋战国时期,出现了"灶君"的称呼。据《战国策·赵三》载:"复涂侦谓君曰:'昔日臣梦见君',君曰:'子何梦?'曰:'梦见灶君'。"能在梦中梦见灶君,想必"灶君"的称呼已是相当普遍。值得注意的是,把"灶"与"君"联系在一起,表明灶神地位的提高,"君"可用作首脑的称呼,"灶君"自然就有了一方首脑的含义。秦汉以降才开始有了"灶神"之称,《后汉书·阴识传》记阴子方祭灶事就提到"腊月晨炊而灶神形见"。隋唐时,灶神开始被民间称为"灶王",唐人李廓诗云:"匣中取镜祠灶王,罗衣掩盖明月光。"[①]非但称"王",尚有称"帝"之说,罗隐《送灶诗》云:"一盏清茶,一缕烟,灶君皇帝上青天。"自此以后"灶王爷"成了民间通行的俗称。由先炊—灶—灶君—灶神—灶王—灶君皇帝的称呼变化的轨迹,隐略地昭示着灶神功能的渐趋丰满。虽然这时尚未见有"一家之主"的记载,但将灶神呼为"灶王"本身恐怕就包含了这层意思。唐宋典籍中的灶神已是有名有姓、有妻室儿女的形象了。《酉阳杂俎》云:"灶神名隗,状如美女,又姓张名单,字子郭,夫人字卿忌,有六女皆名察洽",俨然人间家庭的神界翻版。迄明清,灶神像则遍见于乡土社会家家户户的厨间,灶王码(即灶王像)的两边普遍挂有诸如"上天言好事,回宫降吉祥""二十三日去,初一五更回""上天二十三,下界保平安"之类的对联,横批毫无例外地都是"一家之主",灶神最终演变成为家家户户供奉的家庭保护神。

(二) 从"驱鬼逐疫"到祈"五谷丰登"

民间灶神掌管多种事项,除主管饮食和丰收外,还能治病、驱鬼逐疫以及掌握人间寿夭。在众多的有关农作物收获的神灵出现并存的状况下,灶神主管丰收的原生职能一直留存在人们的信仰意识之中,直到近代,民间祈祷时还要说:"灶王爷今年走,明年五谷杂粮多带些来。"自古以来,祭饮食、祈丰收是上自天子、下到庶民的经常性祭礼,灶神是一个重要的对象。尽管后世保留和继承了形形色色的祈丰收的礼仪,但唯有在祭灶活动中保留了既祭饮食又祈丰收的双重信仰取向。中国历史上自然灾害频仍,造成农业经营靠天吃饭的总体倾向,一年耕耘的丰歉并不绝对与人们付出的劳动和心血成正比,生存始终是压迫人生的重大问题。因此,乞求五谷丰登便成为

---

① 《唐诗纪事》(卷六十),李廓《镜听词》。

人们的强烈愿望。然而，自然灾害对农业生产和人们生活的巨大破坏，又使人们陷入了迷茫之中，于是人们渴望神灵预先给予兆示，就派生出灶神预知丰歉、吉凶、休咎等职能。宋人陈元靓认为："灶者，五祀之首也，吉凶之柄悉归所主"①，把灶神看作掌管一家吉凶祸福大权的神灵，当然便具有了预知吉凶的功能。上述灶神的主要职能体现了中国的普通百姓对生存和生命的热烈关注与追求，饮食、疾病、长寿、收获、预卜吉凶等都是围绕着个体生命的存在和家族、家庭的绵延等重大问题，它们构成了乡里民众价值目标和生存意义的重要内容。这些因素相互渗透、凝聚便形成人们对幸福机遇的迷茫与渴望，由此形成了抽象性的祸福观念。

综上所述，民间灶神的信仰内容大致在汉代前后发生了重大转变，由远古较为直接的主管饮食和丰收，变成掌握人们寿夭祸福等较为宽泛的内容，灶神也从一位单型神（先炊）变成了复合型神（灶王），最终在唐宋时期完成了转变。在近代民间流行的灶王码上，不但灶王爷和灶王奶奶并列，子孙满堂，而且还有猪、狗、鸡等家畜相伴随，俨然是现实美满家庭的翻版，灶神便成了神人家庭的共同家长。灶神作为一个重要的家庭守护神，人们相信它能解决一个家庭所面临的一切困惑与苦恼，能保佑人们实现价值目标的追求，诚所谓："受一家香火，保一家康泰；察一家善恶，奏一家功过。"②从更深的层次看，灶神的权威主要是来自道德的自律和他律的社会调节功能。通过信仰，借助神灵的权威进一步强化道德的作用，以调节人际关系，维护正常的社会秩序、家庭秩序和生活秩序。人们信仰灶神主要是突出了长幼有序、孝亲慈子、夫妇和睦、为人向善等道德信条，构成了灶神所察"善恶"的主要内容。尤其值得注意的是，中国民间的神灵体系十分庞杂，天庭、人间、地狱、儒、释、道、巫、妖魔鬼怪无所不包，几乎达到无物不神的地步。然而，在人们相对较为重视的神灵中，唯有灶神没有公开的公共祭祀场所，但却受到了人们隆重的礼遇。其实，正如我们分析灶神称呼演变时所看到，作为"一家之主"的灶神是一个家神，以家户为祭祀场所，以每一家庭的成员为祭祀活动的参加者，以每一家庭为监察的对象，自然也是给每一个家庭赐福降灾。在没有公共祭祀场所相互烘托感染的气氛中巩固信仰，恰恰是由于它存在于人们赖以栖身归命的最小社会组织细胞——家庭；由于它以人们普遍认同和归属的血亲集团为眷顾惩罚的单元，而受到农业文明中以重亲情、安乡土、睦邻里为特征的乡土百姓的普遍重视。因此，灶神信仰更为集中全

---

① ［宋］陈元靓：《岁时广记》（卷七）。
② 转引自《中国民间诸神》，河北人民出版社1986年版，第259页。

面地体现着乡土社会的文化面貌,特别是乡土百姓的价值观念和取向。

(三) 从"上天言事"到"祭灶增福"

千百年来流传的灶神信仰,曾出现过许多反映人们现实需求与愿望的信仰内容,如祭灶治病、驱鬼逐疫、祈求长寿多子、五谷丰登等。但是,人们敬拜灶神的最大原因是相信灶神操有"上天言事降祸福,下界回宫保吉祥"的大权。在民间的信仰系统中,玉皇大帝乃是世间的最高主宰,监察着人间的秩序。人们相信社会秩序是靠天神的权威维系的,而天神权威显现的依据则是人事的善恶,特别是人类自身的道德涵养。在这种信仰机制中,灶神便是玉皇大帝权威的具体显现者,负责督察人间的善恶,以作为奖惩的标准。道教采纳了上述说法,《敬灶全书》云:"灶君……乃为一家司命之主,最为灵感,每月三十日将合家所为善恶,录奏天朝,毫不隐讳,降祥降殃。"该书收录的《真君劝善文》更明确地讲:

> 灶君乃东厨司命,受一家香火,保一家康泰,察一家善恶,奏一家功过。每逢庚申日,上奏玉帝,终月则算,功多者,三年之后,天必降之福寿。过多者,三年之后,天必降之灾殃。①

这种变化把民间模糊的"上天言事",具体为涉关一家安泰、平和、寿夭、福祸的举动,大大强化了灶神的权威。

人们的生活经验和信仰体验共同积淀了"灶"这种炊事用火设备的文化内涵,表现在民俗中,凡是与家庭兴衰有着重大影响的事项,均与灶有联系。试举民俗几例②:

> 庆圆灶:流行于四川各地。因天灾人祸而迁徙异乡之人,落居以后,要以"汤圆"祭灶,乡邻则送一些礼物,祝愿主人家能如"汤圆"一样圆满。
> 燎锅底:流行于中原及东北地区。凡迁居,主人要遍请亲朋好友至新居,用新灶新锅烧饭做菜,摆酒设宴一昼夜。民间以为燎锅底为迁入新居者此后丰衣足食之兆。
> 分家:财产分定,各家分别砌灶,各人以老灶抽取一两块旧砖砌进新灶,再从老灶引火点燃新灶柴禾(原文如此),并同时出烟,象征祖辈福泽兄弟均沾。

---

① 转引自《中国民间诸神》,河北人民出版社 1986 年版,第 258—259 页。
② 参见《中国风俗辞典》,上海辞书出版社 1991 年版,第 445、465、574、579 页。

立灶：流行于广西地区。父母去世后，兄弟分家，或父母在世时，儿子成婚后兄弟分家，均各立其灶，分家时宴请叔伯房族，尤需请母舅到场。儿媳妇们的娘家，须送锅头、水桶等厨房用具，由岳父母亲自送去，或派人送去，以此庆贺女儿独立持家。

此外，如民间流行的"三日下厨""铲喂""插谷草""涂灶墨"等习俗，虽程序方式有别，但均反映了相同的价值取向。由上述民俗可见，灶与阖家圆满、丰衣足食、延续烟火、祖福均享、独立持家、娶妻生子等内容有着密切的关系。灶神正是人们上述追求的显现者，崇拜灶神无非就是人们把灶神看成涉关家庭兴衰、五谷丰登、人丁兴旺的神灵。

值得重视的是，"祭灶增福"乃是灶神信仰的核心内容，所谓"上天言好事，回宫降吉祥"正是此意。灶君在民间俗神中通常被乡土百姓看作主持家政的神灵，对于一个农业文明中的家庭而言，所谓"家政"无非与人的生存基本条件紧密相关的各种事项。众所周知，家庭是农业社会的细胞，它既是一个生活单元，又是一个生产单元。在共同的劳动和生活中，家庭成员以血缘和姻缘关系为基础形成各种复杂而又相互重叠的人际关系，经济上的统收统支、共同劳动和平均消费，隐含着对个体价值存在的忽视，必然有在成员之间造成冲突与矛盾的潜在危险。父家长的权威与权力是依靠自然的血缘等级秩序的存在来维护的，父权是家庭秩序正常运作和凝聚家庭成员的动力，当然这种权力会受到以情感为基础的其他类型的人际关系的干扰。在农业家庭中，人际之间的关系主要以血缘和姻缘为纽带。属于血缘的关系有父子（女）关系、母子（女）关系、兄弟关系、兄妹关系、姐妹关系等，属于姻缘的关系主要有夫妇关系、叔嫂关系、姑嫂关系、婆媳关系、翁媳关系、妯娌关系等。其中尤以夫妇关系、兄弟关系、婆媳关系和姑嫂关系最为重要且易产生摩擦与矛盾。

第一，夫妇关系。夫妇关系的维护主要依靠两个因素。其一是丈夫要有能力养活妻子，所谓"嫁汉嫁汉，为的是穿衣吃饭，有了就过，没有就散"。[1] 其二是子嗣的绵延，如果妇女没有能力生养，特别是没有生育男孩，正常的夫妇关系便很难维持。对男孩的重视，实际上就是对血脉延续和财富价值承续的重视，正如民间俗语所说："要是兴，看后生；要是发家，看娃娃"；"有儿不算穷，没儿穷断筋"[2]。维系夫妇关系的根本因素就在于"娶妻

---

[1] 《中国地方志民俗资料汇编》（东北卷），书目文献出版社1989年版，第289页。
[2] 《中国地方志民俗资料汇编》（华北卷），书目文献出版社1989年版，第215页。

生子",养活妻子的目的最终要落实到血脉的延续上。乡土社会对子嗣的执着的确达到了惊人的程度,以至于成为人生的重要目标。个人存在的价值就体现在首先完成从上代到下代的血脉传递,夫妇关系只有在这种条件下才能延伸出其他存在的意义。

第二,兄弟关系。在农业家庭中,成年兄弟是家庭的重要成员,主要的家务和家庭生产活动都由他们来承担。因此,兄弟关系的好坏便直接影响到家庭的生活质量和秩序的和谐。在民间流传的俗语、民歌中便有大量的基于生活经验而产生的有关兄弟关系重要性的内容,诸如"兄弟不睦家业破,夫妻不和孩子多""好男不吃分家饭,好女不穿嫁时衣"等。有一首歌谣还这样唱道:"一锅饭,满屋香,哥哥弟弟都来尝。哥哥吃饱弟吃饱,不打架,不争吵,一块玩,一块跑,爹娘看看好不好。"[1]兄弟关系是父母关注的大事,兄弟关系决定于父母在财富和消费方面对每个儿子的态度,以及依靠自己的权威来加以调节的能力。兄弟关系的好坏决定着家业的兴衰。

第三,婆媳关系。这对关系恐怕是各种关系中最为复杂而最易产生矛盾的关系。媳妇为外来人,面临着与自己丈夫的母亲争夺丈夫宠爱的难题。一般来说,被丈夫的母亲接受是相当困难的,除了两代妇女意识深层的敌意外,在现实生活中还取决于媳妇勤快伶俐的程度和生育后代的表现。因此,孝敬公婆、勤于家务和出色的女工,往往成为乡谈间议中理想媳妇的形象,恰恰说明众多的青年妇女不可能达到这种理想状态。"娶了媳妇忘了娘"这句流行性口头语,深刻地揭示了婆媳关系的冲突,她们关系的好坏往往成为一个家庭聚散的重要因素。

家庭内部的各种人际关系,关系到一个家庭的致富发家、人丁兴旺、和睦相处和世代绵延。正确、妥善地处理各种关系中的矛盾冲突,以维护家庭的正常运转,便成为以家庭为单元的人们生存绵延的必要条件,"家政"就是与此相关的事务。在现实生活中,矛盾的普遍性和经常性使得各种关系的处理并不尽如人意,父家长的权威也并不总是有效。于是人们便借助于神灵的力量,希望灶神的"法力"能理顺家庭内部的各种关系。可以说,所谓祭灶增福,就是增那些与"家政"有关的"福"。"福"的概念在乡土百姓的意识中既是朦胧的又是确定的,它包含着十分广泛的内容,在俗语中表现得十分丰富多彩:"减衣增福,减食增寿"[2]"图福就有祸,福祸相连""不在庄伙,不

---

[1] 以上内容分别见《中国地方志民俗资料汇编》(华北卷),书目文献出版社 1989 年版,第162、76、131 页。
[2] 《中国地方志民俗资料汇编》(东北卷),书目文献出版社 1989 年版,第 38 页。

在宅子,全在有福的孩子""请人是福,扰人是祸""千舍千有,万舍增福""一福压百祸,一善制千恶""一人有福,拖带满屋""一分胆量,一分福""遍地黄金走,但等有福人"①"没病休嫌瘦,平安即是福""街坊为重,忍事是福,量大福亦大""不贪能致福,滥费必受穷""有好儿孙方是福,无多田地不为贫""家内有罗琐虫,保管一世不受穷。不听老人言,饥荒在眼前,老人口内有福田"②。将上述内容归纳起来,可以发现,乡土社会的"福"包含着财富价值、生命价值、伦理价值和机运价值等内容,是一个复合型价值取向的综合表达,其内容主要是与农业家庭的重要生活内容及其人际关系密切相关。家族血亲伦理观念的发达,农耕经济所要求的相互协作的整体性活动的生存方式,都把整体利益高于个体利益的观念固化为某种不可逾越的信条。人们希望通过灶神来维护这些信条、规范以及与此相适应的道德的规定性和权威性,以满足人们对秩序和谐的追求。

　　总之,灶神信仰和祭灶风俗之所以能绵延不绝,正是因为它集中体现着乡土百姓的价值追求。作为家神的灶君,对一个家户来说有着其他神灵无法取代的地位。因为,它毕竟与人们生存的直接(饮食)或间接(火)条件联系在一起。家庭的日子过得富足兴望被称为"红火";家庭后嗣有人、子孙繁盛则称为"烟火鼎盛"。甚至形容生活的最高享乐也离不开"饮食"和"火",俗语说"暖窑热炕一盆火,稀粥咸菜泡蒸馍"③,认为这就是人生至乐。对一家的评价通常也以灶间厨房洁净与否为标准,所谓:"进去门,四下抢,先看锅碗后看人。"④至于形容家道的衰败中落,也多用"倒灶""卖灶锅""断香火"等来形容。在靠天吃饭的程度极重的农业社会,人们的生存,即吃、穿、用、住是长期困扰人生的大问题。而吃的问题尤为突出,因此曾在人类进化过程中起着重要客观作用的灶,自然成为人们崇拜的对象。随着时间的推移,衡量家庭温饱的物化标准也与吃发生了紧密的联系,吃得好,不但标志着生活的稳定和家庭的美满,而且成为生活幸福的重要象征,灶便具有了超越它的物理特性的文化含义。灶神的功能主要围绕着家庭事务,对家庭的兴衰沉浮、婚丧嫁娶、生活饮食、收禾耕耘、寿夭灾病等都有控制权,灶神的确是一位显赫的家庭保护神,是维护家庭和乡村秩序的重要信仰对象。

---

　　① 《中国地方志民俗资料汇编》(华北卷),书目文献出版社1989年版,第121、162、505、506页。
　　② 《中国地方志民俗资料汇编》(中南卷),书目文献出版社1991年版,第86、105、106、203、217页。
　　③ 《中国地方志民俗资料汇编》(西北卷),书目文献出版社1989年版,第134页。
　　④ 《中国地方志民俗资料汇编》(西北卷),书目文献出版社1989年版,第313页。

第十四章　乡土信仰的本土性、外来化及其裂变

中国自古以来从没有出现过宗教势力支配国家和社会的现象。但古代中国存在过的宗教却五花八门，既有土生土长的道教和民间流传的秘密教门，又有外来的佛教、基督教、伊斯兰教、景教、祆教和摩尼教，再加上所谓半宗教性质的儒教，构成了中国宗教信仰五花八门的景象。民间信仰植根于中华本土文化，没有严格意义上的宗教形态，却有着相同的信仰机理，是百姓精神世界的重要组成部分。从历史发展的纵向看，民间信仰源于原始神灵信仰，由自然神崇拜到社会神崇拜蔚然成习、相沿成俗，深刻地影响着乡土百姓的日常生活和精神生活。历代统治者顺势而为、因俗而治，把神灵信仰纳入治理策略的重要选项，通过设立国家祭祀礼仪、控制宗教活动、打击民间秘密宗教等举措，引导民间信仰向着有利于统治秩序维护的方向运行。在民间信仰生成与演化的过程中，受到了各种本土的和外来的宗教信仰的影响。道教本来就是以民间信仰为根基，再加上人为创造而系统化的。道教描绘的洞天福地大体可分为天上仙宫、海上仙岛和凡间仙窟的三维空间结构，并分别有三十六洞天、十洲三岛、十大洞天、三十六小洞天、七十二福地等诸多胜景，对乡土百姓有着巨大的吸引力，道教诸神也成为民间神灵信仰的重要对象。儒教基于百姓的日常伦理生活，再加上长期占据着意识形态的主导地位，其所倡导的伦理信条自然也被纳入了大众信仰的范围。民间秘密宗教既有独创信仰对象（如无生老母），又大量吸收其他各大宗教的内容，以一种隐蔽的存在方式持续地影响着乡土百姓的精神世界。特别是在社会动荡、灾害暴发的时期，民间宗教往往成为百姓发动反叛活动的重要组织形式。外来宗教影响最大的当属佛教和基督教。佛教自东汉传入就开始了中国化的过程，它所描绘的佛国净土，包括西方极乐世界（阿弥陀佛）、东方香积世界（阿閦佛）、南方欢喜世界（宝相佛）和北方莲花世界（微妙声佛）。佛教的三世佛有横三世，即东方净琉璃世界的药师佛、娑婆世界的释迦牟尼佛和西方世界的阿弥陀佛；竖三世佛，即过去的迦叶诸佛、现在的释

迦牟尼佛和未来的弥勒佛。其中的西方极乐世界、劫变观、观音菩萨和弥勒佛等信仰内容对乡土百姓的影响可谓持久而深入，融入了乡土民众的日常生活意识。盛于明清的基督教不但造就了一个新的信仰群体，而且造成了民间信仰的分裂甚至对立，极大地改变了部分乡土民众的政治意识、信仰意识和生活意识。民间信仰的状态与变化影响着乡土民众对社会秩序、村落秩序和家庭秩序的态度，既是古代乡村治理最重要的精神资源，又有干扰乡村治理的因素和形式。本章就几个重要的民间信仰现象略作探讨，以期揭示古代乡土百姓精神世界的一个侧面。

一、岁时民俗中的民间信仰——以华北地区为例

民间信仰作为普通百姓精神世界的重要组成部分，长期以来支配着人们的情感和行为。民间信仰不同于各种宗教信仰的地方在于它的弥漫性和全体性，而这是人们接受宗教信仰的基础。它的深层构成了普通百姓的认知模式、价值取向、心理准备状态和思维方式，而它的表层则表现为岁时、节令、风俗和日常生产、生活行为。几千年来，民间信仰通过吸收、分化、演变、融合和渗透等复杂的整合过程，内化为支配人们精神生活和物质生活的常识性知识，这是人们认识和感知外部世界的出发点与过滤器，从而使民间的日常行为蒙上了一层浓重的神秘色彩。民俗活动从一个侧面展示了民间信仰的基本特点，并通过这种外在形式使信仰力演化为广泛的习惯性乡土文化氛围。"十里不同风，百里不同俗"，本书无力对全国各区域的民俗信仰进行全面探讨，仅就华北地区岁时民俗中体现的信仰意识及其特点略述浅见。

（一）华北民俗中的信仰特点

民间信仰是指普通百姓对某种超人间力量的极度崇信，往往表现为偶像崇拜。不同于世界其他民族和经典宗教的地方在于，中国民间信仰的神灵品类繁复、名目繁多，据宗力、刘群两先生统计，民间信仰的神灵约10大类200余位，还不包括历朝历代正典所祀和影响较小的神灵，至于深入民间的佛、道诸仙等更是没有全部罗列。[①] 当然，并不是每一位神灵仙怪都对民间产生很大的影响，只是那些化变为节令习俗中崇拜的神灵鬼怪，才会对民众的精神生活和日常行为产生广泛而又持久的影响。

不同地区崇拜神灵的侧重点是受该地区特定的地理环境和历史条件制约的，在某一地突出崇拜的神灵，在另一地就可能被一般对待。如河北北部

---

① 参见宗力、刘群：《中国民间诸神》，河北人民出版社1986年版。

的宣化、赤城、龙门等县特别重视龙神,方志载"俗尚龙神,各城堡俱建庙,秋成后,必醵钱演戏,以报神庥";"俗尚龙神,凡村堡城市多建龙王庙。秋熟无不醵钱作会,唱戏赛神,其祭尤谨"。① 祭祀十分隆重,表明干旱是这里最严重的自然灾害。而广宗县情况却稍异,"各村偶像,所在多有,以土地祠、关帝庙为最多,余如真武、菩萨、碧霞元君、泰岳行宫、水火三官等次之"②,不见有龙王庙的记载。并不是说该县没有水旱灾害,而是说更重视土地神和关帝。土地神崇拜尽管也有祈雨的内容,但其主导倾向是感谢大地的丰厚赐予,即"人非土不立,非谷不食,土地广博,不可遍敬也,五谷众多,不可一一而祭也,故封土立社,示有土地"③,其侧重点显然与龙神不同。但是,这种差异又由于民间信仰的另一个特点而显得不十分重要了,即神灵主管内容的互渗性。民间神灵并不是一神专司一事,而是数事甚至"全事"兼管。这样,尽管侧重崇拜的偶像不同,而表达的愿望却是相同。仍以祈雨为例,如新河县:

  曝龙王像烈日下,村人不食辛味,信女每日以帚扫床炕。三日后抬龙王像游行,会首事人,会末人从护之,仪仗前导,锣鼓喧天聒耳,观者如堵,群呼求雨口号。④

在活动中,以龙王为主体,仪式热烈,规模宏大,反映了祈雨的焦急心情。然而在沧县,同样是祈雨,在相似的仪式中,主神却变成了关帝:

  五六月间旱,乡民乃祈雨。先有一二无赖子夜入关帝庙,负偶像村外,翌晨,村人相惊曰:"关帝至矣!"乃结芦棚,击铙鼓,抬香案到偶像前。罗拜祈祷毕,舁偶像置之香案上,折柳作冠加像首,抬入棚。……四之日,乃出巡,意使关帝见旱槁之景象也。⑤

其后还有大批随从人员,扮装各路神仙一同巡游,显然,在这里关帝代替了龙神的功能。而在山西的闻喜县,麦秋两收后都要以演戏的方式向神表示酬谢,"久旱祈得甘泽,亦多演戏谢雨"。一般由村社联合迎神酬谢,方法是

---

① 《中国地方志民俗资料汇编》(华北卷),书目文献出版社1989年版,第134、138页。
② 《中国地方志民俗资料汇编》(华北卷),书目文献出版社1989年版,第535页。
③ 《风俗通义·祀典》,引王利器校注《白虎通·社稷》。
④ 《中国地方志民俗资料汇编》(华北卷),书目文献出版社1989年版,第514页。
⑤ 《中国地方志民俗资料汇编》(华北卷),书目文献出版社1989年版,第377页。

"分年轮接一神","所接神有后稷、有成汤、有伯益、有泰山、有金龙四大王,又有澹台灭明、五龙、五虎、石娘娘等神。关庙虽多,而接者少"。① 所列众神灵轮流受享,说明它们既有社神的功能,又有龙王、雨神的功能,足可见崇拜的对象尽管不同,却都反映了民众心理上相同的要求。

民间信仰的上述两个特点决定了乡里民众在吸收外来宗教时所表现出的粘合性,即着重吸收与自己信仰心理相符合的教义,把它们粘合在自己的信仰体系之中,以符合自己的功利性目的。佛、道二教虽然在中国畅行了上千年,但是,它们却未能系统地、独立地、完全地占领乡土民众的心理世界。中国民间信仰以它独特的面貌和中国传统的信仰机制,活跃于表层被佛、道二教垄断的乡土社会的底层,这一点在乡间民俗活动中表现得尤为突出。

(二) 民间信仰在民俗活动中的体现

民间信仰在民俗活动中的表现主要体现在岁时民俗上,伴随着烧香拜神礼仪,还要进行娱乐、贸易和禁忌等活动。岁时民俗反映了丰富的信仰观念,以近代河北万全县为例②:

正月

元旦　择吉时接神。院内供天地,屋内供诸神,以财神为重;然后向本日喜神所在位拜之,次拜四方诸神,再及天地、财神、灶君、神主。水饺内藏一制钱,食时发现之,即有福之兆。

破五　送五穷;纸扎妇人,身背纸袋,装屋隅秽土,燃炮炸于门外。

初八　祭星。晚,以绵纸拈成花形,蘸以麻油明之,共百零八支,焚香祝之。

初十　晚,俗为老鼠娶妇,置米面于地,焚香祝鼠,并蒸小面丸十个供之,免终年鼠扰。

灯节　商肆、寺观皆悬灯结彩,焚香供神。

元宵　购元宵供神,商肆接财神,一般人只于昨日上供,今早烬纸。

十六　走百病。

二十　小填仓。

二十五　老填仓,各焚香祭神。农户、粮商、粟贩为最虔,皆在仓屋或米囤旁焚香设供,以祭仓神,而冀发达。年节间妇女停止针线活,"忌

---

① 《中国地方志民俗资料汇编》(华北卷),书目文献出版社 1989 年版,第 700 页。
② 《中国地方志民俗资料汇编》(华北卷),书目文献出版社 1989 年版,第 205—209 页。

针";元旦后,择吉扫墓,"拜祖"。

二月

二日　龙抬头,焚香供神,妇女切忌针凿,恐刺龙目。

三月

清明　扫墓。归取柳枝编小圈连环七个,悬于屋隅,以除不祥。谚"清明不插柳,死后变黄狗"。

四月

十八　奶奶庙会,焚香、送供及历年所许之愿物,为子孙祈福,多加保佑。

五月

五日　家家门前插蒲艾,贴五雷天师符,以禳不祥,人皆饮雄黄酒,并用之书王字于儿额,或涂耳鼻,或抹墙壁,取意皆在禳不祥,避毒虫。俗传是月多不祥,有"恶五月"之称,故言语行动人皆注意。

七月

初七　牛郎会织女。乞巧,卜女工之巧拙。

十五　中元节,扫墓送纸,城隍出巡。盂兰会,超度孤魂。

八月

十五　悬月光纸于厅前,上为印制月官,内绘玉兔,下绘太阳星君及关帝夜阅《春秋》,明烛焚香祀之。月光普照时,取月纸,跪焚之。

九月

初九　登高避瘟。狐仙诞日,巫家悬灯结彩,鼓乐宣天,愚夫、愚妇送供甚丰,并厚赠巫。

十月

初一　祭扫祖茔,送寒衣。城隍末次出巡,同清明、中元及本节所作之事,皆关系神鬼,故皆谓之"鬼节"。

十一月

冬至　与清明同,无定期。

十二月

腊八　腊八粥,并祀诸神及祖先。又于墙壁、树木、门环等处涂粥少许,以禳不祥。是日,又为韦陀(驮)会,寺僧诵经作佛事。

二十三　祭灶,求善避恶。

上列仅是岁时活动中与信仰直接相关的民俗。可以看出,几乎一年中的所有重大节日都与信仰意识有关系,《万全县志》的作者曾叹曰:"统观各岁时

之一般举动,无不涉及神异,迷信之深,洵可笑亦复可怜。"①由岁时、节令活动可以看出,民间信仰包括这样几个内容:

1. 最突出、最频繁的是祖先崇拜

节令中,涉及祖先崇拜的专门节日就有 4 个,即清明节的扫墓、修坟、祭祖、送纸;中元节祭祖、扫墓、供主、送纸;十月初一送寒衣;最后在冬至时再进行一次扫墓活动。此外,元旦过后,要择吉日拜祖;端午节以角黍(粽子)祀祖先;腊八时"并祀诸神及祖先"等,这些还不包括隆重的丧礼和烦琐的祭礼中专门关于祖先祭祀的各种民俗活动。祖先崇拜是一种古老的信仰,明显与灵魂观念有着不可分割的关系,"清明、中元及本节(按:送寒衣),皆关系神鬼,故皆谓之'鬼节'"。远古初民普遍具有万物有灵的观念,把一切都看成是有生命的活的物体,都具有与人类相似的游荡于躯体之外的另一种生命存续的形式——灵魂,它无处不在、无时不存,从而导致鬼神崇拜多元发展的趋势。在这种基本观念的支配下,由于人们对生殖过程和生命现象的困惑、不解和惊惧,同时又对人口增殖的结果感到需要和满足,很自然地就会把世间的一切都看成先祖先妣在冥冥之中保佑的结果,由此,进一步把现世子孙的福寿好运都看作祖先保佑的结果。到了后世,崇拜祖先,一方面认为祖先是血缘之本,如《元子公家范》说:"祖宗,人之本也,族人,吾族一本之分也"②,因此,祭祖祀祖是为了"报本",如《李氏家规》就说:"尊祖敬宗,所以报本"③;另一方面,祭拜祖先是要报答和感谢祖先的盛德和灵魂保佑了后世子孙享有的一切,《谢氏家训》中说:"人所以传家守业,世泽绵长者,无不由祖宗积累所致,故为子孙者,不可一日忘祖"④;《元子公家范》也认为:"世有显亲扬名称贤子贤孙者,由其祖宗积德。"祖先崇拜一方面反映了民间信仰中"泛灵论"的根深蒂固和影响深刻;另一方面也带上了功利主义色彩的目的——为现世子孙祈福免灾、鸿运昌盛。这一崇拜是民间信仰中的主流和基本信仰。

2. 功利主义式的多神崇拜和注重现世的基本信仰态度

如接财神,特别是经商者,专门在元宵节将财神接回家中;填仓,"尤以农户及粮商、粟贩为最虔","祭仓神,而冀发达";祭灶王爷表现得最为明显且具有普遍意义。"送灶君时,并频频祝曰:好话多说,坏话少讲。故供糖之意,亦在借糖之粘性以粘其口,免在玉皇前呶呶不休。"敬神本应是很虔诚

---

① 《中国地方志民俗资料汇编》(华北卷),书目文献出版社 1989 年版,第 209 页。
② 嘉庆八年《浙江杭州闻氏族谱》(卷一)。
③ 道光二十九年《龙河李氏族谱》(卷一)。
④ 民国二十二年《长沙谢氏续修族谱》(卷一)。

的事,但是,为了现世的目的,为避罚求赏,不惜玩弄一点花招贿赂神灵,表现了强烈的功利主义的倾向,也是乡里民众日常意识中避虚务实的观念在信仰中的体现。

3. 佛道众仙的信仰被民间信仰所融合与吸收

佛教教义对中国文化影响最大的就是因果报应和生死轮回的说教,正如乡谚所说,"清明不插柳,死后变黄狗"。佛教把人的发展升华分为十个层次,即十界——地狱、饿鬼、畜牲、修罗、人、天、声闻、缘觉、菩萨、佛,这既是一种精神状态又是人发展升华的阶梯,上下开放。佛教华化后,投胎转世的说教对中国百姓产生了深刻的影响,成为人们的一种精神寄托,变狗就意味着"下辈子"将以"畜牲"的形式生存,这显然是人所不愿的。因此,消极巫术在这里发生了作用,用插柳枝来避免死后变黄狗。这表明佛教的观念虽然被中国民间所接受,但却由于传统巫术信仰的作用而削弱了它的恐怖色彩。再如七月十五的"盂兰盆会",一般是以寺院僧人的活动为主,但在华北的某些县区的民俗中亦把此会作为一个盛大节日。这一节日的形成就是依据佛经上的"目莲救母"的故事原型改造而成的。其最初的重点在行孝上,《盂兰盆经》云:

> 目莲比丘见其亡母生饿鬼中,即以钵盛饭饷其母。其母食米入口化成火炭,遂不得食。目莲大叫,驰还白佛,佛言:"汝母罪重,非汝一人所奈何,当须十万僧众威神之力。至七月十五日,当为七代父母现在父母厄难中者,具百味五果以著盆中,供养十方大德。"佛敕众僧皆为施主咒愿七代父母,行禅定意,然后受食。是时,目莲母得脱一切饿鬼之苦。目莲白佛,未来世佛弟子行孝顺者,亦应奉盂兰盆,可否?佛言大善。①

佛教原来是以四大皆空为重,不以人世为意。而这则佛经故事却明确强调要孝顺在世父母,敬祭七代父母,否则父母就会入地狱、变饿鬼,完全符合宗法血亲关系浓厚的中国乡里百姓的口味,且与祖先崇拜和信仰不矛盾。在佛经故事通过各种艺术形式深入民间的时候,这则故事的内容又发生了微妙的变化,把七月十五日讲成是众佛僧下界替人间降福的日子。如变文中的《大目乾连冥间救母变文》就说:

> 夫为七月十五者,天堂启户,地狱门开,三涂业消[十善增长],为众

---

① 《中国地方志民俗资料汇编》(华北卷),书目文献出版社1989年版,第70页。

僧咨下此日会福之事，八部龙天，尽来教福。[承供养者]现世福资，为亡者转生于胜处，于是盂兰百味[饰贡于]三尊，仰大众之恩，先救倒悬之窘急。①

由于目连救母的感人事迹，佛教便把这一日作为派众僧解民倒悬、降福消灾的日子，进一步迎合了乡里民众避灾趋福的心理需求。到了明清时期的乡间，人们进一步将节日的内容向"驱鬼"的方向演化，这一天"人家则剪红纸，拈作灯花，蘸油散之，自内而外，门、户、沟、灶皆遍，云鬼抱灯花去"②。佛教的节日通过有选择的吸收成为民间以颂扬孝顺、驱逐鬼怪、消灾趋福为主要内容的节日活动了。在道教众仙中，华北地区比较注重的是碧霞元君，她的祭所或称"东岳庙""娘娘庙"，或称"奶奶庙""天仙圣母庙"等，不一而足。道教有《泰山宝卷》备载泰山娘娘的灵迹，该神的信仰虽然起源甚晚，但被道教列为众仙的重要一员：

元君盖治世大福神也。……汉明帝朝善士石守道妻金氏，于中元七年甲子四月十八日子时生女，名玉叶，生而慧颖，三岁解人伦，七岁通诸法。凤夜虔礼西王母，十四岁依曹仙长，入天空山习修炼。道成上升，凭灵泰岱，世震灵响。③

道教是来自中国民间信仰的土生宗教，因此，比较接近民间的信仰心理和特点。碧霞元君天生聪颖，苦心修炼，以凡人之身得道，这本身就有很大的诱惑力。特别是她能使妇女多子，使人受福，人们对她祭祀才会如此隆重和普遍。如北京附近的妙峰山的"朝顶"就是最隆重的求子、求福、求寿的民俗活动。华北地区其他地方也有规模不一的娘娘庙会，届时"各地住户皆到奶奶庙，焚香送供，以及历年所许之愿物，如替身、鸡羊、纸花、橡檩等，为子孙祈福，多加保佑"，成为人们希望子孙旺盛延绵不断和祈福避灾的重要节日。

4. 民间信仰中还保存着大量的巫术信仰

巫术是沟通人神的一种中介，是人们希望驾驭自然力量，使之为人所用，保护人类不受意外伤害的手段。在我国民俗信仰中，巫的信仰十分普遍，"巫蛊势力弥漫全境，信者奉之若神，视为万能，一举一动莫不惟巫者是

---

① 《敦煌变文集》（下），人民文学出版社1984年版，第714页。
② 《中国地方志民俗资料汇编》（华北卷），书目文献出版社1989年版，第262页。
③ 《古今图书集成》（卷二十一），引沈应奎《再谒元君存议》。

问"。巫蛊活动的主要目的是为人治病消灾,方式之一就是降神附体,"所降之神,非此处狐仙即彼处神怪",以致乡民把九月九日定为"狐仙诞日",大加崇拜。尤其是巫蛊之家"悬灯结彩,鼓乐宣天,愚夫、愚妇送供甚丰",表现出某种执着性的状态。此外还有所谓"下阴者",俗称"活角","角亦蛊之属,与巫同流者也",他们主要是利用灵魂出窍的说法,为生病者招魂去病;又有所谓"阴阳"者,俗称"二宅","此辈行为似为一种宗教,然非佛非道,所诵之经亦无标准……为人祈祷,超度死者"。① 这种信仰以灵魂不灭和灵魂无处不在的观念为基础。在中国人的心目中,孤魂恶鬼往往是灾病的附带者,是带来病痛和生理不适的根源,只有术士巫蛊通过特定的方式请来神仙,才能将其驱逐或消灭。其深层意识反映的是对人的寿命短暂的某种焦虑,希望长生不老,身体不坏,至少是享尽天年,不被意外的灾病缩短自己应享的寿数,从而使这种信仰达到了令人迷狂的程度。在节令活动和风俗中也处处表现出了这种避不祥、求福寿的倾向和心理状态:元旦吃水饺,"内藏一制钱,食时发现之,即为有福之兆";破五送五穷,是通过联想而实施的一种巫术行为,似乎将屋隅秽土扫地出门,就可以将穷气逐出,将福财迎回;初十的祭鼠,供小面丸以示好,其深层含义是为祈求粮食的完好,而"民以食为天",保护粮食就是珍视人类的生命本身;年节期间,妇女"走百病",也是通过摸门钉、过街桥等巫术性行为,免除病魔缠身之苦。清明、端午的编草环、插蒲艾、贴五雷天师符、饮雄黄酒等都是为了"除不祥""禳不祥";还有腊八节,用腊八粥涂少许于墙壁、树木、门环等处"以禳不祥",等等,这些都是通过巫术性行为达到避灾趋福的目的。不同于西方人类学家关于巫术理论的地方在于,中国民间的信仰并没有把巫术明显地分离为消极巫术和积极巫术,而是混杂在一起,这就导致由信仰中产生的民间禁忌有了两重性:行为是积极的(如插柳和蒲艾、贴符、涂粥等),而目的是消极的,以不受侵害为目标。

(三)民间信仰呈现的乡土百姓的精神世界

我们从民间信仰的对象本身的两个特点和民俗中信仰的基本内容这两个角度可以发现,在广大华北地区,由民俗活动中表现出的信仰意识是日常状态下的最一般,然而又是最稳定的观念体系。信仰的形式和内容以及对象是千差万别的,但是,信仰的深层意识却反映了共同的愿望:追求以人身为中心的福、寿、财、禄,避灾病趋祥瑞,反映了中国百姓对人的生命及其延绵的深切关注和执着追求。然而,在信仰的态度上却表现出了某种非宗教

---

① 以上见《中国地方志民俗资料汇编》(华北卷),书目文献出版社 1990 年版,第 219 页。

的功利主义和现世主义的倾向,这又使民间信仰的神秘光环黯然失色。这种信仰在百姓看来既不神秘,也不怪诞,完全融合在他们的日常意识之中了。正是这样的特点才造就了中国乡土文化的特定面貌,也就是历来被士大夫阶层视为"迷信"的文化景观。任何外宗教(包括佛教、摩尼教、伊斯兰教和基督教)和土生土长的经典性宗教(如道教)以及民间教门(白莲教、罗教、八卦教、斋教、在理教等),如果想在乡土社会中扎根传播,就必须以乡里民众的信仰心理和特点为中心改造或重新构建自己的教义。正如《万全县志》的作者所说:

> 普通虔心奉教者,百不一睹,非贫困无聊者所希冀,即触犯刑章借作护符。至对佛道更不重视,除疾病请保佑外,所有诵经求符皆视为一种粉饰之具,无关信仰也。①

尽管他将佛、道两教对中国民间的影响估计得过低,但是,应该看到,中国的乡里民众对成佛成仙并不十分感兴趣,而是只对人间福寿和来世轮回的结果感兴趣,这就是千百年来巫婆神汉屡禁不绝的原因之一。佛、道两教只给民间信仰输入了一些新材料和偶像,并没有从根本上改变民间信仰的核心和方向。而民间教门虽然是以民间信仰为依托发展起来的,但是,一方面它们的教义多来自佛道及摩尼诸教,另一方面它们又把散见于乡里民众日常意识中的信仰意识加以凝聚、改造和创新,从而使它的面貌基本上脱离了民间信仰的常态而成为异质宗教。尽管它能巩固民间信仰的某些内容,但是,终究不可能取代民间信仰成为乡里民众普遍、共同的信仰,这也是这类教门总是处在秘密的或是半地下式的原因之一。民间信仰是属于观念系统和心理结构上的潜在形态,它质朴地、直观地反映了中国的乡里民众对自然、社会和自身的总体认识,它的外化表现在日常的生产、生活和民俗活动之中,它的内化则形成了中国百姓特定的思维方式、行为方式和价值取向。它的这种强烈的文化造就过程,构成了一种世界历史上少见的恒定性信仰现象,持久而又稳固地深藏于中国的乡土文化之中。

二、僧侣"演经"活动与佛教文化在中土的传播

中国民间讲唱技艺源远流长、欣欣向荣,经过千百年的锤炼,形成了极具乡土文化气息的文化支流。讲唱作为一种艺术表演形式,自古以来就是

---

① 《中国地方志民俗资料汇编》(华北卷),书目文献出版社1989年版,第219—220页。

我国民众喜闻乐见的娱乐方式,而讲唱的文学形式也经久不衰地在民间广为流传,直至现代仍深受社会大众的喜爱。1990年岁末,当笔者随中日乡村民俗文化田野调查团赴华北乡村捕捉民风的时候,为不识字的乡村父老所讲述的生动活泼又内容广泛的各种传说、史事、神话所震惊。乡民们的讲述涉及佛经故事、历史人物和事件、神话故事、民俗风情、孔圣仙道等,在讲述的过程中使人深深地感受到了中国传统文化的脉搏在亢奋地跳动。千百年来,文化似乎主要是靠文字记载和教育活动来传播的,然而对于乡土民众而言,上层社会的"高雅""艰深""系统"的"宏论"却是十分陌生且难以接触而习得的。那么,是怎样的渠道使社会下层的普通百姓获取了这些文化信息呢？这一问题引发了浓厚的研究兴趣。讲唱技艺及其文本是自唐代以后流行民间的影响最大的一种文学艺术形式。令人感兴趣的不仅在于其表演水平、写作技巧和遣词造句,更在于讲唱的内容通过特定的形式把许多重要的观念和文化信息传播到民间社会,不但使文化传统以这种方式得以传承,而且构成了乡土社会精神面貌的重要部分。我们试以僧侣的演经活动为例来观察佛教文化民间化的过程。

演经,顾名思义就是表演佛经,它的出现最早可以追溯到南北朝时期,而盛行于唐朝的寺院和道场中,北宋时渐趋衰微,到宋真宗时明令禁止演唱佛经止,这种传播佛教教义的形式流传了数百年之久。要想弄清和尚演经的来龙去脉,就必须从佛教传入中国后所经历的曲折兴衰谈起。可以说,演经是早期中外文化相互碰撞而产生的火花。佛教自东汉时传入,历经三国、两晋、南北朝约350年的发展日渐昌盛,不仅信教者与日俱增,天竺、西域僧人也纷纷东来,而且中国"土产"的僧侣中也涌现出许多著名的高僧,佛教经典的翻译更是成了一件文化盛事,经久不衰。和尚演经主要盛行于唐朝,当时的僧侣除了注重在皇帝面前当堂与儒、道两家进行辩论,在佛理上相互探讨外,还把眼光投向了一般僧众和世俗男女,根据不同层次的需要选择演经的内容,以此来普及佛教的基本要义。

(一)佛教的早期传播与译经活动的兴盛

手拿念珠、嘴里喃喃有词是我们熟悉的和尚形象,怎么又有演经的举动呢？说起和尚表演佛经活动的缘起,就得从佛教传入后在南北朝和隋唐时期传播的特点与状况说起。首先,我们看佛教传播的情况。南北朝时期是中国佛教的重要发展时期,不但信教者日众、高僧辈出,而且译经、讲论的风气也日趋浓厚。北魏时,仅洛阳一城就有大小寺庙上千处,足可见佛教发展的盛况,这种发展趋势在隋唐时期仍保持着强劲的势头。佛教的兴衰与皇帝个人的好恶有着很紧密的关系,像梁武帝就曾舍帝位而遁入沙门,军民臣子自然也会跟风仿效。隋唐时的诸皇帝大多采取扶持佛教的政策,至少保持了宽容的态度,为佛教的广泛传播提供了前提条件,于是佛教文化借助于皇权和朝廷的支持而迅速蔓延。隋文帝时,下令凡名山之下必立一寺,100多个州各立一座舍利塔,终隋文帝一世建寺 3 792 座,出家人总数达 23 万之众,撰写经卷 132 086 卷,修订原有旧经 3 853 部,还塑造佛像 106 568 躯。他的儿子隋炀帝更是大肆倡佛,遂使佛教在中土出现了空前繁盛的景象。①唐朝建立后,随着社会经济的恢复与繁荣,加强了与西域各国及印度的贸易和文化交流,佛教的流行更为广泛,唐朝大诗人杜牧有诗云:"南朝四百八十寺,多少楼台烟雨中。"描绘了南朝寺院的繁盛。其实,对唐朝寺院的发展来说已是小巫见大巫了。《新唐书》记载当时信教者的状况是:"王公士人,奔走膜吹,至为夷法,灼体肤,委珍贝,腾沓系路",此时的佛教已经渗入了社会的各个阶层。据唐朝历史文献的记载,到唐武宗时,全国共有僧尼 260 500 人,大小寺院 44 600 所,足见其繁盛的景象。② 因此,早在唐初,李世民就曾感慨地说:

> 至如佛教之兴,基于西域,爰自东汉,方被中华。……暨乎近世,崇信滋深。人冀当年之福,家惧来生之祸……始诵于闾里,终风靡于朝廷。③

唐太宗的这段话反映了当时佛教已经楔入了社会生活的方方面面,变成了人们日常生活中不可或缺的内容。其次,我们看佛经翻译活动的情况。从西晋到唐朝以前这几百年间,佛教传播中的另一个特点是译经活动大兴。佛教经典的翻译活动早在汉朝就开始了,相传最早翻译佛经的是天竺僧人摄摩腾(迦叶摩腾),他在东汉都城洛阳的白马寺翻译了《四十二章经》。东汉的恒帝、灵帝时期(147 年以后)出现了翻译佛经的第一个高潮,涌现出了安世高、支曜、安玄、康巨、严佛调等一批著名译经者,此后译经活动便呈燎原之势迅猛发展。从西晋南渡(318 年)起,到隋灭陈(589 年)止约 270 年间,南北朝时知名的译经者就达 96 人,共译经 1 087 部,3 437 卷,大大促进了佛教的传播。

随着佛教传播日广、译经日多,东来的印度佛教文化便开始与中华的本土文化,特别是儒家文化和道教文化产生了不可避免的碰撞。再加上印度

---

① 参见郭明:《汉魏两晋南北朝佛教》,齐鲁书社 1986 年版。
② 参见汤用彤:《隋唐佛教史稿》,中华书局 1988 年版。
③ [唐]彦悰撰:《唐护法沙门法琳别传》(卷中),引唐太宗诏。

佛教宗派林立、教义各异的情况也随着译经活动的兴盛来到了中土，造成中国佛教内部不同教派之间的论争日益激烈。这两种矛盾引发了僧侣们为维护信仰而辩护、争论的强烈愿望，从而在社会上形成了浓烈的讲经、争论、辩义的风气。儒家文化虽然早已经被确立为官方意识形态，为历代皇帝所遵循，但是，面对佛教传播的汹涌大潮，也日渐感到正统地位受到了挑战，从而促使文人儒士根据以"夷夏之辨"为核心的民族观为理论武器，大力提倡灭佛兴儒，甚至在唐代掀起了"灭佛"的浪潮。① 主张"灭佛"的士人激烈地批评佛教的传播方式和生活方式，如唐高祖武德七年（624年），大臣傅奕上疏请灭释教，指出：

> 佛在西域，言妖路远。汉译胡书，恣其假托。故使不忠不孝，削发而揖君亲。游手游食，易服以逃租赋。演其妖书，述其邪法，伪启三涂，谬张六道，恐吓愚夫，诈其庸品。②

文中除指责佛教徒脱离生产、逃避租赋之外，主要谴责和尚们通过"演""述"佛经（妖书）来传播教义的做法，从反面说明了和尚演经对儒家文化的冲击以及对普通百姓的巨大影响。道教是土生土长的宗教，天生地具有比佛教在传播上易为信徒接受的优势，再加上长期以来各代帝王都以追求长生不老的灵丹妙药和羽化仙境为要务，更助长了道教势力的发展。因此，占领中土的信仰阵地，取得"国教"地位也是道教传播者们孜孜以求的大业。面对佛教逼人之势，道教人士也不得不奋起应战。由此，儒、释、道三教为博得统治者的青睐、取得官方支持的稳固地位，相互之间在广泛的领域里展开了争斗。尤其是在宗教理论和哲学问题上，三教人士进行了长期的"当面鼓、对面锣"式的辩争，古代文献把这种辩论称为"三教论衡"。三教论衡早在北魏年间就开始出现了，北魏献帝既喜佛理又好道术，常常让"朝士、沙门（和尚）共谈玄理"③，从而开启了儒、释、道三教当堂论道的先河。这种辩论到北周时渐渐流行，除了维护自己教义的争辩外，还发展到了三教共论一家，诸如"集百僚及沙门道士等，亲讲礼记"，或"集百僚、道士、沙门等讨论释老义"④等。三教论衡的目的主要是"辩其优劣"，这种风气到了唐朝仍延绵不断。唐高宗时常召著名儒士李玄植与道士、和尚当面讲说经义。唐玄

---

① 参见郭绍林：《唐代士大夫与佛教》，河南大学出版社1990年版。
② 《旧唐书·傅奕传》。
③ 《资治通鉴》（卷一百二十三）。
④ 《北周书·武帝纪》。

宗时也曾"悉诏能言佛、老、孔子者相答难于禁中"。① 三教人士当面对质以辩各教优劣，无形中迫使辩论者在演说自己的主张和教义时，要善于利用语言技巧和丰富的表情动作来增加说服力和感染力，力争能抓住皇帝的兴趣以影响其心理情感趋向，从而博得好感和留下深刻印象。因此，儒、释、道三教的辩者便会表现出喜、怒、哀、乐等各种情状，嘲弄讽刺之形溢于言表、插科打诨之语不时运用、手舞足蹈之态尽情显露，初步具有了"表演"的倾向。这些经常化的辩论推动了和尚们必须当众把佛经奥义讲解出来，力求把深奥难懂的佛理通过通俗易懂的语言、丰富多彩的表演、优美动听的唱腔表达出来，于是"演经"便成了佛教争取信徒的重要方法和途径。

值得注意的一个现象是，三教论衡本身也日益向技艺化方向演变，甚至成为皇帝生日庆典活动中的一项重要的表演节目。唐德宗生日在麟德殿举行"三教讲论"，"讲论儒道释三教，渠牟枝词游说，捷口水注，上谓之讲耨有素，听之意动"。② 这时论衡的宗教意义和哲学意义已经渐次淡漠，而艺术鉴赏与表演功能却越来越突显。晚唐时节，宫廷的三教论衡被民间艺人吸收借鉴，直接以三教论衡的形式进行艺术表演。如当时有位善于演滑稽诙谐戏的民间艺人李可及便自称善演三教论衡，与人有一段幽默的对话：

> 其隅坐者问曰："既言博通三教，释迦如来是何人？"对曰："是妇人。"问者惊曰："是何也？"对曰："金刚经云：'敷座而坐。'或非妇人，何烦夫坐，然后儿坐也？"上为之启齿。又问曰"太上老君何人也？"对曰："亦妇人也。"问者益所不喻。乃曰："道德经云：'吾有大患，是吾有身。'倘非妇人何患于有娠乎？"上大悦。又曰："文宣王何人也？"对曰："妇人也。"问者曰："何以知之？"对曰："论语云：'沽之哉，沽之哉！我待价者也。'向非妇人，待嫁奚为？"上意极欢，宠赐甚厚。③

三教论衡的形象化、技艺化，一方面表明这种辩论形式对传播各教教义有着巨大的推动作用，民间艺人熟识各教典籍，并能自如地运用；另一方面又为表演技艺增添了新的素材和戏剧形象，对中国民间讲唱技艺的形成与发展产生了深刻的影响。

推动和尚演经的另一个动力来自佛教内部各派之间的争论与辩难。南

---

① 《新唐书·李泌传》。
② 《旧唐书·韦渠牟传》。
③ ［唐］高择：《群居解颐》，［唐］高彦休：《唐阙史》（下）。

北朝时,由于翻译的佛经日益增多,印度佛教各教派的佛理思想都有体现。从大的方面来说,包括佛教中的大乘教、小乘教的教义。细说起来,大乘教又分为空宗、有宗两派:空宗又包括般若三论、维摩法华两类;有宗又有华严、涅槃之说。小乘教又可分为沙婆多、成实论等,真是五花八门、各执一说。各宗各派各流为传播自己的教理,广泛地采用讲经论道的方式。到南朝齐梁之际,僧侣们力求兼通数经,讲说经典之风大盛,能否讲经,能讲几经成为僧人们提高知名度的重要途径。当时社会上著名的和尚不但善于讲经,而且以专精某经独步一时。如刘宋明帝时的著名和尚慧基在东南一带"讲宣经教,学徒至者千有余人",盛况空前。他不但能讲说小品、思益、维摩、金刚般若、胜鬘等经,尤其以善讲《法华经》而名重一时。① 经论讲习风气的盛行,推动僧侣们通过多讲、精讲来提高自己的演说水平,有些和尚讲经数量之多、遍数之繁达到了惊人的程度。如当时有位名僧叫宝亮:

> 讲众经盛于京邑,讲大涅槃凡八十四遍,成实论十四遍,胜鬘四十二遍,维摩二十遍,其大小品十遍,法华十地、优婆塞戒、无量寿、首楞严、遗教、弥勒下生等亦皆近十遍。黑白弟子三千余人。开章命句,锋辩纵横。②

总之,佛教的广泛传播、三教的论争和佛教内部的争辩都把和尚们推上了演讲的舞台,单纯的自言自语式的念经悟道已经不能适应新形势的要求了。于是,从在皇帝面前的当堂辩论,到寺庙内面对僧众的讲经,从纯玄理的辩驳,到选择具有生动故事情节的佛经故事"演经",佛教传播的方式发生了巨大的变化。和尚们始料不及的是他们的演经方式被民间艺人吸收借鉴后,变成了民间娱乐的重要方式,极大地丰富了人们的闲暇生活,这可以说是佛教文化对民间文化形成的另一个重要贡献。

(二) 僧讲与讲经文

和尚演经在唐朝时已经有了两种形式。与三教论衡是在最高统治者面前公开论战不同的是,他们的宣讲对象是佛教信徒和普通百姓。第一种形式叫作僧讲,主要是讲解经文,对象是出家人,目标是解读经理、宣传教义,宣讲依据的讲稿就称为讲经文。第二种形式叫作俗讲,一般以讲解佛经中有故事情节的教义为主,对象主要是一般世俗男女,目的是传播佛教的思

---

① [南朝]慧皎:《高僧传》(卷八),《慧基传》。
② [南朝]慧皎:《高僧传》(卷八),《宝亮传》。

想。后来,所讲内容突破了宗教限制,扩及民间传说、历史故事等,通过曲折的故事情节,形象、生动、通俗、鲜活地宣传佛教的基本教义,它所依据的讲稿称为"变文"。

僧讲有着悠久的传统,南北朝时著名讲师通常被称为"经师"或"论师"。当时的演说技巧已经发展到了较高的水平,虽然讲的是枯燥的佛经,但动辄便能吸引上千的听众。如三论宗大师法朗,每次上座开讲便"听者云会,挥汗屈膝,法衣千领,积散恒结",诚可谓盛况空前。除了法朗对佛理的精深造诣这个主要因素外,主要是由于他的讲说技艺高超,讲说时"言气挺畅,清穆易晓"。僧侣这种聚众本领甚至引起了官府的忧虑,当时的另一位高僧智者大师每次讲经"听众一千余僧,学禅三百",常常是"朝同云合,暮如雨散",试想如果没有动人的语言、生动的内容、引人入胜的"表演"就不可能出现这么强烈的社会效果,以至地方官担心会引发图谋不轨。隋唐时期,官方仍肯定了僧侣的讲经活动,甚至还专门封赐了有关讲经的僧侣。如隋文帝曾封赐过"讲律众主""大论众主"等僧职。唐朝又有"讲论大德"的封号,这些鼓励性政策极大地推动了僧讲活动的开展。如唐朝高僧玄奘就是一位著名的讲经大师。早在出访印度之前,他就以讲解摄论、毗昙等经而小有名气。在西去天竺取经的途中,经过高昌国时,高昌王仰其大名,试图不惜以武力强留他在高昌国讲经授徒,玄奘坚辞不留,执意西去。高昌王无奈,只好留他讲解《仁王般若经》一个月方才作罢。至于僧讲的艺术技巧和手法,由于资料的阙如,我们已经无法了解得很清楚了。不过从发现的敦煌保存的唐代僧讲的底本——讲经文的结构和安排上,还能窥见其大概。

讲经文的内容主要是正统的佛经,如《大方广佛华严经》《仁王般若经》《法华经》《涅槃经》《金刚经》等。但是,为了吸引听众,讲师对所讲内容进行了必要的艺术处理,使之更为生动活泼。从现存的资料看,讲经文大都由三部分组成,即押座文、经文和解座文。所谓"押座文"又称为"缘起",是在讲述正经之前吟唱的一段韵文或吟诵的一首诗,目的是使听众集中注意力,导入听讲的心境和氛围之中。因此,"押座"实际上含有"静摄座下听众"之意。现存于世的押座文大都收录到了人民文学出版社于1955年出版的《敦煌变文集》中,计有《八相押座文》《三身押座文》《维摩经押座文》《温室经讲唱押座文》《故圆鉴大师二十四孝押座文》《左街僧录大师压座文》等。押座文当时有单独的抄本、刻本行世,多数以七言韵文写成,间或插入八言、九言、十言而不等。由于讲解的都是严肃的佛经,因此押座文便着眼捕捉听众的心理,简单扼要地讲明经文的大意和讲经的顺序,以便引起听众的兴趣和注意。如《八相押座文》先介绍本经的大概内容:

> 始从兜率降人间，先向王宫示生相。
> 九龙齐喷香和水，争浴莲花叶上身。
> ……
> 前生与殿下结良缘，贱妾如今岂敢专，
> 是日耶输再三请，太子当时脱指环。
> 长成不恋世荣华，厌患深宫为太子，
> 舍却金轮七宝任，夜半逾城愿出家。

这则佛经故事讲述释迦牟尼成道的经历。因此，在押座文中先简述梗概和顺序，随即托出听此经的好处："今晨拟说此甚深经，唯愿慈悲来至此，听众闻经愿罪消灭。"有些押座文则顺着听众的情绪和心态，抓住听众到道场听讲必有所求所愿的心理，微妙地进行一番"吹捧"，以此来吊胃口。如《三身押座文》的末了便说：

> 既能来至道场中，定是愿闻微妙法，
> 乐者一心合掌着，经题名字唱将来。
> 今朝法师说其真，坐下听众莫因循，
> 念佛急手归舍去，迟归家中阿婆嗔。

文中还简要地交代了听讲的姿势和要求。为打消听众的顾虑，暗示此讲不会太长，不至于让你迟归家中受长辈的责怪。有些押座文还将听讲渲染成解脱人间苦难的好方法，告诉人们欲摆脱人间痛苦，只有传佛法、听解经。如《维摩经押座文》就说：

> 火宅茫茫何日休，五欲终朝生死若，
> 不似听经求解脱，学佛修行能不能？
> 能者虔恭合掌着，经提名目唱将来。

押座文为渲染凝重气氛，每四句韵文后必要高呼佛号，诸如"南无观世音菩萨""阿弥陀佛"之类，一般在讲稿上打上明确记号，以便唱到此处提醒呼号。这种记号通常是标上"佛子"两字，或径直写上"佛号""念菩萨佛子"等。总之，押座文是引子，引导人们进入听经心境，为讲说正文铺垫氛围，利用韵文的魅力吸引听众，以达化俗劝善的目的。后世的"说话"和"小说"大都承袭了这种形式，在讲述或描写正文之前吟诵几首诗词并加以解释，或讲一些小故事,叫作"入话"或"头回"。这种写作形式和表演形式成为一种通行的艺术表演格式,流行了几百年。

所谓"解座文",是讲经文结尾常用的表现手法。"解座"就是"散场"的意思,表示今天讲经到此结束,并说明下次讲经的时间。解座文已经没有单行本传世了,在一些讲经文的结尾常附有一两句七言韵文来表达"散场"的意思。如《太子成道经》末云:"适来和尚说其真,修行弟子莫因巡。各自念佛归舍去,来迟莫遭阿婆嗔。"再如《敦煌变文集》中收录的《不知名变文》末亦云:"合掌阶前领取偈,明日闻钟早听来。"这些韵文都是作散场口气,表明此次讲经告一段落。解座文对后世影响也很大,像说书或章回小说中常用的"欲知后事如何,且听下回分解"云云,想必就是由此演变而来的。

现在我们来谈谈讲经文的正文。现存讲经文已经为数不多了,重要的有以下几种:《长兴四年中兴殿应圣节讲经文》、《金刚般若波罗蜜经讲经文》、《佛说阿弥陀经讲经文》、《妙法莲华经讲经文》(2种)、《维摩诘经讲经文》(6种)、《佛说观弥勒菩萨上生兜率天经讲经文》、《无常经讲经文》、《父母恩重经讲经文》(2种)等。僧讲重在解经、释经,虽然在讲解中也发挥了丰富的想象力,将简单的经文铺叙成大段华丽的文字,但终不离经文本意。因此,它的故事情节少,而灌输论经的成分多。例如《金刚般若波罗蜜经讲经文》,开讲正文后表明此次讲解《金刚经》中的哪段经文:

> 且有三段经文:第一、智所缘境。经"须井(须菩提),于意云何,但恒河中所有沙"至"尔所国土中,所有众生若干种心。"第二、明佛能知。经"须井,如来悉知悉见。"第三、征释所已。经"须井,如来说诸心皆为非心"至"未来心不可得"。

这是开宗名义地说明此讲要阐明哪些佛理,解释的经文从哪一句到哪一句。综观全部"讲经文",的确还看不出有意构造故事情节、讲说经义的痕迹。"讲经文"的构成一般是先引一段经文,然后用散文或韵文对此句进行解说。如《父母恩重经讲经文》引经云:"佛告阿难,我观众生,虽沾人品,心行愚懞,不思耶娘,有大恩德,不生恭敬,无有人(仁)慈。"这段经文引自姚秦时著名僧人鸠摩罗什翻译的《佛说父母恩重难报经》。接着便解释说:"此唱经文是世尊呵责也。前来父母有十种恩德,皆父母之养育,是二亲之劬劳。"或引经云:"若欲得来生相团圆,有财多福,有衣有食,须于今生,行其孝养"之后,再用韵文诵唱其义:"若徒感果周圆相,多福多财多义让。举措长交遇吉祥,施为不遣逢灾障。"这种处理方式与佛经本身有了较大区别,重点是择其某句来详加解说,但也不能说佛经的书写方式对"讲经文"没有丝毫的影响。佛经本身在叙述过程中便带有程式化的韵体文,称之为"颂"或"偈"。如《佛说父母恩重难报经》在讲到父母十恩时,每谈到一恩就有一首五言颂。如"第四咽苦吐甘恩。颂曰:父母恩深重,顾怜没失时。吐甘无稍息,咽苦不颦眉。爱重情难忍,恩深复倍悲。但令孩儿饱,慈母不辞饥"。这里的"颂"实际上就是对"咽苦吐甘恩"的注解和诠释。"讲经文"或许就直接承袭了这种叙事方式,并将其发展为多种言体的韵文,两者的关系略见一斑。从"讲经文"的格式与结构,我们可以看到讲授的对象一定对佛经本身有一定的了解,并熟知其中的经文,否则,随意从经中抽出一句进行讲解,听众一定会陷入云雾之中。由此可以断定,僧讲的对象主要是一般的僧众和有一定佛经知识的世俗男女。

尽管唐朝(包括南北朝)时期的僧讲还算不上是专门的讲唱技艺,但是,它毕竟不同于单纯的"念经"。因为,它要面对大批的听众,这些听众中又夹杂着大批的世俗男女,讲经便不是"念经",而具有了"演经"的味道。此外,讲解经文运用了韵散结合的文式,韵文是用来歌唱的,从而加重了表演的成分。从这个意义上说,和尚们便具有了"演经"的技艺,开创了一种新的娱乐方式。僧讲既不是单纯的"说",亦不是纯正的"唱",而是说唱结合,从而把讲唱技艺发展到了一个新的高度。总之,佛教本土化的努力使佛经思想逐渐地渗入了民众的日常生活意识,一定程度上影响到民众的处世态度和价值取向的重塑,有利于统治者运用宗教思想加强乡村社会治理。

(三) 俗讲及其社会影响

所谓俗讲,就是寺院运用通俗易懂的语言和边讲边唱边演的形式向普通大众讲解佛经、传播佛教义理的活动。据学者研究,南北朝时期就从僧人讲经的"唱导"中演化出了"俗讲"的雏形,到隋唐时便成了一种成熟的讲唱技艺。[1] 僧人们在讲经过程中发现,面对目不识丁的普通大众,深奥的经义很难被理解和掌握,必须改变讲经的形式才可能取得好的传播效果。梁代僧人慧皎就曾提倡讲经须"适以人时",要因人而异地采取不同的讲述策略与方式。[2] 早期俗讲的仪式是比较繁缛的,其程序大致是:作梵(唱梵呗)—念佛—说(唱)押座文—唱经—法师释经题—念佛—开经—念佛—说经题—说经文—说"波罗蜜"—发愿(乞求福裕)—念佛—(念解座文)散座。

---

[1] 李斌城主编:《历史考古研究系列·唐代文化》(中),中国社会科学出版社 2002 年版,第 802 页。
[2] [梁]慧皎撰、汤用彤校注:《高僧传》(卷十三),《唱导》,中华书局 1992 年版,第 521 页。

参与俗讲活动的人员也比较多,除主讲的"法师"和主要配合者"都讲"外,还有"维那"担任司仪、"香火"负责上香、"梵叹"负责演唱颂佛赞歌。① 后来主要由法师和都讲配合,先由都讲悠扬地唱出经文,然后法师用通俗的语言解释所唱佛经的内容和意思。法师讲解时亦是边讲边唱,唱白结合。法师讲唱完毕,以"经题名目唱将来""都讲经题唱将来"等语句暗示都讲继续诵唱经文,如此循环往复,讲毕为止。② 从讲授的内容来看,最初是运用民间喜闻乐见的语言、形式讲解佛经奥义,宣传因果轮回、善恶报应等佛教思想,把佛经道理融入民间传说和故事之中,劝导人们积德行善。③ 后来从演绎佛经中的神异故事过渡到讲述世俗历史故事、民间故事以及现实生活事件等,俗讲内容逐渐脱离了经文。如敦煌变文中的《董永变文》主要宣扬董永卖身行孝的故事,借以弘扬佛教倡导的伦理道德;《舜子变文》通过讲述继母虐待舜子的故事,宣讲因果报应的教义。④ 这样佛教义理通过生动感人的故事渗透到了听众的意识之中。这种变化导致讲述活动也就主要集中到俗讲僧一人身上,连讲带唱带表演,成为一种为各色人等所喜爱的娱乐形式,也有效地推动了佛教思想本土化的历史进程。随着俗讲活动的广泛开展,隋唐时期涌现出一批为人们所喜爱的俗讲名僧。据日本僧人圆仁的《入唐求法巡礼行记》记载,当时长安城中比较著名的俗讲僧有海岸、体虚、齐高、光影和文淑等人。他们讲经各有所专,如资圣寺海岸法师主讲《华严经》,保寿寺体虚法师善讲《法华经》,菩提寺齐高法师专讲《涅槃经》,会昌寺文淑法师也讲《法华经》。据圆仁的看法,文淑法师高超的讲唱技艺在唐代长安城内最负盛名,"城中俗讲,此法师第一"⑤,甚至唐敬宗都亲赴兴福寺观,听其俗讲。文淑法师之所以受到欢迎,是因为他讲经声音婉转流畅,善于运用抑扬顿挫的声调吟经,极富感染力,唐人段安节在《乐府杂录》中亦赞:"其声宛畅,感动里人。"⑥唐代僧人释道宣的《续高僧传》中还记录了一批隋唐时期享有盛名的讲经高僧。如隋代常州安国寺的慧弼善讲《涅槃》《法华》诸经,讲授时"瓶锡盈堂,簪裾满席,质疑请道,接踵成林,禀戒承归,

---

① 参见李时人:《译经、讲经、俗讲与中国早期白话小说》,《复旦学报(社会科学版)》2015年第1期。
② 周绍良、白化文编:《敦煌变文论文录》(上),上海古籍出版社1982年版,第71—128页。
③ 参见祁明芳:《"敦煌俗讲"的活态呈现与学理关系的意义生成——兼谈凉州贤孝与佛教俗讲的渊源问题》,《甘肃社会科学》2018年第4期。
④ 参见赵青山、岳汉萍:《隋唐时期佛教面对世俗社会的讲经活动》,《敦煌学辑刊》2014年第4期。
⑤ [日]圆仁撰,顾承甫、和泉达点校:《入唐求法巡礼行记》(卷三),上海古籍出版社1986年版,第147页。
⑥ [唐]段安节撰、亓娟莉校注:《乐府杂录校注》,上海古籍出版社2015年版,第143页。

排肩如市";益州龙渊寺的智方"每讲商略词义,清雅泉飞,故使士俗执纸抄撮者常数百人"。东都内慧日道场的智脱讲解《成实》及《毘昙论》,"缁素嗟服咸高神略";西京空观道场的慧藏"讲散幽旨,归途开悟,化自东川,风行草偃,行成达,义德以诱仁。冰玉方心,松筠等质,故法雨常流,仁风普扇,致使道俗庆其来苏,蒙心重其开奖"。① 再如,唐代越州静林寺的法敏在丹阳讲《华严》《涅槃》两年,"士俗之集不可复纪";另一高僧慧眺讲经的"寺去城邑将五十里,从受归戒者七千余人"②,虽讲经地点较远,仍能吸引大批听众,足见其影响之大。正是有了这样一批能讲善唱的高僧,上至帝王文士,下到走卒娼妓都竞相听讲,使俗讲这种宣经形式成为当时社会各界都喜爱的一种活动。③ 这种盛况在唐代诗人的作品中也屡有反映,如韩愈的诗《华山女》就描绘了当时寺院俗讲的情景:"街东街西讲佛经,撞钟吹螺闹宫庭。广张罪福资诱胁,听众狎恰排浮萍。黄衣道士亦讲说,座下寥落如明星。"④姚合的诗《赠常州院僧》也说:"仍闻开讲日,湖上少鱼船",人们甚至停下手中的活计也要赶去听讲。⑤ 唐代的笔记小说中还描述了文淑和尚开讲时的盛况,文云:

  有文叙(淑)僧者,公为聚众谭说,假托经论所言,无非淫秽鄙亵之事。不逞之徒,转相鼓扇扶树。愚夫冶妇,乐闻其说,听者填咽。寺舍瞻礼崇奉,呼为"和尚"。教坊效其声调,以为歌曲。⑥

正因为文淑讲经的影响太大,招来大批听众且内容为"假托经论所言,无非淫秽鄙亵之事",引起朝廷的警觉,曾多次将其流放到天德军(唐代位于阴山南麓的军镇),这是仅次于死刑的刑罚,反证了其影响之大。⑦ 不仅如此,唐政府对待俗讲的态度也是双重的:一方面有不少皇帝喜爱这种形式,甚至认为有助于引导民众行孝向善,就连主张灭佛的唐武宗也曾亲临听讲;另一方面又担心俗讲煽动性太大,易于聚众闹事威胁政权安全、扰乱社会秩序,也曾多次下令禁止俗讲。比较著名的禁令是唐玄宗于开元十九年(731年)

---

① [唐]释道宣:《续高僧传》(卷九),《大正藏》(第50册),第495页上、498页上。
② [唐]释道宣:《续高僧传》(卷十五),《大正藏》(第50册),第538页下、539页下。
③ 参见蒋勤俭:《俗讲活动在唐代的繁荣及其原因》,《西安文理学院学报(社会科学版)》2017年第4期。
④ [唐]韩愈著,屈守元、常思春主编:《韩愈全集校注》,四川大学出版社1996年版,第934页。
⑤ [唐]姚合著,吴河清校注:《姚合诗集校注》,上海古籍出版社2012年版,第215页。
⑥ [唐]赵磷撰,黎泽潮校笺:《〈因话录〉校笺》,合肥工业大学出版社2013年版,第68—69页。
⑦ 参见张丹阳、龙成松:《唐俗讲僧文淑事迹新证》,《五台山研究》2019年第3期。

四月所颁的《诫励僧尼敕》：

> 释迦设教，出自方外，汉主中年，渐于东土。说兹因果，广树筌蹄，事涉虚玄，渺同河汉……近日僧道，此风犹盛。因缘讲说，眩惑州间；溪壑无厌，惟财是敛。津梁自坏，其教安施；无益于人，有蠹于俗。或出入州县，假托威权；或巡历村乡，恣行教化。因其聚会，便有宿宵，左道不常，异端斯起。自今以后，僧尼除俗讲律之外，一切禁断，六时礼忏，须依律仪。午夜不行，宜守俗制。①

唐政府对待外来宗教——佛教的态度，与后来明清政府对待基督教的态度如出一辙，既看到正规宗教化民育人有利于统治的一面，又担心其说教偏离儒家主流意识形态，形成反叛朝廷的思想和行为。因此，加强对宗教传播的治理成为治理乡村社会的重要内容。

佛教的中国化和民间化过程也极大影响着乡土百姓的信仰意识和行为，呈现出很明显的社会净化功用。佛教的"善恶报应、天堂地狱与世俗的伦理道德的合流，在民间确立了一种极为通俗而十分有效的规范原则，利用人们对伦理道德认同和鬼神信仰、迷信心理，完全控制了中国民众"。② 有学者把佛教信仰划分为两个层次：一个是对外的依靠神佛、菩萨得到救助的他力信仰，一个是对内的通过自我修炼实现解脱的自力信仰③。所谓自力信仰和他力信仰的分析都旨在说明，宗教信仰具有一种内在的约束力。佛教信力的两个层面为人们提供了巨大的安全感、归属感，具有强烈的心灵慰藉的作用。神佛、菩萨的功力丰富了仅仅依靠对祖先或民间俗神力量获取救助以满足对秩序追求的心理需求的实现途径和方式选择。特别是自力信仰的生成，使人们可以通过自己的修行达到心理平衡的状态，从而提升了人们对现实苦难的耐受力。值得注意的是，这种自力信仰与儒家倡导的注重个人修为的道德提升之法有异曲同工之妙，这也许是佛教最终能融入中华文明并呈现出新形态的原因之一。历代统治者对佛教的容忍乃至提倡就与它能提升民众的自我控制力和个性修为有着密切的关系，甚至可以说是多了一种治理乡村社会的精神武器。

---

① ［宋］王钦若等：《册府元龟》（卷一百五十九），中华书局1960年版，第1925页。
② 侯杰、范丽珠：《中国民众宗教意识》，天津人民出版社1994年版，第50页。
③ 楼宇烈：《佛教对现代社会的影响》，收录于国家图书馆编：《部级领导干部历史文化讲座》（文化卷），北京图书馆出版社2008年版，第283页。

三、从《破邪详辩》①看明清白莲教对佛教"劫"观念的改造

"劫"是梵文"Kaloa"的音译,源于印度的婆罗门教,后为佛教借用并随之传入了我国。然而,"劫"的观念在中国社会特别是乡村社会广泛传播,使"在劫难逃"的说法家喻户晓、深入人心,则要归功于对民间影响最大的民间教门——白莲教对它的改造和宣传。"劫"的观念也成为以后各种农民起义、民众运动借以鼓动人心、渲染气氛、组织群众的重要思想内容。因此,对这一宗教观念被民间化的探索有着广泛的学术价值。

(一) 佛教"劫"的内涵及其中国化

"劫"是佛教的一个重要概念,内涵十分丰富。"劫"的核心内容是什么呢?《法苑珠林·劫量述意》云:"夫劫者,盖是纪时之名";《释迦氏谱》也解释说:"劫是何名? 此云时也,若依西梵,名曰'劫波'。"可见所谓"劫"是"劫波"的省称,指的是一种时间观念。"劫"所表示的时间长短不一,长到天地成环往复一次为一劫,短到万余年亦可为一劫,这与佛教对劫的划分有着密切的关系。

佛教认为人的寿命有增有减,从人的寿命无量岁中,每100年减一岁,减至10岁,为"减劫";再从10岁起,每100年增1岁,如此增至8万岁,称为"增劫";合此一减一增为"一小劫";合20个小劫为"一中劫";合成、住、坏、空四中劫为"一大劫"。据此,有人粗略地计算过,大约1 600万年为一小劫,32亿年为一中劫,128亿年为一大劫。经这一循环,世界毁灭,开始重新生成。可见,"劫"是指漫长的时间,人生和世界就是在这种无尽的变化中往复。佛教还认为,在4个中劫中,从住劫开始,就有了决定性变化的征兆:构成住劫的减劫末期,有饥馑、疾疫和刀兵三灾,人寿减至30岁时,由于众

---

① 《破邪详辩》包括《破邪详辩》三卷、《续刻破邪详辩》一卷、《又续破邪详辩》一卷、《三续破邪详辩》一卷四部分,现由中国社会科学院历史研究所清史研究室整理,刊载于《清史资料》第三辑,中华书局1982年版。作者黄育楩,字壬谷,清朝甘肃狄道州(今临洮县)人。历任直隶各地知县、知州和知府。白莲教在明代嘉靖、万历年间进入新的发展阶段,清朝自乾隆到鸦片战争以前各地白莲教的活动频繁,扩展迅速。作者任钜鹿县知县和沧州知州期间,为配合镇压白莲教,将当地民间并寺庙所藏的明末白莲教经卷六十八种,"摘出各经各品妖言",又将清朝北方各地白莲教所"提出无数妖言,其妄谬有更甚于邪经者","择其主意所在之处,详为辩驳",写成本书,广为刊印散发,经作者和各地方官散发的部数以万计,影响十分大。据编辑者研究,本书保存了当时编印的若干经卷(现已散失很多)的部分内容,比较集中地记载了白莲教所提出的"妖言",以及传徒敛钱、上供升挂、挂号考选等活动的具体内容,反映出这一民间秘密宗教组织在新的阶段所增添的新教义。因此,该书对白莲教性质、组织源流、活动目的、方式特点及其对当时农民斗争的影响、作用等问题的研究,都具有重要的史料价值。本书据此仅就白莲教关于"劫"的教义的形成与含义,作一个粗略的探讨。

生行恶,饥荒灾起,人多饿死;减至 20 岁时疾病灾起,人多病死;减至 10 岁时,刀兵灾起,互相残害。经过这一系列变化便进入了中劫中的坏劫期,是世界毁灭的时期,届时将出现水火风等灾变。《高僧传·竺法兰》说:"世界终尽,劫火洞烧";《大日经》也说:"周遍生圆光,如劫灾猛焰",这样现实世界就消失而进入了空劫期。世界经燃烧后唯有空虚,没有盈夜日月之分,也要经 20 个小劫才告终。佛教的"劫变"观是一种变化发展的观念,尽管每一变化的终结往往伴随着巨大的灾难和世界毁灭的可怕结果,然而宇宙的生成和毁灭却是一个生生不已、变化无穷的过程,毁灭的同时就是再生的开始。但是,作为一种描述人间苦难,劝人归佛的说教,特别是对中国的老百姓而言,接受起来就有一定的困难。因为,它所描述的时空观念过于漫长,超过了人生经验可感知的范围,与避虚务实、注重现世的乡土意识极不吻合,并不能马上使人感到世界的毁灭、灾难的发生即将临头。住劫的减劫末期出现的三灾,虽然也是中国百姓经常遇到的比较可怕的灾祸,但是,这离世界的末日还有坏劫和空劫约 64 亿年的时间,灾变的兆头离最后结果的时间跨度乃惊人漫长,不易于短短的人生中直接体验。更何况,劫期周期过于呆板,循序渐进,起不到烘托恐怖氛围的效果。因此,这种"劫"的观念在佛教传入中国后相当长的时间里并未对乡土百姓产生震动性的影响。

佛教中有三世佛的信仰,即过去、现在和未来,分别有一个佛祖掌管以超度人生。我们知道,佛教把欲界划分为六重,称为"六天",即四天王天、忉利天、须夜魔天、兜率天、乐变化天、他化自在天。天不是指天空,而是指高于人类的上界生类和这些生类的生活环境。欲界六天由低到高,一天比一天美妙,是逐步摆脱人间苦难的落脚地。如乐变化天,住在此处的天人,可以把主观愿望立刻变成现实快乐,而他化自在天则能自由变化,自在享乐。① 依照佛教的说法,众佛祖和菩萨也只在第四天即兜率天居住,如释迦牟尼"发其大愿,种种苦行,令其心愿满足,故于三无数劫中,精修苦行,只为功充果满,上升兜率天宫之中",在这里成佛,受度的后人也都要在这一天成佛。② 当然这些说法已经被中国化了,至少有两方面的变化:一是度众成佛取代了自修成佛。"过去迦叶佛与释迦牟尼受记,其释迦牟尼佛与弥勒佛受记,汝于来世当得作佛"。③ 在过去、现在、未来的三阶段式的时空中,三佛依次受记,不但自己被前世所度化,而且他们也分别救度自己掌管的时空内

---

① 参见方立天:《佛教哲学》,中国人民大学出版社 1988 年版,第 136—139 页。
② 《敦煌变文集》(卷四),《太子成道经》,人民文学出版社 1984 年版,第 286 页。
③ 《敦煌变文集》(卷四),《太子成道经》,人民文学出版社 1984 年版,第 286 页。

的芸芸众生。比如弥勒佛"无私若果日当天,不染似白莲出水。人间天上,此界他方,四生赖汝提携,六道蒙君救度"。① 这是所谓"世尊"对弥勒佛的告诫,要求他成佛后要度化众生。但是,三佛之间的"权力"转换是平和的,其目的都是要把人类从"无数劫"中救出来。二是把上升只定在第四天,引入了平和、中庸等观念,"余天不补,其佛定补在兜率天,何故"?其理由有三:其一,"已上之天则极泰,已下之天则极闹,此兜率天是平等之处";其二,"过去、未来、现在,三世诸佛,皆补在此天";尤其是第三,"未来弥勒尊佛今在兜率天上,为众生说法,化度后代众生有缘,人寿八万四千岁"②,这样虔心向佛就有了极大的吸引力。此外,对名称的解释也说:"兜名小欲,率名知足",事实上把这重天描述成了知足常乐之地,既不是离痛苦的人生很近,也不要人们完全脱离现实的生活进入自由的境界,这基本上符合乡里民众的信仰心理和目的。弥勒佛是未来佛,他不但是现实人们的寄托和希望,而且在他掌世的未来也会把子孙后代度化成佛,救出苦海,这正适合注重亲情、希望子孙绵延幸福,满足于现世知足常乐的百姓的口味。因此,三世佛的信仰便深入了民间。尽管如此,我们应看到,汉化后的佛教在三世更替上并没改变其基本教义,他们之间不存在相互通过暴力否定的含义。同时,也没有把"劫变"和成佛化度作为因果关系突出渲染,佛教"劫"的观念基本是一个独立的概念,描述的是宇宙变化的过程和经历的时间,不带有特殊的恐吓意义。

(二) 白莲教对佛教"劫变观"的丰富与改造

明清时期的白莲教仍然对民间有着广泛的影响。其教义大多取材于佛教、道教和摩尼教,尤为突出的是它把佛教的"劫变观"着意进行了改造,成为其教义的核心观念,对其他民间教门和社会大众产生了广泛而又深远的影响。

白莲教对"劫"的改造主要表现在两个方面:一是关于与劫本身的一系列理论创造;二是相应地提出了更为简便多样的避劫方式。理论创造主要表现在以下几个方面:

1. 把佛教三世佛依次度化芸芸众生的形象,改造为主管教门、掌握天地间一切权力的大神

先称三世佛为教主,是"混元一气所化……现在释迦佛掌教,过去青阳,

---

① 《敦煌变文集》(卷五),《维摩诘经讲经文》,人民文学出版社1984年版,第593页。
② 《敦煌变文集》(卷五),《维摩诘经讲经文》,人民文学出版社1989年版,第593页。

现在红阳,未来才有白阳。因此添出燃灯掌青阳教,弥勒掌白阳教之说"①;进而又说人世间的一切生死喜乐都由他们来决定,"权力"由教门扩大到了一般百姓;最后他们变成了掌管天地间一切事务的大神:

> 先是燃灯佛管天盘,十万八千年,坐五叶青莲台,名青阳会,青莲教;燃灯佛管满,又是释迦文佛管天盘,坐七叶红莲台,名红阳会,红阳教;释迦文佛管满,又是弥勒佛管天盘,坐九叶白莲台,名白阳会,白莲教。②

经过改造,三世佛便更加丰满,除了度化众生外,举凡天灾人祸、生老病死、善恶轮回等都由三佛依次掌握,从而把高高在上的佛祖拉近为人间事项的主管,缩短了人佛之间的距离。

2. 把"劫变"观直接与三世更替信仰结合,使三佛替代具有了相互否定的意味

佛教之三世佛是超脱于"劫"之外的,虽然他们自身也经过"劫"的磨难,但是成佛后便脱离了苦海,住在第四天普度众生。而白莲教却把三段式的时空更替看作人间世事巨变的重要时期,将青阳、红阳、白阳分别看成三大劫期,其间又有无数的小劫,在转劫的时候往往伴随着大的灾祸,人世间一片恐怖,直到"红阳劫尽,白阳当兴"③,弥勒佛掌世时,大众就会永脱苦海。在红阳劫数已满时,必须由弥勒佛出世推翻前者才能避过这场大难。因此,白莲教又把三世佛称为"无极佛""太极佛""皇极佛",皇者光明也,弥勒佛就象征着光明,他的出现将把人们带入一个光明的世界。这样,在三佛的品行和道德上也开始有了高下之分,"燃灯佛子兽面人心,释迦佛子人面兽心,弥勒佛子佛面佛心"。特别具有吸引力的是三世中人的寿命越来越长,"过去人,寿活三甲;现在人,寿活六甲;未来人,寿活九甲"。④ 按每甲60岁,则九甲就达540岁,不可谓不长。这对巴望长生不老的乡里民众说来是有吸引力的。可见,经过改造,一方面为农民们揭竿而起创造了理所当然的理论根据;另一方面,描绘了可望可及的"好处",适合百姓的"求验心理",从而使三世佛信仰成为民众很易接受的说教。

---

① [清]黄育楩:《破邪详辩》(卷二),《混元红阳显性结果经》。
② 《录副档》嘉庆二十年七月初五日,湖广总督马瑟裕奏折。
③ 《破邪详辩》(卷二),见《清史资料》(第三辑),中华书局1982年版,第47页。
④ 《普静如来钥匙通来宝卷》,《破邪详辩》(卷二),见《清史资料》(第三辑),中华书局1982年版,第38页。

3. 缩短"劫"的时间,加强紧迫感和真实感

白莲教提出三世即三大劫,每一大劫的时间是递增的,"过去佛掌了一万八千年,现在佛该掌二万七千年,未来佛该掌九万七千二百年"①,这远比佛教宣扬的一小劫1600万年要短得多,至于佛教的一大劫更是漫无时日。显然,劫变期的缩短大大增强了紧迫感。此外,使劫目具体化,有所谓草木劫、芥子劫、斛麻劫、辘轳劫等,加强了真实感。并且还提出"经此劫数,无量百千"②,"劫"的概念涵盖了一切变异,使它更贴切、更实在地影响到大众的日常生活和举动。

4. 极力强调当前已到了末劫期

现在世要向未来世过渡,处在转劫之中,其标志就是灾异和苦难。"末劫看看到,个个要提防"③,极言末劫变异的可怕:"造孽之人坠在狱恶受苦,经此劫数,无量百千,不求解脱,永不翻身。"到时天灾、饥饿、瘟疫将出现,甚至指出末劫到来的具体时间,"说下元,甲子年,末劫来临,辛巳年,又不收,黎民饿死,癸未年,犯三辛,瘟疫流行"。④ 这样就把遥遥无期的灾变拉近到即将发生,对普通百姓产生了强烈的心理冲击,烘托出十分可怕的恐怖气氛,弥漫在乡村社会。一旦发生水旱、地震等自然灾害,人们就会联想到末劫的来临,可怕的前景会迫使人们去寻求避开劫难的办法,这就为白莲教发展组织和吸收成员创造了良好的社会心理环境。

上述表明,在白莲教看来,"劫"已不仅仅是单纯的时间概念,而是意味着大灾大难。"劫"不可避免地会来临,但它不像佛教讲的那样有规律,而是没有规律、随时可能出现的灾祸,从而使"劫"的观念能够深入人心。

(三)"入教避劫"的理论和方法

佛教并不认为"劫"是可以避免的,它甚至要求人们要经历一定的磨难,然后才能得到佛祖的度化。然而,世界成坏的进程并不因此而改变,还会从小劫到中劫,一劫一劫地发展演变。白莲教却把转劫的征兆、灾异的发生看成人世间某种势力或事件诱发的产物,只要消灭这个诱源,不仅可以把无生老母的"皇胎儿女"救回真空家乡,还可以消灾致福,从而把不可变的"劫数"变成了通过某些特定手段可以避免的"劫难"。除了最根本的"入教避

---

① 《皇极金丹九莲正信皈真还乡宝卷》,见《破邪详辩》(卷二),见《清史资料》(第三辑),中华书局1982年版,第84页。
② 《正信除疑无修证自在卷》,见《破邪详辩》(卷二),见《清史资料》(第三辑),中华书局1982年版,第35页。
③ 《南北展道品》,《破邪详辩》(卷二),见《清史资料》(第三辑),中华书局1982年版,第11页。
④ 《末劫众生品》,《破邪详辩》(卷二),见《清史资料》(第三辑),中华书局1982年版,第13页。

劫"的手段外,还提供了许多简捷的避劫方法,未入教者如果能按照佛祖、神仙的"意志"去做,同样可以达到消灾避劫的目的。这样就把乡里民众的感情引向了同情、向往和信奉白莲教的方向,从而有利于该教的扩大和秘密传播。归结起来,白莲教主要宣传了三大类避劫的方法,即度救、自救和人神共救。

1. 度救

白莲教教义宣传,至上大神无生老母在真空家乡生下皇胎儿女96亿,顾念东土末劫将至,便派他们去往东土居住,因此"从教男子皆佛祖临凡,从教女子皆佛母临凡"。但是,他们并没有能挽救东土的厄运,反而"尽染红尘不能上天,必等伊等救度迷蒙,寻找当人而始能上天"。① 无生老母念她的儿女在东土受苦受难,于是便开始了度救儿女回归真空家乡的工作。按照三世更替的程序,命三世佛依次度化,"无极度了二亿,太极度了二亿,皇极止有九十二亿"②。青阳、红阳劫期只有少数得度,大量的救度要在未来世完成,度救的具体手段有法船、临凡和法宝等。

法船就是无生老母令太上老君"排造大法船一只,大金船三千六百只,中金船一万二千只,小法船八万四千只,小孤舟十万八千只"③,以备度救。无生老母亲自"架定一支大法船,单渡失乡儿和女"④,同时令五千数百佛祖佛母真人、八万四千金童玉女、十万八千护法善神"齐领船只,救度众生",把"皇胎儿女"从劫难中救出。

临凡:无生老母先派八大菩萨、罗汉、圣僧,率领八万四千威仪,"至于东土,逢恶恶度,逢善善度"⑤;然后选派得意弟子下界,在末劫的关键时刻实施度救。此外,"差遣弥陀下界,转为无为老祖,隐姓埋名,度救众生"⑥;旃檀"到末劫也临凡……普度众生"⑦;"观汝等久无退志,许汝福寿双全,殃祸俱免,纵有大难,吾当飞身来搭救,百年后吾手执金台新来接引"⑧等,由

---

① 《末劫众生品》,《破邪详辩》(卷二),见《清史资料》(第三辑),中华书局1982年版,第18页。
② 《皇极金丹九莲正信皈真还乡宝卷》,《破邪详辩》(卷二),见《清史资料》(第三辑),中华书局1982年版,第186页。
③ 《排造法船品》,《破邪详辩》(卷二),见《清史资料》(第三辑),中华书局1982年版,第15页。
④ 《销释收圆行觉宝卷》,见《三续破邪详辩》(一卷),收录于《清史资料》(第三辑),中华书局1982年版,第129页。
⑤ 《销释悟性还源宝卷》,见《破邪详辩》(卷一),收录于《清史资料》(第三辑),中华书局1982年版,第18页。
⑥ 《皇极金丹九莲正信皈真还乡宝卷》,见《续刻破邪详辩》(一卷),收入《清史资料》(第三辑),中华书局1982年版,第84页。
⑦ 《众僧作证品》,见《又续破邪详辩》(一卷),收录于《清史资料》(第三辑),中华书局1982年版,第101页。
⑧ 《福国镇宅灵应灶王宝卷》,见《又续破邪详辩》(一卷),收录于《清史资料》(第三辑),中华书局1982年版,第116页。

众佛祖神仙亲自下界现身,平时保佑福寿双全,末劫大难之时则救众生出苦海避灾难,从而时刻把芸芸众生置于保护之下,这具有极大的慰藉作用,增强了众生与灾异和恶势力斗争的信心和斗志。

此外,还有法宝型救度。一是灵符。"弓长说这劫数,如何解救,无生说,发灵符,救度人民。"① 挂灵符、喝符水就能直上天宫避劫消灾,"愚夫愚妇前已饮过符水,遂自认为某佛临凡,而急欲上天,故诚心习教"②,可见灵符的作用和影响之大。二是所谓妙药。妙药是上界神佛传给人间师傅的灵药,号召众生"速访明师谨受持,服此妙药少灾痾,求得身安皈佛祖,除却八难自如如"。③ 只要访师服药,就能减小灾难的危害程度。三是柱杖。声称混元教主还源遇到灵山古佛,"赐一无名柱杖,上指三十三天,下戳幽明地狱,能救一切众生"④,显然,只要能跟着教主还源,那么他的"柱杖"就可以保佑不受灾害之苦。

度救是积极性行为,白莲教通过这种宣传,把人们对现实的愤恨不满以及人世间的各种痛苦所代表的心理冲突,通通化变为对一种神秘力量的企望和向往,为人们心理上的安全需要提供了归宿,由此引发人们改变现实的愿望和行动。

2. 自救

所谓自救,就是通过自身的内省、修炼、挂号、上供、上表、念咒等方式,达到消灾避劫的目的。所谓挂号、上供、上表等是指入教的信徒亮出自己的名号和显示自己的存在,以便无生老母知有此人,对号查收。因此,"有号的,才得出世;无号的,赶出云城"⑤,并且"谓一上供而病自能愈也",欲以上供"求福而免祸也"。⑥ 上供所用的重要物品就是表,表是用以记名和汇报人间善恶的专用物。表本身依据不同的类型而有特定的功效,"开荒真表每月伸,皈家圣表续凡名,拔璜真表销罪案,三元圣表修来因"。⑦ 每收一个信

---

① 《末劫众生品》,见《破邪详辩》(卷一),收入《清史资料》(第三辑),中华书局1982年版,第104页。
② 《又续破邪详辩》(一卷),收入《清史资料》(第三辑),中华书局1982年版,第102页。
③ 《销释大宏觉通宝卷》,见《续刻破邪详辩》(一卷),收入《清史资料》(第三辑),中华书局1982年版,第81页。
④ 《明证地狱宝卷》,见《破邪详辩》(卷一),收入《清史资料》(第三辑),中华书局1982年版,第23页。
⑤ 《龙华相逢品》,见《破邪详辩》(卷一),收入《清史资料》(第三辑),中华书局1982年版,第15页。
⑥ 《破邪详辩》(卷三),收入《清史资料》(第三辑),中华书局1982年版,第42页。
⑦ 《警中游宫品》,见《破邪详辩》(卷一),收入《清史资料》(第三辑),中华书局1982年版,第10页。

徒,都要上供、记名、焚表,然后"呈奏天宫,即挂号标名,查对合同"①,以备无生老母度化众生时对号救难,即所谓"有记策,合同号,径生天界,无生母,来接引,同赴云门"。② 这三种方法事实上就是鼓励人们入教,只有身在教门才能挂号露名,否则无生老母不知名号,就无法将其救出尘世苦海。此外,坐功自省也是平时极重要的事情,"坐功运气,参透真诀,即得见当人,不入地狱,不遭劫数之意"③,以特定的修炼形式,达到避劫的目的。在自救的方法中,念经、念佛有着突出的作用。白莲教宣称"宣卷人,听卷人,增福延寿,罪孽消免"④,念一念经,听一听经就可以达到普通人最关心的消灾增福的目的,再没有比这种方法更简捷了。特别是念《混元无上大道元妙真经》,不但可以延年增寿,而且可以让三世祖一同化度升天,"此经若诵一遍,延寿半年;看念二遍,常现真元,看念三遍,三祖升天"⑤。还有一种《混元无上拔罪救苦真经》,"若有善男善女志心转诵,或念三遍、五遍、十遍百遍,至满千遍救苦真经,提拔先亡宗祖皆得超升,能扫自己一切诸难,能免合家人口现在愆尤"。⑥ 经念的越虔诚、遍数越多,就越能产生奇效,不但个人可以消灾避劫,甚至上至祖先亡灵,下到一家老少,都能因此避劫得福。念佛也是这样,根据所念神佛名称的不同,升天的范围就不同,"合会男女口念南无一圣二圣至十圣阎王,并左三曹、右三曹、菩萨,合会男女即生生世世尽得超生",真可谓一劳永逸。"又口念南无混元、叹天、混天等二十八佛,各家三世宗亲尽得超升;又口念南无太极、立极、达摩等二十九老祖,凡地狱受罪众生尽得超生;又口念子署、辉光、抱元等二十九菩萨,在会弟子三宗有救,九祖尽得升天。"⑦总之,自救的方法比较简单,易于掌握,只要心诚勤快就可办到。其要旨无非也是劝说人们信奉白莲教的神佛入教避劫,按特定的方式和内容指导人们如何摆脱世事无常所带来的心理痛苦和其他的一切灾难。这种方法以诱惑为手段,以自愿为基础,因此,对乡里民众的影响也是广泛而又持久的。

---

① 《破邪详辩》(卷一),收入《清史资料》(第三辑),中华书局1982年版,第10页。
② 《普度新声救苦宝卷》,见《续刻破邪详辩》(一卷),收入《清史资料》(第三辑),中华书局1982年版,第80页。
③ 《见当人留经》,见《破邪详辩》(卷一),收入《清史资料》(第三辑),中华书局1982年版,第20页。
④ 《金阙化身元天上帝宝卷》,见《又续破邪详辩》(一卷),收入《清史资料》(第三辑),中华书局1982年版,第115页。
⑤ 《破邪详辩》(卷二),收入《清史资料》(第三辑),中华书局1982年版,第34页。
⑥ 《又续破邪详辩》(一卷),收入《清史资料》(第三辑),中华书局1982年版,第109页。
⑦ 《混元红阳拔罪地狱宝忏》,见《又续破邪详辩》(一卷),收入《清史资料》(第三辑),中华书局1982年版,第108页。

3. 人神共救

所谓人神共救,就是说在人们自己以特定的方式避劫消灾的同时,还要以某些方式将神佛请下界来,帮助人们渡过难关,这和神佛自动下凡有一定的区别。其主要方法有烧香、作会、作道场、吃斋设醮等。烧香实质上是观念意识中的一种信息传递方式,清烟香气可直达真空家乡,乞请"娘家人"前来看望保佑,"一炷明香家乡去,普请诸佛看儿孙"①,把香味和清烟看成是信息传递的载体,一经燃烧就能直达神佛居处。"鼎炉中,我焚上,真香一柱(炷),举真香,满灵山,诸佛来临"②,在危急关头,一炷清香就可解决困厄。作会和道场就是要求人们聚集起来,一同向天上祷告,以声音为媒介把信息传达给神佛,"设坛作会,即有日月五星,罗喉计都跟随观音同降法坛,救度众生消灾免罪"③;"设立道场虔心祝告,自能免罪消灾"。④ 可见这种方法表明,当人们作为个体无法应付劫变和灾难时,便聚集起来,请少数神佛临凡,共同抗御灾变。一旦到了个别神佛和人们的集体力量也无法应付劫变带来的灾难时,就要吃斋设醮,奉请众神佛共同临凡。"若有善男善女修斋设醮,上供献茶,上请三世诸佛,诸大菩萨,诸大天尊,三界诸教主及一切龙神、雷公、电母、风神、诸天列圣、河汉群真、幽冥地府、地藏阎君,救度群蒙,消除重罪"⑤,真可谓"全神下界",都被请来帮助人们消灾避劫。总之,这类方法给人们以莫大的鼓舞,不论遇到多么大的灾难和多么难以克服的困难,都能迅速以极简单的方式请来保护神,使人们体会到了踏实和安全的滋味,那么还有什么理由害怕恶势力和灾异的威胁呢?这也许是白莲教长期在民间广泛流传不灭的一个重要原因。

综上所述,白莲教对佛教"劫"观念的改造有两个主要特点:其一,这种改造更接近于乡里民众的信仰心理和信仰倾向。佛教"劫"观念的核心是着重强调人世间的苦难,要求人们超脱人间;而白莲教却把"劫"看成影响人们福寿,带来饥饿、天灾等现实灾难的征兆,其重点在于避劫消灾、增福长寿,

---

① 《请祖宗祝香品》,见《又续破邪详辩》(一卷),收入《清史资料》(第三辑),中华书局1982年版,第103页。
② 《真香普赴品》,见《破邪详辩》(卷一),收入《清史资料》(第三辑),中华书局1982年版,第10—11页。
③ 《观音释宗日北斗南经》,见《又续破邪详辩》(一卷),收入《清史资料》(第三辑),中华书局1982年版,第111页。
④ 《东岳天齐仁圣大帝宝卷》,见《又续破邪详辩》(一卷),收入《清史资料》(第三辑),中华书局1982年版,第114页。
⑤ 《混元无上普化慈悲真经》,见《又续破邪详辩》(一卷),收入《清史资料》(第三辑),中华书局1982年版,第110页。

以人间世界为起点和归宿,避劫、消灾、致福和长寿成为白莲教影响民众的最重要的教义。此外,在神灵信仰上,融合了民间多神崇拜和功利主义的信仰倾向,迎合了乡里民众求异心理的需求,不仅创造了无生老母、混元老祖、真空古佛等新的信仰对象,还直接吸收了佛教的燃灯、释迦、弥勒、观音、罗汉等一众神灵,道教的西王母、玉皇、真人、吕祖、彭祖等大批仙人,同时把民间信仰的各种俗神,如龙王、水母、雷公、电母、雨神、灶王、财神等也纳入了救民避劫的神佛行列。这样把多种信仰对象整合为以无生老母为首领的神灵体系,很自然地与民间信仰糅合在一起,形成了乡里民众完全可以接受的宗教面貌。特别是在天灾人祸迸发时期,尤能引起人们的关注和支持,"劫"的观念便借此而深入到了人们的意识之中。其二,在避劫的方法上突出地吸收了民间消灾镇邪、祈禳厌胜等巫术信仰的仪式和方法,无论是请神下凡、设场作会,还是口中念念有词、焚香、挂符等都能在巫婆神汉的一系列活动中找到它们的原型。民间巫蛊通神的形象和行为是乡间大众既熟悉又深信不疑的信仰观念体现的形式,人能通神、请神以及万物有灵等观念的存在和弥漫,使人们在接受起白莲教改造而来的三类避劫方法时毫不困难。这就是在灾变时期人们哄然信教的原因。这两个特点表明,白莲教虽然杂糅各家,但却最接近民众的基本信仰,因此,能够把"劫"的观念改造成对下层社会影响巨大而又持久的概念,成为后世民间教门经常借用的宣传内容,可以说对中国近世的农民斗争产生了深远的影响。

(四) 民间秘密宗教的影响及其治理略论

从东汉末年出现太平道、五斗米道以降,民间秘密宗教在文献记载中时隐时现、不绝于缕,至明清时已然蔚为大观,无论是对民众的日常生活,还是对历朝历代的统治秩序,都产生了巨大的影响。因此,对民间秘密宗教的控制,包括阻断其教义思想传播和禁绝其传教活动也是历代王朝治理乡村社会的重点。这种介于正规宗教与民间信仰之间的信仰力量是乡村社会中极不稳定的因素,在反抗现存秩序、推动王朝更替的巨大社会变动中,它们往往承担着组织者的角色,发挥着领导核心的作用。民间秘密宗教的组织架构也往往成为反抗者、起义者队伍的核心组织形态。笔者着重分析了民间秘密宗教改造"劫变"思想的影响情况,以说明对民间社会意识的影响。至于历代王朝对民间秘密宗教的打击与禁绝已有大量的研究成果问世,本书不再赘述。从已有研究成果中仅列出一个简表(见表 14-1),用以说明历代民间秘密宗教组织反抗活动对古代乡村治理秩序冲击的情况。

表14-1 历代民间秘密宗教背景下农民起事简表①

年份	朝代年号	教　名	教　首	发生地域
	东汉末年	太平道	张角	起于河北
	五代时期	明教	母乙	
	北宋庆历年间	明教	王则	
1120年	宋徽宗宣和二年	明教(官称"吃菜事魔")	方腊	江浙一带
	元朝末年	白莲教	韩山童	治黄工地
	明洪武初年	白莲教	田九成	陕西沔县
	明永乐中期	白莲教	唐赛儿	山东益都
	明宣德末年	白莲教	张普祥	河南彰德
	明景泰末年	白莲教	赵玉山	安徽霍山
	明嘉靖初年	白莲教	李福达	山西崞县
1545年	明嘉靖二十四年	白莲教	罗廷玺	山西应州
1614年	明万历四十二年	闻香教	高应臣	冀东
	明天启初年	闻香教	徐鸿儒	山东郓城
1727年	清雍正五年	白莲教	翟斌	陕西
1748年	清乾隆十三年	无为教	朱锦标、普少	福建瓯宁
1774年	清乾隆三十九年	清水教	王伦	山东寿张
1796年	清嘉庆元年	白莲教、混元教、西天大乘教	刘之协、宋之清、王聪儿	川、楚、陕、甘、豫
1813年	清嘉庆十八年	天理教	林清、李文成	近畿、河南、山东
1815年	清嘉庆二十年	天理教	方荣升	安徽、江苏、江西
1835年	清道光十五年	先天教	曹顺	山西赵城
1846年	清道光二十六年	青莲教		湖南桂阳

① 据侯杰、范丽珠:《中国民俗宗教意识》,天津人民出版社1994年版,第343—346页编制。

续表

年份	朝代年号	教　名	教　首	发生地域
1857年	清咸丰七年		刘仪顺	四川涪州
1861年	清咸丰十一年	八卦教	天龙	山东东昌
		离卦教	郜永清	河南商丘
1863年	清同治二年	白莲教	张锡珠	直隶南部
1866年	清同治五年	红灯教	高德芳	四川屏山
1868年	清同治七年	红莲教	朱明月	贵州湄潭
1883年	清光绪九年	一贯道	王觉一	湖北武汉
1891年	清光绪十七年	红灯教	崔英河	四川万县
		金丹道、武圣门、在理教		热河朝阳
1892年	清光绪十八年	梅花拳	"十八魁"	山东冠县
1898年	清光绪二十四年	义和拳	赵三多	山东冠县
1904年	清光绪三十年	白莲教、团元会		河南怀庆、大名
		红灯教		云南永善
1905年	清光绪三十一年	义和拳		四川犍为
1906年	清光绪三十二年	红灯教	周木匠	贵州遵义
		神拳	何如道	四川光木山
1907年	清光绪三十三年	红灯教		四川开县、湖北随州
1908年	清光绪三十四年	白莲教、大刀会、联门教		皖、豫、鲁交界
1909年	清宣统元年	红灯教		四川安县、金堂县、成都

表14-1中所列明清时期民间秘密宗教领导的反抗活动有38次之多，足见其对明清时期统治秩序冲击的力度和频度，这也难怪明清两朝始终把

打击民间秘密宗教和民间秘密结社作为维护统治秩序的重要手段。按照统治和治理逻辑的惯性,清朝统治者把西来的基督宗教也视作某种非正规的宗教,担心其干扰主流意识形态的主导地位、鼓动民众疏离政府,故而对其在华传教活动也采取了全面禁止的政策。鸦片战争后,列强以强硬姿态推动"中华皈主"的在华传教活动,从而引发了19世纪后半叶绵延不断的激烈民教冲突,清廷在乡村的权威和治理秩序也遭到了前所未有的严重冲击而陷入崩坏的状态。总之,历代统治者无不把民间秘密教门看作对统治秩序的巨大威胁,大多将其视为邪教,极尽取缔打击之能事。在乡村治理过程中,宣讲符合礼仪伦理的"正道"与批驳荒诞不经的"邪说"往往是并行的,是维护乡村正常秩序的重要工作,这一点在对待基督教的传播时显得格外突出。

四、清朝基督宗教在华的多重境遇

在传入中国的外来宗教中,基督宗教的境遇可谓最为曲折多变、跌宕起伏。特别是到了清朝,遭遇到禁教、防教、容教、反教、信教、用教等多重境遇。从明朝中后期基督教再次入华,到19世纪20年代入华基督教走上自治道路的数百年间,传教活动所带来的文化刺激、观念冲击、伦理震荡对近世中国社会产生了巨大的影响[1],也引起社会各阶层对洋教的复杂态度和应对行为,中西文化在特定情景的碰撞中呈现出令人难以直接做出明确判断的历史样态。如何对待基督宗教成为清朝治理乡村社会的一个重点,当然也是一个难点。

从清政府和部分官员的态度看,尽管防范和禁绝是主导心态,但无论是清前期诸帝,还是晚期各级官员大都认为基督教与佛教、伊斯兰教一样,是一种劝人为善的宗教,不同于邪教以反朝廷和聚众敛财为目的。即使是康熙年间开始禁教,也对西洋传教士及中国信徒的信教活动采取了比较宽容的态度。当然,部分官员仍然对其怀有警惕,担心基督教义、仪式及其活动方式会把民众引离维系统治的传统思想轨道,因而在意识深层是主张禁教的。在基层社会,一部分受过系统儒家思想教育的乡绅族首、乡土文人、致仕官员、中下层官吏等,对基督宗教,尤其是天主教则采取了极端仇视的态度。特别是在对基督教义的理解上极尽歪曲、丑化之能事,通过撰写辩驳、

---

[1] 据统计,我国有21个省是在1860—1900年间传入新教的,传教士从百人增至1500人,教徒从2000人增至9.5万人。天主教的信徒从40万人增至74万人。见唐逸:《基督教史》,中国社会科学出版社1995年版,第449—452页;顾卫民:《基督教与近代中国社会》,上海人民出版社1996年版,第175、182页。

批判性反教文书、散布涉教谣言、绘画，甚至煽动打教活动等方式，试图阻止基督教的传播。对于广大下层民众来说，晚清时期出现了两种对立的态度。一种是接受的态度，产生了世代信教的人群和教民村，形成了比较稳定的信仰，甚至还出现了以耶稣形象相号召的太平天国运动。另一种与之相反的现象是，自晚清弛禁后就出现了持续不断、愈演愈烈的反洋教活动，直到1900年义和团运动的全面爆发达到高潮。德国学者狄德满认为："在中国社会各阶层普遍具有反外情绪的情况下，仍有相当多的农村居民加入外国宗教，毕竟是一件令人吃惊的事情。"[①]中国历史上不乏外来宗教成功传播的事例，为什么单单基督宗教的传播遇到了如此复杂的情形？同样的耶稣形象为什么会产生截然相反的态度？这样的情形反映了中华文明怎样的特性？基督宗教带来的文化冲击和思想演变对近代中国社会的变迁产生了怎样的历史影响？这些都是我们在梳理现有研究成果的基础上必须深入思考和研究的问题。

（一）清廷处理教务的政策和态度

纵观清廷处理教务的政策和态度可以分为两个阶段，即清前期的禁教为主的阶段；鸦片战争后在被迫"弛禁"的情况下采取防范式治理的阶段。在态度上可分为禁教、防教和容教。

1. 禁教

禁教是清朝在康熙以后一项持续的国策，但呈现出的却是屡禁不止、此起彼伏、时紧时松的治理状态。有学者列举了禁教的重要史实[②]：清初康熙三年（1664年）的"历狱"，导致清廷首次宣布"永远禁止传习"天主教；康熙晚年因与罗马教廷的"礼仪之争"，明确宣布全面禁止传习天主教，但在京城等少数地区还允许西洋传教士活动。雍正二年（1724年），全国约300所教堂纷纷被改为学校、祠堂、庙宇、粮仓或被完全拆毁；经像文书被焚，信教民人不敢公开奉教；约有50名教士先后被驱逐至广州。乾隆十一年（1746年），福建巡抚周学健危言耸听，乾隆下令在全国查禁信教活动、销毁经书；查拿天主教徒，分别首从，按法惩治；西洋教士递解广东，勒限回国，甚至有7名西洋教士被处死或瘐毙狱中，天主教公开活动受到沉重打击。嘉庆年间"禁止传教甚严"，除重惩传教者外，重点整治在京的西洋教堂，全面限制在京西洋人活动。道光年间禁教的重点是彻底消除西洋传教士在北京的踪

---

① ［德］狄德满：《义和团民与天主教徒在华北的武装冲突》，《历史研究》2002年第5期。
② 参见陶飞亚：《怀疑远人：清中前期的禁教缘由及影响》，人大复印资料《明清史》2010年第1期。

迹,道光初年在京西洋人仅有 4 名,清廷派差官严密监视其行动,不准其外出传教;道光十八年(1838 年),最后一位西洋教士去世,京师西洋人绝迹,遂将天主教南堂附属建筑收归官府,自此,天主教在京城的公开活动也就销声匿迹了。清廷禁教政策的长期实行,使传习天主教的活动处在了一种非正非法的境地。一方面在统治层形成了鲜明的打击查禁的态度和惯性,致使不少官员在鸦片战争后仍暗中支持民间的反洋教活动,甚至成为策动者、参与者和领导者;另一方面在社会上逐渐培植了反洋教氛围,或明或暗地赋予了民间反洋教活动以某种正义感和正当性,可以说为 19 世纪后半期反教打教高潮的持续高涨注入了官方因素。

2. 防教

从 1844 年的《望厦条约》和《黄埔条约》默许洋人在 5 口传教,到 1858 年的《天津条约》和 1860 年的《北京条约》,外国传教士获得在全国各地的传教权,基督宗教堂而皇之地流布于中华大地。对此,清帝及其各级官员还是有疑虑的。道光在弛禁上谕中就强调:"其有藉教为恶及招集远乡之人勾结煽惑,或别教匪徒假托天主教之名,藉端滋事,一切作奸犯科,应得罪名,俱照定例办理。"①显然,谕旨的重点在于警告人们要防范借天主教之名行"作奸犯科"之实的现象出现。这种防范心理应当是晚清各级官员的共同心态。有学者系统研究了晚清政府对基督教治理的发展脉络,认为第一次鸦片战争后官府被迫"从查禁变为保护和治理",但仍把基督教视为"异端";第二次鸦片战争后,官府"被迫全面开放传教",因"民教冲突频发,多数官员同情反教、治理消极";"天津教案"后,"部分官员渐以务实态度处理民教事务";"长江教案"后,官府"从过分向教会倾斜突变为激烈排教";义和团运动后,"促使官教双方合作治理寻求共识","建立起区分矛盾、各负其责的制度安排",从而"初步纾解基督教问题的困局"。② 之所以有这样的变化,除了外部力量的压力外,主要因为不少官员和民众仍把洋教看作邪教。有学者认为,康雍乾时期不少高级官员,尤其是封疆大吏都把天主教看作邪教。乾隆十一年(1746 年),闽浙总督马尔泰、闽抚周学健奏疏说:"城乡士庶渐染天主邪教,最久且深"③,明确地将天主教说成是邪教。同年,福建臬

---

① 文庆等纂、齐思和等整理:《筹办夷务始末(道光朝)》(卷七十五),道光二十六年正月二十五日"廷寄",中华书局 1964 年版,第 2964 页。
② 陶飞亚、李强:《晚清国家基督教治理中的官教关系》,人大复印资料《中国近代史》2016 年第 6 期。
③ 吴旻、韩琦编校:《欧洲所藏雍正乾隆朝天主教文献汇编》,上海人民出版社 2008 年版,第 71 页。

司雅尔哈善上奏说:"西洋邪教惑民,请通查申禁,特严治罪之例",说明作为邪教的天主教之罪在于煽惑民众,败坏风俗,所以应当严刑治罪。还有不少地方大员则认为天主教是有别于传统邪教的邪教。乾隆十一年(1746年),军机处就认为传教士"蛊惑民心,诚为可恶,但天主教原系西洋本国之教,与近日奸民造为燃灯、大乘等教者尚属有间",将天主教区别于燃灯教等"邪教"。乾隆三十二年(1767年),两广总督李侍尧、广东巡抚王检就指出:天主教"诱人入教,一经信从,非惟终身不悟,甚至祖孙父子世传崇奉,非如别种邪教诓骗财物"。① 此外,"州县官内则有真教与邪教的见解之别,普通百姓基本上是无所谓的态度,士人中有的持有邪教看法,亦有人以好奇心看待天主教徒和天主教,显示出某种求知欲望。"②值得注意的是,把天主教视为邪教并不是无中生有。据学者研究,清前期天主教为拓展传教事业,一方面极力撇清与民间秘密宗教的联系,另一方面"也曾积极地从民间宗教团体中吸收教徒。而一些民间教派则利用天主教作为传教名号,为自身教派寻求发展空间。二者之间的上述纠葛,成为天主教'邪教'化的一个原因"。③ 在西方列强的胁迫下,清政府被迫对天主教"弛禁",各级官员不得不转变态度,甚至在民教冲突比较激烈的案件中往往站在教民、教会一边,更激发了民间反洋教的情绪。但是,传教引起的社会冲突,特别是对统治秩序和官场规制的挑战,进一步激起了官员们的不平心理,强化了对教会、教士、教民的恶感,防范意识始终支配着官员们处理教务的态度,这样就可以解释义和团运动高潮时期,清朝北方各省的地方官员采取支持态度甚至参与其中的原因了。

3. 容教

清廷前期的"禁教"活动之所以时续时断、禁而不绝,主要是因为上到皇帝下到部分官员逐渐认为基督宗教不是邪教、伪教,而是和佛道一样的正常宗教,因而产生了容教的态度。研究表明,康雍乾都认同了传教士申辩的天主教非"伪教"说,意即天主教不是伪装正派,是真正宗教,不同于邪教。因此,清初三帝都将天主教视作与佛道相类似的宗教,虽然相对于儒学是异端,但与白莲教、斋教之类煽动造反的邪教不是一回事。④ 因而,虽然有禁

---

① 以上见《清中前期西洋天主教在华活动档案史料》(第1册),中华书局2003年版,第104、115、159—260页。
② 参见冯尔康:《康雍乾三帝天主教非"伪教"观与相应政策》,人大复印资料《明清史》2014年第4期。
③ 张先清:《"白莲"、"无为"与"天主":清前期的天主教与民间宗教关系》,人大复印资料《宗教》2017年第2期。
④ 参见冯尔康:《康雍乾三帝天主教非"伪教"观与相应政策》,人大复印资料《明清史》2014年第4期。

教的明令，但内心里对部分西洋传教士及其传教活动还是有一定的容忍度，至少允许他们参与宫廷的某些事务（钦天监、绘画及工艺性工作）和在北京地区自我开展宗教生活。还有研究者注意到，晚清有一批官绅如李鸿章、周馥等人，为了平息反教诡言和行为，试图调和基督教义与中国故有学说的冲突，也主张基督教是一种劝人为善的有益学说。李鸿章甲午战后出访美国时，就曾有过"若以大道言之，本大臣恒谓基督之福音，实近于吾儒之圣道"的表态。① 官至总督的周馥也认为基督教：

> 虽其言天堂，言地狱，言灵魂，稍涉悠渺，要亦神道设教之意，至若十诫七克之旨，与吾儒克己之功弥近，果能躬行实践，笃信谨守，要不失为儒教中之正士。似其劝善惩恶，较之释、道两氏之教尤为切实。②

这实际上是认为基督教与中土各教在立意上有异曲同工之妙。容教论代表性的作品主要有李刚己的《教务纪略》和高步瀛、陈宝全的《民教相安》，都正面介绍了基督教的源流、教义教理、入华历史等知识，旨在"冀当世读书明理之士，咸览是编，而知源流，则凡乡曲无知，一切猜疑之见，自可涣然冰释"③，而不致因"不谙外事，致酿祸端"④。在这些官绅看来，中国民众之所以难以接受基督教：

> 大抵由于中西礼俗不同，生出许多疑惑，或因彼此意见不化，造出许多谣言。疑惑造谣的日多一日，民教的猜疑日甚一日，始而平民与教士结仇，继而平民与教民结仇，积仇既深，各思报复，久而久之，教案暴起，就如火燎原，不可收拾了。⑤

有研究者认为，这种认识虽然"抹杀了欧美列强利用'传教'进行侵略，从而激愤中国民众的因素。但其希求让读者了解有关基督教的知识，从而化解猜疑、减少事端的立意是明显的"。⑥ 有学者在研究基督教的"God/Spirit"

---

① 蔡尔康等：《李鸿章历聘欧美记》，岳麓书社1986年版，第201页。
② 转引自董丛林：《晚清官绅"容教"论中的文化因素解析》，人大复印资料《中国近代史》2003年第2期。
③ 以上见李刚己：《教务纪略》，光绪三十一年两江学务处刊本，《叙》第1—2页。
④ 《李刚己遗稿》（卷三），民国六年刊本，第1—2页。
⑤ ［清］高步瀛、陈宝全：《民教相安》，光绪三十一年北洋官报局刊本，第29页。
⑥ 参见董丛林：《晚清官绅"容教"论中的文化因素解析》，人大复印资料《中国近代史》2003年第2期。

汉译问题时注意到,19世纪的信教士人更倾向于将其译为"上帝",因为"绝大多数中国信徒认为中国最早存在以上帝崇拜为主要特征的纯正的一神教,基督教与儒教不是截然对立的,而是可以兼容的"。① 这种认识与明末部分官员接受基督信仰的认识是相通的,或许这就是上层人士能够接受基督教的重要原因。

清廷的态度变化与状态是决定基督教在华境遇的重要因素。从维护统治的角度看,清廷的禁教与防教意识有其必然性和合理性,也是在西方势力大举东来的浪潮中自我保护意识的自然反映。然而,容教意识又反映了中华文化包容、宽容的特性,即便是在列强武力背景下的强行楔入,也能体察到基督宗教"劝人向善"的一面,从而在禁防意识中留下了容留的空间,这是反教高潮过后基督宗教仍然可以在中国存在和一定程度传播的重要因素。

(二)社会各界的反教排教态度与活动

明代中后期基督教的传入基本上是以一种和平的方式,社会各界的反应总体上集中在对其宣扬教义的不同理解上,有不少人持怀疑态度。进入清朝,特别是晚清时期,基督教的活动有了侵略背景和殖民倾向,坚守基督教传播宗旨和征服中华文明的意向激起了社会各界的排斥情绪,传播活动就越出了宗教信仰领域,广泛地波及社会生活的方方面面,形成了以教案和民教冲突为表现形式的反教排教思潮和社会运动。

1. 明清反教者对基督教义的质疑

早在明末清初,以利玛窦为代表的传教士们就试图在中国古代文化资源中寻找呼应基督教义的内容,以利于其在中国的传播。有学者指出:

> 传教士们要中国人相信,中国古书中的天就是基督教的全知全能的天主,并要人们因此相信,天主之教在中国古已有之,天主之教并不是什么他邦之教,而是普天下共有之教;天主之教与儒家精神乃一道同风。

然而,这种策略虽然赢得了部分士大夫的认同,但更多的中国知识分子却不以为然。对于传教士的做法,"破邪"者邹维琏说:"始曰'天主'是理,继曰'天主'是神,终托汉时西国之凶夫耶稣为天主,应运设教,是其标大题,僭大

---

① 刘林海:《19世纪中国人关于基督教 God/Spirit 汉译问题的讨论》,《北京师范大学学报(社会科学版)》2007年第6期。

号。"也就是说,传教士把"天"说成是产生于西方的神,特别是把有一个有罪的"凶夫"耶稣说成是"天主"太荒谬了。① 对天主教三位一体、受难、救赎等核心教义,明末士人也多有怀疑。有学者注意到在明末来华传教士艾如略所著的《三山论学记》中就记载了士人叶向高提出的三个问题:首先,既然天主全善、全能,且能"造世",为什么"不能救世",而"躬为降生"?其次,既然天主必须降生,完全可以"从天而降","何必胎于女腹中"?再次,耶稣为什么降生于"如德亚"(以色列),"何不降我中土文明之域"?有研究者认为:"佛教、道教以及中国本土宗教的文化背景,严重影响了人们对耶稣形象的理解与接受。"清初的杨光先在《不得已》中甚至认为,耶稣"聚众谋为不轨",是"谋反之渠魁"。② 在这部分士人眼中,耶稣就是一个"凶夫""渠魁""厉鬼",无论如何与"神圣"是沾不上边的。这样一来,传教活动一开始在中国的官员和知识层就出现了认知上的分歧,为后面的冲突与斗争埋下了伏笔。

有学者注意到,到晚清时仍有很多文人把《圣经》看作异端邪说,对耶稣形象和神迹进行了质疑。首先,对《圣经》所记耶稣的来历和神性表示怀疑,认为耶稣降生有母无父,是来历不明;既为上帝之子,自身尚且不保何以救人?其次,对《圣经》所载耶稣所行神迹加以否定。耶稣凭治病救人就被视为神圣不足为奇,且天下之大,凭耶稣一人是救不过来的。再次,对天堂地狱之说进行批判。认为是窃取佛教的概念,况佛教的天堂地狱说尚有惩恶劝善之意,而天主教只强调"能奉教者,死登天堂;不奉教者,皆入地狱",善恶不分,只为诱人入教。最后,否认末日审判的可能性。认为现实空间有限容不下等待审判的历代灵魂,且没有说明审判的时间,耶稣复活都快2 000年了,为什么还不开始审判?③ 此外,耶稣基督的形象"随着圣像的广泛流行"得以传播,但引起的却是误解、曲解和攻击的反应,原因在于"中国人对于耶稣的受难、被钉等情节产生诸多不解与疑问,从而成为反教者攻击耶稣形象的口实"④。中国文人不可能是纯粹的无神论者,但对西来的神性事件却大多质疑和怀疑,这反映在神灵信仰上中西文化的理解存在着逻辑和轨迹上的差别。中国的神灵,无论是正统宗教还是民间信仰,大都外在于人

---

① 以上参见陈义海:《中西之"天"——明清之际儒家文化与基督教文化关系探微》,人大复印资料《中国哲学》2006年第1期。
② 参见肖清和:《诠释与歧变:耶稣形象在明清社会里的传播及其反应》,《广东社会科学》2011年第4期。
③ 参见陈建明:《近代中国人〈圣经〉观念考述》,《社会科学研究》2007年第6期。
④ 参见肖清和:《诠释与歧变:耶稣形象在明清社会里的传播及其反应》,《广东社会科学》2011年第4期。

间,以超人间的力量提供心灵慰藉,这与"道成肉身"的耶稣形象相去甚远,从而陷入中国民众难以理解的意识困境。

2. 晚清民间排教的基本方式

晚清的知识群体总体对基督宗教是持反对态度的,主要方式就是撰写各种类型的反洋教文书、揭帖、传单和绘制漫画等,向社会大众广为宣传反洋教思想。最早的反教著作是浙江徐昌治所刊行的《破邪集》,辑录了"南京教案"发生前后的反教言论。清初,杨光先(1597—1669)刊行其《不得已》,也曾引发了一波反对基督教的浪潮。鸦片战争后,许多著名的知识分子,如魏源、夏燮、徐继畬等都对基督教义进行了自以为是的批判。洋务运动时期,知识群体仍将基督教视为异端,奕䜣就认为:"近年沿海地方,业为所惑,即粤逆亦借耶稣以惑人心,京师首善之区,若遭蛊诱,则衣冠礼乐之族,夷为禽兽。"① 可见不少士人对基督文化具有恶感。② 文人反教的代表人物当属湖南的周汉。据学者研究,周汉在19世纪最后10年,撰著刊印的反洋教文本种类繁多、数量惊人,主要宣传品可考的不下50余种,其中仅《鬼叫该死》一种在湖南就刊印了80万册。③

中法战争后,民间产生的大量反洋教文书用各种不同的名义和形式刊印传布,"大都详叙邪教四处结匪巢、散妖书、放迷药、行淫术、逞毒威、诱胁愚民叛投异族之恶"。④ 传教权扩大不久,中国民间的反教情绪就开始高涨。特别是出于乡土文人之手的反教文书,其言辞之激烈异乎寻常。例如,1863年2月,《江西扑灭异端邪说公启》就说:

> 倘该国教士敢来江(西)蛊惑,我等居民数十百万,振臂一呼,同声相应。锄头扁担,尽作利兵,白叟黄童,悉成劲旅,务将邪教斩除净尽,不留遗孽。杀死一个,偿尔一命;杀死十个,偿尔十命。其有中国人投习彼教者,经各乡族长查出,不必禀官,公同处死。⑤

乡土文人通过形形色色且通俗易懂的文书、揭帖向下层民众宣传反教思想,

---

① 参见李思涵:《同治年间反基督教的言论》,《清华大学报(台北)》(卷六)1967年第1—2期。
② 参见戴斌武:《论民族文化背后的晚清乡绅社会反教情绪及表现样态》,《贵州民族研究》2007年第3期。
③ 参见肖宗志、蒋艳丽:《周汉的反洋教文本及其传播》,人大复印资料《中国近代史》2006年第6期。
④ 《清末教案》(第六册),中华书局2006年版,第665页。
⑤ 王明伦编:《反洋教书文揭帖选》,齐鲁书社1984年版,第116页。

以此来鼓动民众的反教情绪。所以当时许多传教士把"绅士倡之,愚民随之"看成反教会活动的一个共同模式。① 总之,在信教人士看来:"从大的环境看,我国基督教一百几十年来始终处于极少数的地位,被非基督教及敌视基督教的思想和势力从四面八方包围着。"②

3. 晚清民间排教反教的动机和原因

关于晚清排教反教现象形成的原因,中外学者从各个角度给出了答案,代表性的观点有信仰冲突说、文化冲突说、生存策略说和民族冲突说。

(1) 信仰(宗教)冲突说。美国学者柯文不同意大陆学者把义和团运动看作"反帝爱国运动",认为"这种观点曲解和错误地解释了促使义和团行为的纷繁复杂的动机"。他认为参与双方"都是从宗教意义上理解这场斗争"的,"双方都自认为自己代表着真实、仁慈的超自然力量——神或上帝,敌方则是无能或邪恶的伪神"。传教士自称是"上帝的战士",而拳民则被视为上天派来的"神兵",1900年出现的"并非传统意义上的军事冲突",而是"一场比试法术的竞赛"。拳民"是要和洋人、教民比试一下谁的神法力更大,能占得上风。因此,当义和团遭受挫折时,不是把失败原因归于对方的先进武器,而是归于对方更有效力的法术"。③ 也就是说,拳民眼中的基督教神灵是一种有法术的邪神,从而把对基督教的认知纳入了传统神灵认知的图式。

(2) 文化冲突说。有学者不同意把近代教案看作单纯的"宗教冲突",认为"几乎所有的教案背后都存在着一些非宗教的地方性因素,教案是宗教感情的龃龉和日常生活矛盾交织碰撞的产物"。④ 显然,这是主张教案的发生是源于文化冲突。有研究者就认为,近代部分文人强烈的排教动机,是"夏优夷劣、自大排外的民族文化心理,官方的抑教政策,基督教与传统信仰、伦理、风俗的矛盾,诸种因素共同作用"的结果,这是"那些属于正统阵营、以崇正黜邪卫道排异为己任的传统文人的共同倾向"。⑤ 山西文人刘大鹏就指责:"洋夷传教,名曰劝人为善,其实搅扰我政治,变乱我制度,败坏我

---

① 参见宋桂英:《十九世纪末鲁西南地方权力结构与民教冲突》,《史学月刊》2004年第3期。
② 丁光训:《金陵神学文选》序言,收入罗冠宗主编:《中国基督教三自爱国运动文选(1950—1992)》,中国基督教三自爱国运动委员会1993年版,第457页。
③ [美]柯文:《义和团、基督徒和神——从宗教战争角度看1900年的义和团斗争》,《历史研究》2001年第1期。
④ 孙江:《作为他者的"洋教"——关于基督教与晚清社会关系的新阐释》,《江海学刊》2008年第1期。
⑤ 参见王守恩、刘安荣:《近代山西传统文人对基督教的排拒与皈依——以刘大鹏、席胜魔为例》,《宗教学研究》2006年第2期。

风俗,煽惑我人民,盖欲变夏为夷"①,"名曰入教为善,其实祸中国也"②,强烈主张铲除基督教及其教徒。有研究者认为"这种以儒家文化为主体的'唯我独尊'的传统文化的力量,造成了对异域文化亦即对基督教文化的斥拒心态",并断然认定"这成了一种文化传统,一种悠远而具有韧性的文化心理定势"。③ 这似乎暗指中华文化过于"自我"而易于"攻讦外来异说"。中外文化存在差异是不言自明的,在我国对外交往史上也不乏成功接受外来文明的先例,不但涉及物质生活内容,更有精神文化的吸收,如食物、音乐、绘画、造像、服饰等。在信仰领域,更有佛教成功传播的事实,此外还有拜火教、景教、摩尼教、伊斯兰教,甚至犹太教在一定程度上的传播,也未见像近代那样如此强烈的对基督宗教的排斥,这岂是一个文化差异就能解释的?更何况对中华文明特性的概括是否准确精当还是一个需要商榷的问题。

（3）生存策略说。德国学者狄德满认为:"反对基督教扩展的群体暴力更多地是有组织冲突的传统既存模式的继续,外来力量只不过是使这种有组织冲突进一步恶化而已。"他提出了"既存的暴力竞争模式",这种模式就是"当地对有限资源的长期争夺"的暴力冲突模式,包括家族争斗、衙役勒索、土地剥削、贩卖私盐、土匪骚扰等。在这种冲突中,处于劣势或下风的人们便转而寻求教会的帮助并获得了有效支持。因为,外国教士"有一个重大优势:他们延伸的高层网络使他们能够动员外国帝国主义的高层的政治力量",由此俨然成了"有效能的地方保护者"。也就是说,对一部分中国人而言,"'皈依'基督教成为颇具吸引力的生存策略"。④ 这种观点注意到传教活动与既有社会秩序紊乱之间的关系,也强调了基督教在华所取得的特权助长了社会混乱的态势,从而造成了社会的进一步分裂,"入教"既是一部分社会成员的"生存策略",又成为另一部分人反教的原因和动机。这与学界普遍认同的基督教干预现实生活、挑战政治秩序和官吏权威的看法有内在的一致性。

（4）民族冲突说。有学者注意到,近代民众的仇教反教言行除了有传统文化认知的差异外,还在于对鸦片战争以来西方列强的暴行有所了解,并且能从国家安危、民族存亡的高度加以认识,从而产生了强烈的排教情绪。一位英国传教士在记述河南当地群众轰走外国传教士时说:

---

① ［清］刘大鹏:《潜园琐记》,收录于《义和团在山西地区史料》,山西人民出版社1980年版,第32、34页。
② ［清］刘大鹏:《退想斋日记》,山西人民出版社1990年版,第92、110页。
③ 张广智:《近代中国对基督教入华的回应》,人大复印资料《中国近代史》1998年第11期。
④ ［德］狄德满:《义和团民与天主教徒在华北的武装冲突》,《历史研究》2002年第5期。

> 他离开那城时,他们对他吆喝说:"你们烧了我们的皇宫,你们杀了我们的皇上,你们贩卖毒品给百姓,到现在你们还大言不惭地来教我们做什么好人!"这几句话,把他们所以恨他的原故说出来了。①

曾在中国担任过英国公使的阿礼国在其所著的《对基督教的容忍》一文中也指出:"基督教会在中国的最大敌人,就是传教士自己和自称保教的西方列强。"②因此,有学者认为:

> 侵略反侵略,构成了晚清教案中多处冲突的主线。尽管民众在排教斗争中有许多幼稚的思想和盲动的行为,但实质上这是一种处在初级形态的反对殖民主义势力政治侵略与精神征服的运动。弥漫于社会底层的灭洋夷保中国的呼声,同爱国知识分子要求"保国保种保教"的口号相并行,共同反映了救亡图存这一深沉而急迫的历史主题。③

这种观点比较深刻地揭示了在西方殖民势力东侵的历史背景下,文化冲突、信仰冲突、生存竞争背后近代中国民众真实的心理状态和态度倾向。

(三)信教群体的入教动机和信仰状态

明清以来,尽管基督宗教在华传播遇到了种种抗阻,但毕竟也取得了一定的成效。特别是在晚清殖民与反殖民激烈斗争的时代背景下,仍有民众加入基督教并形成稳定的信仰,更有洪秀全们借用耶稣形象掀起反清大起义。20世纪90年代中期,学界研究的重心逐渐转向信教民众的动机与行为,从而更全面地揭示了基督教入华带来的历史影响。

1. 洪秀全的上帝教及其吸引力

洪秀全的创教宣教活动中也用到了上帝、耶稣等概念和形象并以此相号召,动员了大批追随者,最终形成了起义的中坚力量。那么,弄清上帝教的性质、参加者信教的原因、西洋人是否认为是"同教"等问题,则是判明基督教对太平军影响程度的关键。

(1)关于上帝教的性质,主要有以下三种观点:

第一种观点认为,上帝教的出现就是西方天主教流布的结果。有研究

---

① [德]施丢克尔:《十九世纪的德国与中国》,乔松译,生活·读书·新知三联书店1963年版,第27页。
② 转引自史式徽:《江南传教史》,上海译文出版社1983年版,第200—2001页。
③ 程歗:《文化、社会网络与集体行动——以晚清教案和义和团为中心》,巴蜀书社2010年版,第160页。

者注意到，洪秀全等依托上帝会组织反叛活动，更加激发了晚清部分官员和知识分子对太平天国的拒斥态度，他们无不把起义的发生与洋教的流布联系在一起。曾国藩在《讨粤匪檄》中就特别指斥"粤匪窃外夷之绪，崇天主之教"；翰林院侍讲殷兆镛在上奏中也说："近日之长发贼，亦奉天主教者也，其煽惑勾结，已可概见矣。"至于乡土文人的反教作品更是把"发逆"作乱视为由洋教衍生。"饶州第一伤心人"在《天主邪教集说》中说："道光末年，乃由杨秀清、洪秀全等奉其教，群焰倡乱"；湖南的一部反教文书也指斥"发逆因之假耶稣教名号，揭竿而起……流毒半天下，不可收拾矣"；河南的"南阳绅民公呈"则谓"粤西发逆，本系良民，徒以服习其教，久成叛逆"，"迹其言行，无不与彼教吻合"。这些指责和批驳正符合社会底层群众对西教传播就是"窃我人心""谋我中华"的反教政治意识的指向，从而助长了底层社会反教思想的进一步蔓延和渐趋高涨。[1]

第二种观点认为，上帝教是基督教的异端，更像是中国民间秘密宗教。有研究者认为，尽管上帝教吸收了基督教的某些教义，但以洪秀全、冯云山的知识结构、宗教素养和对西方的了解，不可能读懂《圣经》的真义，到访天京的西人和洋教士很快就意识到上帝教是与基督教格格不入的异端。[2] 还有研究者认为，洪秀全们"基本以中国文化为参照系，以乡村私塾教师所具有的才识和价值判断，结合其反清起义的政治目的，望文生义，解构基督"。洪秀全所推崇的"唯一真神""皇上帝"已经完全与基督教的"耶和华"大异其趣，既有传统"天""上帝"信仰的影子，又有"金发碧眼"的西来形象；既是创造天地万物、无所不能的大神，又是统御天地大家庭的"老亲"，上帝就是天父，还有天妈、天兄、天嫂、天女、天婿，俨然是一位人神两界共同的"大家长"。这样的上帝形象，把试图通过信仰将洪秀全等视为"兄弟"的传教士也弄得一头雾水，哭笑不得。英国传教士通过接触和闻见其宗教实况，不禁"大感惊骇，并因此决心离开这个亵渎上帝的魔鬼朝廷"；美国传教士罗孝全"全然失望"，感到太平天国的一切"如同一场滑稽剧，它对基督教理的传播不但无益，甚至反而有害"。总之，在基督教方看来，太平天国的宗教充满"错误与混乱"，"并不是对福音有理智的信仰"，而是"走向狂野、粗鄙和亵渎上帝的狂信主义"。[3] 由此，学界逐渐对上帝教的评价有了共识：

---

[1] 参见董丛林：《晚清时期"教案危机"的社会反应》，人大复印资料《中国近代史》2016年第4期。
[2] 参见董丛林：《晚清时期"教案危机"的社会反应》，人大复印资料《中国近代史》2016年第4期。
[3] 李喜所：《洪秀全拜上帝："师夷长技"以"称帝"——兼析政治宗教的独裁本质》，人大复印资料《中国近代史》2012年第8期。

太平天国的意识形态上帝教是由基督教千禧年主义在当时语境中发展而来的异端,并向着异教的方向发展。我们很容易把洪秀全的这一套做法,视作中国历史上屡见不鲜的托命于天、明王出世、弥勒下凡一类故伎,因此认为太平天国只是民间宗教(教门)之一种。①

第三种观点认为,上帝教是洪秀全自创的一种新宗教——天教。有学者认为,"信仰中心"是宗教分类以及评判教际关系的标准,据此将洪秀全所创的宗教称为"天教",是有别于基督宗教的一种新宗教。根据洪秀全的教义:

太平天国的天教是作为西方基督教的改造者发展起来的,是基督教中国化的产物。与基督教信仰的"三位一体"的上帝不同,天教信仰的是自然至上神的"天",是中国"祖帝一元神",这种分歧体现出中西文化的根本差异。因而正如基督教不再是犹太教的一种派别那样,太平天国的天教也不再是所谓基督教的东方教派,而是自觉地独立存在和发展的新宗教。②

利用信仰或结盟组织发动反抗活动是中国历史上下层人民的惯用作法。洪秀全借助耶稣形象构建组织、传播教义、举行起义必然带有传统特征,洪秀全所创立的上帝教也就不可能是正统宗教。所以,官方称之为"邪教",民间视之为"旁门",西洋教士斥之为"异端"。

(2)洪秀全信教、创教、传教的原因,主要有以下三种观点:

第一种观点认为,洪秀全早期就是一个志在传教的信教者。有研究者认为,洪秀全创立的上帝会"既不是有别于基督教的标新立异的新教团体,也不是为了造反而以宗教行为掩护的反清革命组织"。虽然《劝世良言》给他留下了深刻印象,也结合梦境阐发了一些宗教认识,但"斩邪留正诗等是精神病态的产物",是"精神错乱者的狂语","一个对基督教所知无多的人,怎么能有创造或改造基督教的能力呢"?因此,也不能说他创立了什么新宗教。洪秀全"本意在于真诚的宣教,效果却是亵渎了《圣经》",被逼上反清道路后,"他仍不忘情于宗教救世的目的。他以宗教的精神领袖地位和身

---

① 参见周伟驰:《洪秀全对太平天国革命的圣经解读》,人大复印资料《中国近代史》2016年第7期。
② 张英明、徐庆铭:《论〈圣经〉马氏译本对洪秀全的影响——以"上帝"译名为例》,人大复印资料《中国近代史》2005年第5期。

份,作了造反队伍的首领"。①

第二种观点认为是出于政治需要。有学者从洪秀全的基督教史观出发,认为其把基督教史与中国上古传说相比附,或出于"无知和猜测",或出于"误解和修正","从主观上说,其出发点只有一个,就是使上帝教与基督教史的阐述和解释适合于他们所领导的太平天国宗教与政治运动的需要"。② 另有学者从洪秀全接受基督教的"千年王国"和"平等思想"出发,认为"洪秀全皈依基督教、对基督教千年王国的追求是执着的,代表着近代中国人学习西方的一次尝试,以往那种将太平天国起义一律说成是洪秀全披着宗教外衣发动革命的论调,是有失偏颇的"。③ 这种评论似乎是说洪秀全的信仰完全服从于反清政治斗争的需要,其实与真正的宗教信仰并无实质性的关系。

第三种观点认为,洪秀全树立的"皇上帝"形象是为迎合客家人希望融入地方村落联盟的愿望,借以动员民众入教。有研究者认为,"浔州府地方往往将社、庙神明'正统化'并依赖其来维系既有地方社会秩序,清中后期更以社、庙祭祀为中心形成了村落联盟组织"。这种倾向不仅垄断了文化和政治资源,还对外来的"客家人"形成了排斥,从而引起了不断的纷争甚至械斗。洪秀全在《原道醒世训》中提出"天下一家,皇上帝为人间共父,天下皆兄弟姊妹的主张",并把皇上帝塑造成"泯除此疆彼界之私和尔吞我并之念、公平对待客家和本地的神明",从而引起了渴望"融入地方村社中以分享地域资源,不再受村社既定疆界之束缚和土人之侵凌"的客家人的共鸣④,上帝的形象由此获得了存在的合理性而成为一部分客家人崇拜的对象。还有研究者也认为,客家人是外来户,难以融入土著的地方神崇拜体系,因而"与当地宗教习俗的联系相对较浅,所以容易接受一种新的信仰"。⑤ 上述认识过于笼统,尽管客家人是外来户,但作为一个移民群体显然应当保留着自身的文化传统和生存方式。也就是说,迁徙并不导致这群人文化基因的消失而形成空白,不能崇拜迁入地的地方神就无神可拜了吗? 问题的关键还在于,土著中是否也有皈依基督教者? 概览晚清时期全国信教群体的情形,是否都是因为文化断裂或信仰对象匮乏而给了基督教传播之机呢? 显然,这

---

① 沈渭滨:《洪秀全与基督教论纲》,人大复印资料《中国近代史》1998年第4期。
② 王国平:《太平天国领导人的基督教史观》,人大复印资料《中国近代史》2003年第7期。
③ 蔡少卿:《太平天国起义与千年王国》,人大复印资料《中国近代史》2002年第11期。
④ 参见唐晓涛:《神明的正统性与社、庙组织的地域性——拜上帝会毁庙事件的社会史考察》,人大复印资料《中国近代史》2011年第9期。
⑤ 夏春涛:《天国的陨落》(增订版),中国人民大学出版社2016年版,第13页。

种解释就更显得有些牵强了。

（3）洪秀全创教思想的吸引力所在。洪秀全在传播其宗教思想的过程中，有两个重要改造极大地提升了其教义的信度，赢得了起义参加者的共鸣。首先，关于"天父上主皇上帝"的形象。在洪秀全的"异梦"中，上帝的形象被描述为"头戴高边帽，身穿黑龙袍，满口金须，拖在腹尚，像貌最魁梧，身体最高大，坐状最严肃，衣袍最端正，两手覆在膝尚"，两脚八字排开。①在其他版本中，上帝之形也大略如此。除了金须拖腹较为罕见外，完全就是一副人间威严老者的样子。②洪秀全在创教时就宣扬人人是上帝的子女和天下一家的理论。他认为人有生身父母，但灵魂都是禀上帝一元之气而生。因此，上帝是所有人的始祖，这样"天下总一家，凡间皆兄弟"便成为不言而喻的事了。上帝和世人构成的这种家庭关系，就是把上帝称为"天父"的主要含义。天父与世人有着相当于父亲生育儿女的血统关系，天父是具体意义的父亲和大家庭的家长，虽然威严但却可亲可近，由此产生了上帝的亲和力。其次，关于小天堂的思想。洪秀全在"出游天下，传播真道"的过程中发现基督教所宣扬的"天堂世界"离现实生活过于遥远，缺乏吸引力。于是，他根据《劝世良言》中关于人有灵魂和肉体两部分的说教，把基督教的天堂思想发展成为大天堂和小天堂。说是人活着只能坐小天堂，死后才能坐大天堂，明确提出小天堂就是地上天国：

> 神国在天是上帝大天堂，天上三十三天是也，神国在地是上帝小天堂，天朝是也。天上大天堂是灵魂归荣上帝享福之天堂，凡间小天堂是肉身归荣上帝荣光之天堂。③

可见，他宣扬的小天堂就是他自己要创立的"今在人间"的太平天国新天朝。洪秀全宣称，只要参加小天堂的构建，就能够获得世袭官职，直达荣华富贵，这无疑是有巨大号召力和诱惑力的。④总之，洪秀全塑造的上帝形象亲切可触、地上天国具有巨大的吸引力。与其说是宗教说教吸引了人们，不如说是现实利益的可望可及产生了强烈的吸引力和号召力。

---

① 《太平天日》，见《太平天国》第2册，神州国光社1954年版，第632—633、635—636页。
② 宋德华：《拜上帝教：中西文化畸形结合的产物》，《学术研究》2002年第8期。
③ 金毓黻、田余庆等编：《太平天国史料》，中华书局1955年版，第83页。
④ 参见任军、余桂芳：《太平天国的"天堂世界"》，《解放军外国语学院学报》1991年第6期；李毓麟：《太平天国对待西方文化的原则性——从"洋老师"、"西洋番弟"到"与番人并雄"》，《广西社会科学》2007年第5期。

2. 晚清民众入教的动机

晚清信教群体的构成主要有三类。

第一类是部分文人和社会上层人士,有研究者认为这是因为基督教与既有信仰、文化传统有一定的相似性、共同性和互补性,比如,伦理规范上禁欲主义色彩、道德追求上的完美性要求等。此外,基督教带有极强的世俗性,它"通过它的创始人的牺牲,为大家渴求的摆脱堕落世界获取内心得救、获取思想安慰,提供了人人易解的形式"①,并且更加肯定个人的自由意志及人格尊严。这些对部分传统文人有很强的吸引力。

第二类是由秘密教门转入基督教。有学者通过个案研究,提出"吸纳不为政府所容的秘密教门信徒,是教会的惯用策略"。作者研究的是"位于东部沿海山脉之间""拥有150年基督教信仰历史的华北乡村"——堂口村。该村所处的生存空间比较复杂,"孕育了多样的生活方式和宗教信仰","也为秘密教门和团练组织提供了社会空间"。以段姓为主的堂口村民便加入了"与主流民间信仰不同,其教门教义传讲有一至上神,与基督教教义颇有相通之处"的秘密教门。面对晚清政府对民间秘密教门的打击,"为免牢狱之灾","堂口村民集体受洗入基督教"。由此"基督教信仰进一步地嵌入了社会生活之中"。②

第三类则是最普通的社会大众,主要是乡村民众皈依者居多。有学者介绍,在福建的传教士已经注意到城乡民众在思想认识上的差别,认为居于通商口岸的居民见多识广,且对外国情况有所了解,在接受教义时总会提出种种疑问。而"乡村的情况不同,那里的人们较少受到商业物质刺激,思想较为淳朴,较少自信,容易听信别人的教导,更为好客。而且,乡村的人们对外界所知不多"。③ 这是在乡村容易传教的重要原因。有关信教者入教动机的研究主要集中在对第三类信仰基督教群体的分析上,观点纷呈、重点不一。

第一种观点是最普遍、最常见的吃教、恃教说,把民众信教归因于某种利益的谋取。这种观点在晚清的官员和某些教士中就有所流行。在广东的"教士认为教民应当享受比他的非教民同胞更高一等的司法,这种信念你是无法从教士的思想中拔除的"。④ 而两广总督毛鸿宾认为:"其甘心习教者,

---

① 恩格斯:《布·鲍威尔和早期基督教》,《马克思恩格斯全集》(第19卷),人民出版社1965年版,第335页。
② 赵斯羽:《嵌入与再生产》,人大复印资料《宗教》2017年第1期。
③ 参见朱峰:《基督教与中国东南的乡村社会——以近代福建美以美会为例》,《福建师范大学学报(哲学社会科学版)》2005年第3期。
④ 四川省哲学社会科学学会联合会编:《近代中国教案研究》,四川省社会科学院出版社1987年版,第356页。

多系素不安分之人",当民教发生冲突时,外国传教士"又不分良歹,不问曲直,但习其教,一概指为善人,从中袒护,竟使奸民恃视传教为护身之符且引习教为挟制之计"。① 而那些能在教堂中服务,或为教士办事之人,气焰则更为嚣张。1890 年,闽浙总督卞宝第在分析福安县民教纠纷时指出:"民以入教为护符,遇有词讼,教士出为干预。设有不直,诉诸领事;再不直,领事诉诸驻京公使,必取胜而后已。教既占强,于是入教者众。"②这些记载对后世的研究者产生了较大的导引作用。有研究者认为,部分入教者的目的是获得教会的经济帮助,并举教徒自述为证:"我注意到,所有的福汉会成员期待的目标是:如何从番鬼那里拿到钱……当时我根本不知道基督教洗礼的重要性,我只有一个目标,那就是得到资助和工作。"为了吸引教徒,教会通常会进行一些服务活动,如分发圣餐、诊治病患者、开办育婴堂和孤儿院等。③ 有学者认为近代陕西信教者的动机有三:一是农民生活极端贫困化,"入教""吃教"成为一种求生的选择;二是动荡不靖的社会,使农民为获得安全感而入教以寻求政治保护,即所谓"依教""靠教";三是因病信教,许多农民因生病接触行医的传教士或到教会医院就诊,有机会了解基督教而入教。④

第二种观点是法国学者巴斯蒂提出的人道说。他不同意把基层教民团体看作"主要是一伙没有任何宗教信仰的'吃教的'或'恃教的'穷人和亡命徒"的观点。巴斯蒂在其文中提到直隶地区就出现了一批坚定的信教者,义和团运动高潮时期,这里的"信徒中的弃教者极少",新老教民"中涌现出众多殉教者"。巴斯蒂认为"教民一般不属于最贫困的阶层,他们大多为小农、手工业者、店主,较富有的甚至还考过文武科举,得过功名","他们的皈依和成为天主教徒肯定不是由于哲学或神学的原因,但也不是利欲熏心",而是"从教会得到的主要是一种心理支持、一种慰藉和某种人际友情。这使他们在灾难和痛苦生活中不再感到孤立无援"。⑤ 也就是说,"入教"原因是为获某种心理慰藉、情感支持等"人道"的因素。

第三种观点可称为神功移植说。法国著名的汉学家谢和耐认为,明末

---

① 张贵永编:《教务教案档(第一辑)》(第三册),"中研院"近代史研究所 1974 年版,第 1315 页。
② 《教务教案档(第五辑)》(第三册),"中研院"近代史研究所 1974 年版,第 1938 页。
③ 转引自左芙蓉:《基督教在近代客家人中间的传播与影响》,《北京联合大学学报(人文社会科学版)》2004 年第 3 期。
④ 参见王欣瑞:《近代基督教传入陕西及陕西农民入教原因探析》,《西北大学学报(哲学社会科学版)》2004 年第 1 期。
⑤ [法]巴斯蒂:《义和团运动期间直隶省的天主教教民》,《历史研究》2001 年第 1 期。

清初中国下层民众往往把"中国的传统和行为,移植到基督教的圣性和神圣事物方面去",传教士的驱魔法力,圣水、圣牌、圣像、念珠等产生的奇迹,成为下层民众皈依天主教的主要动力。也就是说,入教者把天主看作一位与传统神灵相类似但具有更大"法力"的神灵[1],就如同除了官方崇尚的神灵体系外,民间还信仰具有地域特点的大仙、狐精等神灵。基督教不过是提供了新的这一类的神灵而已。这或许就是民间信仰的开放性、包容性和功利性是基督教在一定程度上传播开来的原因。例如,福建地方多以神力大小、"灵验"与否作为宗教选择的前提,要求宗教能够解决现实的生活需要。福建美以美会布道时就大量运用"神迹",如福音驱魔赶鬼、向上帝祈祷求雨灵验,甚至佛教菩萨让乡民请基督教传道为人治愈疾病等。教会驱病赶鬼,大显神力,既是为了与其他宗教竞争,亦投射出地方社会的基本信仰态度。[2]

第四种观点则是世俗功利型向信仰功利型倾斜说。程歗等先生系统研究了义和团时期教民的信仰状况与动机,对学界普遍认同的入教动机——吃教、仗教、靠教、恃教等进行质疑,认为这样的分析过于简单。程先生认为:"乡土教徒的入教动机具有浓厚的功利色彩,主要是希望藉此缓解衙门、士绅的压迫,寻求教会的经济援助,或被传教士引进的先进的种植技术所吸引。"但是,"入教的动机和需要,仅仅是进入一种新的心理状态的起点,它会被此后的各种复杂的条件和境遇所补充和改造……郭某等'致命'动机具有浓厚的功利色彩但毕竟已经由世俗功利型向信仰功利型倾斜"。文中提到的郭某就是一个非常突出的为"灵魂"入天堂而在义和团运动中甘心"致命"的典型。程先生深入分析了郭某的信仰心态,认为"像郭某这种平日信仰不坚、行为不端"的人"自知面临更大的危险",但他不"背教"而选择"致命",原因在于他们毕竟接受了"灵魂意识","从而敢用短暂的痛苦去换取灵与肉的两头受益——肉体历尽人间享受,灵魂上升天堂享福。在这批信徒看来,暴烈的排教运动恰好为他们提供了难遇的'大好机会'"。[3] 程先生认为,"含辛茹苦、谋生维艰的老百姓,不可能像士大夫或传教士那样认真考究信仰观念的异同","他们的社会地位低下,精神状态压抑,而基于寻找新

---

[1] [法]谢和耐:《中国与基督教——中西文化的首次撞击》,上海古籍出版社2003年版,第64—88页。
[2] 参见朱峰:《基督教与中国东南的乡村社会——以近代福建美以美会为例》,《福建师范大学学报(哲学社会科学版)》2005年第3期。
[3] 程歗、谈火生:《灵魂与肉体:1900年极端情境下乡土教民的信仰状态——以直隶为中心的考察》,《文史哲》2003年第1期。

的机会以改善生活和提高地位的心理期待,又往往表现出强烈于士大夫的求异热情"。因此,在传教士的劝化下,"以自己的方式和角度,不同程度地接受天主教教义"。① 这种观点从时代条件、传教策略、信仰心理、精神和物质需求等方面,全方位地揭示了基督教义深入下层民众心里的过程,从而摆脱了非此即彼的研究困境,也很好地说明了20世纪以后基督宗教仍然在继续传播的原因。

3. 晚清教民心目中的天主形象

用"天主"来对译基督宗教的唯一真神(拉丁文是"Deus",英文则为"God")是来华传教士的功劳。从景教传入时将其译为"阿罗汉""一神""天尊""佛",到明清时期出现五花八门的译词,先后使用过"上帝"、"天帝"、"大帝"、"帝"、"神"、"真神"、"神主"、"天神"、"天王"、"天"、"天主"、"上主"、"天父"、"安拉"(Allah)、"阿罗诃"(Aloha)等,这种状况严重影响了天主形象的确立和基督宗教的传播。"直至大主教会嘉定会议(明天启七年,西历1627年),决议以'天主'一词对译拉丁文之Deus,自此,有关'天主'等重要的天主教义名称才逐渐统一。"②这种状况反映了文化碰撞与交流中不可避免地会遇到文明差异所带来的阻力。"天主"译名的确定过程也是基督教义传播的过程,必然对中国社会各阶层产生相应的影响,从而勾画出上帝和耶稣的形象,近代中国民众头脑中不同的耶稣画像又直接影响到对基督宗教的态度。

有研究者专门研究了晚清教民心目中的天主形象。一般说来,天主多被晚清教民描述为男性,且是一位凛然威严的"白发老人",掌管着生死予夺、福祸报应的大权。这样的形象,在教民看来"爱"的意味极其淡漠,对天主的态度只能表现为"敬畏""顺从""听命"。"教民体验到的'天主'大体上是一位伦理意义上的'大父母'、宗法意义上的'长老'和神功意义上的

---

① 程歗、许蕾:《中国近代天主教民信仰研究》,《湖北大学学报(哲学社会科学版)》1996年第6期。
② 周骊方:《明末清初天主教史文献丛编》,北京图书馆出版社2001年版,第353—355页。有关"天主"译名的研究还可参见:马琳:《〈三山论学记〉中关于"天主"观念的文化对话》,《世界宗教研究》1997年第4期;郭慕天:《"天主"译名最早文献考》,《中国天主教》2003年第3期;夏元:《价值冲突中的〈圣经〉翻译——明末清初耶稣会传教士的翻译策略和关键译名选择》,《中国翻译》2005年第1期;刘林海:《19世纪中国人关于基督教God/Spirit汉译问题的讨论》,人大复印资料《宗教》2008年第2期;赵晓阳:《译介再生中的本土文化和异域宗教:以天主、上帝的汉语译名为视角》,《近代史研究》2010年第5期;王铭宇:《"天主"词源考》,《语文研究》2012年第3期;李睿:《"上帝""神"抑或"天主"——基督宗教Deus汉译名探讨》,《中国科技术语》2012年第5期。

'全能神'、'最大神',其功能是创世造物、统治万有。"①这样的变化是因为教民们在接触天主信仰的过程中不自觉地植入了中国文化中既有的信仰意识、思维逻辑和宗教模式,呈现出了基督宗教"中国化"的形态。程歗先生对近代天主教民的信仰状态和心目中的天主形象有过精妙的描述。首先,把"God"译为"天主",具有"天的主人"的含义,这就把中国人对天的信仰与西方的至上大神巧妙地结合起来了。其次,老百姓"心目中的'天',融儒佛道的教化和自身的直观感受为一体,通常具有更浓厚的有神论色彩"。因此,

> 近代教民对"天主"的理解中,创世和拯救之间存在一定的距离,比较而言,教民偏重于把"天主"看成一个"无所不能"和赐福免灾的神灵。他们对"天主"的祈求,也主要是集中在现实焦虑和世俗需要上。

程先生认为:"近代教民心目中的'天主',大体上是一位创世造物主、全能的男神和统治万有的长老。"这样,天主的形象既接近天主教原罪、救赎、"三位一体"的宗教观念,又暗合了传统的"天意莫测"而"敬天""畏天"的"天命"信仰,从而在一部分下层民众中确立起了稳固的天主信仰。程先生指出:

> 中国传统的祈福避灾、因果报应的宗教观念,以及与之相联系的求索性、实用性的信仰导向,在这里渗入了"天主"信仰。这种信仰也就偏离了灵魂解脱的遐想,而成为变异了的传统神功崇拜。②

"信仰功利型"的提出是一个创见,既注意到信教群体世俗功利的信仰倾向和需求,又关注到信仰意识在特定历史条件下的变化,比较准确地描绘了晚清底层民众信仰意识呈现的状态,把入教动机研究推向了更深的层次。

(四) 乡土社会文化裂变及其历史影响

清朝基督宗教的传播对中国社会产生了巨大的冲击,也引起了社会意识和文化结构裂变。对基督宗教影响的评价历来存在两种相对而又有联系的看法,既不能否定其侵略性和破坏性,又无法否定它所带来的异质文明对

---

① 参见刘丽敏:《中国乡土文化视野中的天主信仰——以晚清华北的天主教为中心》,《济南大学学报(社会科学版)》2009年第1期;刘安荣:《民国时期乡村天主教徒的信仰状态与特征——以山西乡村教徒为例》,《宗教学研究》2011年第2期。
② 程歗、许蕾:《中国近代天主教民信仰研究》,《湖北大学学报(哲学社会科学版)》1996年第6期。

近代中国转型的影响。这种状态夹杂着非常复杂的研究心态,核心在于如何评价以基督文明呈现的西方文化是一种进步性力量还是破坏性力量。

1. 传教活动对晚清社会的扰动

中西文化在观念层面和心理层面上的直接冲突,随着大批传教士的涌入也拉开了序幕。教会和传教士的侵入不仅仅是精神领域的冲击,随着教会、传教士以及教民的不断增多和活动的扩大,随着以教堂为中心的新社会群体的出现,涉及了更为广泛的社会结构中其他层面的变异。到19世纪末,在华的欧美诸国的天主教、耶稣教以及东正教士达3 200多人,仅山东72州县就有各种教堂会所1 100余处,传教士达300多人。① 教会势力庞大且深入社会的各个角落造成了两种文化全方位式的碰撞。19世纪末的西方教会不但传教,在不平等条约和列强军事力量的保护下,还广泛地涉入政治、法律、经济等多项事务中。《北京条约》签订后,"传教士遂据此大量霸占田产房舍,扩展教会势力,吸收无地农民入教"。有学者研究天主教会占田放贷行为与"广西教案"发生的关系,列举了天主教会在广西贵县、西林县、象县占地放贷的情况,"天主教堂在该地大量购买土地,租给教徒和村民耕种,获得巨额收入","所收租谷数量惊人"。② 因此,来华西教的经费来源"逐渐地由依靠国外转而直接从中国占有的土地、房产及发放高利贷和经营其他商业活动获取接济"③。由于教会势力形成了独立的权力系统,有了独立的经济基础,事实上已经成为楔入乡村社会结构的一种新的实体,打破了原有的总体社会结构。因此,冲突和矛盾也就从信仰领域扩大到了其他领域,引发了社会秩序的紊乱和社会心理的变动④。

社会心理的变动沿着三个方向蔓延。首先,教民与非教民社会意识的分裂。中华文化的包容性和多神主义信仰特征决定了在信仰领域也有一种开放的传统,任何外来宗教、乡土神灵、民间宗教都能杂糅相处、相安无事。但基督教的一神论却排斥包括祭祖在内的所有民间祭拜活动,从而造成思想认知上的分裂与混乱。如广东肇庆府开平县人罗希孟就很困惑地说:"吾一向极欲入教,以著书传道,阐发圣经,匡其所不逮,勉其所当行,使中外一家,耦俱无猜。但因阻于禁祭祀一款,问心难安,不能使人心以各安,是以中

---

① 转引自《清史研究集(第二辑)》,人民大学出版社1982年版,第318页。
② 陈峥:《天主教会放贷与清末广西教案》,人大复印资料《宗教》2015年第2期。
③ 顾长声:《传教士与近代中国》,上海人民出版社1991年版,第103页。
④ 参见任军:《从社会心理的变动看义和团运动的缘起》,《解放军外语学院学报》1991年第1期。

止。"①在浙江东部,家族祭祖成风,由于教会严禁教徒参与祭祖仪式,家族内的其他成员非常恼火,便剥夺了教徒的族产收益权。浙江教民杨灵照曾撰文说:"倘欲弃祭祀,糊口于四方,而白发耆年,苦无觅食之所,欲求人助,不胜其助,故慕道者或有为祀产之难得,信心因而冷淡者,事在两难,作何办理?"②杨灵照表达的忧虑集中反映了本土教民在面对家族与教会两种力量的角力时,无法两相兼顾的矛盾心态③。其次,教民集团的形成造成了社会身份认同上的尴尬。

> 在时人眼里,教民生为"大清子民"却信奉"西洋邪教",不但不供香火,不祀祖宗,而且依仗着教会的庇护,不纳戏份,不入团保,又抗衡官长,可谓背叛祖宗,自外于乡里,自外于朝廷。

因此教民"实际上被打入另册,视同外人"。④ 最后,教民内部因教派不同而发生的冲突。传教活动全面弛禁后,不仅民教冲突陡增,不同教派的教民之间也冲突迭起。研究者列举的史料主要反映了广东潮州和花县、江西南昌、浙江黄岩等地耶稣教与天主教教民之间的冲突,甚至还有法国教堂与德国教堂分属之教民的冲突。刘坤一曾举江西为例,说彼时"本地土棍刁民,遂随声附和,相率入教,倚作护符。甚至此入耶稣,彼入天主,寻仇构衅,滋事生端"⑤。有研究者认为:"由此形成的不同归属的教民,又在天主与耶稣的名义下把人世间弄得一派混沌","作为当日屡见的民间骚乱,它们又以独特的样式反照了西教入华所带来的同一种社会动荡和困顿。"⑥由此可见,传教活动远远超出了宗教范畴,深入乡村社会日常生活的深层,这种干预和搅扰使晚清乡村生活环境更加动荡不安,进一步激化了由信仰差异而导致的社会矛盾。⑦

---

① 《释疑汇编》,广东省城怡和大街泰安药房藏 1884 年版。
② 林乐知:《万国公报(五)》,清末民初报刊丛编之四,华文书局股份有限公司 1968 年版。
③ 参见范正义:《清末中西祭祖纠纷与中国教民》,《厦门大学学报(哲学社会科学版)》2002 年第 5 期。
④ 参见邓常春:《晚清教民的尴尬身份:"二毛子"、另类百姓、大清子民》,《西南民族大学学报(人文社科版)》2006 年第 5 期。
⑤ 福建师范大学编:《清末教案》(第三册),中华书局 1996 年版,第 147 页。
⑥ 参见杨国强:《中西交冲:19 世纪后期的传教和教案》,人大复印资料《中国近代史》2009 年第 12 期;杨大春:《晚清天主教会与耶稣教会的冲突》,人大复印资料《中国近代史》2003 年第 6 期。
⑦ 参见林华国:《关于近代反洋教斗争的几个问题》,人大复印资料《中国近代史》1997 年第 6 期。

2. 西洋教会势力的活动特征与性质

有研究表明,近代重来中华的基督宗教,无论是何派何支,也无论其信仰特点是保守还是开放,目的只有一个,那就是"中华归主",彻底改变中华文化的样貌。在晚清社会结构的变动中,受西方国家保护的教会势力已经超越了传播信仰的范畴,逐渐形成了影响社会结构平衡的新社会群落,成为一支危及民族命运的政治力量。这股势力具有以下明显的特征:一是传教网络自成体系,来华教会按中国的行政层级形成了主教区、主教座堂、总司铎区、司铎区的组织系统;二是传教职能政治化,一些著名传教士相继取得了清朝官员的品级,获得了与传教层级对应的各级官员"交涉办事"的权力;三是教士特权扩展到教民群体,极力宣扬归入其教不由官管的意识,从而形成一种被时人称为"以入教为护符"的特殊群落。基督教的最大特点是不仅仅管理宗教事务,而且要支配信徒的婚姻家庭、社会交往、闲暇娱乐等。随着这样一个新的信仰群落的形成,人们在信仰、习俗和生活方式等方面发生分裂。西方传教士群体表现出强烈的文化优越感和西方中心论立场,以一种文化征服者的姿态挑战着中华固有文明,当然会激起大多数中国人的反感,人们很自然地会拿起传统文化习俗的武器与之抗衡,从而使激烈的反洋教斗争在 19 世纪下半叶持续高涨。①

关于来华基督教,特别是天主教的性质,学术界普遍有一种朦胧的认识。尽管传教士抱着"中华归主"的目的,但他们毕竟传播了近代西方的科学知识和文明事物,对中国近代社会的转型还是有积极意义的。然而,有学者注意到这种认识过于笼统和片面:

> 检阅一下明清之际天主教传教士的著作,就不能不令人惊讶于他们竟然对新时代的来临是如此坚决抗拒,以致其中竟找不到任何可以称之为属于近代科学或近代思想体系的东西。他们的宇宙构图是中世纪的,他们的理论体系和思想方法是神学目的论的。故此李约瑟博士认为,利玛窦等人的世界观远远落后于当时的中国人。

有研究者认为:"事实上,把当时中国最为需要的近代科学与近代思想介绍给中国的,并不是李提摩太、林乐知一辈的西方传教士,而是中国的知识分子和学者。"

---

① 程歗:《文化、社会网络与集体行动——以晚清教案和义和团为中心》,巴蜀书社 2010 年版,第 159、169、183 页。

（天主教传教士）传入的仍是中世纪的神学体系，其世界观实质上仍属于古代与中世纪的传统范畴，这既背离当时世界历史的近代化趋向，也与资本主义已经萌芽、个人觉醒与解放已成当务之急的中国时势之要求不相符合，对中国由中世纪转入近代无益。①

这个结论表明，文明差异并不意味着文明落后。正是由于巨大的文明差异、野蛮的传播方式和横霸的传教目的，"福音"并没有给中国人民带来"福气"，晚清基督宗教入华带来的是社会意识的裂变、社会秩序的紊乱、社会心理的恐慌和民族情绪的爆发。

3. 反教排教活动与民族意识的初步觉醒

西方宗教是在欧洲的经济基础、社会结构和文化氛围中发展起来的，当它传入中国时，不可避免地也带来了西方的意识形态和文化观念。19世纪中叶传入中国的西方宗教，大多数是保持传统宗教信仰者，他们死守《圣经》的字句，不允许有任何微小的变化，崇拜唯一真神，把异教和其他信仰都视为罪恶，不惜用暴力打倒一切偶像，包括孔子等儒家先圣和祖先鬼神的牌位，俨然一副征服者的霸道面孔。② 程歗先生认为："下层社会对于外来宗教信仰的包容力，要大于基本被儒学垄断的社会上层。"但是如果诋毁了老百姓信仰的神灵和偶像"就会遭到毫不容情的反击"。无论是太平天国的"毁像"活动，还是西洋教士禁止祭祀祖先的行为，"都像是锋利的剑刃被挫折在无处不在的文化软体上"。然而，这种"文化包容"的特征却在乡村社会意识层面引起了认识上的裂变，一些皈依了的虔诚基督徒面对西教在传统社会中遭遇的鄙夷、憎恶、排斥的境遇，产生了无法理解的巨大困惑。程先生认为，这是因为天主教"是一种强硬的世俗性宗教"，"教会对社会的干预，至少在西方的中世纪乃至近代，具有强制和半强制的硬性姿态。这种姿态，在晚清社会更被帝国主义的特权所强化，形成为西方殖民文化向中国文化的挑战和征服"。其突出的表现就是"以强硬而不妥协的姿态挑起了习俗之战，锋芒直指中国传统的凝聚了民族性的生活方式，从而将普通民众逼到了要么屈服，要么决裂的境地"。因此，程先生认为中西文化习俗冲突：

既不是孤立的、可以和政治背景分开看待的中西文化的"冲撞"，更

---

① 参见何兆武：《明末清初西学之再评价》，人大复印资料《明清史》1999年第4期。
② 参见范正义：《拒斥与接纳——基督教在华传播与中国民间信仰关系的文化透视》，《福建师范大学学报（哲学社会科学版）》2001年第3期。

不是所谓封建文化对西方先进文化的"抗阻",从本质上讲,这是当时尖锐的民族矛盾在中国乡土文化层面上引起的激荡,是基督教的文化征服突破了中国民间文化容纳极限而促成的社会反弹。①

总之,以教堂为中心的新的社会群落的形成,严重地割裂了乡村社会的邻里关系、血缘关系和行政关系,使整个乡村社会结构处在动荡之中。特别是文化结构上的对峙,唤醒了乡里民众的民族意识。人们突然发现,旧有的各种关系已经不能保证人们的生存和和睦的生活,甚至精神上的优越感也面临着威胁,因此,强烈地喊出了"保卫身家,守望相助"的呼声,这反映了心灵深处的颤动。正如《竹素园丛谈》的作者所说:"直隶数十州县人民平时受教民欺侮,地方官慑于外人气焰,凡民教涉讼,平民每不得直,积怨日深,以故拳匪一声呼啸,风靡全省。"②如果说经济结构的破裂所带来的愤恨不满是潜藏在人们意识中的话,那么,传教士带来的文化以及新的信仰群落的形成则是直接扫荡着乡村固有的文化,从而把潜意识的愤恨唤醒为有意识的积怨,为寻求失落的情感和恢复心理的平衡,就必然把情绪首先对准传教士和教民。中西文化碰撞背景下乡村民众的思想变化和社会结构的裂变,冲击和瓦解了传统中国乡村治理的思想和策略。清政府对基督教的态度和治理举措,既不能使致力于"中华归主"的罗马教会停止宗教渗入的步伐,也不能阻挡民间基于爱国情怀和传统伦理、宗教意识而产生的强烈的排教反教言行。其结果是导致乡村统治的松动、治理的乏力,最终使整个清朝的统治基础被动摇,帝制也就走到了尽头。

---

① 程歗、张鸣:《晚清教案中的习俗冲突》,《历史档案》1996 年第 4 期。
② 见中国社会科学院近代史研究所、《近代史资料》编辑组编:《义和团史料》(上册),中国社会科学出版社 1982 年版,第 503 页。

第十五章 "赶会""拜会"与乡土民众的日常行为习俗

"赶会"和"拜会"是古代乡村百姓的日常生活行为,它以一定的民间信仰为依托,以亲缘、地缘关系为纽带,按照特定的习俗和仪式运转,形成了乡村社会的交往方式和习惯,产生了地域范围内共同的社会意识和人际情感,积蓄着一股乡土民众引为同调的心理能量。"会"的词义很多,但主要有两个含义:其一是指聚会,如"集会""庙会""赶会"等;其二是指组织,如"帮会""会社""会党""拜会"等。这两个含义指向两种不同的交往行为。"聚会"行为的出现有各种原因,它反映了乡土百姓基于经济、信仰、文化、行业等活动而产生的交往行为和方式,是乡土百姓日常生活的重要组成部分。而"组织"则是乡土百姓自卫互助需求的必然形式,人们基于共同的心理、生活、文化和安全需要而结成一定的组织,共同应付自然与社会的压力。"赶会"和"拜会"习俗平时保持着乡村社会的正常秩序,乱时又成为人们相结互保的重要方式。接下来,我们以明清时期为主进行初步的探讨。

一、乡村名目繁多的赶会活动

明清时期,乡土社会的各种集会、聚会迅猛发展,从一乡一村的集市到跨县跨省的著名庙会,其数量之多、名目之繁的确令人眼花缭乱。就全国范围而言,各地聚会的名目、时间存在很大区别,但基本功能和发展趋势以及人们参与其间的动机却大致相同。纵观这种集会,可以分为三大类,即娱乐性集会、信仰性集会和行业性集会。

娱乐性集会如北京的厂甸庙会,河北的中幡会、武会、押会、香道会,江苏的斗鸡会、更夜会,河南宝丰的十三马街会,华北各地的花会,广东的放鸽会,浙江西部的锣鼓会,等等。

信仰性集会如四川的皇烛会、郊天会、先主会、莹华会、高椿会、雷神会、土地会、王爷会、老君会、城隍会,浙江杭州的千僧会、火神诞会,陕西韩城的太史庙会、横山的公鸡会,全国各地的天齐庙会,长江中下游的五猖会、社令会,杭嘉湖蚕乡的龙蚕会,广东的鳌头会、生菜会,青海乐都区湟源县的奶奶会、西宁的城隍会,东北的虫王庙会,全国各地的关帝庙会,河北南部的吕祖庙会,湖北污阳的走里会,陕西耀县的药王庙会,浙江永康的胡公会,皖南的保安善会、施孤会,浙江宁波的梁山伯庙会,浙江西部的冥衣会,河北、河南、山西的奶奶庙会,河南南部的添油会,北京的蟠桃宫庙会,湖北武昌的磨子会,等等。

行业性集会如四川的孙祖会、轩辕会,全国各地的财神会,四川西部的张爷会、线子会、药王会、梅葛会、鲁班会、詹王会,全国各地的蔡伦会,等等。

在乡村社会,这样的集会遍布村镇,如吉林通化县"每逢旧历三、六、九日,农人必将田间所出拥载入城,陈设市中销售,俗呼'赶集'",是经常性定期交易行为①;河北的张北县约有46个村子有庙会,"会期均在四、五、六、七四个月内,因系骡马会居多,酬龙神次之,其酬他神者较少。……次则售卖农家收获器具,会期后,即可收秋;再次估衣、刀剪、杂货、布匹等物。天津、北平、张家口商人,来此售货者,亦不再少"。② 集会的多少往往与一地庙观的数量多寡有关,比如河北新河县,"佛老教盛,故蕞尔小邑,如新河寺观之多,竟达二十余所(按:书中实际罗列了63所庙宇)……各村庙宇多有年会。届期,商贩咸集,游人如织。丰收之年,辄演剧助盛。庙会者,实农村一大交易场及娱乐场也。"③至于乡村的娱乐性集会也是非常兴盛的,如天津静海县"团体娱乐俗称曰'会',有五六十种,散布于各乡镇。如尚武者曰'五人义'、'打狮子';尚气力者曰'杠子会'、'中幡'等;尚技巧者曰'坛子会'、'猴竿会'、'高跷'、'台阁'等;尚壮观者如曰'龙亭'、'灯幡'等;尚情趣者曰'会缘桥'、'长亭'等;尚音律者如'法鼓'、'音乐会'等;尚奇怪者如'鬼会'、'金山寺'等。……以上戏剧,春头腊尾或庙会不时有之。"④至于节令习俗中约定俗成的各种交往、聚会、宴饮、观灯、游玩活动,更不在此范围之内。通过以上简单描述,至少可以获得这样的印象,在小农经济为主的乡村社会,人们的交往方式或参与交易的活动,并没有受到它的生产方式特点的限制,人们在日常生活中跨越乡村的活动时有发生,有些地区的频度还很高。在这些活动中,人们满足了自己交往的需要、文化的需要和经济价值实现的需要。

值得注意的是,各类集会产生的原因虽然比较简单,但是,在发展中很

---

① 《中国地方志民俗资料汇编》(东北卷),书目文献出版社1989年版,第328页。
② 《中国地方志民俗资料汇编》(华北卷),书目文献出版社1989年版,第165页。
③ 《中国地方志民俗资料汇编》(华北卷),书目文献出版社1989年版,第515—516页。
④ 《中国地方志民俗资料汇编》(华北卷),书目文献出版社1989年版,第75页。

自然地转向了综合性活动,集购物、交易、娱乐、酬神还愿于一体,发挥着重要的文化和经济功能。如四川各地的上九会,当地把元月初九称为"上九",这一天是年节过后城镇店铺相继开业的日子,元宵灯会也从这一天开始,"届时庙祠搭建高台,雇乐工演戏、跳狮子、舞龙灯、士女游观,祈福求佑,同时四方商贾云集、货物排列,人们赶会观戏、交流物资"。[1] 这是由娱乐性集会发展起来的综合性活动,交易活动逐渐占据了重要地位。更为典型的变化是陕西下庙乡每年两次(三月初八和八月初八)的西岳庙会,整个仪式活动以西岳信仰为依托,寄托着人们渴望财富和满足交换欲求的强烈愿望。"在庙会的先一日要敲锣打鼓去华山脚下云泉院取水(水象征财源滚滚、百业兴旺),近水时,仪式甚为隆重。现在庙会期间,百货云集,更为热闹,成为一年两次的物资交流大会。"[2]各种类型的集会反映了人们交往的特点,集会的数目、举行的次数,一定程度上也反映了人们交往的频度。当然,这还不能全面反映乡土社会交往的全部情况,不过各种聚会中经济贸易内容的比重不断加重,似乎反映了在地主和小农经济主导的生产方式下,对交换的需求在增加,并由各种综合性集会中的并生物,发展至某种专业性物资交流会。比如,四川西部的农具会,于每年夏历三月一日或农忙前某日举行,"主要商品是农具,届时禾、木、铁制农具,如扁担、锄把、箩筐、钉耙等摆满集市,从早到晚任人选购,以备五月农忙之需"。陕南、关中一带的农忙会又称"杈把会",也是为夏收作准备的商品交易集市,会期长达18天(从夏历三月十八到四月初五),主要在各农村集镇举行,"会上除镰把、镰刀、磨石、簸箕、漏筛、杨杈、木锨、扫帚、拔架等夏收用农具外,还有烟酒、糕点、日用百货等"。[3] 林门会则是山东民间传统的物资交流大会,每年春秋两季扫墓期间,在曲阜孔庙举行,"林门前辄有卖香纸、饮食土特产者,后以为俗,百货云集,万姓交易,哄然若市"。[4] 至于更为专门的物资交易大会,物资集散地也在不断地通过集会的形式而形成。

总之,频繁且众多的集市的存在,至少可以改变我们关于乡土社会死气沉沉的印象,乡土百姓的交往行为、劳动价值的实现途径往往都通过这种方式表现出来。除了日常的亲戚邻里之间的节日、婚娶、丧葬中的必不可少的人际交往以外,"赶会"则成为人们定期参加的重要活动。如上所述,参加集会的动机最初并不一定是经济因素,然而,人群相聚的地方也就是贸易开展

---

[1] 《中国风俗辞典》,上海辞书出版社1990年版,第40页。
[2] 《中国风俗辞典》,上海辞书出版社1990年版,第32页。
[3] 《中国风俗辞典》,上海辞书出版社1990年版,第516页。
[4] 《中国风俗辞典》,上海辞书出版社1990年版,第523页。

的地方,人们在满足信仰需求的同时,也通过集市满足自己生产、生活所需。同时,在这样的交往行为中,乡民们也建立起某种亲和感,同乡共存的乡土意识也就成了人们精神上相互认同的重要社会意识。

二、乡村社会的组织类别及其功能

组织是从人类对合作的需要中产生出来的,自古以来就存在两种组织状态,即自组织和组织。所谓"自组织",也就是"自然组织",它主要以自然关系为纽带而形成具有特定功能的等级结构,带有鲜明的"自然"属性。而"组织"则是人为的结果,人类由于受生理的、心理的和社会限制,为了达到个人或小群体的利益不得不进行合作,当两个以上的人为了既定的目标而自觉协调他们的行为并共同活动时,组织就产生了。也就是说,人们为着自觉的共同目标而自愿在某种等级结构或职责结构中共同活动时,组织就产生了。因此,这种状态又可称为"人为组织"。明清时期,乡村社会的组织行为主要表现为各种人为组织的发展,人们开始逐步摆脱自然关系的束缚,基于其他更为广泛的需要而结成群体,从而提高了劳动效率和活动效率,使社会日常生活迈进了新的文明状态。虽然在近代中国,由于西方文明的冲击,出现了许多近代团体和组织,诸如新式学堂、学会、企业组织等,但是,由于它们与原有社会成分不是一种自然生成的关系,并不能反映乡土社会的组织状态与特点。如果说近代组织的出现是实现现代化的一个条件的话,那么,在中国的乡村社会便隐伏着那些形形色色的具备演化为近代组织的组织,它们的存在深刻地反映着中国乡土百姓在自然进化中,出于合作、互助等多种动机而相互结成的各种社会组织的需要,反映了小农社会生产方式对社会一定范围联合的迫切需要。就日常生活中乡土社会的组织而言,称作"会"的各种组织占有绝对的多数,有较为普遍的代表性。根据各种"会"的不同宗旨和作用,可将民间组织分为信仰组织、慈善组织、互助组织、信用组织、礼俗组织、专门组织等几种类型,其中主要的是礼俗组织、经济互助组织和社会公益组织这三种类型。

1. 礼俗组织产生于礼仪、习俗的需要

人生礼仪和节令习俗所需开销非常大,当一个家庭面临这些活动而又无力承办时,便有了各种为解决困难而产生的互助组织,这突出地表现在丧葬和嫁娶上。如老人会流行于江苏等地,是帮助料理老人后事的互助组织,通常以自然村庄或街道为单位组成,推选出主事人,参加者为有老人的家庭。凡逢会员中有老人亡故,由亲属向主事人报丧,主事人通知会员各户,每家出1—2人帮助操办丧事,包括为死者净身、穿衣、守夜、收殓,直至埋葬或火化。来时每户还必须按议定数目带一定的粮食和现款作资助,帮助丧主解决困难,与会者不能中途退会,直至办完最后一位老人的丧事才能散会。① 各地还存在着以祭祀、信仰、娱乐为目的的各种礼俗组织,如义祭会是浙江北部农村自愿组成的祭祀野鬼的组织,该会的活动场所称为"义祭坛",主要经济来源是"义祭会田",由会里人轮流耕种,轮值的人家在清明、冬至两日备齐祭品,与会里人同往义祭坛,祭扫孤魂野鬼,祭毕归来,轮值的人家要备酒席,与会里人同饮共食。② 信仰是联系人们的重要精神纽带,民间一般把孤魂恶鬼看作招致灾殃的恶源,要想保住人世的平安和世界的安宁,必须让它们有一个安身立命之所。对这种信仰的共同体认,促使人们把个体家庭难以持久坚持的祭祀活动变成一种有组织的协作活动,既满足了信仰心理的需要,又减轻了经济负担,义祭会成为特定人群相互联系的重要纽带和组织形式。总之,类似的礼俗组织如掩骨会、喜丧会、寒衣会、月光会、乞巧会等还有很多。虽然各地的组织名目、活动方式、经费来源也有很大的不同,但都是基于人们共同的精神和礼俗活动的需要而产生的。

2. 经济互助组织种类繁多

"互助"行为是乡土社会一个极为普遍的现象,它不仅是一般意义上的文化现象,而且还深刻地反映了乡土社会生产方式的某些固有的特点。民间的互助组织主要是解决劳力、资金、生产工具等方面的匮乏,如"十兄弟",又称"兄弟会",拜十兄弟为旧时汉族民间交际风俗,流行于浙江等地。通常十人出资摆酒义结金兰,以年纪为序,长者为尊。结拜后,哪家有困难就众人相助,如谁家缺劳力,大家相帮种田、割稻;哪家缺钱,大家投资解决;哪家受欺侮,众兄弟则相助。③ 这种组织还带有拟血亲的性质,表明是模仿血缘组织而产生的,因而显得较为原始、质朴,但仍掩盖不住其基于文化心理的共鸣而产生的互助需求。经济上互助需求的产生,表明小农户的经济行为必须建立在更广泛的相互协作的基础上,否则是无法抗拒自然和社会的压力的。再如流行于浙江南部的月月红,采取轮流作会的方式,为困难者解决一时之需,参加者一般10人,也有20人、30人的,大多是亲朋好友,钱的数目有多有少,规定:第一个月收到会钱的是筹集人,算会首,其后从第一位起依此类推。居首位的筹集人,每月负责向各会员收齐会钱,集中起来交给当月应收到会钱的会员,直至最后一个月为止。如碰上会员中有人一时无

---

① 《中国风俗辞典》,上海辞书出版社1990年版,第257页。
② 《中国风俗辞典》,上海辞书出版社1990年版,第572页。
③ 《中国风俗辞典》,上海辞书出版社1990年版,第296页。

法拿出会钱,筹集人必须设法垫上,有少量利息,由已经收到会费的会员支付。① 类似的组织还有打会、请会、合会等。经济互助组织是乡村社会的一种常见组织,一般通过集资合力的办法,解决某一户的困难。至于属何种性质的困难,是否全都表现在与生产相关的方面,要依据举会者的实际需求来确定。但毫无疑问的是,这种活动和组织包含着诸多现代组织和金融活动的某些因素萌芽,特别是这种组织中体现出的带有平等意味的经济民主方式,更具有深刻的意义。这种组织行为不受现实环境中身份、地位、辈分、财力等一般决定人们位置和地位的价值体系的影响,这种带有平均主义色彩的民主活动方式和民主思想的萌芽,构成了乡土社会经济组织乃至其他组织活动的规则。

3. 社会公益组织反映了乡土百姓对与生存条件相关的更大范围利益的共同关注

一般地说,社会公益事业的内容非常广泛,从提供方便、解决困难的慈善机构到联庄保卫和看护田地、山林等与自己经济利益密切相关的事项,都有相应的组织来维护,这表现出人们在许多方面都存在着协作、合作和联合的需求。如流行于陕西的羊头会,是一种保护公共财产的群众性组织,其职责范围较青苗会为广,其提出的公约条文包括"官树不取枝;饮水不洗衣;田地不放牧;城道不放物;青苗不践踏;熟果不偷摘"。具体做法各地不同,陕北、关中有杀羊集会并将羊头悬挂于树上,宣读公约,晓谕人人互相监督,违者受罚,见人违禁而不报者亦受罚。陕南有的则是入会者出钱请一两人(称为"羊头")看守庄稼,如谷物树果被盗,由被请的"羊头"赔偿。如果抓住小偷,大家议罚或命小偷背赃物游街示众。② 类似的组织还有护林会、青苗会、禁山会、天灯会、水龙会、同庚会、施茶会、桥会、路会等。社会公益组织的活动宗旨相当广泛,从一般的乐善好施到专门看护庄稼、修路、架桥,反映了乡土社会的百姓在解决农事活动之外的事务时所采取的方式和行为。值得注意的是,这种组织的维系往往靠人力的参加和资金的社会募集,与其他互助组织有着共同的特征。这充分说明了人们基于最基本的需要也会自发地产生各种合作行为。因此,把乡村社会完全看作一盘散沙,认为传统社会只有官僚政治组织和血缘宗法组织的看法,显然是不妥当的。乡村百姓的组织性和组织行为显然已经跨越了自然关系的范围,虽然联系人们的纽带的地缘色彩突出了,组织的宗旨较为单一,活动方式也较松散,还谈不上精

---

① 《中国风俗辞典》,上海辞书出版社 1990 年版,第 574 页。
② 《中国风俗辞典》,上海辞书出版社 1990 年版,第 516 页。

密的组织结构和工作秩序。但总的来说还是基于共同的利益和目标而有目的、协调一致地活动,人们在更大范围的联合,构成了乡土百姓行为的一个重要的特点。

三、民间秘密会社教门有违常规的行为方式

"赶会"和"拜会"活动代表的是乡村百姓日常行为方式的两个指向:一是参加集市庙会活动是无组织聚合行为,但却是固定的交往活动;二是通过结盟而参加各种"会""社""教",则是有组织有目的的普遍性行为。造成这种交往方式和组织行为、聚合行为的原因主要有两个:一是经济因素,即主要是生产方式本身的特点所决定的,构成了人们非血缘性交往的重要因素。结合中国古代商品货币经济发展的状况,我们可以发现,在包括晚清在内的中国古代社会,存在着三种较为常见持久的贸易,即国外贸易、城际贸易和乡村集市贸易。[①] 如果说前两种形式的贸易主要是为满足社会购买力较强阶层的需求的话,那么,乡村集市贸易则是普通百姓——占社会人口多数的农业劳动者——互通有无、实现自己部分劳动价值的最有效而又必需的方式。对此,我们已经在有关小农经济特点一章中进行了详细的讨论。二是文化因素,即信仰习俗、生活方式等因素。民俗信仰是同农民生活意识融为一体的并带有信仰色彩的观念和习性,属于对某种超人间观念的心理崇拜,并外现为特定的仪式和风习,利用自发的社会力量和约定俗成的形式,对社会成员的行为起规范作用。除上文提及的民俗性民间组织外,民间的秘密会社和教门则是另外一类影响到统治秩序和乡村生活秩序的重要组织现象,是历代统治者在治理乡村时都无法回避的重要社会问题。

民间宗教组织是社会下层的信仰集团,它有特定的教义、仪式和条规,在家长制统治下,秘密从事同传统社会规范相区别的宗教和社会政治活动。明清时代,民间宗教在中国乡村社会发展成为一个教派林立的系统。它有选择地将儒道两家、释道两教的学说或教义,以及各种迷信民俗融入自己的信仰之中,崇奉"真空家乡,无生老母",宣传弥勒降世、救劫度人。民间宗教信仰以广大农村为活动天地,信徒主要是农民、小贩、手工业者、小知识分子及某些地主绅士和政府下级人员,是支配乡土民众心理活动的巨大精神力量。至少可以把东汉的太平道和五斗米道看作比较成熟的民间宗教形态,自此以降,民间秘密宗教或隐或现,不绝于缕。如唐代的摩尼教、景教华化

---

① 参见[美]帕森斯:《中国农业的发展(1368—1968)》,宋海文等译,上海译文出版社1984年版。

后在民间的流传,宋代方腊的"吃菜事魔"(宋代官府用语)、元代的白莲教、明代的罗教、斋教等,及至清代已蔚为大观,诸如八卦教、混元教、清茶教、红阳教、青阳教、在理教等不一而足。据学者研究,明清时期,长江以北地区出现和活动的民间秘密教门就达200余个。民间秘密宗教不但深刻地影响着人们的日常组织行为,而且成为许多农民起义的组织形式,如东汉末的黄巾起义的五斗米道、宋代方腊起义的"吃菜事魔"、元末红巾军起义的白莲教、清代白莲教五省大起义和在理教起义,直至近代洪秀全的上帝会与太平天国起义等。此外,小生产者出于生活互助和共同防御的需要,很早就有结盟拜会的风习,通常也采纳超人间形式为约束规范,因而,或多或少地带有信仰特征。成员众多的结盟发展为结社,乾隆年间便出现了大型结盟集团——会党,如天地会、三合会、哥老会等,它们通过宗法师承的组织模式和结盟互济的信仰纽带,将游民、私贩、水手、搬运工人等游离于农业经济结构之外的人群组成一种主要靠非正常手段谋生的特殊社会群落。因此,民间秘密会社和教门尽管被统治者视为非法,但却是常消常在的社会组织现象,其组织形态、信仰意识、活动方式、社会影响都对古代社会秩序产生了巨大的冲击。当社会发生巨大变动时,打破了人们原有的心理平衡,在生活中面临威胁,在精神上无所适从,在这种情境中产生了持久的忧患感、屈辱感和挫折感,这种旷日持久和比较稳定的痛苦感受找不到宣泄的渠道而深入内心。人们或者借助于想象思维在彼岸世界找到精神慰藉,或者幻想彼岸力量同本体合一,以诅咒和对抗罪恶的现实世界,加入秘密组织便成了理所当然的选择。由信仰而引发的反传统、反秩序现象也就成了乡村治理活动中难以根除的痼疾,也是历朝历代治理乡村社会最棘手的难题。

第十六章　中国现代化模式确立中的乡土印记

一、引言

中国现代化模式的确立经历了上百年漫长的历史过程,这期间充满着文化冲突和各种模式的设计、实践、失败的痛苦经验。作为世界性运动的现代化潮流,自19世纪中叶以来就开始冲击着中国社会,其力度不断加强,时至今日仍保持着强大的压力。学者们对中国现代化的目标设定、模式选择、实现方式等问题的探索,怎么也摆脱不了西方成功的、具体的、鲜明的资本主义现代化模式的诱惑,从而形成一浪高过一浪的以"他者化"为特征的追赶西式现代化模式的浪潮。认定西方发展模式的唯一性和成功性是这种看法的基点,似乎也是世界历史证明的东西,无可非议地应当作为事实来加以接受。抛开其他因素,单就理论认识的倾向而言,"欧洲中心论"和"西方中心论"仍然是影响人们认识中国社会发展独特性的重要理论背景。

所谓"西方中心论"乃是西方现代化运动兴起后,地理大发现所带来的民族沟通与了解所产生的一种比较性优势心态的反映。本质上反映了西方民族和文化系统在征服自然、完善自身过程中所产生的肯定感。在人类社会漫长的历史发展过程中,由于地理环境的相对隔绝,在各大洲都曾独立地发展着某种高度文明,它们之间几乎没有全面接触和相互了解的机会,因而都各自形成了以自己文化为中心的文化本位主义心态。从后世研究的结果可以确认不同文化系统发展的程度,中华文化与其他文明相比较显示出了无与伦比的先进性。然而,语言、地域、交往方式等因素的作用使文明主体之间无法彻底通融,特别是在西方文明借助于生产力飞跃所产生的物质力量开辟了世界历史新时代以来,对其他文明的侵略与冲击,更加强固了他们的历史传统中自我肯定的方面,而其他文明在他们眼中就成了落后的、野蛮的、应当征服的对象。于是作为一种文化心态和理论表达的"西方中心论"成为西方人观察世界、评判其他文明优劣、预测世界未来的重要出发点。对自身历史的总结是西方文化反思的重要内容，西方文明自古而来，借力而发，经历了相对完整的发展阶段，并处在物质文明最为先进的地位，这促使西方学者把西方社会的历史看作人类社会发展历史的总模式和标准样板，从马克思的五种社会形态说到韦伯的新教伦理与资本主义精神，为人们建立了一套认识人类社会发展规律的范式，他们的理论框架、理论语言、理论结果成为其他民族用以认识自己文明发展演进规律的重要工具。这样一来，"西方模式"不但是对比研究现实社会的标准，而且是研究以往历史的重要标准。

尽管"西方中心论"在中国学界曾数度遭到批判，但研究主体处在一个总体上落后于西方社会发展程度的阶段，毋庸置疑的落后事实夹杂着民族文化特殊性的区别和迎头赶上先进民族及走上迅速发展道路的焦灼心态，必然把人们的眼光导向从西方寻求真理的道路。这是一个难以摆脱的心理悖论，促使人们自觉不自觉地把西方文化看作人类历史上唯一"正常"的形态，而非西方文化则注定都是"非常态的""超常的""反常的"。这种迷惑于西方现代化模式既定结果的文化意识缠绕于学人的心头，把探索中国历史发展规律和未来走向的标准向西方看齐，认定人类社会发展的同一性和趋同性，为人们树立了一个现代化道路的"他者化"目标。我们不是刻意强调民族文化的特殊性，也并非拒绝进入世界民族文化融合、交流的大潮，而是注意到文化传统的客观作用和其强固的自我发展、自我延续的持久性。就这种产生于远古、流淌于今天的文明流而言，其赖以维持和发展的物质基础、人文基础没有消失，其发展和生存的精神动力仍然支配着人们的行为，这是认定一种文明将要向何处发展的基本前提和条件。"他者化"就是要使自己的文明传统改变自己的外在形象和内在本质，全面接受"他者"面貌的过程，这种价值目标与文化传统的特性是格格不入的。在这种发展观的支配下，中国的发展研究也呈现出"他者化"的色彩，诸如社会形态的演进、思想特征的分析、文化发展的脉络、社会运动的评估、科学技术的比较等都自觉不自觉地以西方文化为底衬，以此为目标的现代化运动也注定不会实现。

尽管现代化是一股世界性浪潮，每个民族终究要融入这一过程之中，但是，这绝不意味着现代化模式的单一性。人们习惯于强调人类历史发展的同一性，把人类历史运动看作"细流归海"式的运动。特别是当代世界发展，在某些方面出现了"趋同"迹象，所谓经济贸易全球化趋势、信息高速公路以及全球面临的环境问题、人口问题、生态保护问题、垃圾问题等，似乎这些行为将冲破地域和民族的界限，将全人类联结在一起，这强化了人们认同历史运动同一性的法则。诚然，人类全体作为超越自然的最高级动物，其共性是不言而喻的,但这绝不意味着在任何时代不同种族、民族的发展道路都是相同的或相似的。人类的认识总是趋向于肯定眼前或较近时间发生的事物,在历史观念的演进中,作为自觉地总结人类的经历,并把它看作未来发展基础的科学知识是近代以来形成的。然而,当人们能够自觉地反思自己的轨迹时,世界各民族的文明状态、发展态势也出现了很大的区别,而同一性法则只能将人们的认识引向"模式论"或"标准论";对于落后民族未来的发展历程,用先进民族已经走过的路加以评判,是从根本上制约了对落后民族历史的回顾和对未来的前瞻。人类社会发展的多样性是主流,所谓多样性强调的是一种平等的发展观,它更重视不同文明种类各自发生、成长的特点,这种多样性恰恰构成了人类历史运动的总体景观。因此,研究东方社会的发展问题,特别是中国社会的发展问题,应以中国文化自身运动的轴线为中心,从中国历史演进的脉络中找出它的逻辑线索和理论概括,这样才能把握中国历史发展的特质。总之,现代化模式的确立,离不开本民族的文化传统。中国社会有着悠久的、不同于世界其他民族的、绵延不绝的文化传统。这个传统不仅表现在以典籍为代表的上层文化之中,更重要的是体现在农业文明中形成的乡土文化之中,它不但是过去的,而且具有强烈的现代传承形式,并在现实社会中依然发挥着明显的作用。这种存活于社会大众之中的文化意识对中国现代化模式的选择起着无比重要的作用。本章试就乡土文化与现代化精神之间的关系及其对中国现代化模式确立的影响,进行初步的研究,以期对当代乡村治理现代化提供一些有益的参考。

二、乡土社会的价值取向与现代经济伦理

现代化是一个漫长的过程,伴随着工业革命而产生的生产力飞跃,人类社会日益建立起了有序的市场经济体系,运用这只"看不见的手"和政府的宏观调控这只"看得见的手"调节着人们的社会和利益冲突。与经济过程的变化相适应,人们的价值观念和伦理道德也经历着剧烈的变动。在现代化初期,由于个人发展欲望的驱动,人们往往不能明确个人正当权利的边界,疯长的私欲滋生出种种恶势力,形成对人的应有权利的公然的、赤裸裸的侵犯。经历了种种否定性体验之后,人们产生了对基本道德的祈求,正是在这种情境之中,提出合理利己主义、个人主义要求的低层次道德才产生,其以自主自立和各得其所来划定人们正当权利的范围,并通过民主政治的助产和法制强制的支持使人们从他律逐渐走向自律,从而使现代经济从不道德的无序状态进入到有着基本道义维系的秩序之中。因此,现代化的初期由人的行为的私人性决定了相应的利己主义和个人主义道德盛行。然而,人

的行为还有社会性的一面。在自由竞争的经济氛围中,作为社会分工的角色可以有自己的自主性和偏好,但他又不能以自我为中心,不能纵情使性,还必须考虑别人的需求和社会时尚。特别在现代市场经济中,随着社会组织性的增强,私人生产和消费不仅要受到市场机制的牵引,还要受到政府宏观调控的制约,这就使市场中的个人时刻面临着个人偏好、自由和社会时尚、社会组织之间的冲突。为解决矛盾,达成良好的社会合作,就要以人的社会性为依据确立起崇高的伦理关怀。这种道德在功利之外讲求人间温情,现实关切之外眷注人生的终极关怀,利他主义和利己主义并行不悖,个人自主和服从社会组织兼顾。从现代化历程中的道德和价值取向的发展看,它一方面伴随着利益最大化的价值观念产生和个人主义、利己主义道德观的突现;另一方面,又催产着群体关系中的逐利价值观的出现和利他主义、集体主义、协调主义等伦理观念的出现。而中国乡土文化中,恰恰就孕育着可以转化为现代价值观念和伦理道德观念的文化因素。换而言之,乡土百姓的价值取向和伦理观能够接纳现代化的要求并影响中国现代化模式的确立。

按照传统的看法,在以小农经济为主体的乡土社会,求富逐利欲望未能构成社会发展的心理动力。其实,中国农业社会的生产单元是以家庭为单位的,家庭的兴衰沉浮对每一个家庭成员来说都是至关重要的,因而"发家致富"必然是乡土百姓普遍追求的目标。中国古代典籍中不乏刻画小农求富心理的材料,如:"均地分力……民乃知时日之早晏,日月之不足,饥寒之至于身也。是故夜寝早起,父子兄弟不忘其功,为而不倦,民不惮劳苦。"①"今也农夫之所以早出暮入,强乎耕稼树艺多聚菽粟,而不敢怠倦者,何也?曰:彼以为强必富,不强必贫,强必饱,不强必饥,故不敢怠倦。"②出于生存和发展的需要,以及与此需要相联系的利益,乡土百姓产生了"强必富,不强必贫"的动机,引起了对劳动的兴趣,对土地的爱好,以及靠"早出暮入""多聚菽粟"来改善生活的欲望。如果上述仅仅是求得温饱的一种欲念,那么乡土社会普遍敬奉财神的现象则更充分地反映了乡土百姓的求富逐利意向。

中国民间信奉的财神可分为正财神,如比干、范蠡(又称"文财神")、赵公明、关羽(又称"武财神");偏财神,如五路神、五显神、五通神、五圣神等;幼财神,如利市仙官、招财童子、和合财神。③ 财神分正偏含有道德评价的

---

① 《管子·乘马篇》。
② 《墨子·非命下》。
③ 参见吕威:《近代中国民间的财神信仰》,《中国民间文化》1994年第4期。

意味。在民间故事中,偏财神指掌管意外横财的财神,偏即有偏袒的意思;而正财神则有公正的意思。四位正财神中的每一位都体现了一种理想化的经济伦理原则,如果说关羽体现了忠义,范蠡体现了智慧,那么比干和赵公明就是体现了公正。据学者研究,财神信仰出现于南宋,是伴随着民间工商经济空前繁荣而出现的一个新的崇拜偶像,它不但表现了民间从来就有的发财愿望,而且要为新的追求财富的极端方式提供某种精神上的保护,即为民营化提供价值依据、道德保护和精神动力。乡土百姓文化活动中蕴含的"发家致富"的强烈欲求成为推动中国社会经济发展的强大精神动力。这种求富心理是在特定的价值观念的制约下发挥作用的。当农业生产缩小到基本上以家庭为单位的经营方式时,家长制家庭逐渐成为社会结构中的核心,经济活动的家庭化使得家户成为自然和社会压力的承担者。这种变化折射到幻想层面,就是各种以家户为祭祀场所的家神变得显赫。众多的民间俗神尽管不是哪一个家庭所独有,但在民俗信仰中对它们的祭祀总是以家庭为基本信仰单位。因此,每一家户均把众神看作与自己最为亲近的神灵。但是,神是为人而设立的,现实生活中的家庭作为社会的核心细胞,是一个具有自己能量转换方向的自组织,意即它是靠血缘关系——最质朴的自然关系——所形成的自然等级秩序维系的组织单元,家庭的生存与发展除了人口的繁盛和土地的占有之外,主要是靠以家长为首的秩序力量来实现的。父家长的权威和家庭内部秩序的维护是人们生存的必然要求。这种现象反映到信仰领域,很自然地要求人们将众多的、杂乱的神灵统一到一个有机的秩序之中。如果说民间信仰中以玉皇大帝为首统摄全神的信仰反映了乡土民众对国家秩序和社会秩序的某种内在要求的话,那么在以家户为信仰单位的群体中,人们把灶神奉为"一家之主",也就有了统摄众多家神的意蕴。灶神信仰兼纳了众多家神信仰中分项体现出的百姓的价值目标。

中国民间在群体关系中追求个体价值实现的特点,必然引申出经济行为或逐利求富活动中相应的调整人们关系的伦理规范。正财神中的文财神范蠡是春秋末年越王勾践手下的良臣,他帮越王成就霸业后功成身退,数次致富又散尽家财,创造了经营发财的奇迹。史载:

> 浮海出齐……耕于海畔,苦身戮(原文如此)力,父子治产。居无几何,致产数千万。齐人闻其贤,以为相,范蠡喟然叹曰:居家则致千金,居官则至卿相,此布衣之极也……乃归相印,尽散其财,以分与知友乡党,而怀其重宝,间行以去,止于陶,以为为此天下之中,交易有无之路通,为生可以致富矣。于是自谓陶朱公。复约要父子耕畜、废居,候时

转物,逐什一之利。居无何,则致赀累巨万,天下称陶朱公。①

范蠡成为财神不仅由于他有致富的本领,还在于他对财富的本质具有的彻悟。他以财富为生存的手段,但不以财富为生存的目的,取舍之间,游刃有余,执与不执,随心所欲,表现出内在于世俗又超脱于世俗的气度和智慧,表现出了较高的道德价值观和修养。再如武财神中的关公,本与财富毫无干系,相反,他视财富如粪土。把关公奉为财神说明了民间在创造财富时的取舍标准,首先是一种道德选择。关公所负载的道德责任集中体现为"忠义勇武",让他充当财神明确表达了人们企图用道德秩序规范经济行为的民族集体意识。它对内强调忠诚,对外强调信义,对事业强调勇敢进取,表达了人们要求在和谐的秩序中大胆地追逐合乎义的财富的强烈愿望。总之,以道德标准选择历史人物作为财神,使乡土社会追求财富的行为升华为一种合乎伦理的经济行为。这种体现在乡土文化中的伦理规范,恰恰符合现代经济趋向有序和合理化的趋势。认真提炼乡土文化中这些有益的伦理因素,尽量避免现代化初期的道德沦丧、社会失范的负面影响,使之直接跃升到有序、合理的阶段是完全可能的。

顺便一提,在儒家文化源于乡土又高于乡土的思想体系中,曾长期存在着"义利之辨"的争论,实际上这正是对乡土经济伦理的理论升华和概括。儒家的"义"是指基于仁爱之心而具有的行为道德准则。首先是指人的行为符合礼的规范,它是外在的合规行为,又是内在的仁德;而利则指的是一种物质和经济价值。从儒学开创人的言论看,都认为人有追求财富和幸福的天性。孔子说:"富与贵,是人之所欲也;贫与贱,是人之所恶也";"富而可求也,虽执鞭之士,吾亦为之"。② 孟子则云:"欲贵者,人之同心也。"③ 荀子也说:"夫贵为天子富有天下,是人情之所同欲也。"④因此,儒家并不反对经济上的谋利活动,儒家伦理与商业精神也并非势不两立。孔子就曾称赞弟子子贡:"不受约束,去做买卖,猜测行情,屡猜屡中。"⑤但是,儒家强调物质利益的获取要在一定的道德规范和社会规范制约下有秩序地、合理地进行,反对"见利忘义",主张"见利思义""义而后利",提倡义利统一。孔子说:

---

① 《史记·越王勾践世家》。
② 依次见《论语》的《里仁》和《述而》。
③ 《孟子·告子》。
④ 《荀子·荣辱》。
⑤ 《论语·先进》。

"不义而富且贵,于我如浮云。"①显然,这些伦理精神既有助于经济行为的扩张,也有助于经济秩序的建立。

综上所述,乡土百姓的价值取向及其道德伦理规范,既包含着与人的劳动私人性相适应的个体发展的利己主义、个人主义低层次道德规范,也包含着与人的劳动社会性相适应的群体发展的整体主义、集体主义、互利主义等高层次的道德规范。这一方面说明,乡土文化中有适应于现代经济确立的合理因素,另一方面也规定着现代经济模式和社会政治模式确立的性质和方向。

三、务实避虚的处世态度与世俗化

世俗化是作为同宗教化及禁欲主义相对应的一个概念而出现的,它主要是指在现代社会中宗教制度、超自然信仰以及与此有所关联的事物已变得不那么重要了,社会成员越来越趋向于现实性、理性化,越来越重视对于社会事务的参与。世俗化表现了人们的一种精神面貌。从西方来说,是人们从基督教神学的禁锢中解放出来的一种结果,人们普遍关注现实,参与创造,形成了社会进步与发展的强大动力。世俗化过程有着普遍性,世界各民族都经历过被神或宗教所控制的历史时期,对每一种文明来说,神的力量的强弱极大地影响着人们参与现实生活的态度、行为和方式。因此,把世俗化看作是现代化的标志,并不意味着以西方为范本,而是基于人类历史的基本事实。

中国历史上从未出现过全民族统一信仰的民族宗教,但在乡土社会却存在一个以多神主义为特征的信仰体系。就信仰心理和取向而言,中国民间的多神崇拜与其他民族宗教盛行的特点却是完全不同的。注重现世的求索动机,是乡土百姓信仰心理的重要特征。中国老百姓把自己无法理解和控制的自然力量和社会力量折射为具有各种机能的人格神,"晨昏三叩首,早晚一炷香",通过幻想的形式、祈求的心态,期望这个神秘的力量体系护佑自己——多寿多福,无灾无难。所谓求索信仰取向,是功利主义心理在信仰层面的反映,侧重于人神之间的利益互换,"夫置神庙者,所以佑兆人,祈福应"②。人对于神佛的物质奉献和心灵虔诚,是为了换取神佛赐福于人间,"破些小财,必获神恩庇护发大财也"③。在乡土百姓的心里,抽象的灵魂解

---

① 《论语·宪问》。
② 张读:《宣室志·陈袁生》,见《太平广记》(卷三百六十)。
③ 梁发:《劝世良言·以塞亚篇》。

脱,乃至富丽的天宫描绘,都缺乏真正的吸引力,他们务实不务虚。《太平广记》里的一个神话很能表现中国人的恋世心态:唐朝宰相卢杞少时贫贱,遇天宫仙女与杞约三事:"'常留此宫,寿与天毕;次为地仙,常居人间,时得至此;下为中国宰相。'杞曰:'在此处实为上愿。'"女仙告上帝,帝遣使至,要其立决,杞犹豫再三,乃"大呼曰:'人间宰相!'"①正如民间俗语所说:"家里有病人,不得不信神";"平时不烧香,临时抱佛脚"。这种功利主义信仰取向淡化了神灵信仰的神秘氛围,也不执着于精神的解脱,而且蕴含着对现世欢乐或臆想中的未来欢乐的向往,它们曲折地反映了中国民众务实求存的精神。应该说,信仰的源泉来自生存环境的压力,侧重于解决人们的实际遭遇,而不仅仅是精神慰藉。注重现世的生活态度,在乡土百姓对贫富无常所表现出的认识上反映得最为直接。明朝有人写下这样的诗句:"一派青山景色幽,前人田土后人收,后人收得休欢喜,还有收人在后头。"②晚清以来,类似的民谚俚语在乡里社会流传得更广,如"三十年河东,三十年河西""一地千年易百主""百年田地转三家""砖头瓦块都有翻身的日子"。这些民谚反映了老百姓对于贫富无常、世事沧桑这种社会现象的质朴的认识。面对世事往复、人间沧桑的现象,富有者往往留恋过去,而贫穷者反而寄希望于未来。这两种情感共同构成了执着于现世的精神合力。乡土百姓扎根土地的务实性,在社会生产和日常生活过程中形成的裙带感,地权流转带来的朦胧希望,铸造了乡土百姓面向现实的态度和经磨耐劫的性格,对天灾人祸的忍耐力,对谋生手段的积极寻求。苏东坡的著名词章"我欲乘风归去,又恐琼楼玉宇,高处不胜寒。起舞弄清影,何似在人间",生动地表现了人们的恋世心态远远超过出世玄想。

综上所述,蕴含于中国乡土文化中的处世态度和信仰取向充满着面向现实和现世的理性之光。这种文化氛围和精神面貌虽然不同于从宗教神学禁锢中演化出来的世俗化所蕴含的具体内容,但是,它反映着中国文化务实、进取、开拓的民族品格,与现代化发展相适应的精神因素很容易在乡土文化中找到因子。因此,我们才能理解,在中西文化交融的大背景中发展现代化,民众的心理承受能力提高之快,接受新鲜事物心胸之坦荡。把乡土文化中的这些品质上升到思维方式的角度加以思考,突出体现在"中庸之道"上。中华文化传统的思维方式是兼容的、和谐的,所谓"中庸之道",其积极方面表现在:一是强调"中和",特别是在人际关系上讲求"和为贵",所谓

---

① 《太平广记》(卷六十四)。
② [明]张萱:《西园闻见录》(卷二十四),《田宅》。

"喜怒哀乐之未发,谓之中;发而皆中节,谓之和",这对增强社会凝聚力,减缓社会矛盾,加强企业内部团结十分有益;二是强调"无过无不及",相当于"实事求是"的含义,主要是指处世态度上要恰到好处,按客观规律办事,显然是一种科学的思维方式,不走极端;三是强调"择乎中庸",在解决棘手问题上,采取"求同存异"的策略,将看似矛盾的东西,择其中(共性)而融为一体,求其统一,如"统一战线""一国两制""社会主义市场经济"等。因此,自近代以来西方文化的输入,中国文化现实呈现出杂陈的局面,寺庙林立,教堂日增,做佛事,祭鬼神,拜祖先,做弥撒,念《圣经》,穿长袍和马褂、西服和汉服、洋鞋和土鞋,任随人便;吃中餐、用西点,可由人选。总之,务实求索的人生态度,使乡土百姓关注现实利益的求索,含纳着奋发进取的发展欲念,完全可以转换为促成和推进现代化发展的内源精神动力。

四、社会理想与制度选择

社会理想是人类日常生活意识的高层结构,它以社会需要为基础,将人们现实的处世态度、价值观念和取向、道德风俗延伸为一种具有特定指向性的社会设计。这种设计集中了人们的情趣和意向,成为人们从事社会活动的动力。社会理想具有不同的层次,它既有空幻性又带现实性,是人们在现实生活中主观感受的反映。尽管它不能代替现实,但从历史创造历时性特点出发,它势必会对人们的行为形成巨大的影响,从而对社会历史的走向产生指向性作用。因此,人们的终极社会理想成为人们现实活动的追求和精神动力之一,一定程度上规定着某种文化传统在历史变迁和文明跃进时的方向。在中华文化传统中,自古以来就涌动着一股绵延不绝的向往理想社会的思潮。先民们对未来的企盼,包括对理想自然和理想社会的企盼,在时序上形成了一个发展进程。前者通过神话、仙话、传说、故事和宗教信仰的方式得以表达和传播;后者则在世俗化的特点下被不同时代的先贤圣哲加以阐发和描绘。然而,无论这两类对未来的企盼有多大的差异,它们都反映了中华民族是一个具有浪漫主义情调和充满理想主义色彩的民族,把幸福建立在现世而不是彼岸,成为人们改造自然环境、探索生存之道和参与社会生活的源源动能。这股强大的传统在近代中国遭遇千古巨变的时代背景中成为仁人志士思考民族前途、设计发展道路的思想源泉,从终极社会理想的领域反映了中华民族对社会发展方向的追求。当这种追求变为一种推动历史发展的动力时,它们对近代中国历史的走向无疑有着巨大的框定作用。

大同思潮是中国文化历史上最具有人民性的思想传统,它是劳动人民意志、希望和要求的反映,以至于超越了民族界限,在整个人类文明史上也有着不可磨灭的重要地位。大同由于《礼记·礼运》篇中的完整表达而成为中国历代人民关于美好社会向往的共同象征符号。自春秋战国诸子百家纷纷提出自己所向往的理想社会后,在绵延数千年的历史发展中,不同时代、不同阶级属性的人们通过各种方式,不断地构画着一幅又一幅有着"大同"特征的"梦",如孔子的仁德之政、墨子的兼爱之制、老子的寡民小国、庄子的至德之世、孟子的井田社会、《六韬》和《吕氏春秋》中的"天下为公"、西汉扬雄和何休以及北宋张载的井田方案、魏晋之际鲍敬言设想的无君无臣的国家、陶渊明的桃花源、北宋王禹偁的海上理想国、南宋康与之的西京之乡、清朝李汝珍的君子国等。这些五彩斑斓的梦汇聚成了一股强大的社会思潮,奔涌于中国文化的大河中。以农耕文化为主的传统文化是各种理想社会产生的沃土,各种稀奇古怪的设计,无论在表现形式上怎样远离农业劳动者,都不可避免地是对一定时期社会大众(主要是农民)中流行意识和主导心理趋向的凝练、概括和总结,应当说历代社会大众的散乱意识,是各种系统学说、理论、理想、设想的原型和基础,这种大众意识更集中地体现了中国文化的主体精神。农民群体自古以来就是中国社会的主体,他们属于低度文化、浅层思维的人群,既没有林林总总的著述,也没有纯正的思想代表,对世界、人生、历史的思考和认识表现出一种高于生存本能而低于逻辑运筹的状态。严格地说,由于社会大众文化的贫瘠和知识分子的偏见,文献资料中涉关农民群体社会理想的记载非常稀少。这就决定了我们不能不把农民思想的分析放在非常态状况下农民起义领袖所提出和归纳的口号、纲领和民间宗教组织的教义上。在农耕文明的社会里,农民群体不完整、零星的社会理想,正是社会各阶层大同理想的思想源泉和基本素材,农民的理想构成了大同思潮的现实基础、思想基础和社会基础。农民的理想主要体现在平均主义上,最早记载有关农民理想的典籍是成书于2世纪的《太平经》,在这部内容庞杂的早期道教经典中记述了下层农民向往的"万年太平"的社会理想。所谓"太平"的基本含义是"太者大也,言其积大如天,无有大如天者。平者言治,太平均,凡事悉治,无复不平"①。也就是说,要在普天之下消灭"不平"的社会现象,实现"均平",即人人平等。《太平经》所反映的这一社会理想被历代农民所接受。如东汉末年的农民领袖张角创立太平道,以"万年太平"的口号组织、动员农民大众参加起义;张鲁则在巴郡创立了五斗米道,建立了达30年之久的农民政权。辖区内"皆教以诚信不欺诈","置义米肉,

---

① 《太平经》(卷四十八)。

悬于义舍,行路者量腹取足","不置长吏,皆以祭酒为治,民夷便乐之"。①张鲁的这些举措充分体现了《太平经》中"万年太平"的思想,财产共有和人人平等共享成为农民追求的共同理想,此后的农民起义均以"平均"相号召。如唐代农民领袖王仙芝自称"天补平均大将军";北宋王小波、李顺则提出了"等贵贱,均贫富"的口号,发出了"吾疾贫富不均,侬为汝等均之"的怒吼;而明末李自成的"均田免粮",更是以平均占有土地相号召。农民反抗斗争中的均平思想,到清末洪秀全提出《天朝田亩制度》而达到了高峰。太平天国的社会理想中关于废除土地私有制、实行耕者有其田、所有权归公、绝对平均主义的分配原则,把千百年来农民阶级对理想社会的追求变成了一种制度化的设计。

中国自古以来的各种社会理想,抛开其具体形成和内容看,我们将发现它们都基于一个共同精神,即共有共享。"共有"不仅包括共同占有,还包含着和谐、康宁、好德的喻义;"共享"也自然含纳着"平均占有,共同劳动"的含义。所有方案的这一精神实质实际上正是乡土民众日常生活意识中"均平—太平"社会理想的体现,充分表现了各种设计"同源异形"的特点。② 前文已提及程歗先生对农民群体日常生活意识的独到剖析,他关于农民"均平—太平"的社会理想也有精到的分析③。第一,劳而有食。要想吃饱饭,须用汗水换,农民们本能地厌恶不劳而获者。当然,这里的"劳"仅仅是个体劳动者生产经验的反映,农民们尚不能正确地区分劳动的质和量,自然地轻视农业之外的劳动方式,农民们想象不出抽象的思维方式和知识系统会有什么立竿见影的功效。因此,企盼全体社会成员在劳动方式和社会分工上均等划一。第二,寡欲息争。为维持生存,除了自强不息地耕耘外,在不发达的农业社会还要靠社会整体对欲求水平的调节和压抑。因此,乡民的理想社会是一个周而复始、自产自用、和谐宁谧的世界,所谓"一箪食,一瓢饮,在陋巷"不改其乐,是平衡生产力水平低下和消费欲求冲动的唯一机理。第三,差序和谐。中国农业社会是一个以差序格局为特征的社会,它有两层含义:一是血缘差序,即按血缘远近决定亲疏程度的社会法则;二是等级差序,即社会控制层级的高下阶梯。农民的理想是追求一个人与人之间既有和谐氛围,又有等级差序的社会。在理想境界里,人们渴望和幻想的是整个社会实现"人不独亲其亲,不独子其子"的兼爱氛围,希望人人皆兄弟。在蓝

---

① 《三国志·魏志·张鲁传》。
② 参见任军、余桂芳:《和谐世界的奇妙构想——康有为大同思想研究》,白山出版社2010年版。
③ 参见程歗:《晚清乡土意识》,中国人民大学出版社1991年版。

图中又保留了等级差序,幻想会出现一种能代表和保持自己利益的清官和明主。第四,财货均有。太平境界的标准就是大的平均,只要有贤明的"人君父母",实行公平均等的分配原则,做到"大小尊卑皆如一",就能解决社会的矛盾。第五,讲信修睦。这是农民理想在以上4个内容基础上所推出的人与人之间关系的归宿。在自然和社会的压力下,人们更希望互相之间缩小空间、强化凝聚力、增强安全感,实现乡田同井、出入相友、守望相助、疾病相扶持的境界。

上述理想不仅是农民们的理想,更主要的是作为日常意识弥散在村落的社会行为和物化文明之中,同他们的处世态度、价值取向、道德标准相吻合,沿着家庭、家族、村落的空间次序弥散。在家庭内部,这种意向是按照兼爱的格局在活动,基本上不分角色的差异,实行均匀齐一的分配原则,主要表现在统收统支和分产析户的传统上,两者均表现为平均主义。在家族这一层次,同宗同族有相互扶助的义务。出于维护同一家族的稳定,许多家族都有数量不等的族产、族田,用于祭祀、恤老、教育和扶贫等开支,族人私有田产的处置权也受到族权制约,各地农户卖田一般遵循这种习俗,即一让本家,二让本姓,三让地邻,四让本村,一般在本族、本村流动,起到同族互济的作用。在村落这一层次,均平意向体现为邻里互助和同乡周济的风俗,婚丧嫁娶、建屋作灶,同村人出工助力概属义务性质,也是调剂和融洽人际关系的机遇。乡里社会是一个群体取向的社会,反映了人们自发要求模糊和缩小个体差异的意愿。总之,均平意向是一种巨大的习惯力量,依社会结构的层次,按统收统支—分产析户—出入相友—同乡互济的格局弥散。农民的社会理想不但停留在思想之中,而且表现于现实生活之中。中国古代和近代社会理想虽然五花八门,但都立足于乡土日常意识中的社会理想,从而使各种设想呈现出某种一致性,即追求某种带有浓烈集体主义和整体主义色彩的公有制社会。人类是有组织的社会动物,人们对秩序的追求和对社会财富的占有,使人类社会成为一个等级鲜明、群体利益冲突而同构于一体的系统。具有共同利益和地位的人们,通过他们的代言人所表达的未来设计,成为这一群人行动的目标和动力。推而广之,当一个民族、一个国家,或明或暗地有了某种共同的追求和共同的理想,那么这种空想性的超前构想就具有了实践意义和指导性的意义。在漫长的历史时期,体现共同精神实质的社会理想反复出现,正好说明古代先民对未来的思考有着特定思维方式,在这种思维方式下设计的未来社会反映了中国人对幸福的理解和把握。应当说,这股绵延不绝的社会思潮极大地决定了中国古代社会的面貌。当近代中国面临民族危亡和现代化道路的选择时,这股思潮又不容置疑地起到一定程度的定向作用。因此,近代以来中国社会各阶级不约而同地把他们的社会理想归结为某种带有平均主义色彩、没有贫富差距的公有制社会绝不是偶然现象,它是以历代以来占中国人口绝大多数的农民阶级的理想为依托的,选择公有制、选择社会主义成为由中国乡土文化决定的实现现代化的制度安排。

本章从价值取向、经济伦理、处世态度和社会理想等几个侧面,初步讨论了乡土文化与现代化模式确立之间的关系,反映了乡民在政治、经济和社会领域的伦理追求和价值取向,在意识层面生成了维系社会正常运转的内在秩序。一方面旨在说明,乡土文化蕴含着能适应或转变为有利于现代化发展的文化因素;另一方面又说明它在中国现代化模式生成中已经起到了内在秩序发出的规范性作用。但无论如何,作为一股客观的文化力量,由于它占有人数最为广大的人群而不容忽视地产生着影响力和制约力(无论是正面的,还是负面的)。从笔者粗浅的讨论中可以看到,乡土百姓的价值取向、发展欲念是在人际关系网络中寻求实现的,不能绝对地认定这种带有整体主义色彩的价值观念就一定不利于现代化的发展。因为它是否有利于现代化,还取决于作为社会最高规范调节体系的确立和保证,即社会根本制度的存在和影响。正因为如此,乡土文化的未来设计很自然地延伸到以公有制为特征的理想蓝图上。这样我们才不难理解,社会主义制度能在中国扎根的深层原因;同时,也可以说明在改革开放态势下,乡土社会就能迸发出如此强烈的创造力,并使乡村面貌有了极大改观。事实说明,乡土文化并非现代化的对立力量,正是由于它的作用,我们科学而合理地走上了社会主义现代化的发展模式,从而使中国现代化历程和未来面貌呈现出独有的特色。

下篇小结 "因俗而治"是传之久远的政治传统

著名民俗学家乌丙安先生把民俗文化称为"人类文化的根基""最根本的基础文化",足见民俗文化对人类文明进步的重要作用和无法替代的地位与价值。他认为:"民俗文化是在各个民族群体的民众中自然、自在、自发产生的约定俗成而又习以为常的文化",它"自在于中国人在人生中内化了的精神文化,根深蒂固"。乌先生进一步认为:"民俗文化是精英文化的母胎","支配着大多数中国人的世界观、人生观、道德观、价值观。它潜移默化地养育了世世代代数以亿计的中国人,成为民族凝聚的基础"。[①] 可以说,民间习俗构成了古代乡村治理活动得以顺利开展的人文环境。

中华先民在应对来自自然、社会和人类自身的挑战过程中形成了复杂的认识内外世界的系统意识。如产生于远古的礼仪习俗曾被统治者十分细致地制度化了,并通过自上而下的推动而逐渐内化于社会大众的日常行为心理之中。礼的形成及其制度化,是对人的行为的一种规范性规定,既有"野生性"又有"人为性"。正如荀子在《礼论》中所说:"礼起于何也?曰:人生而有欲,欲而不得,则不能无求。求而无度量分界,则不能无争。争则乱、乱则穷。先王恶其乱也,故制礼义以分之,以养人之欲,给人之求,使欲不必穷于物,物不必屈于欲。两者相持而长,是礼之所起也。"三代礼制,特别是周礼的制定不仅是国家治理层面的制度创设,还是社会大众须遵循的行为规范。这种治理思想和治理活动深刻地影响了社会大众的行为规范和价值取向。礼在向民间渗透的过程中尽管有浅化、淡化、简化的趋势,但由于它本质上源于祭祀活动并依托于血缘组织而运行,从而成为十分有效的乡村治理的方式和技巧。有学者认为:"事实上,周代的'礼乐文化'的特色不在于周代是否有政治、职官、土地、经济等制度,而在于周代是以礼仪即一

---

① 乌丙安:《中国民俗文化的根基及其深刻影响》,收录于国家图书馆编:《部级领导干部历史文化讲座》(文化卷),北京图书馆出版社2008年版,第111、126—127、128页。

套象征意义的行为及程序结构来规范、调整个人与他人、宗族、群体的关系，并由此使得交往关系'文'化，和社会生活高度仪式化。"①上古礼制之所以能在民间长期流行，主要是礼仪制度脱胎于氏族家族传统和组织规则，族性社会群落的长期存在是礼仪规范能长期发挥作用的重要土壤。"礼"实际上是系统化、制度化的民俗，当它被智者提炼、统治者创制而反行于民间社会时，其教化之功、行为约束之用就显得更加明显。这反映出"礼"源于民间又高于民间的重要规约功能，是历代统治者因俗而治的最佳方式和最有效的制度安排。

然而，在大众的日常意识中，神灵信仰及其秩序想象则是另外一个强大的文化传统，它所反映的对理想秩序的追求是现实困境的折射。由于有超人间力量的信仰支撑，这种信仰意识对大众行为的约束力就更内在、更强大也更有效，因而成为历代统治者治理乡村活动必然选择的重要精神资源。利用民间信仰开展治理活动的思想早在《礼记》中就有明确的表达："夫圣王之制祭祀也，法施于民则祀之，以死勤事则祀之，以劳定国则祀之，能御大灾则祀之，能捍大患则祀之。……及夫日、月、星辰，民之所瞻仰也，山林、川谷、丘陵，民所取财用也。非此族也，不在祀典。"②这段文字鲜明地反映出统治者对待民俗信仰的态度，既顺之又用之。其实，可以概略地说，民间习俗背后都有民间信仰的底衬，天人感应、神灵崇拜构成了民间认识内外世界的基础性逻辑和基本生活知识体系，是维护社会有序运行的重要精神力量。学界不少学者都认为民间信仰对维护国家和地方秩序有着重要的作用。神灵信仰流行的地域就是其神能发挥作用的范围。如对天神的信仰就具有全国性，大体上是一个至上大神，无论它是自然崇拜还是带有人格特征的神灵，在民间都被认为是至上的。"天地君亲师"的排序正反映了百姓心目中的神界秩序，这正是现实社会等级秩序空间在头脑中幻化的结果。有研究者认为，民间信仰的道德实践活动具有明显的私人与公共两种特征，其伦理价值于私人性特质而言表现为"对于善的理解与追求"；对公共性特质而言则表现为"对于'善事'的践行与'善世'的理想诉求"，由此形成了"德福一致"和"善恶报应"的观念。③ 事实上，这就是民间信仰的约束和规范乡民思想意识、伦理道德和行为举止的机理——借助于神灵赐福与惩戒功能实现

---

① 陈来：《古代宗教与伦理——儒家思想的根源》，生活·读书·新知三联书店1996年版，第248页。
② 李学勤：《礼记正义》，北京大学出版社1999年版，第1307页。
③ 卜俊兰、赵浩：《论民间信仰的伦理价值》，《东南大学学报（哲学社会科学版）》2019年第4期。

社会关系的平衡。乌丙安先生认为,民俗中蕴含的俗信观念,包括是非、真假、善恶、美丑、吉凶、祸福、生死、阴阳等深刻地影响着人们的心理和意识活动,"凡具有规范模式的民俗文化对大多数人都有程度不同的约束作用;凡具有威慑力的民俗现象,都会显示出对人们民俗心理暗示的作用,甚至产生或强或弱的控制作用"。① 当然这种信仰于上下层而言具有共时性、共享性,作为治理技巧显然也反映了统治者"顺情""顺势"和"依俗"的治理理念,不可能是纯粹"理性"意义上的选择。民风习俗反映了古代乡村日常生活的基本状态。特别是信仰习俗和行为习俗对维护乡村公共秩序和伦理秩序起到了持久而又潜在的强大作用,因此也成为历代统治者治理乡村社会的重要资源。如民间盛行的阴间审判、恶鬼善鬼之分等信仰习俗,曲折地反映了人世间的是非曲直、不平不公之事给普通民众带来了巨大的精神压力。人们希望借助于鬼神阎罗的力量惩罚那些恶人恶事,营造一个平和公正的人间秩序。本书仅以几个民间信仰习俗和行为习俗为例来说明古代乡村治理理念生成和制度运行在很大程度上是在这种浓郁的习俗中展开的,充分体现了乡村治理中沿袭自然状态与人为安排需要相统一的治理状态,其中就蕴含着"因俗而治"和"顺势而治"的治理智慧。

总之,正如著名学者林剑鸣先生所揭示的那样:"实际上,中国古代的国家管理,法律并非唯一根据,礼才是最重要的,而民俗信仰亦皆包括于礼之内。官吏为政并非以律令为唯一根据,包含着民俗信仰的礼也极其重要。""官吏不仅要根据政府律令,而且要依据风俗信仰处理公务,甚至对当地禁忌、崇尚也需尊重、考虑,否则就很难称职。"②民间习俗所蕴含的意识状态构成了乡村治理理念实现和制度运转的人文环境。治理理念的形成、治理制度的安排一方面汲取了乡土百姓对"秩序"状态向往的意愿,部分地顺从了民俗力量的运动方向;另一方面作为一种主动的管制行为,又在不断地引导着民俗力量的运动方向。两股力量相互渗透、相互影响,共同构筑了古代社会乡村治理的历史面貌。

---

① 乌丙安:《中国民俗文化的根基及其深刻影响》,收录于国家图书馆编:《部级领导干部历史文化讲座》(文化卷),北京图书馆出版社2008年版,第128页。
② 林剑鸣:《秦汉政治生活中的神秘主义》,《历史研究》1991年第4期。

结论一　亲缘意识与中国古代乡村治理智慧的生成

国家和社会治理是一个遵循自然和历史规律与人的合目的性创造性活动相统一的过程。源远流长的中华文化建立在农耕文明的基础上,孕育并持久绵延着以血缘和姻缘为核心的"亲缘意识",积淀形成覆盖面极广的民族心理状态传统。古代统治者十分注重因袭和运用长期绵延的"亲缘意识"这种心理状态传统所蕴含的自然力量来开展治理活动,据此生成"家国一体"的治理逻辑、"以民为本"的治理思想、"教化为要"的治理思路、"软硬兼施"的治理策略和"神道设教"的治理技巧,在乡村治理上表现出独具特色的治理智慧,深刻影响了中华政治文明的历史进程,沉淀并积累了丰富的政治文化遗产。

一、亲缘意识是贯穿中国古代社会历史的心理传统

血亲关系是人类最原始、最本初的人际关系,与之伴生的是由种的繁衍需要而延伸出的姻亲关系,两者共同铸就了人类天生的亲缘意识。亲缘意识的核心是血缘意识(血亲)和姻缘意识(姻亲),并泛化出地缘意识(乡亲)、业缘意识和情缘意识。这些意识体现出的血缘凝聚力、姻缘联结力、地缘亲和力、业缘认同力、情缘黏合力,共同编织出复杂的人际关系网络,如反映亲情的家庭、宗族、亲戚关系,反映亲近的同乡、同窗、同事、同道关系,反映亲热的师生、朋友、伙伴关系等。可以说,亲缘意识作为一种最质朴、最普遍的社会意识,支配形成了社会大众共同的生活意识(如亲情意识、互助意识和结盟意识)、政治意识(如禁欲意识、均平意识和皇权意识)和信仰意识(如多神意识、功利意识和现世意识)。这些共同的社会意识在时间和空间上具有极大的覆盖面,是古代多数社会成员精神生活的主要内容,成为支配人们价值取向、归属选择、安全感获取等的重要心理力量,在中华文明形成的过程中发挥着历久弥坚的巨大作用,是中华民族心理最核心的生理情感和文化底色。

亲缘意识产生于早期人类生存的自组织形态。我国大约在1万年前出现原始农业，早期人类开始了定居生活。聚落考古表明，公元前8000—前5000年间，在我国境内，大河大江及其支流沿岸均发现了众若繁星的聚居遗址，显现出非常明显的以血缘为纽带而形成的组织结构的特征。例如，从甘肃天水到河南郑州间发现的各期仰韶文化大小聚落就达4 139处。研究者根据"近水而居、沿河建村"的实际情况，将这些聚落划分为大、中、小群落，并据此推断："假如小型聚落是一个氏族的聚居地，那么，中型聚落可能是一个胞族或部落的聚居地，大型聚落可能是一个部落的聚居地，特大型聚落可能是部落联盟的驻地。"这表明当时居民的社会组织结构存在由血缘亲疏形成的等级秩序。[1] 这种情况也广泛存在于辽西、中原、黄河下游、江淮地区、长江下游等地出现的初级文明遗址中，由此也形成了悠久的组织行为和秩序认同的心理习俗，对后世产生着持久而深远的影响。[2] 在中华文明史上，早期亲缘组织主要有三个演变趋向。一是向部落、部落联盟、古国、王国的方向发展，形成范围越来越大的政治共同体，最终进入国家形态。夏商周的国家组织依托和延续了亲缘组织的模式，亲缘组织内部的自然等级序列与国家政治统治的行政序列合二为一。但是，最核心的氏族组织并未就此彻底消亡，反而作为社会基层组织长期支撑着统一王权。氏族作为一种组织形态甚至一直存续到春秋中期。[3] 二是由于婚姻制度的变化，向个体家庭、家族和宗族演变。在氏族时代解体后，家族、宗族成为社会组织的基本单元，遵循着自组织的运行原则。如先秦时期便形成了王族、异姓贵族和庶民家族等形态；从西汉到魏晋唐代，出现和盛行过世家大族式的家族制度；唐宋至明清的血缘家族组织呈现出两种形态：一种是由个体小家庭组成的聚族而居的家族组织，另一种则是累世同居共财的大家族。三是"亲缘意识"泛化衍生出的存在于中国古代的各个历史时期，形式不同、内容各异、功能不一、存续时间久暂有别的民间结社、结盟拜会和合族联宗等组织现象。[4] 在传统中国社会，维系组织凝聚力的纽带都离不了"血亲"这个最原

---

[1] 参见许顺湛：《河南仰韶文化聚落群研究》，《中原文物》2001年第5期；《陕西仰韶文化聚落群的启示》，《中原文物》2002年第4期；巩文：《天水至郑州间仰韶文化晚期聚落群与中心聚落的初步考察》，《中原文物》2003年第4期。
[2] 参见田广林、翟超：《从多元到一体的转折：五帝三王时代的早期"中国"认同》，《陕西师范大学学报(哲学社会科学版)》2018年第1期；王巍：《聚落形态研究与文明探源》，《郑州大学学报(哲学社会科学版)》2003年第6期。
[3] 参见晁福林：《论中国古史的氏族时代——应用长时段理论的一个考察》，《历史研究》2001年第1期。
[4] 参见陈宝良：《中国的社与会》，浙江人民出版社1996年版，第10、13页。

始、最质朴的"心理意象"。在这些组织成员间原本没有血缘关系,但通过结盟、结义与结拜等方式,在精神上建立起"情同兄弟""视若父子"的"拟血亲"联系,从而增强了亲近感和归属感。

亲缘意识联结形成了古代人们实现人生价值、劳动价值和满足安全需要的组织依托和人文空间。人们的伦理道德和行为规范受到"亲缘意识"的深刻影响,并从家庭、家族结构向外推衍,甚至可以不依托于它得以产生和保持原生组织形态,在更大社会空间和结构中长久绵延。如大型祭祀活动可能波及的人群、亲属网络可能到达的地域、同一方言可能流行的区域、传统交易场所可能辐射的范围等,从而在更大范围内形成相互认同和联结的组织状态。亲缘意识及其泛化形态在时间上的持久、空间上的蔓延,成为古代国家和社会治理理念、权威资源类型、政治结构特征、权力运行方式、伦理道德内涵的生成和大众行为规范、生活习惯养成等的核心社会心理和意识,包括共同的神灵信仰、祖先崇拜、价值取向、道德情操、审美情趣和社会理想等内容,是人们相互认同的精神纽带。其中最重要的是孕育出维系社会秩序和统治秩序的"亲亲"原则和宗法礼仪制度,在古代国家政治生活和治理活动中形成了一个强大的文化基因——政治血亲化、血亲社会化。[1]先贤哲人对人际关系的认识来源首先便基于自组织的客观存在和自然形成的等级秩序与规则。血缘性自组织的权威源于血缘等级辈分,"长幼有序"的家中族内秩序既要求"泛爱众",给每位成员相对均等的生存地位;又要求"等级有差""尊卑有别"以维持自组织的合力。以亲缘意识为底蕴形成"家中族内"治理模式成为早期国家建立的模板而被延续和扩大到了更大的范围。比如,父家长制的家庭模式,通向中央集权的政治制度,父是府君,帝是君父,"事亲事君皆同一理";家族内部的亲疏尊卑关系,引申出全社会的纲常等级权威;父慈子孝的道德标准,是规定社会上人与人之间关系最基本的行为准则,扩大为君主与臣民、官员与百姓、上级与下级的各种理想规范;家规族法和律令国法统一于纲常名教并互相补充;家家户户对祖灵的崇拜延伸为君主和全体社会成员对神天的敬畏;象征着封建秩序的"天地君亲师"

---

[1] 有学者认为:"中国国家的合理性和合法性在相当长的历史时期内是通过家庭这个模式得到证明的,国家被认为是家庭的扩大。统治者以宗法制度作为国家统治的基础,广泛利用宗族群体或部落之间存留的血缘关系残余,将族权与政权结合起来,构成政治统治的基础。君是全国最高等级的皇族血缘群体与国家拟血缘群体的父家长。国君上代表着人格化的天——被视为'天子';中代表着神格化的祖——以黄帝的继承人自居;下代表拟血缘的父——是顶级家长,从而具有西方君主无法比拟的权威。"见王昉:《中国古代农村土地所有权与使用权关系:制度思想演进的历史考察》,复旦大学出版社2005年版,第34页。

是对父系父权的扩大或假借;子孙相延的家庭生活目标通向国运万世的终极观念。①

总之,亲缘意识是一种产生于氏族时代的心理传统和治理资源,对它的认识、开发和利用很鲜明地体现着中国古代统治者开展治理活动的政治智慧。

二、亲缘意识催生家国一体的治理逻辑

亲缘意识作为社会心理传统在被先贤哲人应用到思考治理超越单一血亲组织、由诸多同质群组构成的新型社会形态时,很自然地催生出家国一体的治理逻辑,导引着历代为政者普遍把实现天下大同、四海一家作为治国理政追求的终极目标。

家国一体治理逻辑的起点是奉行道法自然,主张依靠自然伦常建立社会秩序。先秦时期的政治家、思想家已经认识到无论是自然界还是人类社会都存在着某种运行规律,即所谓"道",认为治理人类社会之"道"就是"效法"自然之"道"。《易经·观卦·象传》就提出:"观天之神道,而四时不忒,圣人以神道设教,而天下服矣。"意思是圣人顺应自然之势,运用神圣的道德以感化万物、教化众人认同和服从既有秩序。周太子晋在考察了历史上圣王与天、地、民、神的关系后,提出了治国的"五则",即象天、仪地、和民、顺时、敬神;②荀子则认为"道者,非天之道也,非地之道也,人之所以道也,君子之所道也";③出土的战国竹简也有"唯人道为可道也"④的说法。这说明时人认为"人道"表现为天定的礼仪规范,循礼而治就在于顺民意而施政,诚如晋国的师服所说:"义以出礼,礼以体政,政以正民,是以政成而民听,易则生乱。"⑤所谓"义以出礼"就是指合乎事理就能形成规范,在民众共同认可的规范下施政就意味着"政成""民听",即实现有序的统治。而"礼""起于古人对自然秩序的尊崇"⑥,"肇于'俗'而生于'祭'"⑦,《礼记·礼器》有云:"礼也者……顺于鬼神,合于人心。"礼制的形成就是对维系原始社会血亲组织内部关系的"上下尊卑、长幼有序"伦理道德的规范化和制度化。《尧典》说:"克明俊德,以亲九族",意思是运用道德力量促使族人亲睦;《周

---

① 参见程歗:《晚清乡土意识》,中国人民大学出版社1990年版。
② 参见《国语·周语·太子晋谏灵王壅谷水》。
③ 《荀子·儒效篇》。
④ 《上海博物馆藏战国竹简·性情论》,上海古籍出版社2000年版,第8简、第25简。
⑤ 《左传·桓公二年》。
⑥ 黄郁成:《"礼"的塑型:"大一统"国家与小农经济》,《社会科学》2017年第7期。
⑦ 陈顾远:《中国文化与中国法系》,中国政法大学出版社2006年版,第260页。

礼》记有"五礼",即嘉、凶、吉、宾、军,其中嘉礼的主要功能被规定为"亲":"以饮食之礼亲宗族兄弟,以昏冠之礼亲成男女,以宾射之礼亲故旧朋友,以飨燕之礼亲四方之宾客,以脤膰之礼亲兄弟之国,以贺庆之礼亲异姓之国。"①意思是用"亲情"由近及远地培养出"情谊",这显然是"血缘之亲"的扩大和泛化。孔子认为"礼"是由通达"天道""天命"的"圣人"制定的,《礼记》中记载孔子的话说:"夫礼,先王以承天之道,以治人之情。故失之者死,得之者生。"因此,依德而治就可以形成"贵贱有等,长幼有差,贫富轻重皆有称"②的良性运转的社会秩序。所以,孔子说:"古之为政,爱人为大。不能爱人,不能有其身;不能有其身,不能安土;不能安土,不能乐天;不能乐天,不能成其身。"③循着这一思路,孔子认识到家庭秩序的有序主要是靠"父慈子孝"维系的,由此推衍出"孝慈则忠"就可以维系政治秩序。因此提出了"君君、臣臣"与"父父、子子"的政治逻辑,相信在自然秩序中管用的"孝悌",在治理社会时也同样能发挥很好的作用。他说:"其为人也孝弟,而好犯上者,鲜矣;不好犯上,而好作乱者,未之有也。君子务本,本立而道生。孝弟也者,其为仁之本与!"孔子用"爱人"来解释"仁",还说过"君子笃亲,则民兴于仁"。④ 孟子认同和发展了孔子"仁者,人也"的思想,认为仁爱的本质就是"亲爱",他说:"仁之实,事亲是也","事亲,事之本也"。"仁者爱人"是"施由亲始"的,即从对血缘亲人之爱逐次向更广的人群辐射。孟子也认识到,由亲缘意识产生的"亲亲"原则是维系自然组织秩序的重要伦理,"不得乎亲,不可以为人;不顺乎亲,不可以为子","惟顺于父母,可以解忧"。由此推及实现社会秩序井然的"王道"理想,也不过是"尧舜之道,孝弟而已矣","仁之实,事亲是也;义之实,从兄是也;智之实,知斯二者弗去是也;礼之实,节文斯二者是也;乐之实,乐斯二者"。也就是用规范了的自然伦常来治理社会,把"亲亲"原则扩大到社会生活的方方面面,"亲亲而仁民,仁民而爱物"。这样就可以建立起自然秩序与社会秩序和谐统一的"仁政",即所谓"以不忍人之心,行不忍人之政",目的是实现"老吾老,以及人之老;幼吾幼,以及人之幼",行此"仁政"则"天下可运于掌"。⑤

家国一体治理逻辑的核心是形成"君视民如子、民视君为父母"的政治

---

① 孙诒让:《周礼正义》(第一册),中华书局1987年版,第1365页。
② 《荀子·富国》。
③ 《礼记·哀公问》。
④ 依次见《论语》的《为政》《颜渊》《学而》《泰伯》。
⑤ 依次见《孟子》的《离娄下》《滕文公上》《离娄上》《万章上》《告子下》《尽心上》《离娄上》《梁惠王上》。

伦理。这种说法最早的文字记载是《尚书·泰誓》的"惟天地万物父母,惟人万物之灵,亶聪明,作元后,元后作民父母"。①"元后"是最早的君称,意思是"元后"要承担起为民之父母的责任,这样才能符合"天佑下民"的"天命";《尚书·洪范》更直接说:"天子作民父母,以为天下王。"这种逻辑被孔子所认同和继承,他赞美虞舜说:"君天下,生无私,死不厚其子;子民如父母,有憯怛之爱,有忠利之教,亲而尊,安而敬,威而爱,富而有礼,惠而能散"②,意即虞舜"视民如子",既有母亲之亲,又有父亲之尊。《礼记》把"亲亲""尊尊"视为不可更易的"人道",《丧服小记》云:"亲亲,尊尊,长长,男女之有别,人道之大者也";《大传》云:"亲亲也,尊尊也,长长也,男女有别,此其不可得与民变革者也"。由此,儒家逐渐形成了"亲亲""尊尊""亲亲为大"等充满人间亲情的政治理念与原则。后世有为的君主、官员和思想家都秉持这样的理念③,按照这种政治逻辑开展治理活动。把家庭伦理放大为政治伦理,自然就会提出"为政以德"的治理主张。所谓德治,就是运用道德的力量建立起人们在心理上对内在秩序的服从,通过道德教化既能规范君主的行为,又能潜移默化地把伦理信条内化为百姓的信念和行为方式,从而实现对国家和社会的治理。历史上,周公最早提出"德政"思想,孔子进一步将其系统化,把道德的作用提升到治国安邦、协调人际关系和提高个人素养与境界的高度来认识。孔子说:"道之以政,齐之以刑,民免而无耻;道之以德,齐之以礼,有耻且格",明确提出:"为政以德,譬如北辰,居其所而众星共之。"④对德治的作用推崇备至。同时代前后的思想家、政治家也都十分重视"德治",如管子把"礼、义、廉、耻"看作治国的"四维";荀子也说:"故君人者,欲安则莫若平政爱民矣,欲荣则莫若隆礼敬士矣,欲立功臣则莫若尚贤使能矣。是君人者之大节矣";《左传》更明确地指出:"德,国之基也","君若以德绥诸侯,谁敢不服?"⑤

家国一体的治理逻辑必然孕育出天下一家的心理向往。早期出现的政治权威、神灵信仰和制度安排中也都有亲缘意识的踪迹。如天子概念就是把人间最高统治者视为天神之子而拥有了合法性;被视作一家之主的灶神

---

① 顾迁注译:《尚书》,中州古籍出版社 2010 年版,第 133 页。
② 王文锦:《礼记译解》(下册),中华书局 2005 年版,第 814—815 页。
③ 如魏征说:"陛下为人父母,抚爱百姓,当忧其所忧,乐其所乐。"唐太宗也自认为:"朕为亿兆人父母,唯欲躬务俭约。"见吴兢:《贞观政要》,上海古籍出版社 1978 年版,第 64、238 页。
④ 《论语·为政》。
⑤ 依次见《管子·牧民》《荀子·王制》《左传·襄公二十四年》和《左传·鲁僖公四年》。

信仰则源于对古代掌握饮食制作与分配大权的"炊母"(先炊)的敬重与崇拜①;乡是最早的治理组织和制度,则源于人们在氏族祭祀活动中形成的等级与秩序意识②。这些源于血亲组织的权威意识和权力特点很自然地生发出"治国如治家""家国一体"的治理逻辑。《墨子·尚同》云:"治天下之国若治一家";《孟子·离娄上》:"天下之本在国,国之本在家。"因此,《大学》提出:"欲治其国者,先齐其家,欲齐其家者,先修其身……身修而后家齐,家齐而后国治,国治而后天下平,自天子以至于庶人,壹是皆以修身为本。"带着自组织逻辑的思考惯性,人们普遍认为帝王应以"四海为家",在观念上仍保留着把最高首领看作是血脉相通的族人、家人和亲属的意识,帝王存在的意义就是维护天下人的根本利益。孔子说:"四海之内,皆兄弟也";荀子提出:"四海之内若一家,通达之属莫不从属";《文子·九守》也认为:"天下公侯以天下一国为家";《抱朴子·逸民》则说:"王者无外,天下为家,日月所照,雨露所及,皆其境也";萧何也说:"天子以四海为家"。众所周知,"大一统"是古代重要的政治理想,每当人们谈到理想的治理境界时,就会有"圣帝在上,德流天下,诸侯宾服,威振四夷,连四海之外以为席,安于覆盂,天下平均,合为一家"③的说法,希望普天之下,无论远近大小,共戴一主,并为一国,汇聚一族,合成一家。显然,古代治国思想含纳着治国就是治家、治家就是治民的政治逻辑,那就必须抓住"民际关系"的本质和特征开展治理活动,这就形成了"循道而为""依礼而治"的理念。

三、亲缘意识孕育以民为本的治理思想

古代民本思想蕴含的重民、爱民、富民、养民、保民等意象隐隐地透露着"血亲之爱"的影子。④ 氏族时代形成的平均分配财物、共享劳动成果、出入相友、守望相助等生存传统是民本思想的核心内容,追求公平、公正的"均平天下"则是治理国家和乡村的重要原则和为政目标。例如,古代思想家提出的天下为公不仅有天下共有的含义,还包含着天下是公平、公正的意蕴。据学者研究,天下为公的滥觞是"大道之行",而这个"大道"就是自然之道、天然之理。《吕氏春秋·大乐》云:"平出于公,公出于道。……欢欣生于平,平生于道",认为这个"大道"是公平公正、和谐美好情操的根源。《管子·

---

① 参见拙文:《灶神考源》,《中国史研究》1999 年第 1 期。
② 参见拙文:《称谓所见中国古代乡制的缘起》,《甘肃社会科学》2004 年第 12 期。
③ 依次见《论语·颜渊》《荀子·议兵》《汉书·高祖纪》和《史记·滑稽列传》。
④ 参见陈谷嘉:《中国文明起源的特殊路径与中国古代民本思想》,《红旗文稿》2014 年第 10 期。

内业》也说:"万物以生,万物以成,命之曰道。天主正,地主平,人主安静。"显然,这些表达的都是要追求一个公正平和、不偏不私的"王道天下",也就是《尚书·洪范》所说的:"无偏无党,王道荡荡;无党无偏,王道平平;无反无侧,王道正直。"所以,孟子说:"尧舜之道,不以仁政,不能平治天下","平天下"就是使天下"均平"。天下为公的理想又使先哲们形成了均平天下和宽政爱民的治理思想。

由亲缘意识孕育的民本思想在乡村治理上突显了平衡财富、"固本节用"、"使民以时"、平均赋役和备荒赈济等思想和实践。

一是平衡财富。早在春秋时期,晏婴就提出:"其取材也,权有无,均贫富,不以养嗜欲。"《论语·季氏》也说:"闻有国有家者不患寡而患不均,不患贫而患不安。盖均无贫,和无寡,安无倾。"这些主张都是要求统治者通过平衡财富来消除因贫富不均而可能引发的社会动荡。

二是"固本节用"。"固本"就是"以农桑为本"。墨子说:"凡五谷者,民之所仰也,君之所以为养也。……故食不可不务也,地不可不力也,用不可不节也";管子则认为:"民事农则田垦,田垦则粟多,粟多则国富";西汉桓宽强调:"衣食者民之本,稼穑者民之务也。二者修,则国富而民安也";北魏贾思勰甚至认为:"五谷者万民之命,国之重宝"。① 这些认识都表明,"固本"就是"重农",是治理国家的前提和基础,事实上也是历代王朝治理实践中所坚持的基本国策。"节用"就是"以勤俭养德"。先秦诸子都提倡节俭,孔子主张"节用而爱人",一再强调"政在节财";道家主张"去奢崇俭";韩非认为"力而俭者"才能致富;墨子说:"民以时生财,固本而节用,则财足",主张"节用""节葬""非乐"。他们都认为节俭不但是君子必备的美德,而且还关乎国家的兴亡,墨子就大声疾呼:"节俭则昌,淫佚则亡。"历代王朝的兴衰让唐人李商隐总结出了千古名言:"历览前贤国与家,成由勤俭破由奢。"②

三是"使民以时"。孔子认为必须遵循农业生产规律,保证农民能够按照天时节侯从事生产活动,这样才能创造更多的财富。《荀子·富国》说:"罕兴力役,勿夺农时,如是则国富矣";《管子·山国轨》说:"春十日不害耕事,夏十日不害耘事,秋十日不害敛实,冬二十日不害除田";《孟子·寡人之于国也》也说:"不违农时,谷不可胜食;勿夺其时,可以无饥矣。"可见,"不违农时"首先是一种生存理念,并逐步上升为治国理政的重要思想,为历代

---

① 依次见《墨子·七患》《管子·治国》,[汉]桓宽:《盐铁论·力耕》,[北魏]贾思勰:《齐民要术·杂说》。
② 本节所引古人言论均参见岳文典等编著:《韬略治要》,东方出版社2016年版,第37—67页。

统治者所重视和遵循。

四是平均赋役。"亲缘意识"在古代赋役制度安排和政策实施上也有突出的体现。一方面是针对民众"赡老育幼"的亲伦义务,长期坚持实行赋役减免政策。孟子就曾提出国家征收赋役要以"必使仰足以事父母,俯足以畜妻子"①为限度,不能竭泽而渔。这种基于"孝道"而产生的思想被历代统治者所认同,于是从西周至清代,养老给侍、侍丁、节孝、养孤、产子及义居均免役等赋役减免政策在日常治理活动中都得到了或强或弱的体现。② 另一方面是在赋役征收过程中注意贫富差别,力求负担得到平衡。在《周礼》设计的授田制度中百亩为基数,差田授予则多于百亩,仍按百亩计赋,这样每户承担的赋役就大致相同了。商鞅在改革中实行按亩纳赋,从而实现贵族与小民赋役征收上的相对公平。汉魏以降,乡村里吏的职责之一就是按赀产勘定户等、按户等摊派赋税租调。曹魏建安年间就有了评估家赀的记载③,西晋时户等分九品,征收租调采用"九品混通"法。县令每年都要下乡主持"诘评百姓家赀"的工作。④ 唐代两税法即由"税丁"变成"税产",即"人无丁中,以贫富为差"⑤或说"唯以资产为宗,不以丁身为本"⑥。唐人陆贽曾总结说:"有田则有租,有家则有调,有身则有庸,天下为家,法制均一,虽欲转徙,莫容其奸。"⑦宋代继续实行"履产而税"的政策,乡村赋役摊派主要按田地多寡肥瘠、家业钱和税钱等划分乡村主户户等的财产标准来确定额数并予以征收。

五是备荒赈济。早在春秋战国时期,人们对灾害、灾荒就有了一定的认识,《管子·度地篇》中有"五害"之说。据《汉书·五行志》收录的灾害名目就多达66种之多,反映了古人对灾荒认识的精确度,由此便产生了救荒意识和荒政的实施。在古人的观念里,自然灾害和人祸的发生与统治者的德行与治理思想有很大的关系,因此备荒的首要举措就是行"孝道"。《孝经·孝治》说:"故生则亲安之,祭则鬼享之。是以天下和平,灾害不生,祸乱不作。故明王之以孝治天下也如此。"其次是建立由常平仓、义仓和社仓构

---

① 《孟子·滕文公上》。
② 参见胡荣明:《传统赋役减免制度的亲属伦理旨趣新探——兼论未来中国个人税负法制的亲伦改良》,《杭州师范大学学报(社会科学版)》2014年第1期。
③ 《三国志·魏书·曹洪传》,注引《魏略》。
④ 《晋书·刘超传》。
⑤ 《旧唐书·杨炎传》。
⑥ [唐]陆贽:《唐陆宣公翰苑集》(卷二十二),《均节赋税恤百姓六条》。
⑦ [唐]陆贽撰、王素点校:《陆贽集》(卷二二),《均节赋税恤百姓六条:其一论两税之弊须有厘革》,中华书局2006年版,第716—723页。

成的公共粮食储备体系,以备救荒所需。最后是形成了系统的赈灾措施,主要包括赈济、赈贷、赈粜、施粥、蠲免、罢官籴、招商、工赈、劝分等多种举措。① 清人总结说:"荒政者,仁政也。自古及今,极为详备。有豫备于未荒之前者,有急救于猝荒之际者,有广救于大荒之时者,有方行于便荒之地者,有补救于已荒之后者。"②把荒政视为仁政,正是亲缘意识在治理活动中的重要体现,是家国一体治理逻辑的必然结果。

由亲缘意识孕育的民本思想在乡村治理制度设计和安排中就突显了"出入相友、守望相助、疾病相扶持"和"同乡周济"的意识。如《逸周书·大聚解》载:"以国为邑,以邑为乡,以乡为闾。祸灾相恤,资丧比服。五户为伍,以首为长;十夫为什,以年为长;合闾立教,以威为长;合旅同亲,以敬为长。"虽然这是理想化的一种设计,但反映出人们的意识里希望通过邑、乡、闾等组织设置来实现相互扶持和救助的愿望。《周礼·地官·大司徒》中也有相类的设计:"令五家为比,使之相保;五比为闾,使之相受;五闾为族,使之相葬;五族为党,使之相救;五党为州,使之相赒;五州为乡,使之相宾。"文中弥漫着一股浓重的"相亲相爱"的气息,家、比、闾、族、党、州、乡等治理组织的功能主要表现在实现相保(互相担保、求助)、相受(互相接纳)、相葬、相救、相赒(相互救济)、相宾(以宾客之礼待其贤者),这样就可以维护和谐的乡村社会秩序。此外,当时的统治者还意识到要维护乡村秩序还必须建立社会保障机制,使人们能够在合作中应对自然和社会压力。《逸周书·大聚解》载:"乡立巫医,具百药以备疾灾,畜五味以备百草。立勤人以职孤,立正长以顺幼;立职丧以恤死,立大葬以正同;立君子以修礼略,立小人以教用兵;立乡射以习容,春和猎耕耘,以习迁行。教芋与树艺,比长立职,与田畴皆通。立祭祀,与岁谷登下厚薄,此之谓德教。"③文中涉及医疗保障、幼童教育、丧葬料理、礼仪和军事训练、农业技能教授、祭祀活动的筹备等,把人们从生到死的各种需要都纳入了保障的范围。在后世的治理实践中,"守望相助"仍然体现在治理制度的安排之中。有学者系统梳理了古代官方设置的"社会保障机构",涉及救灾、助学、养老、医疗、丧葬、救济、育婴、慈善等诸多方面。除上文提到的备荒仓储体系外,养老机构有先秦时期的"庠"、南朝时期的"孤独园"、唐代的"悲田院"等;医疗机构有战国时齐国设立的"养病院"、北魏时期的"别坊"、南朝的"六疾馆"等;救济机构有宋朝的"福田院"

---

① 参见李明顺:《中国古代赈灾:措施、动因与经验探论》,《理论学刊》2008年第10期。
② 转引自李文海、夏明方:《中国荒政全书(第二辑)》(第一卷),北京古籍出版社2004年版,第539页。
③ 黄怀信:《逸周书校补注译》,三秦出版社2006年版,第187、188页。

"居养院",此后还设置过广惠院、实济院、安养院、利济院、安乐坊、安乐庐、安乐寮、举子仓、太平惠民局等机构,为贫穷老人、孤儿提供收容居所、看视疾病及基本食物供应;官办助学机构主要通过学田、膏火田等耕种收入为求学者提供基本生活保障;丧葬机构比较有代表性的是宋朝设立的"漏泽园";失业互助机构,如明清时期的"栖流所""工艺局"和"习艺所"等。① 再如,"立社"是元代重要的治理乡村的制度安排。元代在立社规定中明确要实施社内互助,规定:"本社内遇有病患凶丧之家、不能种莳者,仰令社众各备粮饭器具,并力耕种锄治收刈。"要求"每社立义仓,社长主之"②,平时负责收储余粮,遇到灾荒则及时开仓求助。明太祖为在乡村建立起长幼有序的伦理秩序和互相扶持的良好风气,在谕令中要求:当百姓遇到婚姻、死丧等大事时,同里之人不论贫富都应量力出资以互相周济,这样"虽是贫家,些小钱米亦可措办,如此众轻易举。行之日久,乡里自然亲爱"。③

总之,"亲缘意识"孕育而成的"以民为本"的治理理念渗透到了乡村治理活动的方方面面。虽然历朝历代体现的侧重点不同,实施的效果也会不尽如人意,但总体上使古代乡村治理活动弥漫着一种"相亲相爱一家人"的氛围,形成了"守望相助、同乡周济"的整体主义的文化传统。

四、亲缘意识形成教化为要的治理思路

在自然组织中,家长、族首依靠亲缘意识形成的权威,通过耳提面命、言传身教和率先垂范来维护家中族内的秩序。先秦思想家总结氏族时代的这种传统,提出了"教化为要"的治理思路。孔子要求君主要"修己以敬""修己以安人""修己以安百姓"④,通过"修己及人"建立起良性运转的社会伦理秩序;孟子认为"善政不如善教之得民也。善政,民畏之;善教,民爱之。善政得民财,善教得民心"⑤,也主张通过教化来治理民众。这种思想成为儒家治国理政的主流思想,被后世儒者所继承。如《礼记·大学》中说:"大学之道,在明明德,在亲民,在止于至善。"《孝经》也说:"先王见教之可以化民也,是故先之以博爱,而民莫遗其亲;陈之于德义,而民兴行;先之以敬让,而民不争;导之以礼乐,而民和睦;示之以好恶,而民知禁。"董仲舒则认为:"教化立而奸邪皆止者,其堤防完也;教化废而奸邪并出,刑罚不能胜者,其

---

① 参见弋戈:《古代的"社会保障机构"》,《中国社会保障》2017年第6期。
② 《元典章·户部》。
③ 《明太祖实录》(卷二百五十五),洪武三十年九月辛亥。
④ 《论语·宪问》。
⑤ 《孟子·尽心上》。

堤防坏也。古之王者明于此,是故南面而治天下,莫不以教化为大务。"①总之,先哲从亲缘意识出发,提出治理社会的最高境界是"止于至善",即通过礼治、教化来广施仁政。这些思想被后世统治者所采纳,将其延伸演化为以教化为要的治国理政思路。

历朝历代普遍要求各级官员承担教化之责,把德性作为选拔和考评官员的重要标准,并在地方和基层设立专门管理道德教化的职位。按《周礼》的设计,在基层治理机构中,每三乡设乡师二人,"各掌所治乡之教而听其治"②;汉代就特别强调为官的德性,实施以"孝悌廉洁"为标准"举孝廉"的官员选拔制度,在郡、国、乡设立三老制度,专门负责教化;唐代律令中要求地方各级官员要"宣布德化,抚和齐人,劝课农桑,敦谕五教"③;直到明代还坚持实行着老人制度,洪武三十一年(1398年)四月发布《教民榜文》规定由民间推举"年五十之上,平月在乡,有德行,有见识,众所敬服者"担任"老人"④,主要职责是调解纠纷、化解矛盾;教化乡里、劝民向善;督促生产、协调生活,在乡村治理活动中发挥了重要作用。

历朝历代都注重编撰通俗读本颁行天下,并建立"宣谕""宣讲"制度突出主流意识形态的教化。从西周始直到清代,统治者十分注重编撰用于教化的通俗读物,比较著名且流行较广的如取材于西汉经学家刘向编辑的《孝子传》的"二十四孝故事"以及《三字经》《百家姓》《千字文》《弟子规》等蒙学读物。此外,历朝历代还十分注意开展官方政策和法律条文的宣传宣讲活动。据《周礼》规定,地方和基层的州长、党正、族师、闾胥都有"掌其戒治"、宣读邦法之职能。朱元璋把古代乡饮酒礼与学习礼仪、知会律令结合起来,颁布了乡饮酒读律仪式,即在开宴前必须进行"法制"学习,宣读大明律令和刑部所编戒谕,使人皆知"趋吉避凶,不犯刑宪"。朱元璋还创设了木铎宣谕制度,规定每乡每里各置木铎一个,由小儿牵引本乡本里中的老年残疾或瞽目者,巡行本里,每月六次,"俱令直言叫唤,使众闻知,劝其为善,毋犯刑宪"。叫唤的内容是"洪武六谕",即"孝顺父母,尊敬长上,和睦乡里,教训子孙,各安生理,毋作非为"。⑤ 清顺治十六年(1659年)决定在全国推行圣谕宣讲制度——约讲,规定在乡里选择60岁以上德高望重的生员或70

---

① 《汉书·董仲舒传》。
② 《周礼·地官·乡师》。
③ 《唐六典》(卷三十),《三府督护州县官吏》。
④ 明太祖钦定《教民榜文》,引自《古代乡约及乡治法律文献十种》(第一册),黑龙江人民出版社2005年版,第88页。
⑤ 《明太祖实录》(卷二百五十五),洪武三十年九月辛亥,参见牛铭实:《中国历代乡约》,中国社会出版社2005年版,第4—5页。

岁以上品行端正的乡民担任讲解员,名为约正、约副,每月朔望(初一和十五)负责招集乡民宣讲顺治的《圣谕六条》,同时要求约正和约副要记录乡民的行为举止,做出善恶评判①,终清一代一直坚持这一制度。

历朝历代普遍重视学校教育,把各级各类学校打造成开展经常性教化活动的重要场所。我国的学校教育已有4 000多年的文字记载史,孟子说:"谨庠序之教,申之以孝悌之义。"②正如吕思勉先生所说:"古之言学校者,皆重行礼视化,非重读书讲学问也。"③如汉代董仲舒提出:"是故古之王者莫不以教化为大务,立大学以教于国,设庠序以化于邑。"汉武帝接受了这一思想,"令天下郡国皆立学校官";平帝时"立官稷及学官。郡国曰学,县、道、邑、侯国曰校。校、学置经师一人。乡曰庠,聚曰序。庠、序置《孝经》师一人"。④ 由此建立起了全国性的学校教化体系。《汉书·食货志》载:"八岁入小学,学六甲五方书计之事,始知室家长幼之节。十五入大学,学先圣礼乐,而知朝廷君臣之礼。"入小学而"知室家长幼之节",入大学而"知朝廷君臣之礼",由此培养学生的秩序观念和尊卑意识。据学者研究,乡里庠序主要对乡村5—14岁的适龄儿童少年开展教育活动,在每年的1—5月和8—11月到校集中学习,内容包括《孝敬》《六甲》《九九》《急就》《三仓》《论语》等,成为推行主流意识形态的主阵地。⑤ 元朝规定"每社设立学校一所,择通晓经书者为学师,于农隙时分各令子弟入学"⑥,主要学习儒家经典,强化孝悌忠信等伦理教育。据元史记载,到元世祖至元二十八年(1291年)十二月,"司农司上诸路所设学校二万一千三百余"⑦。元朝统治者希望通过乡村教育提高劳动者的技能和道德素养,由此夯实发展农业生产、维护乡村秩序的思想基础。⑧ 明朝的学校也十分昌盛,《明史》称:"盖无地而不设之学,无人而不纳入教,庠声序音,重规叠矩,无间于下邑荒缴,山陬海涯。"明朝学校"自儒学外,又有宗学、社学、武学"⑨,通过不同类型的学校把社会各阶层的人们都纳入了儒家思想的教育。清朝在乡村广泛设立义学,加强对儿童的启蒙教育。雍乾时期的名臣陈宏谋认为:"乡间义学以广教化,子弟

---

① [清]津门佟氏辑:《士庶备览》(卷二),《讲约事例》,北京出版社2000年版。
② 《孟子·梁惠王上》。
③ 吕思勉:《吕思勉说史》,上海古籍出版社2000年版,第154页。
④ 依次见《汉书》的《礼乐志》《循吏传》《平帝纪》。
⑤ 参见张信通:《汉代里的教化职能》,《东岳论丛》2016年第11期。
⑥ 《元典章·户部》。
⑦ 《元史·世祖本纪十三》。
⑧ 参见苏力:《元代劝农文对农民的劝化》,《农业考古》2006年第4期。
⑨ 以上见《明史·选举一》。

读书务在明理,非必令农民子弟人人考取科举也。"①义学的举办把乡村教化前置到幼童时期,以期从根本上解决伦理秩序观念的培养问题。

五、亲缘意识导出软硬兼施的治理策略

亲缘意识之所以能够形成传承亘久的心理传统,根本在于其所依托的社会组织载体——家庭、家族和宗族——始终存在于古代社会,是民间组织的基本形态。维持组织秩序的"夫权"和"族权"具有双重特性。一方面作为社会公共政治意识产生的温床,它提供了维护国家统治的精神资源,支撑着国家基层秩序的良性运转;另一方面,它的私人性又决定了它有自身关注的利益,这种利益有时可能会与公共利益、其他社会组织的利益产生冲突,从而引发家族宗族组织的离心倾向而自行其是,成为分裂社会和国家统一的基础性力量。夏、商、周三代的国家政权直接体现着"血缘亲情"的宗法特性,即把人为组织力量与血缘自然力量合而用之,构筑起国家和社会治理的制度体系。秦汉以降,宗族、家族组织的显性形态逐渐在上层政治舞台上浅退,主要活跃于民间社会。历代统治者非常重视对这种力量的治理与运用,采取"打击分化"和"顺势而用"两手并用的"软硬兼施"策略,从总体上说,降低了乡村治理成本,提高了乡村治理成效。

(一)打击分化家族宗族势力是历朝历代乡村治理的刚性策略

汉代打击豪强的政策是长期坚持的国策。两汉时期随着土地兼并的不断加剧形成了"以财力相君长者"②的地方豪强和富商巨贾,通过买卖或巧取豪夺等兼并方式形成了大土地所有者。司马迁说他们"皆非有爵邑奉(原文如此)禄弄法犯奸而富,尽椎埋去就,与时俯仰,获其赢利,以末致财,用本守之,以武一切,用文持之,变化有概,故足术也。若至力农畜,工虞商贾,为权利以成富,大者倾郡,中者倾县,下者倾乡里者,不可胜数"。③ 横行乡里的大土地所有者严重影响到两汉时期中央政府的经济制度和统治秩序。因此,从汉高祖九年(前198年)至元帝永光四年(前40年)约150年间大规模向关中迁徙富家豪强就达9次之多④,有效地削弱了关东豪强的势力。正如班固评论的那样:"关东富人兹众,多规良田,役使贫民,可徙初陵,以强京师,衰弱诸侯,又使中家以下得均贫富。"⑤尤其是汉武帝时期采取了系统的

---

① [清]陈宏谋:《五种遗规·养正遗规》,《补编·社学要略》。
② 《后汉书·仲长统传》。
③ 《史记·货殖列传》。
④ 参见贺昌群:《论西汉的土地占有形态》,《历史研究》1955年第2期。
⑤ 《汉书·陈汤传》。

打击政策,如"统一货币""盐铁国营""均输平准""算缗告缗"等,削弱豪强的财源和经济实力。此外还增设十三州刺史负责专门打击"强宗豪右田宅逾制,以强暴众"和"二千(石)违公下比,阿附豪强,通过货赂、割损正令也"①等不法行为。总之,从迁豪到武帝时的经济政策都是为维护中央权威,打击地方因势因财而日益膨胀的对抗性力量,也充分说明中央政府是直接治理基层和乡村社会的。东汉末年起,随着地主庄园经济的发展,为维护其既得利益普遍开始建立私人武装,形成了直接威胁中央集权的地方割据势力。这一时期有关"宗族""宗家""族党"举族从军、御寇、避乱、攻县的记载不绝于史。② 魏晋南北朝时期,无论是贵族士族还是寒门庶族,占尽了政治权力、经济资源、文化优势和精神高地③,对乡村农民有巨大的支配能力,也不时地挑战着中央政府的权威。例如,人口的争夺。长期的战乱造成人口大批死亡、土地大量荒废,发展经济的主要矛盾由争夺土地转向争夺劳动力。为此,南北各政权间、政府与地主间展开了激烈的争夺战。④ 东晋南朝时期多次进行土断、括户、却籍,试图控制流民、清出隐匿人口,成效却十分有限,"大量人口流入私门"。⑤ 在这样的状况下,对乡村社会的治理就不能不依靠豪门强族,这是魏晋南北朝时期乡村治理制度难以步入正轨的重要根源。唐宋时期,在赋役征收上突出强调"先富后贫""先强后弱",并且委派富户承担催征之役,通过律法规定了收赋、催税、派役等具体任务及完不成任务的责罚,目的是保证征收工作能够顺利完成。任务的艰巨往往造成富户不是产破人亡就是四处逃亡,于是想尽办法逃避推诿,避之唯恐不及。因此,如何治理乡村中的富户"避役"行为就成了中央政府乡村治理的突出问题。如两宋之策有三:一是以律令弥补制度漏洞打击富户"诡名挟户"行为。宋真宗天禧四年(1020年),勒令形势户凡有"荫庇差役"者限百日自首,逾期治罪。⑥ 宋哲宗绍圣时颁布"诡名挟户法"⑦,明确把隐匿户口的行为定为犯罪。二是加强对民户财产和土地占有情况的核查,先后颁布了"乡

---

① 《汉书·百官公卿表上》,颜师古注,引《汉官典职仪》。
② 如《三国志·魏志·许褚传》载许褚:"汉末,聚少年及宗族数千家,共坚壁以御寇。"《李典传》载李典"率宗族及部典输谷帛供军",后自愿徙"宗族万三千余口居邺"。《后汉书·荀彧传》载韩馥起兵,荀彧"乃独将宗族从馥";董卓之乱,韩融"将宗亲千余家避乱密西山中"。《三国志·吴志·贺齐传》载,剡县小吏斯从被县长贺齐处死,"从族党递相纠合,众千余人举兵攻县"。
③ 参见张学锋:《九品相通:再论魏晋时期的户调》,《江海学刊》2002年第5期。
④ 参见刘静夫:《中国魏晋南北朝经济史》,人民出版社1994年版,第2—3页。
⑤ 唐长孺:《魏晋南北朝隋唐史三论》,武汉大学出版社1992年版,第88—90页。
⑥ 《文献通考·职役考一》。
⑦ 参见王曾瑜:《宋朝的诡名挟户》,收录于《涓埃编》,河北大学出版社2008年版,第575页。

户五则法"、方田均税法、经界法等,努力使乡役负担与民户的财产相符合。三是探索实行免役法和募役制从根本上解决赋役征派上的矛盾现象。宋神宗熙宁二年(1069年),有关部门提出"乡户差役者,悉计产赋钱,募民代役,以所赋钱禄之"的方案①,宋神宗采纳了这个建议,逐步开始在全国推广。宋王朝有关免役法以及相应的各种雇募役规定,对缓解赋役征收中与乡村富户的冲突,保证国家财政收入显然是有利的。明清时期,乡绅的权力开始扩张,引起了中央政府的高度警觉。如乾隆帝就曾对相关奏折批复说:"此等所举族正,皆系绅拎土豪,若明假以事权,必至倚仗声势,武断乡曲,甚而挟嫌诬首,及顶凶抵命,何不可为?"②从而加大了防范和利用的力度。当然,应当充分认识到地方血缘势力与中央王朝冲突和斗争的复杂性、反复性和长期性,随着具体历史条件和情势的变化,两者实际上处在一种此消彼长的拉锯状态。这就促使王朝统治者意识到对家族、宗族这种"自然力量"还必须采取"顺势而用"的策略。

(二)顺势而用家族、宗族势力是历朝历代乡村治理的柔性策略

最显著的"用"当然是通过教化倡导家庭伦理,以作为民众行为规范的基本准则,通过孝亲祭祖仪式培养"忠孝一体"的秩序意识。同时,对血缘组织的凝聚力、影响力和组织力的"利用"更是重要的方面。例如,魏晋南北朝时期对坞壁的治理就非常典型。据学者统计,当时坞壁在关中地区有3 100余处,司豫诸州1 090余处,并汾晋诸州560余处,定冀诸州180余处。③ 此外,还出现了跨州联郡的坞壁联合体,如山西的张平统辖了约300个坞壁,拥有坞民10余万户,分布在新兴、雁门、西河、太原、上党、上郡等郡;关中冯翊的赵敖联合的坞壁多达3 000余所。④ 坞壁多由豪族强宗创建,主要依靠血缘宗法力量维持堡内秩序。⑤ 把坞堡主纳入统治序列,赋予治理乡村的职能始于西晋。永嘉之乱中,为重建和加强对北方黄河流域广大地区的统治,西晋王朝任命了一些大的坞主出任刺史、太守,有的还授予将军名号,让他们承担起管理地方的职能。如魏该为河南宜阳一泉坞主,晋元帝加封他为"冠军将军、河东太守,督护河东、河南、平阳三郡"。刘渊称帝后,任用坞

---

① 《续资治通鉴长编》(卷第二百二十七),熙宁四年十月壬子。
② 《高宗实录》(卷一千三百三十五),乾隆五十四年七月辛亥,收录于《清实录》(第25册),中华书局1985年版,第1101页。
③ 参见黎虎:《汉魏晋北朝中原大宅、坞堡与客家民居》,《文史哲》2002年第3期。
④ 依次见《晋书》的《慕容儁载记》和《苻坚载记下》。
⑤ 参见毛汉光:《晋隋之际河东地区与河东大族》,收录于《中国中古政治史论》,上海书店出版社2001年版,第107—114、125页;赵克尧:《论魏晋南北朝的坞壁》,《历史研究》1980年第6期。

主担任将军、都尉负责地方和乡村治理,史称"老弱安堵如故",发挥了很好的作用。后燕时期,"鲜卑、乌桓及郡县民据坞壁不从燕者尚众"①,慕容垂也是通过承认坞主的地位稳定了地方的统治。北魏统一北方后不得不承认宗族势力的存在,采取宗主督护制就是一种折中妥协的乡村治理策略。②这一制度增加了中央政权的财政收入,使北魏中后期的社会经济有所好转。北魏中期的冯太后曾评论说:"立三长,则课有常准,赋有恒分;苞荫之户可出,侥幸之人可止。何为而不可?"③

再如,清代中央政府对"族权"的认同和利用达到了一个新的高度。清代的宗族组织依然繁盛,特别是南方地区的乡村多为聚族而居,依宗法习俗生产生活。如闽中、江西、湖南"皆聚族而居,族皆有祠";四川"族必有祠,祠必有产";广东同样"率多聚族而居,每族皆建宗祠,置有祭田";安徽也是"垂宗谊,讲世好上下六亲之施,村落家构祠宇"。④宗族组织的运行对族众乡民的观念、行为产生着主导性作用,能否利用和管控好这种自组织现象成为能否实现乡村良好治理的关键。清朝统治者清醒地认识到宗族组织的价值,把支持族权的治理权威、伦理优势作为乡村治理和教化的重要手段。当然,宗族组织的利用并非完全靠它自然形成的权威,而是用国家权威加以干涉,使之符合政府的统治意图。例如,族长的产生就不完全靠血缘辈分的高低,而是由官府主持在族中"选举"产生。雍正四年(1726年),清政府就在湖南、贵州等地村落推动选举"族长"活动,在聚族满百人的村堡要求"选族中人品端方者,立为族长"⑤,由其主持族务、管理族众。为表明官府的态度,有官员还建议"各祠既有族长、房长,莫若官府给牌照,假以事权,专司化导之事",公开承认宗族组织拥有一定的乡村治理的权力。曾任江西按察使的凌如焕在任上设立奖惩机制,对教化有方的族长、房长颁匾奖励,如五年内族中无人犯法,十年内能使风俗醇厚,则上报皇帝亲自直接奖励。⑥乾隆朝的陈宏谋认为运用宗族开展教化"较之官府劝惩,更有大事化小,小事化

---

① 依次见《晋书》的《魏浚传》和《石勒传》,《资治通鉴·晋纪二十七》。
② 王育民认为:"北方魏晋以来,纠合乡里保据坞壁的豪强地主,其依附人口佃客、部曲等对官府'皆无官役',每一坞壁事实上就等于一个小的独立王国,北魏初期,只得承认这一事实,并进而任命坞主为宗主督护,以行使基层政权的职能。"见王育民:《中国历史地理概论》(下册),人民教育出版社1988年版。
③ 以上见《魏书·李冲传》。
④ 依次见《皇明经世文编》(卷五十八),《礼政》;[清]许仲元:《三异堂笔记》(卷二);[清]梁章巨:《退庵随笔》(卷七),《政事》;胡朴安编:《中华全国风俗志》(下篇),卷5《安徽合肥风俗记》。
⑤ [清]梁章巨:《退庵随笔》(卷七),《政事》。
⑥ [清]凌如焕:《西江视臬纪事》,《设议族正议》。

无之实效",族、房长"奉有官法以纠察族内之子弟,名分既有一定……自然便于觉察,易于约束"①,意即只要把政权与族权结合起来就能收到更为显著的治理效果。对于宗族组织而言,为保证宗族利益,维持家族秩序也需要官府的支持。如华亭的宋氏家族曾专门订立"治家之要"等家规或家范,详细订立族内成员的行为规范,譬如要"守国法""慎家教""毋纵肆""防火盗""禁淫祀""绝佛事""清官府赋役等务""明籍册钱等数""周穷恤匮""抑强扶弱"②;安徽南陵《许氏宗谱》记载:"惟此通族相商,特恳天台准给印示刑杖,如有不孝子弟,许各房长送公祠,充实治罪",明确要求官府承认和支持族权的权威。有些宗族势力非常清楚政权与族权的关系,桐城麻溪《姚氏族谱》说:"国与家无二理,治国与治家无二法也。有国法而后家法之准以立,有家法而后国家之用以通。谱列家箴、家礼、庭训,立宗法实伸国法。"潜阳《呈氏宗谱》还直接把《圣谕十六条》作为家规的重要内容,要求族众严格履行。③ 总之,利用自然力量、自发力量进行统治是古代中国的一个重要治国理念和策略。

六、亲缘意识衍生神道设教的治理技巧

神灵信仰源于对生命形态和意义的追寻、种的繁衍的期盼和群体生存与绵延的需要。在漫长的原始生活中,人们逐步形成了以"神灵"的视域观察自身和外部世界的思维方式和行为习俗。古代神灵信仰与百姓日常生活密切相关,且重要的神灵往往又与生殖崇拜和祖先崇拜意蕴相通。神灵崇拜、祖先崇拜与亲缘意识有着密切的关系,也是产生"君权神授"观念的基础。在后世的乡村治理中,借助民间神灵信仰及习俗开展治理活动成为重要的治理技巧。比如,乡土百姓追求秩序的精神意象表现在神灵信仰上集中体现在对"昊天上帝"和"灶神"的崇拜上,这些神灵崇拜产生久远、上下共享,很早就被统治治理纳入了"正祀"的范围,并认同和默许民间对这些神灵的祭拜活动,使得民间信仰资源在乡村治理活动中得到了充分的利用。

天神(先秦时期还有上天、昊天、皇天、上帝、帝等称谓)崇拜是有甲骨文和文献可考的先秦时期的至上神信仰。据学者研究,它起源于自然崇拜和自然神崇拜,并在西周时期转化为具有人格神特征的伦理崇拜,是上古最重要的信仰对象。陈梦家指出:"殷人的上帝或帝,是掌管自然天象的主宰,有

---

① 《皇明经世文编》(卷五十八),《宗法上》。
② [明]宋诩:《宋氏家要部》(卷二),《治家之要》,明刻本。转引自冯贤亮:《明清江南地区的环境变动与社会控制》,上海人民出版社2002年版,第497页。
③ 以上所引族谱、宗谱由《中华谱库》查询可得。

一个以日月风雨为其臣工使者的帝廷。"①这说明在三代时期,人们已经形成了"天庭""帝所"的意识,也就是说有一个至上神在管理着天界和人间的秩序,具有无上的权威。这或许就是民间"天界"意识的源头,构成了神灵信仰最高的神界权威层次。天神信仰意识构成了古代政治思想、治国理念最主要源头,深刻地影响着三代以来政治制度创设和治国举措的形成。天神信仰既是对远古人类神灵信仰思想的凝结,又是先民政治生活实践的思想提炼,作为神灵信仰的形态长久地存在于古代社会,是社会精英与乡里百姓共同存有的至上神信仰意识,对构建内在精神秩序发挥着无以替代的重要作用。② 有学者依据《尚书·洪范》有关"天阴骘下民""帝乃震怒""天用锡禹范例范九畴"等说法,认为这一时期的神权观念表明:"天帝是有人格有情感的主宰者,它佑万民,定大法,授君权,这是至上神信仰与文明国家意识结合的结果。"③梁启超曾指出:"天的观念与家族的观念互相结合,在政治上产生出了一个新名词焉曰'天子'。"④"子"的本义是指手捧几上供物以祭太阳的动作,后世才进一步把祭祀祖先、延续香火的男性称为"子"。因此,"天子"的本义乃是指在祭祀太阳活动中的主祭者。历代君主都亲自主持封禅、郊祀等重大祭礼,以显示君主独享沟通天神的特权而获得统治人间的"天授"权力。总之,"天神崇拜"为人间秩序的维护和权威的产生提供了合法性根据,与"祖先崇拜"的融通、融合则进一步强化了亲缘意识的神圣性,为人世间构建了由内而外维护既有社会和精神秩序的神明尺度。

"灶神信仰"反映了民众希冀通过神灵的力量来维系家庭秩序的强烈愿望。在中国这块古老的大地上,上迄远古、下至近代,地不分东西南北,人无论穷富贵贱,都把它奉为庇佑一家和睦、健康长寿、五谷丰登的"一家之主",操有上天奏事降祸福、下地察过保平安的大权。由这一信仰出发,演化出了从宫廷到民间绵延数千年不断、形式多样的祭灶风俗,构成了人们精神世界和现世生活的重要内容。关于灶神的起源,学界尚有不同的意见,笔者曾提出灶神是不同于火神的社会神崇拜,其前身是女性"先炊"。⑤ 据《汉书·郊祀志上》"族人炊之属"注云:"先炊,古炊母之神也",显然,先炊当是灶神的前身,她出现于新石器时代"灶具"形成时的母系氏族社会。在自然分工中,

---

① 陈梦家:《殷虚卜辞综述》,中华书局1988年版,第580页。
② 参见陈来:《古代宗教与伦理——儒家思想的根源》,生活·读书·新知三联书店1996年版,第161—189页。
③ 陈来:《古代宗教与伦理——儒家思想的根源》,生活·读书·新知三联书店1996年版,第205页。
④ 梁启超:《先秦政治思想史》,中国书籍出版社2016年版,第31页。
⑤ 参见任军:《灶神考源》,《中国史研究》1999年第1期。

女性成为炊事活动的主要承担者,由于食物获得的极不稳定性,对食物的烹煮、分配便具有了控制生存的重要意义。因此,出于生存的本能,对女性的尊重以及对妇女熟食劳作的珍视,人们对灶的理解和认识便跨出了灶的物理属性,把从事烹饪劳动的妇女概括为"先炊",神化为"灶主",于是灶便有了人格形象,作为主管饮食的神灵受到早期人类的祭祀。除了把灶神看作主管饮食的神灵外,对女性首领的崇拜还包含着对氏族血缘秩序的服从与崇敬和生殖崇拜的内涵,反映了先民对人口生产、子孙绵延的祈求与执着。可以说,灶神信仰的产生也鲜明地体现着亲缘意识的导引作用,因此,灶神也是最早被纳入官方正祀的神灵之一。商周时期正是等级制盛行的时代,信仰领域的众神灵也被依其地位,自天子至庶人划分为各层次祭祀的对象,以体现"神道设教"的政治目的。因此,随着七祀、五祀为王者所祀,灶神不能再是"老妇"了,而必须是上古赫赫的英雄,只有如此才符合王者祭祀的尊崇。《明堂月令》就说:"孟冬之月,其祀灶也。五祀之神,王者所祭,古之神圣,有功德于民,非老妇也。"这典型地反映了这种矛盾心态。官方祭灶一直延续到明清时期,与民间祭灶风俗相向而行、相互呼应,成为强化民人服从和习惯于内在秩序、家庭秩序和社会秩序的重要信仰力量。

民间信仰属于观念系统和心理结构上的潜在形态,它的外化表现在日常生产生活和民俗活动中,而其内化则成为特定的思维方式、行为方式和价值取向,它使人们的心理秩序与社会秩序之间建立起了必要的联系,在大多数时间里是乡民们产生自我约束的内在力量。历代统治者正是顺应这种社会现象,通过国家和地方正祀的设立,对民间信仰进行必要的引导和规范,使之成为乡村治理重要的精神资源。

结论二 "乡村自治"：一个需要谨慎对待的学术概念
——中国古代乡村治理研究中"自治偏好"辨析

"乡村自治"是中国古代乡村治理研究中使用广泛而又频繁的一个学术概念。多数学者不否认中国古代存在一种"自治"传统，其暗含的学术期待是把乡村社会的有效治理靠向西方成功的自治经验，把"自治"视为人类社会治理的最佳选择。理论期待还有待未来发展的验证，然而以此概念分析评价古代社会乡村治理的状态与效果却产生了远离历史现实的结果。因此，研究中需谨慎使用"乡村自治"概念。

在中国古代乡村治理的研究中，关于乡村治理模式及性质主要有"皇权对乡村进行直接治理""皇权管控与乡村自治并行"和"乡村自治"三大类观点，其中主张古代存在"乡村自治"的中外学者不在少数。[①]"乡村自治"概念在研究中被如此广泛频繁地使用，反映的是研究思维和逻辑受到特定理论框架的制约。[②] 自治行为应该是自打人类社会形成时就存在的一种历史现象，特别是"自组织"占统治地位的时代，自治行为必然是原始组织的主要治理状态。即便是进入国家文明时代，由于基层组织中仍然存在着具有自组织特征的社会组织（最显著的就是家庭、家族和宗族组织），自治现象也依然存在于社会生活之中。然而，讨论古代乡村治理问题的立足点显然是指公共权力或国家力量对国家和社会的治理。那么，乡村治理以什么样的方

---

① 详见任军：《中国古代乡村治理研究的学术回顾与探讨》，《洛阳师范学院学报》2023年第1期。
② 对此，有学者认为主要是受国外"国家—社会"二元对立理论，特别是哈贝马斯的"公共领域"理论的影响，"致力于在中国寻找'市民社会'、'公共领域'的影子"。用此理论分析古代乡村治理时，由于"国家—社会"理论关注的焦点是国家与社会之间的权力边界，因此，"学者以此讨论国家对基层社会的控制程度，即基层社会是否或在多大程度上自治。围绕着这一命题，很多学者把研究旨趣集中到了皇权是否下县，即乡村是否自治的争论上"。这个评论十分精准，许多学者正是在这种理论认知背景下坚持认为古代乡村是"自治"的。详见段艳萍：《对传统中国乡村治理权力结构的分析》，《文史博览（理论）》2010年5月。

式进行便是一个政治问题和人为组织的制度安排问题。在这样的语境和范畴内,如何理解、运用"乡村自治"概念便成为一个值得深入辨析的问题。

一、"乡村自治"概念的运用泛化及其局限性

自中国古代乡村自治说提出以来,代有学者坚持此说且影响非常广泛。[①] 例如,把宗族、家族范围内的管理活动视为"自治",且有把这种活动扩大到乡村范围的趋势;把乡约看作自治组织,是成功治理乡村的典范;[②] 把动乱时期的村民自保视为"自治";把权力下沉的限度当作自治存在的原因,似乎统治就是一统到底,只要有不到之处就是社会可以自治的空间。还有的提出所谓"乡绅治理"的概念,认为"乡绅治理的核心内容在于通过自身权力与策略的运作达到多元主体的合作共治,以维护乡村的秩序和公共利益,这无疑与当今治理理论的精神是暗合的"。[③] 这些看法都是对作为政治理论概念的"自治"在理解上的泛化导致的,显然是把"自治"内涵和外延极度地扩大化了。试分析几个典型观点。

(一) 如何看待所谓乡村自治传统?

不少学者坚持认为中国古代存在"根深蒂固"的"乡村自治"传统。[④] 原因在于"中国乡村社会确实存在着诸种形式与功能各异的'乡村自治组织'","从而形成了不同意义上的'乡村自治'传统"。那么,应该如何定义"乡村自治"呢? 有学者给出的定义是:"指乡村社会自身的各种力量,采用各种方式与手段,处理其所面对的生计、安全、交往与合作等问题,其目标在于最大程度地获取生存与发展的资源,建立并维护乡村自身的秩序(包括资

[①] 参见费孝通:《乡土中国》,北京大学出版社 1998 年版,第 63 页;[德] 马克斯·韦伯:《儒教与道教》,江苏人民出版社 1993 年版,第 110 页;[美] W. 古德:《家庭》,社会科学文献出版社 1986 年版,第 166 页;刘守英、熊雪锋:《中国乡村治理的制度与秩序演变——一个国家治理视角的回顾与评论》,《农业经济问题》2018 年第 9 期。

[②] 参见段建宏:《明清晋东南基层社会组织与社会控制》,中国社会科学出版社 2016 年版,第 71 页。

[③] 徐祖澜:《近世乡绅治理与国家权力关系研究》,南京大学博士学位论文,2011 年,第 31 页。

[④] 如有的认为:"从大量历史文献、乡规乡约乃至族谱等文本系统、祠堂等历史遗迹,都可看到中国乡村自治传统的根深蒂固。"见郭德君:《村民自治的历史嬗变——传统文化传承视角下的村民自治审视》,《北京行政学院学报》2016 年第 6 期;有的认为:"在中国,三代之始虽无地方自治之名,然确实有地方自治之实,自隋朝中叶以降,直到清代,国家实行郡县制,政权只延于州县,乡绅阶层成为乡村社会的主导性力量。"见吴理财:《民主化与中国乡村社会转型》,《天津社会科学》1999 年第 4 期;有的认为:"乡村自治在中国有根深蒂固的传统,是长期以来适合中国国情的基层社会治理方式。乡绅阶层、宗族势力和保甲制度长期以来构成了乡村自治的三大基石。"见杨海坤、曹寻真:《中国乡村自治的历史根源、现实问题与前景展望》,《江淮论坛》2010 年第 3 期。

源分配机制等)。"并且认为,自汉到清操控"乡村自治"的"大抵都是以各种形式出现的豪强势力(无论其力量主要表现为财力、武力,还是'文化权力',或者兼而有之)"。① 这个定义具有一定的代表性,大抵上主张古代存在自治传统的研究者基本上都是这样认为的。然而,这个定义典型地反映了"泛化自治化"的倾向,其所理解的"乡村自治"之含义大体上符合"自然安治"的意思,与西方政治学概念的"自治"内涵相去甚远。给出定义的作者的研究主旨虽然是要论证"皇权下县",即国家权力试图直接控制乡村社会,但由于承认存在所谓"自治"现象,那么作者所论之自秦汉以来的国家控制似乎就不可能收到理想的效果,岂不是与自己的研究主旨相背离了吗?这种观点从根本上说是在对国家或公共权力存在的合理性、必要性以及运行理念与方法的认识上存在着局限性。至少说,中国古代国家治理就不是追求"统死""管住",即治理和统治活动依据社会存在之情势采取"顺势而为""因势而治"的"有所为有所不为"的治理理念和制度安排,总体上体现的是一种高超的政治或治理智慧。因此,看"皇权是否下县"并不是仅仅盯着"皇权"在乡村是否有制度安排,特别是只强调"刚性"制度安排而看不到"柔性"或"隐性"的治理策略、制度与习俗,这就严重地误解或无视了中国古代创造并有效运行的国家和社会治理的有益经验及其理论和实践的现代价值。另外,软性控制之所以可行还在于全社会所共有的社会意识和心理传统,由族性社会群落产生出亲缘心理传统和乡土意识是实施社会和乡村治理的文化力量,论者往往忽视了此点。

(二)如何评论所谓"制度性自治权"?

有研究者提出:"'自治'指的是某一级行政地方或某一种社会单元的治理主体自主治理本区域或本单元的现象。"认为古代中央政府允许或默许"基层自治"存在的原因是:"中央与地方政府实际上不可能介入基层的一切公共事务;基层各类行动者具有谋求基层自治的能动性;在一定条件下基层自治有助于政权稳定。"由此认识出发,研究者认为:"地方自治的主体是地方政府,说得更具体一些,地方自治的主体是行使自治权的督抚";"督抚权力的主要渊源包括皇帝授权、惯例、裁量权,它们也是督抚自治权的主要渊源。"而"督抚自治权本质上是体制框架内的自治权,一方面督抚有权从地

---

① 作者所谓"乡村自治组织"主要包括:以"社"为代表的地缘性组织,以村落互助共存为基础的、不同意义上的"村落共同体",以血缘和拟制血缘关系为纽带的宗族组织,以信仰、祭祀仪式为纽带的宗教或祭祀组织,以水利协作关系联合形成的水利组织等。以上见鲁西奇:《"下县的皇权":中国古代乡里制度及其实质》,《北京大学学报(哲学社会科学版)》2019年第4期。

方具体问题出发自主施政,另一方面他们的行动又受到体制框架与政治习惯的制约"。① 由上述可见,研究者所持"自治"概念乃是一种泛化甚至是"滥化"的概念。作者名之为"制度性的自治权",即包含了一切公共权力无法触及或完全触及的国家和社会治理的领域。这样的自治显然已经不是一种制度安排,而是政治权力能够抵达的层次和领域的样态。从这一角度分析所谓集权与分权问题实质上就是权力的公共性所涉及范围的运行状态,呈现的是分层实施而实现集中统治或治理的效果。如果把一切可以自主实施的行为,或在一定领域拥有能动自主性的行为都看作"自治",那也仅只是"自然而为""顺势而治"的意思,与一种制度性的自治现象完全不是一回事。自有人类社会以来,任何形式的政治制度或政治体制都不可能以某种单一的力量直达社会各层级。因此,集权和分权是辩证统一的整体,是人类用来治理自身社会的必然选择。这样看问题便可以说,人类社会的政治治理毫无例外地都采用的是"他治"与"自治"相结合的模式,那么单独讨论所谓"自治"问题就没有实质性的意义了。本文所说:"督抚自治权本质上是体制框架内的自治权",它其实是一种"由体制赋予的权力",其实就是督抚的工作职责和权力限度,无需用什么"自治力"来概括他们工作中存在的自主性和主动性。如果督抚不能依据他所持有的"从政理念"并根据"皇帝的意志"和国家的法律规定、规章制度等开展自己权限范围内的工作,那么这层制度安排就没有必要了。因此,反过来说督抚工作中的自主性和主动性乃是职责应有之义,不能以所谓"自治权"解释之。所以作者也承认"自治权是督抚的一种常规权力","督抚当然不可能自主处理辖区内的一切公共事务",并将其定性为"制度化程度很低的自治"。显然,把督抚的权力运用方式与工作职责视为所谓"制度性自治"十分勉强,实际上这些行为与所谓自治是根本靠不上边的。

(三) 如何分析古代存在"乡村自治"的原因

在寻求中国古代乡村治理中存在"自治"现象的原因时,一个通行的观点是国家权力"能力不及",无法抵达统治范围内的所有地域和所有领域,有的学者将其称之为王朝行政管理的"局部真空"②。这种以"权力是否能及"为标准判断治理或统治方式的观点是十分片面的。一方面国家权力以何种方式向下渗透取决于统治目的和需要,也受制于客观条件的制约,并非要追

---

① 邱学谦:《近代中国政治体制变迁的社会机制》,武汉大学博士学位论文,2014年,第53页。
② 鲁西奇:《"下县的皇权":中国古代乡里制度及其实质》,《北京大学学报(哲学社会科学版)》2019年第4期。

求"管住一切",势必会留下治理的空间,即允许部分领域和地域在不违背国家大规范的前提下自行处理相关事务。这种现象在当代社会也存在,但却不一定是自治性的制度安排。另一方面要充分注意国家和社会治理中隐性力量的运用,即通过构筑和强化"内在秩序"或"精神秩序"来实现统治和治理。这在中国古代治理活动中就表现为思想教化和神道设教等策略的应用。看似行政权力没有到达的地域或领域,实际上却由精神控制力所覆盖,同样起到了稳定统治和有效治理的效果。源于乡土大众生活生存经验和在朴素认识基础之上的主流意识形态具有广泛的社会认同性,在思想认知和精神生活领域同样没有给"自治"留下太多的空间。我们这里反复强调非自治性,并不是基于对"自治"词义的原始理解,而是对在西方理论和实践背景下出现的自治理念进行理解和应用,如地方自治、社团自治、社区自治等概念,这是一种制度性安排①。以这样的视角观察中国古代社会②,解释宗族内部管理、民间结社运行乃至带有行政意味的王朝国家乡村治理安排及活动必然会偏离历史的真实,更不必执着于"自治"就是解决人类社会治理有效性的"必由之路"的理念。应以更宽阔的视野来审视各种人类古老文明所创造和遗留的国家和社会治理遗产,为探索更科学高效的社会治理方式提供有价值的历史经验。

二、"乡村自治"概念在治理视域中的理解

对照西方关于"自治"的相关定义和理论,可以确定地说,中国古代乡村治理活动中至多存在国家政权统一治理下的"自我管理""自然管理"现象,与西方理论中的"自治"概念和经验并非能够一一对应。未能精准理解和运用西方自治理论和经验,是研究中"自治"概念被宽泛化理解、扩大化运用的重要原因。

(一) 西方自治概念的内涵与本质

《布莱克维尔政治学百科全书》认为"自治"有四个层次的内涵:"在最

---

① 西方学者对"自治组织"的理解是:"有意创建的,自愿的,基于利益的,自治的永久性团体";"这些组织是一些基于自愿的、利益的、自治的和有意创建的永久性团体。很多情况下,它们是自我组建,而不是政府建立";"组织之所以自治,是因为它们的成员参与制定规范自己活动的规则;权力分享和领导者为他们自己的行为负责。"参见[美]阿夫纳·格雷夫:《家庭结构、制度和增长:西方自治组织的起源和含义》,杨依山译,张清津校,《制度经济学研究》2012年第2期。
② 有研究者指出:"在当代中国,现代政治学可以说是一门舶来的学问,当代中国政治学家即使谈论中国问题,他们也不可避免地要使用外来的专业术语与分析模式,他们甚至还会被外国政治学家的问题意识所左右。"参见邱学谦:《近代中国政治体制变迁的社会机制》,武汉大学博士学位论文,2014年,第2页。

低层次上,自治仅限于私人领域,即个体的文化自主,即在教育、艺术信仰和文学方面无恐惧、自由地自我表达;第二个层次是法律的自主和权利,包含两个方面的内容,即司法独立和法律面前人人平等,种族歧视和社会偏见被视为是对个人和集体尊严和自我表现的专横限制;第三个层次是公共领域的自治,主要是指国家构成内部的政治自主,即由共同体内部不同的代表来控制共同体的政治、经济和社会事务,本土管辖使本土成员通过组成不同的组织共同体,最大限度地控制共同体的资源和社会政策,这种自治不包括专属于国家事务,即需要用官僚机制确定的防务、外交事务、法律和秩序;第四个层次的自治是从民族国家角度的自治,这个层次的自治与民族自决同义,在国家形态上等同于永久性的独立。"[1]就公共事务的治理而言,与处理私法领域事务相对应的便是公法领域的"自治"。一般是指由一定的社会成员依据特定的偏好和特征,自愿地构成国家内部的共同体,区别于国家的"他治"管理体系,在国家的法律监督下,自我管理、自我服务、自我负责,处理成员间或者是公共领域内的公共事务的自主行为。[2] 显然,后两层内涵才是国家和社会层面"自治"的含义,并不是所有自我处理事务的现象都可以被视作是政治和制度层面的自治。因此,中国古代乡村治理层面就不便用"自治"这个概念来表述其制度性安排的状况。

就西方的认识而言,"自治"具有双层含义。一方面"自治权"是本源性的、与生俱来的,而国家权力则是派生的;另一方面"自治权"来自法律的授予,它与"官治权"一起构成了国家的行政管理制度[3]。有学者综合西方各种"自治"词汇的内涵,认为"自治"的含义有二:"一个是自我治理,另一个是自由地治理","代表的是一种个人权利"。由此给出的定义是:"公民作为独立个体或群体组织,为了规范社会秩序,维护个人权利,对社会事务进行自我管理的过程。自治暗含了一个前提,就是公共权力是掌握在民众自己手中的。也就是说,地方自治就是地方公共事务由民众自己管理,而不会由凌驾于公共权力之上的某个人或某个组织或某个机关强制操纵。"[4]有研究者专门研究了美式自治的起源与基础,认为"自治与民主的桥梁是参与,自治的本质也是参与,广泛的参与才能确保民主的实现","民众通过乡

---

[1] 邓正来主编:《布莱克维尔政治学百科全书》,中国政法大学出版社1992年版,第681—683页。
[2] 参见[德]尤翰林编著:《中德行政诉讼法与地方自治法比较》,中国致公出版社2006年版,第149页。
[3] 参见吴爱明:《地方政府学》,武汉大学出版社2009年版,第329页。
[4] 施锋矫:《美国地方自治的起源和基础》,山东大学博士学位论文,2022年,第22—23页。

镇大会这种早期的直接民主形式,实现了对地方事务的参与,确保了自治的有效性"。[1] 也就是说,西方自治的本质是参与,即共同决定社区、团体和地方事务。以此为标准衡量古代中国的所谓乡村自治因素,大都是以宗族活动和乡绅治理作为自治的表象。仔细观察他们的治理行为,就会发现它们是与国家权力运行的机制与特点相一致的,广大乡民根本不可能以完全平等的身份参与到治理活动之中,这就与西方政治意义上的"自治"相去甚远。作为一种治理方式和技巧,即便我们用"自治"视角来观察,也只能是"顺势而治""自然安治""顺其自然"等道家"无为而治"思想的某种体现,绝不可能是所谓社会权力对国家权力制衡意义上的现象,更不可能是一种制度设计上的政治安排。

总之,尽管东西方语汇中"自治"的含义都包含着"自我管理""安然自理",但是在各自的政治实践中,西方的自治逐渐成为一种制度安排,并体现着个人正当权利,即自由参与政治活动的要求。这样发展起来的政治传统和习惯是西方独有的,且有着相当复杂的孕育条件。因此,用这一从西方转译而来的概念去描述或概括中国古代乡村治理中的"自我管理"现象就会偏离"自治"的政治含义,势必会混淆两种不同的社会治理现象,从而也很难揭示中国古代乡村治理的真实面貌。此外,西方自治理论的基础是天赋人权论和社会契约论,本身就带有想象的成分。人生来平等的状态在任何时候都不存在,即使是在西方思想家所说的"自然状态"下,原始人类也不可能以单个人的力量谋得生存的机遇,在原始人群中虽然人们大致平等,但并不意味着在自组织中就不存在为维护秩序而生成力量所需要的权威和等级。何况还存在着因性别和个体的体质状况而形成的分工与协作,不同的劳作地位必然会影响到每个个体在原始人群中的地位。这种情况下是不存在绝对意义上的平等的。

(二)完整准确地使用自治概念

在自治概念的使用上,应精准把握政治自治、经济自治、社会自治和行业自治的区别。乡村自治谈论的应该是政治自治,而这一概念源于西方。用西方标准衡量自然无法套用。这恰好说明中国古代乡村治理不能用"自治"概念来审视。特别是要注意区分广义自治与狭义自治,所谓广义就意味着凡是带有"自我管理""自我处理"情形的事务,便被看成是一种"自治"行为,那么从制度和法理角度探讨自治问题也就失去了意义。

要客观理解国家与社会的关系。有研究者提出:"自治是治理的一种形

---

[1] 施锋矫:《美国地方自治的起源和基础》,山东大学博士学位论文,2022年,第13页。

态,意味着公共事务承担者的多元化。"因为"国家治理只是对社会自治的不济的一种补充和完善,自治意味着在国家这一主体之外,出现了社会中的各种公共团体作为公共事务的管理主体",而"多中心主义承认自治民主存在的正当性,自治民主是社会主动、持续地对公共事务施予关怀的民主方式"。① 所谓多中心主义的公共产品供给主要靠"自治民主"和社会自治来解决的观点,显然是国家社会二元对立理论的一种翻版。依照西方的政治理论,国家组织(无论中央、地方还是基层)不都是依照人民主权论和社会契约论以及三权分立、权力制衡等理论建立起来的吗? 这样出现的组织都不能很好地满足大众对公共产品的需要,反而依靠所谓地方性的自治组织来提供公共产品,似乎又重复着官僚制科层组织产生的过程。显然,对公共权力存在的价值还需要进一步加以分析,不能因为权力集中可能带来的弊端就否定在人类文明进步中集中统一力量运用的作用与价值。是到了应该抛弃西方政治逻辑思维的时候了!

要冷静对待社会自治现象。有研究者对社会自治充满期待:"自治意味着在公共服务的领域,社会成员依据特定的偏好和特征构成不同的共同体,独立于国家,在国家的法律监督下,以自己的名义自负其责地处理成员间的共同公共事务,这不仅能够实现公共产品供给的最优,还从根本上减轻了政府负担,减少了社会矛盾。"呼吁"多中心秩序强调对于社会自主秩序的尊重,即对于自治文化的尊重"。② 那么,作者企望谁来尊重呢? 这个表述本身就意味着"社会自治"似乎是给予的甚至施舍的。从宏观视野看,假如一种制度安排有其自然的存在基础,那么它就会成为一种必然发生的事实并成为人们自然而然选择的一种治理方式和制度安排,还需要什么超越社会或大众之上或之外的人去"尊重"它吗? 此外,公共强制权力不就是为克服社会成员的"偏好"和自利性而出现的吗? 否则社会秩序就不可能得到维护,集体力量也不可能凝聚。在现代科技发展的形势下,依靠人类的群体合力共存共荣显得更为迫切,所谓地方性知识或事务越来越丧失着地方性,世界一体化、系统性存在的现实意义更加明显。因此,如何治理当代社会需要进一步更新观念、解放思想,在理论认知上实现新的突破。

要进一步更新研究理念,打破思维定势。有研究者认为,"皇权不下县"和"乡村唯自治"的认识均属于一种"思维定势","本质上是国家权力与社

---

① 张晓燕:《社会转型与公法视野中的自治——以美国为范本》,中国政法大学博士学位论文,2011年,第30、58页。
② 张晓燕:《社会转型与公法视野中的自治——以美国为范本》,中国政法大学博士学位论文,2011年,第58页。

会权力的边界问题"。问题的关键在于:"中国古代不存在立宪意义上的基层社会自治。皇权下县与否和乡村有无自治,取决于国家汲取社会资源和安定乡村秩序的实际需要。"①更深入地看,对自治理论或思想还有一个价值判断问题。之所以不断地纠结于中国古代乡村有无自治,实际反映的是潜意识里认为自治是现代政治的标志,或是政治进步的方向。无论怎样定义自治,它生发于现代西方,西方政治文明似乎又是先进的,一切落后社会的政治进步都要向这个方向靠拢。因此,要从思维方式的角度来在根本上解决问题,不同文明体在政治文明方面都会对现代政治进步提出自身的方案,特别是成熟的、创造过领先于世界各文明体政治治理水平的中华文明,更应该有自身的政治逻辑和政治思维。人类政治文明的未来形态应该有且一定会有中国智慧和中国方案。因此,有学者强烈呼吁:"突破以'科学'和'哲学'等现代性的、完全西化的词语来界定中国传统的学术偏见和成见,激发对本土文化再自觉的启蒙过程,引导人们走出对中国文化研究的认识误区。"②例如,在文明起源探索方面,我国学者尝试突破了西方学界坚持的文字、冶金术和城市"三要素"说,并依据我国大量考古新发现提出新的文明起源要素说,即"一是生产发展,人口增加,出现城市;二是社会分工和社会分化不断加剧,出现阶级;三是权力不断强化,出现王权和国家"。③ 这样的探索具有划世代的深远意义,开创了我国社会和人文科学领域自主发展、独立创造和探索的新思维、新路径、新业态。

三、"乡村自治"概念运用需要突破思维上的隐性藩篱

自中国的现代化开始以来,"开眼看世界""向西方学习"的政治思潮弥漫于近代以来的各个历史时期,推动着中国社会从封闭走向开放、从改良走向革命、从固守走向改革。然而,新中国成立后,中国式现代化的探索却充满艰辛和曲折。改革开放以来,学人们再次转而从西方寻找"真理"和"治世"良方,大量的西方政治理论、社会科学研究著述被译介、研习直到追捧,甚至已经形成了特定的话语表达习惯和范式,在社会变革的所有领域都树起了"他者化"的标杆,并以此为标准来评论中国的历史、革命、改革和发展道路选择。在断言"中国封建社会停滞""中国人种丑陋""黄色文明落后"的同时,热情宣扬"西方文化优越论""西方制度先进论""西方道路普世

---

① 陈晓枫、陈子远:《中国古代基层治理诸说辨析》,中国法律史学会2012年学术年会论文集,2012年11月10日。
② 叶舒宪:《"神话中国"观对文明探源的理论意义》,《文化遗产》2022年第5期。
③ 王巍:《中华文明探源工程及其主要收获》,《中华民族》2022年第6期。

论",时至今日,"西方中心论"和"全盘西化论"的鼓吹仍然余音不断。不少学人和普通群众自觉不自觉地陷入了西式政治思维逻辑的隐性藩篱之中,言必称希腊,比必看欧美,偏离了中华文明独立自主发展的精神轨道。

事实上,在中国古代史研究中被误用、误解的学术概念或理念还有许多。这种状况已经引起了许多学者的关注,并有学者对一些影响较大的观点进行了辨析,如质疑"唐宋变革"说①、辨析"封建"概念的中西含义②、重新评价古代农民的特性③等,力图实现研究思维和理念的突破。在中国古代乡村治理领域也存在这种现象,也需要突破思维上的隐性藩篱。如不少研究者喜欢用"契约"来描述人际关系,这显然是西方理论的滥用。例如有学者认为:"中国古代的两重结构,……是一种国家与农民直接面对的专制政治结构","官员只是一个给帝王家族收取租税的承包者的角色,一个委托管理者","退休回乡以后,也就是一个农民,不是一个真正的利益阶层"。这样封建朝廷"面对的是无数的经济实力弱小的小农,无法产生谈判机制",也就是说无法达成一定的"契约",由此造成朝廷对农民实施的是"恣意妄为"的统治。④ 在评论古代农民之间的关系时,费孝通认为:"乡土社会的信用并不是对契约的重视,而是发生于对一种行为的规矩熟悉到不假思索的可靠性。"⑤有研究者便将此观点发挥为:"人们之间的相互信任产生于从长时间、多方面和经常性的接触中所产生的熟悉与亲密感,而并非对于契约的认同和遵循。"⑥人际关系状况为什么非得用"契约"来衡量?显然,这是把契约社会看作是一种必须经过的进步形态或是未来形态,这是盲目参照西方经验的结果。评价一个社会的发展,不仅要看物质层面呈现的状态,更要看其精神层面对生活内容追求的样态,即特定的人群是怎样认识人生的意义和生活的价值。虽然社会的总趋势是进步的,后来的当然会比先前的进步。但是,在一个历史横断面上来评价人们对生活的满意度就必须将其放在特定的历史时段和环境中加以观察,绝不能以后来者的优越姿态去评断

---

① 杨际平:《走出"唐宋变革论"的误区》,《文史哲》2019年第4期。
② 结论是"20世纪20年代'封建'概念正式泛化,其特点是以欧洲模式裁量中国历史"。见冯天瑜:《"封建"概念泛化的历史考察》,《人文论丛》2005年第0期。
③ 针对中国古代农民的"散沙论"和"马铃薯论",有学者明确提出:"中国古代农民并非一盘散沙,亦非'口袋中的马铃薯',而是具有较强合作意识与集体精神的社会群体,具有明显的群体性特质。"见马新:《试论中国古代农民的群体性特质》,《文史哲》2019年第6期。
④ 徐旺生:《两重结构、两个不计成本、两个变量与古代的农民问题——中国古代国家与农民关系研究之一》,《古今农业》2006年第4期。
⑤ 费孝通:《乡土中国》,华东师范大学出版社2018年版,第6页。
⑥ 袁燕敏:《乡土伦理视阈下的〈乡土中国〉研究》,河北师范大学硕士学位论文,2022年,第21—22页。

先前人们的生活状态和创造性成就,否则这样的评论和认识是没有任何历史和现实意义与价值的。然而,令人遗憾的是,在中国乡村治理研究中,这样的现象却是普遍存在的。此外,还有学者贬低古代"德治"的意义。有研究者的评价说:"统治者所宣扬、民众所赞同的'官德'实际上几乎没有效力。'道德'生效是特例,无效是常态。"①这是对"德治"在古代政治生活中作用的严重低估,甚至是贬低。德治不仅是一种理想,而且自古以来各类王朝对从政人员的道德要求,具有普遍的约束力。当然,也不能用"道德楷模"的标准去衡量每一位古代的官员,高标准下的践行要求必然会产生一般意义上的循规守矩式的道德行为。如果道德"无效是常态",那么就很难想象古代政治活动能够正常运行,更不可能出现有效的统治和治理了。

总之,西方呈现的资本主义文明形态并不是走向人类幸福生活的唯一法门,更不是最后的文明形态。自西学东渐以来,探讨中国社会为什么没有自发地走向资本主义社会一直是一个热门话题,至今余温未消。然而,纠结于中国是否能自发地产生资本主义是一种思维固化的表现。其逻辑在于,由于资本主义在西方的出现引起了世界部分人群生存状态的巨大变化,出现了物质和精神生活的巨大变迁,在世界范围内形成了先进与落后的发展格局,诱使人们认为改变贫穷落后生存状态的出路似乎只有西方资本主义一种模式和道路。自人类诞生以来,处在不同地域的人群便有着不同的生存机遇和延续之道,内在精神的存在固然与物质丰裕程度有着密切的关系,但并不意味着内在体验满意度就不能达到同样的高度。同时,满足不断提升的美好生活欲望也不可能只有西方一种模式,只不过出现的时间有早有晚而已。今天世界发展的格局已经充分证明了,提升人类文明和生存境遇确实有不同于西方的方式和模式,再用"传统与现代""先进与落后""西方与东方"的思维定势去认识和分析人类的历史,特别是非西方社会的历史就显得非常狭隘了。就拿中国与欧美相比,诚可谓是"各领风骚千百年",先进、富足、稳定、和谐交替出现。在古代相对隔绝的情形下,中国的领先持续了两千年;近代西方崛起又领先了几百年;如今中国的发展又呈现出新的生机与活力,用中国式现代化创造人类文明的新形态,以非西方的发展模式取得了经济与社会的新进展。这充分说明,越是古代,越是独特,不同民族的存在状态便缺乏可比性,肯定不能以西方的近代成就为标准去评判古代中国的发展成就,否则是无法揭示中华文明持续发展的真实面貌的。

---

① 邱学谦:《近代中国政治体制变迁的社会机制》,武汉大学博士学位论文,2014年,第76页。

参考文献

一、研究专著

闻钧天：《中国保甲制度》，商务印书馆 1935 年版。
江士杰：《里甲制度考略》，重庆商务印书馆 1944 年版。
吴晗等：《皇权与绅权》，上海观察社 1948 年版。
梁方仲：《明代粮长制度》，上海人民出版社 1957 年版。
韦庆远：《明代黄册制度》，中华书局 1961 年版。
杨宽：《古史新探》，中华书局 1965 年版。
朱瑞熙：《宋代社会研究》，中州书画社 1983 年版。
安作璋、熊铁基：《秦汉官制史稿》，齐鲁书社 1985 年版。
侯志义：《采邑考》，西北大学出版社 1989 年版。
王玉波：《中国古代的家》，商务印书馆国际有限公司 1995 年版。
杨向奎：《宗周社会与礼乐文明》，人民出版社 1997 年版。
秦新林：《元代社会生活史》，河南大学出版社 1997 年版。
李埏、武建国主编：《中国古代土地制度史》，云南人民出版社 1997 年版。
朱大渭等：《魏晋南北朝社会生活史》，中国社会科学出版社 1998 年版。
陈爽：《世家大族与北朝政治》，中国社会科学出版社 1998 年版。
李斌诚等：《隋唐五代社会生活史》，中国社会科学出版社 1998 年版。
刘泽华主编：《中国传统政治哲学与社会整合》，中国社会科学出版社 2000 年版。
孟祥才、傅永聚主编：《中国古代民本思想与农民问题》，山东大学出版社 2003 年版。
范晓光主编：《中国古代战争动员》，军事科学出版社 2003 年版。
瞿同祖：《中国法律与中国社会》，中华书局 2003 年版。
陈智勇：《中国古代社会治安管理史》，郑州大学出版社 2003 年版。
徐勇：《乡村治理与中国政治》，中国社会科学出版社 2003 年版。

吴宗国主编：《中国古代官僚政治制度研究》，北京大学出版社2004年版。
林甘泉：《中国古代政治文化论稿》，安徽教育出版社2004年版。
纪宝成主编：《中国古代治国要论》，中国人民大学出版社2004年版。
芮传明：《淫祀与迷信——中国古代迷信群体研究》，广东人民出版社2005年版。
黄宽重、刘增贵主编：《家族与社会》，中国大百科全书出版社2005年版。
黄宽重：《宋代的家族与社会》，国家图书馆出版社2009年版。
张程：《制度与人情：中国古代政治文化》，陕西人民出版社2016年版。
李秀亮：《先秦乡里制度与早期文明》，商务印书馆2022年版。

二、学术论文

王毓铨：《汉代的"亭"与"乡""里"不同性质不同行政系统论》，《历史研究》1954年第2期。
蔡美彪：《汉代亭的性质及其行政系统》，《光明日报》1954年12月23日。
衔微：《明代的里甲制度》，《历史教学》1963年第4期。
杨讷：《元代农村社制研究》，《历史研究》1965年第4期。
周一良：《从北魏几郡的户口变化看三长制的变化》，《社会科学战线》1980年第1期。
赵英：《试论北宋职役制度》，《内蒙古大学学报》1981年第2期。
朱绍侯：《汉代乡亭制度浅论》，《河南师范大学学报》1982年第1期。
罗开玉：《秦国乡、里、亭新考》，《考古与文物》1982年第5期。
吉书时：《略论汉代的三老》，《北京师范大学学报》1983年第6期。
吴雁南、倪英寸：《乡官制度考》，《北方论坛》1984年第2期。
刘修明：《两汉乡官"三老"浅探：中国封建制和村庄关系的一个问题》，《文史哲》1984年第5期。
王昊：《明代乡里组织初探》，《明史研究》1991年第1期。
孙海家：《清代保甲组织结构分析》，《河北学刊》1992年第2期。
陈宝良：《明代乡村的防御体系》，《齐鲁学刊》1993年第6期。
臧知非：《先秦什伍乡里制度初探》，《人文杂志》1994年第1期。
张端泉：《略论清代的乡村教化》，《史学集刊》1994年第3期。
陈柯云：《明清徽州宗族对乡村统治的加强》，《中国史研究》1995年第1期。
马新：《编户齐民与两汉王朝的人口控制》，《东岳论丛》1996年第5期。
王日根：《明清基层社会管理组织系统论纲》，《清史研究》1997年第2期。

韩秀桃：《中国古代礼法合治思想在基层乡里社会中的实践》，《安徽大学学报（哲学社会科学版）》1998年第1期。

萧放：《社日与中国古代乡村社会》，《北京师范大学学报（社会科学版）》1998年第6期。

田梅英：《魏晋南北朝时期坞壁的类型及内部机制》，《山东师大学报（社会科学版）》1998年第6期。

仝晰纲：《秦汉时期的乡里管理体制》，《东岳论丛》1999年第4期。

王棣：《宋代乡里两级制度质疑》，《历史研究》1999年第4期。

徐杰令：《试论先秦乡官制度》，《求是学刊》2000年第2期。

王彦辉：《汉代豪民与乡里政权》，《史学月刊》2000年第4期。

侯旭东：《北朝乡里制与村民的生活世界——以石刻为中心的考察》，《历史研究》2001年第6期。

张学峰：《九品相通：再论魏晋时期的户调》，《江海学刊》2002年第5期。

陈炎、张艳华：《家族血缘关系在中国文化中的作用》，《思想战线》2004年第2期。

游彪：《关于宋代的免役法——立足于"特殊户籍"的考察》，《中国史研究》2004年第2期。

吴海燕：《东晋南朝乡村社会基层组织的变迁》，《中国农史》2004年第4期。

刁培俊：《由"职"到"役"：两宋乡役负担的演变》，《云南社会科学》2004年第5期。

林文勋：《宋代富民与灾荒救济》，《思想战线》2004年第6期。

李振宏：《中国古代"平均赋役"的文化考察》，《学术界》2005年第2期。

卜风贤：《中国古代的灾荒理念》，《史学理论研究》2005年第3期。

谷更有：《隋唐时期国家掌控乡村权力之反复》，《河北学刊》2005年第3期。

章义和：《关于南朝村的渊源问题》，《福建论坛（人文社会科学版）》2005年第4期。

马新、齐涛：《汉唐村落形态略论》，《中国史研究》2006年第2期。

林文勋：《中国古代"富民社会"的形成及其历史地位》，《中国经济史研究》2006年第2期。

沈刚：《民间信仰与汉代地方行政》，《吉林大学社会科学学报》2006年第2期。

贺雪峰：《中国传统社会的内生村庄秩序》，《文史哲》2006年第4期。

张新光：《质疑"皇权不下县"：基于宏观的长时段的动态历史考证》，《华东理工大学学报（社会科学版）》2007年第1期。

徐旺生：《中国古代乡村社会的结构和性质》，《古今农业》2008年第1期。

谭景玉：《宋代乡村社会"自治"论质疑》，《山东大学学报（哲学社会科学版）》2008年第6期。

刁培俊：《唐宋时期乡村控制理念的转变》，《厦门大学学报（哲学社会科学版）》2009年第1期。

王守恩：《社会史视野中的民间信仰与传统乡村社会》，《史学理论研究》2009年第3期。

徐姗娜：《民间信仰与乡村治理——一个社会资本的分析框架》，《东南学术》2009年第5期。

段艳萍：《对传统中国乡村治理权力结构的分析》，《文史博览（理论）》2010年5月。

温乐平、艾刚：《冲突与制衡：秦汉民间力量与乡里政权的关系》，《江汉论坛》2010年第8期。

仇鹿鸣：《乡里秩序中的地方大族——汉魏时代的河内司马氏》，《中国史研究》2011年第4期。

王彦辉：《论汉代的"訾算"与"以訾征赋"》，《中国史研究》2012年第1期。

关荣波：《农业生产对汉代乡里基层社会治安的影响》，《农业考古》2013年第3期。

陈晓枫、陈子远、高晓宇：《中国传统行政与自治关系辨析》，《武汉大学学报（哲学社会科学版）》2013年第4期。

田野：《村落的起源》，《大众考古》2014年第1期。

巩宝平：《东汉民间士人对地方社会政治的影响》，《北方论丛》2014年第3期。

冯兵：《草市：隋唐五代乡村市镇化的历史典型》，《深圳大学学报（人文社会科学版）》2014年第5期。

周大鸣：《庙、社结合与中国乡村社会整合》，《贵州民族大学学报（哲学社会科学版）》2014年第6期。

陈谷嘉：《中国文明起源的特殊路径与中国古代民本思想》，《红旗文稿》2014年第10期。

张林江：《传统中国的社会治理智慧》，《中国党政干部论坛》2014年第12期。

牛建强：《从制度层面看明代国家的基层社会控制》，《中国史研究》2015年第 1 期。

杜志明：《明代弓兵述论》，《历史档案》2015 年第 1 期。

林文勋：《庄园经济与唐宋"富民社会"》，《古今农业》2015 年第 2 期。

萧放：《"老人"制度与基层社会治理——从〈教民榜文〉看明代的乡治方略》，《社会治理》2015 年第 3 期。

王晓如：《宋初社会教化研究》，《唐都学刊》2015 年第 4 期。

车丽娜，徐继存：《中国古代乡村教化的演进与特征》，《山东师范大学学报（人文社会科学版）》2015 年第 4 期。

马新：《中国传统宗族论》，《山东大学学报（哲学社会科学版）》2015 年第 4 期。

余世锋：《农耕文明与中国古代的寓军于民思想》，《孙子研究》2015 年第 5 期。

李华瑞：《宋、明对"巨室"的防闲与曲从》，《历史研究》2015 年第 5 期。

高德步：《唐宋变革：齐民地主经济与齐民社会的兴起》，《学术研究》2015 年第 7 期。

耿元骊：《唐代乡村社会权力结构及其运行机制》，《社会科学战线》2016 年第 2 期。

晁福林：《说商代的"天"和"帝"》，《史学集刊》2016 年第 3 期。

陈克标、熊铁基：《汉晋之际道教与乡里秩序》，《宗教学研究》2016 年第 3 期。

徐勇：《历史延续性视角下的中国道路》，《中国社会科学》2016 年第 7 期。

孙敏：《民间信仰、社会整合与地方秩序的生成——以关中风池村庙会为考察中心》，《北京社会科学》2017 年第 1 期。

王翠柏：《元代弓手制度初探》，《中国史研究》2017 年第 1 期。

马力、路遥：《制度是如何形成的——从"阴间审判"在我国古代社会治理中的角色谈起》，《天府新论》2017 年第 2 期。

朱小略、侯芳君：《略论宗法结构对家族（间）行为与乡里自治的同构性影响》，《政治学研究》2017 年第 5 期。

贾艳红：《汉代民间信仰在地方的双重影响》，《求索》2018 年第 1 期。

徐勇：《祖赋人权：源于血缘理性的本体建构原则》，《中国社会科学》2018 年第 1 期。

吴全兰：《西汉意识形态的大众化及其启示》，《广西师范大学学报（哲学社会科学版）》2018 年第 4 期。

张翠霞：《民间信仰与乡村社会治理——从民间信仰研究的现代遭遇谈

起》,《中央民族大学学报(哲学社会科学版)》2018年第4期。

薛海波:《东汉豪族与乡里社会探析》,《咸阳师范学院学报》2008年第5期。

卜宪群:《乡论与秩序:先秦至汉魏乡里舆论与国家关系的历史考察》,《中国社会科学》2018年第12期。

谭天枢:《元代乡村基层治理中社长的职能探微》,《古今农业》2020年第3期。

田晓忠:《"富民"与宋朝乡役制度的变迁》,《中国经济史研究》2020年第4期。

吴晓林、岳庆磊:《皇权如何下县:中国社区治理的"古代样本"》,《学术界》2020年第10期。

后　　记

　　本书能被列入国家社科基金后期资助项目着实令人惊喜。因为申报时的内容还不甚系统完善,许多问题的研究还不够深入,甚至核心概念之间的内在联系也阐述得不是很清晰。在这种情况下仍被评审专家们认同而予以立项,至少说明选择的研究主题有其特定的学术价值,值得进一步深化和完善。因此,要对评审专家们的鼓励与支持表示深深的谢意。

　　从治理的角度关注中国古代乡村问题是近年来才明晰起来的,但对中国古代农业、农村、农民的研究却萌生较早。笔者就读于河南大学历史系,在系统学习中外通史的过程中,为了解史学界的研究动态,曾重点翻阅了《历史研究》《史学月刊》从创刊以来的各期内容,逐渐关注到历史学界一些重大理论问题的探讨,如中国封建社会的分期问题、中国资本主义萌芽问题、中国古代社会发展停滞问题、近代西方列强东来的影响问题,等等。学界争论中所涉及的古代社会政治、经济和文化的重要问题,不但是理论认识问题,而且有一个如何对待和评价既有历史事实的问题,这些也引起了笔者的浓厚兴趣,开始尝试进行一点探讨和研究活动。在古代社会经济问题上,笔者首先关注到的是如何评价商品货币经济在古代经济生活中的地位和作用问题。最初关注的是接近近代的明清时期,当时就想到利用学校收藏的丰富的地方志资料,用简单的描述和排列法看看明清时期,特别是明朝中后期农村商品交易的情况,先后撰写了《由〈如梦录〉看明末开封的服务性行业》《明代的商税征收活动及其影响》《明代中后期城乡经济关系的历史变化》三篇初学之文,初步感受到明代农村经济的某些活力,朦胧地感到学界对古代商品货币经济的评价偏低,对小农经济性质的评论有些偏狭。由此又注意到中国资本主义萌芽问题的研究,参与研究的不少学者认为研究这个问题的理论意义在于证明如果没有西方的侵略,中国社会也会由低到高自然地发展到资本主义社会,这个过程必定符合马克思的社会形态演进理论。当时,笔者理解的没有这么深,只是对什么是资本主义萌芽、何时有资本主义萌芽感兴趣。学界的观点非常复杂,主张中国有资本主义萌芽的学者在"何时有"这个问题上分歧非常大。远到春秋战国时期,近到清朝前期,几乎每个历史时期都有人主张我国已经孕育和产生了资本主义萌芽,这使问题显得扑朔迷离。于是,笔者从马克思、恩格斯关于资本和资本主义的经典阐释入手,在弄清了资本的定义和资本主义生产方式产生所需要的条件后,写出了《浅析中国资本主义萌芽的频发性及其成因》《中西孕育资本主义萌芽母体的比较研究》,提出我国早在春秋战国时期就已经是一个能够孕育出资本主义萌芽的成熟母体的观点。虽然文章发表后未见到学界有什么回应,但却使笔者对古代经济、地理、科技、灾害及战争等问题的认识得到了扩展和深入。大学时期,笔者还关注过明代思想统治和学校教育的情况,撰写了《浅述明太祖加强思想统治的方法》《明代官办学校种类初探》,这是接触古代统治者教化活动的尝试。笔者对明末农民起义的进程和政权建设也有所关注,撰写了《对李自成攻打开封一文的几点意见》《从政权机构的逐渐完备看大顺政权性质的转化》,初步了解了农民政权性质变化的条件和过程,特别是国家和社会治理制度的创设缺乏政治上的独创性是农民政权转变为新的王朝政治的重要原因。这一幕在后来洪秀全建立的"天朝制度"上再次上演,对中国古代农民革命结局的宿命有了较深的认识。

20世纪80年代后期,笔者在中国人民大学攻读中外政治思想专业硕士学位期间,所习"近代中国政治制度史"课程,引起了笔者对乡村政治制度的关注。在阅读有关中国古代政治制度史研究成果的时候,笔者发现对乡村制度的研究比较简略且有很多缺环,在制度安排、功能作用和从业者状态等方面的学术分歧也比较大。当时结合自己的学习体会,笔者撰写了《我国乡村政治制度的变迁及其对社会变革的影响》(载《天津社会科学》1994年第1期),这是研究古代乡村制度的开始。对乡土文化产生兴趣则得益于笔者的老师、中国人民大学著名的义和团史研究专家程歗先生和同窗好友甘绍球先生。程老师的影响表现在两个方面:一是在选修他的"晚清乡土意识"课程的过程中,他对农民思想意识的分析透彻深刻,特别是农民的日常生活意识、政治意识和宗教意识的解析,深化了笔者对中国传统文化构成及特征的认识。记得当时听课没有同学提问题,程老师甚为不解,以为是同学们不感兴趣,或是讲解得不够清楚,特意向笔者询问原因。笔者当时回答说关于农民问题,多数同学都不甚了了,完全被老师揭示的问题所吸引,只有努力理解吸收的份儿,还无法产生自己的想法。这从一个侧面说明了当时的知识界在中国古代农民问题上的认识还非常粗疏,对中国古代文明的了解还处在浅表化的状态。二是程老师请笔者当他的助手,参加当时中日联合开展的一项乡村文化调查活动,使笔者有幸得到一次较正规的田野学术调查训练。以研究者的角色深入农村调查产生了不同的感觉,直接感受到了乡土百姓的文化样态和精神世界,得到了许多书本上无法获得的启迪。这次活动还完成了题为《近代北京房山区元武屯社会结构与民众信仰调查报告》一文[收入[日]佐佐木卫主编:《近代华北社会结构与民众运动》(日文版),日本东方书店1990年版],为日后深入研究乡村社会结构及民间信仰奠定了一定的基础。同窗好友甘绍球先生的老家在湖南,当他发现笔者对乡土文化感兴趣时,主动透露他的上辈人中有从事巫事活动的,藏有不少当地流传的民俗资料,笔者便央他搜罗一些。某个假期后,他给笔者带来一批民俗资料,其中就有《太上灵宝補谢灶王经》《太上灵宝灶君大王平安经》和一批民间婚礼葬俗资料,对我后来深入研究灶神信仰发挥了重要的作用。程老师曾请笔者帮助整理出版他的《晚清乡土意识》一书,其中当笔者看到程老师用土、禄、财、寿、福五神信仰来分析乡土百姓的价值取向一节时,曾向他询问为什么没有提到被民间称为"一家之主"的灶神,他表示是个缺憾,嘱笔者深入研究一下,日后有机会再收入他的著作中。回到工作岗位后,用了数年时间深入细致地研究了灶神信仰及祭灶风俗,所撰《灶神考源》一文最终发表于《中国史研究》上,这是继20世纪40年代著名民俗学者杨堃先生发表《灶神考》一文后长达半个世纪才出现的一篇专论。该文除提出了不同于学界的有关于灶神起源的观点外,还对信仰起源的经典理论进行了探讨,提出了灶神是社会神而非火神一类的自然神,起源于远古炊母之神,表示的是对盛火用具和掌管食物分配之人的崇拜和感激,并最终演变为一种俗神信仰。神灵信仰是乡土百姓建立内在精神秩序的文化表征,特别是把灶神奉为"一家之主",充分表明乡民们希望借助神灵的"威力"来维护良好家庭秩序的强烈愿望。因此,可以说民间俗神信仰是维护乡村社会秩序非常重要的精神力量。

　　在日常工作中,笔者主要讲授社会发展史、中共党史、中国革命史、中国近现代史等公共课程,把自己的研究心得都恰当地运用到了教学之中,在教学相长的互动之中更激发出学术研究的动力。结合自己所承担的教学任务,笔者的研究活动也不断地扩展。在研习中,笔者读到德国学者马克斯·韦伯的《新教伦理与资本主义》一书,他断言中华文化的特征与产生于新教氛围中的资本主义伦理是格格不入的,不改变这一文化传统,中国断难接受现代化的物质成果。对此,笔者深不以为然,难道产生于西方的科技成果和工业文明就只有西方一种匹配的文化形式?于是决定就中国传统文化与现代化的关系开展系统研究,并预设了一个目标,即弄清中国乡土伦理能否转化为接受和推动现代化的精神力量。研究涉及理论认识工具的反思、传统政治文化的结构、乡村制度的样态、乡土民众的精神世界等多个领域,主要学术思考体现在发表于国务院古籍整理小组主办的《传统文化与现代化》杂志上的《中国现代化模式选择中的乡土印记》一文中。20世纪90年代末,笔者与人合作推出专著《现代化进程中的东方发展道路》(陕西人民出版社1999年版),2014年又把多年研究发表的相关成果汇编为《现代化漩涡里的中国——他者化与中华性的扞格》(河南大学出版社2013年版)一书,进一步把自己的思考系统化了。党的十八届三中全会提出国家和社会治理现代化思想,对古代社会的研究从治理的角度开展提供了理论指导。由此,笔者把长期关注的古代乡村政治制度问题转向从治理制度的角度加以思考,并且发现古代乡村治理制度的运行并不是孤立的,它与统治阶级的治国理念、策略和技术,与乡土社会的信仰、习俗和组织形态都有着密切的关系,将其放在同一框架内进行研究和思考,或许能更接近历史的真实,也能更好地总结中国古代珍贵的政治文化遗产,这样就催生了本项目的申报和完善。本书是一个集合式的成果汇集,其系统性、整体性还显得不那么紧密,还有许多研究不深入、未涉及,还需今后继续深化研究,也敬请读者和学界同仁批评指正。

感谢国家社科基金对本项目的立项支持,使拙作完善有了资金的支持。感谢评审专家提出的关键又具体的修改意见,明确了本书修改完善的方向。感谢我的工作单位信息工程大学洛阳校区(原解放军外国语学院),不但提供了研究条件和时间的保障,还提供了配套资金的支持,使研究活动能够更顺利地展开。感谢上海社会科学院出版社欣然承纳本书的出版事宜!感谢张晶编辑为本书的顺利出版付出的艰辛劳动。

任　军
2023年12月10日于神都洛阳遇仁斋